A GREEK - ENGLISH TECHNICAL DICTIONARY

ΧΑΡΗ ΧΙΟΝΙΔΗ

ΕΛΛΗΝΟ - ΑΓΓΛΙΚΟΝ ΛΕΞΙΚΟΝ ΤΕΧΝΙΚΩΝ ΟΡΩΝ

(ΜΕΤΑ ΣΥΜΠΛΗΡΩΜΑΤΟΣ)

A GREEK ENGLISH TECHNICAL DICTIONARY

(WITH SUPPLEMENT)

HARRY T. HIONIDES

ΕΚΔΟΣΕΙΣ : «ΑΤΛΑΝΤΙΣ - Μ. ΠΕΧΛΙΒΑΝΙΔΗΣ & Σ[ΙΑ]» Α.Ε.
ΚΕΝΤΡΙΚΗ ΠΩΛΗΣΙΣ : «ΑΤΛΑΝΤΙΣ» ΚΟΡΑΗ 8 — ΑΘΗΝΑΙ

Reprint 1990

70-21

ISBN 960-07-0076-1

23 Leontiou str., 117 45 Athens, Greece
Tel.: (01) 9220071-4, FAX: (01) 9025773

ΠΡΟΛΟΓΟΣ
ΤΗΣ
ΒΕΛΤΙΩΜΕΝΗΣ ΕΚΔΟΣΕΩΣ

Ὅταν πρὸ ἑπτὰ ἐτῶν ἐκυκλοφόρησε διὰ πρώτην φορὰν τὸ Ἑλληνο-Ἀγγλικὸν Λεξικὸν Τεχνικῶν Ὅρων, εἶχα τὴν πεποίθησιν ὅτι θὰ συνεπληροῦτο ἕνα αἰσθητὸν κενὸν εἰς τὸν τομέα τῆς λεξικογραφίας τοῦ εἴδους τούτου.

Πράγματι, διεπίστωσα ὅτι αἱ προσδοκίαι μου δὲν διεψεύσθησαν καὶ ἐν ὄψει τῆς μεγάλης ζητήσεως τοῦ ὡς ἄνω Λεξικοῦ, ἀπεφάσισα νὰ συμπληρώσω τὸ ἔργον μὲ τὴν παροῦσαν ἔκδοσιν ἡ ὁποία μὲ τὰς προσθέτους καταχωρήσεις περιλαμβάνει ἄνω τῶν 30.000 ὅρων ἐκ τῶν καθαρῶς ἐφηρμοσμένων ἐπιστημῶν

Ἐλπίζω δὲ ἡ παροῦσα συμβολή μου νὰ φανῇ περισσότερον χρήσιμος διὰ τοὺς πολυαρίθμους φοιτητάς, ἐπιστήμονας, μηχανικοὺς καὶ ἅπαντας τοὺς ἐν γένει τεχνικούς.

Ἐπιθυμῶ νὰ ἐκφράσω τὴν εὐγνωμοσύνην μου πρὸς ὅλους τοὺς καλοὺς καὶ ἐκλεκτούς μου φίλους οἱ ὁποῖοι μὲ ἐνεθάρρυναν νὰ ἐκδώσω τὸ παρὸν ἐπίπονον ἔργον. Μεταξὺ αὐτῶν ἀναφέρω μόνον τοὺς Κώσταν καὶ Τάκην Βῆλον, τὸν Μιχάλην Λεκάκην, τοὺς Πελοπίδα καὶ Ἰωάννην Φράγκον καὶ τὸν Ἄγγελον Ἀλεξόπουλον.

ΧΑΡΗΣ ΧΙΟΝΙΔΗΣ
ΚΟΛΛΕΓΙΟΥ ΑΘΗΝΩΝ

PREFACE
TO
THE REVISED EDITION

When first I brought out the Greek-English Dictionary of Technical Terms some seven years ago, I had not expected the demand for such a book to grow. The need in Greece was more for the English-Greek Technical Dictionary which in fact has gone into three editions.

This revised edition of the Greek-English Technical Dictionary has been supplemented by a further 1,000 entries, thus bringing the number of terms from the various applied sciences to well over 30,000. It is my hope that this new edition will continue to serve the needs of those thousands of young scientists and technicians of Greece upon whom the technical development of the country depends.

I would like to express my thanks to the many friends who have encouraged me in one way or another to undertake such a burdensome task. Among these I would mention Michael Lekakis, Margaret Kurilecz, Dimitri Manuelides, Kingsley Ervin and Angel Alex. The book is respectfully dedicated to John S. Thacher of Dumbarton Oaks to whom I shall always owe a debt of gratitude.

HARRY T. HIONIDES
ATHENS COLLEGE

To John S. Thacher

A

ἀ-, *non-*
ἀβαθῆ, *shallows*
ἐπικίνδυνα—, *shelves*
ἀβάκιον, *abacus*
ἄβαξ, *abacus*
ἀβαρία, *average*
ἀβαριῶν, κανονιστής, *average adjuster*
ἀβιετικὸν ὀξύ, *abietic acid*
Ἀβιὸρ (ε Ἀργοῦς), *Avior*
ἀβύθιστος, *unsinkable*
ἀβυθομέτρητος, *unsounded*
ἀγάτης, *agate*
ἀγγελιοφόρος, *messenger, runner*
ἀγγλικὴ θερινὴ ὥρα, *British Summer Time (B.S.T.)*
ἀγγλικὸ κλειδί, *screw wrench, spanner*
ἀγιόξυλον, *guaiacum wood, lignum vitae, jarrah*
ἄγκιστρον, *hook, clip, holdfast pawl, pawl stop, lanyard*
ἀναρτῆρος, *sling hook*
ἀνυψώσεως, *lifting hook*
ἀσφαλείας, *safety hook, safety catch*
αὐτόματον—, *snap hook*
ἀφέσεως, *release hook*
γεμιστῆρος, *magazine loop*
διασταυρώσεως, *crossing clamp*
ἐλαστικόν—, *hose hook, rubber hook*
ἕλξεως, *draw hook*
εὐκάμπτου σωλῆνος, *hose clip*
μὲ ὀφθαλμόν, *eye hook*
ξιφολόγχης, *bayonet lanyard*
περιστρεπτὸν περὶ τὸν ἄξονά του, *swivel hook*
περιστροφῆς, *lanyard loop*
σχήματος οὐρᾶς χοίρου, *pig-tail hook*
χαλαρᾶς ζεύξεως, *drag hook*
ἀγκιστρώνω, *to anchor*
ἀγκιστρώσεως, πεῖρος, *anchor pin*
πλὰξ —, *anchor plate*
ἀγκίστρωσις ἀεροσκαφῶν, *picketing of aircraft*
ἀγκιστρωτὸς σύνδεσμος, *dog coupling*
ἐμπλοκέως, *dog coupling*
ἄγκλιμα, *crib*
ἀγκοίλια, *ship ribs*
ἀγκοίνη, *truss*
ἀγκουρέτο, *grapnel*
ἀγκύλη, *bracket, cramp, eye splice, bight*
(σχοινίου), *Flemish eye*
ἀγκύλιον, *fork joint, shackle*
ἀγκύρας, *anchor shackle*
ἄγκυρα, *anchor*
ἀμφίστομος —, *two-armed anchor*
ἀντινομῆς, *floating anchor, sea anchor*
ἀρθρωτὴ —, *articulated anchor*
ἄστυπος —, *stockless anchor*
ἐκτὸς ὕδατος, *anchor awash*
ἐν χρῷ, *anchor awash*
ἐπικρεμὴς —, *anchor cock a bill*
ἐπωτίδιος —, *bower anchor*
ἑτερόστομος —, *one-armed anchor*
ἐφεδρική —, *spare anchor, sheet anchor*
ἰσχάς —, *stream anchor*
κατακάθετος —, *anchor apeak, short stay anchor*
κυρία —, *bower anchor*
μυκητοειδής —, *mushroom anchor*
ναυδέτων, *mooring anchor*
ξενερισμένη —, *anchor awash*
πάγων, *ice anchor*
παρακάθετος —, *anchor astay, long stay anchor*
περιπεπλεγμένη —, *foul anchor*
πιασμένη —, *foul anchor*
πλωτή —, *floating anchor, sea anchor*
στυπόπλεκτος —, *foul of (to) the stock*
ὑπόπρυμνος —, *stern anchor*
ὑπόπρῳρος —, *stem anchor*
ἀγκύρας, ἀγκών, *anchor crown*
ἀκρονύχιον —, *peak of anchor*
ἅλυσις —, *anchor chain*
βραχίονες —, *anchor arms*
δακτύλιος —, *anchor ring*
ἐπωτίς —, *anchor davit*
ἐργάτης —, *capstan*
ἐσοχὴ —, *anchor pocket*
θέσις — (ἐν πλῷ), *anchor bed*
καπόνι —, *anchor davit*
κατοχεύς —, *stopper of anchor, anchor compressor*
κίονες —, *bitts*
κλίνη —, *anchor bed*

ἀγκύρας
κρίκος —, *anchor ring*
ὀδόντες —, *anchor flukes*
πτερύγια —, *anchor flukes*
σημαντὴρ —, *anchor buoy*
φυλακὴ —, *anchor watch*
ἀγκύριον σχοινίον, *anchor cable, anchor line*
ἀγκυροβολεύς, *tumbler*
ἀγκυροβολία, *anchoring*
ἀγκυροβολίας, φῶτα, *anchor lights*
ἀγκυροβόλιον, *anchorage*
ἀσφαλὲς —, *safe anchorage*
ἀγκυροβολῶ, *to cast anchor, to anchor*
ἀγκυρόδεσμος, *clench, clinch, anchor lashing*
ἁπλοῦς —, *running clinch*
ἀγκυροδέτης, *stopper of anchor*
ἀγκυροδετῶ, *to bend*
ἀγκυρόσημον, *anchor buoy*
ἀγκύρωσις, *anchoring*
ἀγκών, *elbow, knee, bracket, crank throw*
στροφαλοφόρου ἄξονος, *crankshaft throw*
τῆς ἐπωτίδος, *supporter of the cat-head*
ἀγκωνάρι, *cornerstone.*
ἀγκωνάρια, *rubble*
ἀγκωνωτοῦ ὁδηγοῦ, ἄξων, *switch pivot*
κοχλιωτὸς — — —, *switch pivot nut*
ἀσφαλιστικὴ ἐφηλὶς περικοχλίου — —, *switch pivot cotter pin*
περικόχλιον — —, *switch pivot dowel pin*
ἄγνωστον, τό, *the unknown*
ἀγριοκαρυά, *hickory*
ἀγριολεύκη, *aspen*
ἀγριόπευκο, *black pine, Australian pine, European larch, larch*
ἀγρίφη, *rake, fire rake, pricker*
ἀγωγεύς, *pipe*
ἀέρος, *air duct*
ἀγωγή, *conduction, convection*
θερμότητος, *convection*
ἀγώγιμον ρευστόν, *electrolyte*
ἀγώγιμος συνέχεια, *continuity*
ἀγωγιμότης, *conductance, conductibility, conductivity, conduction*
μαζικὴ —, *mass conductivity*
μονομερὴς —, *unilateral conductivity*
σύνθετος —, *admittance*
τῆς γῆς, *earth conductivity*
ἀγώγιον, *carriage*
ἀγωγοὶ λιπάνσεως (δίκτυον), *oil ducts*
ρεύματος, *mains*
κυρίου —, *mains*
συγκεντρώσεως, *ring mains*
ὑψηλῆς τάσεως, *high tension leads*
ἀγωγός, *conductor, lead, duct, main, manifold*
ἀπορρίψεως καλύκων, *link chute*
διανομῆς, *feeder*
δοκιμαστικὸς —, *pilot wire*
εἰς τὸ δυναμικὸν προσγειώσεως, *neutral wire*
εἰσαγωγῆς, *lead-in wire*
ἐκ μετάλλου Eureka, *Eureka wire*
χαλκοῦ, νηματοειδής, *copper strand*
ἐκρηκτικοῦ, *charger guide*
ἐκφορτώσεως, κεκλιμένος, *chute*
ἐπιστροφῆς, *return line*
ἐρεύνης, *wandering lead*
εὐθύγραμμος ρευματοφόρος —, *straight wire*
κεραυνοῦ, *lightning conductor*
μὴ ἀκολουθῶν τὸν νόμον τοῦ Ὤμ, *non-ohmic conductor, non-conductor*
νεκρὸς —, *dead conductor*
περιτυλιγμένος διὰ μεταξίνου νήματος, *silk wire*
πρὸς μίαν φοράν, *unidirectional conductor*
προστατευτικὸς —, *guard wire*
συνδέσεως κεραίας μετὰ τοῦ δέκτου, *down-lead*
ὕδατος, *aqueduct*
συμπυκνώσεως ἀτμοῦ, *condense pipe*
ὑδροληψίας (ὑδροηλ. ἐγκατ.), *power conduit*
ἄγων, *agent*
ἀλλαγῆς τῆς φυσικῆς καταστάσεως, *denaturating agent*
ἐμποτισμοῦ, *impregnating agent*
ὀξειδωτικὸς —, *oxidising agent*
φορτίσεως, *loading agent*
ἀδάμας, *diamond*
ἀδανσονία ἡ παλαμοειδής, *baobab (tree)*
Ἀδάρα (ε Μεγάλου Κυνός), *Adhara*
ἄδεια, *licence, permit, permission, leave, furlough*
ἀπουσίας, *leave, furlough*
κυκλοφορίας, *pass, permit*
πτήσεως ὑπεράνω ἀπηγορευμένης περιοχῆς, *traffic control clearance*

ἀδειάζω, *to empty, to bale out*
ἄδετος, *unbound, free, untied*
ἀδιαβατικὴ ἀλλαγή, *adiabatic change*
ἀπόδοσις, *adiabatic efficiency*
γραμμή, *abiabatic line*
ἐκτόνωσις, *adiabatic expansion*
ἀερίου, *adiabatic expansion of gas*
ἀτμοῦ, *adiabatic expansion of steam*
ἐξίσωσις, *adiabatic equation*
θερμικὴ πτῶσις, *adiabatic heat drop*
καμπύλη, *adiabatic curve*
συμπίεσις, *adiabatic compression*
ἀδιαβατικός, *adiabatic*
νόμος (τῶν ἀερίων), *adiabatic law (of gases)*
ἀδιαβροχοποίησις, *water-proofing*
ἀδιάβροχος, *water-proof*
ἐλαιοχάρτης, *grease-proof paper*
ἀδιάθερμος, *adiabatic*
ἀδιάλυτος, *undiluted*
ἀδιαπέραστον (**ἰδιότης**), *impermeability*
ἀδιαπέραστος, *impermeable, proof, impenetrable*
ἀπὸ ἀκτῖνας θερμότητος, *athermanous*
ἐπιφάνεια, *impenetrable surface*
ὑπὸ τῆς φλογός, *flame-tight*
ἀδιάπλωτος, *unnavigable*
ἀδιαπότιστον στρῶμα, *impervious stratum*
ἀδιαφανὲς (**ἰδιότης**), *opacity*
ἀδιαφανής, *opaque*
ἀδιέγερτος, *unexcited*
ἀδιπικὸν ὀξύ, *adipic acid*
ἀδουρόλη, *adurol*
ἀδράνεια, *inertia*
βαρομέτρου, *falling time (of barometer)*
ἀδρανής, *inert, slack*
ἀδράχτι, *spindle, spinning spindle*
(ἀγκύρας), *shank of an anchor*
ἀδρόϊνος, *coarse-grained*
ἀδρομερής, *coarse-grained*
ἀδρός, *coarse, rough*
ἀδρόχρισμα, *rough-cast plastering*
ἀδύνατος, *weak*
ἀειθαλής, *evergreen*
ἄελλα, *squall*
ἀεραγήματα, *air-borne troops, paratroops*
ἀεραγωγός, *air duct, air pipe, vent*
εἰσαγωγῆς, *air intake*
σωλήν, *air tube, trunk ventilator*
ἐλαστικός — —, *air hose*
ἀεράκατος, *aircraft, flying-boat*
ἀεράμυνα, *air defence*
ἀεραντλία, *air pump*
δι' ὑδραργύρου, *mercury air-pump*
ξηρά —, *dry air-pump*
ἀερασκός, *air bag*
ἐπιπλεύσεως, *flo(a)tation air-bag*
ἀεραφρός, *aerofoam*
ἀερεξαγωγεύς, *air cock*
ἀέρια, ἀδρανῆ, *inert gases*
παραμόνιμα—, *persistent gases*
παροδικά—, *non-persistent gases*
ἀεριέλαιον, *gas oil*
ἀερίζω, *to aerate, to ventilate*
ἀεριοαναλύτης, *gas analyser*
ἀεριογόνον, *gas generator, gas producer*
ἀεριοθῦλαξ, *vapour lock*
ἀεριοκινητήρ, *gas engine*
ἀεριοκονίαμα, *gaseous concrete*
ἀεριοκρουνός, *gas cock*
ἀεριολαβίς, *gas pliers, gas tongs*
ἀεριομετρητής, *gasometer*
Ρότα, *Rota gasometer*
ἀεριόμετρον, *aerometer*
ἀεριομηχανή, *gas engine*
ἀέριον, *gas, air gas*
ἀεριογόνου, *air gas*
ἀνθρακικοῦ ὀξέος, *carbonic acid gas*
ἀργόν —, *inert gas*
ἄχρουν —, *colourless gas*
δηλητηριῶδες —, *poisonous gas*
διὰ κινητῆρας, *power gas*
διαπυρωμένον —, *incandescent gas*
ἐκροῆς, *exhaust gas*
ἐλαιοποιητικόν —, *olefiant gas*
ἑλῶδες —, *fire-damp*
ἐξ ἐλαίου, *oil gas*
ἐξαγωγῆς, *exhaust gas*
μικτόν —, *mixed gas*
Μόντ, *Mond gas*
Ντόουσον, *Dowson gas*
ὀπτανθρακοκαμίνου, *coke-oven gas*
πεπιεσμένον —, *compressed gas*
πολεμικόν —, *war gas*
πτωχόν —, *mixed gas*
σῶμα —, *gas*
τέλειον —, *perfect gas, ideal gas*
ὑγροποιηθέν —, *liquefied gas*
φυσικόν —, *natural gas*
χλωροπράσινον —, *greenish-yellow gas*
ἀεριοπαραγωγός, *gas producer*
ἀεριοποιημένος, *gasified, gaseous*
ἀεριοποιήσιμος, *gasifiable*
ἀεριοποίησις, *gasification*

ἀεριοποιῶ, *to gasify, to aerify*
ἀεριοπροώθησις, *jet propulsion*
ἀεριοπροωθητής, *jet propulsion engine*
ἀεριοπροωθούμενον, *jet aircraft*
ἀεροσκάφος, *jet-propelled aircraft*
ἀεριοπροωθούμενος, *jet-propelled, jet*
ἀεριοστρόβιλος, *gas turbine*
ἀεριοσωλήν, *gas pipe*
ἀεριόφραγμα, *gas lock, vapour lock*
ἀεριοφράκτης, *throttle valve*
ἀεριοφυλάκιον, *gas holder*
ἀεριόφως, *lighting gas, coal gas*
ἀεριοωθητής, *jet*
ἀερισμός, *aeration, ventilation*
τεχνητός —, *artificial ventilation, air-conditioning*
ἀεριστήρ, *ventilator*
μυκητοειδής —, *mushroom ventilator*
ἀεριώδης, *gaseous*
ἀεριωθούμενον, *jet aircraft*
ἀερίων, ἀποτέλεσμα, *action of gases*
ἐπίδρασις —, *action of gases*
ἀεροβαλβίς, *air valve*
ἀεροβολὶς μετὰ ραδιοτηλεγραφικοῦ πομποῦ, *wireless transmitter balloon*
ἀεροδέκτης, *air receiver*
ἀεροδρόμιον, *aerodrome, airport, 'drome, flying ground, deck (κν.)*
βοηθητικόν —, *auxiliary landing ground, staging field*
δι' ὅλας τὰς ἐποχάς, *all-weather field*
ἐπιχειρήσεων, *operational aerodrome*
πρόχειρον—, *landing ground (L.G.)*
ἀεροδρομίου, κίνησις, *aerodrome traffic*
ἀεροδυναμική, *aerodynamics*
εὐστάθεια, *aerodynamic balance*
λεπτότης, *aspect ratio*
πλάστιγξ, *aerodynamic scales*
τομή, *airfoil section*
ἀεροδυναμικὸν κάλυμμα, *streamlined cover, nacelle*
κέντρον τομῆς πτέρυγος, *aerodynamic centre of wing section*
ἀεροδυναμικός, *streamlined*
ἀεροδύνη, *aerodyne*
ἀεροεικών, *air photograph*
ἀεροεξωστήρ, *air ejector*
ἀεροθάλαμος, *air chamber, air vessel, inner tube*
τροχοῦ, *inner tube*
ἀεροθερμαντήρ, *air heater*
ἀεροθερμόμετρον, *air thermometer*
ἀεροθῦλαξ, *air lock*
ἀεροκαθαριστήρ, *air cleaner, air filter*
δι' ἐλαίου, *oil-bath air cleaner*
ἀεροκαθαριστής, *air cleaner, air filter*
ἀεροκατασκευή, *aerostructure*
ἀεροκιβώτιον λέμβου, *buoyancy tank*
ἀεροκίνητα στρατεύματα, *air-borne troops*
ἀεροκινητήρ, *aircraft engine, aeroplane engine, airplane engine, aero-engine*
ἀερόλιθος, *aerolite, meteor, shooting star*
ἀερολιμήν, *airport*
ἀερολογία, *aerology*
ἀερομαχία, *air combat, air fight*
ἀερομηχανή, *air engine*
ἀερομηχάνημα ἡλώσεως, *pneumatic squeeze riveter*
ἀερομηχανικός, *aircraft engineer*
ἀερονημάτια, *streamlines, slipstream, filaments of an air current*
ἀροναυαγοσωστικὸν πλοιάριον, *air rescue pinnace*
ἀεροναυτική, *aeronautics*
ἀεροναυτικός, *aeronautical*
ἀεροναυτιλία, *air navigation, aerial navigation, navigation, avigation*
ἐξ ὄψεως, *visual navigation*
νυκτερινή —, *night navigation*
τακτικῆς, *tactical navigation*
ἀεροναυτιλιακὸς ἀναγωγεύς, *navigation computor*
ὑπολογιστής, *navigation calculator*
ἀεροναυτίλος, *air navigator, navigator*
ἀεροπέδη, *air brake*
ἀεροπερατός, *permeable to air*
ἀεροπλάνον, *aeroplane, airplane, aircraft, 'plane', flying machine, land plane, 'machine'*
βομβαρδιστικόν —, *bomber aircraft, bomber*
διώξεως, *fighter*
ἐκπαιδευτικόν —, *training machine*
ἐπιχειρήσεων, *operational aircraft*
ἐφωδιασμένον μὲ κινητῆρα ἕλξεως, *tractor airplane*
μάχης, *tactical airplane*
μαχητικόν —, *fighter*
μετὰ πεδίλων, *ski-plane*
πολλῶν κινητήρων, *multi-engined aircraft*
ξηρᾶς, *land plane, land machine*
πολυκινητήριον —, *multi-engined aircraft*

ἀεροπλᾶνον
συνδέσμου, *liaison aeroplane*
συνεργασίας πυροβολικοῦ, *gun spotter*
ἀεροπλανοφόρον, *aircraft carrier*
ἀεροπλοΐα, *aerial navigation*
ἀεροπλόϊμος, *airworthy*
ἀεροπλοϊμότης, *airworthiness*
ἀερόπλοιον, *airship, dirigible, Zeppelin*, **Βλ. καὶ πηδαλιουχούμενον**
ἄκαμπτον —, *rigid airship*
εὔκαμπτον —, *non-rigid airship*
ἡμιεύκαμπτον —, *semi-rigid airship*
ἀεροπορία, *aviation, airforce*
ἐκπαιδεύσεως, *training aviation*
μεταφορῶν, *transport aviation*
πολιτική —, *civil aviation*
στρατιωτικῆς συνεργασίας, *support aviation*
ἀεροπορικὴ βάσις, *air station*
— ἔκδοσις (Α. Ε.), *air publication (A.P.)*
ζώνη, *flight way*
σχολή, *flying school*
ἀεροπορικὸν δρομόμετρον, *air log*
ἐμπόδιον, *flying obstruction*
κέντρον, *flying centre, air station*
ὅπλον στόλου, *Fleet Air Arm*
ἀεροπορικὸς διάδρομος, *aerial corridor*
σημαντήρ, *aerial light*
ἀεροπόρος, *flier, airman*
ἀεροπόρου, θέσις, *cock-pit*
ἀερορράπτης, *fabric worker*
ἀέρος, ἀγωγή, *air-conduction*
ἀνατάραξις —, *bumpiness*
ἀντίδρασις —, *air reaction*
ἀντίστασις —, *air resistance*
ἀποξήρανσις —, *air drying*
ἀραίωσις —, *air rarefaction*
ἀρνητικόν —, *air negative*
διαρροή —, *air leak*
διάστημα —, *air-space*
διατάραξις —, *air disturbance*
διαχωριστής —, *air separator, air release*
διέξοδος —, *air vent*
διηλεκτρικὴ ἀντοχή —, *air dieletric strength*
δύναμις —, *wind force*
ἐκκινητήρ —, *air starter*
ἑλκυσμός —, *air draught*
θερμοκρασία —, *air temperature*
θλιβόμετρον —, *air pressure gauge*
κενόν —, *air pocket*
μεραρχία —, *air division*
ὀπή —, *air pocket*

ἀέρος, ἀγωγὴ
λήψεως —, *air hole*
παροχή —, *air supply*
προβολή —, *air jet*
προθερμαντὴρ —, *air-heater, air preheater*
προσκεφάλαιον —, *air cushion*
ρεῦμα —, *air stream, air current, air draught, air flow*
ἀνερχόμενον — —, *rising current of air*
ἀνοδικόν — —, *rising current of air*
καθοδικόν — —, *downward current of air*
κατιόν — —, *downward current of air*
ριπή —, *gust of wind*
ροή —, *air flow*
ρυθμιστής —, *air-slide valve*
σφοδρότης —, *wind force*
σωλήν —, *air hose*
φίλτρον —, *air filter, air cleaner*
φλέψ —, *air bleed*
φούσκα —, *blister*
φύσημα —, *gust of wind*
ὕγρανσις —, *air humidifying*
ἀερόσακκος, *inflation bag*
ἀεροσκάφη βαρύτερα τοῦ ἀέρος, *heavier-than-air aircraft*
ἀεροσκάφος, *aeroplane, airplane* (**ἄνευ κινητῆρος**), *air-frame* (**παντὸς τύπου**), *aircraft*
ἀεροπλανοφόρου, *ship-plane*
ἄνευ οὐρᾶς, *tailless aeroplane, tailless airplane*
ἀντικαταστάσεως, *relief aircraft*
ἀστυνομικόν —, *police aircraft*
ἐλαφροῦ βομβαρδισμοῦ, *light bombardment airplane*
μετὰ προωθητικοῦ συστήματος, *pusher aeroplane, pusher airplane*
ἕλξεως, *tractor aeroplane, tractor airplane*
μεταγωγικόν —, *air carrier*
πλοίου, *ship-plane*
ταχυδρομικόν —, *postal aircraft*
ἀεροσκάφους, ἄξων, *axis of an aircraft*
βιβλιάριον μητρῴου —, *aircraft log*
γενικὰ ἀνταλλακτικά —, *aircraft general spares*
ἐπισκευή —, *air-frame repair*
κυβερνήτης —, *captain of aircraft*
μαγνητικὴ πυξίς —, *aircraft magnetic compass*

ἀεροσκάφους
μαγνητισμός —, *aircraft magnetism*
ρύθμισις —, *balancing of machine, air-frame adjusting*
συναρμολόγησις —, *air-frame assembly*
συντήρησις —, *air-frame maintenance*
τύπος —, *aircraft type*
φωτομηχανή —, *air camera*
ἀεροσκυρόδεμα, *aerocrit*
ἀεροστάθμη, *spirit level, cross-level*
σφαιρική —, *box spirit level*
ἀερόστατα ἀμύνης, *nurse balloons*
ἀεροστατaετός, *kite ballon (K.B.)*
ἀεροστατικὴ ἄνωσις, *aerostatic lift*
ἀεροστατικὸν ἱστίον, *balloon sail*
ἀεροστατικός, *aerostatic*
ἀερόστατον, *aerostat, balloon, kite ballon (K. B.)*
βοηθητικόν —, *auxiliary balloon*
δέσμιον —, *captive balloon, nurse balloon*
θερμοῦ ἀέρος, *hot-air balloon*
παρατηρήσεων, *observer balloon, kite balloon*
προστασίας στόχων, *flying elephant*
πυρός, *fire balloon*
ἀεροστεγανότης, *air-tightness*
ἀεροστεγὲς σφράγισμα, *air-tight seal*
ἀεροστεγής, *air-tight, airproof*
δεξαμενή, *air-tight reservoir*
ἀεροσυμπιεστής, *air-compressor*
ἀερόσφυρα, *pneumatic hammer*
ἀεροταμιευτήρ, *air bottle*
ἀεροταχύμετρον, *airspeed indicator*
ἀεροτομή, *aerofoil, airfoil*
μαχαιροειδής —, *fair-shaped airfoil*
μεταβλητή —, *primary control surface*
ἀεροτομῆς, κάθετος διατομή, *airfoil profile*
καμπυλότης —, *camber*
σχῆμα —, *airfoil profile*
ἀεροτοπογραφία, *aerotopography*
ἀεροτορπίλλη, *aerial torpedo*
ἀεροτριγωνισμός, *aerotriangulation*
ἀεροφάρος, *aerial beacon*
ἀεροφερόμενος, *airborne*
ἀερόφραγμα, *air-lock*
ἀεροφράκτης, *air-seal*
ἀεροφράκτου ἐν πτήσει, θέσις, *throttle position in flight*
ἀερόφρενον, *air brake, pneumatic wheel-brake, flap*
ἀεροφυλάκιον, *air container*
ἀεροφυσαλλίς, *air bubble, air bell*
ἀεροφωτογραμμομετρία, *photographic mapping, photo-charting*
ἀεροφωτογραφία πληροφοριῶν, *intelligence photography*
ἀεροφωτογραφική, *aerial photography, air photography*
ἀεροφωτομηχανή, *aircraft camera*
ἀεροφωτομωσαϊκόν, *aerial mosaic, aerophotographic sketch, unrectified mosaic*
ἀερόψυκτος, *air hardening, air-cooled*
κινητήρ, *air-cooled engine*
μετασχηματιστής, *air-cooled transformer, air blast transformer*
μηχανή, *air-cooled machine*
ἀερόψυξις, *air-cooling*
ἀερώδης μᾶζα, *air mass*
Ἀετὸς (Ἀστερ·), *Aquila*
ἀέτωμα, *gable*
ἀζίδια, *azides*
ἀζιμούθ, *azimuth.* **Βλ· καὶ ἀζιμούθιον·**
ἀζιμουθιακαὶ συντεταγμέναι, *azimuthal co-ordinates*
ἀζιμουθιακὴ πυξίς, *azimuth compass*
ἀζιμούθιον, *azimuth*
ἀληθές — **(Αζλ),** *true azimuth*
ἀζιμούθιος κύκλος, *azimuth circle*
ἀζῖναι, *azines*
ἀζουρίτης κυανοῦς, *azurite*
ἀζωτίδια, *azides*
ἀζωτόμετρον, *azotometer*
ἄζωτον, *nitrogen (N), azote*
ἀτμοσφαιρικὸν —, *atmospheric nitrogen*
ἐνεργόν —, *active nitrogen*
ἀζώτου, διοξείδιον, *nitrogen dioxide, nitrogen peroxide*
μονοξείδιον —, *nitrous oxide*
ὀξείδιον —, *nitric oxide*
πεντοξείδιον —, *nitric anhydride*
τετροξείδιον —, *nitrogen tetroxide, dinitrogen tetroxide*
τριοξείδιον —, *dinitrogen trioxide*
ὑδροξείδιον —, *nitrous oxide, laughing gas*
ὑπεροξείδιον —, *dinitrogen tetroxide*
ὑποξείδιον —, *nitrous oxide*
ἀζωχρώματα, *azodyes*
ἀήρ, *air*
ἠραιωμένος —, *rarefied air*
θερμός —, *warm air*
καύσεως, *air of combustion*
ξηρός —, *dry air*
παγωμένος —, *glacier breeze*
πεπιεσμένος —, *compressed air*
περιβάλλων —, *ambient air*

ἀὴρ
ρευστοποιημένος —, *liquid air*
σαρώσεως, *scavenging air*
ὑγρός —, *damp air, moist air*
ὑπερκείμενος —, *overlying air*
φυσητῆρος, *air blast*
ἀθέρμανσις, *athermancy*
ἄθικτος, *intact*
ἀθόδυλος (**ἀεριοθερμοδυναμικὸς αὐλός**), *ram jet*
ἀθροίζω, *to add*
ἀθροίσεως, κύλινδρος, *totalising drum*
μηχανισμός —, *totalising mechanism*
ἄθροισις, *summation*
ἄθροισμα, *sum*
ἀθροιστήρ, *adding machine*
ἀθροιστής, *totaliser*
ἀθροιστικὴ μηχανή, *adding machine*
αἵ τῆς λέμβου, *boat ahoy*
αἴγειρος, *poplar*
αἰγιαλός, *strand, shore*
αἰγιρίνης, *acmite*
αἴγλη, *glory*
Αἰγόκερως (**Ἀστερ. Ζῳδ. Κύκλου**), *Capricorn*
αἰθάλη, *soot, fume, lamp black, gas black*
ὀστέων, *bone black*
αἰθάνιον, *ethane*
διχλωριοῦχον—, *ethylene dichloride*
αἰθέρος, δονήσεις, *vibrations of ether*
κυματισμοί—, *vibrations of ether*
αἰθήρ, *ether*
αἰθυλικός —, *ethyl ether, diethyl ether*
αἰθυλομεθυλικός —, *methyl-ethyl ether*
μεθυλικός —, *methyl ether*
ὀξικός —, *acetic ether*
πετρελαϊκός —, *petroleum ether, petroleum naptha*
πετρελαίου, *petrol*
αἴθουσα ἀποθηκεύσεως, *store room*
διαλέξεων, *lecture room*
λήψεως πληροφοριῶν, *briefing room*
προπαρασκευῆς τῆς πτήσεως, *briefing room*
στεγνώσεως, *drying room*
αἰθρία ἡμέρα, *day of clear sky*
αἰθρίασμα οὐρανοῦ, *summer blink*
αἴθριος οὐρανός, *day of clear sky*
αἰθυλαιθήρ, *ethyl ether*
αἰθυλενικὸν πνεῦμα, *ethylene glycol*
αἰθυλένιον, *ethylene, ethene, olefiant gas*
αἰθυλένιον
διβρωμιοῦχον —, *ethylene dibromide*
κυανιοῦχον —, *ethylene dicyanide*
χλωριοῦχον —, *ethylene dichloride*
αἰθύλια, *ethyl group*
αἰθυλικὸν πνεῦμα, *ethyl alcohol*
αἰθύλιον —, *ethyl*
βρωμιοῦχον —, *ethyl bromide*
ἰωδιοῦχον —, *ethyl iodide*
νιτρικόν —, *ethyl nitrate*
ὀξικόν —, *ethyl ecetate, acetic ether*
χλωριοῦχον —, *ethyl chloride*
αἰθυλίου, ὀξείδιον, *ethyl oxide, diethyl ether*
ὀξικὸς ἐστήρ —, *ethyl acetate, acetic ether*
ὑδροξείδιον —, *ethyl hydroxide*
αἰθυλόπνευμα, *ethyl alcohol*
αἱματίτης, *haematite, red haematite, ferric oxide, specular iron ore*
ἀϊνστάϊνιον, *einsteinium*
αἶρα, *sledge*
αἴρω, *to hoist, to haul, to heave*
αἴτημα, *postulate*
αἴτησις, *application*
αἰχμή, *edge*
καρδίας διασταυρώσεως, *frog point*
φορτίου, *peak load*
αἰχμίς, εὐθύγραμμος, *straight edge*
αἰώνιαι μεταβολαί, *secular trends*
αἰώρα, *swing-bed, hammock*
αἰωρεῖσθαι, *to tilt, to swing*
αἰώρημα, *emulsion*
αἰώρησις, *oscillation, suspension, sagging, swinging*
διὰ χειρός, *hand swinging*
ἐκκρεμοῦς, *swing of a pendulum*
ὀπισθία —, *swingback*
πλαγία —, *side swing*
αἰωροῦμαι, *to swing, to tilt*
ἀκαθαρσίαι, *impurities*
ἀκάθαρτον πετρέλαιον καύσεως, *fuel oil*
ἀκάθαρτος, *foul*
ἀκακία, *acacia*
ἄκαμπτος, *rigid*
σύνδεσμος μεταδόσεως κινήσεως, *rigid coupling*
συνδετήρ, *rigid coupling*
ἀκαμψία, *rigidity*
ἀκανθίτης, *acanthite*
ἀκανθωτός, *spiked*
ἄκαπνος πυρῖτις, *cordite*
ἀκαριαῖον ἐκρηκτικὸν πυραγωγὸν σχοινίον, *instantaneous-detonating fuze*

ἀκαριαῖος, *instantaneous*
ἀκατάλληλος πρὸς πλοῦν, *unseaworthy*
ἀκατάστατος, *erratic*
ἀκατέργαστοι λίθοι, *rubble*
ἀκατέργαστον κόμμι, *crude rubber*
ἀκατέργαστος, *rough, unwrought*
σίδηρος, *raw iron*
ὕλη, *raw material*
χάλυψ, *raw steel*
ἀκάτιον, *foresail, nacelle*
ἀκάτιος ἱστός, *foremast*
ἄκατος, *launch*
ἀκατράμωτος, *untarred*
ἄκαυστος, *fireproof, incombustible*
ἀκέδρωτος, *untarred*
ἄκερ, *acer, maple*
ἀκεροειδής, *aceric*
ἀκετάλη, *acetal*
ἀκεταμίδιον, *acetamide*
ἀκετανιλίδιον, *acetanilide*
ἀκετόνη, *acetone*
ἀκετοφαινόνη, *acetophenone, acetylbenzine, phenylmethyl ketone*
ἀκετυλένιον, *acetylene*
ἀκετυλοκυτταρίνη, *cellulose acetate*
ἀκίδες σώματος σπινθηριστοῦ, *earth electrodes*
ἀκιδωτὸς πάγος, *frazil ice*
τροχὸς δι' ἅλυσιν, *pitch chainwheel*
καὶ ἐμπλοκή, *pin wheel and pinion gear*
ἀκίνητος, *still, stationary, hard and fast*
ἀκὶς κεντρικοῦ σώματος σπινθηριστοῦ, *central electrode*
ἀκμαὶ παράπλευροι, *side edges*
στερεᾶς γωνίας, *edges of a solid angle*
ἀκμή, *edge, border, tip, arris*
εἰσόδου (**πτερύγιον**), *inlet edge*
ἐκφυγῆς, *trailing edge*
ἐξαγωγῆς, (**πτερυγίου**), *outlet edge*
κωνική —, *bevelled edge*
πτερυγίου, *edge of a blade*
ἀκμίτης, *acmite*
ἀκμόνιον καθηλώσεως, *dolly*
ἑλικωτόν — —, *screw dolly*
ἄκμονος, βάθρον, *anvil stake*
βάσις —, *anvil block, anvil stand*
κάτω μήτρα —, *bottom swage*
κέρας —, *beak horn*
κοπίδιον —, *anvil cutter, anvil chisel*
ὄψις —, *anvil face*
ἄκμων, *anvil*
ἄκμων σχήματος διατρήτου χονδροπλακός, *swage block*
ἀκόλουθος, *follower*
ἀκολουθῶ, *to follow*
ἀκόνη, *grinder*
ἀκονίζω, *to grind, to whet, to give a fine edge, to impart a fine edge*
ἐπὶ λαδακόνου, *to hone*
ἀκόνισμα, *grinding, giving a fine edge*
διὰ σμύριδος, *emery grinding*
ἀκονιστής, *grinder*
ἀκονιστικὴ μηχανή, *tool grinder, tool grinding machine*
πάσης κατευθύνσεως, *universal grinding machine*
ἀκονιτικὸν ὀξύ, *aconitic acid*
ἀκονιτίνη, *aconitine*
ἀκόνιτον, *aconite*
ἀκονόλιθος, *grindstone*
ἀκονοτροχός, *grindstone*
ἀκόντιον τοπογράφου, *aligning pole*
ἀκόρεστος, *unsaturated*
ἄκουα-φόρτε, *aqua fortis, nitric acid*
ἀκουστικά, *ear phones, head gear*
ἀκουστική, *acoustics*
ἀντίφασις, *anti-node*
ἀπορρόφησις, *acoustic absorption*
βυθομέτρησις, *acoustic sounding*
νάρκη, *acoustic mine*
παραμόρφωσις, *acoustic distortion*
συνήχησις, *acoustic resonance*
συχνότης, (**Α. Σ.**) *(100 - 8000 κ/δ), audio-frequency (A.F.)*
ἀκουστικῆς συχνότητος, ἐνίσχυσις, *audio-frequency amplification*
μετασχηματιστής — —, *audio-frequency transformer*
ἀκουστικόν, *ear-piece, phone*
φίλτρον, *acoustic filter*
ἀκουστικός, *acoustic, aural*
συρμὸς κυμάτων, *tonic train*
σωλήν, *speaking tube*
ἀκουστικότης, *audibility*
ἀκουστικότης, μεγίστη ἐμβέλεια, *extreme range of audibility*
ἀκουστός, *audible*
ἄκρ, *acre (4.046,71 τ.μ.)*
ἄκρα, *extremes*
ἐποχικὰ σύνολα, *extreme seasonal totals*
ξηρᾶς, *head*
ὄρους, *spur*
σημεῖα, *limit points*
ἀκραία ὀπὴ καμίνου πρὸς καπνοδόχον, *uptake*
συγκόλλησις, *butt-weld*

ἀκραῖον ·κιβώτιον ἄξονος, *pillow block, plummer block*
πυραγωγὸν σχοινίον πριμακόρντ, *primacord*
ἀκραῖος, *terminal*
ἀκραξόνιον, *stub axle*
ἀκραφετῶ, *to slip the cable*
ἀκρίβεια, *precision, accuracy*
ἀναπαραγωγῆς, *fidelity*
ἀκριδίνη, *acridine*
ἀκρόβαθρον, *abutment*
ὑπερχειλιστῆρος, *abutment*
ἀκροβασία, *acrobatics, aerobatics*
ἀκροβατικά, *acrobatics, aerobatics*
ἀκροβολισμός, *skirmish*
ἀκρογιαλιά, *strand, shore*
ἀκρογωνιαῖος λίθος, *corner stone*
ἀκροδέα, *earing*
σειροδετική, *reef earing*
ἀκροδέκται ἡνωμένοι διὰ σύρματος χαμηλῆς ἀντιστάσεως, *short-circuited terminals*
ἀκροδέκτης, *terminal block, terminal, end fitting, lead connection, socket, abutment*
συνδέσεις, *binding post*
χορδῶν, κυλινδρικός, *trunnion*
ἀκροδεσία, *binding*
ἀκρόδεσμος, *eight knot*
ἀκροδίχαλον, *fork joint*
ἀκροκέραιον, *yard-arm*
ἀκρολείνη, *acraldehyde, acrolein*
ἄκρον, *end, final end, border, edge, edging, tip, butt, verge, fringe, tail, peak, head*
ὀξύ —, *sharp edge*
ἀκροπερίδεσις, *whipping*
ἀκροπτερύγιον, *wing tip*
ἀκροπτερυγίου, γωνία κλίσεως, *wing tip rake*
πλωτῆρες —, *wing tip floats*
ἀκροστάτης, *newel (post)*
ἀκροστόμιον, *adjutage, ajutage, mouthpiece*
ἀναμικτήριον —, *combining nozzle, mixing nozzle*
ἀποκλῖνον —, *diverging mouthpiece*
συγκλῖνον —, *converging mouthpiece*
ἀκροσύνδεσμος, *socket*
ἀκροσύρτης, *rigging tackle*
ἀκροσφαλής, *critical*
ἀκροσωλήν, *nozzle*
ἀκροσωλήνιον ἐκκενώσεως, *discharging nozzle*
Ἄκρουξ (α Ν. Σταυροῦ), *Acrux*
ἀκροφύσιον, *nozzle, tuyère, blow-pipe, outflow funnel*
ἀεραγωγοῦ, *air-scoop*
ἀέρος ὑψικαμίνου, *blast nozzle*
ἀτμοῦ, *steam nozzle*
πυροσβεστικοῦ αὐλοῦ, *fire-hose nozzle*
ἀκρυλικὸν ὀξύ, *acrylic acid*
ἀκρωτήριον, *cape, foreland, headland*
ἀκταία, *elder*
ἀκταιωρός, *coast-guard ship*
ἀκτῆ, *elder*
ἀκτή, *coast, beach, shore, sea-shore, sea-side, strand*
ἀκτηρίδος, ἀναστολεὺς ἐλατηρίου ἀσφαλίστρου, *back-plate latch spring stop pin*
ἄξων —, *back-plate pin*
ἐλατήριον ἀσφαλίστρου —, *back-plate latch spring*
ἐμβολεὺς ἀσφαλίστρου —, *back-plate latch spring plunger*
ἧλος ἀσφαλίσεως πλακός —, *back-plate filler piece*
κάτω ἀσφάλιστρον —, *back-plate latch*
ὀπίσθιον συγκρότημα —, *back-plate block*
περόνη —, *back-plate pin*
πλάξ —, *back-plate filler*
ἀκτηρίς, *back-plate, back-plate block, back block*
ἀκτινενέργεια, *radioactivity*
ἀκτινενεργὸν σῶμα, *radioactive body*
ἀκτινενεργός, *radioactive*
ἀκτῖνες, *rays*
α, *alpha rays*
ἀκτινικαί —, *actinic rays*
ἀντιλυκόφωτος, *anti - crepuscular rays* γ, *gamma rays*
ἔμμεσοι —, *indirect rays*
κεντρικαί —, *central rays*
λυκόφωτος, *crepuscular rays*
μαλακαί —, *soft rays*
Ραῖντγκεν, *Roentgen rays, X-rays*
σκληραί —, *hard rays*
ὑπεριώδεις —, *ultra-violet rays*
X, *X-rays, Roentgen rays*
ἀκτίνια καθ' ὥραν, *radians per hour*
ἀκτινικαὶ ράβδοι, *radius rods*
ἀκτινικὴ ἀξία, *actinic value*
τιμή, *actinic value*
ἀκτινικός, *actinic*
ἀκτίνιον, *actinium (Ac)*
(τόξον), *radian*
ἀκτινοβολία, *radiation*

ἀκτινοβολία
μέλανος σώματος, *black body radiation*
νυκτερινή —, *nocturnal radiation*
ραδίου, *radium emanation, radioactive emanation*
φυσική —, *luminescence*
ἀκτινοβολίας, ἀντίστασις, *radiation resistence*
ἀπόδοσις —, *radiation efficiency*
δυναμικόν —, *radiation potential*
ρεύματα —, *radiation currents*
ἀκτινοβολοῦν κύκλωμα, *radiating circuit*
σῶμα, *radiator*
ἀκτινοειδής, *radial*
ἀκτινοθερμομικρόμετρον, *radio micrometer*
ἀκτινολόγησις, *wheel-balancing*
ἀκτινόμετρον, *actinometer*
ἀκτινωτός, *radial*
ἀκτίς, *range, semi-diameter, radius*
ἀδρανείας, *radius of gyration*
ἀναδυομένη —, *emergent ray*
ἀνακλασθεῖσα —, *reflected ray*
ἀνακλωμένη —, *reflected ray*
διαθλωμένη —, *refracted ray*
διανυσματική —, *radius vector*
ἐνεργείας, *range of action, range, radius of action, action radius, cruising radius*
ἡλίου, *sunbeam*
καμπυλότητος, *radius of curvature*
κανονικοῦ πολυγώνου, *radius of a regular polygon*
κατευθύνσεως, *direction ray*
κύκλου, *radius of the circle*
μεγάλη —, *long range*
ὁρατότητος, *radius of visibility*
ὀχοῦσα —, *vector*
πεπολωμένη —, *polarised ray*
περιστροφῆς, *radius of gyration*
περιφορᾶς, *radius of gyration*
προβολῆς, *jet*
προσπίπτουσα —, *incident ray*
προσπτώσεως, *incident ray*
ροπῆς ἀδρανείας, *radius of gyration*
τροχοῦ, *wheel spoke, spoke*
φωτός, *ray of light, ray*
ἀκτοφρουρός, *coast-guard*
ἀκτοφυλακίς, *coast-guard ship*
ἀκτοφύλαξ, *coast guard*
ἀλαβανδῖνος, *alabandite, manganblend*
ἀλαβανδίτης, *alabandite, manganblend*
ἀλάβαστρος, *alabaster*
ἀλαμπής, *dull*
ἅλας, *salt*
ἀζωτοῦχον νιτρικόν —, *nitrate*
ἀλκαλικόν —, *alkaline salt*
ἀμμωνιακόν —, *sal ammoniac*
Γκλάουμπερ, *Glauber salt*
διπλοῦν —, *double salt*
ἀνθρακικοῦ μαγνησίου, καὶ ἀσβέστου, *dolomite*
θειϊκόν —, *sulphate*
Κρόνου, *sugar of lead*
μαγειρικόν —, *rock salt*
νιτρῶδες —, *nitrite*
ὀρυκτόν —, *rock salt*
οὐδέτερον —, *neutral salt*
πτητικόν —, *sal volatile*
ὑπερχλωρικόν —, *perchlorate*
χαλκοῦ, *copperite*
ἅλατα, ἀμμωνιακά, *ammonium salts*
γαλβανοπλαστικῆς, *galvanising salts*
τρυγικοῦ ὀξέος, *tartrates*
ὑδροφθορικοῦ ὀξέος, *fluorides*
ὑδροχλωρικοῦ ὀξέος, *chlorides*
ἀλάτινος, *saline, salty*
ἀλατογόνα, *halogens*
ἀλατοθυρίς, *mud hole, sludge hole*
ἀλατόμετρον, *brine gauge, salinometer*
ἅλατος, ἐπικάθημα, *saline deposit*
ἀλατοῦχος, *saliferous, saline*
διάλυσις, *saline solution*
ἀλατοφόρος, *saliferous*
ἀλατώδης, *saliferous*
ἄλγεβρα, *algebra*
ἀλγεβρικὸν σύμβολον, *algebraic symbol*
ἀλγεβρικὸς τύπος, *algebraic formula*
ἀλγερίτης, *wernerite*
Ἀλγόλ (β Περσέως), *Algol*
ἀλδεΐνη, *acetaldehyde*
ὀξεική —, *acetaldehyde*
ἀλδεϋδαμμωνία, *aldehyde ammonia*
ἀλδεΰδη, *aldehyde, ethaldehyde, formaldehyde, aldoform*
ἀλκοολικοῦ πνεύματος, *acraldehyde, acrolein*
προπιονίκη —, *propaldehyde*
ἀλδεϋδοπνεύματα, *aldoses*
ἀλδεΰνη, *aldehyne*
ἀλδοεξῖζαι, *aldohexoses*
ἀλδοεξόζαι, *aldohexoses*
ἀλδόλαι, *aldols*
ἀλεζουάρ, *reamer, broach*
ἀλέθω, *to grind*
ἀλειμματοκήριον, *spermaceti*
ἀλείφω διὰ κόμμεως, *to gum*
ἀλείφωμα, *glaze, slip-clay glaze*

ἀλεξήνεμον, *windscreen, windshield, wind dodger*
ἀλεξιβόρβορον, *mud-guard, guard*
ἀλεξιθόρυβον, *silencer*
ἀλεξικέραυνον, *lightning arrester, lightning conductor, lightning protector, lightning-rod*
μετὰ πηνίου, *coil lightning arrester*
ραβδωτόν —, *rod lightning conductor*
ἀλεξιπτωτισταί, *paratroops*
ἀλεξιπτωτιστής, *parachutist*
ἀλεξιπτωτιστικαὶ φωτοβολίδες, *flare chutes*
ἀλεξίπτωτον, *parachute, «chute»*
βοηθητικόν —, *auxiliary parachute*
ράχεως, *back-type parachute*
τύπου «χειριστοῦ», *seat-pack parachute*
ἀλεξιπτώτου, ἀκροδέκτης, *parachute loop*
ἀκροσύνδεσμος —, *parachute terminal plate*
ἀορτῆρες —, *parachute shoulder straps*
ἁρπάγη —, *parachute snap*
δετήρια ἀρτήσεως —, *parachute cordage*
δακτυλίου —, *parachute chimney-cord*
ἐξολκῆς —, *parachute extractor cord*
συγκρατήσεως —, *parachute closing cord*
δερμάτιναι ἐνισχύσεις γωνιῶν —, *parachute pieces*
δερματίνη ἀκροζώνη —, *parachute buckle rest*
ἐλαστικὰ ἀπελευθερώσεως —, *parachute opening elastics*
ἐλατήριον ἀνοίγματος —, *parachute spring*
ζώνη —, *parachute belt*
θύλακες —, *parachute pockets*
καλύμματα —, *parachute sides*
κύριον σῶμα —, *parachute body*
κυτίον —, *parachute box*
περιφερειακαὶ ἐνισχύσεις —, *parachute binding*
πλαίσιον —, *parachute frame*
τύπου «καθίσματος», *parachute seat-type frame*
«νώτων», *parachute back-type frame*
προφυλακτικὴ πλάξ —, *parachute plate*
σάκκος —, *parachute pack*
στεφάναι —, *parachute rings*
ἀλεξιπτώτου, ἀκροδέκτης
σύνδεσμος σχοινίων ἀρτήσεως —, *parachute cordage buckle*
σύρμα ἕλξεως—, *parachute rip-cord*
σύστημα λεπίδος —, *parachute cutter*
σχοινίον ἀποσυνδέσεως —, *parachute disengaging cord*
ταινίαι συγκρατήσεως ζώνης —, *parachute supportings*
χειρολαβὴ ἕλξεως —, *parachute release handle*
ἀλεξιπτώτων, ἕρμα δοκιμῆς, *parachute dummy*
συσκευαστής —, *parachute packer*
ἀλεξίπυρον διάφραγμα, *fire wall*
ἀλεξίπυρος, *fireproof, fire-resisting, refractory*
ἄργιλλος, *refractory clay*
πλίνθος, *refractory brick*
ἀλεξίφλογος, *flame-proof, anti-glow*
ἄλεσμα, *grinding*
Ἀλέτρι (Ἀστερ.) Βλ. Μεγάλη Ἄρκτος.
ἀλέτρι. Βλ. ἄροτρον.
ἄλευρον, *powder*
ἀληθής, *actual, true, intrinsic*
ὁρίζων, *rational horizon*
πορεία, *true course (CoT)*
ἁλιευτικόν, *fishing boat, trawler*
δίκτυον, *fishing net, stow net*
πλοιάριον, *fishing smack*
ἀλιζαρίνη, *alizarin*
Ἀλιόθ (ε Μεγάλης Ἄρκτου), *Alioth*
ἄλιος, *hoary leaved alder*
ἀλιφατικαὶ ἑνώσεις, *aliphatic compounds*
ἀλιφατικὸν ὀξύ, *aliphatic acid*
ἄλκαλι, *alkali*
ἀλκαλικὰ ὕδατα, *alkaline waters*
ἀλκαλικαὶ γαῖαι, *alkaline earths*
ἀλκαλικὴ διάλυσις, *alkaline solution*
ἀλκαλικοποιεῖον, *to alkalise*
ἀλκαλικότης, *alkalinity*
ἀλκαλικῶν γαιῶν, μέταλλα, *alkaline earth metals*
ἀλκαλιμετάλλων, ὁμάς, *alkali metals*
ἀλκαλιμετρία, *alkalimetry*
ἀλκαλίμετρον, *alkalimeter*
ἀλκάλιον, *alkali*
ἀλκαλοειδῆ, *alkaloids*
τοῦ ὀπίου, *opium alkaloids*
ἀλκοόλη, *alcohol, ethyl alcohol*
βουτυλική —, *butyl alcohol*
ἀλκυλέναι, *alkylenes*
ἀλκυλένια, *alkylenes*
ἀλλαγή, *alteration, change, turn*

ἀλλαγὴ
κατευθύνσεως πολυβόλων, *power traverse*
μορφῆς, *change of form*
περιοχῆς κυμάτων, *band changing*
πορείας, *alteration of course*
ἀλλανίτης, *allanite, orthite*
ἀλλαντοΐνη, *allantoin*
ἀλλάσσω διεύθυνσιν, *to veer*
ἀλληλένδεσις φάσεων, *interlinking of phase*
ἀλληλένδετον πολυφασικὸν σύστημα, *multiphase interlinked system*
ἀλληλένδετος, *interlinked*
ἀλληλεπαγωγή, *mutual inductance, mutual induction*
ἀλληλεπαγωγικὴ σύζευξις, *mutual coupling*
ἀλληλεπίδρασις ἠλεκτρομαγνητικῶν κυμάτων, *interaction of radio waves*
πτερυγίων τῆς ἕλικος, *blade interference*
πτερύγων, *wing effect*
ἀλληλοδιαδοχὴ ἀγωγῶν, *series of conductors*
μαγνητικῶν πόλων, *alternation*
φάσεων, *succession of phases*
ἀλληλοδιαδόχως, *in tandem*
ἀλληλοτυπία, *interference*
ἀλληλουχία ἐνεργειῶν, *procedure*
ἀλλοιότροπον, *allotrope*
ἀλλοίωσις, *adulteration*
ἀλλοτροπία, *allotropy*
ἀλλοτροπικόν, *allotropic*
Ἀλλούβιον, *alluvium*
ἀλμαδίνης, *almandine*
ἅλμη, *brine*
ἅλμης, ἀντλία, *brine pump*
βαλβίς —, *brine valve*
πυκνόμετρον —, *brine gauge*
σωλὴν —, *brine pipe*
ἀλμικανταρᾶτος, *almucantar*
ἁλμυρόμετρον, *salinometer*
ἁλμυρότης, *salinity*
Ἀλνιτάμ (ε Ὠρίωνος), *Alnitam*
ἀλογόνα, *halogens*
στοιχεῖα, *halogen elements*
ἀλογονικὰ στοιχεῖα, *halogen elements*
ἁλοτριχίτης, *halotrichite*
ἀλουμίνιον, *aluminium (Al), aluminium, metal of clay.* **Βλ. καὶ ἀργίλλιον.**
ἀλουμινίου, ὀξείδιον, *alumina*
ἀλουμινίου-χάλυβος, κρᾶμα, *aluminium steel*
ἀλουμινοκόλλησις, *aluminium solder*
ἀλουνίτης, *alunite, alum-stone*
ἀλπικὴ πορφύρωσις, *alpine glow*
ἀλταζιμούθιον, *altazimuth*
ὄργανον, *altazimuth*
Ἀλτάϊρ (α Ἀετοῦ), *Altair*
ἁλυκή, *salt marsh*
ἁλυσέλικτρον, *messenger wheel*
βαροῦλκον ἀγκύρας, *cable holder, cable lifter*
ἁλύσεως, ἀγκύλιον, *chain shackle*
ἀκραφετὴρ —, *chain slip*
κατοχεύς —, *chain stopper*
κλειδί —, *chain shackle*
κρίκος —, *chain link*
ἁλυσίδα. Βλ. ἅλυσις.
ἅλυσις *(20,1164 μ.), chain (ch.)*
ἅλυσις, *chain, guy*
ἀγκιστρωτή —, *ladder chain*
ἀγκύρας, *chain cable*
ἀθόρυβος —, *silent chain*
ἀσφαλείας, *safety chain*
ἀτέρμων —, *endless chain*
δερματίνη —, *leather-link belt*
διῃρημένη —, *pitched chain*
ἠλεκτρική —, *electrical chain*
ἠλεκτρικῆς προσγειώσεως, *earthing chain*
καδοφόρος —, *block chain*
κινήσεως, *drive chain, driving chain*
μὲ δερματίνους κρίκους, *leather-link belt*
κρίκους μετὰ στυλίσκου εἰς τὸ μέσον, *studded-link chain*
μακρούς δακτυλίους, *long-link chain*
τροχαλίας, *tye*
μετὰ κυλίνδρων, *roller chain*
μεταδόσεως κινήσεως, *driving chain*
οἰακοστροφίου, *wheel chain*
πεπλατυσμένη —, *sprocket chain*
πηδαλίου, *steering - chain*
φορτωτῆρος, *derrick chain*
ἁλυσοειδής, *catenary*
ἅλυσος. Βλ. ἅλυσις.
ἁλυσοτροχός, *sprocket wheel*
ἁλυσότρυπα, *deck hole, navel pipe*
ἀλφάδι, *cross-level, spirit level*
Ἀλφακᾶς (α Β. Στεφάνου), *Alphacca*
Ἀλφάρδ (α Ὕδρας), *Alphard*
Ἀλχένα (γ Διδύμων), *Alhena*
ἁλώνι, *halo*
ἅλως, *halo, solar corona*
ἀμάκ, *hammock*
ἀμάλγαμα, *amalgam*
ἀμαλγαμώνω, *to amalgamate*
ἀμαλγάμωσις, *amalgamation*

ἅμαξα, *carriage*
ἁμαξιτὴ ὁδός, *highway*
ἁμαξοστοιχία, *train*
  ἐμπορική —, *goods train*
ἁμάξωμα, *body, chassis*
ἀμάραντος, *amaranth*
ἀμαυρός, *opaque*
ἀμαύρωσις, *stress marking*
  ἀρνητικοῦ, *blackening the negative*
  τοῦ φωτὸς τῆς ἡμέρας, *fading of daylight*
ἀμβλύνω, *to chamfer*
ἄμβολον, *fish*
ἄμβυξ, *alembic, still*
ἀμερικανικὴ κλῖμαξ συρμάτων, *American wire gauge*
ἀμερικανικὸς (βραχὺς) τόννος, *American (short) ton*
ἀμετάβλητος, *constant*
ἀμέταλλα, *non-metals*
ἀμέταλλον, *metalloid*
ἀμιαντόλιθος, *asbestos stone*
ἀμίαντος, *amianthus, asbestos*
  ἐκ κεροστίλβης, *amphibole asbestos, horneblende asbestos*
  εξ ὀφείτου, *serpentine asbestos*
  καναδικός —, *Canadian asbestos*
ἀμιάντου, φύλλον, *asbestos card, asbestos millboard*
ἀμιγὲς (ἀερίου), *purity of gas*
ἀμιγής, *sound*
ἀμῖδαι, *amides*
ἀμίδια, *amides*
ἀμιδῖναι, *amidines*
ἀμιδοβενζόλη, *phenylamine*
ἀμιδοξικὸν ὀξύ, *amino-acetic acid*
ἀμῖναι, *amines. amino compounds*
  δευτερογενεῖς —, *secondary amines*
ἀμινοενώσεις, *amino compounds*
ἀμινομάς, *amido group*
ἀμινοξικὸν ὀξύ, *glycocoll, glycine*
ἀμινοξύ, *amino-acid*
ἀμινοφόρμ, *hexamine*
ἀμμαντλία, *sand pump*
ἀμμασβεστοκονίαμα, κοπανισμένον, *rammed sand concrete, rammed mortar work*
  πιεστόν —, *rammed sand concrete, rammed mortar work*
ἀμματίζω, *to splice*
ἀμμάτισις, *splicing*
ἀμμοδιϋλιστήριον, *sand filter*
ἀμμοθύελλα, *sand storm*
ἀμμοκονίαμα τοίχων, *wall plaster*
ἀμμόμαργα, *sandy marl*
ἀμμορριπή, *sand blasting*
ἄμμος, *sand*
ἄμμος
  ἄστατος —, *shifting sand, quicksand*
  γωνιώδης —, *sharp sand*
  διαρρέουσα —, *quicksand*
  ἰσχνή —, *sand containing little loam*
  κανονική —, *standard sand*
  μητρῶν, *moulding sand*
  ὀρυκτή —, *pit sand*
  ῥέουσα —, *quicksand*
  σκωριῶν, *granulated blast-furnace sand, slag sand*
  σύρτεως, *quicksand*
  χαλαζιακή —, *quartz sand*
  χαλικοῦχος —, *coarse sand, gravel sand*
  χαλικώδης —, *gravel sand, gravel*
    χονδρή — —, *coarse gravel*
ἀμμοσίφων, *sand pillar*
ἄμμου, διάστρωσις, *sand spraying*
  πλυντήρ —, *sand washer*
  σωρός —, *sand silt*
  ὑπόστρωμα —, *sand cushion*
ἀμμοφυσητήρ, *sand-blast*
ἀμμοχάλικον, *coarse sand, gravel sand, gravel, grit*
  λεπτόν —, *sandy gravel*
ἀμμοχάλιξ, λεπτός, *hoggin*
  χονδρός —, *ballast*
ἀμμόχαρτον, *sand-paper*
ἀμμόχωσις, *bar*
ἀμμωνία, *ammonia, nitrogen, trihydride*
  ὑγρά —, *ammonia liquor*
  ὑδαρής —, *aqueous ammonia*
ἀμμωνιακὰ ἅλατα, *ammonia salts*
ἀμμωνιακὸν διάλυμα, *ammoniacal solution*
  ὕδωρ, *gas liquor*
ἀμμωνιοβάσεις, *amines*
ἀμμώνιον, *ammonium*
  ἀνθρακικόν —, *ammonium carbonate, sal volatile*
  διθειῶδες —, *ammonium bisulphate*
  διττανθρακικόν —, *ammonium bicarbonate*
  θειϊκόν —, *ammonium sulphate*
  θειοῦχον —, *ammonium sulphide*
  νιτρικόν —, *ammonium nitrate, nitrum flammans*
  νιτρῶδες —, *ammonium nitrite*
  ὀξαλικόν —, *ammonium oxalate*
  ὀξικόν —, *ammonium acetate*
  ὄξινον θειῶδες —, *ammonium bisulphate*
  τρυγικόν —, *ammonium tartrate*

ἀμμώνιον
ὑδροθειοῦχον —, *ammonium hydrosulphide, sulphydrate of ammonium*
ὑπερθειϊκόν —, *ammonium persulphate*
φθοριοῦχον —, *ammonium fluoride*
φωσφορικόν —, *ammonium phosphate*
χλωριοῦχον —, *ammonium chloride, sal ammoniac*
ἀμμωνίου, ὑδροξείδιον, *ammonium hydroxide*
ἀμμωτόν, *sand glass*
ἀμοιβὰ ἐξαρτήματα, *spare gear*
τεμάχια, *spare parts, spares*
ἀμοιβαία ἀγωγιμότης, *mutual conductance*
ἐπαγωγή, *mutual inductance, mutual induction*
ἀμοιβαίως μετατρεπόμενοι, *mutually convertible*
ἀμοιβὸν τεμάχιον, *reserve piece*
ἀμοιβός, *spare*
ἀμόνι, *anvil.* **Βλ. καὶ ἄκμων.**
ἀμορόζα, *earing*
σειροδετική, *reef earing*
ἀμορτισέρ, *shock absorber, amortisseur*
ἄμορφος, *amorphous, non-crystalline*
ἀμπαζούρ, *lamp-shade, abatjour*
ἀμπάρα, *cross bar*
ἀμπάρι, *hold*
ἀμπὲρ (μονὰς ἐντάσεως *Coulomb/* **δευτερ.),** *ampere (amp., A)*
-ἀγωγός, *ampere conductor*
-δευτερόλεπτον, *ampere-second*
-λεπτόν, *ampere-minute*
-στροφή, *ampere-turn (A.T.)*
ἀμπερέλιγμα, *ampere-turn (A.T.)*
ἀμπερελίγματα, *turns*
διακένου, *air-ampere turns*
ἀμπεριομετρικὸς γνώμων, *Kelvin balance*
ἀμπεροδευτερόλεπτον, *ampere-second*
ἀμπερόλεπτον, *ampere-minute*
ἀμπερόμετρον, *ampere-meter, ammeter*
θερμικόν —, *hot-wire ammeter*
ἀμπερωριόμετρον, *ampere-hour meter (a.h.m.)*
ἀμπερώριον, *ampere-hour*
ἀμπούλα, *bulb*
ἀμπραγιάζ, *clutch*
ἄμπωτις, *ebb, ebb tide, low tide, falling tide, reflux*
καὶ πλημμυρίς, *ebb and flood*
ἀμυγδαλέλαιον, *almond oil*
ἀμυγδαλοειδής, *amygdaloid*
ἀμυγδαλολιθοειδής, *amygdaloid*
ἀμυλαλκοόλη, *amyl alcohol*
ἀμυλικὸν πνεῦμα, *amyl alcohol*
ἀμύλιον, ὀξεικόν, *amyl acetate*
ἄμυλον, *amylum, amyl acetate, starch*
ἀμυλόπνευμα, *amyl alcohol*
ἀμυλοσάκχαρον, *dextrose*
ἄμυνα, *defence*
ἀεροδρομίου, *aerodrome defence*
ἐδάφους, *ground defence*
ἀμφιβολίτης, *amphibolite*
ἀμφίβιοι ἐπιχειρήσεις, *amphibious operations*
ἀμφίβιον, *amphibian*
ἅρμα, *amphibious tank*
ἀμφίδεσις διὰ παραδέσεως, *butt joint*
συγκολλητή —, *jump weld*
ἀμφιδέτης, *stay bolt, track fastener*
ἀμφιδετῶ, *to moor*
ἀμφιθέατρον, *amphitheatre*
ἀμφίκοιλος, *biconcave*
φακός, *biconcave lens*
ἀμφικόχλιον, *stud bolt, stud*
φυτευμένον —, *set bolt*
ἀμφίκυρτος, *biconvex, double convex*
φακός, *biconvex lens*
ἀμφίπλευρος, *bilateral*
ἀμφοτερίζων, *amphoteric*
ἀν-, *non-*
ἀνά, *per*
κυβικὸν πόδα, *per cubic foot*
λεπτόν, *per minute*
μονάδα ἐπιφανείας, *per unit area*
ὥραν, *per hour*
ἀναβαθμίς, *ramp, groin, shoulder, bending, footboard, footplate*
ἀναβάθρα, *rigging ladder, Jacob's ladder*
ἀνάβασις, *ascent, climb, climbing, mounting*
ἀναβατήρ, *elevator, lift, escalator, running board*
ἀνθρώπων, *passenger lift*
διὰ κάδου, *bucket elevator*
δομικός —, *building elevator*
ἀναβατικός, *anabatic*
ἀναβιβαστήρ, *elevator, lift*
ἀνάβλυσμα, *spout*
ἀναβλυστήρ, *jet*
ἀντισταθμίσεως, *compensating jet*
βοηθητικός —, *auxiliary jet, pilot jet*
βραδείας λειτουργίας, *slow-running jet, idling jet*
ρυθμιζόμενος — — —, *slow-running adjustment jet*

ἀναβλυστὴρ
ἐξαερωτῆρος, *carburettor jet*
ἰσχύος, *power jet*
κύριος —, *main jet*
ρυθμίσεως, *adjusting jet*
ὑπερπληρωμένος —, *submerged jet*
ὑψομετρικῆς διορθώσεως, *altitude jet*
ἀναβολεύς, *stirrup*
ἀναβρασμός, *effervescence*
ἀναβρυτήρ, *spraying nipple, nipple*
ἀναβρύω, *to spring*
ἀναγκάζω, *to force*
ἀναγκαστικὴ προσγείωσις, *forced landing*
ἀνάγλυφον, *relief*
ἀναγνωρίζω, *to sight*
ἀναγνώρισις, *reconnaissance, identification*
ἀστέρος, *identification of a star*
δρομολογίου, *route reconnaissance*
ἐδάφους, *ground recognition, survey*
ἐξ ὄψεως, *visual reconnaissance*
νυκτερινή —, *night reconnaissance*
στρατηγική —, *strategic reconnaissance*
τακτική —, *tactical reconnaissance*
φωτογραφική —, *photographic reconnaissance*
ἀναγνωριστικὰ σημεῖα, *reference points*
ἀνάγνωσις, *reading*
διὰ κατόπτρου, *mirror reading*
ἀνάγουσα, *mast rope*
ἀναγραφεύς, *recorder*
ἀναγωγεύς, *computor, protractor*
ἁπλοῦς κυκλικός —, *simple circular computor*
αὐτόματος —, *automatic rectifier*
ραδιογωνιομετρικῶν (Ρ/Γ) διοπτεύσεων, *D/F bearing computor*
ὕψους καὶ ταχύτητος, *height and airspeed computor*
ἀναγωγή, *reduction*
βολισμάτων, *reduction to soundings*
εἰς τὴν στάθμην τῆς θαλάσσης, *reduction to sea level*
ἀναγωγικὸν μέσον, *reducing agent*
ἀναδάσωσις, *afforestation*
ἀναδέτης, *lanyard, lashing rope*
ἀναδιπλούμενος, *lap, lapped*
ἀναδιπλῶ, *to retract, to bend*
ἀναδρομή, *pull-out*
ἀνάδρομος, *clockwise*
τοῦ ἀτέρμονος, *jib stay*
φορά, *clockwise direction*
ἀναδρομῶ, *to pull-out*
ἀναζωογόνησις, *regeneration*
ἀναιρῶ, *to retract*
ἀνακαινισθείς, *reconditioned*
ἀνακάλυψις, *detection*
ἤχου, *pick-up*
ἀνακαμπύλη, *recurve*
ἀνακαμπύλωσις, *recurvature*
τροχιᾶς κυκλῶνος, *recurvature of storm*
ἀνακάρδιον, *mahogany*
ἀνάκαρδος, *mahogany*
ἀνακατανομή (εἰδικότητος), *remustering*
ἀνάκλασις, *deflection, reflection*
ἀνακλαστήρ, *reflector*
ἀνακλῶσα ἐπιφάνεια, *reflecting surface*
ἀνακοπή, *interception, check, checking*
ἀνακόπτω, *to check*
ἀνακούφισις, *relief*
ἀνακρεμῶ, *to hoist*
ἀνάκρουε τὰ ἀριστερά, *back port*
ἀνάκρουε τὰ δεξιά, *back starboard*
ἀνακρούομαι, *to back astern, to fall astern, to back*
ἀνακρουόμενα μέρη, *recoiling parts, recoiling portions*
(πολυβόλου), *moving parts (of a gun)*
ἀνακρουόμεναι πλάκες, *recoil plates*
ἀνακρουόμενον τμῆμα, *moving portion*
ἀνάκρουσις, *recoil, backing, kick*
ἀνακρυστάλλωσις, *recrystallisation*
ἀνάκτησις ρεύματος, *recuperation of current*
ἀνακύκλωσις, *loop, looping, looping the loop*
ἀνάστροφος —, *reversed loop*
ἐπὶ τοῦ ἐδάφους, *ground loop*
συνεχής —, *squirrel-cage loop, squirrel cage*
ἀνακωχεύω, *to heave*
ἀναλαμπή, *flash*
πρασίνη —, *green flash, green ray*
ἀναλάμπων, *flashing (FL)*
ἀνάλογα, *in direct ratio*
ἀντιστρόφως —, *in inverted ratio*
εὐθέως —, *in direct ratio*
ἀναλογία, *proportion, ratio*
ἀέρος-βενζίνης, *air-fuel ratio*
ἁπλῆ —, *simple proportion, rule of 3*
μίγματος εἰς ὄγκον, *volumetric proportions of a mixture*
μίξεως, *proportion of mixture, ratio of mixture*

ἀναλογοῦσα μερίς, *allowance*
ἀνάλυσις, *analysis, decomposition*
ἀερίου πρὸς προσδιορισμὸν τοῦ θερμοδυναμικοῦ, *gas analysis for calorific capacity*
δι' ὑγρᾶς ὁδοῦ, *wet analysis*
διὰ ξηρᾶς ὁδοῦ, *dry analysis*
φυσητῆρος, *blow-pipe analysis, blow-pipe test*
δυνάμεων, *resolution of forces*
καπνῶν, *analysis of fumes*
μαθηματική —, *mathematical analysis*
μεταλλουργική —, *metallurgical analysis*
ὀγκομετρική —, *volumetric analysis*
ποιοτική —, *qualitative analysis*
ποσοτική —, *quantitative analysis*
σταθμική —, *gravimetric analysis*
στοιχειακή —, *elementary analysis*
στοιχειώδης —, *elementary analysis*
χημική —, *chemical analysis*
ἀναλύτης, *analyser*
ἀερίων ἐξαγωγῆς, *exhaust gas analyser, exhaust analyser*
ἀναλυτικὴ γεωμετρία, *analytical geometry*
δοκιμή, *analytical test*
ἀναλυτικός, *analytical*
ἔλεγχος, *analytical test*
ἀναμεταλλώνω, *to remetal*
ἀναμετάλλωσις κουζινέτου, *rebushing*
τριβέως, *babbitting*
ἀναμέτρησις, *dead reckoning (D.R.)*
ἀναμικτήρ, *carburettor, carburetor*
αὐτομάτου ἐγχύσεως, *self-priming carburettor*
δι' ἐγχύσεως, *injection carburettor*
δομικῶν ὑλικῶν, *mixer of building material*
ἰσχύος πλήρους ἀνοίγματος πεταλούδας, *full-throttle power jet*
κατακόρυφος —, *vertical carburettor*
καταρροϊκός —, *down-draught carburettor*
μετὰ πλωτῆρος, *float-type carburettor*
παρέχων μῖγμα πρὸς τὰ κάτω, *down-draught carburettor*
ἀναμικτῆρες, δίδυμοι, *duplex carburettor*
ἀναμικτήριος κῶνος, *mixing nozzle*
ἀναμικτῆρος, ἀκέραιος ἐγχυτής, *carburettor integral primer*
ἀναμικτῆρος,
αὐτόματος ἔγχυσις —, *carburettor self-priming*
ζενίθ, ρύθμισις, *adjusting zenith*
πλωτήρ —, *carburettor float*
συνδετῆρες χειρισμοῦ —, *carburettor control linkage*
ὑποστηρίγματα —, *carburettor braces*
ἀναμικτής. Βλ. ἀναμικτήρ.
ἀνάμικτρον, *mixer, agitator.* **Βλ. καὶ μίκτρον.**
ἀνάμιξις, *mixture, carburation, jamming*
πτωχή —, *weak mixture*
ἀναμόμολο, *surf*
ἀναμοχλευτήρ, *scarifier*
ἀνανέωσις ὄψεως βαλβίδων, *refacing valves*
ἀνάπαλσις, *oscillation*
ἀναπαραγωγή, *reproduction*
ἀναπαράστασις ἐγκαρσίας τομῆς, *sectional illustration*
ἀναπαυτήριον κεφαλῆς, *head rest*
ἀναπεταννύω (τὰ ἱστία), *to spread*
ἀναπέτασις ὀρυγμάτων ἐκσκαφέως, *digout material (spoil)*
ἀναπήδησις, *resilience, porpoising*
ἀεροπλάνου, *leap-frog loop*
ἀέρος, *shift of the wind*
κυματοειδής —, *porpoising*
ὕδατος, *spring a leak*
ἀναπηδῶ, *to spring*
ἀναπνευστήρ, *breather, snorkel, louvre*
ἀναπνευστῆρος, ὑποστήριγμα, *breather tube support*
ἀναπνευστικὴ προσωπίς, *breathing mask*
ἀνάποδα, *right astern, astern*
ἀτμὸς τοῦ —, *astern steam*
ἔκκεντρον τοῦ —, *astern eccentric*
κίνησις —, *astern motion*
στρόβιλος —, *astern turbine*
στροφεῖον τοῦ —, *astern rotor*
ἀναποδίζω, *to go astern, to back*
ἀναπόδισις, *backing*
ἀναποδογυρίζω, *to upset*
ἀνάποδος. Βλ. ἀντίστροφος.
ἀναπόσπαστος, *integral*
ἀνάπρωρον, *all in the wind*
ἀνάπτυξις, *evolution*
εἰκόνος, *growth of the image*
καὶ μάχη, *deployment and battle*
ἀναπτύσσω, *to develop*
ἀναρρίχησις, *climb, climbing, pull-up*
ἀναρριχῶμαι, *to pull-up*
ἀνάρριψις, *jet*

ἀνάρρους, *counter-current, backwater*
ἀναρροφήσεως, μετασχηματιστής, *suction transformer*
χρόνος —, *suction stroke*
ἀναρρόφησις, *suction, intake, inlet*
ὀπισθία —. Βλ. ὀπισθία ἀ.
ἀναρροφητὴρ ὀρυγμάτων, *barge sucker*
σιτηρῶν, *silo*
ἀναρροφητικὸν μηχάνημα, *sucker*
ἀναρρωτήριον, *sick quarters*
ἀναρτήρ, *sling*
ἰσορροπίας, *gimbal*
τριῶν διευθύνσων, *three-way sling*
ἀνάρτησις, *suspension*
ἀπὸ ἀκμῆς, *point suspension*
βάρους, *suspension of load*
ἐπὶ αἰχμῆς μαχαίρας (ἢ ἐπὶ κόψεων), *knife-edge suspension*
ἀκίδων, *pivot suspension*
κόψεων, *knife-edge*
ἀνασηκώνω, *to trestle up*
ἀνασκαφή, *excavation*
ἀνασκευὴ ἑδράνου, *rebushing*
ἀνασταλτικὴ δρᾶσις ἐκ τῶν μαγνητικῶν πόλων, *pole damping*
ἀνασταλτικὸς δακτύλιος, *floating ring*
ἠλεκτροκινητήρ, *trigger motor*
ὀδούς, *stop pawls*
βεβλαμένος — —, *damaged stop pawl*
ἐπικαλυπτικῆς πλακός, *cover detent pawl*
ὀδοντωτοῦ τροχοῦ ἀναστολῆς, *ratchet wheel pawl, ratchet pawl*
ταινίας, *belt holding pawl*
ἀνασταλτικοῦ ὀδόντος, ἐλατήριον, *stop pawl spring*
τεθραυσμένον — — —, *broken stop pawl spring*
ὑποδοχὴ — —, *stop pawl housing*
ὑποστάτης — —, *pawl bracket*
ἀνασταλτικοῦ ὀδόντος ταινίας, ἐλατήριον, *belt holding pawl spring*
πληρωτικὸν τεμάχιον — — —, *belt holding pawl filler piece*
ὑποστάτης — — —, *belt holding bracket*
ἀναστέλλω, *to check*
ἀναστιγματικός, *anastigmatic*
ἀναστολεύς, *ratchet, stop, stopper, tricing line*
ἀνυψώσεως, *elevating stop*
βολίδος, *front bullet nose stop*
διόδου ἀτμοῦ, *trap*
ἐπιταχυντῆρος, *accelerator stop*
ἀναστολεὺς
ὀδοντωτός —, *ratchet adjusting catch*
ὀλισθητῆρος, *slide stop*
περιλαιμίου συγκρατήσεως κάλυκος, *collar cartridge rim stops*
στεφάνης φυσιγγίων, *rear cartridge stop*
συρματοσχοίνου τύπου Μπόουντεν, *Bowden stops*
τρυπάνου, *drill stop*
ἀναστολέως φυσιγγίου, ἐλατήριον, *gib spring*
κάλυμμα ἐλατηρίου — —, *gib spring cover*
ἀναστολή, *discontinuity*
ἀναστρέφω, *to invert*
ἀναστροφεύς, *throw-over switch*
δι᾿ἀτμῶν ὑδραργύρου, *mercury-vapour arc rectifier*
φορτίσεως, *reversing charging switch*
ἀναστροφή, *inversion, changing over*
ἀνωτέρα —, *upper inversion*
κατὰ τὴν ἐκκίνησιν, *back-fire*
ροῆς διὰ τοῦ συλλέκτου, *commutation*
ἀναστροφῆς, ζώνη, *commutation zone*
ἀνάστροφος, *reverse*
ἀντίδρασις, *reverse reaction*
ἡμιανακύκλωσις, *bunt*
ἀνασύζευξις, *back coupling*
ἀνασυμπύκνωσις, *recondensation*
ἀνασυρόμενον σύστημα ψύξεως, *retractable cooling system*
ἀνασυρόμενος, *retractable*
ἀνασύρω, *to retract*
τὰς ἀγκύρας, *to unmoor*
ἀνατάσιος, *anatase*
ἀνατείνω, *to wind*
ἀνατέλλω, *to rise*
ἀνατινακτής, *blaster*
ἀνατινάξεως γόμωσις, *blasting charge*
ἀνατίναξις, *blasting*
ἀνατολή, *east*
ἀνατομία, *desiccation*
ἀνατρεπόμενον δίτροχον, *dump cart, tumbril*
ἀνατρέπω, *to overturn, to upset*
ἀνατροπεὺς διόδου, *baffle*
ἀνατροπή, *turn over*
ἀεροπλάνου, *turn-turtle*
κατὰ τὴν προσγείωσιν, *nose over*
ἀνατροχασμός, *slipstream*
ἀναφλεκτήρ, *igniter, spark plug, sparking plug*
βόμβας, *bomb igniter*

ἀναφλεκτικὸν σύστημα, *relay system, igniter*
μετὰ βραδυκαύστου πυραγωγοῦ σχοινίου, *safety-fuse igniter*
ἀναφλέξεως, ἀγωγοί,, *ignition leads*
βαθμός —, *ignition point*
βλάβη συστήματος —, *ignition system faults*
ἔκκεντρον —, *ignition cam*
θερμοκρασία —, *ignition temperature*
πίεσις σωλῆνος —, *ignition pipe pressure*
ρύθμισις —, *ignition timing*
ρώθωνες —, *flash holes*
σημεῖον —, *ignition point*
συγχρονισμός —, *ignition timing*
συλλέκτης καλωδίων —, *ignition wire manifold*
συνδεσμολογία —, *ignition harness*
σύρματα —, *ignition wires*
συσκευή —, *ignition apparatus*
σύστημα —, *ignition system*
χρονισμός —, *ignition timing*
ἀνάφλεξις, *ignition, combustion, deflagration*
ἀκανόνιστος —, *imperfect sparking, irregular firing*
ἁπλῆ —, *single ignition*
ἀτελής —, *imperfect sparking*
αὐτογενής —, *spontaneous ignition, spontaneous combustion*
αὐτόματος —, *automatic ignition, spontaneous ignition, spontaneous combustion*
βραδεῖα —, *late ignition*
διὰ μανιατό, *magneto ignition*
φλογός, *flame ignition*
διπλῆ —, *dual ignition*
κρουστική —, *igniter percussion*
φυσιγγίου, *ignition of cartridge*
ἀναφορά, *report*
θέσεως, *position report*
ἀναφωτίς, *skylight*
ἀναχαίτισις, *interception*
ἀναχαιτιστής, *interceptor*
ἀνάχωμα, *embankment, dyke, dike*
ἀναχώματα, κύρια, *main levees*
χειμέρια —, *winter levees*
ἀναχωματώσεις, *earth-works*
ἀναχωνεύω, *to recast*
ἀναχώρησις, *departure*
ἀνδεσίτης, *andesite*
'Ανδρομέδα ('Αστερ.), *Andromeda*
ἀνεγείρω, *to erect*
ἀνέγερσις, *erecting*
ἀνέλκυσις, *refloating*
ἀνελκυστήρ, *elevator, lift, passenger lift*
τεφρῶν, *ash hoist*
ἀνελκύω (πλοῖον), *to refloat*
ἀνεμαντλία, *wind pump*
ἀνέμη, *wheel-and-axle, winch*
ἀνέμισμα (ηλοίου), *swing*
ἀνεμιστήρ, *ventilator, fan*
ἀναρροφητικός —, *suction ventilator, exhausting fan, air-exhauster*
ἀπορροφητικός —, *suction fan*
ἐξαγωγῆς δι, ἀναρροφήσεως, *air-extractor*
ἠλεκτρικός —, *electric fan*
κεντρόφυξ —, *centrifugal fan*
περιστρεφόμενος —, *rotary fan*
πιεστικός —, *pressure fan*
τεχνητοῦ ἑλκυσμοῦ, *blast engine*
ἀνεμιστῆρος, ἱμάς, *fan belt*
λωρίον —, *fan belt*
πτερύγιον —, *fan blade*
συγκρότημα —, *fan assembly*
φρένον —, *fan brake*
ἀνεμόγραμμα, *anemogram*
ἀνεμογράφος μετὰ πλακὸς πιέσεως, *pressure plate anemograph*
ἀνεμοδείκτης, *wind direction indicator, wind indicator, wind vane, wind sock, weather vane, weather cock, dog vane*
σχήματος T, *wind tee, wind T*
ἀνεμοδεικτικὸν διάγραμμα, *wind rose*
ἀνεμοδόχος, *ventilator, scoop*
παραφωτίδος, *wind shoot*
σχήματος λαιμοῦ κύκνου, καμπυλωτός, *swan-neck ventilator*
ἀνεμοδυναμικὴ σῆραγξ (δοκιμῆς προτύπων), *wind tunnel*
ἀνεμοθύελλα, *wind storm*
ἄνεμοι, ἀληγεῖς, *trade winds*
ἀνταληγεῖς —, *anti-trade winds*
ἀσθενεῖς μεταβλητοί —, *light variable winds*
διαρκεῖς —, *permanent winds*
ἐγκάρσιοι —, *beam winds*
ἐκρέοντες —, *outflowing winds*
ἐπικρατοῦντες —, *prevailing winds*
ἰσχυροὶ δυτικοί —, *brave west winds*
μυκώμενοι —, *roaring forties*
παταγώδεις —, *roaring forties*
περιοδικοί —, *seasonal winds, monsoons*
πλευρικοί —, *beam winds*
σταθεροί —, *permanent winds*
τεταρτοκυκλικοί (ἐνδιάμεσοι) —, *quadrantal winds*

ἀνεμολόγιον πυξίδος, *fly of compass, sea card, rhumb card*
συχνοτήτων, *wind force*
ἀνεμομετρικὴ κλῖμαξ Μπωφόρ, *Beaufort scale of wind force*
ἀνεμόμετρον, *anemometer, wind gauge*
μεθ' ἡμισφαιρίων, *cup indicating anemometer*
ἠλεκτρικὸν — — —, *cup-electric anemometer*
περιστρεφόμενον —, *windmill*
χειρός, *air meter*
ἀνεμομηχανή, *windmill*
ἀνεμόμυλος, *windmill*
ἀνεμοπλάνον, *glider*
ἀνεμοπορία, *glide, gliding, soaring*
ἀνεμοπροφυλακτήρ, *windscreen, windshield*
ἀνεμόπτερον, *glider*
ἄνεμος, *wind*
ἀντίθετος —, *head wind, cross wind, wind ahead, foul wind, up-wind*
ἀντίπρῳρος —, *head wind*
βαροβαθμίδος, *gradient wind*
βορειοδυτικός —, *maestro*
βόρειος — (Γαλλίας,) *mistral*
βραχείας διαρκείας, βίαιος, *gust*
δυτικός —, *west wind, westerly wind*
ἐγκόλπιος —, *gulf breeze*
ἐλαφρός —, *cap-full wind*
ἐνάντιος —, *head wind, traverse wind*
εὐνοϊκός —, *fair wind*
θυελλώδης —, *gale*
ἰσχυρός —, *strong breeze*
κατὰ μέτωπον , *head wind*
καταβατικός —, *katabatic wind*
κατάπρυμνος —, *wind dead-aft*
λαμπρός —, *fair wind, fresh breeze*
λεπτός —, *light breeze*
μετεωρολογικός —, *«met» wind*
νότιος —, *south wind*
ὀλίγος —, *gentle breeze*
οὔριος —, *down-wind, tail wind, following wind, wind aft*
πεφορτισμένος δι' ὑγρασίας, *moisture-laden wind*
πλάγιος —, *wind abeam, cross wind*
ριπαῖος —, *gusty wind*
σκληρός —, *fresh gale*
σφοδρός —, *moderate gale*
ὑποτιθέμενος —, *assumed wind*
φορός —, *free wind*
χιονοστιβάδος, *avalanche wind, avalanche blast*

ἀνεμόσκαλα, *rope ladder, hang ladder, rigging ladder, Jacob's ladder*
ἀνεμοστρόβιλος, *whirlwind, tornado, vortex*
κινητήρ, *air turbine, wind turbine*
ἀνέμου, ἀλλαγὴ κατευθύνσεως, *shift of the wind*
ἀντιστροφή —, *backing of the wind*
ἀπόκλισις —, *divergence*
βέλη —, *wind arrows*
διεύθυνσις —, *direction of wind, wind direction, eye of the wind, wind's eye*
ἔντασις —, *wind force*
ἐπίδρασις —, *wind effect*
εὕρεσις —, *wind finding*
κοῖται —, *wind lanes*
μετάπτωσις —, *veer of the wind*
μετατόπισις —, *veer of the wind*
πίεσις —, *wind pressure*
ριπή —, *blast*
σημεῖον —, *wind point*
στοιχεῖα —, *wind velosity (W/V)*
σχετικά — —, *relative wind velocity*
σύγκλισις —, *convergence*
σφοδρὸν φύσημα —, *squall*
ἀνεμούριον, *wind indicator, wind cone, wind sock, vane, drogue*
χιτωνοειδές —, *sleeve target*
ἀνεξέλεγκτος, *uncontrollable*
ἀνεπαρκής, *insufficient*
ἔντασις, *insufficient tension*
ἰσχὺς ὑπερσυμπιεστοῦ δι' ὑπερπήδησιν, *insufficient power for override*
χρόνος ἐκθέσεως εἰς τὸ φῶς, *underexposure*
ἀνέπαφος, *intact*
ἀνεπίστροφος, *non-return*
συγκρατητής, *lift-the-dots*
ἀνεπιτήρητος, *unwatched*
ἀνέρειστον, *cantilever*
ἀνεροειδὲς βαρομετρικὸν τύμπανον, *bellows*
ἀνεροειδογράφος, *aneroidograph*
ἄνευ αὐλακώσεων, *smooth bore*
διορθώσεως, *point-blank*
καταστρώματος, *undecked*
προεξοχῆς, *flush type*
ραφῆς, *.seamless*
ἀνεφοδιασμός, *refuelling*
ἀνθεκτικός, *durable*
εἰς κακοκαιρίαν, *weather proof*
ὀξέα, *acid-proof*
ἀνθεκτικότης, *toughness, resistivity*
μαζική —, *mass resistivity*

ἀνθέλιξ, *contrapropeller*
ἄνθη κοβαλτίου, *erythrite*
ἀνθήλιος, *anthelion*
ἀνθρακαέριον, *gas-coal*
ἀνθρακασβέστιον, *calcum carbide, carbide*
ἀνθρακάσφαλτος, *coal-tar*
ἀνθρακενέλαιον, *anthracene oil*
ἀνθρακένιον, *anthracene*
ἀνθράκευσις, *bunkering*
ἀνθρακικὸν ὀξύ, *carbonic acid*
ἀνθρακινόνη, *anthraquinone*
  διβρωμιοῦχος —, *dibromoanthraquinone*
ἀνθράκιον, *granite*
  γενναῖον —, *almandine*
ἀνθρακίτης, *anthracite*
ἀνθρακοκαυστήρ, *coal breaker*
ἀνθρακοκορούνδιον, *carbon silicide, silicon carbide, carborundum*
ἀνθρακοξύλιον, *carboxyl*
ἀνθρακόπλινθος, *briquette, patent fuel*
ἀνθρακοποίησις, *carbonisation*
ἄνθρακος, βῶλος, *coal lump*
  διοξείδιον —, *carbon dioxide*
  μονοξείδιον —, *carbon monoxide*
  τεμάχιον —, *coal lump*
  ὑποξείδιον —, *carbon suboxide*
ἀνθρακόσκονη, *blacking*
ἀνθρακοτυπία, *carbon printing*
ἀνθρακοῦχος, *carbide*
ἀνθρακοφόρον, *collier*
ἀνθρακύλιον, *carbonyl*
ἀνθρακωρυχεῖον, *coal mine, colliery, pit*
ἀνθρακωρύχος, *miner, collier*
ἀνθρακώσεως, δοκιμή, *carbon residue test*
ἀνθράκωσις, *carbonisation*
  κινητῆρος, *carbonising of engine*
ἀνθρακωτήρ, *carburettor, carburetor*
ἀνθραμιδικὸν ὀξύ, *carbamic acid*
ἄνθραξ, *carbon (C)*
  ἀεριοῦχος —, *gas-coal*
  ἀνημμένος —, *live coal*
  διθειοῦχος —, *carbon disulphide*
  εἰς μεγάλα τεμάχια, *lump coal, large coal*
  ἐλεύθερος —, *free carbon*
  ἐνεργός —, *activated carbon*
  ζωϊκός —, *bone ash*
  θειοῦχος —, *carbon disulphide*
  καρυοειδής —, (καρυδᾶτος), *nut coal*
  κονιοποιημένος —, *pulverised coal*
  κοσκινισμένος —, *screened coal*
  μὴ συντεθειμένος —, *temper carbon*

ἄνθραξ
  μόνιμος —, *fixed carbon*
  σκληρός —, *hard coal*
  τετραχλωριοῦχος —, *carbon tetrachloride*
ἀνθρωποθυρίς, *manhole*
ἀνθυποβρυχιακὴ βόμβα (Β.Α.), *anti-submarine bomb*
  ἔρευνα, *anti-submarine search, submarine search*
  νάρκη, *anti-submarine mine*
  περιπολία, *anti-submarine patrol*
    ἐξωτερική — —, *outer anti-submarine patrol*
    ἐσωτερική — —, *inner anti-submarine patrol*
ἀνθυποβρυχιακός, *anti-submarine (A.S.)*
ἀνθυποβρύχιον, *submarine chaser, subchaser*
ἀνθυπολοχαγός, *second lieutenant*
ἀνθυποπλοίαρχος, *lieutenant*
ἀνθυποσμηναγός, *pilot officer (P/O)*
ἀνιλίνη, *aniline, phenylamine*
  ὑδροχλωρική —, *aniline hydrochloride*
ἀνιλίνης, ἅλας, *aniline salt*
  χρώματα —, *aniline dyes*
ἀνιόν, *anion*
ἀνισομερής, *anisomeric*
ἀνισορροπία, *instability*
ἀνισόρροπος, *unbalanced*
ἀνισότης, *inequality*
ἀνισοτροπία, *anisotropy*
ἀνισότροπον, *anisotropic*
ἀνίχνευσις, *search, ranging*
ἀνιχνευτής, *scout*
ἀνιχνευτικὴ γραμμή, *scouting line*
  περιπολία, *search patrol*
ἀνιχνευτικόν, *scout*
  φῶς, *searchlight, searchlight projector*
ἀννέλο, *anchor ring, loop*
ἀνοδικὴ ἀπώλεια, *anode dissipation*
  ἐπεξεργασία, *anodising*
  ὀξείδωσις, *anodic oxidation, anodic treatment, anodising*
  προστασία, *anodising*
  χάραξις, *anodic etching*
ἀνοδικὸν κύκλωμα, *anode circuit*
  ρεῦμα, *plate current*
ἀνοδικός, *anodic*
ἀνοδίωσις, *anodising*
ἄνοδος, *ascent, climb, climbing, pulling up, anode, positive electrode, plate*
  λυχνίας, *valve anode*

ἄνοδος
μετ' ἀπωλείας στηρίξεως, *whipstall*
πλάξ, *anode*
ἀνόδου, ἀγωγιμότης, *anode conductance*
διαφορική — —, *anode slope conductance, anode a.c. conductance*
ἀντίστασις —, *anode resistance*
διαφορική — —, *anode slope resistance*
σύνθετος — —, *anode impedance*
ἀπώλεια —, *anode dissipation*
ἐπαφή —, *anode tap*
κύκλωμα —, *anode circuit*
λῆψις ἐπαφῆς —, *anode tap*
μετατροπεύς —, *anode converter*
φθορά —, *anode dissipation*
χαρακτηριστικὴ ἐντάσεως —, *anode current characteristic*
ἄνοιγμα, *aperture, opening, slot, recess, span, bore, range*
ἀκραῖον —, *end span*
ἀπορρίψεως , *ejection opening*
διὰ τὴν σκόπευσιν βομβαρδισμοῦ, *bomb-sight aperture*
ἐκ περσπέξ, *Perspex window*
θαμβόν — — —, *matted Perspex window*
ἐλεύθερον —, *free span, unbraced length*
ἐπαγωγίμου, *rotor gap*
θεωρητικόν —, *span*
κανονικόν —, *standard gauge*
κλεισιάδος, *sluiceway opening*
μεσαῖον —, *interior span*
ὀπισθίου στοχάστρου, *rear sight aperture*
ὀπῶν, *boring*
πιέσεως εἰσαγωγῆς, *throttle opening*
πραγματικόν —, *effective span*
πτερυγίων, *span*
σιαγόνων κλειδός, *gap of spanner, spanner gap*
τόξου, *span*
ὑπερχειλίσεως, *overflow shoot*
φορέως, *length of beam*
θεωρητικόν — —, *theoretical length of a beam*
φορτίσεως, *loading span*
ἀνοίγματος, δίσκος, *aperture disc*
παραμόρφωσις —, *aperture distortion*
ἀνοίγω, *to open*
δικλείδα ἀερίων, *to open the taps*

ἀνοίγω
ὀπήν, *to stave*
ἀνοικτὴ ἑστία, *open hearth*
ὅδευσις, *open traverse*
ἀνοικτὸν κύκλωμα, *open circuit*
ταλαντώσεων, *open oscillatory circuit*
τόξον μηχανῆς, *open link*
τύλιγμα ἐπαγωγικοῦ τυμπάνου, *open-coil armature winding*
ἀνοικτός, *open, undecked*
(χρωματισμός), *light*
ἄνοιξις, *spring*
ἀνολκεύς, *gin*
ἀνομβρία, *drought*
ἀνοξείδωτος, *non-corrosive, acid-proof, stainless*
χάλυψ, *stainless steel.* **Βλ. καὶ χάλυψ ἀ.**
ἀνόπτησις, *anneal, annealing, tempering*
εἰδική —, *normalising*
ἀνορθίτης, *anorthite, indianite*
ἀνορθῶ, *to right, to upright*
ἀνόρθωσις, *rectification, detection, demodulation, cabré*
διὰ διοδικῆς, *diode rectification*
τῆς ἀνόδου, *anode bend rectification*
τοῦ πλέγματος, *cumulative grid rectification, power grid detection*
ἡμικύματος, *half-wave rectification*
πλήρους κύματος, *full-wave rectification*
ἀνορθωτής, *rectifier, detector*
ἡμικύματος, *half-wave rectifier*
μεταλλικός —, *metal rectifier*
τόξου ὑδραργύρου, *mercury-arc rectifier*
ὑδραργυρικός —, *mercury-arc rectifier*
ἀνορθώτρια λυχνία, *detector valve*
ἀνοχή, *clearance, play*
ἐπισκευῶν, *repair tolerance*
ἐπιτρεπομένη —, *permissible clearance, tolerance, permissible allowance*
ἀνταλλακτικά, *spares*
ἀνταλλακτέα —, *turn-round spares*
συντηρήσεως, *maintenance spares*
ἀνταλλακτικόν, *reserve piece*
τεμάχιον, *spare part*
ἀνταλλακτικός, *spare*
ἀνταλλασσόμενα τμήματα, *spare sections*

ἀντανάκλασις, *reverberation, reflection, deflection*
ἀντανακλαστήρ, *deflector*
ἀντανακλαστικὸν ἔλασμα, *baffle plate*
ἀντανακλαστικός, *reflecting, deflecting*
ἀνταπόκρισις, *response*
ἀνταρκτικὴ περιοχή, *antartic region*
Ἀνταρκτικὸς Κύκλος, *Antarctic Circle*
ἀνταρτοπόλεμος, *guerrilla warfare, partisan warfare*
ἀνταύγεια, *blink*
  νυκτερινοῦ οὐρανοῦ, *light of night-sky*
  πάγων, *ice-blink*
ἀντένα, *antenna, aerial, yard*
  τῆς μαΐστρας, *main-yard*
  τοῦ τρέγου, *lower yard*
ἀντενέργεια, *reaction*
ἀντενεργῶ, *to counteract*
ἀντένζυμον, *anti-enzyme*
ἀντενοκάταρτον, *spar*
ἀντέννα. Βλ. ἀντένα καὶ κεραία.
ἀντεπαγωγή, *inductance*
ἀντεπιστροφὴ φλογός, *back-fire, back-firing*
ἀντέρεισμα, *ridge*
  θόλου, *flying buttress*
ἀντερεισματικὸς βραχίων, *back stay*
ἀντέχων εἰς πῦρ, *fire-resistant*
ἀντηνεμῶ, *to back, to heave*
ἀντηρίς, *spur, stanchion, strut, buttress, girder, truss, swinging boom*
ἀντηχεῖον, *acoustic resonator*
ἀντήχησις, *resonance, background*
ἀντηχητικὴ κατασκευή, *acoustic construction*
ἀντι-, *non-, anti-*
ἀντιαεροπορικὰ βλήματα, *flak, flack*
ἀντιαεροπορικὴ ἄμυνα, *anti-aircraft defence*
ἀντιαεροπορικὸν πολυβόλον (πυροβόλον, ὅπλον), *anti-aircraft gun*
  πῦρ, *flak, flack*
  πυροβολικόν, *anti-aircraft (A.A.), ack-ack*
ἀντιαεροπορικὸς φραγμός, *box barrage*
ἀντιαρματικὴ βόμβα, *anti-tank (A.T.) bomb*
  νάρκη, *anti-tank mine*
  ὁπλοβομβίς, *anti-tank rifle grenade*
ἀντιαρματικὸν πυροβόλον, *anti-tank gun*
ἀντιαρματικός, *anti-tank (A.T.)*
ἀντιασφυξιογόνος ἀναπνευστικὴ συσκευή, *anti-gas respirator*
ἀντι-αὐτεκρηκτικός, *anti-knock*
ἀντι-αὐτεκρήξεως, βαθμός, *anti-knock rating*
ἀντίβακτρον, *guide rod, tail rod*
ἀντίβαρον, *balance weight, back balance, balance ball, counterweight, counterforce, counterpoise, bob-weight*
ἀντιγδουπικόν, *antiknock*
  καύσιμον, *antiknock fuel*
ἀντιγραφεύς, *tracer*
ἀντιγραφή, *copying*
ἀντιδιαβρωτικός, *anti-corrosive, anti-rust*
ἀντιδιαλειπτικός, *anti-fading*
ἀντιδονητικὴ ῥάβδος, *acorn bar*
ἀντιδονητικόν, *anti-vibration device*
  σύστημα, *anti-vibration device*
  ὑποστήριγμα, *anti-vibration mounting*
ἀντιδονητικός, *anti-vibration, shock-proof*
ἀντίδοτον, *inhibitor*
ἀντίδρασις, *reaction, reactance, response, resistance, regeneration, back coupling*
  (ἀσυρμάτου), *feed-back*
  ἀνάστροφος —, *reverse reaction*
  λυχνίας, ἐσωτερική, *internal impedance of a valve*
  τῶν πόλων, *polar reaction*
ἀντιεκθαμβωτικός, *anti-glow*
ἀντιεκπυρσοκροτικὴ οὐσία, *anti-knock substance*
ἀντιεκρηκτικά (βενζίνης), *dope*
ἀντιεκρηκτικός, *anti-knock*
ἀντιεπικαθισματικόν, *anti-incrustation compound*
ἀντίζευξις, *negative feedback*
ἀντιζυγία, *opposition*
ἀντίζυγον, *gimbal*
ἀντιηλεκτρεγερτικὴ δύναμις, *back-electromotive force, back pressure, back voltage*
ἀντιθαμβωτικὴ διόπτρα, *antidazzle glasses, antidazzle goggles*
ἀντιθαμβωτικός, *antidazzle*
ἀντιθερμαντικὸν χρῶμα, *bitumastic*
ἀντίθεσις, *contrast*
  (ἐπὶ ἀστέρων), *opposition*
ἀντίθετοι διοπτεύσεις, *reciprocal bearings*
ἀντίθετος, *reverse*
  πλευρά, *offside*
  ῥοή, *reflux*
ἀντίθλιψις, *counter-pressure, back-pressure*
ἀντιθορυβικός, *sound-proof*

ἀντικαθαλατωτικόν, *anti-incrustation compound*
ἀντικαθοδικός, *anti-cathode*
ἀντικάθοδος, *anti-cathode*
ἀντικανονικός, *abnormal*
ἀντικαταλυτικόν, *anti-catalyst, catalyst, catalytic poison*
ἀντικατάστασις, *substitution*
ἀντικαταστάτης, *jury*
ἀντικατοπτρισμὸς (φάτα μοργκάνα), *fata morgana*
  ἀνώτερος —, *superior mirage*
  κατώτερος —, *inferior mirage*
ἀντικλείδι, *master key*
ἀντίκλινον, *anticline*
ἀντίκομβος, *antinode*
ἀντικόρυφον, *nadir*
ἀντικραδαστικός, *shock-absorbing*
ἀντικυκλών, *anticyclone*
ἀντικυκλωνικὴ κίνησις, *anticyclonic motion*
  σκοτία, *anticyclonic gloom*
ἀντικυμάτωσις, *interference*
ἀντιλογάριθμος, *antilogarithm*
ἀντιμαγνητικός, *antimagnetic, non-magnetic*
ἀντιμιασματικός, *anti-fouling*
ἀντιμικροφωνικὴ λυχνία, *antimicrophonic tube*
ἀντιμόνιον, *stibium (Sb), antimony*
  μετὰ τοῦ ὑδρογόνου, *antimony hydride, stibine*
  πενταθειοῦχον —, *antimony pentasulphide*
  πενταχλωριοῦχον—, *antimony pentachloride*
  τριθειοῦχον —, *antimony trisulphide, antimony glance, antimonite, stibnite*
  τριχλωριοῦχον —, *antimony trichloride, antimony halides*
ἀντιμονίου, βασιλίσκος, *regulus of antimony*
  βούτυρον —, *butter of antimony*
  πεντοξείδιον —, *antimony pentoxide*
  τριοξείδιον —, *antimony trioxide*
ἀντιμονιοῦχος μόλυβδος, *antimonial lead*
ἀντιμονίτης, *antimonite, stibnite, antimony glance, grey antimony ore*
ἀντιναύαρχος, *vice-admiral*
ἀντινομεύς, *reversed frame*
ἀντιολισθητικόν (μέσον), *non-skid device, anti-slipping (means)*
ἀντιοξειδωτικόν, *inhibitor*
  μέσον, *rust-preventing agent*
ἀντιπαγωτικόν (μέσον), *defroster, antifrosting composition*
ἀντιπαράθεσις, *juxtaposition*
ἀντιπαράλλαξις, *anti-parallax*
ἀντιπαρασιτικὴ λυχνία, *anti-microphonic valve, anti-static valve*
  συσκευή, *anti-clutter device*
ἀντιπερικόχλιον, *jam nut, back nut*
ἀντιπηκτικόν, *anticer*
  ἔλαιον, *anti-freeze oil*
ἀντιπηκτικός, *anti-freezing*
ἀντιπλημμυρικὰ ἔργα, *flood controls*
ἀντίποδες, *antipodes*
ἀντιπολωτικὴ περιέλιξις, *anti-polarising winding*
ἀντιπροβολικὸς σωλήν, *antipriming pipe*
ἀντιπροστριβικός, *anti-friction*
ἀντιπτέραρχος, *air marshal*
ἀντιπυρίνη, *antipyrine*
ἀντίρρευμα, *counter-current, undercurrent, undertow, backwater*
ἀντίρροπος δύναμις, *counter-force*
ἀντίρρους, *backwater*
ἀντιρρυπαντικὴ σύνθεσις, *anti-fouling composition*
ἀντιρρυπαντικός, *anti-fouling*
ἀντισιφωνικὴ ὀπή, *anti-siphon hole*
ἀντισκωριακός, *anti-rust*
ἀντισμήναρχος, *wing commander (W/Cdr)*
ἀντισταθμίζουσα ἐπίδρασις, *compensating action*
ἀντισταθμίζω, *to compensate, to counteract, to counter-balance, to set off*
  ἀεροσκάφος, *to swing an aircraft*
ἀντισταθμίσεως, ἀντίστασις, *compensating resistance*
  δρᾶσις —, *buffer action*
  ἐπίδρασις —, *buffer action*
  μαγνητικὸν πεδίον —, *compensating field*
  πηνίον —, *compensating coil, compensating choke*
ἀντιστάθμισις, *compensation, counterbalance, correcting swing*
  αὐτόματος —, *inherent stability*
ἀντισταθμιστής, *equaliser*
  διαστολῆς, *expansion bend, offset bend*
  νηματοειδής —, *filament compensator*
ἀντισταθμιστικὸν βάρος, *mass balance weight*
ἀντισταθμιστικὸς σωλήν, *balance pipe*
ἀντιστάσεως, πτερύγια, *trimming tabs*

ἀντίστασις, *resistance, resistor, retroaction*
ἀγωγιμότητος, *thermal conductivity resistance*
ἀεροδυναμική —, *eddy resistance*
ἀκτινοβολίας, *radiation resistance*
ἀνὰ φάσιν, *phase resistance*
ἀνόδου, *plate impedance*
αὐτεπαγωγική —, *inductive reactance, reactance*
διαβάσεως, *intermediate resistance*
διαφορᾶς δυναμικοῦ, *potential divider*
εἰδική —, *resistivity*
εἰς ἐναλλασσόμενον ρεῦμα, *reactance*
θλῖψιν, *crushing strength*
ἐκ τῆς σκεδάσεως, *stray reactance*
ἐπαγωγική —, *reactance, inductance*
ἐπιφανειακή —, *skin resistance*
ἕρματος, *loading resistance*
ἐσωτερική —, *internal resistance*
θερμοπερατότητος, *thermal transmittance resistance*
κατὰ μονάδα ἐπιφανείας, *drag per unit of area*
τὴν ὀλίσθησιν, *sliding friction*
κλιμακωτή —, *step resistance*
μετ' ἐπαγωγῆς, *inductive resistance*
μεταβλητή —, *variable resistance*
μετωπική —, *head resistance*
μονώσεως, *insulation resistance*
νήματος, *filament resistance*
προβαλλομένης ἐπιφανείας, *head resistance*
προστατευτική —, *series resistance*
συγκριτική —, *standard resistance*
σύνθετος —, *low impedance*
προσηρμοσμένη — —, *matched impedance*
τριβῆς, *frictional resistance*
ὑδατίνη —, *water resistance*
ὑψηλῆς συχνότητος (Υ.Σ.), *high frequency resistance, radio frequency resistance*
φαινομένη —, *impedance*
φαινομενική —, *impedance*
φορτίου, *load impedance*
χαρακτηριστικῆς ἀνόδου (Χ.Α.), *anode characteristic (a.c.) resistance*
χωρητική —, *reactance*
ἀντιστήριγμα, *stay*
ἀντιστηρίζειν, *to haunch up*
ἀντιστήριξις, *shoring*
ἀντιστράτηγος, *lieutenant - general*
ἀντιστρεπτός, *reversible*
ἀντιστρέφομαι, *to back*
ἀντιστρέφω, *to invert, to reverse*
ἀντιστροφὴ ἐκ τῶν ὄπισθεν, *reversing back*
τοῦ ἀνέμου, *backing of the wind*
ἀντίστροφος, *reverse*
(τιμή), *reciprocal*
ἀναλογία, *inverse proportion*
ἀντισυνταγματάρχης, *lieutenant-colonel*
ἀντιτορπιλλικόν, *destroyer*
δίκτυον, *torpedo netting*
ἀντιτριβή, *antifriction*
ἀντιτριβικόν μέταλλον, *anti-friction metal, bearing metal, babbitt metal*
ἀντιτριβικός, *anti-friction*
δακτύλιος, *insulating bush, bush*
ἄξονος μοχλοῦ ὁπλίσεως, *side lever axis bush*
κωνικός — —, *cone bush*
ρινός, *nose bush*
δίσκος, *facing disc*
κυλινδρίσκος, *antifriction roller*
σωλὴν σταθεροποιήσεως ταινίας φυσιγγίων, *steadying bush of ammunition belt*
ἀντίτυπον, *draught*
ἀντιχαλαρωτικοῦ κυλίνδρου, ἐγκοπαί, *tension roller slots*
ἀντιψυκτικὸν ἔλαιον, *anti-freeze oil*
ἀντιψυκτικός, *anti-freezing*
ἄντλησις, *pumping, baling, bailing*
ἀντλία, *pump*
ἀβησσυνιακή —, *Abyssinian pump*
ἀεροθαλάμων, *tyre (tire) pump*
ἀέρος, *air pump*
ἀκαθάρτων ὑδάτων, *mud pump*
ἀναρροφητική —, *suction pump*
ἄνευ βαλβῖδος, *valveless pump*
ἀνυψωτικὴ —, *lift pump*
ἁπλῆς ἐνεργείας, *single-acting pump*
ἀπορροφητική —, *suction pump*
ἀποστραγγίσεως, *drain pump*
αὐτομάτως μεμετρημένη —, *automatic-metering pump*
βαθέων φρεάτων, *deep-well pump*
βενζίνης, *fuel pump, petrol pump*
ἁπλῆς ἐνεργείας, *single-fuel pump*
διπλῆς ἐνεργείας τύπου Ἀμάλ, *Amal dual fuel pump*
δι' ἀέρος, *air-lift pump*
ὀδοντωτῶν τροχῶν, *gear pump*
διὰ ριπῆς, *jet pump*
διαφράγματος, *diaphragm pump*
διπλῆ —, *duplex pump*
διπλῆς ἐνεργείας, *duplex pump*
δοκιμῆς, *test pump*

ἀντλία
δομική —, *building pump*
ἐγχύσεως, *priming pump*
εἰσαγωγῆς, *feed pump*
ἐκκενώσεως, *scavenger pump, scavenge pump*
ἐκτοξεύσεως, *jet pump*
ἐλαίου, *oil pump*
τριστάδιος — —, *three-stage oil pump*
τύπου Ζάγκουαρ, *Jaguar oil pump*
μετὰ πτερυγίων, ἀναρροφητική, *vane-type oil scavenge pump*
χειροκίνητος — —, *hand-pumping oil pump*
ἐμβολοφόρος —, *piston pump*
μακροῦ ἐμβόλου, *plunger pump*
ἐνισχυτική —, *booster pump, wobble pump*
ἐπαναλήψεων, *accelerator pump*
ἐπιστροφῆς, *scavenge pump*
ἐπιταχύνσεως, *accelarating pump, accelerating well, accelerator pump*
μετ᾽ ἐπιβραδυνομένης ἐνεργείας, *delayed-action accelerating pump*
ἕρματος, *ballast pump*
ἠλεκτρική —, *pulsometer pump*
ἡμιστρεφομένη —, *semi-rotary pump*
καθαροῦ ὕδατος, *clean-water pump*
καταθλιπτική —, *forced pump*
κενοῦ, *vacuum pump, suction pump, auto-vac*
κεντρόφυξ —, *centrifugal pump*
κυκλοφορίας, *circulating pump*
κύτους, *bilge pump*
λειτουργοῦσα δι᾽ ὀδοντοτροχῶν, *gear pump*
μὲ ἅλυσιν, *chain pump*
μεμβράνης, *membrane pump, diaphragm pump*
μετὰ πτερυγίων, *vane pump*
ὀξέων, *acid pump*
παλινδρομική —, *wobble pump*
περιστροφική —, *rotary pump*
καταθλιπτική — —, *vane pump*
μετὰ ἑλικοειδοῦς δρομέως, *propeller pump*
πετρελαίου, *oil fuel pump*
πιέσεως, *pressure pump, force pump*
βενζίνης, *petrol pressure pump*
σεντινῶν, *bilge pump*
ταλαντευομένη —, *oscillating pump*
τροφοδοτήσεως, *feed pump*

ἀντλία
τύπου μετὰ πτερυγίων, *vane-type of pump*
ὕδατος, *water pump*
ὑδρεύσεως, *watering pump*
φορητή —, *portable pump*
φυγόκεντρος —, *vane pump*
χειροκίνητος —, *hand pump*
χωριστῆς ἐγχύσεως, *separate primer pump*
ψυκτικοῦ ὑγροῦ, *coolant pump*
ἀντλίας, ἀντιτριβικὴ ράβδος, *pump bus-bar*
ἄξων —, *pump shaft, pump spindle*
βάκτρον —, *pump rod*
ἐλαίου, ἄξων διευθύνσεως, *oil pump drive*
ἀσφαλιστικὴ βαλβίς — —, *oil pump relief valve*
διάκενα — —, *oil pump clearances*
συγκρότημα — —, *oil pump unit*
τομὴ πιέσεως — —, *oil pump pressure section*
ἐπιταχύνσεως, ἀποτέλεσμα, *accelerating pump effect*
δρᾶσις — —, *accelerating pump effect*
κύλινδρος —, *pump barrel*
μοχλός —, *pump lever*
περίβλημα —, *pump cover*
στρόφαλος —, *pump crank*
σῶμα —, *body of pump*
ἀντλίον, *scoop, skeet*
ἀντλῶ, *to bail, to bale*
ἀντοφθάλμιον, *fore-sight*
ἀντοχή, *endurance, strength, resistance*
διατμήσεως, *shearing strength*
τελική — —, *ultimate shearing strength*
δοκιμῆς, *proof strength*
ἐδάφους εἰς κάθετον φόρτισιν, *bearing stress of soil*
πίεσιν, *bearing stress of soil*
εἰς ἐφελκυσμόν, *tensile strengh*
πρακτική — — —, *proof strength*
θλῖψιν, *resistance to compression*
κάμψιν, *bending strength*
κροῦσιν, *resistance to impact, impact strength, notch-bar strength*
λυγισμόν, *crippling strength*
παγετόν, *frost resistance*
στρέψιν, *torsional strength*
συμπίεσιν, *compression strength*

ἀντοχὴ
σύνθλιψιν, *compressive strength*
θραύσεως, *shearing strength*
κοπώσεως, *fatigue strength*
μεγίστη —, *ultimate strength*
σύνθετος —, *composite strength*
τῆς ὕλης, *strength of matter*
ἄντωσις, *lifting power, lift, buoyancy*
ἐφεδρική —, *reserve buoyancy*
ἀντωστήρ, *dolly*
ἀνυδρίτης, *anhydride, anhydrite*
ἀνθρακικοῦ ὀξέος, *carbon anhydride*
βενζοϊκοῦ ὀξέος, *benzoic anhydride*
γύψος, *anhydrous calcium sulphate*
νιτρικοῦ ὀξέος, *nitric anhydride*
ὀξικοῦ ὀξέος, *acetic anhydride*
φθαλικοῦ ὀξέος, *phthalic anhydride*
χρωμικοῦ ὀξέος, *chromic anhydride, chromium trioxide*
ἄνυδρον ἀνθρακικὸν νάτριον, *soda ash*
ἄνυδρος, *anhydrous*
ἄνυσμα, *vector*
γωνιακόν —, *vector angle*
μέσον —, *vector mean*
μοναδιαῖον —, *unit vector*
ἀνύσματα, ἀντίθετα, *opposite vectors*
ἀντίρροπα —, *vectors of the opposite sense*
διαδοχικά —, *successive vectors*
ἀνυσματικὴ ποσότης, *vector quantity*
ἀνύσματος, δυναμικόν, *vector potential*
μῆκος —, *length of vector*
ἀνυψῶ, *to hoist, to lift, to heave*
ἀνύψωσις, *rise, get off, height increase*
εἰς δύναμιν, *involution*
ἐκ τῶν ἔμπροσθεν, *rising front*
καθιζημάτων, *ballooning*
λόγῳ παγετοῦ, *swelling due to frost*
ἀνυψωτήρ, *elevator, lift, escalator, jib*
δι' ὄνυχος, *lever jack, ratchet jack*
διὰ πεπιεσμένου ἀέρος, *compressed air siphon*
δομικός —, *construction elevator, building elevator, elevator, lift, hoist*
καδοφόρος —, *bucket elevator*
τρίπους —, *tripod jack, shear-legs*
φορητός —, *jack*
ἀνυψωτῆρες, λοξοί, *inclined lifts*
ἀνυψωτής (μετασχηματισμοῦ), *step-up*
ἀνυψωτικὴ ἄγρα, *lifting tongs*
δύναμις, *buoyancy*
ἀνυψωτικὴ
μηχανή, *elevating machine, hoisting machine, hoisting engine*
ἀνυψωτικὸν σύστημα, ἁπλοῦν, *whip*
ἄνω, *overhead*
ἐπικαλυπτικῆς πλακός, ἧλος, *top plate rivet*
ἧλος ὑποστηρίγματος — — —, *top plate bracket rivet*
τόρμος ὑποστηρίγματος — — —, *top plate bracket stud*
ὑποστήριγμα — — —, *top plate bracket*
μοχλός, *top lever*
νεκρὸν σημεῖον, *top dead-centre (T.D.C.)*
περίοδος, *Albian period*
πλάξ, *top plate*
ἀνωδομή, *superstructure*
ἀνωμαλία, *abnormality, anomaly*
ἀνωμαλιῶν, ἀνεύρεσις, *trouble tracing*
ἀνώμαλος, *abnormal, anomalous, out of order*
ἀραίωσις σχηματισμοῦ, *stagger formation*
ἀνωπτημένος, *annealed*
ἀνώσεως, στηλίδια, *lift struts*
ἄνωσις, *lifting power, lift*
κατὰ μονάδα ἐπιφανείας, *lift per unit area*
ἀνώτατα ὕδατα, *high water*
ἀνώταται στροφαὶ ἀνὰ λεπτόν (σ.ἀ.λ.) ἀνόδου, *maximum climbing revolutions per minute (r.p.m.), international climbing r.p.m.*
ἀπογειώσεως, *maximum take-off r.p.m.*
δι' οἰκονομικὴν πτῆσιν, *maximum r.p.m. for economical cruising*
διὰ βύθισιν τελικῆς ταχύτητος (Τ.Τ.), *maximum r.p.m. for terminal velocity (T.V.) diving*
μεγίστην δυνατὴν ὁριζοντίαν πτῆσιν, *maxumum r.p.m. for «all out» level flight*
συνεχῆ πτῆσιν, *maximum r.p.m. for continuous cruising*
ἀνώτατον ὕψος ἀναβάσεως, *height of lowest cloud, ceiling*
ἀνώτατος κοινὸς συντελεστής, *highest common factor (H.C.F.)*
ἀνωτέρα ἀτμόσφαιρα, *upper atmosphere, upper air*
διοίκησις βομβαρδιστικῶν, *bomber command*
ἀνωφέρεια, *rising gradient*

ἀξελερατέρ, *accelerator*
ἀξία, *value*
  πραγματική —, *actual value*
  χημική —, *chemical valency*
ἀξίωμα, *axiom, grade*
  διαλυτικόν—(Νεύτωνος), *Newton's second law of motion*
  δράσεως καὶ ἀντιδράσεως (Νεύτωνος), *Newton's third law of motion*
  Νεύτωνος, *Newton's laws of motion*
ἀξιωματικός, *officer*
  ἀεροναυτιλίας μοίρας, *squadron navigation officer*
    σμηναρχίας, *group navigation officer*
  ἀναγνωρίσεως, *reconnaissance officer*
  ἐναερίου φωτογραφίας, *photographic (aviation) officer*
  ἐπιτελείου, *staff officer*
  ἐπιχειρήσεων, *operations officer*
  ἔφεδρος —, *reserve officer*
  ἰατρός, *medical officer (M.O.)*
  κινήσεως ἀεροδρομίου, *aerodrome control pilot, flying controller*
  μόνιμος —, *regular officer*
  πληροφοριῶν, *intelligence officer, operations officer*
  σύνδεσμος, *liaison officer*
  συνεννοήσεως, *signals officer*
  ὑλικοῦ, *equipment officer*
  ὑπηρεσίας, *orderly officer*
    θαλασσίας διασώσεως, *rescue officer*
  χαρτῶν, *map officer*
ἄξονες, κάθετοι, *axes at right angles*
ἀξονικὴ ἀκτίς, *axial ray*
  μετατόπισις, *axial displacement*
  ροὴ ἀτμοῦ εἰς ἀτμοστρόβιλον, *turbine axial-flow*
  ὦσις, *axial thrust*
ἀξονικός, *axial*
ἀξονικῶς αὐξανόμενον βῆμα, *axially increasing pitch*
ἀξονίσκος, *dowel pin, pin, spigot, spindle, tommy bar*
  ἀγκυλίου, *shackle pin*
  ἀσφαλείας, *securing pin*
  βάκτρου, *spindle*
    σταυροῦ —, *crosshead gudgeon pin, crosshead gudgeon, gudgeon pin*
  γιγγλυμῶν, *hinge bolt, hinge pin*
  ἐμβόλου, *spindle*
  ἐργαλείου, *spindle*
  κατακόρυφος —, *pivot*

ἀξονίσκος
  πεπακτωμένος —, *location pin, dowel*
  ὑποβάθρου καλύμματος, *cover bracket rivet*
ἀξονομετρικὴ προοπτική, *axonometric perspective*
ἄξονος, ἔλεγχος, *axle checking*
  κάλυμμα —, *axle cap*
  ὀχημάτων, λαιμός, *axle neck*
  τριβεύς —, *axle bearing*
  τροχῶν, κλείς, *axle wrench*
  φορεύς —, *axle bearing*
ἄξων, *axis, axle, shaft, pivot, pin, hub, spindle, arbor*
  ἀγκωνοειδής —, *crank axle*
  ἀκτηρίδος, *back-plate pin*
    ἀσφαλίστρου —, *back-plate latch pin*
  ἀναρτήσεως τόξων, *weigh-bar*
  ἀναστροφῆς, *reversing shaft*
  ἀντώσεως, *lift axis*
  ἀνώσεως, *lift axis*
  ἀσφαλείας, *safety catch axis pin*
  αὐτοκινήτου, ἐμπρόσθιος, *front axle*
    ὀπίσθιος — —, *rear axle*
  βοηθητικός —, *countershaft*
  γεωμετρικός —, *centre line (C.L.)*
  δακτυλιοειδοῦς διατομῆς, *hollow shaft*
  δευτερεύων —, *countershaft*
  διαμήκης —, *longitudinal axis, long axis, fore-and-aft axis*
  διανομῆς, *timing shaft*
  διστρόφαλος —, *double crank*
  ἐγκάρσιος—, *latitudinal axis, transverse axis, lateral axis, cross shaft*
  ἑλικοφόρος —, *propeller shaft, screw shaft*
    τελικός — —, *tail shaft*
  ἐμβόλου, *wrist pin, gudgeon pin*
  ἐνδιάμεσος —, *intermediary shaft, countershaft, idler shaft, lay shaft*
    ἀντιστροφῆς, *reversing countershaft*
    τοίχου, *wall countershaft*
  ἐπιθέσεως, *axis of attack*
  ἐπικαλυπτικῆς πλακός, *cover pin*
  ἐπικλινής —, *inclined shaft*
  ἐφωδιασμένος διὰ σφηνός, *splined shaft*
  θεωρητικός —, *centre line (C.L.)*
  θυρίδος, *shutter pivot*
  κάθετος —, *normal axis*

ἄξων
κατευθύνσεως, *axis of advance*
κεκαμμένος —, *crank axle*
κινήσεως, *driving shaft*
εὔστροφος — —, *flexible drive*
κινητήριος —, *drive shaft, live axle*
κινούμενος —, *driven shaft*
κοῖλος —, *axle tube*
κύκλου σφαίρας, *axis of a circle of sphere*
κύριος —, *principal axis*
μαγνητικός —, *magnetic axis*
μέγας —, *major axis*
μεταδόσεως κινήσεως, *driving shaft*
ἐλαστικῆς — —, *spring drive shaft*
μεταφορᾶς, *radius link*
μικρός —, *minor axis*
μοχλικοῦ συστήματος, *lay shaft*
μοχλοῦ, κατακόρυφος, *lever pivot*
ἀσφαλίστρου ἐπικαλυπτικῆς πλακός, *cover latch shaft*
νοητός —, *centre line*
ὁδηγός —, *driving shaft*
ὁδηγούμενος —, *engaging shaft*
ὀπισθελκούσης, *drag axis*
ὀπισθελκύσεως, *drag axis*
ὁπλίσεως, *arming spindle*
ὀπτικός —, *optical axis*
οὐδέτερος —, *neutral axis*
παρασυρόμενος —, *idler shaft*
περιστρεφόμενος —, *revolving axis*
περιστροφῆς, *axis of rotation, axis of revolution*
πλευρικῆς πλακός, *unlocking plate rod*
ποδὸς διωστῆρος, *wrist pin, gudgeon pin*
προωθητικός —, *propeller shaft*
πτέρυγος, *wing axis*
συζεύξεως, *coupled axle*
συμμετρίας, *axis of symmetry*
συνδέσεως, *connecting shaft, outrigger shaft*
συνδετικός —, *connecting rod, connection rod, fixing pin*
ταλαντώσεως, *axis of oscillation*
τῆς γῆς, *earth's axis, axis of the earth*
τόρμου ἀσφαλίσεως, *locking pawl pivot*
τοῦ συνημιτόνου, *axis of the cosine*
τροχοῦ, *axle*
ὀχήματος, *axle tree*
τροχῶν, *paddle shaft*
ὀπίσθιος — —, *rear axle*

ἄξων
ὀχημάτων, *axle-tree*
πρόσθιος — —, *front axle*
τυμπάνου, *drum shaft*
τύπου καρντάν, *Cardan shaft*
τῶν συντεταγμένων, *axis of the coordinates*
τεταγμένων, *axis of the ordinates*
φακοῦ, *axis of a lens*
φέρων —, *free axle*
χειριστηρίου δικλίδος, *throttle control shaft*
χορδίσεως, *winding arbor*
ἀορτήρ, *sling*
ἀορτηριοῦχος, ἄνω, *piling swivel*
στρεφόμενος —, *sling swivel*
ἀπαγκιστρῶ, *to unhook, to angle off*
ἀπαγκίστρωσις, *break away*
ἀπαεριστήρ, *de-aerator*
ἀπαλοιφή, *elimination*
ἀπαλός, *smooth*
ἅπαν τὸ πλήρωμα, *all hands*
ἅπαντες εἰς τὸ κατάστρωμα, *all hands ahoy*
ἀπαργύρωσις, *desilveration*
ἄπαρσις, *weighing*
ἀπασφαλίζω, *to uncage*
ἀπατίτης, *apatite*
ἀπαυγή, *blink*
ἀπεδάφισις, *take-off*
ἀπειροβαθής, *abyssal, abysmal*
ἄπειρον, *infinity*
ἀρνητικόν —, *negative infinity*
θετικόν —, *positive infinity*
ἄπειρος, *infinite*
ἀπειροστός, *infinitesimal*
λογισμός, *infinitesimal calculus*
ἀπείρως μέγας, *infinitely great*
ἀπελευθέρωσις, ταχεῖα, *quick release*
ἀπεμπλέκω, *to declutch, to break away*
ἀπεμπλοκή, *disengaging, break away*
ἀπεριοδικὴ ἀντίδρασις, *aperiodic regeneration*
ἀπεριοδικὸν κύκλωμα, *aperiodic circuit*
ἀπεριοδικός, *aperiodic, acyclic*
ἀπεριοδικότης, *aperiodicity*
ἀπεσταγμένον ὕδωρ, *distilled water*
ἀπεσταγμένος, *distilled*
ἀπεχμάζω, *to unlash*
ἀπέχων, *offset*
ἀπηλιώτης, *east*
ἄπηξ, *solar apex*
ἀπίκο (ἄγκυρα), *anchor apeak*
ἀπίσσωτος, *untarred*
ἀπλανής (ἀστήρ), *star*
ἀπλανητικός, *aplanatic*

ἀπλίτης, *haplite, aplite*
ἁπλοποίησις, *simplification*
ἁπλοῦς, *simple, single, plain*
ἁπλώνω (ἱστία), *to spread*
ἄπνοια, *calm*
ἀποβάθρα, *quay, wharf, dock, platform, berth*
 κατασκευαστὴ —, *quay*
 κινητὴ —, *moving platform*
ἀπόβαρον, *tare weight, tare, all-up weight*
 μέγα —, *super-tare*
ἀπόβασις, *landing*
ἀποβατικὴ ἐπιχείρησις, *amphibious operation, landing operation*
 συνδεδυασμένη — —, *joint amphibious operation*
ἀποβατικὸν πλοῖον-τάνκ, *tank-landing ship (L.S.T.)*
ἀποβιβάζομαι, *to go ashore*
ἀποβίβασις, *landing*
ἀπόβλημα, *jet*
ἀποβολή, *expulsion*
ἀπόγειον, *apogee*
ἀπογειώσεως, διαδρομή, *take-off run*
 ἐλαχίστη — —, *minimum take-off run*
 δυναμικότης μίγματος —, *take-off mixture strength*
 ἰσχύς —, *take-off power*
 καμπύλαι ἰσχύος —, *take-off power curves*
 λωρίς —, *take-off strip*
 στροφαὶ ἀνὰ λεπτόν (σ.ἀ.λ.) —, *take-off revolutions per minute (r.p.m.)*
 συνθῆκαι —, *take-off conditions*
ἀπογείωσις, *take-off, get-off, rise, unstick*
ἀπογεμίζειν πολυβόλον, *to unload a gun*
ἀπογυμνῶ, *to dismantle*
ἀποδεικνύω, *to prove*
ἀπόδειξις, *proof*
 διὰ τῆς εἰς ἄτοπον ἀπαγωγῆς, *proof by reduction to an absurdity, proof by reductio ad absurdum*
ἀποδεκτικότης, *admittance*
ἀπόδοσις, *efficiency, output, performance, rating, turnover*
 ἀντλίας ὑπηρεσίας, *service pump output*
 γενικὴ —, *total efficiency, overall efficiency*
 εἰς ἀμπερώρια, *ampere-hour efficiency*

ἀπόδοσις
 θερμικὴ —, *thermal efficiency*
 ἰσχύος, *power output*
 μηχανικὴ —, *mechanical efficiency*
 προώσεως, *propulsive efficiency*
ἀποδοτικότης, *efficiency*
 αὐλαίας, *shutter efficiency*
ἀποζευγνύειν, *to disconnect, to put out of gear, to throw out of gear, to unclick*
ἀποζευκτήρ, *disconnector*
 βαρούλκου, *norman*
 ἐργάτου, *norman*
ἀπόζευξις, *de-coupling, putting out of gear, throwing out of gear*
ἀποζημιώνω, *to compensate*
ἀποζημίωσις, *compensation*
ἀποθαλασσώσεως, ἀρχή, *unstick*
ἀποθαλάσσωσις, *take-off*
ἀποθείωσις, *desulphurization*
ἀπόθεμα, *stock, apothem*
ἀπόθεσις, *deposit, dump*
ἀποθήκευσις, *storing, stowage, housing*
ἀποθηκεύω, *to store up, to dump, to house*
ἀποθήκη, *store room, stores, reservoir, bunker, dump*
 τροφοδοτικῶν μερίδων, *Detail Issue Depot (D.I.D.)*
 τυφεκίου, *rifle magazine*
 ὑπαίθριος —, *stock yard*
 φυσιγγίων, *magazine*
 ἐλαττωματικὴ — —, *defective magazine*
ἀποθήκης (φυσιγγίων), ἄγκιστρον, *magazine hook*
 ἀναστολεῖς —, *magazine stops*
 ἀπασφάλισις —, *magazine release*
 ἁρπάγη —, *magazine catch*
 βάσις —, *magazine base*
 γέμισμα —, *magazine charging*
 δάπεδον —, *magazine platform*
 δίσκος —, *magazine disc*
 ἐλατήριον —, *magazine spring*
 μάνδαλος ἀσφαλείας —, *magazine catch lock*
 νευρώσεις —, *magazine ribs*
 ὁδηγός —, *magazine guide*
 πόλος —, *magazine post*
 ράμφος —, *magazine nib*
 σκελετός —, *magazine case*
 στῦλος —, *magazine post*
 σωλήν —, *magazine tube*
 φορεύς —, *magazine carrier*
 χειρολαβὴ —, *magazine handle*
ἀποκαθυδάτωσις, *scale*
ἀποκατάστασις, *restitution*

ἀποκλεισμός, *blockade*
  ἐναέριος —, *air blockade*
ἀποκλίνουσα δέσμη φωτός, *divergent beam of light*
  ἔρευνα, *diverging search*
ἀποκλίνων, *divergent*
ἀπόκλισις, *divergence, divergency, deflection, leeway*
  (Aπ), *variation*
  ἀκτίνων, *divergence of the rays*
  ἀνατολική —, *easterly variation, variation east*
  δυτική —, *westerly variation, variation west*
  ἠλεκτροστατική —, *electro-static deflection*
  μαγνητική —, *magnetic deflection, magnetic variation*
  μεγίστη —, *maximum deflection*
  πρὸς τ᾽ ἀριστερά, *westerly variation*
ἀποκόπτειν ἀνωμαλίας τροχίσκου, *to trim off the burr*
ἀποκοχλιῶ, *to unscrew*
ἀποκρικῶ, *to unbend, to unshackle*
ἀποκρυπτογραφῶ, *to decipher*
ἀπόκρυψις, *camouflage, masking occultation, blanking*
ἀπολάβειον, *hook rope, ring stopper*
ἀπολεπίδωσις, *lamination*
ἀπολέπισις, *scaling, flecking*
ἀπολίθωμα, *fossil*
ἀπολίθωσις, *petrification*
ἀπολύμανσις, *disinfection*
  διὰ καπνίσματος, *fumigation*
ἀπόλυτον, *absolute*
  ἀμπέρ, *absolute ampere*
  μέγεθος, *absolute magnitude*
  μηδέν, *absolute zero*
  ὄργανον, *absolute instrument*
ἀπόλυτος ἀνομβρία, *absolute drought*
  ἀξία, *absolute value, absolute number*
  ἀριθμός, *cardinal number, absolute number*
  βαθμός, *absolute value, absolute number*
  μονάς, *absolute unit*
  ὁλικὴ ἀπώλεια, *absolute total loss*
  ὀροφή (θεωρ.), *absolute ceiling*
  πίεσις, *absolute pressure*
    εἰσαγωγῆς, *absolute boost*
    ὑπερσυμπιεστοῦ, *absolute boost*
  ὑγρασία, *absolute humidity*
ἀπομαγνητίζουσαι στροφαὶ ὁπλισμοῦ, *back turns of armature*
ἀπομαγνητισμός, *demagnetisation, magnetic reversal*
ἀπομάκρυνσις, *elimination*
ἀπομακρύνω ἀέρια, *to remove gases*
  ἐμπόδια, *to fend off*
ἀπόμιξις, *separation of a mixture*
ἀπομονῶ, *to isolate, to insulate*
  διὰ μονωτῆρος, *to insulate*
ἀπομονώσεως, σύστημα, *cut-out*
ἀπομόνωσις, *insulation, elimination*
  ἠχητική —, *insulation from sound*
ἀπομονωτικὴ οὐσία, *insulating material*
  ταινία, *insulating tape*
ἀπομονωτικὸν στρῶμα, *layer of insulation*
ἀπομονωτικός, *dielectric*
ἀπομορφίνη, *apomorphine*
ἀπονέκρωσις διὰ πλέγματος, *grid blocking*
ἀπόνερα, *wake, track*
ἀποξείδωσις, *deoxidation, reduction*
ἀπόξεσις, *abrasion*
ἀποξεστήρ, *scraper, raker*
  δίτροχος —, *two-wheel scraper*
ἀποξέστης, *scraper, eraser, reamer*
  ὁδῶν, *road scraper, grader*
  ὀπῶν, αὐλακωτός, *fluted reamer*
    εὐθύς — — —, *straight-fluted reamer*
    σπειροειδής — — —, *spiral-fluted reamer*
  διάτρητος — —, *shell reamer*
  κωνικός — —, *taper reamer*
  μὲ λεπτὰς αὐλακώσεις, *fine-fluted reamer*
  ρυθμιζόμενος — —, *adjustable reamer*
  σωλήνων, *tube scraper, tube cleaner*
  χωματουργικός —, *grader*
ἀποξέω, *to abrade*
ἀποξήρανσις, *drainage, exsiccation*
ἀποπαγωτήρ, *defroster*
ἀποπλάνησις, *aberration, aberrance*
ἀποπλύνω, *to flush*
ἀποπνίγω, *to choke*
ἀπόρρητα ἔγγραφα, *secret documents (S.D.)*
ἀπορρίμματα, *refuse, garbage, rubbish*
  ὁδῶν, *street refuse*
  οἰκιακά —, *house refuse*
ἀπορρίπτω, *to reject, to jettison*
ἀπόρριψις, *ejection, refuse*
  (ἄνευ σκοπεύσεως), *jettison*
  κάλυκος, ἐλαττωματική, *faulty ejection*
ἀπορροή, *flow-off, outfall*
ἀπορροφᾶν, *to absorb*

ἀπορροφήσεως, ἀναλογία, *absorption ratio*
βαθμός —, *absorption ratio*
ἐλεγκτής —, *absorption control*
ἔλεγχος —, *absorption control*
ἰσχύς —, *absorption power*
λόγος —, *absorption ratio*
μέσον —, *absorber*
μετρητής —, *absorptiometer*
συντελεστής —, *absorption factor*
φρέαρ —, *absorbing well*
ἀπορροφήσιμος, *absorbable*
ἀπορρόφησις, *absorption*
ὕδατος, *absorption of water*
ἀπορροφητὴρ κρούσεων, *buffer*
ἀπορροφητὴς ἀδρανείας, *inertia absorber*
κρούσεως, *shock absorber*
σπινθήρων, *spark arrester*
ἀπορροφητικός, *absorbent*
ἀπορροφητικότης, *absorption*
ἀπορροφόμετρον, *absorptiometer*
ἀποσβεννύω, *to damp out*
ἀποσβέσεως, διάταξις, *attenuation network*
ἐνισχυτής —, *buffer amplifier*
σύρματα —, *damping filaments, damping wires*
σύστημα —, *attenuator*
ἀπόσβεσις, *damping, damp, extinction, attenuation, fading, quenching*
φλογῶν, *flame damping*
ἀποσβεστήρ, *damper, absorber, buffer, amortisseur, attenuator*
δονήσεων, *vibration damper*
κρούσεων, *shock absorber, buffer*
ὀπισθοδρομήσεως, *recoil reducer*
ταλαντώσεων, *oscillation clamp, dashpot*
ἀποσβεστῆρος, ἐλατήριον, *buffer spring*
σωλὴν —, *buffer tube*
ἀποσβεστικὰ ἐλαστικὰ σχοινία, *rubber suspension cords*
ἀποσιωπητήρ, *muffler silencer, muffler*
ἀποσκευάζω, *to strip, to unrig*
ἀποσκευαί, *kit, baggage, luggage*
ἀπόσμησις, *deodorisation*
ἀπόσπασμα, *fragment, abstract, detachment*
ἡμερολογίου, *abstract of log*
ἀποσπῶ, *to detail*
ἀποστακτήρ, *distillation flask, still*
ἀποστακτικὸν κέρας, *retort*
ἀπόσταξις, *distillation, cracking process*

ἀπόσταξις
κλασματική —, *fractional distillation*
ξηρά —, *dry distillation*
ἀποστάσεις διακένου, *gap clearances*
ἀποστάσεως, σήματα, *distance markings*
τεμάχιον διατηρήσεως —, *distance piece*
ἀπόστασις, *distance, spacing range*
ἅλματος, *skip distance*
βολῆς, *range of fire, range of firing, firing range*
δραστικῆς —, *hunt range*
δύο σημείων, *distance between two points*
κορυφῆς καμπύλης, *zenith distance*
μάχης, *effective range*
διὰ βολὴν ἄνευ διορθώσεως, *point-blank range*
μεταξὺ ἀεροσκαφῶν ἀνιχνευόντων ἐπὶ τῆς ἰδίας γραμμῆς, *scouting interval*
δύο (ἄνω καὶ κάτω) πτερύγων ἀεροπλάνου, *gap*
τῶν ἥλων, *pitch of rivets*
τροχῶν, *track*
ὑπερεστιακή —, *hyperfocal force*
ἀπόστημα κανονικοῦ πολυγώνου, *apothem*
ἀποστίλβωσις, *depolish*
ἀποστολεύς, *consignor*
ἀποστολή, *mission*
ἀναγνωρίσεως, *reconnaissance mission*
ἀποστραγγίσεως, φρεάτιον, *catch-basin*
ἀποστράγγισις, *drainage, drain*
διὰ δραινῶν διορύξεως, *mole drainage*
ἀποστραγγιστὴρ ἀναμικτῆρος, *carburettor strainer*
ἀποστραγγιστήριος τάφρος διὰ λιθορριπῆς, *rubble drain*
ἀποστραγγιστικὸς ἀγωγός, δευτερεύων, *subsidiary drain*
ἀποσυγκόλλησις, *unsoldering*
ἀποσύζευξις, *decoupling*
ἀποσύμπλεξις, *disengaging, disengagement*
ἀποσύμφυρσις, *disaggregation*
ἀποσυναρμολόγησις, *dismantling, stripping*
κατακορύφου σταθεροῦ, *fin dismantling*
καὶ πηδαλίου διευθύνσεως, *fin and rudder assembly dismantling*
μερική —, *top overhaul*

ἀποσυνάρτησις, *disconnection*
ἀποσυναρτῶ, *to disconnect, to uncouple*
ἀποσυνδεόμενος, *detachable*
ἀποσύνδεσις, *disconnection, disengaging*
ἀποσυνδέω, *to disconnect, to uncouple, to strip*
ἀποσύνθεσις, *decomposition, dismantling*
ἀποσυνθέτω, *to unbend*
ἀποσυντονισμός, *detuning*
ἀποσφιγκτῆρες, *squeezers*
ἀποσχίζωσις, *splinter*
ἀποτανύεσθαι, *to sag*
ἀποτέλεσμα, *result, effect, outcome*
διαιρέσεως, *quotient*
ἐκτονώσεως ἀερίων, *blast effect*
ἀποτελεσματικὴ ὁρατότης, *effective visibility*
ἀποτελεσματικός, *effective*
ἀποτέφρωσις, *charring*
ἀπότομος, *steep*
ἀπότριμμα, *grinding*
ἀποτύπωμα, *impression, swage*
ἀποτύπωσις διὰ πολικῶν συντεταγμένων, *plotting by protractor*
τῶν ἐφαπτομένων, *plotting by tangents*
ἐπὶ χάρτου, *plotting*
ἀποτυχία, *failure*
ἀπόφραξις, *blanking off*
ἀποφράσσω, *to blank off*
ἀποφυλλίτης, *apophyllite, fish-eye*
ἀποχετεύσεως, ἐγκαταστάσεις, *cloaca systems*
ἀποχέτευσις, *drainage, discharge*
ἀποχετεύω, *to drain*
ἀποχρωματισμός, *discolouration, discoloration*
ἀπόχρωσις, *dye, hue, fading, nuance*
ἀποχρωστικὴ γῆ, *fuller's earth*
ἀποχρωστικός, *apochromatic*
ἀποχώρησις, *recess*
ἀποχωρίζω, *to gape*
τὰς δέσμας σχοινίου, *to unhank (coil)*
ἀποχωρισμός, *elimination*
ἀποχωριστήρ, *seperator*
ἄποψις, *bird's-eye view*
ἀπόψυξις, *freezing*
δι' ὕδατος, *water-cooling*
ἀπρόσβλητος ἀπὸ καιρικὰς μεταβολάς, *weather-proof*
ἀπροσδιόριστοι, *indeterminates*
ἀπώλεια, *loss, leakage*
ἄνευ φορτίου, *no-load loss*
ἀπώλεια
διαπυρώσεως, *loss by calcination*
ἐντὸς τοῦ χαλκοῦ (Ζούλ), *copper loss*
ἐπιπρόσθετος —, *additional loss*
ἔργου, *loss of work*
ἐκ δινορρευμάτων, *eddy-current loss*
τῶν κραδάνσεων, *loss due to vibration*
ἐν κενῷ, *no-load loss*
ἰσχύος, *loss of power*
κινήσεως, *lost motion*
λόγῳ μαγνητικῆς ὑστερήσεως, *magnetic hysteresis loss*
τριβῆς, *frictional loss*
ὄγκου, *shrinkage*
παραγωγῆς, *loss of output*
στηρίξεως, *stall, stalling*
ταχύτητος, *loss of speed*
τριβῆς, *frictional loss*
ἄπωσις, *repulsion*
ἄρ, *are (100 τ.μ.)*
ἀραβικὴ κοσμηματογραφία, *arabesque*
ἀραβικὸν κόμμι, *gum arabic, Senegal gum, acacia gum*
ἀραβίς, *rifle, carbine*
ἀραιόμετρον, *areometer, hydrometer, density bottle*
ἀραιός, *porous*
σχηματισμός, *open formation*
ἀραιότης τῆς ὕλης, *porosity*
ἀραιῶ, *to dilute*
ἀέριον, *to rarefy a gas*
ἀραίωμα, *spacing*
ἀραίωσις, *rarefaction, rarefication, dilution*
ἀερίου, *rarefication of a gas*
εἰς ἀκάλυπτον χῶρον, *open-air dispersal*
τοῦ ἀέρος, *rarefaction of the air*
ἀραιωτικόν, *diluent*
ἀράχνη (ἕλικος), *spider*
ἀργαννέλο, *winch*
ἀργιάνι, *cement grout*
ἀργιλλασβέστιον, *marl*
ἀργιλλικὸν ἅλας, *aluminate*
ἀργίλλιον, *aluminim (Al), aluminum, metal of clay.* **Βλ. καὶ ἀλουμίνιον.**
θειϊκόν —, *aluminium sulphate*
μετ' ὀρειχάλκου, *aluminium-bronze*
ὀξικόν —, *aluminium acetate*
πυριτικόν —, *aluminium silicate*
σφυρήλατον —, *forged aluminium*
χλωριοῦχον —, *aluminium chloride*
ἀργιλλίου, ἐπαναφορά, *annealing aluminium*

ἀργιλλίου
θερμικὴ κατεργασία —, *aluminium heat treatment*
ἰδιότητες —, *aluminium properties*
κονίαμα —, *aluminium cement*
κόνις —, *aluminium powder*
κρᾶμα —, *aluminium alloy*
ὀξείδιον —, *aluminium oxide, alumina*
καθαρόν — —, *alumina*
φυσικόν — —, *bauxite*
πλίνθοι ὀξειδίου τοῦ —, *aluminous bricks*
σφυρηλάτησις —, *aluminium forging*
τῆξις —, *aluminium melting*
ὑδροξείδιον —, *aluminium hydroxide*
χυτὸν ἐξ —, *aluminum casting*
ἀργιλλίτης, *argillite*
ἀργιλλοθερμικὴ μέθοδος, *aluminothermic process*
ἄργιλλος, *alumina, clay*
ἀγγειοπλαστική —, *potter's clay, ball clay*
ἀργιλλώδης, *argillaceous*
ἀργόν, *argon (A)*
ἀργός, *slow*
ἀργυραδάμας, *fluorite, fluorspar*
ἀργυρίτης, *acanthite, silver glance*
ἀργυρονικέλιον, *German silver*
ἀργυρόπαγος, *silver thaw*
ἄργυρος, *argentum (Ag), silver*
ἀζωτικός —, *silver azide*
ἀρσενικός —, *silver arsenate*
βρωμιοῦχος —, *silver bromide*
εἰς ράβδους, *bullion*
ἠλεκτρολυτικός —, *electrolytic silver*
θειϊκός —, *silver sulphate*
θειοῦχος —, *silver sulphate, acanthite*
ἰωδιοῦχος —, *silver iodide*
κροτῶν —, *fulminating silver*
κυανικός —, *silver cyanate*
κυανιοῦχος —, *silver cyanide*
νιτρικός —, *silver nitrate*
νιτρώδης —, *silver nitride*
νομισμάτων, *coinage silver*
ὄξινος φωσφορικός —, *silver acid phosphate*
ὑπερμαγγανικός —, *silver permanganate*
χλωριοῦχος —, *silver chloride*
ἀργυρόφαιον, *silver grey*
Ἀργώ (Ἀστερ.), *Argus*
ἄρδευσις, *irrigation*

ἄρδευσις
διὰ κατακλύσεως, *border irrigation*
τεχνητῆς βροχῆς, *spray irrigation*
ἀρδευτικὴ τάφρος, *irrigation ditch*
ἀρδευτικὸς αὖλαξ, *irrigation ditch*
ἀρενίγειος βαθμίς, *Stiperstone*
ἀρζαντάν, *argentan*
Ἄρης (Ἀστρ.), *Mars*
ἄρθρωσις, *articulation, joint, jointing, knuckle, hinge*
ἐλευθέρα —, *universal joint*
σφαιρική —, *ball-and-socket joint*
χαλαρά —, *universal joint*
ἀρθρωτὴ ζεῦξις, *universal coupling*
ράβδος, *articulated rod*
ἀρθρωτὸν παραλληλόγραμμον, *chart-table plotter*
ἀρθρωτός, *articulated*
σκοπευτικὸς βραχίων, *folding sighting arm*
ἀριθμητήρ, *register counter*
ἀριθμητής, *numerator*
ἀριθμητική, *arithmetic*
πρόοδος, *arithmetic(al) progression*
σειρά, *arithmetic(al) progression*
ἀριθμητικὸν μέσον, *arithmetic mean*
ἀριθμητικὸς μέσος ὅρος, *arithmetic mean, arithmetical mean*
ἀριθμογράφησις, *cipher*
ἀριθμοί, *figures*
ἀντίθετοι —, *opposite numbers*
ἀριθμός, *number*
ἀκέραιος —, *integral number*
ἀκτίνων ἐκροῆς, *number of jets*
ἄρτιος —, *even number*
ἀσύμμετρος —, *irrational number*
αὔξων —, *serial number*
δεκαδικός —, *decimal number*
ἑλιγμάτων, *number of turns*
κενώσεων ὑψικαμίνου, *blows*
κλασματικός —, *fractional number*
μαγνητικῶν πόλων, *number of poles*
μερίδος, *batch number*
μητρῴου (στρατ.), *roll number*
μιγαδικός —, *complex number*
μιγάς —, *complex number*
μονός —, *odd number*
Μπρινέλλ **(σκληρότης)**, *Brinell number*
περιττός —, *odd number*
πραγματικός —, *real number*
πρῶτος —, *prime number*
ρητός —, *rational number*
στοιχείων συστοιχίας, *number of cells*
συμμετρικός —, *rational number*

ἀριθμὸς
σύνθετος —, *composite number*
τακτικός —, *ordinal number*
ταυτότητος, *identification number*
ὑλικοῦ, *stores reference*
ὑποδείγματος, *mark number*
φανταστικός —, *imaginary number*
φυσικός —, *integral number*
ἀριστερά, *left, left-hand (L.H.)*
(πλευρά), *port side, port (P.)*
μάσκα πλοίου, *port bow*
παρειὰ πλοίου, *port bow*
ἀριστερόν, (ρ), *port (P.)*
ἐγκάρσιον, *port beam*
τμῆμα, *left-hand (L.H.) section*
ἀριστερός, *left-hand (L.H.), left*
ὀλισθητήρ, *left slide*
ἀριστερόστροφος, *left-hand turn, laevorotatory, counterclockwise (CCW)*
κίνησις, *left-hand drive*
ἄρκευθος, *juniper (tree)*
ἀριστερόστροφον σχοινίον, *back laid rope*
ἀριστερόχειρ, *left-hand*
ἀρκτικὴ περιοχή, *arctic region, polar region*
ἀρκτικὸς ἀήρ, *arctic air*
'Αρκτικὸς Κύκλος, *Arctic Circle*
'Αρκτοῦρος (α Βοώτου), *Arcturus*
ἅρμα, ἐλαφρόν, *light tank*
μάχης, *tank*
ἀρμαδούρα, *stand*
ἅρματα, *arms*
ἀρματωσιά, *rigging*
ἀρμίδι, *tripping line*
ἁρμοκαλύπτρα, *butt of strap, butt strap, fish-plate*
ἁρμολογεῖν ξεστόν, *to replace fore-end*
ἁρμολόγησις λιθοστρώτου, *joint filling*
ἁρμολογία, λεία, *jump*
ἐλασμάτων, *flush plating*
ἁρμονικαὶ κυμάνσεις, ἀνώτεραι, *higher harmonics*
συνιστῶσαι, *harmonic constants*
ἁρμονική, *harmonics*
διαίρεσις, *harmonic division*
κύμανσις, *harmonic oscillation*
πρώτη, *first harmonic*
ταλάντωσις, *harmonic vibration*
ἁρμονικός, *harmonic*
ἰσορροπητής, *harmonic balancer*
μέσος, *harmonic mean*
ἁρμός, *joint, seam*
δι' αὐλοῦ, *socket joint*
διαστολῆς, *expansion joint*
ἐργασίας, *construction joint*

ἁρμὸς
μαγνητικοῦ ζηγώματος, *butt joint*
συγκεκολλημένος μὲ ὑλικὸν συγκολλήσεως, *soldered joint, brazed joint*
ἁρμόσεως, γραμμή, *chine*
ἅρμοσις, *assembly, fitting*
ἁρμοῦ κοιτάσεως, ἐπιφάνεια, *bed-joint surface*
ἀρμπουρέτο, *topmast*
τῆς μπούμας, *trysail mast*
τοῦ πικιοῦ, *trysail mast*
ἄρμπουρο, *mast*
ἀρνητικὴ ἀντίστασις, *negative resistance*
ὀλίσθησις ἕλικος, *negative slip of propeller*
φορά, *negative sense*
φόρτισις, *negative charge*
φωτογραφία, *(photographic) negative*
ἀρνητικόν, *negative*
ἀεροφωτογραφίας, *air negative*
ἐπίπλησμα, *shrinkage*
κάθετον —, *vertical negative*
μὲ ἀντίθεσιν, *negative constrast*
προσοφθάλμιον —, *negative eyepiece*
σειρᾶς, *line negative*
σημεῖον, *negative sign*
τμῆμα, *negative segment*
ἀρνητικός, *negative*
ἀριθμός, *negative number*
πόλος, *negative pole*
ἀρνητικῶν, ἐπιγραφή, *titling of negatives*
ἀροτριῶντα ζῶα, *plough animals*
ἄροτρον, *plough, plow, harrow*
δισκοφόρον —, *disc harrow*
ἁρπάγη, *catch, grip, clasp, hook, fish hook, grab, grabshell, jaw, beam-grab, pawl carry*
ἐκσκαφέως, *grab-bucket, grab*
ἐλατηριωτὴ αὐτόματος—, *snap hook*
μετὰ γλωττίδος, *dog clip*
ὀλισθιτικῆς θυρίδος, *sliding shutter catch*
συγκρατήσεως, *hinged catch*
ἅρπαγμα, *seizing*
ἄρρητος, *irrational*
ἀρσενικόν, *arsenic (As)*
λευκόν —, *white arsenic*
μεταλλικόν —, *arsenide*
ὀξύ, *arsenic acid*
τριθειοῦχον —, *arsenous sulphide*
τριχλωριοῦχον—, *arsenic trichloride*
ὑδρογονοῦχον —, *arsine*
ὑπερθειοῦχον —, *arsenious sulphide*

ἀρσενικοῦ ὀξέος, ἅλας, *arsenite*
πεντοξείδιον —, *arsenic pentoxide*
τριοξείδιον —, *arsenious oxide*
ἀρσενικώδης, *arsenious*
ἀρσενοβενζόλη, *arsenobenzene*
ἀρσενοπυρίτης, *arsenopyrite, mispickel*
ἀρσίνη, *arsine*
ἀρτάνη, *sling, rigging line*
ἀρτέμων, *standing jib, jib, halyard*
ἀρτεσιανόν φρέαρ, *artesian well*
ἀρτηριακός, *arterial*
ἄρτυμα κράσεως, *flux*
λούσεως ὑάλου, *glass decolourising material*
ἄρτυσις δι' ἀσβέστου, *lime addition*
ἀρύλιον, *aryl*
ἀρχαὶ ἀναμίξεως, *principles of carburation*
ἀρχή, *principle, origin*
'Αβογάδρου (περὶ ἀερίων), *Avogadro's principle*
'Αρχιμήδους, *Archimedes' principle, principle of Archimedes*
λειτουργίας κινητῆρος *motor principle*
ἀρχηγεῖον, *headquartes (H.Q.)*
ἀρχηγὸς ἀεροπορίας, *air officer commanding*
ὁμάδος πολεμικῶν πλοίων, *commodore*
ἀρχικαὶ συνθῆκαι, *initial conditions*
ἀρχικὴ αὔξησις, *initial rise*
ἐπιτήρησις, *initial survey*
μετατόπισις, *initial displacement*
ταχύτης, *muzzle velocity*
ἀρχικός, *initial, first, primary, principal*
ἀρχιμήδειος ἕλιξ, *Archimedian screw*
ἀρχιμηχανικός, *chief engineer*
'Αρχιπέλαγος, *archipelago*
ἀρχισμηνίας, *warrant officer (W/O)*
βάσεως, *sergeant-major (Sgt.-major)*
ἀρχιστράτηγος, *commander*
ἀρχιτεκτονικὰ ἀντικείμενα, *architectural subjects*
ἀρχιτεκτονική, *architecture*
ἀρχιτέκτων, *architect*
ἀρωματικαὶ ἑνώσεις, *aromatic compounds*
κετόναι, *aromatic ketones*
ἀρωματικός, *aromatic*
Α.Σ., *A.F.*
ἀσβεσθύαλος, *lime glass*
ἀσβέστης. Βλ. ἄσβεστος.
ἀσβέστιον, *calcium (Ca)*
ἀσβέστιον
ἀνθρακικόν —, *calcium carbonate, lime carbonate, carbonate of lime, limestone*
ὄξινον — —, *acid carbonate of lime*
ἀργιλλικόν —, *calcium aluminate*
γάλα, *milk of lime*
θειαργιλλικόν —, *calcium sulphoaluminate*
θειϊκόν —, *calcium sulphate*
θειοῦχον —, *calcium sulphide*
νιτρικόν —, *calcium nitrate, lime nitrate*
πυριτικόν —, *calcium silicate*
φθοριοῦχον —, *calcium fluoride, fluorspar*
φωσφορικόν —, *calcium phosphate, tricalcium orthophosphate*
χλωριοῦχον —, *calcium chloride*
ἀσβεστίου, διοξείδιον, *calcium dioxide*
ὀξείδιον —, *calcium oxide, calcium monoxide*
ὑδροξείδιον —, *calcium hydroxide*
ἀσβεστίτης, *carbonate of calcium, limestone, calcite*
ἀσβεστιτομαστίχη, *chalk putty*
ἀσβεστοβαφή, *limewashing, waterwash*
ἀσβεστοκονίαμα, *lime mortar, limewash*
ἀερικόν —, *ordinary lime mortar*
διὰ γάλακτος, *lime mortar with milk*
κοινόν —, *ordinary lime mortar*
πηλοῦχον —, *lime mortar mixed with clay*
ὑδραυλικόν —, *lime trass mortar*
ἀσβεστοκονιαματικὸν ἐπίστρωμα, *lime mortar floor*
ἀσβεστοκυαναμίδη, *calcium cyanamide*
ἀσβεστολιθικαὶ γαῖαι, *calcareous earth*
ἀσβεστολιθικὴ ἄμμος, *calcareous sand, lime sand*
μάργα, *lime marl*
ἀσβεστολιθικὸν ἔδαφος, *calcareous earth*
ἵζημα, *calcareous sinter*
ἀσβεστολιθικός, *calcareous, chalky*
τόφος, *calcareous tuff, calcareous tufa*
ἀσβεστόλιθος, *limestone*
ἀνθρακοφόρος —, *carboniferous limestone*
ἀρχέγονος —, *primary limestone*

ἀσβεστόλιθος
ἰουρασικός —, *Jurassic limestone*
κοκκοπαγής —, *granular limestone*
κοκκώδης —, *granular limestone*
λιμναῖος —, *fresh-water limestone*
μαγνησιακός —, *magnesian limestone*
μαγνησιομιγής —, *magnesium limestone*
νουμμουλιτικός —, *nummulitic limestone*
πλακώδης —, *laminated limestone*
πυριτικός —, *siliceous limestone*
συμπαγής —, *mountain limestone*
ἀσβεστολιθότοφος, κλαστικός, *clastic lime tuff, detrital lime tuff*
ἀσβεστόνερο, *lime water, limewash*
ἀσβεστόπηλος, *lime mortar*
ἀσβεστοποίησις, *calcination*
ἄσβεστος, *asbestos, calcium oxide, lime, quicklime.* **Βλ. καὶ ἀμίαντος.**
ἀσβεστιτική —, *calcium limestone*
ἄκρατος —, *calcined lime, lime*
ἔνυδρος —, *slaked lime*
ἐσβεσμένη —, *slaked lime*
θειϊκή —, *lime sulphate*
ἰσχνή —, *magnesium lime*
λευκή —, *white lime*
μαγνησιοῦχος —, *high magnesian stone, dolomitic stone*
μὴ ἐσβεσμένη —, *quicklime*
παχεῖα —, *white lime*
ὑδραυλική —, *hydraulic lime*
χλωριοῦχος —, *chloride of lime, bleaching powder*
ἀσβέστου, ὑδροξείδιον, *lime hydrate, hydrated lime*
ἀσβεστόχρισμα, *limewashing, waterwash*
ἀσβεστόχρωμα, *limewash, water colour*
ἀσβόλη, *soot, gas black*
ἀσέληνος, *moonless*
ἀσετοφαινόνη. Βλ. ἀκετοφαινόνη.
ἀσετυλίνη, *acetylene*
ἀσήμι, *silver.* **Βλ. καὶ ἄργυρος.**
ἀσθενής, *weak*
ἀσκήσεις ἐπὶ ἀμμοδόχου, *sand-table exercises*
χάρτου, *sand-table exercises*
συνδεδυασμέναι —, *joint exercises*
ἄσκησις, *training*
ἄσπρισμα, *whitewash*
ἀσανσέρ, *elevator, lift*
ἀστάθεια, *instability*
ἑλικοειδής —, *spiral instability*

ἀσταθές (πλοῖον), *out of trim, crank*
ἀσταθής, *sluggish*
ἀστάθμιστος, *unbalanced*
ἀστατικὸν γαλβανόμετρον, *astatic galvanometer*
ζεῦγος μαγνητῶν, *astatic couple*
μικρόφωνον, *astatic microphone*
πηνίον, *astatic coil*
ἀστατικός, *astatic*
ἀστερισμός, *constellation*
ἀστεροσκοπεῖον, *observatory*
ἀστήρ, *star*
ἀπλανής —, *fixed star*
δευτέρου μεγέθους, *star of second magnitude, second-magnitude star*
διάττων —, *shooting star*
μεταβλητός —, *variable star*
πρώτου μεγέθους, *star of first magnitude, first-magnitude star*
φωτοβολίδος, *star*
ἀστήρικτος, *unbraced*
ἀστιγματισμός, *astigmatism*
ἀστίλβωτος, *unpolished, unfinished*
ἀστοχία, *misfire*
ἀστράβη, *crutch*
ἀστραπή, *lightning, flash*
ἀστραπῆς, περιδέραιον, *pearl necklace lightning*
ἀστρικὴ ἡμέρα, *sidereal day*
ὥρα, *sidereal time*
ὡρικὴ γωνία (Ωδ★γ), *sidereal hour angle (S.H.A.)*
ἀστρικός, *stellar, sidereal*
χρόνος (Τς), *sidereal time*
ἄστριος, *feldspar, felspar*
ἄστρο τῆς τραμουντάνας, *Pole Star, Polaris*
ἀστρογράφος, *astrograph*
ἀστροθόλος, *astro-dome*
ἀστρολάβιον, *astrolabe*
ἀστρολάβος, *astrolabe*
ἀστρολογία, *astrology*
ἀστρονομία, *astronomy*
φυσική —, *physical astronomy*
ἀστρονομικὴ γραμμὴ θέσεως, *astro-position line*
ἐφημερίς, *ephemeris*
ἡμέρα, *astronomical day*
παρατήρησις, *astronomical observation*
ὥρα, *astronomical time*
ἀστρονομικοὶ ναυτιλιακοὶ πίνακες, *astronomical navigation tables*
ἀστρονομικὸν λυκόφως, *astronomical twilight*
πλάτος, *celestial latitude*

ἀστροστάτης, *siderostat*
ἀστροφεγγιά, *star light*
ἀστροφυσική, *astro-physics*
ἀσυγκόλλητος, *unwelded*
ἀσυγχρονισμός, *asynchronism*
ἀσύγχρονος, *asynchronous*
ἀσυμμετρία, *assymmetry*
ἀσύμμετρον σύστημα, *asymmetric system, triclinic system*
ἀσύμμετρος, *asymmetrical, irrational*
ἀσύμπτωτος, *asymptote*
ἀσυρματιστής, *radio operator, wireless operator*
  ἐδάφους, *ground wireless operator*
  /πολυβολητὴς ἀέρος, *wireless operator/ air gunner*
ἀσύρματον τηλέφωνον, *wireless telephone*
ἀσύρματος, *wireless*
  τηλεγραφία (Α/Τ), *wireless telegraphy (W/T), wireless transmission*
  τηλέγραφος, *wireless, radio*
  τηλεπικοινωνία, *wireless transmission*
  τηλεφωνία, *wireless telephony (W/T)*
ἀσυρμάτου, ἀντίστασις, *radio resistance*
  δέκτης —, *radio receiver*
  θωράκισις —, *radio shielding*
  ὁπλισμός —, *radio shielding*
  πομπός —, *radio transmitter*
  συσκευή —, *wireless apparatus, wireless set*
ἀσφαίρου βολῆς, προσάρτημα, *blank firing attachment*
ἀσφάλεια, *security, safety, safety catch, safety lock, lock, locking, seal, circlip, fuse, fuze*
  ἀκτηρίδος, *back-plate catch*
  βυσματοειδής —, *plug fuse*
  ἐλαίου, *oil seal*
  ἐλατηριωτή —, *spring catch*
  ἐνισχυτική —, *booster tab*
  ἠλεκτρική —, *safety fuse*
  κατὰ τῶν ἐπιτάσεων, *excess voltage fuse*
  κινητοῦ οὐραίου, *locking bolt*
  κυκλοτερής —, *circlip*
    συρματίνη —, *wire circlip*
  μολυβδίνη —, *lead seal*
  πυροδοτικοῦ κομβίου, *fire safe*
  σκελετοῦ, *frame lock*
  συντηκτική —, *safety fuse, fuse, fuze*
  τηκτή —, *safety fuse, fuse, fuze*

ἀσφάλεια
  τήξεως, *fusible plug*
  χειρολαβῶν, *butt catch*
ἀσφάλειαι ἀνακλήσεως, *retraction catches*
ἀσφαλείας σκελετοῦ, διάστημα, *frame lock space*
    ἧλος — —, *frame lock rivet*
    ὁδηγός — —, *frame lock guide*
    συγκρατητήρ — —, *frame lock retainer*
ἀσφαλής, *reliable, safe*
ἀσφαλίζειν, *to protect, to secure, to lock*
ἀσφάλισις κοχλίου διὰ σφυρηλατήσεως, *peening*
  τῶν τεμαχίων, *locking of parts*
ἀσφαλιστικὴ ἀναβαθμίς, *locking shoulder*
  ζώνη, *safety harness*
  παρειά, *safety pillar*
  περόνη, *safety pin, locking pin*
    μετὰ δακτυλίου, *safety pin with ring*
    συσφιγκτικοῦ κοχλίου, *clamp screw split pin*
  πλάξ, *locking plate*
ἀσφαλιστικὸν ἐπιστόμιον, *safety valve*
    μετὰ μοχλοῦ, *lever safety-valve*
    ὑπερχειλίσεως, *overflow valve*
  περικόχλιον, *safety nut*
    κωνικόν — —, *countersunk lock*
  σύστημα, *safety device*
    κλείστρου, *safety devices on breech*
ἀσφαλιστικὸς ἐμβολεύς, *safety plunger*
  μάνδαλος κορμοῦ, *parastripe*
  πεῖρος, *safety pin*
  σωλὴν διαστολῆς, *expansion pipe*
    ἐλάσματος, *plate safety tube*
ἀσφάλιστρον, *safety lock, catch*
  ἀκτηρίδος, *back-plate latch*
  ἐπικαλυπτικῆς πλακός, *cover latch*
  καλύμματος, *cover latch*
    ὀπισθίου —, *rear cover lock*
ἀσφαλτικὰ ὑλικά, *asphalt materials*
ἀσφαλτικὸν γαλάκτωμα, *bituminous emulsion*
  μονωτικὸν φύλλον, *insulating asphaltic felting*
  ὁδόστρωμα, *asphalt road surface*
ἀσφαλτόκυβος, *asphalt block*
ἀσφαλτόλιθος, *rock asphalt*
ἀσφαλτόπιτται, *asphalt cakes*
ἀσφαλτόπλινθος, *asphalt paving block*
ἄσφαλτος, *asphalt bitumen*
  ἄκρατος —, *straight-run asphalt*

ἄσφαλτος
θειωμένη —, *sulphurised asphalt, ventura flux, Pittsburg flux*
κατειργασμένη —, *refined asphalt*
κονιοποιημένη —, *powdered asphalt*
λιμναία —, *lake asphalt*
μαστιχοειδής —, *mastic asphalt*
πετρελαϊκή —, *petroleum asphalt*
πιεστή —, *compressed asphalt, rock asphalt*
Τρινιντάντ, *Trinidad asphalt*
ὑπολειμματική —, *residual asphalt, petroleum asphalt*
φυσητή —, *blown asphalt*
φυσική —, *native asphalt, oxidised asphalt*
χυτή —, *poured asphalt, asphalt mastic*
ψυχρά —, *bituminous emulsion*
ἀσφαλτοσκυρωτὸν δι' ἐμποτισμοῦ, *asphalt-grouted surfacing*
ἀσφαλτοσώματα, *asphalt bitumens*
ἀσφάλτου, ἄρτος, *asphalt block, asphalt cake*
γαλάκτωμα—, *bituminous emulsion*
ἐπικαθήσεις —, *asphalt deposits*
κοιτάσματα —, *asphalt deposits*
ἀσφαλτοῦχον φύλλον, *asphalt felting*
ἀσφαλτοῦχος, *bituminous*
γαιάνθραξ, μακρύφλοξ —, *bituminous coal*
ἀσφαλτώδης, *bituminous*
ἀσφαλτώνειν, *to asphalt, to bituminate*
ἀσφυξιογόνα ὡς ὅπλον μάχης, *gas as a weapon*
ἀσφυξιογόνος χειροβομβίς, *gas grenade*
ἄτακτος, *anomalous*
ἀταξία, *out of order*
ἀτέρμων, *worm, endless*
ἄξων, *worm shaft*
κοχλίας, *worm wheel, worm gear, worm, perpetual screw*
ὀδοντοτροχός, *worm gear, worm wheel*
πλάτους, *latitude worm gear*
συνεχὴς περιπολία, *endless chain patrol*
ταινία, *endless band*
τροχός, *worm*
ἀτλάζι, *satin*
ἄτλας, *atlas, poppet*
ἀτμάκατος, *steam launch*
ἀτμάμαξα, *steam locomotive, locomotive*
ἀτμαντλία, *steam pump*

ἀτμίζω, *to steam*
ἀτμοδιακόπτης, *steam cut-off valve*
ἀτμοθάλαμος, *steam room, steam dome*
ἀτμοθυρίς, *steam port*
κυλίνδρου, *port opening*
ἀτμοκιβώτιον, *valve casing*
σύρτου, *slide valve box*
ἀτμοκύλινδρος, *steam cylinder*
ἀτμολέβης, *steam boiler, engine boiler, steam generator*
ἀτμομηχανῶν, *locomotive boiler*
μὲ αὐλοὺς φλογῶν, *fire-tube boiler*
ὑδραυλούς, *water-tube boiler*
μέσης πιέσεως, *medium-pressure boiler*
μόνιμος —, *land boiler*
ξηρᾶς, *land boiler*
πλοίων, *marine boiler*
ὑψηλῆς πιέσεως, *high-pressure boiler*
ἀτμολέβητος, αὐλός, *boiler tube*
δοκιμασία —, *boiler test*
πίεσις —, *boiler pressure*
ἀτμομέτρησις, *steam measuring*
ἀτμομετρητής, *steam consumption meter*
ροομετρικός —, *flow-steam (consumption) meter*
ἀτμομηχανή, *locomotive, steam engine, (Stumpf) uniflow engine*
ἁπλῆς ἐνεργείας, *single-acting steam-engine*
διπλῆς ἀποτονώσεως, *double-expansion engine*
ἐκτονώσεως, *compound engine*
μετὰ ψυγείου, *condensing steam-engine*
μονοκύλινδρος —, *single-cylinder engine*
παλινδρομική —, *reciprocating steam-engine*
περιστροφική—, *rotary steam-engine*
πολλαπλῆς ἀποτονώσεως, *multiple-expansion engine*
πολυκύλινδρος —, *multi-cylinder steam-engine*
συνεζευγμένη —, *tandem steam-engine*
τετραπλῆς ἀποτονώσεως, *quadrupleexpansion engine*
ἐκτονώσεως, *quadruple-expansion engine*
τριπλῆς ἀποτονώσεως, *triple-expansion engine*
ἐκτονώσεως, *triple-expansion engine*
ἀτμονομεύς, *slide valve*

ἀτμοπερίβλημα, *steam jacket*
ἀτμόπλοιον, *steam ship*
ἀτμοποίησις, *vaporisation*
ἀτμοποιῶ, *to evaporate*
ἀτμός, *steam, vapour, fume*
ἐκφυγῆς, *exhaust steam*
ἔνυδρος —, *wet steam*
κεκορεσμένος —, *saturated steam*
τοῦ ἀνάποδα, *astern steam*
πρόσω, *steam ahead, ahead steam*
ὑγρός —, *wet steam*
ὑπέρθερμος —, *superheated steam*
ἀτμοσίφων, *pulsometer*
ἀτμοστεγής, *steam-tight, steam -proof*
ἀτμοστρόβιλος, *steam turbine, turbine*
ἀξονικῆς ροῆς, *tangential flow engine*
δράσεως, *action turbine, impulse turbine*
μετὰ μειωτῆρος στροφῶν, *geared turbine*
τοῦ πρόσω, *ahead turbine*
ἀτμοστροβίλου, βῆμα πτερυγίου, *blade pitch*
κέλυφος —, *turbine casing*
προφύσιον —, *turbine nozzle*
πτερύγιον —, *turbine blade*
κινητόν — —, *moving blade*
ὁδηγητικόν — —, *guide blade*
σταθερόν — —, *stationary blade*
ρυθμιστής —, *turbine governor*
στροφεῖον —, *turbine rotor*
ἀργόν — —, *dummy rotor*
στυπιοθάλαμος —, *turbine stuffing box*
ἀτμοσύρτης, *slide valve*
ἐκτονώσεως, *expansion slide valve*
κυλινδρικός —, *round slide valve*
μέσης πιέσεως, *intermediate slide valve*
ἀτμοσύρτου, βάκτρον, *slide valve rod*
ἐπικάλυψις —, *slide valve lap*
κάτοπτρον —, *slide valve face*
τόξον —, *slide valve bar link*
ἀτμόσφαιρα, *atmosphere*
ἄνω —, *upper atmosphere, upper air*
ἄστατος —, *unstable atmosphere*
βασική —, *standard atmosphere*
ἀτμοσφαίρας, κατάστασις τεταραγμένης, *bumpy air conditions*
ἀτμοσφαιρικαὶ ὀπαί, *atmospheric vents*
παρεμβολαί, *atmospherics, Xs*
ἀτμοσφαιρικαὶ συνθῆκαι, βασικαί, *standard atmosphere conditions, standard atmospheric conditions*
ἀτμοσφαιρικὴ ἀποκατάστασις, *pressure balance*
ἀπορρόφησις, *atmospheric absorption*
ἀτμομηχανή, *atmospheric engine*
γραμμή, *atmospheric line*
διαταραχή, *atmospheric disturbance*
ἐπίδρασις, *atmospheric action*
κατάστασις, *weather*
κυκλοφορία, *atmospheric circulation*
μίανσις, *atmospheric pollution*
παρεμβολή, *atmospheric interference*
πίεσις, *atmospheric pressure*
ἀτμοσφαιρικοὶ ἄγοντες, *atmospheric agents*
ἀτμοσφαιρικὸς ἠλεκτρισμός, *atmospheric electricity*
ἀτμόσφυρα, *steam-hammer*
ἀτμοσωλήν, *steam tube, steam pipe*
πολυβόλου, *machine gun (M.G.) steam tube*
ἀτμοῦ, δίοδος, *steam way*
προβολή —, *steam jet*
συσκευὴ προβολῆς —, *steam jet blower*
ἀτμοφράκτης, *steam stop valve, stop valve*
ἀτόλλαι, *atolls*
ἀτομικὴ ἀποσύνθεσις, *atomic disintegration*
βόμβα, *atomic bomb*
θερμότης, *atomic heat*
θεωρία, *atomic theory*
στήλη, *atomic pile*
ἀτομικὸν βάρος, *atomic weight (A.W.)*
ἀτομικός, *atomic*
ἀριθμός, *atomic number*
ὄγκος, *atomic volume*
πυρήν, *atomic nucleus*
ἀτομικότης, χημική, *chemical valency*
ἄτομον, *atom*
ἀσυμμέτρου ἄνθρακος, *asymmetric carbon atom*
ἀτομοποίησις, *atomisation*
ἀτόμου, δομή, *atomic structure*
ἀτρακτίδιον, *nacelle*
ἀτράκτιον, *spindle*
ἀτρακτοειδὲς σκάφος, *fuselage*
κεφαλοειδοῦς κατασκευῆς, *monocoque fuselage*
ἀτρακτοειδῆ σύρματα (ἀεροδυναμικά), *streamline wires, streamlined wires*
ἀτρακτοειδής, *streamlined, fusiform*
ἄτρακτος, *body, fuselage, framework, air-frame, shank, shaft, paddle shaft, arbor, zone, pole of a mast, spindle*

ἄτρακτος
ἀγκίστρου, *shank of a hook*
ἀγκύρας, *shank of an anchor*
δευτερεύουσα —, *lay shaft*
κνωδακοφόρος —, *camshaft*
μήκους, *zone of longitude*
ὁλόσωμος —, *monocoque*
ἀτράκτου, ἀριθμός, *zone number*
ἐμπρόσθιον μέρος —, *fuselage front*
ἐπισκευή —, *air-frame repair*
ἡμερομηνία —, *zone date (Hst)*
ρύθμισις —, *air-frame adjusting*
συναρμολόγησις —, *air-frame assembly*
συντήρησις —, *air-frame maintenance*
χρόνος —, *zone time (Z.T.)*
ἀτσάλι, *steel.* **Βλ. καὶ χάλυψ.**
ἀτσαλοσίδερο, *cast-steel*
ἀτσαλόσυρμα, *steel wire*
ἀτσάλωμα, *steel facing*
ἀτύχημα, *crash*
Αὐγερινός ('Αστρ.), *Lucifer*
αὐγή, *dawn, day-break*
αὐγίτης, *augite*
αὐλαία, *shutter*
ἔμπροσθεν τοῦ φακοῦ, *front of lens shutter*
ἑστιακοῦ ἐπιπέδου, *focal plane shutter*
μεταξὺ φακῶν, *between-lens shutter*
ὄπισθεν τοῦ φακοῦ, *behind-lens shutter*
αὔλακες ἀσφαλείας βολίδος, *indentation*
περισυλλογῆς ἀκαθαρσιῶν, *scavenger rings*
αὐλάκι, *snatch*
αὐλακιά, *wake*
αὐλάκια ἐξολκέως τοῦ πυθμενίου τοῦ κάλυκος, *cartridge grooves in extractor*
αὐλακίζειν, *to furrow*
αὐλάκιον, *groove, annulus*
αὐλακώνειν, *to groove, to spline*
αὐλακώσεις, *indents, serrations*
ἐκ τροχῶν ὀχημάτων, *ruts*
αὐλάκωσις, *groove, grooving, spline, rifling, flute, indentation*
ἀσφαλίσεως, *locating groove*
ἀσφαλιστική —, *locking groove*
δακτυλιοειδής —, *annular groove*
ἑλικοειδής —, *helical groove*
(ENFIELD), Enfield rifling
ἐντοπισμοῦ, *locating groove*
αὐλακωτὴ διαδρομή, *channel section*
αὐλακωτός, *furrowed, corrugated*
αὐλακωτὸς
μονωτής, *grooved insulator*
αὖλαξ, *groove, groove channel, furrow, gab, canal, ditch, swallow, shoot, score, spout*
ἀπαγωγῆς, *tail race*
ἀρδευτικός —, *irrigation ditch*
ἐλαίου, *oil groove, lubricating groove, grease channel*
ἐπικόρυφος —, *distributing ditch*
καθαρισμοῦ, *rinsing channel*
κινήσεως βάσεως ἐπικρουστῆρος, *cam slot*
κυκλικός —, *circular groove*
κυλινδρίσκου, *roller path*
λιπάνσεως, *lubricating groove, lubrication groove, oil groove, grease channel*
προσαγωγῆς (ὑδροηλ. ἐγκατ.), *head race*
σφαιρῶν, *ball race*
σφηνώσεως, *key-way*
ὑπόγειος —, *culvert*
αὐλή, *yard*
αὐλοειδής, *tabular*
αὐλός, *tube*
ἐκτεταμένος —, *expanded tube*
μὲ ἐξωτερικὰς νευρώσεις, *externally ribbed tube*
ἐσωτερικὰς νευρώσεις, *internally ribbed tube*
παροχῆς, *delivery tube, delivery nozzle*
αὐλοστήριγμα, *stay tube*
αὐλοφόρος πλάξ, *tube plate, tube sheet*
αὐλῶν κατασκευή, *tube drawing*
τοποθέτησις —, *tubing*
αὐλών, *valley, vale, trough*
αὐλῶνος, γραμμή, *trough-line*
αὐλωτός, *tabular*
αὐξάνω, *to increase, to augment*
τὴν ταχύτητα πλέων, *to gather way*
αὔξησις, *increase, augmentation*
ἀπειροστή —, *increment*
ἀποδόσεως, *re-rating*
ἐντάσεως ἀνέμου, *increase of wind*
ρεύματος, *increase of current*
αὔξων ἀριθμός, *serial number*
αὔρα, *breeze*
ἀπόγειος —, *land breeze*
ἀποθαλασσία —, *sea breeze*
θαλασσία —, *sea breeze*
ἀπόγειος καὶ — —, *land and sea breeze*
κοιλάδος, *valley breeze*
ὀρέων, *mountain breeze*
παγετῶνος, *glacier breeze*

αὐτανάφλεξις, *auto-ignition, self-ignition, spontaneous combustion*
αὐταπόδεικτος ἀλήθεια, *postulate*
αὐτασφάλισις, *self-sealing*
αὐτέκρηξις, *knocking*
αὐτενέργεια, *self-acting*
αὐτενέργητος, *automotive*
αὐτενεργός, *automatic*
αὐτεπαγωγή, *self-induction, self-inductance*
  ἀντιδράσεως εἰς μεταβολὴν ρεύματος, *self-inductance*
αὐτί, *shoulder*
αὐτο–, *self–, auto-*
αὐτοακρόασις, *side-tone*
αὐτογεμής, *self-loading, automatic*
αὐτογεμιζόμενος, *self-loading, automatic*
αὐτογενής, *autogenous*
  συγκόλλησις, *autogenous soldering, autogenous welding*
αὐτογραφικὴ καταγραφή, *self-recording, autographic recording*
αὐτογραφικὸν ὄργανον, *recorder*
αὐτογραφικός, *self-recording*
  ἀναγραφεύς, *autographic recorder*
  ἀποτυπωτής, *autographic recorder*
αὐτογράφος, *self-recorder*
  συσκευή, *self-registering apparatus, recording apparatus*
αὐτόγυρον, *auto-giro, gyroplane*
αὐτοδιέγερσις, *auto-excitation, self-excitation*
αὐτόδυνον, *autodyne*
αὐτόδυνος φωρατής, *autodyne detector*
αὐτοετερόδυνον, *auto-heterodyne, endodyne*
αὐτοθέρμανσις, *spontaneous combustion*
αὐτοκαθαρισμός, *self-purification*
αὐτοκατάλυσις, *auto-catalysis*
αὐτοκίνητα, *prime movers*
αὐτοκινητάμαξα, *Diesel locomotive*
αὐτοκινητοδρόμιον, *car racing track*
αὐτοκινητόδρομος, *motor road, motor way*
αὐτοκίνητον, *motor-car, motor vehicle, automobile, auto-car, car*
  δίκυκλον —, *motor-cycle*
  κλειστόν —, *saloon car*
  μετὰ καλύπτρας, *armoured car*
  νοσοκομειακόν —, *ambulance*
  φορτηγόν —, *motor-lorry, motor-truck, auto-truck*
αὐτοκίνητος, *automotive*
  δύναμις, *automotive force*
αὐτοκινήτου, ἀνάρτησις, *chassis*
αὐτόκλαστος, *autoclave, digester*
αὐτολιπαινόμενος, *self-lubricating*
αὐτολίπανσις, *self-lubrication*
αὐτόματον ἐπιστόμιον, *self-acting valve*
  ὅπλον, *automatic weapon*
  προσάρτημα, *automatic attachment*
  πτωχὸν μῖγμα, *automatic weak mixture*
  σκοπευτικὸν βομβῶν, *automatic bomb sight*
αὐτόματος, *automatic, self-, self-loading*
  ἀεριστικὴ παραφωτίς, *automatic ventilating side light*
  ἀναγραφή, *self-registering*
  διακοπή, *automatic break*
  διακόπτης, *contact-breaker*
    ἐκκινήσεως, *relay*
    κυκλώματος, *automatic circuit breaker*
  δρᾶσις, *automatic action*
  ἔγχυσις, *self-priming*
  εἰδοποιητὴρ πυρκαϊᾶς, *automatic fire alarm*
  ἐκκίνησις, *self-starting*
  ἔλεγχος, *automatic control*
  ἔμφραξις, *self-sealing*
  ἐνέργεια, *self-acting*
  κίνησις, *automatic movement*
  λιπαντὴρ ἐλαίου, *self oil feeder*
  πόλωσις πλέγματος, *automatic grid bias*
  ρύθμισις συχνότητος, *automatic frequency control*
    τάσεως πλέγματος, *self-bias*
  ρυθμιστὴς μίγματος μιᾶς βαθμίδος, *single-stage automatic mixture control*
    πολλῶν βαθμίδων, *multi-stage automatic mixture control*
  τάσις πλέγματος, *self-bias*
  τροφοδοτικὸς ρυθμιστής, *automatic feed regulator*
αὐτομάτως κλειδωνόμενος, *self-locking*
  ρυθμιζομένη ἐκτόνωσις, *automatic expansion*
αὐτομετασχηματιστής, *auto-transformer*
αὐτονομία πτήσεως, *endurance*
  ὑπὸ μεγίστην ταχύτητα, *range of maximum speed*
αὐτοπεριστροφή, *auto-rotation*
αὐτόρριζος, *radical*
αὐτοστεγάνωσις, *self-sealing*
αὐτοσυγχρονισμός, *Selsyn*
αὐτοσυντονισθὲν σύστημα κεραιῶν, *multi-tuned antenna*

αὐτοσχέδιος, *jury*
αὐτοταλαντώσεις, *self-oscillations*
αὐτοτελής, *self-contained, integral*
αὐτόφωτος, *self-luminous*
αὐχήν, *neck, col, gorge, flange, defile*
αὐχμηρός, *arid*
ἀφαιμάξεως, στρόβιλος, *bleeder turbine*
ἀφαίρεσις, *subtraction*
  ἀέρος ἀπὸ τὸ ὕδωρ, *de-aeration of water*
  ἄνθρακος, *decarbonisation*
  βύσματος, *removal of plug*
  δεξαμενῶν βενζίνης *removal of fuel tanks*
  δυσαρέστου ὀσμῆς, *deodorisation*
ἀφαιρετέος, *subtrahend*
ἀφαιρετός, *removable, detachable*
ἀφαιρῶ, *to subtract, to abstract, to remove, to detach*
ἀφαλός, *boss*
ἄφεσις, *release*
  βομβῶν, *bomb release, release*
    διαδοχική — —, *train bombing*
    ὁμαδική — —, *salvo bombing*
  ταχεῖα —, *quick release*
ἀφεστίασις ἐκ σφαιρικότητος, *spherical aberration*
ἀφαιτερισμός, *dissociation*
ἀφετήρ, *release*
  βομβῶν, *bomb release, bomb dropper, bomb slip*
    αὐτόματος — —, *automatic bomb release*
    διαδοχικός — —, *series bomb-release gear*
  οὐραίου ἀέρος, *air tail release*
ἀφετηρία, *starting point, reference point, origin, datum*
  ἀτράκτου ἀπὸ γραμμῆς, *fuselage datum*
  γραμμή, *reference line, datum line, fore-and-aft line*
  μεταβλητή —, *variable datum*
  στάθμη, *datum level*
ἀφετηρίας, σημεῖον, *datum point*
ἀφήλιον, *aphelion*
ἀφηλῶ, *to unrivet*
ἀφήνω, *to release*
ἀφλογιστία, *misfire*
ἄφνιον, *hafnium (Hf)*
ἀφοπλισμός, *disarmament*
ἄφρακτον (πλοῖον), *non-decked*
ἄφρακτος, *undecked*
ἀφρίζω, *to foam*
ἀφρισμός, *effervescence*
Ἀφροδίτη (Ἀστρ.), *Venus*
ἀφρός, *foam*
  ἀκάθαρτος —, *scum*
  ἐντὸς δεξαμενῆς παροχῆς ἐλαίου, *foaming in oil supply tank*
  θαλάσσης, *sea spray*
  κορυφῆς κύματος, *sea cap*
  κυμάτων, *caps*
ἀφρῶδες ἐπικάθισμα, *scum*
ἀφρώδης, *frothy*
ἀφύγρανσις ἀέρος, *air dehumidifying*
ἀφυγραντήρ, *dehumidifier*
ἀφυδάτωσις, *dehydration*
ἀφυδατωτήρ, *dehydrator*
ἀχάτης, *agate*
Ἀχερνὰρ (α Ἠριδανοῦ), *Achernar*
ἀχλύς, *mist*
  ἐκ καπνοῦ, *smoke haze*
  ξηρά —, *haze*
  Σκωτίας, *Scotch mist*
ἀχνάρι, *mould, template, templet*
ἄχρους, *colourless, colorless*
ἀχρωματικός, *achromatic*
  συνδυασμός, *achromatic combination*
ἀχρωστικός, *achromatic*
  φακός, *achromatic lens*
ἄχυρον βρίζης, *rye straw*
  σικάλεως, *rye straw*
ἀψιδωτὴ δοκός, *arched beam*
  ἕνωσις, *arch joint*
  λαῖλαψ, *arched squall*
ἀψιδωτῶν νομέων, σύστημα, *arch framing method*
ἀψιμαχία, *skirmish*
ἀψίς, *apse, apsis, arc, arch*
  δικτύου, *mesh*
  κλωβοῦ ἕλικος, *arch piece of stern frame*

Β

βαγόνιον, *wagon*
ἐμπορευμάτων, *goods wagon*
φορτηγόν —, *goods wagon*
βαζελίνη, *petroleum jelly*
βάζι, *drag*
βαθμιαῖος, *gradient*
βαθμίδες δυναμικοῦ, *potential steps*
βαθμιδόσχοινον, *ratline*
βαθμίς, *gradient, gate*
δυναμικοῦ, *potential gradient*
κλίμακος, *ladder rung, rung*
βάθμισις, *stage*
μεταλλικῶν φύλλων, *gauge of sheet metal*
συρμάτων, *wire gauge*
βαθμοθεσία, *gradation*
βαθμολογεῖν, *to graduate*
βαθμολογημένος, *graduated*
δίσκος, *graduated circle, graduated disk*
σωλήν, *buret, burette*
βαθμολόγησις, *graduation*
βαθμολογία, *rating*
βαθμονόμησις, *graduation*
βαθμός, *grade, degree, order, stage, rank*
ἀκριβείας, *degree of accuracy, degree of precision*
ἀμπέρ, *amperage*
ἀναπηδήσεως, *impact test figure*
ἀνομοιομορφίας, *degree of non-uniformity*
ἀποδόσεως, *efficiency*
αὐτεκρήξεως, *knock-rating*
βενζίνης εἰς ὀκτάνιον, *octane rating of fuel*
διασπάσεως, *degree of dissociation*
δυσκαμψίας, *modulus of rigidity*
εἰσαγωγῆς, *degree of admission*
ἐκτονώσεως, *degree of expansion*
ἐλαστικότητος, *modulus of elasticity*
ἐλευθερίας, *degree of freedom*
ἐξισώσεως, *degree of an equation*
ἐφαρμογῆς, *back-lash*
θραύσεως, *modulus of rupture*
κανονικότητος, *degree of uniformity*
κοκκώσεως, *grain size*
λόγῳ θέσεως, *acting rank*
βαθμὸς
λυγηρότητος, *slenderness ratio*
ὀκτανίου βενζίνης, *octane rating of fuel*
ὁμοιομορφίας, *degree of uniformity*
πληρώσεως, *degree of admission*
πυκνότητος, *degree of density*
στροφῆς, *rate of turn*
συζεύξεως, *degree of coupling*
συμμετρίας, *degree of uniformity*
συμπιέσεως, *degree of compression*
τήξεως, *melting-point (m.p.)*
φθορᾶς, *degree of wear*
βαθόλιθος, *laccolith*
βάθος, *depth, background*
ἀκριβές —, *true water*
ἀχανές —, *abyssal, abysmal depth*
διαμορφώσεως, *depth of modulation*
ἑστίας, *depth of focus*
ὁρίζοντος (Βθ), *depression of the horizon, dip*
πεδίου, *depth of field*
βάθρον, *pedestal, pier, block, standard*
ἄξονος, *plummer block*
διπλοῦν —, *double standard*
βαθὺ (χρῶμα), *dark (colour)*
βαθυκύανον, *navy blue*
βαθύμετρον, *depth gauge*
βαθύσφαιρα, *bathysphere*
βαϊονέττα, *bayonet*
βακελίτης, *bakelite*
βακτηρία, *shoe pad, tail skid, crutch*
διευθυνομένη —, *steerable tail skid*
βακτηρίας, στυλίσκος, *tail skid strut*
βάκτρον, *rod*
ἀτμοσύρτου, *valve rod*
μετὰ σπειρώματος, *screw rod*
ὑψηλῆς πιέσεως (Υ.Π.), *high-pressure piston rod*
Βάλα βαθμίς, *Bala Series*
βαλανίδι, *acorn, oak apple*
βαλανιδιά, *oak*
βάλανος, *acorn. oak apple*
βάλανος, *acorn, oak apple*
συγκρατήσεως ἑλκυστήρων, *acorn*
βαλβῖδες ἀναστολῆς, *non-return valves*
ἀντλίας, *pump valves*
ἀφέσεως, *jettison valves*

βαλβῖδες
μὴ ἐπιστροφῆς, *non-return valves*
μιᾶς διευθύνσεως ροῆς, *non-return valves*
βαλβῖδος, ἀκμή, *valve tip*
ἄνοιγμα —, *lift of valve*
ἀνοχή —, *valve clearance*
ἄνω παράκυκλος ἐλατηρίου —, *valve spring upper washer*
ἀσφάλεια —, *valve lock*
ἀσφαλιστικὸν ρυθμιζόμενον περικόχλιον —, *adjusting screw lock nut valve*
ἀφαίρεσις μηχανισμοῦ —, *valve mechanism removal*
βραδυπορεία —, *valve lag*
ἀνοίγματος —, *valve lead*
διαδρομή —, *lift of valve*
διάκενον —, *valve clearance*
ἐλατήριον —, *valve spring*
ἔλεγχος —, *valve check*
ἐνσφήνωσις —, *sticking of a valve*
ἐξομάλυνσις ἐπιφανείας προσώπου, *valve refacing*
ἐπιλογεύς —, *valve selector*
ζυγός —, *valve rocker*
ζύγωθρον —, *valve rocker*
θερμαντικόν —, *valve heater*
κάλυμμα —, *valve cover*
κορυφή —, *valve tip*
κυάθιον —, *valve cup*
λείανσις —, *valve lapping*
λειτουργία —, *valve gear*
μετὰ σφαιριδίου, βελόνη, *ball-valve needle*
μηχανισμός —, *valve mechanism*
ἐλέγχου κυρίας —, *master valve control mechanism*
μίσχος —, *valve stem*
μοχλός —, *valve lever*
ἐλέγχου —, *valve control lever*
κυρίας —, *master valve control lever*
πέδιλον —, *valve flap*
περιδέραιον —, *valve collar*
πλευρά —, *wing of valve, rib of valve, feather of the valve*
πλῆκτρον —, *valve tappet*
προπορεία —, *valve lead*
ἀνοίγματος —, *valve lag*
πρόσωπον —, *valve face*
πῶμα —, *valve cap*
ρύθμισις —, *valve adjustment, valve setting, valve timing*
ρυθμιστικὸν περικόχλιον διακένου —, *valve clearance adjusting screw*

βαλβῖδος
σύστημα —, *valve gear*
ζυγῶν —, *valve rocker gear*
λειτουργίας —, *valve-operating gear*
σφήν —, *valve cotter*
τόρμος —, *valve cotter*
τριβεῖς ζυγῶν —, *valve rocker bearings*
τρόχιλος πλήκτρου —, *valve tappet roller*
τροχίσκος πλήκτρου—, *valve tappet roller*
ὑπέρθεσις —, *overlapping of valve*
ὑστέρησις —, *valve lag*
ὕψος —, *valve face*
μετακινήσεως —, *valve lift*
βαλβίδων, ἀνοχαὶ ζυγῶν, *valve tappet clearances*
διάγραμμα ρυθμίσεως —, *valve timing diagram*
διάκενα πλήκτρων —, *valve tappet clearances*
διασταύρωσις ἀνοίγματος —, *valve overlap*
ἕδραι —, *valve seats*
εἰς δύο τεμάχια, ἀσφάλειαι, *valve split locks*
ἐπιθεώρησις —, *valve inspection*
θέσεις —, *valve seats*
κιβώτιον —, *valve box*
κυάθιον —, *valve cap*
λίπανσις —, *valve lubrication*
λιπαντήρ —, *valve lubricator*
αὐτόματος — —, *automatic valve lubricator*
μηχανισμὸς λειτουργίας —, *valve operating mechanism*
μοχλὸς διευθύνσεως —, *valve rocker*
ὁδηγός —, *valve guide*
σύστημα ρυθμίσεως —, *valve timing gear*
τρόχισμα —, *valve grinding*
βαλβίς, *valve*
ἀέρος, *air valve*
ἀναρροφήσεως —, *air-suction valve*
ἀπελευθερώσεως —, *air-release valve*
διαφυγῆς —, *air-escape valve*
ἐκκινήσεως μηχανῶν, *air-starting valve*
ἀνακλασθεῖσα —, *reflected valve*
ἀνακουφιστική —, *relief valve*
ἐλαίου, *oil relief valve*
ρυθμιζομένη — —, *adjustable relief valve*

βαλβὶς
ἀναρροφητικὴ —, *suction valve*
ἀντλίας, *snifting valve*
ἀνασταλτικὴ —, *check valve*
ἀντισταλαγματικὴ —, *non-drip valve*
ἀντλίας ἀναρροφήσεως, *suction pump valve*
ἀντοχῆς, *silica valve*
ἀνυψώσεως, *lift valve, poppet valve*
ἀποστραγγίσεως, *drain valve*
ἀποτονώσεως, *expansion valve*
ἀποτονωτικὴ —, *unloading valve*
ἀσφαλιστικὴ —, *escape valve, overflow valve, relief valve*
ἁπλῆς βαρύτητος, *dead-load valve, dead-weight valve*
ἐλαίου, *oil relief valve*
ἀτμοῦ, ὀλισθαίνουσα, *sliding steam valve*
αὐτόματος —, *automatic valve*
ἀναρροφήσεως, *poppet valve*
βελονοειδὴς —, *needle valve*
βελονοφόρος —, *needle valve*
βοηθητικὴ —, *auxiliary valve, small pass valve*
βοηθητικῆς διόδου, *by-pass valve*
δακτυλιοειδὴς —, *annular valve*
διακοπῆς ἀτμοῦ, *steam cut-off valve*
βραδείας λειτουργείας, *idle cut-off valve*
διευθυνομένη διὰ ζυγῶν, *overhead valve*
διπλῆς ἐνεργείας, *shuttle valve*
ἐπαφῆς, *double-beat valve*
δισκοειδὴς —, *disc valve*
δύο θέσεων, *two-position valve*
ἐγχύσεως, *injection valve*
εἰσαγωγῆς, *admission valve, inlet valve*
ἀτμοῦ, *induction valve*
εἰσόδου, *inlet valve*
εἰσροῆς, *inlet valve*
ἐκκενώσεως, *drain valve*
ἐκροῆς, *sluice valve*
ἐλατηριοφόρος —, *spring valve*
ἐλέγχου εἰσαγωγῆς, *inlet valve control*
πυροδοτήσεως, *fire control valve*
ὑπηρετικὴ — —, *relay valve*
ὑψώσεως πολυβόλου, *gun elevation control valve*
ἐμβολοειδὴς —, *piston valve*
ἐμπλουτισμοῦ, *enrichment valve*
ἐξαγωγῆς, *exhaust valve, outlet valve*
ἀερίου, *gas release valve*

βαλβὶς
ἐξαερισμοῦ, *air cock*
ἐξαφρίσεως, *brine valve*
ἐξυπηρετικοῦ κινητῆρος, *servomotor valve*
ἐπικαλύψεως, *overlap valve*
ἐπιστροφικὴ —, *return valve*
ἠλεκτρομαγνητικὴ —, *solenoid valve*
θαλάμου διαχύσεως τύπου πεταλούδας, *butterfly throttle valve*
θερμοαποτονωτικὴ —, *thermal relief valve*
θερμοστάτου, *heater valve*
ἰσοζυγισμένη —, *balanced valve*
ἰσορροπίας, *pet valve*
ἰσχύος, *power valve*
ἀναβλυστῆρος —, *power jet valve*
καθαρισμοῦ, *blow-off valve*
κατακλύσεως, *flooding valve*
κινδύνου, προειδοποιητική, *alarm valve*
κοινὴ —, *poppet valve*
κυαθωτὴ —, *bell-shaped valve*
κυρία —, *master valve*
κύτους, *bilge valve*
μανιταροειδὴς —, *mushroom valve, poppet valve*
μὲ διπλῆν δίοδον, *ported valve*
πλέγμα, *gridiron valve*
μετὰ βάρους, *weighted valve*
μεταδόσεως, *relay valve*
μὴ ἐπιστροφῆς, *non-return valve*
ἐπιτρέπουσα ἀντιστροφήν, *non-return valve*
μίγματος, ἐμφρακτική, *throttle valve*
μυκητοειδὴς —, *mushroom valve, poppet valve*
νενυγμένη —, *pitted valve*
παλινδρομικὴ —, *clock valve*
παρακάμψεως, *by-pass valve*
παροχῆς, *head valve*
πειραγμένη —, *pitted valve*
ποδός, *foot valve*
ρυθμίσεως, *timing valve*
πιέσεως ἀέρος, *air pressure control valve*
ρυθμιστικὴ —, *regulating valve, controlling valve, relief valve*
ἀναρροφήσεως, *suction relief valve*
μὲ προρρύθμισιν, *controlling valve with modulation*
πιέσεως ἐλαίου, *oil-pressure relief valve*
ὑψηλῆς πιέσεως ἐλαίου, *high-pressure oil relief valve*

βαλβὶς
ροῆς κατὰ δύο διευθύνσεις, *two-way valve*
τρεῖς διευθύνσεις, *three-way valve*
σειρᾶς, *sequence valve*
στραγγαλιστική —, *butterfly valve*
συγκρατήσεως, *check valve*
σχήματος κώδωνος, *bell valve*
μανιταριοῦ, *mushroom valve*
σωληνωτή—, *sleeve valve, box valve*
τετραπλῆς ἑδράσεως, *quadruple-seat valve*
ἐνεργείας, *quadruple-seat valve*
τροφοδοτήσεως ἀντλίας, *pump delivery valve*
τύπου θυρίδος, *flap valve*
πεταλούδας, *butterfly valve*
ὑδραυλικῶς ρυθμιζομένη —, *hydrocontrollable valve*
ὑπερπληρώσεως, *overflow valve, escape valve*
ὑψώσεως, *elevation valve*
χιτωνοειδής —, *sleeve valve*
κυλινδρική — —, *sleeve valve*
βαλεριανικὸν ὀξύ, *valeric acid*
βαλερικὸν ὀξύ, κοινόν, *isovaleric acid*
βαλλιστῖτις, *ballistite*
βάλλω πῦρ, *to fire*
βαλονία, *Valonia oak*
βάλσαμον, *balsam*
Περοῦ, *Peru balsam*
περουβιανόν —, *balsam of Peru*
βαμβακέα, *cotton plant*
βαμβακέλαιον, *cotton oil*
βαμβακόλαδο, *cotton oil*
βαμβακοπυρῖτις, *guncotton, nitrocellulose*
εἰς πλακοῦντας, ὑγρά, *guncotton wet slabs*
ξηρά —, *dry guncotton*
βαμβακόσπορος, *cotton-seed*
βαμμένος, *painted, hardened*
βανάδιον, *vanadium (V)*
διχλωριοῦχον —, *vanadium dichloride*
τετραχλωριοῦχον —, *vanadium tetrachloride*
βαναδίου, πεντοξείδιον, *vanadium pentoxide*
βανανέα, *banana tree*
βανίλια. Βλ. βανίλλη καὶ βανίλλια.
βανίλλη, *vanilla plant*
βανίλλης, καρπός, *vanilla pod*
βανίλλια, *vanilla plant*
βάννα, *sluice gate valve, sluice, shut-off gate valve*
βαοβάβ (δένδρον), *baobab (tree)*
βαπορέτο, *evaporator*
βαπορίζο, *sheer*
βάρ, *bar*
βάραθρον, *pit*
βαρβιτουρικὸν ὀξύ, *barbituric acid*
βαρδαβέλα, *jack-stay*
βαρδαλάντζα, *swinging boom*
βαρδαμάνα, *life-line*
τέντας, *awning jackstay*
βαρδαφόγος, *outrigger*
βάρδια, *watch, shift*
βαρεῖα ἢ βαρειά (σφῦρα), *sledgehammer, sledge, maul*
βαρέλιον, *barrel, keg*
σιδηροῦν —, *drum*
βαριοκαρβίδιον, *barium carbide*
βαριόμετρον, *variometer*
βάριον, *barium (Ba)*
ἀνθρακικόν —, *barium carbonate*
θειϊκόν —, *barium sulphate, barytes, barite*
θειῶδες —, *barium sulphide*
νιτρικόν —, *barium nitrate*
ὀξικόν —, *barium acetate*
φθοριοῦχον —, *barium fluoride*
χλωριοῦχον —, *barium chloride*
βαρίου, διοξείδιον, *barium dioxide, barium peroxide*
μονοξείδιον —, *barium monoxide*
ὀξείδιον —, *barium oxide*
ὑδροξείδιον —, *barium hydroxide*
βαρίς, *bar*
βάρκα τοῦ καπονίου, *davit boat*
βαρογράφος, *barograph*
φορητός —, *portable barograph*
βαροθερμογράφος, *barothermograph*
βαρομετρικὴ ἀνάγνωσις, *barometric reading*
ἔνδειξις, *barometric reading*
πίεσις, *barometric pressure*
τάσις, *barometric tedency*
ὕφεσις, *depression*
βαρομετρικὸν τύμπανον, *siphon tube*
βαρόμετρον, *barometer, weather glass*
ἀνεροειδές —, *aneroid barometer*
αὐτογραφικόν — —, *self-recording aneroid barometer*
μὲ δεξαμενὴν, *cistern barometer*
λεκάνην, *cistern barometer*
μεταλλικὸν — (διὰ τυμπάνου), *aneroid barometer*
ὁλοστερικόν —, *aneroid barometer*
σιφωνοειδές —, *siphon barometer*
ὑδραργυρικόν —, *mercury barometer*
βάρον, *bar*
βάρος, *weight, load, gravity*

βάρος
ἀνὰ ἑλκτικὴν ἱπποδύναμιν, *power loading*
ἐκ μολύβδου, *lead weight*
ἴδιον βάρος, *dead load*
καθαρόν —, *net weight, useful load*
καὶ ἀπόβαρον, *gross weight*
κενοῦ σώματος, *empty weight*
κυμαινόμενον —, *varying load*
μικτόν —, *gross weight*
μονάδος ὄγκου, *unit weight*
νεκρόν —, *dead load*
φορτίου, *dead-load weight*
πρόσθετον —, *dead weight*
σταθεροῦ συγκροτήματος ἰσχύος, *fixed power plant weight*
συνολικόν —, *gross weight, gross*
ἀεροσκάφους, *gross weight of aircraft*
φορτίου, *full-load weight*
φαινόμενον —, *unit weight*
ὠφέλιμον —, *net weight*
βαροῦλκον, *winch, windlass, wheel-and-axle, derrick*
ἀνυψωτικόν —, *hoisting winch*
διαφορικόν —, *compound wheel and axle*
μὲ ὀρθοστάτην, *jib crane*
τρίπουν —, *shear-legs, gin (tripod form)*
φορτοεκφορτώσεως, *cargo winch*
χειροκίνητον —, *hand winch*
βάρους, ἀμετάβλητον, *constancy of weight*
προσθήκη —, *weighting*
βάρυνσις, *gravitation*
βαρύσφαιρα, *barysphere*
βαρύτης, *gravity, gravitation*
βαρύτητος, ἔντασις, *acceleration of gravity (g)*
ἐπίδρασις —, *gravity effect*
ἐπιτάχυνσις —, *acceleration of gravity, gravity acceleration (g)*
κέντρον —, *centre of gravity*
πεδίον —, *gravitational field*
σταθερά —, *constant of gravity*
σταθερόν —, *G*
βαρυτίνη, *barium sulphate, barytes, barite, heavy spar*
βαρυτίτης, *barium sulphate, barytes, barite, heavy spar*
βαρυτόμετρον, *gravimeter*
βασάλτης, *basalt*
νεφελινικός —, *nepheline-basalt*
πλαγιοκλαστικός —, *plagioclase basalt*
σαθρός —, *basaltic wacke*
βάσεις παραλληλογράμμου, *bases of a parallelogram*
βάσεως, δακτύλιος, *mounting ring*
καλύμματα —, *root fairings*
κινητῆρος, κοχλίαι, *engine mounting bolts*
μονωτῆρες —, *mounting insulators*
προσαρμογέως, ἕδρανον ἥλου διχάλου, *mount adaptor trunnion-pin bearing*
προσαρμογή —, *bottom fitting*
ὑπόβαθρον —, *mounting bracket*
βασιεξάγωνον πρῖσμα, *hexagonal prism*
σύστημα, *hexagonal system*
βασικὰ συστήματα, *standard systems*
βασικὴ ἀπόστασις μάχης, *key range*
θέσις, *zero position*
βασικὸν κῦμα, *fundamental wave*
σημεῖον, *fiducial point*
βασικός, *basic, fundamental*
βασιλικὸν ὕδωρ, *aqua regia*
βάσιμος, *reliable*
βάσις, *base, mounting, pedestal, footing, bed plate, standard, sole, station, radical, root*
ἀναβλυστῆρος, *jet bearer*
δεξαμενῆς, *reservoir base*
δευτερεύουσα —, *sub-base*
διαδρομῆς, *transit base*
δυνάμεως, *base*
ἐκ πλινθοδομῆς, *brick foundation*
σκυροδέματος, *concrete foundation*
ἐκσφενδονίσεως φωτοβολίδων, *flare flying support*
ἐμπροσθία —, *front mount*
ἐναποθηκεύσεως, *stowage standard*
ἐνισχυτῆρος, *strenghtener base*
ἐντάσεως, *winding plate*
ἐξ ἐλάσματος, *ground plate*
ἐλαστικοῦ, *rubber mounting*
κινητῆρος, *engine cradle*
λαμπτῆρος, *lamp-holder*
λυχνίας, *lamp socket*
μεταβλητή —, *variable datum*
μηχανῆς, *sole plate*
ὀπισθία —, *rear mounting*
ὀπισθίου ἐκκέντρου ἐλαίου, *rear cam oil bracket*
ὀργάνου εὐθυγραμμίσεως φυσιγγίων, *metallic link filler slide*
ὀρειχάλκου, *brass basis*
προσαρμογέως, *mount adaptor*
προσαρμογῆς, *socket adaptor*
πυργίσκου, *ring mounting*
ρυθμίσεως πυξίδος, *swinging base*

βάσις
σπειρώματος, *root of thread*
συναρμογῆς τῶν πτερυγίων τῆς ἕλικος ἐπὶ τῆς πλήμνης, *propeller root*
συναρμολογήσεως μωσαϊκοῦ, *mosaic mountant*
φωτογραφικοῦ συμπλέγματος, *mosaic mountant*
– τάσις, *first harmonic*
ὑπερβολικῶν λογαρίθμων, *base of hyperbolic logarithm (e)*
φυσικῶν λογαρίθμων, *base of natural logarithms (e)*
βασιτετράγωνον σύστημα, *tetragonal system*
βάσταξ, *trestle*
βατίστα, *batiste*
βάττ, *watt*
βαττόμετρον, *wattmeter*
βαττώριον (*3600* **ζούλ),** *watt-hour*
βαφαὶ νωποῦ, *fresco*
βαφή, *dye*
ἀντηχητική —, *sound-proof paint*
δι' ἀέρος, *air hardening*
διὰ κόλλαν, *size colour, glue colour*
κόλλας, *distemper*
μετάλλου, *hardening*
χακί, *khaki paint*
χάλυβος, *tempering*
βάφω χάλυβα, *to temper*
βεβλαμένος, *defective*
Βέγας (α Λύρας), *Vega*
βελαστράλια, *stay sails*
βεληνεκές, *range*
Βελλατρίξ (γ 'Ωρίωνος), *Bellatrix*
βελοδρομία, *trajectory*
βελόμετρον, *deflectiometer*
βελόνη, *needle, pointer*
ἀρθρώσεως, *link pin*
διανοίξεως ὀπῶν, κωνοειδής, *drift*
ἐλέγχου, *control needle*
ἐξαερωτῆρος, *float stem*
πλωτῆρος —, *float spindle*
καὶ ἕδρασις, *needle and seating*
λεπτή —, *wire nail*
μεγάλου μεγέθους, *awl*
ὀργάνου, *hand*
παροχῆς βενζίνης, *float needle valve*
ρυθμίσεως, *regulating pointer*
σιδηροτροχιᾶς, *railroad spike*
στερεώσεως, *set pin*
βελόνης, ἀκίς, *needle point*
ἐλέγχου, μοχλός, *control needle lever*
παρεμβυσματικὸς δακτύλιος — —, *control needle gland ring*
βελόνης
ὑποστηρίγματα μοχλοῦ — —, *control needl- lever brackets*
χάρις —, *needle travel*
βελόνι. Βλ. βελόνη.
ἀρσενικό —, *pintle*
θηλυκό —, *gudgeon*
βελόνισις (λίθων), *hewing with the pick-hammer*
βελονοτριβεύς, *needle bearing*
βελονωτὸς τροχὸς δι' ἅλυσιν, *pitch chain-wheel*
βέλος, *arrow, camber*
ἀφετηρίας, *datum arrow*
γεφύρας, *rise of an arch*
ἐνδείξεως ἐκπτώσεως, *drift bar*
κάμψεως, *deflection, sag*
δοκοῦ, *deflection of beam*
βελοστατική, *ballistics*
βέλους, κεφαλή, *crow's feet*
βελτίωσις, *amelioration*
γαιῶν, *reclamation*
βέμπερ, *weber*
Βενετνάς (η Μεγ. Ἄρκτου), *Benetnasch*
βενζαλδεῦδη, *benzaldehyde, oil of bitter almonds*
βενζαλδεῦνη, *benzaldehyde*
βενζαμίδη, *benzamide*
βενζινάκατος, *motor-boat, motor-launch*
βενζίνη, *benzine, petrol, gasolene, gasoline, gas*
ἄκρατος —, *straight-run fuel*
διὰ διασπάσεως, *cracked fuel*
ἐκ συμπιέσεως, *casing-head fuel*
πτωχοῦ μίγματος, *lean-mixture fuel*
βενζίνης, γραμμαὶ ροῆς, *fuel lines*
ἐγχυτήρ —, *fuel injector*
ἔλεγχος —, *fuel testing, gas testing*
διὰ βαθμὸν ἐκρήξεως, *knock rating fuel testing*
περιεκτικότητα θείου, *sulphuric content fuel testing*
πισσώδη κατάλοιπα, *gum content fuel testing*
πτητικότητα, *volatility fuel testing*
ἔλλειψις —, *starving*
κατανάλωσις —, *fuel consumption*
μετρητής —, *fuel gauge*
παροχή —, *fuel supply*
πίεσις —, *fuel pressure*
ροή —, *fuel flow*
συμπεριφορά —, *behaviour of the fuel*
σωληνώσεις —, *fuel lines, fuel pipes*

βενζινο-ἠλεκτροπαραγωγικὰ ζεύγη, *petrol electric sets*
βενζινοκινητήρ, *petrol engine*
βενζινομηχανή, *petrol engine, gas engine*
βενζινόπλοιον, *motor-boat, kite*
βενζινοφόρα ὀχήματα, *gasoline tankers*
βενζινοφόρον, *tanker*
βενζόη, *benzoin*
βενζοϊκὸν ὀξύ, *benzoic acid*
βενζόλη, *benzol, benzene.* **Βλ. καὶ βενζόλιον.**
  ἀκάθαρτος —, *crude benzene*
βενζόλιον, *benzol, benzene.* **Βλ. καὶ βενζόλη.**
  βρωμιοῦχον —, *bromobenzene*
  τριχλωριοῦχον —, *trichlorobenzene*
  χλωριοῦχον —, *benzol chloride*
βενζολοσουλφονικὸν ὀξύ, *benzene sulphonic acid*
βενζονιτρίλιον, *benzonitrile*
βενζοῦλιον, χλωριοῦχον, *benzoyl chloride*
βενζοφαινόλη, *benzophenone*
βενζυλικὸν πνεῦμα, *benzyl alcohol*
βενζύλιον, χλωριοῦχον, *benzyl chloride*
βενλόκκιος βαθμίς, *Wenlock Series*
βέντα, *gaub, gob-lines*
βέντο, *gob line*
  τῆς ράντας, *boom lift*
βερβερίνη, *berberine*
βερνιέροι, βαθύμετροι, *vernier gauges*
  ὑψομετρικοί —, *height verniers*
βερνιέρος, *nonius*
βερνιέρου, βαθύμετρον, *vernier depth*
  διαβήτης —, *vernier calliper*
  διαμετρητής —, *vernier calliper*
  μηδὲν —, (γωνιομέτρου ἐξᾶντος), *arrow of the vernier*
  μοιρογνωμόνιον —, *vernier protractor*
  παχύμετρον —, *vernier calliper*
  πυκνωτὴς ἀκριβοῦς ρυθμίσεως —, *vernier condenser*
βερνίκιον, *varnish, lacquer, lac, shellac, enamel, French polish*
  ἀλκοολικόν —, *spirit varnish*
  γαλλικόν —, *French polish*
  δι' ἀσφάλτου, *bituminous varnish*
  ἐλαίου, *oil varnish*
  εὐεξάτμιστον —, *spirit varnish*
  κοπάλ, *copal varnish*
  λειάνσεως, *nitro-transparent varnish*
  λινελαίου, *linseed oil varnish, oil varnish*
βερνίκιον
  μετάλλων, *metal polish*
  σελλάκ, *shellac varnish*
  στιλβώσεως, *opal varnish*
  ταχείας σκληρύνσεως, *lacquer varnish*
  τερεβινθελαίου, *turpentine vanish*
βερνικόχρωμα, *enamel paint, varnish*
  ἔγκαυστον —, *enamel*
βερνικώνειν, *to varnish, to lacquer*
βερνίκωσις, *japanning*
βερονάλη, *veronal*
βερύλλιον, *beryllium (Be), glucinum*
Βεσσεμέρειος χάλυψ, *Bessemer steel*
Βετελγέζης (α 'Ωρίωνος), *Betelgeuse*
βῆμα, *footstep, pitch, gauge*
  γεωμετρικόν —, *geometrical pitch*
  δεξιᾶς φορᾶς, *right-hand thread*
  δευτέρας κοπῆς, *second-cut grade*
  ἕλικος, *pitching of propeller, screw pitch, pitch*
    μηδενικῆς προωθήσεως, *zero-thrust pitch of propeller*
  καρφώσεως, *pitching of rivets*
  κοχλίου, *pitching of screw, screw pitch, pitch, thread*
  λεῖον —, *smooth grade*
    ἐξόχως — —, *dead-smooth grade*
  λεπτόν —, *fine pitch*
  μέγα —, *coarse pitch*
  μέσον —, *bastard grade*
  μεταβλητόν —, *variable pitching, variable pitch*
  μηδενικῆς ἕλξεως, *zero-thrust pitching*
  μικρόν —, *fine pitch*
  μονοβατικόν —, *single-thread screw pitch*
  ὀδοντώσεως, *tooth pitch*
  πολικόν —, *pole pitch*
  πραγματικόν —, *effective pitch*
  ρίνης, *grade of a file*
  σπειρώματος, *pitch of thread*
  τετράγωνον —, *square thread*
  τραχύ —, *rough grade*
  τυλίγματος, μερικόν, *part pitch*
βηρύλλιον, *beryllium (Be), glucinum*
βήρυλλος, *beryl*
βία, *force*
βιάζω, *to force*
βιαία στροφὴ κατὰ τὴν τροχοδρόμησιν, *ground loop*
βίδα, *screw.* **Βλ. καὶ κοχλίας.**
βιδολόγος, *screw stock, tap*
βίδωμα, *bolting, screwing*
βιδώνω, *to screw*
βιθερίτης, *witherite, alstonite*

βίντσι, *hoisting winch, winch, cargo winch*
βινύλιον, *vinyl*
βιοτίτης, *biotite*
βιοχημεία, *biochemistry*
βιράρω, *to heave*
βισμουθιακός, *bismuthic*
βισμουθίνης, *bismuthintie*
βισμούθιον, *bismuth (Bi)*
θειοῦχον —, *bismuth glance*
νιτρικόν —, *bismuth nitrate*
βασικόν — —, *bismuth axynitrate*
τριθειοῦχον —, *bismuth trisulphide*
τριχλωριοῦχον —, *bismuth trichloride*
χλωριοῦχον —, *bismuth chloride*
βισμουθίου, ὀξείδιον, *bismuth oxide, bismuth ochre, bismite*
τριοξείδιον —, *bismuth trioxide*
ὤχρα —, *bismuth ochre, bismite*
βισμουθίτης, *bismuthinite, bismuth glance*
βισμουτίνης, *bismuthine*
βιτούμιον, *bitumen*
βιτριόλιον, *vitriol, oil of vitriol, sulphuric acid*
λευκόν —, *white vitriol*
πράσινον —, *melanterite*
χαλκοῦ, *blue vitriol*
βλάβη, *failure, breakdown*
ἐκ τριβῆς, *gall*
βλῆμα, *bullet, shell, cast, projectile*
ἀδρανές —, *inert projectile*
βολιδοφόρον —, *shrapnel*
ἐκ μολύβδου, *lead slug*
ἰδανικόν —, *ideal bullet*
σήματος, *signal projectile*
ὑψηλῆς ἐκρηκτικότητος, *high explosive (H.E.) shell*
βλήματα ἀνὰ λεπτόν, *rounds per minute (r.p.m.)*
βληματοδόχος, *butt*
βληματοδόχου, ἁρπάγη χειρολαβῆς, *butt catch*
λαβή —, *butt handle*
πῶμα —, *butt cap*
στέλεχος —, *butt cap*
βληματοθέσιον, *bomb rack*
βλήματος, ἀναστολεύς, *bullet stop*
γεμιστήρ —, *shell primer*
ἐκτόξευσις —, *brisance*
κορμός —, *shell body*
συμπεριφορά —, *bullet behaviour*
τροχιά —, *bullet trajectory*
ὑποδοχεύς —, *shell adaptor*
βλήματος
χαρακτηριστικά —, *bullet characteristics*
βλημάτων, κύκλος διασπορᾶς, *bullet group*
πυκνότης —, *bullet density*
βλητικὰ καψύλλια, *ballistic caps*
στοιχεῖα, *ballistics*
βλητική, *ballistics*
ἐσωτερική —, *interior ballistics*
θερμοκρασία, *ballistic temperature*
βλητικὸν μῆκος, *ballistic length*
σχῆμα βόμβας, *ballistic form of bomb*
βλητικὸς συντελεστής, *ballistic coefficient*
βλῆτρον, *dowel, bolt*
ἀσφαλείας, *safety lock plunger*
μηχανῶν, *machine bolt*
ὀνυχωτόν —, *snug bolt*
φυτευτόν —, *stud bolt*
βλήτρου, κεφαλή, *bolt head*
κορμός —, *bolt shank*
βοηθητικὰ μηχανήματα, *auxiliary machinery*
βοηθητικὴ ἀρτάνη, *preventer sling*
δεξαμενή, *overload tank*
δίοδος, *by-pass*
μηχανή, *auxiliary engine*
βοηθητικῆς ἀποθήκης (πυρομαχικῶν), θέσις, *auxiliary magazine post*
βοηθητικοὶ ἑλκύοντες ὀδοντωτοὶ τροχοί, *auxiliary drives*
βοηθητικὸν ἀεροδρόμιον, *landing ground (L.G.)*
ἀλεξίπτωτον, *auxiliary parachute, pilot parachute*
κύκλωμα, *auxiliary circuit*
πεδίον προσγειώσεως, *auxiliary landing ground*
συγκρότημα ἑλκυόντων ὀδοντωτῶν τροχῶν, *auxiliary drive unit*
σύστημα ἑλκυόντων ὀδοντωτῶν τροχῶν, *auxiliary drive gears*
ὑλικόν, *ancillary equipment*
βοηθητικός, *auxiliary, ancillary*
λέβης, *auxiliary boiler*
πιδακίσκος ἰσχύος, *power bleed jet*
βοηθός, *mate, assistant*
μηχανικός, *flight mechanic (E)*
συνθέτης, *flight mechanic (A)*
συντηρήσεως, *maintenance assistant*
βόθρος, *pit*
βολάν, *steering wheel, flywheel*

βολβός, *bulb*
βολή, *firing, shot, cast, pitch*
  είς τὸ κέντρον τοῦ δακτυλίου, *point-blank shot*
  ἔμμεσος —, *indirect fire*
  ἡμερησία —, *gun fired daily*
  κατὰ ριπάς, *gun fired at intervals*
  μετὰ διορθώσεως, *deflection shooting*
  ταχεῖα —, *quick-firing*
βολιδαερόστατον, *sounding balloon*
βολιδοσκόπησις, *sounding*
βολιδόσχοινον, *lead-line*
βολίζω, *to sound*
βολίς, *lead, lead-line, plumb*
  (μετέωρον), *bolide*
  ἀδρανής —, *inert bullet*
  ἀναφλέξεως, *ignition paper*
  μεγάλου μεγέθους, *deep-sea lead*
  ντοὺμ-ντούμ, *dum-dum bullet*
  χαλαρά —, *loose bullet*
βολομετρικὴ γέφυρα, *bolometer bridge*
βολόμετρον, *bolometer*
βόλτ, *volt (V)*
  —ἀμπέρ, *volt-ampere (VA)*
βόλτα, *turn, thread*
  ἀρσενικιά —, *external screw, male screw, male thread*
  θηλυκιά —, *internal screw, female screw, female thread*
βολτάζ, *voltage*
βολταϊκὴ στήλη, *voltaic pile*
βολταϊκὸν τόξον, *carbon arc, arc light, arcing*
βολταϊκός, *voltaic*
  ἠλεκτρισμός, *voltaic electricity*
βολτάμετρον, *voltmeter, voltameter*
  δι' ἀργύρου, *silver voltameter*
  μετὰ λυχνίας, *valve voltmeter*
βολτετζάρω, *to beat*
βολφραμικὸν ὀξύ, *tungstic acid, tungstic oxide*
βολφράμιον, *wolframium (W), wolfram, tungsten*
  διθειοῦχον —, *tungsten disulphide*
  διχλωριοῦχον —, *tungsten dichloride*
  ἑξαχλωριοῦχον —, *tungsten hexachloride*
  νικελιοῦχον —, *nickel-tungsten*
  τριθειοῦχον —, *tungsten trisulphide*
βολφραμίου, διοξείδιον, *tungsten dioxide*
  τριοξείδιον —, *tungsten trioxide*
βολφραμίτης, *wolframite*
βόμβα, *bomb*
  ἀνθρακοῦχος —, *carbonic bomb*

βόμβα
  ἀσκήσεων, *training bomb, practice bomb, dummy bomb*
  βολιδοφόρος —, *shrapnel bomb*
  βυθοῦ, *depth charge*
  γενικῆς χρήσεως (Β.Γ.Χ.), *general purpose bomb (G.P. bomb)*
  γυμνασίων, *practice bomb*
  διατρητικὴ — (Β.Δ.), *armour-piercing (A.P.) bomb*
  ἐκρηκτικὴ —, *explosive bomb*
  ἐτυφλωτικὴ —, *dazzle bomb*
  ἐμπρηστικὴ —, *incendiary bomb*
  ἡμιδιατρητικὴ — (Β.Η.), *semi-armour-piercing (S.A.P.) bomb*
  ἰδανικὴ —, *ideal bomb*
  ἱπταμένη —, *flying bomb*
  καπνογόνος —, *smoke bomb*
  κατὰ ἁρμάτων μάχης, *anti-tank (A.T.) bomb*
    προσωπικοῦ, *anti-personnel bomb, personnel bomb*
    (θρυμματισμοῦ), *fragmentation (F.) bomb*
    περιέχουσα βλήματα, *shrapnel bomb*
  καταστροφῆς, *demolition bomb*
  μέσης δυναμικότητος, *medium capacity (M.C.) bomb*
    περιεκτικότητος ἐκρηκτικῆς οὐσίας, *medium capacity (M.C.) bomb*
  μέσου κορμοῦ, *medium capacity (M.C.) bomb*
  μετ' ἐπιβραδύνσεως, *delayed-action bomb*
  πηλίνη —, *terra-cotta bomb*
  προωθουμένη διὰ πυραύλου, *rocket bomb*
  τμηματικὴ —, *segment bomb*
  ὑδρογόνου, *hydrogen bomb, H-bomb*
  ὑψηλῆς δυναμικότητος, *high capacity (H.C.) bomb*
    ἐκρηκτικότητος, *high explosive (H.E.) bomb*
  φλογός, ἐπιπλέουσα, *flame float*
  φωτιστικὴ —, *photoflash bomb, reconnaissance flare, flare bomb, flare*
    μετ' ἀλεξιπτώτου, *parachute flare*
    νυκτερινοῦ βομβαρδισμοῦ, *night bombing flare*
βομβαρδισμός, *bombing, bombardment*
  ἀναγνωρίσεως, *reconnaissance bombardment*
  ἀπὸ μεγάλου ὕψους, *high-altitude bombing*

βομβαρδισμὸς
ἐν ὁριζοντίᾳ πτήσει, *level flight bombardment*
κυκλικός —, *shuttle bombing*
νυκτερινός —, *night bombing*
συνεχής —, *shuttle bombing*
—πολυβολισμὸς ἀπὸ χαμηλοῦ ὕψους, *strafe*
βομβαρδιστής, *bomb aimer, bombardier*
βομβαρδιστικόν, *bomber*
βαρύ —, *heavy bomber*
ἐλαφρόν —, *light bomber*
ἐχθρικόν —, *bandit*
καθέτου ἐφορμήσεως, *dive bomber*
βομβαρδιστοῦ, πίναξ, *bomb aimer's panel*
βόμβας, ἐξουδετέρωσις, *bomb disposal*
κέλυφος —, *bomb body*
κορμός —, *bomb body*
ὁμοίωμα — (διὰ γυμνάσια), *dummy bomb*
ὑστέρησις —, *bomb trail*
βομβητής, *buzzer*
βομβίς, *grenade*
βόμβος, *hum*
ἕλικος, *drone*
βομβοφορεύς, *bomb carrier*
βομβῶν, ἄγκιστρον, *bomb hook*
ἀποθήκη —, *bomb bay*
ἄφεσις. Βλ. ἄφεσις β.
ἀφετήρ —. Βλ. ἀφετήρ β.
διαμετρητήρ —, *bomb gauge*
ἐνθέμιον —, *bomb rack*
θήκη μικρῶν—, *small bomb container*
θυρίδες —, *bomb doors*
φόρτωσις —, *bombing up*
βορακίτης, *boracite*
βόραξ, *borax, sodium pyroborate*
βόρβορος, *sludge*
βορβοροφάγος, *drag boat*
βορβορώσεως, δρᾶσις, *activated sludge*
βορβόρωσις, *sludging*
βορεία αὐγή, *northern dawn*
βορειοανατολικός, *north-east*
βορειοδυτικός, *north-west*
βόρειον ἡμισφαίριον, *northern hemisphere*
σέλας, *northern light*
Βόρειον Στέμμα, *Corona Borealis, Northern Crown*
βόρειος, *north, northern, northerly*
κῶνος, *north cone*
Βόρειος Πόλος, *North Pole, north-seeking pole*
Σταυρός, *Northern Cross*
Στέφανος, *Northern Crown, Corona Borealis*
βοριάζωτον, *boron nitride*
βορικὸν ὀξύ, *boracic acid, boric acid*
βοριοκαρβίδιον, *boron carbide*
βόριον, *boron (B)*
ἄμορφον —, *amorphous boron*
βορρᾶς, *north*
ἀληθής —, *true north*
βοσκή, *pasture*
βοτρυδιοκονία, *grappier cement*
βούλιαγμα, *foundering*
βουλκανιζάρισμα, *vulcanisation*
βουλκανιζατέρ, *vulcaniser*
βουλκανίτης, *vulcanite*
βουλλοκέρι, *sealing wax*
Βούλφειος φιάλη, *Woulfe's bottle*
βουλώνω, *to wad*
βοῦρκος, *slime, silt, mire*
βουρλιά, *reed rope*
βουρλόχορτον, *bast*
βουρνονίτης, *wheel ore*
βούρτσα, *brush, rake*
βούτα, *tub*
βουταδιένιον, *butadiene*
βουτάνια, *butanes*
βουτάνιον, *butane*
βουτυλένια, *butylenes*
βουτυλικὸν πνεῦμα, *butyl alcohol*
βουτυρικὴ ζύμωσις, *butyric fermentation*
βουτυρικὸν ὀξύ, *butyric acid*
βουτῶ εἰς ὑγρόν, *to steep*
Βοώτης (Ἀστρ.), *Boötes, Herdsman*
βράγχια, *gills*
κυκλοφορίας ἀέρος, *gills*
βραδέα γαλακτώδη μίγματα, *slow emulsions*
βραδεῖα λειτουργία, *slow running, idling*
κινητῆρος, *engine idling*
βραδείας λειτουργίας, ἀναβλυστήρ, *slow running jet, idling air jet, idling jet*
ἄξων διακοπῆς — —, *slow running cut-out spindle*
διακοπή — —, *slow running cut-out, idle cut-off*
δοκιμή — —, *slow running test*
μῖγμα — —, *idle mixture*
μοχλὸς μίγματος — —, *slow running mixture lever*
ρύθμισις— —, *idling adjustment*
σύστημα — —, *slow running system, idling system*
βραδέως, *slow*
βραδύκαυστον μῖγμα, *fuze*
βραδύκαυστος πυρῖτις, *mealed powder*
βραδύνω, *to damp out*

βραδύς, *slow*
βραδύτης, *retardation*
βραδυφλεγὴς νάρκη, *delayed-action mine*
βρασμός, *ebullition, boiling*
βρασμοῦ, θερμοκρασία, *boiling temperature*
  ὁριακὴ καμπύλη —, *boiling limit curve*
  σημεῖον —, *boiling point*
βραχίονες, παραλλήλως κινούμενοι, *parallel motion arms*
  συγκρατήσεως, *radius rods*
βραχίων, *arm, bracket, angle bracket, pawl, tappet*
  ἀγκωνωτός —, *rocker arm*
  ἀναρτήσεως, *suspension arm*
    ρυθμιζόμενος — —, *adjustable suspension arm*
  γερανοῦ, *crane jib*
  διευθύνσεως, *steering-arm*
  ζυγοῦ, *rocker arm*
  ὁπλίσεως, *cocking hand*
  περιστρεφόμενος —, *rotating arm*
  ρυθμιστοῦ, *governor arm*
  σκιᾶς, *shadow bar*
  στροφάλου, *crank arm*
    σχήματος *U, bent lever*
  συγκρατήσεως ἐλατηρίου, *pawl pinion*
  φορέως ἀποθήκης, ἀνασταλτικός, *tie rod*
βράχοι, μυτεροί, *jagged rocks*
βράχος, *rock*
  κοπτόμενος καθ' ἁρμούς, *cleavable rock*
βραχύϊνος, *short-fibred*
βραχυκύκλωμα, *short-circuit*
βραχυμερής, *short-fibred*
βράχυνσις θραύσεως, *percentage contraction*
βραχώδεις ἀκταί, *cliffs*
Βρεταννικὸς θερινὸς χρόνος (Β.Θ.Χ.), *British Summer Time (B.S.T.)*
βρογχωτὴρ προτόνου, *collar of a stay*
βροντή, *thunder*
βροντόμετρον, *brontometer*
βροντῶδες ἅλας, *fulminate*
  ὀξύ, *fulminic acid*
βροντώδης ἄργυρος, *fulminating silver*
  ὑδράργυρος, *fulminate of mercury*
βροχή, *rain*
  αἰθρίας, *serein*
  αἵματος, *blood rain*
  ἐξ ἀνοδικῆς μεταφορᾶς, *convectional rain*

βροχὴ
  τεχνητή —, *artificial rain*
  χειμαρρώδης —, *cloud-burst*
βροχῆς, περίοδος, *rain spell*
  πρόκλησις —, *rain making*
  σταγόνες —, *rain drops*
βροχίς, *mesh*
βροχομετρικὸς σταθμός, *rain measuring station*
βροχόμετρον, *pluviometer, rain gauge*
βροχόπτωσις, *rainfall*
βρόχος, *noose, loop, coil, bight, mesh*
  (κόμβος), *running knot, slip knot*
βροχοσκιά, *rain shadow*
βρυκίνη, *brucine*
βρύον, *moss*
βρωμίδιον, *bromide*
βρωμικὸν ὀξύ, *bromic acid*
βρωμικός, *bromate*
βρώμιον, *bromine (Br)*
βρωμίου, τιμή, *bromine value*
βρωμιοῦχος, *bromide*
βυθίζω, *to founder*
βύθισις, *foundering, immersion, diving, dive*
  (ζουμάρισμα), *zoom*
βύθισμα πλοίου, *draught, gauge, gage*
βυθισμένη κεφαλή, *countersunk head*
βυθοκόρος, *dredger, drag boat*
  ἀναρροφητική —, *suction dredger*
  θαλάσσης, *sea-going dredger*
  θαλασσίων ἔργων, *marine dredge*
  λάσπης, *mud dredger*
  μεθ' ἁρπάγης, *grab-dredger*
  μετὰ κάδων, *bucket dredger*
  ποταμῶν, *river dredge, river dredging-boat, river excavator*
βυθοκόρου, κουτάλα, *scoop*
  σωλὴν —, *dredger pipe*
βυθομέτρησις, *depth measuring*
βυθομετρικὴ ὀπή, *dip hole*
  ράβδος, *dip stick*
βυθομετρικὸς σωλὴν διπυθμένων, *sounding pipe*
    σεντινῶν, *sounding pipe*
βυθόμετρον, *depth gauge*
βυθομετρῶ, *to fathom, to sound*
βυθός, *ground, bottom*
  ἀμμώδης —, *sandy bottom*
  κατάλληλος πρὸς ἀγκυροβολίαν, *anchoring ground*
βυνοσάκχαρον, *maltose*
βυρσοδεψῶ, *to tan*
βύσμα, *plug, wad*
  δερμάτινον —, *hide-faced plug*
  διαρροῆς, *leak stopper*
  ἐκ χάρτου, *paper cup*

βύσμα
  ἐξ ἀργίλλου, *clay plug*
  ἐπαφῆς, *contact plug*
  πεπιεσμένον —, *compressed wad*
  πληρώσεως, *filling plug, filler cap*
βυσματοφόρος ἀναστροφεύς, *plug commutator*
βυσσινέα, *sour cherry tree*
βύσσος, *calico*
βυτίον, *barrel, keg, drum*
  ἀνοικτόν —, *tub*
βυτίον
  κινητόν — (βενζίνης, ἐλαίου, ὕδατος), *bowser*
    βενζίνης, *petrol bowser*
  ὑδροφόρον —, *water wagon, water cart, tank wagon*
βύτις ἐμποτισμοῦ, *impregnation vat*
βωλοκόπος, *harrow*
βωμὸς κλιβάνου λέβητος, *fire bridge*
βωξίτης, *bauxite*

Γ

γάβρια, *gin*
γάβρος, *gabbro*
γαδολινίτης, *gadolinite*
γαδολίνιον, *gadolinium (Gd)*
γάζα, *gauze*
γαζολίνη, *gasolene, petroleum ether*
γαῖαι ἄνευ ἐσωτερικῆς συνοχῆς, *non-cohesive soils*
γαιανθρακαποθήκη, *coal bunker*
γαιανθρακαποθήκης, θύρα, *bunker door*
γαιάνθραξ, *coal*
  εἰς κόνιν, *coal dust*
  παχὺς —, *bituminous coal*
  συντηκόμενος —, *caking coal*
    μή — —, *non-caking coal, free-burning coal*
  ψιλός —, *slack coal*
γαϊδουρόκομπος, *granny's bend*
γαιώδεις οὐσίαι, *earth*
γαιώτρησις, Βλ. γεώτρησις.
γάλα ἀσβέστου, *milk of lime*
  θείου, *milk of sulphur*
γαλαζόπετρα, *copper sulphate, cupric sulphate, blue vitriol*
γαλακτάναι, *galactans*
γαλακτικὸν ὀξύ, *lactic acid*
γαλακτίτης, *galactite*
γαλακτόδενδρον, *letter wood, speckled wood*
γαλακτόζη, *galactose*
γαλακτοσάκχαρον, *milk-sugar*
γαλακτῶδες μῖγμα, *emulsion*
γαλάκτωμα, *emulsion*
Γαλαξίας, *Galaxy, Milky Way*
γαλαξίας (λίθος), *galactite*
γαλαρία, *gallery*
γαλαχθύαλος, *milky glass*
γαλβανίζω, *to galvanise*
γαλβανικὴ στήλη, *galvanic cell*
γαλβανικὸν στοιχεῖον, *galvanic cell*
γαλβανισμός, *galvanising*
γαλβανο–, *galvano–*
γαλβανοκαυτηρίασις, *galvanocautery*
γαλβανόμετρον, *galvanometer*
  ἀπόλυτον —, *absolute galvanometer*
  ἐφαπτομένων, *tangent galvanometer*
  καθολικόν —, *universal galvanometer*
  κατοπτρικόν —, *reflex galvanometer*
γαλβανόμετρον
  μετὰ δείκτου, *needle galvanometer*
  τεθωρακισμένον—, *shielded galvanometer*
γαλβανοπλαστική, *galvanoplasty, electro-plating, electrot-yping, electrotype*
γαλβανοπλαστικός, *galvanoplastic*
γαλβάνωσις κοινὴ δι' ἐμβαπτίσεως, *galvanisation by dipping, common galvanising, ordinary galvanising, hot galvanising*
γαλένα, *galena*
γαληνίτης, *galena, lead sulphide, lead glance*
γαλλέρα, *galley*
γαλλικὸ κλειδί, *pipe wrench, screw wrench, tube wrench*
γαλλικὸν ὀξύ, *gallic acid*
γάλλιον, *gallium (Ga), eka-aluminium*
γαλλοδεψικὸν ὀξύ, *gallo-tannic acid*
γαλλόνια ἀνὰ λεπτόν, *gallons per minute (G.P.M.)*
γαλλόνιον, *gallon (gal.)*
  ἀγγλικόν —, *Imperial gallon*
  ἀμερικανικόν —, *U.S. gallon*
γαλόνι, *lace*
Γάλτιος περίοδος, *Albian period*
γάμπιες, *topsails*
γάντζος, *claw, hook, boat hook*
  διπλοῦς —, *clasp hook*
γαντζώνω, *to grip*
γάνωμα, *tin plating*
γαρμπῆς, *south-west*
γαρνιερίτης, *garnierite*
γάσα, *bight, eye splice, Flemish eye*
  τοῦ στάντζου, *collar of a stay*
γάστρα πλοίου, *ship's bottom*
γάστραι, *hulls*
γάϋζερ, *geyser*
γαῦρος, *hornbeam*
γαϋσερίτης, *geyserite*
γελαστικὸν ἀέριον, *nitrous oxide, laughing gas*
γεμίζειν, *to fill, to load*
  πυροβόλον, *to load a gun*
γέμισις, *filling, filling piece*
  διὰ τῆς χειρός, *loading by hand*
  πυροβόλου, *loading the gun, loading of a gun*

γέμισμα, *filling*
διὰ πυρίτιδος, *powder filling*
γένεσις δυνάμεως, *power generation*
καμπύλης, *point of curvature (P.C.), point of tangency (P.T.)*
γενέτειρα (γραμμή), *generating line*
γενετήριος, *generating*
γενηΐς, *gad*
γενικὰ καθήκοντα, *general duties (G.D.)*
γενικαὶ διαταγαί, *general routine orders*
γενικὴ ἀβαρία, *general average (G.A.)*
ἀναγνώρισις, *general reconnaissance (G.R.)*
διάγνωσις καιροῦ, *general inference*
ἐπιθεώρησις καὶ ἐπισκευή, *overhaul*
ἐπισκευή, *thorough repair*
ἐπιστράτευσις, *full-scale mobilisation, general mobilisation*
γενικῆς χρήσεως, *general purpose*
Γενικὸν Ἀρχηγεῖον, *General Headquarters (G.H.Q.)*
Ἐπιτελεῖον, *General Staff*
Στρατηγεῖον, *General Headquarters (G.H.Q.)*
Στρατοδικεῖον, *General Court-Martial*
γενικὸν σχέδιον, *general plan*
συναρμολογήσεως, *general assembly drawing (G.A. drawing)*
συνθέσεως, *general assembly drawing (G.A. drawing)*
γενικὸς ἀξιωματικός, *flag officer*
Γενικὸς Ἀρχηγός, *Commander-in-Chief (C.-in-C.)*
Διοικητής, *General Officer Commanding (G.O.C.)*
γενικὸς ὁπλουργός, *general armourer*
γεννητικός, *generating*
γεννήτρια, *motor generator, generator*
αὐξήσεως, *booster*
δι᾽ ἀεροκινητῆρος, *gas-electric generator*
ἀτμοκινητῆρος, *steam-electric generator*
ἀτμοστροβίλου, *turbo-generator*
ὑδραυλικοῦ κινητῆρος, *hydro-electric generator*
ἕλξεως, *traction dynamo*
ἐναλλασσομένου ρεύματος, (Ε.Ρ.), *alternating current (a.c.) generator*
καπνοῦ, *smoke generator*
κινουμένη ὑπὸ κινητῆρος, *engine-driven generator*
γεννήτρια
λειτουργοῦσα διὰ κινητῆρος, *engine-driven generator*
συνεχοῦς ρεύματος (Σ.Ρ.), *continuous current (c.c.) generator*
συσκευή, *generator*
τριφασική —, *three-phase generator*
γεννητρίας, ἀσφαλιστικὸν περικόχλιον, *generator locking nut*
ἀσφαλιστικὸν σύρμα —, *generator locking wire*
ἑλκύων ὀδοντωτὸς τροχός —, *generator drive*
ἔμβολον —, *generator piston*
κάρυον ἐμβόλου —, *generator piston roller*
κιβώτιον ἑλκύοντος ὀδοντωτοῦ τροχοῦ —, *generator drive box*
περόνη καρύου ἐμβόλου —, *piston roller axis pin*
πῶμα στεγανότητος ἐμβόλου —, *generator piston cap packing*
συνδετικὸν περικόχλιον οὐραίου τμήματος —, *generator tail-piece union nut*
ὑποστάτης —, *generator bracket*
γεννώμενος, *nascent*
γεντέκι, *track rope*
γερανιόλη, *citral*
γερανογέφυρα, *overhead crane, lifting gantry, gantry*
ἐπὶ ἰκριώματος, *gantry crane*
κυλιομένη —, *travelling crane*
γερανογεφύρας, τροχιά, *crane rail*
γερανός, *crane, derrick crane, lifting tackle*
ἀνυψωτικός —, *hoisting crane*
δομικός —, *building crane*
δομικῶν κατασκευῶν, *building crane, derrick*
ἐπὶ ρυμουλκοῦ, *tractor crane*
ἐργοταξίου, *gantry crane*
κινητός —, *mobile crane, travelling crane*
κινούμενος —, *travelling crane*
μὲ ὀρθοστάτην, *jib crane*
περιστρεφόμενος —, *turning crane, swivelling crane*
πλωτός —, *floating derrick, sheer hull*
σταθερός —, *fixed crane*
στρεφόμενος —, *rotary crane*
συρματοφόρος —, *cable-way elevator*
φορητός —, *travelling crane, sheer-legs*
γερμανικὸ κλειδί, *set spanner*

γερμάνιον, *germanium (Ge), eka-silicon*
διθειοῦχον —, *germanium sulphide*
τετραχλωριοῦχον —, *germanium tetrachloride*
γεϋσερίτης, *sinter*
γέφυρα, *bridge*
αἱρομένη —, *draw-bridge, lift draw-bridge*
ἀνορθωτῶν, *bridge rectifier*
ἀντισταθμίσεως, *potentiometer*
ἄνω —, *pilot bridge*
ἄνω διαβάσεως, *girder with floor on top boom*
βυσματοφόρος —, *bridge with plug contacts*
διὰ πλακός, *slab bridge*
δικτυωτοῦ συστήματος, *truss bridge*
ἐκ σιδηροπαγοῦς σκυροδέματος, *reinforced concrete bridge*
ἐπίστυλος, *viaduct*
θολωτή —, *arched bridge*
καθολική —, *universal bridge*
κάτω διαβάσεως, *girder with floor on bottom boom*
κινητή —, *movable bridge*
κρεμαστή —, *suspension bridge*
κυλιομένη —, *roller draw-bridge*
λιθίνη —, *masonry bridge*
λοξή —, *inclined bridge, skew bridge*
μετ' ἀντιβάρου, *bascule bridge*
μετὰ χορδῆς, *wire bridge*
μεταφέρουσα —, *transporter bridge*
μετρήσεως ἀντιστάσεως, *measuring bridge, metre bridge*
πτώσεως τριβέων, *bridge gauge*
ὁδοφόρος —, *highway bridge*
Οὐῆτσον, *Wheatstone bridge*
περιστρεπτή —, *swing draw-bridge*
περιστρεφομένη —, *swing bridge*
πλωτή —, *pontoon bridge*
σιδηροδρομική —, *railway bridge*
στροφαλοφόρος —, *measuring bridge with contacts*
συγκοινωνίας υπερκατασκευασμάτων, *gangway*
σφηνοφόρος —, *pile bridge*
τοξωτή —, *arch bridge*
ὑπηρεσίας, *gangway*
φορτώσεως, *loading bridge*
γεφύρας, δωμάτιον, *bridge cabin*
γεφύρας, κατάστρωμα, *bridge deck*
ὑπερστέγασμα —, *bridge house*
γεφυροβάσταξ, *flying buttress*
γεφυροσκάφια, *pontoons*
γεφύρωμα, *bridge, bridging*
μετ' ἐπαγωγῶν, *inductance bridge*
μετὰ πυκνωτοῦ, *capacity bridge*
Οὐῆτστον, *Wheatstone bridge, metre bridge*
γεφυρῶν, ἐλάσματα, *bridge plates*
γεφυρώνω, *to bridge*
γεφυρωτὸν τεμάχιον, *bridge piece*
γεωγραφία, *geography*
γεωγραφικαὶ συντεταγμέναι, *geographic coordinates*
γεωγραφικὴ διανομή, *geographical distribution*
γεωγραφικοὶ καὶ ναυτικοὶ χάρται, *maps and charts*
γεωγραφικὸν μῆκος, *longitude*
μίλιον, *geographical mile*
πλάτος, *geographical latitude, terrestrial latitude*
στίγμα συναντήσεως (Σ.Σ.), *geographical position of interception*
γεωγραφικὸς βορρᾶς, *geographic(al) north*
νότος, *geographic(al) south*
πόλος, *geographical pole, true pole*
γεωδαισία, *geodesy, geodetic survey*
γεωδαιτική, *geodetic*
γεώδη, *geodes*
γεωειδές, *geoid*
γεωθερμαντικός, *geothermal*
γεωθερμικός, *geothermal*
γεωκεντρικὸν πλάτος, *geocentric latitude*
σύστημα, *geocentric system*
γεωκεντρικός, *geocentric*
γεωκυκλικόν, *geocyclic*
γεωλογια, *geology*
ἱστορική —, *stratigraphy*
γεωλογικαὶ διαπλάσεις, *geological formations*
ἔννοιαι, *geological notions*
ἐποχαί, *geological ages*
γεωλογικοὶ σχηματισμοί, *geological formations*
γεωλογικὸς χάρτης, *geological plan*
γεωμετρία, *geometry*
ἀναλυτική —, *analytical geometry*
ἀντευκλείδειος —, *non-Euclidian geometry*
ἐπίπεδος —, *plane geometry*
Εὐκλείδειος —, *Euclidian geometry*
μή — —, *non-Euclidian geometry*
παραστατική —, *descriptive geometry*
περιγραφική —, *descriptive geometry*

γεωμετρικὴ ὀπτική, *geometrical optics*
παράστασις, *geometrical representation*
πρόοδος, *geometrical progression*
σειρά, *geometric(al) series*
σύμπτωσις, *congruence*
γεωμετρικὸν ἄθροισμα, *geometrical sum*
σχῆμα, *geometrical figure*
σῶμα, *geometrical body*
γεωμετρικός, *geometrical*
μέσος, *geometrical mean*
ὅρος, *geometrical mean*
τόπος, *locus*
γεωμορφολογία, *geomorphology*
γεωσκοπία, *geoscopy*
γεωστέατα, *native mineral waxes*
γεωστροφικὴ συνιστῶσα, *geostrophic component*
γεωσύγκλινον, *geosyncline*
γεωτεκτονική, *geotectonics*
γεωτρήσεις διὰ πετρέλαιον, *oil drilling*
γεώτρησις, *drilling, boring*
γεωτρύπανον, *earth auger, drilling machine, rig*
σωληνωτόν —, *core drill*
γεωφυσική, *geophysics*
γεωχημεία, *geochemistry*
γῆ, *earth, land, ground*
ὀπτή —, *terra-cotta*
γηΐνη ἀκτινοβολία, *terrestrial radiation*
θερμοκρασία, *earth temperature*
προβολὴ ἀστέρος, *sub-stellar point*
οὐρανίου σώματος, *sub-stellar point*
σφαῖρα, *globe*
γηΐνον δυναμικόν, *earth potential*
μαγνητικὸν πεδίον, *Earth's magnetic field*
γήϊνος ἰσημερινός, *geographic(al) equator*
μαγνητισμός, *terrestrial magnetism*
γήλοφος, *knoll*
γήπεδον προσγειώσεως, *landing ground*
γήρανσις, *age hardening*
ὑλικῶν, *weathering*
γῆρας, *ageing, aging*
γηρασμός, *ageing, aging*
γιγγλυμός, *hinge*
γιγγλυμωτός, *hinged*
γιλσονίτης, *gilsonite*
γινόμενον (Μαθ.), *product*
μερικόν —, *partial product*
τελικόν —, *final product*
γιώτ, *yacht*
γκάγια, *guy*
γκάζι, *gas*
γκαζόμετρον, *gasometer, aerometer*
γκαζομηχανή, *gas engine*
γκαράζ, *garage*
γκέλα, *porpoising*
γκίλβερτ (μονὰς μαγνητεγερτ. δυνάμεως), *gilbert*
γκὶλλ (*0,142* **γαλλ. λίτρου)**, *gill*
γκρίζο, *grey*. **Βλ. καὶ φαιόν.**
γκρούπ, *group*
γκώς, *gauss*
γλαουβερίτης, *glauberite*
γλάρος, *pole of a mast*
γλαύκινος, *strontium sulphate, celestine*
γλαυκοδότης, *glaucodote*
γλαυκόδοτον, *glaucodote*
γλαυκονίτης, *glauconite*
γλαυκοφανής, *glaucophane*
γλίστρημα, *slip*
γλιστρῶ, *to glide, to slip*
γλοβουλίνη, *globulin*
γλοιῶδες (ἰδιότης), *viscosity, gumminess*
γλόμπος, *bulb*
γλουταμίνη, *glutamine*
γλουταμινικὸν ὀξύ, *glutanic acid*
γλουτένη, *glutelin, glutenin*
γλουτός, *buttock*
γλυΐνη, *glutelin, glutenin*
γλυκερίδια, *glycerides*
γλυκερίνη, *glycerine, glycerol, propenyl alcohol*
τρινιτρική —, *gryceryl trinitrite*
γλυκίνη, *glycine, aminoacetic acid*
γλυκίνιον, *glucinum*
γλυκογόνον, *glycogen, animal starch*
γλυκόζαι, *monosaccharoses, monoses*
γλυκόζη, *glucose, dextrose*
γλυκόκολλα, *glycocoll, aminoacetic acid*
γλυκόλαι, *glycols*
γλυκόλη, *ethylene glycol*
δ.—, *galactose*
γλυκοξυλικὸν ὀξύ, *glycoxylic acid*
γλυκόπνευμα, *ethylene glycol*
γλυκουρονικὸν ὀξύ, *glucuronic acid, glycuronic acid*
γλυκυκάλαμον, *sugar cane*
γλυκυματογόνον, *animal starch*
γλύκωμα, *dextrose*
γλυκωματογόνα, *glucosides*
γλυοξάλη, *glyoxal*
γλυοξαλίνη, *glyoxaline*
γλύφανον, *chisel, gouge*
λειάνσεως, *end mill*

γλυφή, *score, gab*
κυλίσεως, *tread*
τριγωνική —, *rabbet*
γλυφίς, *chisel, cold chisel, scraper, snatch*
γλυφός, *brackish*
γλωττίς, *tongue, tang*
καὶ ἐντορμία, *tongue-and-groove*
γνάθος, *jaw, horn*
γνεύσιον, *gneiss*
γνευσίτης, *gneiss*
πρωτογενής —, *fundamental gneiss*
γνωμονικὴ προβολή, *gnomonic projection*
γνωμονικὸς χάρτης, *gnomonic chart*
γνώμων, *gnomon, meter, rule, straight edge*
δι' ἐκκρεμῶν, *pendulum meter*
ὑδραργύρου, *mercury meter*
διὰ κινητῆρος, *motor supply meter*
ταλαντώσεων, *oscillatory meter*
γολέττα, *schooner*
γολεττόβρικο, *brigantine*
γόμμα, *gum.* **Βλ. καὶ κόμμι.**
βρεταννική —, *British gum*
—λάκκα, *gum lac*
γομμολάστιχα, *ink eraser, eraser*
γομμώδης οὐσία, *gum*
γομφάριον καταστρώματος, *deck dowel*
γομφόλιθος, *Nagelfluh*
γόμφος, *bolt, ring bolt, rivet, spike, peg, holdfast*
ἀκανθωτός —, *rag-bolt*
κορακωτός —, *hook bolt*
κοχλιωτός —, *hook bolt*
ξύλινος —, *dowel*
γόμφου, κεφαλή, *bolt head*
γόμφωσις, *bolting, gudgeon*
γόμωσις, *filling, priming, packing, charge, joint*
ἀρχική —, *initiating charge, priming charge*
διὰ πυρίτιδος, *powder-filling*
ἐκρηκτική —, *blowing charge*
ἐκτοξεύσεως, *ejection charge*
ἐπιβραδυντική —, *delay charge*
μαλακή —, *soft packing*
γονάτιον, *bevel*
γοσλαρίτης, *goslarite*
γοτθικὸν δικτύωμα, *gothic truss*
γοτλάνδιος περίοδος, *Gothlandian*
γουαϊακόλη, *guaiacol*
γουάνο, *guano*
γούβα, *pot hole*
γουδί, *mortar*
γουδοχέρι, *pestle*
γούμενα, *cable*
γούττα (δένδρον), *gutta (tree)*
γουτταπέρκα, *gutta-percha*
γοφός, *pintle*
γραιγολεβάντες, *east-north-east*
γραῖγος, *north-east*
γραιγοτραμουντάνα, *north-north-east*
γράμμα. Βλ. γραμμάριον.
γραμμαὶ ἐκπτώσεων, *drift lines*
ἐπικοινωνιῶν, *lines of communication*
συγκοινωνιῶν, *lines of communication*
συναρμολογήσεως, *rigging lines*
γραμμάριον, *gram, gramme (gm, g), unit of mass*
γραμμή, *line, railway track, track*
ἀνάγκης, *emergency line*
ἀνακοπῆς, *line of interception*
ἁπλῆ —, *single line, single track*
ἀφετηρίας, *zero line*
βολῆς, *line of fire*
γωνιάκλαστος —, *zigzag line*
διακεκομμένη —, *dotted line*
καὶ ἐστιγμένη —, *chain-dotted line*
διαχωρισμοῦ ὑδάτων, *watershed line*
δεικνύουσα —, *lubber line*
δυνάμεως, *line of force*
ἐδάφους, *ground line*
εἰσαγωγῆς, *admission line*
ἐνδεικτική —, *lubber line*
ἐνισχύσεως, *boosting main*
ἐξωτερικὴ ὁρίζουσα —, *outline*
ἐπιρροῆς, *influence line*
ἐστιγμένη —, *dotted line*
θέσεως, μεταφερθεῖσα, *transferred position line*
ἰσοκλίσεως, *isoclinic line*
κάννης, *line of barrel*
κεντροβαρική —, *line of centroid*
καταστρώματος, *deck line*
κινδύνου, *emergency line*
κυρίας σημασίας, *main line, trunk line, trunk*
λαίλαπος, *line-squall*
μεταφορᾶς, *transmission line*
μισγαγκείας, *valley line*
μονοφασική —, *single phase line*
ὁρίου ἀσφαλείας, *margin line*
πλάτους *1* **μ.,** *metre gauge*
ποντίσεως (κατὰ τὴν σβέσιν μετάλλων), *water line*
προσαγωγῆς ρεύματος, *supply main*
προσγειώσεως, *glide path*
προχωρήσεως, *line of advance*
προώσεως, *line of thrust*

γραμμὴ
πτήσεως, *line of flight*
πτώσεως θερμοκρασίας, *lapse line*
σιδηροτροχιῶν, *line of rails*
σκοπεύσεως, *line of sight*
συναντήσεως, *line of interception*
ὑψηλῆς τάσεως, *high-tension line*
γραμμικὴ ἀναγωγή, *linear interpolation*
διαστολή, *linear expansion*
ἐπικάλυψις, *line overlap*
παρεμβολή, *linear interpolation*
προοπτική, *linear perspective*
προπορεία, *linear lead*
συνάρτησις, *linear function*
ταχύτης, *linear velocity*
φόρτισις, *linear load*
γραμμικὸν σχεδιάγραμμα, *line-drawing copy*
γραμμικός, *linear*
γραμμοθερμίς, *small calorie, calorie*
γραμμομόριον, *gram-molecule*
γραμμοσκιαί, *hachures*
γραμμοσύρτης, *drawing pen*
μὲ τροχίσκον, *wheel pen*
γρανάζι, *gear*
ὀδοντωτῶν τροχῶν *45°*, *bevel gear*
90°, *conical gear*
ἴσιων — —, *spur gear*
γρανίτης, *granite*
γρανιτικὸν πέτρωμα ραπακίβι, *Rapakivi granite*
γρανιτικὸς ἀπλίτης, *granite aplite*
πορφυρίτης, *granite porphyry*
γρανιτομάρμαρον, *siliceous limestone*
γρανιτοπορφύρης, *granite porphyry*
γρανουλίτης, *granulite*
γραντί, *bolt rope*
γραντολογῶ, *to marl*
γραουβάκης, *greywacke (transition rock)*
γραουβακικὸς ἀσβεστόλιθος, *greywacke limestone*
σχιστόλιθος, *greywacke schist, greywacke slate*
γρασαδόρος Ρόδερχαμ, *Rotherham greaser*
γραφεῖον ἐπιχειρήσεων, *operations room*
ἀεροπορίας, διώξεως, *fighter operation room*
κινήσεως ἀεροπλάνων, *watch office*
μετεωρολογίας, *meteorological office*
πτήσεως, *watch office*
σμήνους, *flight office*
συνεννοήσεως, *signals office*

γραφεὺς γενικῶν καθηκόντων, *general duties (G.D.) clerk*
-διερμηνεύς, *clerk-interpreter*
ταμείου, *pay accounts clerk*
γραφικὴ λύσις, *graphical solution*
μέθοδος, *graphical ethod*
παράστασις, *graphical representation*
συναρτήσεως, *graph of a function*
γραφίς, *pencil*
γραφίτης, *graphite, graphitic carbon, black lead, plumbago*
ἐξ αἰωρήσεως, *deflocculated graphite*
λεπιδοειδής —, *flake graphite, scaly graphite*
γραφίτου, ἔλαιον, *graphite oil*
λίπος —, *graphite grease*
γραφόμετρον, *graphometer*
γραφοστατική, *graphic statics*
γρέζια, *borings*
γρεντιά, *girder*
γρηνοκίτης, *greenockite*
γριπίζω διὰ κερκέτου, *to grapple*
γρίπος, *drag*
γρονθοκόπησις, *pummeling*
γρόσσα, *gross*
γρουσσουλάρης, *gooseberry stone*
γρύλλος, *lifting jack, jack screw, jack, trestle, bolt*
ἀνυψούμενος δι' ἀτέρμονος, *screw jack*
διὰ τηλεσκοπικῶν κοχλιῶν, *screw jack*
ἐξωφύλλων, *bolt with revolving rods*
γυαλίζω, *to smooth, to glaze*
γυάρδα (*0,91* **μ.**), *yard (yd)*
γυμνάσια, *manoeuvres, maneuvers, drill*
γυρομαγνητικὴ πυξίς, *gyro-magnetic compass*
γυροπυξίς, *gyro compass*
γῦρος, *turn, skirt*
γυροσκοπικὴ δρᾶσις, *gyroscopic action*
κίνησις, *gyroscopic motion*
πυξίς, *gyroscopic compass, gyro compass*
συχνότης, *gyro frequency*
γυροσκοπικὸν ζεῦγος, *gyroscopic torque*
γυροσκοπικὸς ἀντισταθμιστής, *gyroscopic stabilizer*
ἐνδείκτης διευθνσεως, *directional gyro*
στάσεως, *attitude gyro*
κατευθυντήρ, *directional gyro*

γυροσκοπικὸς
ὁρίζων, *attitude gyro indicator*
σταθμὸς ἐκπομπῆς, *gyro-station*
γυροσκόπιον, *gyroscope, gyro*
πτήσεως, *flight gyro*
γυροσκοπίου, ἐπίκλισις, *nutation*
γυροσφόνδυλος, *gimbal, rotor*
γύρωμα, ἔγκρυφον, *countersunk head*
φραιζωτόν —, *countersunk head*
γυρωτικὸς ἧλος ἄνω σταθερᾶς ἐπικαλυπτικῆς πλακός, *top plate rivet*
ὑποστηρικτοῦ ἄνω σταθερᾶς ἐπικαλυπτικῆς πλακός, *top plate-bracket rivet*
γυρώτρια, *riveting machine*
φορητή—, *potrable riveting machine*
γυψασβεστοκονίαμα, *lime plaster of Paris mortar*
γύψινον πλακίδιον ἐπιστρώσεως, *plaster of Paris paving slab*
γυψοκονίαμα, *plaster of Paris mortar, plaster of Paris*
γυψόκονις, *plaster of Paris*
γυψομάρμαρον, *stucco*
γύψος, *gypsum, plaster of Paris*
ἄνυδρος —, *bricklayer's plaster of Paris*
γαιώδης —, *friable gypsum, earth gypsum, earthy gypsum*
ἐπιστρώσεων, *floor gypsum*
οἰκοδομικὸς —, *coarse plaster of Paris, bricklayer's plaster of Paris*
συμπαγής —, *compact gypsum, gypseous solid rock*
τραχύς —, *hard-finish plaster*
Πάρου, *Parian cement*
γυψοχονδροκονίαμα, *plaster concrete, gypsum concrete*
γωνία, *angle*
(ὄργανον), *angle plate, elbow*
ἀκτινοβολίας, *angle of radiation*
ἀμβλεῖα —, *obtuse angle*
ἀνακλάσεως, *angle of reflection*
ἀνακουφίσεως, *angle of relief*
ἀναπαύσεως, *angle of repose*
ἀναπηδήσεως, *angle of jump*
ἄνισος —, *unequal angle*
ἀνυψώσεως, *angle of elevation*
ἀσφαλείας, *safety angle*
ἀτράκτου, *angle of a lune*
βάθου, *angle of depression*
ὁρίζοντος, *angle of dip*
βολβοειδής —, *bulb angle*
σχήματος Τ, *tee-bulb angle*
βολῆς, *range angle*

γωνία
διαθλάσεως, *angle of refraction*
δίεδρος —, *dihedral angle*
ἀρνητική — —, *negative dihedral angle*
ὀρθή — —, *right dihedral angle*
διορθώσεως, *deflection*
δοθεῖσα —, *given angle*
ἐγγεγραμμένη —, *inscribed angle*
ἐκπτώσεως, *drift angle*
ἐκτρεπομένης μεταπτώσεως, *angle of relief*
ἐκτροπῆς ἀερονηματίου, *downwash angle*
ἐλαχίστης παρεκτροπῆς, *angle of minimum deviation*
ἐλευθέρας μεταπτώσεως, *angle of relief*
μετατοπίσεως, *angle of clearance*
ἐντὸς ἐναλλάξ, *alternate interior angle*
ἑνὸς δευτέρου λεπτοῦ, *angle of one second*
πρώτου λεπτοῦ, *angle of one minute*
ἐξ ἐλάσματος, *angle piece, lug piece*
ἐξολισθήσεως, *angle of skid*
ἐξωτερική —, *external angle*
ἐπαφῆς, *angle of contact*
ἐπίκεντρος —, *central angle, angle at the centre*
ἐπίπεδος —, *plane angle, face angle*
ἐπιπέδου, *angle of field, angle of view*
ἐπιπορείας, *angle of lag, phase lag*
ἐπιτρεπομένης μεταπτώσεως, *angle of relief*
μετατοπίσεως, *angle of clearance*
ἐσωτερική —, *internal angle*
ἐφαρμοστοῦ, *fitter's square*
δίεδρος — — *box square, keyseat rule*
ἠρεμίας, *angle of repose*
κάθετος —, *vertical angle*
κατολισθήσεως, *gliding angle, glide, glide path*
κεντρική —, *central angle*
κλίσεως, *angle of inclination*
κρίσιμος —, *critical angle*
λοξότητος, *angle of obliquity*
μεταλλική —, *fitter's square*
μετατροπῆς (γ), *conversion angle (C.A.)*
μηδενικῆς ἀντώσεως, *zero-lift angle*

γωνία
ὀλισθήσεως, *gliding angle, glide*
ὀξεῖα —, *acute angle*
ὁράσεως, *visual angle*
ὀρθή —, *right angle, set square*
ὁριακή —, *critical angle*
ὁριζοντιώσεως, *level angle*
ὄψεως, *angle of field, angle of view*
παρακειμένη —, *adjacent angle*
παραπληρωματική —, *supplementary angle*
παρειᾶς, *web angle*
περεκκλίσεως, *leeway*
πιέσεως, *angle of pressure*
πολύεδρος —, *polyhedral angle*
πρανοῦς, *angle of elevation, angle of repose*
προβολῆς, *angle of projection*
προεξέχουσα —, *salient angle*
προπορείας, *angle of advance, angle of lead*
ἐκκέντρου, *lead angle*
φάσεως, *angle of phase lead*
προσβολῆς, *angle of attack, angle of incidence*
ἀπόλυτος — —, *absolute angle of attack*
ἀρίστη — —, *effective angle of attack*
ἐπαγωγική — —, *induced angle of attack*
κρίσιμος — —, *critical angle of attack*
προσεγγίσεως, *angle of attack*
προσκειμένη —, *adjacent angle*
προσπτώσεως, *angle of incidence, angle of attack*
δι' ἄπειρον λεπτότητα τῆς πτέρυγος, *angle of attack for infinite aspect ratio*
μηδενικῆς ἀντώσεως, *zero lift angle*
πτερυγίου ἕλικος, *blade angle*
πτερυγίου ὕψους-βάθους, *elevator angle*
σιδηρᾶ —, *angle bar*
μικρά — —, *shell lug*
σκοπεύσεως, *angle of sight*
στερεά —, *solid angle*
κυρτή — —, *convex solid angle*
στηρίξεως, *angle of rest*
ἀπωλείας —, *stalling angle*
στρεπτικῆς παραμορφώσεως, *angle of flexure*
στρέψεως, *angle of torsion, angle of twist*

γωνία
συμπληρωματική —, *complementary angle*
ἐφεξῆς — —, *adjacent complementary angle*
συνδέουσα πλαγίως, *dagger knee*
σφαιρική —, *spherical angle*
τομῆς, *lip clearance*
τριβῆς, *angle of friction*
ὑδρορρόης, *stringer angle*
ἀνωτέρου καταστρώματος, *gunwale angle bar, gunnel angle bar*
ὑποτεινομένη —, *subtended angle*
ὑστερήσεως, *angle of lag*
ὑστεροπορείας, *angle of lag*
ὕψους, *angle of elevation*
φάσεως, *phase-angle*
φασικῆς μετατοπίσεως, *angle of phase displacement*
ὠθήσεως, *angle of impulsion*
ὡριαία —, *hour angle*
ὡρική — (Ω), *hour angle (H.A.)*
γωνιακὴ ἀπόστασις, *angular distance*
ἕνωσις, *angle joint*
ἐπιτάχυνσις, *angular acceleration*
κίνησις, *angular movement*
πλάξ, *angle plate*
προπορεία, *angular advance*
ταχύτης, *angular speed, angular velocity*
γωνιακὸν βάθος ἐπιπέδου ὄψεως, *angular depth of field of view*
τεμάχιον, *angle piece*
γωνιακός, *angular*
ἀγκών, *angle bracket*
συντελεστής, *angular factor*
γωνίας, διχοτόμος, *bisector of the angle*
παραπλήρωμα —, *supplement of an angle*
σκέλος —, *leg of an angle*
γωνιασμός, *bevelling*
γωνιογράφος, *protractor*
γωνιόλιθος, *cornerstone*
γωνιόμετρον, *goniometer, inclinometer, protractor, square*
γωνιοτομῶ, *to chamfer*
γωνιῶδες (ἰδιότης), *angularity*
γωνιώδης, *angular*
ἀντιρής, *angle bracket*
ἀπόστασις, *angular distance*
μετατόπισις, *angular displacement*
προπορεία, *angular advance*
σύνδεσμος, *angle bar*
γωνιωτὸς σύνδεσμος, *elbow*

Δ

δακρυγόνον ἀέριον, *tear gas*
δακρυγόνος, *lachrymatory*
  βομβίς, *lachrymatory grenade*
δακτυλεΐνη, *digitalein*
δακτυλήθρα, *(sewing) thimble*
  περιδινουμένη —, *whirl thimble*
δακτυλιοειδής, *annular*
  βαλβίς, *annular valve*
  ἕδρα, *annular seating*
  μηχανή, *annular engine*
  σφαιροτριβεύς, *annular ball bearing*
  τροχός, *annular gear*
δακτύλιοι ἀναγνωρίσεως, *identification rings*
  κυκλοφορίας ἐλαίου, *oil transfer rings*
  μεταδόσεως ἐλαίου, *oil transfer rings*
δακτύλιος, *ring, annulus, ferrule, collar, collet, sleeve, eye, loop*
  ἀέργου στροφείου, *dummy ring*
  ἀκραῖος —, *end ring*
  ἀναρτήσεως, *hoisting ring*
  ἀνεμολογίου, *grid ring*
  ἄξονος ἐμβόλου, *gudgeon pin bush*
  ἀσφαλείας, *safety ring*
  ἀσφαλιστικός —, *securing ring*
  αὐλακωτός —, *thimble*
  αὐλῶν, *ferrule*
  γυροσκοπίου, *gimbal ring*
  γωνιακός —, *angle ring*
  δικωνικός —, *olive*
  ἐγχύσεως, *primer ring*
  ἐκ μολύβδου, *lead sleeve*
  ἐλαστικός —, *rubber ring*
  ἐλεύθερος —, *loose bush*
  ἐνδιάμεσος —, *intermediate ring*
  ἐνισχυτικός —, *strengthening ring*
  ἐντάσεως, *tensioning ring*
  ἐξ ἀργιλλίου, *aluminium ring*
  ἐξαγωγῆς, *exhaust ring*
  ἐπαφῆς, *sliding ring, slip-ring*
  ἐπιβραδύνσεως, *delay ring*
    ἄξονος ὁπλίσεως, *spindle delay ring*
  ἐπικαλυπτικός —, *housing ring*
  ἐπιπλέων —, *floating ring*
  ἐτήσιος —, *annual ring*
  ἐφαρμογῆς χειροφυλακτῆρος, *inner band*

δακτύλιος
  καὶ ὑποδοχεὺς καλύμματος πυξίδος, *container and lid ring (compass)*
  καμπύλης, *loop of a curve*
  κινητῆρος, *speed ring*
    καλύμματος —, *cowling ring*
  κρίκου, *gimbal ring*
  μοχλοβραχίονος, *hand lever pawl*
  Μπίσοπ, *Bishop's ring*
  ὀλισθαίνων —, *slip-ring*
  ὁλόσωμος —, *solid boss*
  ὀπὴ διαφυγῆς ἀερίων, *butt*
  παρεμβύσματος, *packing ring*
  περιστρεφόμενος —, *slip-ring*
  περιστροφῆς, *swivelling band*
    πολυβόλου, *scarf ring*
  περιστροφικός —, *slip-ring*
  πιθοειδής —, *barrel ring*
  ποδὸς διωστῆρος, *gudgeon pin bush*
  προσδέσεως πλοίων, *mooring ring*
  προφυλακτικός —, *protecting ring*
  πυθμένος, *taper ring, wedge ring*
  ρυθμιζόμενος —, *adjustable ring*
  σκοπευτικός —, *ring sight*
  στεγανώσεως, *packing ring*
  στεφάνης, *verge ring*
  συγκρατήσεως, *retaining ring*
    ἐλαίου, *oil collecting ring*
  συγκρατητικός —, *bezel*
  συγχρονισμοῦ, *timing ring*
  σφηνώσεως, *packing ring*
  σχοινίου, *loop of a rope*
δακτυλίου, αὖλαξ, *ring channel*
  τμῆμα —, *ring segment*
  συναρμολόγησις —, *ring mounting*
δακτυλιτιδίνη, *digitalin*
δάκτυλος, *inch (in., ")*
δακτυλοτονίνη, *digitonine*
δαμασκηνέα, *plum tree*
δαμασκηνὸν ὕφασμα, *damask*
δάπεδον, *floor, flooring*
  ἀναμονῆς, *parking apron*
  διὰ σανίδων, *batten floor*
  προσγειώσεως καὶ ἀπογειώσεως, *land and take-off area*
    σχήματος *V, landing vee*
  σήραγγος ἕλικος, *tunnel flooring*
  τεχνητόν —, *tarmac*
δάσος, *forest, wood*

δαφνέλαιον, *laurel oil*
δάφνη, *laurel (tree)*
δαφνικὸν ὀξύ, *lauric acid*
δαφνίς, *laurel berry*
δαφνοκέρασος, *cherry laurel*
δαφνόκοκκος, *laurel berry*
δαφνόλαδον, *laurel oil*
Δ.Ε.Α.Ν. (Διεθνὴς Ἐπιτροπὴ Ἀεροναυτιλίας), *I.C.A.N. (International Commission of Air Navigation)*
Δεβόνιος περίοδος, *Devonian period*
δεδομένον (γεωμ. προτάσεως), *given, hypothesis*
δεῖγμα, *sample, specimen, pattern*
  δοκιμῆς ἕλξεως, *tensile-strength specimen*
  ἐφελκυσμοῦ, *tensile-strength specimen*
δεικνύω, *to indicate, to show*
δεικνύων πληροφορίας, *showing markings*
  σημεῖα ἀναγνωρίσεως, *showing markings*
δείκτης, *indicator, pointer, slide, hand*
  γεμίσεως ἀποθήκης, *follower*
  γωνίας κατολισθήσεως, *glide path indicator*
  δευτερολέπτων, *seconds hand*
  διαθλάσεως, *index of refraction*
  δραστικότητος, *index of activity*
  ἐλαίου, *oil gauge*
  ἐξευρέσεως φορᾶς, *sense scale pointer*
  κατευθύνσεως, *direction arm*
  κενοῦ, *vacuum gauge*
  κυλινδρικός —, *cylindrical gauge*
  μὲ πῶμα καὶ δακτύλιον, *plug-and-ring gauge*
    περιλαίμιον, *plug-and-collar gauge*
  νεκρῶν σημείων, *dead-centre indicator*
  ὀργάνου, *pointer, hand*
  παρεκκλίσεως, *leeway indicator*
  πιέσεως, *pressure gauge*
  ρυθμίσεως, *regulating pointer*
  ταχύτητος ἀνόδου, *rate of climb indicator*
  τῆς ρίζης, *index of the root*
  χειρισμῶν, *direction indicator (D.I.)*
δεκαδικὴ ἀναγραφή, *decimal notation*
δεκαδικὸν κλάσμα, *decimal fraction*
  σύστημα, *decimal system*
δεκαδικὸς ζυγός, *decimal scale*
δεκάεδρον, *decahedron*
δεκάμετρον, *decametre*
δεκανεύς, *corporal*
δεκανίκι, *crutch*
δεκατόγραμμον, *decigram(me) (dg)*
δεκάλιτρον, *decilitre (dl)*
δεκατόμετρον, *decimetre (dm)*
δεκατριάς, *long dozen*
δέκτης, *receiver, receiving station*
  ἀσυρμάτου, *wireless receiver*
  γενικῆς χρήσεως (Γ.Χ.), *general purpose (G.P.) receiver*
  διατομῆς, *check receiver*
  ἐλέγχου ἐκπομπῶν, *monitoring receiver*
  λειτουργῶν δι' ἐναλασσομένου ρεύματος, *alternating current (a.c.) mains receiver*
  λήψεως ὅλων τῶν κυμάτων, *all-wave receiver*
  μὲ ἄμεσον ἐνίσχυσιν, *straight receiver*
  μετὰ λυχνιῶν, *valve receiver*
  ὅλων τῶν κυμάτων, *all-wave receiver*
  ραδιοφάρου ἐνδείξεως, *marker beam receiver*
  σπινθῆρος, *spark catcher*
  τηλεοράσεως, *television receiver*
δεκτικότης, *permeability, permeance, capacity*
δεκωβίλ, *(mining) tramcar*
δέλλος, *geyser*
Δέλτα (Ἀστρ.), *Triangulum Australe*
δέλτα, *delta*
Δελφίν (Ἀστρ.), *Dolphin*
δέμα, *bundle*
δενδρόκολλα, *gum*
δενδροκόπος, *axe*
δενδρολίβανον, *rosemary tree, rosemary*
δενδροφλοιός, *bark*
Δενέβ (α Κύκνου), *Deneb*
Δενεβόλα (β Λέοντος), *Denebola*
δένω, *to make fast, to lash, to bend*
δεξαμεναὶ βενζίνης, ἑρμητικῶς ἐσφραγισμέναι, *hermetically sealed fuel tanks*
  ἡλωμέναι — —, *riveted fuel tanks*
  συγκεκολλημέναι — —, *welded fuel tanks*
  συνηρμολογημέναι δι' ἡλώσεως, *riveted fuel tanks*
δεξαμενή, *reservoir, cistern, tank, dock, drum*
  ἄνω —, *upper tank, header tank*
  ἀποθηκεύσεως, *storage reservoir*

δεξαμενὴ
ἀπορριπτομένη —, *jettisonable tank, drop tank*
ἐπικοίλιος — —, *ventral drop tank*
αὐτομάτου ἐμφράξεως ὀπῆς διατρήσεως, *self-sealing tank*
βενζίνης, *fuel tank, petrol tank*
βοηθητική —, *auxiliary tank*
διαβρέξεως, *soaking tank*
διπλῆς ἐνεργείας, *double reservoir*
μετατρεπομένη εἰς ἁπλῆν, *double reservoir converted to single*
διϋλιστηρίου, *filter tank*
δοκιμῶν ὑδροπλάνων, *seaplane tank*
ἐκ σκληραργιλλίου, *Duralumin tank*
ἐλαίου, *oil tank*
διὰ μεγάλην ἀκτῖνα δράσεως, *long-range oil tank*
ἕρματος, *ballast tank*
ζυγοσταθμίσεως, *peak tank*
καθιζήσεως, *settling reservoir*
μόνιμος —, *dock*
ἐπισκευῆς πλοίων, *dry dock*
καθαρισμοῦ πλοίων, *dry dock*
ναυσιπλοΐας, *navigation reservoir*
πλύσεως, *washing tank*
πλωτή —, *floating dock*
στερεώσεως, *fixing tank*
ὕδατος, *water tank*
ὑψηλῆς πιέσεως, *high-pressure reservoir*
φωταερίου (ἀεριοφυλάκιον), *gasometer*
χαμηλῆς πιέσεως, *low-pressure reservoir*
δεξαμενὴ βενζίνης, λεκάνη, *fuel tank sump*
περιεκτικότης —, *tank capacity*
στόμιον πληρώσεως —, *tank filler neck*
ὑγροδείκτης —, *tank gauge*
δεξαμενόπλοιον, *tanker*
δεξιά, *right, right-hand (R.H.)*
ἐξωτερικὴ πλάξ, *right outside plate*
ἐσωτερικὴ πλευρικὴ πλάξ, *right-hand inner side-plate*
λαβή, *right handle*
δεξιὸν τμῆμα, *right-hand (R.H.) section*
δεξιόπλοκον σχοινίον, *plain-laid rope*
δεξιὸς ὀλισθητήρ, *right slide*
δεξιόστροφον σχοινίον, *plain-laid rope*
δεξιόστροφος, *right-hand (R.H.), right-hand turn, dextrorotary, clockwise*
κινητήρ, *right-hand engine*
μηχανή, *right-hand drive*
δεξιόχειρ, *right-hand*
δεξτρίνη, *dextrine, British gum*
δεξτρόζη, *dextrose*
δέρμα, *leather, skin*
ἀπηνθρακωμένον —, *charred leather*
βερνικίου, *layer of varnish*
δορκάδος, *chamois leather*
ἐλαιοβαφῆς, *oil film, oil skin*
ἐλαίου, *oil skin*
κατειργασμένον διὰ δρυός, *oak-tanned leather*
πλύσεως, *wash leather*
δερμάτιναι γιγγλυτικαὶ πλάκες, *leather hinge plates*
δερματίνη θήκη, *leather case*
δερματόκολλα, *skin glue*
δερματοσφύριον, *hide-faced hammer*
δέσιμον, *knot, lacing, binding*
δέσις, *binding*
δέσμη, *fagot, faggot, bundle, group, pile* **(μεταλλ.)**
ἀκτινοβολίας, *beam*
ἀκτίνων, *pencil of rays, beacon*
ἠλεκτρονικῶν, *electron beam*
ἀναλαμπῶν, *group flashing (Gp. Fl.)*
ἀποκλίνουσα —, *divergent beam*
ἐκλείψεων (σκαρδαμύσσων), *group occulting (Gp. Occ.)*
μαγνητοδυναμικῶν γραμμῶν, *bundle of lines of force*
μαλλίου, *skeins*
παράλληλος, *parallel beam*
συγκλίνουσα —, *convergent beam*
φωτός, *beam*
δεσμοί (ἰσημερινὰ σημεῖα), *nodes*
δεσμός, *band*
δεσποτάκι, *teak*
δέστρα, *kevel, bollard, pall*
διὰ σχοινία μεγάλου μεγέθους, *kennet*
δετηρία, *stringing cord, seizing line, lacing, yarn*
ἀρτήσεως ἀλεξιπτώτου, *parachute cordage*
ἐστριμμένη —, *whipcord*
δέτης, *lanyard, lashing rope*
δευτέρα δύναμις, *second power, square*
δευτερεῦον δικτύωμα, *secondary truss*
πηνίον, *secondary coil*
ψυχρὸν μέτωπον, *secondary cold front*

δευτερεύοντα ἠλεκτρόνια, *secondary electrons*
  σημεῖα ἀγκιστρώσεως, *secondary picket points*
δευτερεύοντες ἀποστραγγιστικοὶ ἀγωγοί, *mole drains*
δευτερεύουσα ἐκπομπὴ ἠλεκτρονίων, *secondary emission*
  ὕφεσις, *secondary*
    βαρομετρικὴ —, *secondary depression*
δευτερεύων, *secondary, ancillary*
  διάδρομος, *subsidiary runway*
  εὐθὺς ὀδοντοτροχός, *secondary spur gear*
  συμπλέκτης, *secondary clutch*
  σωλήν, *secondary pipe-line*
δευτέριον, *deuterium, heavy hydrogen*
δευτερίου, ὀξείδιον, *heavy water*
δευτερογενὲς κύκλωμα, *secondary circuit*
  ρεῦμα, *secondary current*
  στοιχεῖον, *secondary battery, secondary cell*
  τύλιγμα, *secondary winding*
δευτερογενής, *secondary*
  γραμμή, *secondary line*
δευτερόνιον, *deuteron*
δεύτερος χειριστής, *second pilot*
δεψικὸν ὀξύ, *gallo-tannic acid*
δηζελοκίνητος ἠλεκτράμαξα, *Diesel locomotive*
δηκτή, *black wall-hitch*
δημήτριον, *cerium (Ce)*
δημητρίου, ἐπιτριτοξείδιον, *cerous oxide*
διά, *by, through*
  ξηρᾶς, *overland*
διαβάθμισις, *gradation, graduation, calibration, stage*
  ἀντιστάσεως, *resistance graduation*
  μεταλλικῶν φύλλων, *sheet gauge (iron or metal)*
  συρμάτων κατὰ πρότυπον, *Birmingham wire gauge (B.W.G.)*
    Μπέρμινγχαμ, *standard wire gauge (S.W.G.)*
διαβαθμισμένα ὑλικά, *graded material*
διαβάθρα, *foot rope*
διάβασις, *transit*
  ἄνω —, *upper transit, overbridge*
  ἀστέρος διὰ τοῦ ἄνω μεσημβρινοῦ, *upper transit*
  κάτω —, *underbridge*
  μεσημβρινοῦ, *transit*
  ὁδοῦ ἄνωθεν ἑτέρας, *overpass*
διαβεβρωμένος, *pitted*
διαβήτης, *compass, pair of compasses, calliper, dividers*
  ἀκριβείας, *hair compasses*
  ἐπιμηκυνόμενος δι᾿ ὀδοντώσεως, *rack compasses*
  καμπύλος —, *bow-compasses*
    μετ᾿ ἐλατηρίου, *spring bows (compass)*
  κυρτοσκελὴς —, *callipers*
  μετὰ κανόνος, *beam compasses*
    τόξου, *quadrant compasses, wing compasses*
  μονόπους —, *odd-leg calliper*
διαβίβασις, *signal*
διάβρεξις, *soaking*
διάβρωσις, *corrosion, erosion, undermining, scaling*
  κοίτης, *erosion of the bed*
διαβρωτικόν, *corrosive*
διάγραμμα, *diagram, graph*
  ἀνέμων, *wind rose*
  διαφορᾶς ὕψους, *intercept chart*
  ἐλαίου λιπάνσεως, *oil system diagram*
  ἐνδεικτικὸν —, *indicator diagram*
  ἐπιμηκύνσεως, *stress-strain diagram*
  εὑρέσεως ἀνέμου, *wind-finding graph*
  θεωρητικὸν —, *theoretical diagram*
  καμπτικῶν ροπῶν, *moment diagram*
  συναρμολογήσεως, *rigging diagram*
  συνδεσμολογίας, *wiring diagram*
  τάσεως-ἐπιπονήσεως, *stress-strain diagram*
  τεμνουσῶν, *shear diagram*
  ὑπερσυμπιέσεως, *supercharge layout*
  φορτίσεως, *stress-strain diagram*
διαγράφω, *to scratch*
διαγωνιόμετρον, *trammel bar*
διαγώνιον ρυθμιζόμενον σύρμα τῶν φορέων, *alternate bracing of girders*
διαγώνιος, *diagonal*
  κίνησις, *angular motion*
  πολυέδρου, *diagonal of a polyhedron*
  σύνδεσμος, *diagonal tie*
  τετραπλεύρου, *diagonal of a quadrilateral*
διαδένω, *to frap*
διαδέτης, *lanyard*
διαδοκίς, *rafter, girder, strut*
  βραχεῖα —, *cross beam*
  ἐγκαρσία —, *cross-member*
διαδόριον φαινόμενον, *skin effect*
διάδοσις, *propagation*
διαδοχικὰ τόξα, *successive arcs*

διαδοχικὴ διαφόρισις, *successive differentiation*
διαδρομεύς, *cursor*
διαδρομή, *course, stroke, run*
  ἄεργος —, *idle stroke*
  ἀναρροφήσεως, *suction stroke*
  ἀνόδου, *upward stroke*
  δυναμικῶν γραμμῶν, *course of the lines of force*
  εἰς μίλια, *mileage*
  εἰσαγωγῆς, *induction stroke*
  ἐκρήξεως, *expansion stroke*
  ἐξαγωγῆς, *exhaust stroke*
  ἐπιστροφῆς, μὴ κόπτουσα, *idle-cutting stroke*
  καθόδου, *downward stroke*
  νεκρά —, *back-lash*
  πηδαλίου, *steerage way*
  στροφαλοφόρου, *throw of crank*
  συμπιέσεως, *compression stroke*
διάδρομοι συστήματος ἐλαίου, *oil ways*
διάδρομος, *gallery, channel, chute* **(ἀπογειώσεως),** *runway*
  ἀπορρίψεως, *chute*
  δευτερεύων —, *secondary runway*
  ἐκτοξεύσεως, *flash channel*
  ἑλικοφόρου ἄξονος, *shaft tunnel*
  κυκλοφορίας, *access track*
  μεταφορᾶς, *chute*
  περιμέτρου, *perimeter track*
  πλοίου, *alley*
  προσγειώσεως, *air strip*
  πρωτεύων —, *main runway*
  τροχοδρομήσεως, *runway*
διαδρόμου ἀπορρίψεως, πλαίσιον, *chute body*
  θεμελίωσις —, *runway foundation*
  σήματα —, *runway markings*
  ὑπόστρωμα —, *runway base*
διάζυγον, *stringer*
διάζωμα, *platform, frieze*
  ἐπεκτεινόμενον —, *expandable platform*
διαζώματος, περιδέραιον σωλῆνος, *platform tube collar*
  σωλὴν —, *platform tube*
  τριβεὺς σωλῆνος —, *platform tube roller*
διαθέρμανσις, *diathermancy*
διάθλασις, *refraction, diffraction*
  διπλῆ —, *double refraction*
  θόλου, *dome refraction*
διαθλαστικὸν μέσον, *refractive medium*
διαθλαστικώτερος, *optically denser*
διαιθυλαμίνη, *diethylamine*
διαίρεσις, *division, graduation*
διαιρετέος, *dividend*
διαιρέτης, *divisor, divider*
  τάσεως, *potential divider*
διαιρετός, *divisible*
διαιρετότης, *divisibility*
διαιτητής, *umpire*
διάκαυσις, *calcination*
διακεκαυμένη ζώνη, *torrid zone*
διακενόμετρον, *feeler gauge, feeler, thickness gauge*
  ἠλεκτρομαγνητικῆς συσκευῆς, *magneto feeler gauge*
διάκενον, *play, clearance, gap, backlash*
  ἀέρος, *air-gap*
  ἀκίδων ἀναφλεκτῆρος, *spark gap*
  ἁρμοῦ, *gaping of a joint*
  ἀσφαλείας σπινθῆρος σπινθηροπαραγωγοῦ, *magneto safety-gap*
  κανονικὸν —, *clearance gauge*
  μεταξὺ χαμηλῆς καὶ ὑψηλῆς πτέρυγος, *air-gap*
  πυθμένος, *bottom clearance*
  σπινθηριστικὸν —, *spark gap*
διακένου, πλάτος, *clearance space*
διακετοναμίνη, *diacetone amine*
διακετυλένιον, *diacetylene*
διακεχυμένος, *diffused*
διακλαδούμενος, *branched*
διακλαδῶ, *to branch*
διακλαδώσεως, συνάντησις, *junction*
  σύνδεσις ἐκ —, *branch connection*
διακλάδωσις, *by-pass, shunt, branch*
  σιδηροδρόμου, *railway junction*
διακλαδωτήρ, *shunt, jumper*
διακοπή, *discontinuity, switch-off, off*
  ἀναφλέξεως, *hang fire, misfire*
  ἁρμῶν, *breaking of joints, staggering of joint*
  αὐτόματος —, *automatic break*
  σπινθήρων, *misfire*
διακοπῆς, διάστημα, *breaking distance*
  θέσις —, *cut-off position*
  τοῖχος —, *cut-off*
διακόπται, ἀξονικῶς (ὁμαδικῶς) συνδεδεμένοι, *gang switches*
  ἠλεκτρομαγνητικῆς συσκευῆς, *magneto switches*
διακόπτης, *contact-breaker, interrupter, switch*
  ἀναστροφῆς, *reversing switch, throw-over switch*
  ἀπομονώσεως, *cut-out switch*
  ἀστέρος-τριγώνου, *star-delta switch*

διακόπτης
ἀσφαλείας, *safety switch, limit switch*
γενικός — —, *safety cut-out*
ἀτμοῦ, *steam stop valve*
αὐτόματος —, *cut-out*
κυκλώματος, *circuit-breaker*
ἀφέσεως, *jettison switch*
διακοπῆς καὶ ἀποκαταστάσεως, *make-and-break switch*
δύο θέσεων, *two-way switch*
ἐλαχίστου, *minimum cut-out*
ἐναλλαγῆς, *change-over switch*
ἐπαναστροφικός —, *reserve current switch*
ἐπὶ ἱστοῦ, *mast switch*
ἐπικόμβιος —, *push-button switch*
ἠλεκτρικοῦ ρεύματος, μολύβδινος, *fusible cut-out*
ἡμίφωτος, *dimmer switch*
καταστροφῆς, *distress switch*
κλιμακωτός —, *step switch*
κρούσεως, *impact switch*
λήψεως-ἐκπομπῆς, *in-out switch*
μαχαιρωτός —, *knife-switch*
μεγίστου, *maximum cut-out*
μεταβλητοῦ φωτός, *dimmer switch*
μηδένιος —, *no-load cut-out*
μικρᾶς ἰδίας χωρητικότητος, *anti-capacity switch*
ὁμαδικῆς ἀφέσεως βομβῶν, *jettison switch.*
ὁμαδικός —, *group switch*
περιοδικός —, *breaker, tone wheel*
περιοχῶν (κυμάτων), *band switch*
περιστροφικός —, *rotary switch*
προσγειώσεως κεραίας, *lightning switch*
προστατευτικός —, *safety switch*
πυξιδοειδής —, *box switch*
πυροδοτήσεως, *firing switch*
πυροσωλήνων, *fusing switch*
ρεύματος, *cut-out*
στιγμιαίας δράσεως, *quick-break switch*
τμήματος δικτύου, *section switch*
ὑπερφορτίσεως, *overload cut-out*
φλογός, *flare switch*
χρονικῆς καθυστερήσεως χαλαρᾶς παροχῆς, *time lag switch*
χωριστικός —, *separating switch*
διακοπτόμενα συντηρούμενα κύματα (Δ.Σ.Κ.), *interrupted continuous waves (I.C.W.)*
διακοπτομένη λειτουργία κινητῆρος, *misfire*
διακόπτου, ἐπιλογή, *switch selection*
διακόπτου
κιβώτιον —, *switchbox*
μοχλίσκος —, *contact-breaker lever*
συγκρότημα —, *switch assembly*
ὠτίον —, *switch lug*
διακόπτω, *to interrupt, to discontinue, to disconnect*
διακοπτῶν, κυτίον, *switchbox*
αὐτεπιλογικόν — —, *auto -selector switchbox*
ἐπιλογικόν— —, *selector switchbox*
διακριβώσεως, δοκιμή, *calibration trial*
σημεῖον —, *calibration mark*
διακρίβωσις, *calibration*
διακριβωτήρ, διαμετρικός, *plug gauge*
διακριβωτής, *calibrator*
πάχους συρμάτων, *wire gauge*
διακριτικόν, *marking*
σημεῖον, *identification mark*
διακυμάνσεις, *ripples*
διακύμανσις, *pulsation, oscillation*
διάλειμμα, *interval, pause, recess*
μεσόχωρον —, *interval*
διάλειψις, *fading*
ρεύματος, *intermittance of the current*
διαλογεὺς βομβῶν (ἀφετήρ), *Mickey Mouse*
διαλογή, *sorting*
χωριστική —, *sorting*
διαλογίτης, *rhodochrosite, manganese spar*
διαλύειν (Χημ.), *to dissolve*
διαλύεσθαι (Χημ.), *to dissolve*
διάλυμα, *solution*
ἀλκαλικόν —, *lye*
ἀσθενές —, *weak solution*
ἰσχυρόν —, *concentrated solution*
καυστικῆς σόδας, *caustic soda solution, soda lye*
καυστικοῦ καλίου, *potash lye*
μὴ κεκορεσμένον —, *unsaturated lution*
πεπυκνωμένον —, *concentrated sosolution*
ρυθμιστικόν —, *buffer solution*
ὑποχλωριώδους καλίου, *eau de Javelle*
νατρίου, *Labarraque's solution*
διάλυσις, *solution, dialysis, dismantling*
ἀραιά —, *dilute solution, dilution*
στερεά —, *solid solution*
στερεωτική —, *fixing solution*
διαλυτικόν, *solvent, diluent*

διαλυτός, *soluble*
διαλυτότης, *solubility, dilution*
διαλύω, *to dilute, to dismantle*
διαμαγνητικὸν σῶμα, *diamagnetic substance*
διαμέρισμα, *bay*
κινητῆρος, *motor room*
διάμεσον χώρισμα, *partition*
διάμεσος, *intermediate*
(γραμμή), *median*
παραλληλογράμμου, *median of a parallelogram*
τραπεζίου, *median of a trapezoid*
διαμέτρημα, *calibre, gauge, bore, diameter of bore*
σύρματος, *wire gauge*
διαμέτρησις, *calibration*
διαμετρητὴρ συρμάτων Brown καὶ Sharpe, *B. and S. gauge, American standard wire gauge*
καὶ ἐλασμάτων S.W.G., *standard wire gauge (S.W.G.)*
διαμετρητής, ἐσωτερικὸς (μετρητὴς ἀνοχῆς ἐσωτ. διαμέτρου), *plug gauge*
διάμετρος, *diameter, bore*
ἐσωτερική —, *inside diameter, internal diameter, bore*
κάννης, *calibre*
σωλῆνος, *calibre*
καὶ διαδρομή, *bore and stroke*
κύκλου, *diameter of the circle*
ὀπῆς, *diameter of bore*
πείρου ἐμβόλου, *gudgeon pin bore*
συνεζευγμένη —, *conjugate diameter*
φαινομένη —, *apparent diameter*
χρήσιμος —, *useful diameter*
διάμηκες ἐπίπεδον, *fore-and-aft plane*
πεδίον, *longitudinal field*
διαμήκης, *longitudinal, fore-and-aft*
ἄξων, *fore-and-aft axis*
γραμμή, *fore-and-aft line*
ἐνίσχυσις, *longitudinal stiffening*
κατακόρυφος τομὴ σκάφους, *buttock line*
σταθμίς, *longitudinal girder*
τομή, *longitudinal section, chordial cut*
διαμίδιον, *hydrazine*
διαμορφωθεῖσαι ταλαντώσεις, *modulated oscillations*
διαμορφωθὲν συνεχὲς ρεῦμα, *modulated continuous wave*
διαμορφωμένα κύματα, *modulated waves*
διαμορφώσεως, βάθος, *modulation depth*
πλέγμα —, *modulation grid*
συχνότης —, *modulation frequency*
διαμόρφωσις, *formation, modulation*
διὰ τῆς ἀνόδου, *anode modulation*
συχνότητος, *frequency modulation*
διαμορφωτήρ, *swage, snap*
διαμορφωτὴς καταστρώματος, *decking former*
κοιλάνσεων, *fuller*
ὑποδομῆς, *sub-grader*
διανακτικὴ ραμφίς, *rasing iron*
διάνακτρον, *caulking iron, calking iron, reaming iron, horsing iron*
διάναξις, *caulking, calking*
διανάσσω, *to caulk, to calk*
διάνοιγμα, *cut-off*
διάνοιξις καλωδίου, *splicing of the cable*
διανομεύς, *distributor, control switch*
ρεύματος, *controller*
διανομέως, ὀδοντοτροχός, *distributor gear wheel*
συγκροτήματα —, *distributor blocks*
διανομή, *distribution*
δυναμικῶν γραμμῶν, *distribution oj lines of force*
ἐκ τῶν ἄνω, *down-feed system*
κάτω, *up-feed system*
ἐπικόμβιος —, *push-button control*
ἐσωτερικῶν δυνάμεων, *distribution of internal forces*
διανομῆς, βαλβίς, *distributing valve*
βραχίων —, *distribution arm*
δίκτυον —, *distributing network*
κυτίον —, *terminal block*
πλάξ —, *distributor plate*
ὑποσταθμός —, *distributing station*
διανυσματικὴ πρόσθεσις, *vector addition*
διανυσματικόν διάγραμμα, *vector diagram*
διαπασῶν, *tuning-fork*
διαπερατός *permeable*
διαπερατότης, *permeability*
διαπερῶ, *to thread*
διάπηξ, *sill*
διαπίδυσις, *percolation, osmosis*
ὑγρῶν, *osmosis of fluids*
διαπλανητικὸν βλῆμα, *interplanetary missile, spatial missile*
διαπλανητικός, *interplanetary, spatial*
διάπλασις, *formation*
διαπλάτυνσις, *banking*
πρὸς διασταύρωσιν, *loop*

διαπότισις, *impregnation, soaking*
διάπυρος, *glowing*
διαπυρώνειν μέχρι λαμπρᾶς λάμψεως, *to glow*
διαπύρωσις, *calcination, glow*
διάρθρωσις, *structure*
διάρκεια ἡλιοφανείας, *duration of sunshine*
πήξεως, *time of setting*
διαρκής, *permanent*
διαρρέω, *to leak*
διαρρέων, *leaky*
διαρρήκτης, *exploder, burster*
τρινιτροτολουόλης (T.N.T.), *T.N.T. exploder*
χημικῆς νάρκης, *chemical mine burster*
διαρρήκτου, περίβλημα, *exploder container*
προσαρμογεύς —, *exploder adaptor*
ὑποδοχεύς —, *burster container*
διαρροή, *leakage, leak, yield*
ἀέρος, *air leak*
ὕδατος, *spring a leak*
διαρρύθμισις, *layout*
ὑπερσυμπιέσεως, *supercharge layout*
διασκεδασμὸς ἐνεργείας, *dissipation of energy*
διασκόρπισις τῆς ἰνός, *disintegration of the filament*
διάσπασις, *fission*
διασπαστός, *fissile*
διασπορά, *dispersion, bullet pattern*
διασπορᾶς, σύνολον κύκλων, *bullet pattern*
διασπῶ, *to split*
διασταλτικότης, *expansibility*
διασταλτὸν (ἰδιότης), *expansion*
διασταλτός, *dilatable*
διαστάσεις, *dimensions, size*
ἐξωτερικαί —, *overall dimensions*
κόκκου, *size of grain*
κύριαι —, *leading dimensions*
μέγισται —, *overall dimensions*
ὀρθογωνίου παραλληλεπιπέδου, *dimensions of a cuboid*
πάχους (πλοίου), *moulding dimensions (of ship)*
διάστασις, *dissociation, dimension*
διασταυρούμενος, *cross*
διασταύρωσις, *overlap*
κυκλοφορίας, *crossing of traffic*
σιδηροδρόμων, *train crossing*
διαστέλλω, *to dilate*
διαστήλιον σχοινίον, *jumper stay, span*
διάστημα, *space, range, interval*
διαστημόμετρον, *distance finder, range finder, telemeter*
ἐξωτερικόν —, *outside calliper*
μετὰ βερνιέρου, *beam calliper, vernier calliper*
ὁριζοντίων ἀποστάσεων, *plan range finder*
διαστημόπλοιον, *space ship*
διαστολή, *expansion, dilatation*
γραμμική —, *linear expansion*
ἐπιφανειακή —, *superficial expansion, superficial extension*
κατ' ὄγκον, *volumetric extension, cubic expansion*
λόγῳ θερμάνσεως, *expansion due to heat, expansion by heat*
ὁμοιόμορφος —, *uniform dilation*
διαστροφή, *warp, warping, distortion*
διάστρωσις λιθοτριμμάτων, *gritting*
ψηφίδων, *gritting*
διαστρωτήρ, *spreader*
διάσχισις, *cleavage*
διαταγαὶ μεταβολῶν προσωπικοῦ, *personnel occurrence report (P.O.R.)*
διαταγή, *order*
μάχης, *order of battle*
διατάξεις ἀναγνωρίσεως, *reading devices*
διάταξις, *order, arrangement, setting, layout, modulation, plant*
ἀεροδρομίου, *air-field policy*
ἀντίθετος —, *inverted order*
ἀποσβέσεως, *attenuation network*
βραδυπορείας, *idling device*
ἐνισχυτική —, *intensifier*
ἐξουδετερώσεως, *neutrodyne*
κατ' ἰχθυάκανθαν, *herring-bone method of laying*
παραλληλόγραμμος —, *staggered disposition*
πλεύσεως, *cruising dispositions*
ραλαντί, *idling device*
συνδετική —, *shackle*
συρμάτων, *wiring*
συσκευῶν, *arrangement*
συσσωματώσεως, *locking device*
φάσεων, *phase grouping*
διαταράξεις, *perturbations*
διατέμνω, *to intersect*
διατέμνων, *transversal*
διατετιμημένον μέγεθος ἀεροκινητῆρος, *rating of aero-engine*
διατήρησις, *conservation*
διατίμησις, *rating*
διάτμησις, *shearing, shear, sheer*
ἥλου, *shearing of the rivet*

διατμητικὴ δύναμις, *shearing force*
φόρτισις, *shear load*
διατοιχίζω, *to roll*
διατοιχισμός, *roll, rolling and pitching*
διατομή, *cross-section, area*
ἀπαιτουμένη —, *required area*
δακτυλιοειδής —, *annular cross-section*
διακένου τετραγώνου, *hollow-square section*
κινητῆρος, κάθετος, *cross-section of engine*
πλήρης —, *gross area*
σύνθετος —, *composite section*
ὑπὸ ἐφελκυσμόν, *cross-section under tension*
χρήσιμος —, *effective cross-section, net area*
ᾠοειδής —, *ovel cross-section*
διατομῆς, ἐνδυναμωτής, *channel stiffener*
μεταβολή —, *change of cross-section area*
διατομικόν, *divalent, bivalent*
διατομικός, *bivalent, diatomic*
διατομίς, *cutter*
διατομίτης, *kieselguhr, infusorial earth*
διατόμων γῆ, *diatom earth*
διατρήσεως, μηχάνημα, *boring machine*
διάτρησις, *drilling, puncture*
διὰ πιέσεως, *punching holes*
δοκιμαστική —, *trial boring*
διατρητὴς διὰ πιέσεως, *punching machine*
διάκενος —, *hollow punch*
διατρητικὰ θωρακίσεων, *armour-piercing (A.P.)*
ἀδρανῆ — —, *inert armour-piercing*
διατρητικὸν βλῆμα ἐκ χάλυβος, *armour-piercing steel core*
μηχάνημα, *drilling machine, boring machine*
κατακόρυφον — —, *—vertical drilling machine*
πολλαπλοῦν — —, *multiple-spindle drilling machine*
πολύστροφον — —, *high-speed drilling machine*
διατρητικός, *armour-piercing (A.P.)*
διάτρητοι χαλύβδιναι σανίδες, *perforated steel planks*
διαύγασις, *clarification*
δίαυλος, *channel*

διαφάνεια, *transparency*
διαφανὲς σῶμα, *transparent body*
διαφανής, *diaphanous, transparent*
κανὼν ὑποτυπώσεως, *transparent plotting rule*
τετραγωνισμένος χάρτης, *transparent grid*
διαφορά, *difference*
δυναμικοῦ, *potential difference (p. d.), difference of potential*
μήκους (Δλ), *change of longitude, departure*
πλάτους (Δφ), *change of latitude*
τάσεως, *potential difference (p.d.)*
ὕψους (ΔΗ), *intercept*
φάσεων, *phase difference, difference of phase*
διαφορικὴ βαλβὶς ἐξαγωγῆς, *differential exhaust valve*
ἐμπλοκή, *differential gear*
διαφορικόν, *differential gear, differential*
βαροῦλκον, *differential wheel and axle*
δυναμόμετρον, *differential dynamometer*
μανόμετρον, *differential manometer*
πολύσπαστον, *differential tackle*
σύσπαστον, *differential pulley, differential tackle*
διαφορικὸς λογισμός, *differential calculus*
πυκνωτής, *differential condenser*
συντελεστής, *differential coefficient*
ὑπολογισμός, *differentiation*
διαφορισμὸς σειρᾶς, *differentiation of series*
διάφραγμα, *diaphragm, shutter, baffle, bulkhead, wad*
ἀποφράξεως, *cut-off shutter*
διάμεσον —, *longitudinal bulkhead*
διάμηκες —, *longitudinal bulkhead*
ἐκ χάρτου, *paper diaphragm*
ἴριδος, *iris diaphragm*
κλιμακωτόν —, *stepped bulkhead*
στομίου κύτους, *trunk bulkhead*
συγκρατήσεως ἐλαίου, *oil baffle*
ὑδατοστεγές —, *water-tight bulkhead*
διαφράγματος, ἐλατήριον, *diaphragm spring*
θάλαμος —, *diaphragm chamber*
πλάξ —, *diaphragm plate*
διαφράκτης, *locking mechanism*
ἐντὸς σωλῆνος, *butterfly valve*
διαφράττω, *to throttle*
διαφυγή, *leakage, leak, evasion*

διαφυγὴ
ἀέρος (ὑπερπήδησις), ὑπὲρ τὸ δέον, *air leak override*
ἐλαίου, *oil leak*
διαφύλαξις, *conservation*
διαφώτιστον σῶμα, *translucent body*
διαχέω, *to diffuse*
διαχύνω, *to diffuse*
διάχυσις, *effusion, diffusion*
ἀερίων, *diffusion of gases*
διαχύτης, *atomiser*
(παροχὴ ἀέρος), *choke*
διαχωρητότης, *permeability*
διαχώρισμα, *partition*
διαχωρισμός, *dispersion*
δι' ἐκπλύσεως, *lixiviation*
διαχωριστής, *separator, spacer*
ἐλαίου, *oil separator*
διαχωριστικὸν τεμάχιον, *distance piece*
διβασικὰ ὀξέα, *dibasic acids*
διβρωμιοηλεκτρικὸν ὀξύ, *dibromosuccinic acid*
διβρωμιοῦχος, *dibromide*
διδύμιον, *didymium*
Δίδυμοι (Ἀστρ.). *Gemini, the Twins*
δίδυμος μηχανή, *twin engine*
διδύναμον, *divalent*
διέγερσις, *excitation*
ἄμεσος —, *direct excitation*
βραχυκυκλώσεως, *short-circuit excitation*
ἰδιαιτέρα —, *separate excitation*
κενῆς λειτουργίας, *no-load excitation*
ξένη —, *separate excitation*
πλήρους φορτίσεως, *full-load excitation*
σπασμωδική —, *shock excitation*
διεγέρτρια, *exciter*
ἐναλλασσομένου ρεύματος, *alternating current exciter*
δίεδρος, *dihedral*
γωνία, *dihedral angle*
πτερύγων, *dihedral*
διεθνεῖς στροφαὶ ἀνὰ λεπτὸν (σ.ἀ.λ.) ἀνόδου, *international climbing revolutions per minute(r.p.m.)*
διεθνής, *international*
Διεθνὴς Ἐπιτροπὴ Ἀεροναυτιλίας (Δ.Ε.Α.Ν.), *International Commission of Air Navigation (I.C.A.N.)*
διεθνὴς ἰσχύς, ἡ, *the international power*
μετεωρολογικὸς κῶδιξ, *international meteorological code*
διεθνὴς
σταθερὰ ἀτμόσφαιρα, *international standard atmosphere*
διείσδυσις ὑγροῦ, *soaking*
διελεύσεις ἐλαίου ὑψηλῆς πιέσεως, *high-pressure passages*
διελκύειν ἐν ψυχρῷ, *cold-draw*
διέλκυσις, *drawing*
ἐν θερμῷ, *hot-drawing*
ψυχρῷ, *cold-drawing*
σύρματος, *wire drawing*
διεξαγωγὴ τῆς ἀναστροφῆς τῆς ροῆς, *process of commutation*
διέξοδος ὕδατος, *sluice*
διευθέτησις, *layout*
διευθετοῦσα, *directrix*
διεύθυνσις, *steering*
δυναμικῶν γραμμῶν, *direction of lines of force*
θετική —, *irreversible steering*
ἰνῶν, *direction of fibres*
κινήσεως, *direction of motion*
μὴ ἀναστρέψιμος —, *irreversible steering*
ρεύματος ἀέρος, *direction of airflow*
ροῆς, *direction of current*
διευθυντὴς κινήσεως συρμῶν, *train dispatcher*
διεύρυνσις, *recess*
ὀπῆς καθηλώσεως, *reaming the rivet hole*
στομίου σωλῆνος, *flaring*
διευρυντήρ, *spreader*
διήθημα, *filter*
διήθησις, *filtration, filtering, soaking, percolation*
ἐπιταχυνομένη —, *accelerated filtration*
διηθητήρ, *filter*
διηθητικὴ γόμωσις (καθαρισμοῦ), *purifying charge*
διηθητικὸν κύκλωμα, *filter*
στοιχεῖον, *filtering element*
ὕφασμα, *filter cloth*
διηθητικὸς χάρτης, *filter paper*
διηθῶ, *to filter*
διηλεκτρικὴ σταθερά, *dielectric constant*
πυκνωτοῦ, *specific inductive capacity*
διηλεκτρικόν, *dielectric*
διηλεκτρικοῦ ἀπώλεια, *dielectric loss*
ρεῦμα —, *displacement current*
τάσις διασπάσεως —, *dielectric strength*
διηπειρωτικὸν βλῆμα, *intercontinental missile*

διηπειρωτικός, *intercontinental*
διθειϊκός, *bisulphate*
διθειώδη, *disulphides*
δικαστήριον λειῶν, *prize court*
δίκελλα, *spade*
δικέλλι, *spade*
δικετόναι, *diketones*
δικηνητήριον, *twin-engine*
δικινητήριος μηχανή, *twin engine*
δικλίδος, καμπύλαι, *throttle curves*
  κίνησις μοχλοῦ —, *throttle lever movement*
δικλίς, *valve, gate valve, sluice*
  ἀερίων, *throttle, butterfly throttle*
  ἀναμικτῆρος, *power control*
  ἀναρροφήσεως ἀέρος, *air-admission valve*
  καταρρακτώδης —, *sluice gate valve, shut-off gate valve*
δίκρανον, *fork*
  ἀδρανείας, *inertia claw*
δικρόα, *transom*
δίκροτον, *two-decker*
δίκρους, *forked*
δίκτυα ἀποκρύψεως ἀεροσκαφῶν, *aircraft concealment nets*
  ἐπιπλέοντα —, *drift-nets*
δίκτυον, *net, netting, network*
  ἀσφαλείας, *guard net, guard cradle*
  γεωγραφικῶν συντεταγμένων, *graticule*
  διανομῆς, *distributing network*
  ἐκ τριῶν πλεγμάτων, *trammel net*
  μακρᾶς μεταφορᾶς, *long-distance network*
  ὀρθογώνιον —, *square mesh*
  προειδοποίησις μετακινήσεως ἐχθροῦ, *warning net*
  σταθμῶν, *réseau of stations*
  στερεὸν καὶ βαρύ —, *trawl*
  ὑδρεύσεως, *water supply network, water supply system*
δικτύωμα, *reticulation, lattice work, truss*
  ἀεροσκάφους, *airplane panel*
  στέγης, *bridge truss*
δικτυωτόν, *grid*
  ξύλινον —, *grating*
  τοῦ πηδαλιούχου, *wheel grating*
δικτυωτὸς φορεύς, *trussed frame*
δίκυκλον, *bicycle*
δικύλινδρος μηχανή, *two-cylinder engine, twin-cylinder engine*
δικωνικός, *biconical*
διλούβιον, *diluvium*
διμεθυλαμιδοαντιπιρίνη, *dimethylamino-antipyrene, pyramidone*
διμεθυλαμίνη, *dimethylamine*
διμεθυλανιλίνη, *dimethylaniline*
διμεθυλοκετόνη, *dimethylketone, acetone*
διμερῆ χρώματα, *binary colors*
διμερής, *dimeric, binary*
διμεταλλικὸν σῦρμα, *bimetallic wire*
διμέταλλος, *bimetallic*
δίμιτος, *bifilar*
  περιτύλιξις, (ἄνευ αὐτεπαγωγῆς), *non-inductive winding*
δῖναι πλημμυρίδος καὶ ἀμπώτιδος (κυματωγή), *overfalls and tide rips*
δίνευμα, *eddy wind*
δίνη, *eddy, swirl*
  ἀέρος, *vortex*
δινορρεύματα, *eddy currents*
δινώδης διάχυσις, *eddy diffusion*
  κίνησις, *eddy motion, eddying movement*
διόγκωσις εἰς ἔλασμα, *bulge*
διοδικὴ (λυχνία), *diode*
  διπλῆ —, *double diode*
  —τριοδική, *double diode-triode*
  λυχνία, *two-electrode valve*
  μεγάλης ἰσχύος, *thyratron*
δίοδος, *orifice, opening, port*
  ἀπορρίψεως καλύκων, *ejector opening*
  ἐφεδρική —, *by-pass*
  κλεισιάδος, *sluiceway opening*
  στενὴ θαλασσία —, *channel*
διοίκησις, *headquarters (H.Q.), command*
  ἀεροπορίας βομβαρδισμοῦ, *bomber command*
    διώξεως, *fighter command*
  ναυτικῆς συνεργασίας, *coastal command*
διοικητής, *governor, commander, commanding officer*
  βάσεως, *station commander*
  μοίρας, *squadron commander*
    ναυτικῆς —, *commodore*
  σμήνους, *flight commander*
διοικῶ, *to command*
διολίσθησις, *slip*
διοξυανθρακινόνη, *dihydroxyanthraquinone, alizarin*
διοπτάσιος, *diptase*
διοπτεύσεως, ὀπή, *sighting hole*
διόπτευσις, *bearing*
  ἀστέρος, *bearing of star*
  δι' ἀσυρμάτου τηλεγράφου (Α/Τ), *wireless telegraph (W/T) bearing*

διόπτευσις
διὰ ραδιογωνιομετρικοῦ (Ρ/Γ) πλαισίου, *loop bearing*
Μεγίστου Κύκλου, *Great Circle bearing*
ὀπισθία —(ΑΖ-ο), *back bearing (BB)*
πυξίδος, *compass bearing*
διοπτεύω, *to take bearings*
διοπτηρία πλάξ, *bearing plate*
πυξίς, *bearing compass*
διόπτρα, *dioptre, field glasses, field lenses, binoculars, sight vane, sighting hole*
ἀεροπορική —, *goggles*
ἀντιθαμβωτική —, *antidazzle glasses, antidazzle goggles*
Γαλιλαίου, *Galileo's telescope*
διοπτεύσεων, *azimuth mirror*
νυκτός, *night glasses*
σκοπευτική —, *telescopic sight*
διοπτρία (μονὰς ἰσχύος φακῶν), *dioptre*
διορθώσεις ζώνης, *zone allowances*
διορθώσεως, ἀναβλυστήρ, *correction jet*
μηχανισμός —, *corrector device*
πινακίδια —, *correction cards*
συντελεστής —, *correcting factor*
διόρθωσις, *correction, adjustment, rectification, allowance, compensation for wear*
ἐπιπεδομέτρου, *correction of level*
ἐπιπέδου, *correction of level*
Z, *Z correction*
μίγματος, *mixture control*
ὀργάνου, *index correction*
ὁριζοντίας γραμμῆς, *correction of level*
Q, *Q correction*
σκοπεύσεως, *aiming allowance, lead* **(ἀμερ.)**
στοιχείων ἀνέμου, *wind correction*
σφαλμάτων, *correction for errors*
ταχύτης διελεύσεως, *crossing speed allowance*
ὕψους, *correction of level*
διορθωτής, *corrector*
ἀναβλυστήρ, *corrector jet*
ἀποκλίσεως, *variation setting corrector*
μαγνήτης, *corrector magnet*
μηδενὸς, *zero corrector*
πιδακίσκος, *corrector jet*
ρυθμιζόμενος—, *adjustable corrector*
ρυθμιστοῦ παρεκκλίσεως, *variation setting corrector*
διορθωτοῦ, κυτίον, *corrector box*
διορίτης, *diorite*
διοριτικὸς πορφυρίτης, *diorite-porphyrite*
διοσκουρισμός, *scintillation, twinkling*
διόσκουροι (τελώνιο), *St. Elmo's fire*
διόφθαλμα, *binoculars*
διοφθάλμιος ὅρασις, *binocular vision*
διοψίδιος, *diopside*
διπαράλληλος κανών, *chart-table plotter*
διπεριστροφικός, *birotary*
στρόβιλος, *birotary turbine*
διπλάνον, *biplane*
διπλέλικον πλοῖον, *twin-screw ship*
διπλῆ ἀντίδρασις, *double reaction*
αὐλάκωσις (ρίνης), *double cut*
βαλβίς, *double-seated valve*
δέσμη κυλίνδρων, *double bank of cylinders*
διάθλασις, *double refraction*
ἐπικάλυψις ἐκ βάμβακος, *double cotton cover (d.c.c.)*
μεταξίνη —, *double silk cover (d.s.c.)*
κάρφωσις, *double riveting*
σειρά, *double row*
διπλῆς ἐνεργείας, *double-acting*
διπλοεστιακός, *bifocal*
διπλοζυγός, *yoke*
διπλομοχλός, *yoke*
διπλοῦ θόλου, *bivaulted*
διπλοῦς, *duplex, binary, double*
δεσμός, *double bond*
μοχλός, *duplex lever*
χειρισμός, *dual control*
διπλώνω, *to fold*
διπολικός, *bipolar, dipolar*
(διακόπτης), *D.P.*
ἀλλαγῆς διευθύνσεως, *D.P.D.T*
δίπολον, *dipole, doublet*
διπόντες, *two-decker*
δισανθρακικός, *bicarbonate*
δισεκατομμύριον, *milliard*
δίσεκτον ἔτος, *leap year*
δισθενής, *disthene*
δίσκελος σύνδεσμος, *knee*
δισκία ἐκρηκτικῆς συνθέσεως, *C.E. pellets*
ἐπιβρανδύνσεως, *delay pellets*
πυρίτιδος, *powder pellets*
δισκίον, *pellet*
ἀδρανοῦν —, *inertia pellet*
δισκίων, ἀνάφλεξις, *pellet ignition*
κοίλωμα —, *pellet cavity*
ὀπὴ ἑνώσεως —, *pellet connecting hole*

δισκίων
τροφοδοτήσεως —, *pellet flash-hole*
δισκοπρίων, *circular saw, disc saw, disk saw*
μετάλλων, *cold-saw*
δίσκος, *disc, disk, flange, cheek, tray*
διάτρητος —, *perforated disk*
ἐκ γάζης, *gauze disk*
λινοῦ ὑφάσματος, *linen disk*
φαιόχρου χάρτου, *brown-paper disk*
φύλλου μολύβδου, *lead-foil disk*
χαρτονίου, *paper disk*
ἑλίξεως, *reel*
κεραίας, *aerial reel*
ἐμπροσθίας πλακός, *front plate disk*
ἐξ ἀραχνοϋφάντου ὑφάσματος, *gauze disk*
ἐξερευνήσεως, *scanning disk*
ἐπὶ τοῦ κοντακιοφορέως, *marking disk*
κλείων —, *closing disk*
μεταλλικός —, *metal disk*
μονωτικός —, *insulating disk*
ὀρειχάλκινος —, *brass disk*
περιοδικῆς διακοπῆς, *chopper disk*
περιστροφῆς δι' ὀχήματα, *turntable*
περισυλλογῆς ἐλαίου, *oil tray, drip tray, drip pan*
πτεροφόρος —, *impeller*
ρυθμίσεως, *timing disk*
κινητῆρος, *regulating disk*
στεγανότητος, *packing disk*
στροφάλου, *crank disk*
συγχρονισμοῦ, *timing disk*
συμπλέκτου, *disk*
ταυτότητος, *identification disk*
δισταγμός, *hesitation*
δισυδροηλεκτρικὸν ὀξύ, *tartaric acid*
δισχιδής, *bifurcated, forked*
διτετράγωνον, *fourth power*
διτετράγωνος ρίζα, *fourth root*
διτροΐτης, *ditroite*
δίτροχον, *bicycle*
διττανθρακικός, *bicarbonate*
διττὴ ἀνάφλεξις, *dual ignition*
δυναμικότης, *bivalence*
ἐνίσχυσις, *dual amplification*
διττῆς δυναμικότητος, *bivalent*
διϋλίζω, *to filter, to still, to refine*
διΰλισις, *filtering, filtration, refining*
διϋλιστήρ, *refiner, purifier, strainer*
ἐλαίου, *oil filter*
διϋλιστήριον, *distillery, refinery, filter*
δι' ὀπτάνθρακος, *coke filter*

διϋλιστήριον
διὰ χαλίκων, *gravel filter*
καυσίμου ὕλης, *fuel filter*
πετρελαίου, *oil fuel filter*
διϋλιστής, *refiner*
διφαινυλαμίνη, *diphenylamine*
διφασικὸν ρεῦμα, *two-phase current*
διφασικός, *two-phase*
κινητήρ, *two-phase motor*
διφάσιον, *diopside*
Δίφδα (β Κήτους), *Diphda*
δίφρος, *(motorcycle) side car*
διχάζω, *to bifurcate*
διχάλη, *fork*
ἀκροσύνδεσμος —, *fork joint*
δίχαλον, *trunnion*
διωστῆρος, *fork*
ἱμάντος, *belt fork*
ξύλον, *fork*
ὁριζόντιον —, *horizontal trunnion*
δίχαλος ράβδος σιδήρου, *fork*
στυλίσκος, *crutch*
τροχοῦ οὐρᾶς, *tail wheel fork*
διχάλου, πόλος, *trunnion pivot*
διχαλωτὰ ἄκρα, *spade ends*
διχαλωτὴ ἐφηλὶς ἄξονος, *shaft split pin*
περόνης ταχείας ἀπασφαλίσεως, *quick-release pin split pin*
διχαλωτὸν ὑποστήριγμα, *forked bracket*
διχαλωτός, *forked, split*
διωστήρ, *forked connecting rod*
ἧλος ἐξολκέως, *extractor split pin*
σύνδεσμος, *fork coupling*
διχασμοῦ, σημαντήρ, *bifurcation buoy*
διχλωριοῦχος, *dichloride*
διχοτομεῖν εὐθεῖαν, *to bisect a straight line*
διχοτομήσεως, κλῖμαξ, *bisecting scale*
διχοτόμησις, *bisection, bisecting*
διχοτόμος, *bisector, bisectrix*
διχοτομῶ, *to bisect*
διχροϊσμός, *dichroism*
διχροΐτης, *cordierite*
δίχρονος, *two-stroke*
(κινητήρ), *two-stroke cycle*
μηχανή, *two-cycle engine, two-stroke engine*
περίοδος, *two-cycle period*
διχρωματικὴ ζελατίνη, *bichromated gelatine*
διχρωμικοῦ καλίου, στοιχεῖον, *bichromate cell*
διώκτης, *fighter pilot*
διωνυμικὸς συντελεστής, *binomial coefficient*

διώνυμον, *binomial*
διαφορικόν —, *binomial differential*
διώνυμος σειρά, *binomial series*
διωνύμου, θεώρημα, *binomial theorem*
διῶρυξ, *canal, race*
πλωτή —, *ship canal*
διωστήρ, *connecting rod, connection rod, rod*
ἀρθρωτός —, *articulated connecting rod*
ἀσφαλίσεως, *locking rod*
βαλβίδος ἐλέγχου περιστροφῆς, *rotation-control valve connecting rod*
βοηθητικός —, *auxiliary connecting rod*
δίδυμος —, *forked connecting rod*
ἐλέγχου περιστροφῆς, *rotation-control connecting rod*
ἐξωτερικός —, *external connecting rod, outside connecting rod*
ἐσωτερικός —, *internal connecting rod, inside connecting rod*
κινήσεως, *main rod*
κύριος —, *master connecting rod*
συζεύξεως, *coupling rod*
διωστῆρος, δακτύλιος ποδός, *connecting-rod small-end bush*
κεφαλή —, *big-end connecting-rod, big-end*
κομβίον —, *connecting-rod pin*
διώστης, *shackle crow, clam*
δοιάκι, *rudder tiller, tiller*
δόκανον, *trap*
δοκιμάζω, *to prove*
δοκιμασία, *test, testing, trial*
δοκῶν, *beam test*
ἐλαιοκινητῆρος, *testing of oil engine*
ἐν καμίνῳ, *forge test*
ἐξαγωγῆς, *exhaust testing*
καμπῆς ἐν θερμῷ, *hot-bend test*
ψυχρῷ, *cold-bend test*
κοπώσεως, *fatigue experiment*
πιέσεως ἀτμῶν βενζίνης, *vapour pressure fuel testing*
σημείου καύσεως, *fire test*
δοκιμαστήρ, *test meter*
δοκιμαστήριον, *test bed, test bench*
κινητήρων, *engine test house*
δοκιμαστηρίου, ἕλικες, *test fans*
δοκιμαστική κλίνη, *test bed, test bench*
λυχνία, *test lamp*
πέδη, *test brake*
πτῆσις, *trial flight*
συσκευή, *test rig*
δοκιμαστική
ἀερίου τύπου Ὄρσατ, *Orsat gas-testing apparatus*
ψήκτρα, *exploring brush*
δοκιμαστικὸν πηνίον, *exploring coil*
δοκιμαστικὸς κρουνός, *test cock*
πλοῦς, *trial trip*
σωλήν, *test tube, test glass*
χάρτης, *litmus (paper)*
δοκιμή, *test, testing, trial, proof*
ἀεροκινητῆρος, *aero-engine testing*
ἀνευρέσεως θείου ἐντὸς πετρελαίου, *doctor test*
ἀνιχνεύσεως θείου, *doctor test*
ἀνόδου, *climbing test*
ἀντοχῆς εἰς ἐφελκυσμόν, *tensile test*
κροῦσιν, *impact test*
ἀποστάξεως τύπου Ἔγκλερ, *Engler distillation test*
ἀτμομηχανῶν, *steam-engine testing*
ἀτμοσφαιρικῶν συνθηκῶν, *weathering test*
βαθμοῦ πιέσεως, *pressure volume test*
δι' ἀναπηδήσεως, *impact test*
διὰ καθιζήσεως, *sedimentation test*
καθίσεως, *slump test*
πέδης, *brake testing*
τοῦ ὄνυχος, *finger-nail test*
φυσητῆρος, *blow-pipe test, blow-pipe analysis*
διαβρώσεως, *corrosion test*
διατμήσεως, *shear test*
καθαρᾶς —, *punching test, drill test*
διατρήσεως, *boring test*
καθαρᾶς —, *punching test, drill test*
διορθώσεως ὀργάνων, *calibration trial*
ἐδάφους, *ground test*
εἰδικῆς κατηγορίας, *special category test*
εἰς ἀντοχήν, *endurance test*
διάτμησιν, *shearing test*
ἐφελκυσμόν, *tensile test*
θραῦσιν (φόρτισις), *buckling load test*
κραδασμόν, *vibration test*
κροῦσιν, *notch-bar test*
στρέψιν, *torsional test*
συγκόλλησιν, *welding test*
συμπίεσιν, *compression test*
ἐκκαπνισμοῦ, *smoke test*
ἐκπυρσοκροτήσεως, *detonator test*
ἐκτονώσεως, *drifting test*

δοκιμὴ
ἑλίκων, *propeller testing*
ἐμφανίσεως, *development test*
ἐνδεικτική —, *indicator test*
ἐξελίξεως, *development test*
ἐπιδόσεως, *performance test*
ἐπιστροφῆς ἐλαίου, *oil return test*
ἐπιταχύνσεως, *acceleration test*
εὐσταθείας, *consistency test*
ἰσχύος καθ' ὕψος, *altitude power test*
καθιζήσεως διὰ μεταγγίσεως, *decantation test*
κάμψεως, *bending test*
κατὰ τὴν μέθοδον τῶν ἀεροκινητήρων, *aero-engine type test*
καταναλώσεως βενζίνης, *fuel consumption test*
καταπονήσεως, *fatigue testing*
κομμιώσεως, *sludge test*
κοπώσεως, *fatigue test*
συρμάτων, *fatigue test of wires*
κρούσεως, *impact test*
κατὰ Ἰζόντ, *Izod impact test, Izod test*
Σαρπύ, *Charpy impact test*
κυκλοφορίας βενζίνης διὰ τῆς βαρύτητος, *gravity test of fuel*
ἐλαίου, *oil circulation test*
κυπελλοειδοῦς ἐξελάσεως, *cupping test*
λειτουργίας, *functional test*
βραδείας —, *slow-running test*
λυγισμοῦ, *buckling test*
μαγνητικῆς ροῆς, *magnaflux testing*
μαγνητοηλεκτρικῆς συσκευῆς, *testing magnetos*
μετάλλου, *assay*
ὀξειδώσεως, *oxidation test*
παραλαβῆς, *acceptance test*
πίεσις ἀτμῶν βενζίνης, *vapour pressure test of fuel*
πλευρικῆς συμπιέσεως, *flattening test*
πραγματική —, *in situ test*
προκαταρκτική—, *preliminary test*
προστριβῆς, *attrition test*
πτήσεως, *test flight*
αὐτονομίας —, *endurance test*
πτητικότητος βενζίνης, *volatility test of fuel*
σκληρότητος, *hardness test, scratching test*
διὰ σκληροσκοπίου, *scleroscope hardness test*
καὶ εὐθραύστου, *rattler test*

δοκιμὴ
Μπρινέλλ, *Brinell hardness test*
στεγανότητος (δι' ὑγρά), *testing liquid tightness*
στιφρότητος καὶ θραυσίμου, *rattler test*
στρεπτικῆς ταλαντώσεως, *torsional vibration test*
συνεχοῦς διαγραμματικῆς ἐνδείξεως, *continuous diagram indicator test*
ταχύτητος, *speed trial*
τριβῆς ἐλαίου, *oil friction test*
φθορᾶς, *rattler test*
διὰ τριβῆς, *attrition test*
φρένων, *brake testing*
χαραγῆς, *scratching test*
χρωματισμοῦ, *colour test*
ψεκασμοῦ δι' ἅλατος, *salt spray test*
ψύξεως, *cold test*
δοκιμῆς, θάλαμος, *test chamber*
ὄργανον —, *test meter*
ράβδος —, *test bar*
τράπεζα —, *test bed, test bench*
φορτίον —, *testing load*
δοκίμιον, *test piece, testing piece*
δόκιμος, *cadet*
ναυτικός —, *naval cadet*
δοκίς, *girder, cross girder, tranverse girder, structural member, member, batten, lathe batten, beam, rib, stile*
ἀκραία —, *end rib*
βοηθητική —, *stringer*
ἐγκαρσία —, *cross member*
ἐνισχύσεως, *stiffening rib*
ἐντετοιχισμένη —, *fixed-end beam*
ζυγοῦ, *scale beam*
κυρία —, *longeron*
πεπακτωμένη —, *fixed-end beam*
συνδέσεως, *boom, king-post, tail outrigger*
δοκοί, σιδηραῖ, *gallows*
δοκός, *baulk, beam, shifting beam, girder, joist*
ἀκραία —, *edge beam, wall beam*
ἀμφιέρειστος —, *freely supported beam, simply supported beam, simple beam*
δευτερεύουσα παράλληλος —, *subsidiary longitudinal girder*
διαμήκης —, *longeron*
κοίλη — —, *hollow spar*
πτέρυγος, *spar*
διατομῆς Η, *H-beam, H-girder, rolled steel joist*

δοκὸς
δικτυωτή —, *lattice girder, truss girder*
παραλλήλων πλεγμάτων, *parallel lattice truss*
ἐγκαρσία —, *cross girder, tranverse girder*
ἐλατὴ —, *laminated beam*
ἐμπροσθία —, *nose spar*
ἐνισχυμένη —, *beam*
ἐξ ἀνακαρδίου, ἐνισχυτική, *mahogany batten*
κυρία —, *main beam, main girder, girder, spar, longeron*
σκελετοῦ, *sill*
φορέως, *carrier beam*
μὲ σταθερὰ ἄκρα, *fixed beam*
μετ' ἀρθρώσεων, *hinged beam*
μικρά —, *girt*
ξυλίνη —, *wooden beam, timber beam, poppet*
ὁλόσωμος καθηλωτή —, *built-up girder, plate girder*
πεπακτωμένη —, *fixed-end beam, fixed beam*
εἰς ἀμφότερα τὰ ἄκρα, *built-in beam with fixed ends, encastré*
πλαισίου, *girder*
πρόβολος —, *cantilever beam, projecting beam*
πτερυγίων, δευτερεύουσα, *false spar*
ρινός, *nose spar*
σιδηρᾶ —, *iron beam*
σχήματος I, *double-T bar*
T, *tee-bar, T-bar*
συγχρονισμοῦ, *timing template*
συνεχής —, *continuous beam*
τετράγωνος —, *rafter*
ὑποβαστάζουσα —, *sleeper*
δοκοῦ, μῆκος, *length of beam*
τεμάχιον —, *bar*
δολομίτης, *dolomite, magnesian lime stone*
πορώδης —, *porous dolomite*
δόλωνες, *topsails*
δόλωνος, τρόχιλος συστολῆς, *bullock block*
δομή, *structure, grain structure*
διὰ πιεστοῦ πηλοῦ (καλούπια), *rammed loam construction*
δομικὴ ἀνυψωτικὴ μηχανή, *building elevating machine*
μηχανή, *building machine*
δομικὸς ἀνυψωτήρ, *building elevator, building lifting machine, construction elevator*
δομικὸς
γερανός, *building crane*
δονήσεις τῆς γῆς, *earth tremors*
δόνησις, *vibration, tremor, flutter, jar*
δονητής, *vibrator*
ἠλεκτρικός —, *electric vibrator*
δόντι γιὰ σκάτσα, *tenon*
γραναζιοῦ, *cog*
ὀδοντωτοῦ τροχοῦ, *tooth*
δοράτιον, *jib boom, boom*
δορατίου, σιδηροῦς κλοιός, *boom iron*
δόρυ, *pike*
δορυφόρος, *satellite*
ὀδοντωτὸς τροχός, *planet pinion, planet wheel*
Δούβε (α Μεγ. Ἄρκτου), *Dubhe*
δουραλουμίνιον. Βλ. ντουραλουμίνιον.
δοχεῖον, *container, receiver, pot, kettle, box, bin*
ἀλείμματος, *tallow kettle*
ἀποσκληρύνσεως, *annealing pot*
διαστολῆς, *expansion tank*
ἐλαίου, *oil tank*
ἀποστραγγίσεως —, *pan*
λιπαντικοῦ —, *lubricating box*
θερμομέτρου, σφαιρικόν, *bulb*
πεπιεσμένου ἀέρος, *air-vessel*
πισσασφάλτου, *pitch-kettle*
πορῶδες —, *porous cell*
σιδηροῦν —, *drum*
τήξεως, *melting pot*
ὕδατος καὶ ἕρματος, *water and ballast container*
χημικῶν ἀντιδράσεων, *autoclave*
δραῖνος, ὑπόγειος, *sub-soil drain*
δραίνωσις, *drainage*
δρᾶσις, *action, activity, impulse*
ἀκίδων, *action of points*
αὐτόματος —, *automatic action*
δραστικὴ ἀπόστασις, *effective range*
δραστικός, *effective*
δρεπάνι, *sickle*
δρέπανον, *sickle*
δριμύς, *pungent*
δρομεύς, *rotor, slider*
δρομέως, διολίσθησις, *rotor slip*
ροοστάτης —, *rotor starter*
φάσις —, *rotor phase*
δρομόμετρον, *odometer, log*
ἀβαθῶν ὑδάτων, *ground log*
ἀεροπορικόν —, *air log*
ἀμμωτόν —, *log glass*
ναυτικόν —, *naval log, nautical log*
δρομομέτρου, ἐξέλικτρον, *log reel*
σχοινίον —, *log line*
δρόμος, *road, way, track*

δρόμος
κυκλοφορίας, *access track*
περιμέτρου, *perimeter track*
δροσισμός, *refrigerating*
δροσόμετρον, *drosometer*
δροσόπαγος, *frost*
δρόσος, *dew*
δρυάριον, *oakling*
δρῦς, *oak*
ἡ αἰγίλωψ, *Valonia oak*
σκληρά, *British oak, common forest oak, forest oak*
φελλοφόρος, *cork tree, cork oak*
χνοώδης, *silk oak*
νεαρά —, *oakling*
δρύφακτον, *balustrade, parapet, bulwark*
δικτυοειδές —, *bulwark netting*
πλεκτόν —, *bulwark netting*
δρυφάκτου, ἔλασμα, *bulwark plate*
ἐπηγκενίς —, *bulwark plank*
στήλη —, *baluster*
Δ.Σ.Κ., *I.C.W.*
δυαδικὴ ἀντίστασις, *dual resistance*
ἐποχή, *Permian period*
δυαδικός, *binary*
δυάς, *binary*
δυνάμεως, τετάρτης, *biquadratic*
δυναμική, *dynamics*
ἀντίστασις, *dynamic resistance*
εἰς τὸ ἐναλλασσόμενον ρεῦμα, *dynamo resistance*
ἄνωσις, *dynamic lift*
γραμμή, *line of force*
διάτασις, *dynamic strain*
εὐστάθεια, *dynamic stability, dynamic balance*
πίεσις, *dynamic pressure*
ροὴ σκεδάσεως, *stray flux*
χαρακτηριστικὴ λυχνίας, *dynamic characteristic of valve*
ψῦξις, *dynamic cooling*
δυναμικὸν, *potential*
ἀνόδου, *plate potential, plate voltage*
ἀπόλυτον —, *absolute potential*
γῆς, *earth potential*
ἐξ ἐπιδράσεως, *induced potential*
ἐπιταχύνσεως, *accelerating potential*
μηδέν, *zero potential*
χαμηλὸν — (Χ.Δ.), *low potential*
δυναμικός, *virtual*
ἀποσβεστήρ, *dynamic damper*
δυναμικότης, *valency*
χημική —, *chemical valency*
δυναμικοῦ ἀποσβεστῆρος, ἀντίβαρα, *dynamic damper counterweights*
διαφορά —, *voltage*
πτῶσις —, *voltage drop, volt drop*
δύναμις, *force, power, valency, strength*
ἀνοδική —, *lifting power*
ἄξονος, ἀναφορική, *component of force*
ἀπομαγνητίζουσα —, *coercive force*
ἀπομαγνητισμοῦ, *coercive force, coercive intensity*
ἀπωθήσεως, *force of repulsion*
αὐτοκίνητος —, *automotive force*
διαθλαστική —, *refractive power*
διατμήσεως, *shearing force*
διατρητική —, *penetrating force*
ἕλξεως, *attractive force, tractive force*
ἑνὸς χιλιογράμμου, *one kilogram(me) force*
ἐπὶ χρόνον, *impulse*
ἐπισχέσεως, *coercive force*
ἐπωφελής —, *available power*
ἐφελκυσμοῦ, *tensile force*
θερμογόνος —, *thermal value*
θυέλλης, *gale force*
κεντρομόλος —, *centripetal force*
κεντρόφυξ —, *centrifugal force*
μιᾶς λίβρας, *the pound force*
μοριακή —, *molecular force*
παρεκτροπῆς, *deflecting force*
περιστροφῆς, *torque*
περιστροφική —, *rotational force*
πλεονάζουσα —, *excess power*
προωστική —, *propelling force, propelling power*
πτώσεως, *descentional power*
συνδυασμοῦ, *component force*
φυγόκεντρος —, *centrifugal force*
χημική —, *chemical valency*
ὤσεως, *impulsive force*
δυναμῖτις (διὰ πυριτιακῆς γῆς), *dynamite*
δυναμό, *dynamo*
δυναμογράφος, *recording dynamometer*
δυναμοδείκτης, *power indicator*
δυναμοδεικτικὸν διάγραμμα, *indicator diagram*
δυναμοδείκτου, ἔμβολον, *indicator piston*
κρουνός —, *indicator cock*
πίναξ —, *indicator card*
δυναμοηλεκτρικὴ μηχανή, *dynamometer, generator*
δυναμομετρικὸν χαλινωτήριον Προνύ, *Prony brake*

δυναμόμετρον, *dynamometer*
ἀπορροφήσεως, *absorption dynamometer*
αὐτόματον —, *recording dynamometer*
μεταδόσεως, *transmission dynamometer*
παραμορφώσεως, *deformation dynamometer*
πεδήσεως, *band-brake dynamometer, brake dynamometer, absorption dynamometer*
ὕδατος, *water dynamometer*
Φρούντ, *Froude dynamometer*
δυναμομηχανή, *dynamo*
ἀντισταθμίσεως, *buffer dynamo*
αὐτοδιεγειρομένη —, *self-excited dynamo*
διακλαδώσεως, *shunt (wound) dynamo, shunt (wound) generator*
ἕλξεως, *traction generator*

δυναμομηχανὴ
ἐν σειρᾷ, *series (wound) dynamo, series (wound) generator*
ἐνισχύσεως, *booster*
πρόσθετος —, *booster*
σύνθετος —, *compound (wound) generaotr*
ὑπερσύνθετος —, *over-compounded dynamo*
φωτισμοῦ, *lighting dynamo*
δύνη (μονὰς δυνάμεως), *dyne*
δυσεξέργαστος, *refractory*
δύσις, *west*
οὐρανίου σώματος, *setting*
δύσκαμπτος, *rigid*
δυσκαμψία, *rigidity*
δυσπρόσιον, *dysprosium (Dy)*
δύστηκτος, *refractory, infusible*
δυτικός, *west, western, westerly*
δωδεκάγονον, *dodecagon*
δωδεκάεδρον, *dodecahedron*
κανονικόν —, *regular dodecahedron*

E

ἔαρ, *spring*
ἐάρινὸν ἰσημερινὸν σημεῖον (γ), *vernal equinox, First Point of Aries*
ἐαρινός, *vernal*
ἔβενος, *ebony*
ἐβονίτης, *ebonite, vulcanite*
ἐγγεγραμμένος εἰς κύλινδρον, *inscribed in a cylinder*
ἐγγλεζίτης, *lead sulphate*
ἐγγραφή, *entry*
ἐγγύησις, *guarantee*
ἐγκαθίδρυσις, *installation*
ἐγκάθισις, *abutment*
ἐγκαθιστῶ, *to install, to erect*
ἐγκαιροφλεγής πυροσωλήν, *time fuse, time fuze*
  ἐκρηκτικοῦ βλήματος, *high explosive (H.E.) time fuse*
ἐγκαρσία ἀντιστάθμισις, *lateral trim*
  ἀντοχή, *transverse strength, frame modulus*
  ἄτρακτος, *transverse shaft*
  δεξαμενὴ καυσίμων, *athwartship bunk*
  διεύθυνσις, *transverse direction*
  δοκός, *transverse*
  ἐνίσχυσις, *cross stiffening*
  εὐστάθεια, *transverse stability, transversal stability*
  θέσις, *beam position*
  κλίσις, *lateral tilt*
  στάθμη, *lateral level*
  σύνδεσις, *cross connection*
  τομή, *cross section*
ἐγκάρσια κύματα, *transverse waves*
ἐγκάρσιαι διαστάσεις, *transverse dimensions*
ἐγκαρσίας τομῆς, σχέδιον, *athwartship plan*
ἐγκάρσιον διάφραγμα, *transverse bulkhead*
  μετάκεντρον, *transverse metacentre*
  πεδίον, *cross field*
  στραγγιστήριον, *cross drain*
ἐγκάρσιος, *transversal, transverse, traverse, beam, athwartship*
  βραχίων, *cross arm*
ἐγκαρσίως, *athwart, athwartships, abeam*

ἐγκαρσίως
  πρὸς ἴνας, *across the fibres, across the grain*
  τοῦ πλοίου, *thwartship*
ἐγκατάλειψις σχηματισμοῦ, *peel off*
ἐγκαταστάσεις ἐδάφους, *ground installation*
  ἐκκαμινεύσεως, *smelter*
  ἐργοστασίων, *establishment for building purposes*
  ἐργοταξίων, *equipment, plants*
  καθαρισμοῦ πασσαλοπήκτου, *rinsing devices for rammer*
  λιθοθραυστήρων, *stone breaker plants*
  παραγωγῆς δυνάμεως, *power plant*
  συνεργείων, *establishment for building purposes, equipment, plants*
  ὑδρεύσεως, *water works*
ἐγκαταστάσεως, σχέδιον, *erection drawing*
ἐγκατάστασις, *installation, erecting, plant, mounting*
  προσαγωγῆς, *supply circuit*
  ὑπερθερμάνσεως, *superheating plant*
ἐγκιβωτίζω, *to box*
ἐγκιβωτισμός, *caisson*
ἔγκλισις, *dip*
ἐγκοίλια, *ship ribs*
ἐγκοπαὶ ἀντιχαλαρωτικοῦ κυλίνδρου, *tension roller slots*
ἐγκοπεύς, *cutter*
ἐγκοπή, *dent, gab, groove, recess, notch, slot*
  καὶ στρόφαλος, *slot and crank*
  κλισιοσκοπίου, τριγωνική, *notch*
  προσαρμογῆς, *locating slot*
  σφηνώσεως, *key-seating, key-way*
ἔγκροκον βάμμα ὀπίου, *laudanum*
ἐγκρουστήρ, *stake*
ἔγκωπον, *crutch*
ἐγχαράττω, *to groove*
ἐγχειρίδιον, *manual*
ἔγχρωμος, *pigmented*
ἔγχυσις, *priming*
  βενζίνης εἰς τοὺς κυλίνδρους, *prime*
  ἐλαίου, *oil priming*
ἐγχυτήρ, *injector, syringe, noz squirt*

ἐγχυτής, *primer*
αὐτόματος —, *automatic primer*
ἐξαερωτῆρος, *carburettor initiator*
κινητῆρος, *C.E. primer, motor primer*
συστήματος βενζίνης, *fuel system primer*
ἐγχύω, *to prime*
ἐδαφομηχανική, *soil mechanics*
ἔδαφος, *ground, land, deck (κν.)*
ἀμμῶδες —, *sandy ground*
ἀργιλῶδες —, *clayey ground*
ἐλαφρῶς κυματοειδές —, *undulating ground*
ἑλῶδες —, *boggy ground*
τελματῶδες —, *boggy ground*
χαλικῶδες —, *gravel soil*
ἐδαφοστρωτήρ, *road roller*
ἕδρα, *seat, seating*
βελονοειδοῦς βαλβῖδος, *needle valve seat*
ἐπὶ στύλου, *post hanger, pedestal stanchion bracket*
κρεμαστή —, *pendant bracket*
τοίχου, *wall hanger, wall bearing, wall bracket, bracket pedestal*
ἑδραζόμενος ἁπλῶς, *simply supported*
ἐλευθέρως, *freely supported*
ἕδραι ἀναβλυστῆρος, *jet settings*
παράπλευροι —, *side faces*
ἕδρανα βάσεως, *main bearings*
ἕδρανον, *bearing*
ἄνευ τριβῆς, *antifriction bearing*
ἀτέρμονος ἄξονος, *worm-shaft bearing*
ἀτράκτου, *shaft bearing*
στροφαλοφόρου —, *crank-shaft bearing*
αὐτορρυθμιζόμενον —, *self-adjusting bearing*
βάσεως, ἔνσφαιρον, *roller step bearing*
βαστάζον —, *journal bearing*
βελονωτόν —, *needle bearing*
βοηθητικόν —, *auxiliary bearing, intermediate bearing*
γοφοῦ, *pintle bearing*
γωνιακόν —, *angle bearing*
δακτυλιοειδές —, *collar-step bearing*
δι' ἐπιπώματος, *spigot bearing*
ἐκ πολυτίμου λίθου, *jewel bearing*
ἑλικοφόρου ἄξονος, *propeller shaft bearing, plummer block*
ἐν εἴδει στύλου, *pedestal bearing*
ἐνδιάμεσον —, *intermediate bearing*

ἕδρανον
ἐνδιαμέσου ἄξονος, *tunnel shaft bearing*
κομβίου στροφάλου, *crank-pin bearing, big end brasses*
κοπτερόν —, *knife-edge bearing*
κοτυλοφόρον —, *pivot bearing*
κωνικόν —, *swivel bearing*
μαχαιρωτόν —, *knife edge bearing*
μὲ κατακόρυφον λαιμόν, *vertical neck journal bearing*
ὁλόσωμον —, *solid journal bearing*
στηρίξεως, *journal bearing*
σφαιροειδές —, *ball-and-socket bearing*
ὤσεως, *thrust block*
ἑνὸς δακτυλίου, *single-collar thrust bearing*
ἔνσφαιρον — —, *thrust ball-bearing*
ἑδρένου, ἁρμός, *joint of bearing*
ἀφαιρετὸς δακτύλιος —, *bush of bearing*
βάθρον —, *bearing*
ἐσωτερικὴ ἐπένδυσις —, *bush*
κάλυμμα —, *bearing cap*
καλύπτρα —, *cup of bearing*
περίβλημα —, *bearing shell*
πλάξ —, *bearing plate*
προσκεφάλαιον —, *pillow of bearing*
συγκρότημα —, *bearing block*
σῶμα —, *bearing body*
ἑδράνων, γλυφίς, *bearing scraper*
ὑπερθέρμανσις —, *firing of bearings*
ἕδρασις, *seating, mounting*
ἐθνοφρουρά, *territorial army* **('Αγγλ.),** *national guard* **(Η.Π.Α.)**
εἰδικαὶ ταχεῖαι πλάκες, *special rapid plates*
εἰδικευμένος ἐργάτης, *skilled labourer*
εἰδικὴ ἀγωγιμότης, *conductivity*
ἀντίστασις, *specific resistance*
μαγνητική —, *specific reluctance*
βράχυνσις, *compressive strain*
θερμότης, *specific heat*
μεταβολὴ μήκους, *strain*
μήκυνσις, *elongation per unit length, tensile strain*
εἰδικὸν βάρος, *specific weight, specific gravity*
φορτίον, *special load*
εἰδικὸς ὄγκος, *specific volume*
σταθερὸς χρόνος, *special standard time*

εἰδικὸς
συμβατικὸς χρόνος, *special standard time*
εἰδικότης, *rating, trade*
εἶδος, *type, kind*
ρεύματος, *type of current*
τυλίγματος, *type of winding*
εἴδωλον, *image*
αὐτοδύναμον —, *virtual image*
δυνατόν —, *virtual image*
εὐκρινές —, *clear-cut image*
κατ' ἔμφασιν, *virtual image*
πραγματικόν —, *real image*
εἰδώλου, καθαρότης, *sharpness of image*
σημεῖον —, *image point*
εἰκασία, *assumption*
εἰκονομετρικὸν ὄργανον, *admeasuring apparatus, measuring machine*
εἰκονόμετρον, *iconometer*
εἰκονοσκόπιον, *iconoscope*
εἰκονοχαρτογραφικὸν ὄργανον, *plotting machine*
εἰκοσάγωνον, *icosagon*
εἰκοσάεδρον, *icosahedron*
εἰκοσάς, *score*
εἰκών, *image*
ἀρνητική —, *negative*
ἀφανής —, *latent image*
ἐξ ἀνακλάσεως —, *latent image*
εἰργασμένου λίθου, ἀνωτέρα ἐπιφάνεια, *upper bed of the ashlar*
ἐσωτερικὴ ἐπιφάνεια — —, *back face*
εἰς τὸ κενόν, *in vacuo*
τετράγωνον, *square*
φλέβας, *veined*
εἰσάγω, *to insert*
εἰσαγωγή, *admission, inlet, input, intake, induction, inductance*
ἀέρος, *air injection, air inlet, air intake*
βενζίνης εἰς τοὺς κυλίνδρους, *prime*
διὰ πιέσεως, *forced induction*
κινητῆρος ἐλαίου, *oil-engine intake*
εἰσβολή, *penetration*
εἰσερχόμενα, *'in'*
εἴσοδος, *entry, access, admission, inlet, intake, entrance*
ἐν σχήματι κώδωνος, *bell-mouthed entrance*
εἰσόδου, ἄνοιγμα, *access opening*
εἰσόρμησις ἀέρος, *air leak*
εἰσπνευστής, *aspirator*
εἰσροή, *inflow*
εἰσρόφησις ὕδατος, *absorption of water*
εἰσχώρησις, *penetration*
εἰσώθησις ἀέρος, *ram*
ἐκ τῶν ἰσχίων, *broadside*
φίβρας, *fibrous*
ἑκατόγραμμον, *hectogram(me) (hg)*
ἑκατόλιτρον, *hectolitre (hl)*
ἑκατομμύριον, *million*
ἑκατονταβάθμιον, *centigrade (C)*
ἑκατοντάβαρον, *centibar*
ἑκατονταδικαὶ μονάδες, *centesimal units*
ἑκατοστιαία ἀναλογία, *percentage*
ἑκατοστιαῖος ζυγός, *centesimal balance*
ἑκατοστάγραμμον, *centigram(me) (cg)*
ἑκατοστόλιτρον, *centilitre (cl)*
ἑκατοστόμετρον, *centimetre (cm)*
ἐκβολάδες ὑψικαμίνου, *slag cement*
ἐκβολαδοκονία, ἀσβεστοῦχος, *slag-lime cement*
ἐκβολάς, *clinker*
ἐκβολεὺς φωτοβολίδων, *signal discharger*
ἐκβολή, *ejection, jet*
ποταμοῦ, *estuary, mouth of a river*
ἐκβυθίζω, *to refloat*
ἐκβύθισις, *refloating*
ἐκγλύφανον, *milling-cutter, milling machine, shaping machine*
κοῖλον —, *rose cutter*
μηχανοκίνητον —, *machine jig reamer*
φραίζας, *shell reamer*
ἐκγλυφή, *counter-sinking, backing off*
ἐκγλυφικὴ μηχανή, *milling machine*
ἐκγλυφίς, *reamer, milling-cutter*
παράλληλος —, *parallel reamer*
ρυθμιζομένη —, *adjustable reamer*
ἐκγύμνασις, *training*
ἐκγύμνωσις, *denudation*
ἐκδορά, *chafing*
ἔκδοσις, *emission*
ἐκδοχή, *version*
ἐκδύω, *to unrig*
ἐκθάμνωσις, *grubbing up*
ἔκθεσις, *exposure*
εἰς τὸ φῶς, *exposure*
πλακῶν εἰς τὸ φῶς, *exposure of plates*
ἐκθέτειν εἰς τὸ φῶς, *making an exposure*
ἐκθέτης, *exponent*
τῆς δυνάμεως, *exponent of the power*
ἐκθετικὴ καμπύλη, *exponential function*

ἐκκαθάρισις ναρκοπεδίου, *mine clearance*
ἐκκαθαριστικαὶ ἐπιχειρήσεις, *mopping-up operations*
ἐκκαθίζω, *to refloat, to get afloat, to float*
ἐκκαμίνευσις, *smelting*
ἐκκαμινεύω, *to smelt*
ἐκκεντρικὴ ἐγκοπή, *cam slot*
  θλῖψις, *eccentric compression*
ἐκκεντρικὸν βάκτρον, *eccentric rod*
  συγκρότημα, *eccentric block*
ἐκκεντρικός, *eccentric*
  δακτύλιος ἐμβόλου, *eccentric piston ring*
ἐκκεντρικότης, *eccentricity, throw, wobble*
ἔκκεντρον, *cam*
  ἀποτόμου κινήσεως, *jumping cam, tripping cam*
  δισκοειδές —, *disk cam, plate cam*
  εἰσαγωγῆς, *inlet cam*
  ἐκκεντροφόρου, *eccentric cam lever*
  ἐκφυγῆς, *trail cam*
  ἡμισυμπιέσεως, *half-compression cam*
  κυλινδρικόν —, *drum cam*
  μεταβλητοῦ μεγέθους, *variable datum cam*
  μὴ κανονικόν —, *irregular cam*
  ὁριζοντίας θέσεως, *travelling cam*
  ρυθμίσεως βαλβίδων εἰσαγωγῆς, *inlet cam*
    ἐξαγωγῆς, *exhaust cam*
  σπειροειδές —, *spiral cam*
  συστήματος ὀδοντωτῶν τροχῶν ὑποπολλαπλασιασμοῦ, *cam reduction gear*
  ταλαντευόμενον —, *oscillating cam*
  τοῦ πρόσω, *forward eccentric*
ἔκκεντρος, *eccentric*
  θλῖψις, *eccentric compression*
  λαβίς, *floating holder*
  φόρτισις, *eccentric loading*
ἐκκέντρου, ἄτρακτος, *camshaft*
  αὖλαξ —, *cam groove*
  δακτύλιος —, *cam ring*
    ἀφαιρετός — —, *removable cam ring*
  δίσκος—, *eccentric sheave, cam drum*
  ἑλκύων ὀδοντωτὸς τροχός —, *cam-drive gear*
  κομβία —, *cam buttons*
  κύκλος —, *eccentric cycle*
  μετάδοσις κινήσεως —, *cam follower*
  μηχανισμός —, *eccentric gear*
ἐκκέντρου
  στεφάνη —, *eccentric strap*
  συγκεντρικὸν σύστημα μεταδόσεως κινήσεως—, *cam follower concentric*
  τριβεύς —, *cam bearing*
  τρόχιλοι —, *cam rollers*
  ὠστικὴ πλάξ —, *cam thrust plate*
ἐκκεντροφόρος ἄξων, *camshaft, half-speed shaft*
  κοῖλος — —, *hollow camshaft*
ἐκκεντροφόρου ἄξονος, θάλαμος, *camshaft casing*
  κύστις — —, *camshaft casing*
  ὀδοντοτροχός — —, *camshaft gear*
    κατακόρυφος ἑλκύων — — —, *camshaft vertical drive*
    κωνικός — — —, *camshaft bevel gear*
ἐκκενῶ, *to drain, to bale out*
ἐκκενωτής, *escape pipe*
ἐκκενώσεως, πῶμα, *clearing plug*
ἐκκένωσις, *discharge, eduction*. **Βλ. καὶ ἀποστράγγισις.**
  δεξαμενῶν βενζίνης, *draining fuel tanks*
    ἐλαίου, *draining oil tanks*
  σπινθῆρος, *disruptive discharge*
  τελεία —, *drain off*
ἐκκινεῖν μηχανήν, *starting up an engine*
ἐκκινήσεως, ἀντίδρασις, *starting reaction*
  βλάβαι —, *starting troubles*
  δυσκολίαι —, *starting difficulties*
  ἠλεκτρομαγνήτης —, *starting magneto*
  μέθοδος —, *starting procedure*
  στρόφαλος —, *starting crank*
  τρόπος —, *starting procedure*
  χειροστρόφαλος —, *starting handle*
ἐκκίνησις (μηχανῆς), *starting*
  θερμή —, *hot starting*
  ὁμαλή —, *start without jerk*
ἐκκινητήρ, *starter, booster*
  ἀδρανείας, *inertia starter*
  αὐτόματος —, *self-starter*
  δι' ἀέρος, *air-starter*
  διὰ πεπιεσμένου ἀερίου, *gas starter*
    ἀέρος, *compressed-air starter*
  ποδομοχλοῦ, *kick starter*
  καύσεως, *combustion starter*
ἐκκινητής, *starter*. **Βλ. καὶ ἐκκινητήρ.**
ἐκκλίνω, *to deviate*
ἐκκοκκιστικὴ μηχανή, *cotton gin*

ἐκκοπεύς, *chisel*
ἐκκοπή, *score*
ἐκκοχλίωσις, *unscrewing*
ἐκκρεμές, *pendulum*
  ἀντισταθμιζόμενον —, *compensated pendulum*
  ἀντιστρεπτόν —, *reversible pendulum*
  ἁπλοῦν —, *simple pendulum*
  ἰσοφαριζόμενον —, *compensated pendulum*
  κωνικόν —, *conical pendulum*
  μαθηματικόν —, *simple pendulum*
  μολύβδινον —, *plumb-bob*
  σύνθετον —, *compound pendulum*
  Φουκώ, *Foucalt's pendulum*
  φυσικόν —, *compound pendulum*
ἐκκρεμής, *pending*
ἐκλειπτική, *ecliptic*
ἐκλείπων, *occulting (occ.)*
ἔκλειψις, *eclipse*
  ἡλίου, *solar eclipse*
  σελήνης, *lunar eclipse*
ἐκλογή καμπυλῶν, *curve fitting*
ἐκμαγεῖον, *(plasterwork) mould*
ἐκμετάλλευσις, *exploitation*
ἐκμηδενισθείς, *zeroed*
ἐκνεφωτής, *carburettor, carburetor*
ἐκπάγωσις, *de-icing*
ἐκπαγωτικόν, *de-icer*
ἐκπαίδευσις, *training*
  ἐπὶ τοῦ ἐδάφους, *ground training, preflight training*
  πεζικοῦ, *infantry training*
ἐκπαιδεύτής, *instructor, trainer*
  λίνκ, *link trainer isntructor*
ἐκπαιδευτικὴ βόμβα, *training bomb, dummy bomb*
  πτῆσις, *regular flight*
  συσκευή, *trainer*
    ἑξᾶντος, *sextant trainer*
  τράπεζα χειριστῶν, *pilot training bench*
ἐκπαιδευτικὸν ἀεροπλάνον, *primary trainer, training plane, trainer*
  μηχάνημα, *trainer*
    κινητοῦ πολυβόλου, *free gunnery trainer*
    λίνκ, *link trainer*
  πλοῖον, *training ship*
ἐκπέμπω, *to broadcast, to emit*
ἐκπέμπων φλόγας, *ablaze*
ἐκπέτασμα, *projection, span, upholstery*
  πραγματικόν —, *effective span*
  πτερυγίων, *span, spread*
  φορτίσεως, *loading span*
ἐκπομπή, *emission, transmission, broadcast*
  κατευθυνομένη —, *beam transmission*
  σκοτεινή —, *dull emission*
ἐκπομπῆς, τμῆμα, *transmission unit*
ἐκπτωσιμετρικὸν σκοπευτικὸν βομβαρδισμοῦ, *course-setting bomb sight (C.S.B.S.)*
ἐκπτωσίμετρον, *drift-recorder, drift-sight, drift meter*
  δαπέδου, *floor-type drift-sight*
  οὐρᾶς, *tail drift-sight*
  σκοπευτικὸν βομβαρδισμοῦ, *course-setting bomb sight (C.S.B.S.)*
ἔκπτωσις, *drift, leeway*
ἐκπυρσοκρότησις, *detonation, detonation explosion, fulmination*
ἐκπωματιστήρ, *cork screw*
ἐκραφιδῶ, *to unlace*
ἐκρηκτικά, *chargers*
ἐκρηκτικὴ οὐσία, *explosive*
  σύνθεσις, *explosive content, explosive composition*
  ὕλη, *blasting agent, explosive agent, explosive, explosives*
    πυροκροτητοῦ, *detonator fulminate*
    ὑδραργύρου, *fulminate of mercury*
    ὑψηλῆς ἐκρηκτικότητος, *high explosive (H.E.)*
ἐκρηκτικὸν ἀσφαλείας, *safety explosive*
  ὑψηλῆς δυναμικότητος, *high explosive (H.E.)*
ἐκρήξεως, βαθμός, *knock-rating*
  χῶρος —, *explosion chamber, firing chamber*
ἔκρηξις, *explosion, blast, detonation explosion, burst, expansion*
  ἀτμολέβητος, *boiler explosion*
ἐκροή, *eduction, effusion, efflux, emission, outflow, spout, casting, discharge*
  ἀερίων, *effusion of gases*
  ἀέρος ἐκ χοανῶν, *air outflow through funnels*
ἐκροῆς, ἄνοιγμα, *discharge orifice*
  σωλὴν —, *discharge tube, adjutage, ajutage*
  ταχύτης —, *discharge rate*
ἐκσκαπτήρ, *scraper*
  -μεταφορεύς, *scoop*
ἐκσκαπτικὴ μηχανή, *dredge, dredger, dredging machine, excavation machine*

ἐκσκαφεύς, *digger, excavator, bulldozer, bullgrader, plough, plow*
ἀναρροφητικός—, *hydraulic dredge, pump dredge*
ἀνυψωτικός —, *elevating grader*
ἀτμοκίνητος —, *steam ram, steam dredger, steam-hammer, tup steam shovel, steam monkey*
δι' ἁρπάγης, *clam-shell dredger*
διὰ συρομένης πτυοσκάφης, *dragline shovel*
ἐπὶ ἑρπυστριῶν, *excavator on caterpillar*
κάμπης, *excavator on caterpillar*
καδοφόρος —, *bucket dredger, bucket excavator*
μεθ' ἁρπάγης, *grab-excavator*
μηχανικός —, *mechanical digger*
περιστρεφόμενος —, *revolving excavator*
περιστροφικός —, *slewing excavator*
πτυοφόρος —, *dragline, shovel dredger*
ρυμουλκούμενος —, *scraper trailer*
συρτός —, *dragline, skimmer*
τάφρων, *trench excavator*
τροχοφόρος —, *wheel excavator*
ὑγρός —, *dredge*
φρεάτων, *shaft dredger*
ἐκσκαφή, *excavation, scouring*
καὶ ἐπίχωσις, *cut-and-fill*
ἐκσφενδονίζω, *to launch*
ἐκσφενδονίσεως, κατεύθυνσις, *launching way*
ὁδός —, *launching way*
ἐκσφενδόνισις, *launching*
ἐκσφενδονιστὴς πυραύλων, *rocket projector*
ἔκτασις, *stretch, area, range, amplitude*
τῆς βαρύτητος, *range of gravitation*
ἐκτείνω, *to stretch, to dilate*
ἐκτελῶ ἀναγνώρισιν, *to reconnoitre*
ἐκτίμησις, *assessment*
ἀποστάσεως μάχης, *range estimation*
διορθώσεως, *assessment of allowance*
ἐκτίναξις, *splash*
ἐκτονώσεως ἀερίων, ἐπίδρασις, *blast effect*
ἐκτόνωσις, *expansion, expansion stroke, explosion power stroke*
ἀερίου, *gas expansion, blast, blasting*
ἀτελής —, *incomplete expansion*
ἐκτοξεύσεως τορπιλλῶν, σύστημα, *torpedo launching device, torpedo launching gear*
ἐκτόξευσις, *launching*
σήματος (φωτοβολίδος), *signal discharge*
τορπίλλης, *torpedo launching*
ἐκτοξευτής, *launcher*
ἐλαίου, *oil thrower*
ἐκτοξεύω, *to launch*
ἐκτόπισμα, *displacement*
ἐκτορνεύς, *borer*
ἐκτόρνευσις, *boring*
ἐκτὸς ἐλέγχου, *uncontrollable*
ἐμπλοκῆς, *out of gear*
ἐνεργείας, *out of order*
ζεύξεως (ἠλεκτρ.), *out of mesh*
κυκλώματος, *off*
λειτουργίας, *out of order*
φάσεως, *out of phase, decalage*
ἐκτρίβειν, *to abrade*
ἐκτριβεύς, *grinder*
ἄκεντρος —, *centreless grinder*
ἐπιφανειακός —, *surface grinder*
ἐσωτερικός —, *internal grinder*
κυλινρρικός —, *cylindrical grinder*
κυλίνδρων, *cylinder grinder*
ἐκτριβή, *abrasion, chafing, scoring*
ἐκτρίβω, *to abrade*
ἐκτροπεύς, *deflector*
ἀέρος, *air deflector*
ὀπισθίου κυλίνδρου, *rear cylinder-barrel air deflector*
πιθοειδής — —, *barrel air deflector*
κεφαλῶν (κυλίνδρων), *head deflector*
ἐκτροπή, *aberration, precession*
ἀκτίνων, *aberration of light*
γυροσκοπίου, *gyro precession*
ἐκ σφαιρικότητος, *spherical aberration*
ἐπιταχυντική —, *wander*
χρωματική —, *chromatic aberration*
ἐκτρυπανίσματα, *borings*
ἐκτύλιγμα,, *unwinding, uncoiling*
ἐκτύλιξις, *unwinding, uncoiling*
ἐκτυλίσσω, *to overhaul, to unwind*
ἐκτύπωσις, *printing*
δι' ἐπαφῆς, *contact printing*
διὰ προβολῆς, *projection printing*
σκληρά —, *hard print*
ἐκτυπωτής, *stamping machine*
δι' ἐπαφῆς, *contact printer*
ἐκφλοίωσις, *veneer*
ἔκφορος (σύσπαστον), *reef tackle*
ἐκφόρτισις (ἠλεκτρισμοῦ), *discharge*
διασπῶσα —, *disruptive discharge*
μετὰ ταλαντώσεων, *oscillatory discharge*

ἐκφόρτισις
πυκνωτοῦ — —, *oscillation discharge*
περιμετρική —, *marginal discharge*
ἐκφόρτωσις, *discharge, unloading*
ἐκφορτωτής, *discharger, unloader*
ἀπορριμάτων, *rubbish unloader, rubbish discharger*
ἐκφυγή, *leak, leakage, departure*
(χειριστηρίου), *hunting*
ἀερίων, *escape of gases*
ἐκφυγῆς, γραμμή, *line of departure*
γωνία —, *angle of departure*
ἐπίπεδον —, *plane of departure*
ἐκφύσησις, *exhaust*
ἐκφυσητὴρ ὑψηλῆς ταχύτητος, *high-speed blower*
ἐκχείλισις, *overflow*
ἐκχύλισμα, *extraction*
ὀπίου, *extract of opium*
ἐκχύσεις ἡφαιστίων, *volcanic eruptions*
ἔκχυσις, *effusion, casting*
ἐκχυτήρ, *ejector*
ἔκχωμα, *excavation, cut*
ἔκχωσις, *cut*
ἐλαιάκονον, *oil-stone*
ἐλαιαντλία, *oil pump*
ἐλαϊκὸν ὀξύ, *oleic acid*
ἐλαιοαεριστήρ, *oil scoop*
ἐλαιοβαφή, *oil-colour, oil paint*
ἐλαιογόνον, *olefine*
ἀέριον, *olefiant gas, ethylene, ethene*
ἐλαιοδιακόπτης, *oil-switch*
ἐλαιοδοχεῖον, *oil can*
ἐλαιόλαδον, *olive oil*
ἐλαιολιπαντήρ, *oil can*
ἐλαιόλουτρον, *oil bath*
ἐλαιομετασχηματιστής, *oil transformer*
ἐλαιομηχανή, *oil engine*
ἔλαιον, *oil*
αἰθέριον —, *volatile oil*
ἀνιλίνης, *aniline oil*
ἀντιπηκτικόν —, *anti-freeze oil*
ἀποπλύσεως, *flushing oil*
ἄχρηστον —, *waste oil*
βαρύ —, *heavy oil, thick oil*
γαλακτωμένον —, *emulsified oil*
διαβροχῆς, *splashed oil*
διαλυτόν —, *soluble oil*
διατρήσεως, *drilling oil*
ἐκ σχιστολίθου, *shale oil*
ἐλαιῶν, *olive oil*
ἐλαφρόν —, *light oil, thin oil*
ἔμμονον —, *fixed oil*
ἐπικαλύψεως, *cushioning oil*

ἔλαιον
ἰσχνόν —, *thin oil*
καθαρισμοῦ, *cleaning oil*
καμφορᾶς, *camphor oil*
κεκαθαρμένον —, *refined oil*
κράσεως, *flux oil*
λιπάνσεως, *lubricating oil*
λιπαρόν —, *fatty oil, fixed oil*
μαῦρον —, *black oil*
ὀρυκτόν —, *oil mineral*
παραφίνης, *paraffin oil*
παχύ —, *thick oil*
πικραμυγδάλων, *oil of bitter almonds, benzaldehyde*
πίσσης λιθανθράκων, *coal-tar oil, solvent naptha*
πτητικόν —, *volatile oil*
ραντισμοῦ, *splashed oil*
ραφιναρισμένον —, *refined oil*
σταθερόν —, *fixed oil*
τελικῆς πλύσεως, *flushing oil*
ὑψηλῆς διηλεκτρικῆς δυνάμεως, *transformer oil*
φυτικόν —, *vegetable oil*
χρησιμοποιηθέν —, *waste oil*
ψυχρόν —, *cold oil*
ἐλαιοπαγίς, *oil trap*
ἐλαιοπαρέμβυσμα, *oil seal*
ἐλαιοπράσινον, *olive green*
ἐλαιοπράσινος ὁ ὀξύφυλλος, *holly*
ἐλαιορρόη, *oil can*
ἐλαιοστεγής, *oil-tight*
ἐλαιοσυλλέκτης, *oil catcher*
ἐλαιοτροχός, *oil stone*
ἐλαιοχαλινωτήρ, *oil buffer*
ἐλαιόχρωμα, *oil-colour, oil paint*
ἐλάσιμος, *ductile*
ἔλασις, *extrusion*
ἐν θερμῷ, *hot rolling*
ψυχρῷ, *cold rolling*
ἔλασμα, *sheet metal, sheet, metal plate, bed plate, plate, lamina, girder*
ἀσφαλείας, *safety plate*
βολβοειδοῦς τομῆς, *bulb plate*
γαιανθρακαποθηκῶν, *bunker plate*
διαφράγματος, *bulkhead plate*
εἰς σχῆμα γωνίας, *gusset*
ἐκ λευκοσιδήρου, λεπτόν, *tinfoil*
μετάλλου, *plate*
ἐλατηρίου, *leaf of a spring*
ἐλατηριωτόν —, *leaf spring*
ἐνισχυτικόν —, *stiffener*
ἐπιβραδύνσεως, *retarder plate*
ἐπιθεωρήσεως, *inspection plate*
ἐπιμολυβδωμένον —, *lead-coated sheet iron*

ἔλασμα
θώρακος, *armour plate*
κυματοειδές —, *corrugated sheeting*
λεβήτων, *boiler plate*
πεταλοειδές —, *horseshoe plate*
ραβδωτόν —, *checkered plate, chequered plate*
συνδέσεως, *tie plate*
τῆς φωτιᾶς, *furnace plate*
ὑδρορρόης, *stringer plate, gunwale plate, gunnel plate*
ψευδαργύρου, *zinc plate*
ἐλάσματα, *laminations*
ἐλασματοτεχνίτης, *sheet metal worker*
ἐλασματουργός, *rolling mill*
ἐλαστικὰ ἀπελευθερώσεως σώματος ἀλεξιπτώτου, *parachute opening elastics*
ἐλαστικὴ δύναμις ἀερίου, *elastic force of gas*
κόπωσις, *elastic fatigue*
περιοχή, *range of perfect elasticity*
ταινία, *rubber bank*
ἐλαστικόν, *rubber, gamboge*
διάτρητον —, *punctured tyre*
θειωμένον —, *vulcanised rubber*
κόμμι, *India rubber, rubber*
ἐσκληρυμμένον — —, *hard rubber*
σκληρόν —, *hard rubber*
σπογγοειδές —, *sponge-rubber*
σχοινίον, *elastic cord*
τροχοῦ, *tyre, tire*
ἐλαστικός, *elastic*
ἐλαστικότης, *elasticity*
ἀτελής —, *imperfect elasticity*
μόνιμος —, *residual elasticity*
ὄγκου, *elasticity of bulk*
στρέψεως, *elasticity of torsion*
ἐλαστικότητος μέτρον, *modulus of elasticity, elastic modulus*
ὅριον —, *elastic limit*
συντελεστής —, *elastic modulus*
ἔλαστρον, *rolling mill, roller, roll*
κυλινδρικόν —, *rolling machine*
ἐλάτη, *fir tree, spruce, deal*
ἐρυθρά —, *spruce fir, white fir*
ἡ κτενοειδής, *silver fir*
λευκή, *silver fir*
ἐλατήριον, *spring, leaf*
(ἐμβόλου), *ring*
αἰωρήσεως, *bearing spring*
ἀναρτήσεως, *suspension spring*
ἀπομάξεως ἐλαίου, *oil wiper ring*
ἀποξέσεως ἐλαίου, *scraper ring*
ἀποσβέσεως, *volute spring*
ἀρθρωτῆς ζεύξεως, *draw-bar spring*

ἐλατήριον
ἀσφαλείας, *safety catch spring*
πιέσεως, *blow-off spring*
ἀσφαλιστικόν —, *locking spring*
βάκτρου ὑψηλῆς πιέσεως, *high-pressure piston rod spring*
δακτυλιοειδές —, *spring ring*
δι' ἐλασμάτων, *laminated spring*
ἐλασμάτινον —, *laminated spring, plate spring*
ἑλικοειδὲς κωνικόν — —, *volute spring*
ἐλασματοειδές —, *leaf spring*
ἐλέγχου, *check spring*
ἑλικοειδές —, *helical spring*
ἐμβόλου ἀερίων, *gas piston spring*
ἐμπροσθίου βραχίονος, *front crutch spring*
ἐντάσεως, *tension spring*
ἐντατικόν —, *straining spring*
ἐπαναφορᾶς, *return spring, release spring*
θλιβομέτρου, *pressure-gauge spring*
λοξόν —, *bias spring*
μανομέτρου, *manometer spring*
μεταφορᾶς, *transit spring*
ὁδηγοῦ ἐξολκέως, πεπλατυσμένον, *cover extractor spring*
ὀπισθίου βραχίονος, *rear crutch spring*
ὀπισθοδρομήσεως, *recoil spring*
περόνης ὀδόντος συγκρατήσεως *spring*
ταινίας, *belt-holding pawl pin*
ταχείας ἀπελευθερώσεως, *quick-release pin spring*
προφυλακτῆρος χειρός, *hand guard spring*
σιαγόνος, *shoe spring*
σπειροειδές —, *spiral spring*
στεγανότητος, *tight ring, gas ring*
ἐλαίου, *oil control ring*
συγκρατήσεως ἐπικρουστῆρος, *creep spring*
συγκρατητικόν —, *anchorage spring*
συγκρουστῆρος, *buffer spring*
συνδετικοῦ ἄξονος, *connecting-rod spring*
τεταμένον —, *loaded spring*
τόξου συγκρατήσεως, *crutch spring*
ὑποστηρίξεως, *support spring*
φολιδωτόν —, *leaf spring*
ἐλατηρίου ἀποσβέσεως, πῶμα, *volute spring plug*
ἀσφαλιστικὸν πῶμα —, *spring safety cap*
βραχίονες —, *spring arms*

ἐλατηρίου
ἐντάσεως, *tension spring arms*
κάλυμμα —, *spring casing*
λιπαντικὴ πυξίς —, *spring grease-box*
ὁδηγός —, *spring drive*
ὀπισθοδρομήσεως, *recoil spring guide*
ὀπισθοδρομήσεως, πῶμα, *recoil spring plug*
ὑποδοχὴ πώματος — —, *recoil spring plug housing*
παράκυκλος —, *spring washer*
περιλαίμιον —, *spring clamp*
περόνη —, *spring pin*
ἀσφαλείας —, *spring safety pin*
συσπείρωσις —, *spring arming*
ἐλατηριοφόρον ἀσφαλιστικὸν ἐπιστόμιον, *spring safety valve*
ἐλατηριωτὴ ἁρπάγη, ὠστήριος, *spring-loaded carry pawl trip*
ἐπαφή, *spring contact*
περόνη, *spring pin*
ὁπλίσεως, *arming spring pin*
σύζευξις, *spring coupling*
ἐλατηριωτοὶ μοχλοὶ ἐντάσεως ἁλύσεως, *spring-loaded chain-tension levers*
ἐλατηριωτὸν ἀγκύλιον ἀσφαλείας, *spring clamp*
ἐλατηριωτός, *spring-loaded*
δείκτης, *spring indicator*
δυναμοδείκτης, *spring indicator*
ἐμβολεύς, *spring-loaded plunger*
στυπιοθλίπτης, *spring-mounted gland*
σύνδεσμος, *flexible coupling*
ἔλατον. Βλ. ἐλάτη.
ἔλατος. Βλ. ἐλάτη.
ἐλατός, *malleable, ductile*
ἐλατότης, *malleability, ductility*
ἐλάττωμα, *fault*
(εἰς ξύλον), *fracture*
(ἐπὶ σιδήρου), *speck*
ἐλαττώματα ἀρνητικῶν, *defects in negatives*
ἐλαττωματικὴ ἐξαγωγή, *faulty extraction*
ἐλαττωματικός, *defective, faulty*
ἐλαττωμάτων, ἀνεύρεσις, *trouble tracing*
ἐλαττώνω, *to reduce*
ἐλάττωσις, *reduction*
ἐντάσεως, στιγμιαία, *fading*
τοῦ ρεύματος, *decrease of current*
ἐπιφανείας, *reduction of area*
θερμοκρασίας, καθ' ὕψος, *lapse*

ἐλάττωσις
πυκνότητος, *rarefaction, rarefication*
ἐλαφρὰ ἐμπρηστικὴ βόμβα ἐκ μαγνησίου, *light magnesium bomb*
κλάσματα, *light fractions*
κράματα, *light alloys*
λευκοχρυσοῦχα μέταλλα, *light platinum metals*
ἐλαφρόλιθος, *pumice stone*
ἐλαφρόπετρα, *pumice, spongiform quartz*
ἐλαφρός, *light*
ἐλαφρότερος τοῦ ἀέρος, *lighter-than-air*
ἐλαφρότης, *lightness, softness*
ἐλάχιστον, *minimum*
κοινὸν πολλαπλάσιον (Ε.Κ.Π.), *least common multiple (L.C.M.)*
ἐλάχιστος κοινὸς παρονομαστής, *least common denominator*
ἐλεγκτὴρ ἐξωτερικῶν διαστάσεων, *plate gauge, snap gauge*
ἐσωτερικῶν ὁρίων, *internal limit gauge*
σπειρωμάτων, *screw thread gauge*
ἐλεγκτὴς ἁρμῶν σιδηροτροχιῶν, *rail bond tester*
βραχυκυκλώσεως, *short-circuit tester*
ἐνισχύσεως, *gain control*
κινήσεως ὀδοντοτροχῶν, *speed gear-control*
μίγματος, *mixture control*
ὀπῶν, *plug gauge*
συχνότητος μετὰ κρυστάλλου, *crystal monitor*
ἐλεγκτός, *controllable*
ἐλεγχόμετρον, *test meter*
ἔλεγχος, *control, check, checking, test*
ἀερίων, *gas check*
ἀποδόσεως, *performance check*
βολῆς, *control of fire*
διὰ κρυστάλλου, *crystal monitor*
ἐκπομπῶν, *monitoring*
ἠλεκτρικῆς συνεχείας, *testing electrical continuity*
καθετότητος φυτευτῶν κοχλιῶν, *squaring studs*
κατακαθίσεως, *slump test*
κυκλοφορίας, *traffic control*
λειτουργίας, *operational check*
μεγέθους κόκκων, *grain size control*
ὀργάνων, *instrument checking*
πιέσεως εἰσαγωγῆς, *manifold pressure control*
σχισίμου, *splitting test*

ἔλεγχος
ὑποτυπώσεως, ἐλάσσων, *minor control plot*
χειριστηρίου, *checking rigging control*
ἐλέγχου, αἴθουσα, *control room*
ἐγκαταστάσεις —, *checking installation*
ἐπιφάνεια —, *control surface*
ἐλέγχω, *to check*
ἐλευθερία, *play*
ἐλεύθερον διάστημα, *play*
ἐλεύθερος, *free*
ἀπὸ ὀξέα, *free from acid*
ἐλευθερώνω, *to release*
ἐλεφαντόδοντον, *ivory*
ἐλεφαντόδους, *ivory*
ἐλεφαντοκόκκαλον, *ivory*
ἐλεφαντοστοῦν, *ivory*
ἕλιγμα, *turn*
ἑλιγμόγραμμα, *zigzag*
ἑλιγμορραφή, *zigzag stitch*
ἑλιγμός, *manoeuvre, maneuvre, evolution, volute, winding, coiling*
ἀναγνωρίσεως, *weaving*
ἀπότομος —, *flick manoeuvre*
ἀποφυγῆς, *weaving*
κυματοειδής —, *weaving manoeuvre*
ὁδοῦ (πέταλον), *hairpin bend*
ἑλικοειδής, *spiral*
κάθοδος, *spiral*
ἑλικοειδῶς πρὸς τὰ ἔξω, *spirally outwards*
ἑλικόπτερον, *helicopter*
ἕλικος, αἰώρησις, *airscrew swinging*
ἀκροπτερύγιον —, *propeller tip*
ἀνατροχασμός —, *propeller slip*
ἄξων —, *propeller shaft*
ἀπόδοσις, *propeller efficiency*
βῆμα —, *airscrew pitch*
ἐγκατάστασις —, *propeller installing*
ἕλξις —, *propeller thrust*
πραγματική — —, *effective propeller thrust*
στατική — —, *static propeller thrust*
εὔσφιγξις πλήμνης —, *airscrew hub tightness*
ζυγοστάθμισις —, *airscrew balance*
ζώνη περιστροφῆς —, *propeller slipstream*
ἴχνος —, *airscrew track*
κλωβός —, *propeller aperture, screw aperture*
ὀλίσθησις — (διαφορὰ μεταξὺ θεωρητικοῦ καὶ πρακτικοῦ βήματος ἕλικος), *airscrew slip*
ὀμφαλός —, *propeller boss*
ὀφθαλμός —, *airscrew boss*
περικόχλιον πλήμνης —, *airscrew hub-nut*
περιοχὴ δίσκου —, *propeller disk area*
πλαίσιον κλωβοῦ —, *propeller frame*
πλήμνη —, *propeller boss*
πτερύγιον —, *propeller blade, screw blade, airscrew blade*
ρεῦμα —, *propeller slipsream, slipstream*
ρύθμισις —, *propeller setting, airscrew adjustment*
ρυθμιστής —, *airscrew governor*
στερέωσις —, *airscrew mounting*
τόξον κλωβοῦ —, *arch piece of stern frame*
ὑποπολλαπλασιαστής —, *airscrew reduction gear*
χειριστήριον —, *airscrew control*
δύο βημάτων, *two-pitch airscrew control*
ὠστικὴ δύναμις —, *propeller thrust*
ἑλικόστημα, *propeller post*
ἑλικοστρόβιλος, *turbo-prop*
ἑλικοστρόφιγξ, *wrench*
ἑλικοτετμημένος, *threaded*
ἑλικοτομεύς, *tap*
κοχλιῶν, *screw-cutting machine*
ἑλικοτομὶς (πλάξ), *screw plate, screw tap*
ἑλικοτόμος, *die*
πολλαπλοῦς —, *die-plate*
στρογγύλος σχιστός —, *round split die*
ἑλικοτομῶ, *to cut*
ἑλικοφόρος ἄξων, *airscrew shaft*
ἕλικτρον, *winding drum*
ἀγκύρας, *windlass*
ἐργάτου, *warping capstan*
σχοινίου, *rope drum*
ἑλίκωμα κοχλίου, *screw thread*
ἑλικωτήρ, *screw plate*
ἕλιξ, *screw, screw propeller, propeller, airscrew, spiral, winch, helix*
ἀεροπορική —, *airscrew, propeller*
ἀναστρεφομένη —, *reversible propeller*
εἰς ἀρνητικὸν βῆμα, *reversible-pitch propeller*
ἀντώσεως, *elevating propeller*
ἀνυψωτική —, *elevating propeller*
ἀρχιμήδειος —, *Archimedian screw*

ἕλιξ
αὐτόματος — (αὐτομάτου μεταβολῆς βήματος), *automatic propeller*
δύο βημάτων, *two-pitch airscrew*
ἐλεγχομένη—, *controllable propeller*
ἑλκτική —, *tractor propeller, tractor airscrew*
ἕλξεως, *tractor propeller, tractor airscrew*
κυκλική —, *circular helix*
λογαριθμική —, *logarithmic spiral*
μὲ ἀριστερὸν βῆμα, *left-hand propeller*
δεξιὸν βῆμα, *right-hand propeller*
μεταβλητοῦ βήματος, *variable-pitch airscrew*
παραβολική —, *parabolic spiral*
πλήρους πτερώσεως, *full-feathering airscrew*
προωθήσεως, *pusher airscrew*
ρυθμιζομένη —, *controllable propeller, adjustable propeller*
δι' ὑγροῦ, *hydro-controllable airscrew*
ρυθμιζομένου βήματος, *controllable-pitch airscrew, controllable-pitch propeller, variable-pitch propeller*
σταθερᾶς ταχύτητος, *constant-speed airscrew*
σταθεροῦ βήματος, *fixed-pitch airscrew*
στερεά —, *helix*
στρεβλωμένη —, *propeller out of truth*
τετραπτερύγιος —, *four-bladed propeller*
ὑδροαυτόματος —, *hydromatic airscrew*
ρυθμιζομένη —, *hydro-controllable airscrew*
ὑπερβολική —, *hyperbolic spiral*
ὠστική —, *pusher propeller, pusher airscrew*
ἕλκηθρον, *sledge*
ἑλκόμεναι μᾶζαι, *attracting masses*
ἕλκουσα, *tractrix*
ἑλκυσθεὶς ἐν θερμῷ, *hot-rolled*
ἕλκυσις θερμότητος ἐπὶ τῆς ἀνόδου, *anode dissipation*
ἑλκυσμός, *draught*
(τὸ ἀφαιρούμενον κατὰ τὴν τῆξιν μετάλλων), *slag*
τεχνητός —, *mechanical draught, induced draught*
ἀέρος, *forced-draught*
ἑλκυστήρ, *longitudinal bar*
ἕλκυστρον, *roller, roll*
ἑλκύων ὀδοντοτροχός, *driving pinion*
κωνικός — —, *driving bevel*
ὀδοντωτὸς τροχὸς ἀντλίας βενζίνης, *fuel-pump drive*
γεννητρίας, *generator drive*
ρυθμιστοῦ ἕλικος, *airscrew governor drive*
σπινθηροπαραγωγοῦ, *magneto drive*
στροφομέτρου, *tachometer drive*
ἕλκω, *to haul*
ἐλλειπτικὴ πόλωσις, *elliptic polarisation*
ἐλλειπτικὸν κάτοπτρον, *ellipsoidal mirror*
ἐλλείψεως, μέγας ἄξων, *major axis of ellipse*
μικρὸς ἄξων—, *minor axis of ellipse*
ἔλλειψις, *ellipse, lack*
ἀντιθέσεως, *lacking in contrast*
δυνάμεως, *lack of power*
ἰσχύος, *lack of power*
ἐλλειψογράφος, *elliptic trammel*
ἐλλειψοειδές, *ellipsoid*
ἐπίμηκες —, *prolate ellipsoid*
ἕλξεως, δύναμις, *tractive force, traction force, traction effort*
ἕλξις, *attraction, traction, thrust, force*
μαγνητική —, *magnetic attraction*
μοριακή —, *molecular attraction*
ὁλική —, *traction force*
παγκόσμιος —, *universal attraction*
τῆς γῆς, *pull of the earth*
ἕλος, *marsh, swamp*
ἔλυτρον, *cover, cowling*
ἑλῶδες ἀέριον, *marsh gas*
ἐμαγίτης, *enamel*
(χρῶμα), *dope*
ἐμβαδομετρία, *planimetry*
ἐμβαδόμετρον, *planimeter*
τύπου Ἄμσλερ, *Amsler planimeter*
ἐμβαδόν, *area*
ἀτράκτου, *area of a lune*
ἐλλείψεως, *area of an ellipse*
ἐπιφανείας ἐκ περιστροφῆς, *area of a surface of revolution*
καμπύλης ἐπιφανείας, *area of a curved surface*
τριγώνου, *surface of a triangle*
ἐμβαδοῦ, σμίκρυνσις, *reduction of area*
ἐμβάλλω ἐμπόδια, *to interfere*
ἐμβάλωμα, *patch, patching*
ἐμβαλώνω, *to patch*
ἐμβαπτίζω, *to steep*
(μετὰ βαφήν), *to quench*

ἐμβάπτισις ἐντὸς λουτροῦ ὀξέος, *pickling*
ἐμβάς, *skid*
ἐμβάσεις, *(carpenter) joints*
ἐμβάτης, *marine*
ἐμβέλεια, *range*
συνεννοήσεως, *communication range*
ἐμβόλαιον, *mandrel, mandril, chipping chisel, splicing fid, fid*
ἐμβολεύς, *plunger, rammer, ram-rod, ram, bucket*
ἀερίων, *gas plunger*
ἐκ φελλοῦ, *cork plug*
κλειδὸς ἀλλαγῆς τροφοδοτήσεως, *bolt switch plunger*
λειτουργῶν δι' ἐλατηρίου, *spring-operated plunger*
ρυθμιστικοῦ κοχλίου, *adjusting screw plunger*
ἐμβολὴ διορθώσεως, *patching*
ἐμβόλιμον ἔτος, *leap year*
ἐμβολισμός, *piston stroke, stroke*
ἀναρροφήσεως, *suction stroke*
ἐκφυγῆς, *exhaust stroke*
ἐξόδου, *exhaust stroke*
συμπιέσεως, *compression stroke*
ἔμβολον, *piston, ram*
ἀναστολέως ὀλισθητῆρος, *slide stop plunger*
ἀντλίας, *sucker*
ἀνψώσεως, *lifting piston*
ἀσφαλείας, *safety catch piston*
ἀσφαλίσεως, *plunger*
κιβωτιοειδές —, *box piston*
μεταδόσεως κινήσεως, *relay piston*
στρωμένον —, *ground and polished piston*
σχοινίου, *strand*
ὑπηρετικόν —, *servo-piston*
φίλτρου ὑψηλῆς πιέσεως, *high-pressure filter plug*
ψυχραινόμενον —, *cooled piston*
ἐμβόλου, ἀναστολεῖς, *piston stops*
ἀνοχή —, *piston play*
ἄξων —, *piston pin*
ἀσφαλίσεως, ἐλατήριον, *plunger spring*
ὑποδοχή — —, *plunger tube*
αὔλακες —, *piston ring-grooves*
βάκτρον —, *piston rod*
δακτυλιοειδεῖς τριβεῖς πείρου —, *piston pin bushings*
δακτύλιος στεγανότητος —, *piston ring*
διαδρομή —, *piston stroke, travel of piston, throw of piston, stroke*
κυλίνδρου, *travel of piston*
ἐμβόλου
διάδρομος —, *piston way*
διάκενα ἐλατηρίου —, *piston ring gaps*
δύναμις —, *piston power*
κινητήριος — —, *piston power*
ἐλατήριον —, *piston ring*
στεγανότητος —, *piston spring*
ἐπιφάνεια —, *piston area*
κάθετος — —, *piston skirt*
κάτω περιφέρεια —, *piston skirt*
κεφαλή —, *piston crown, piston head, nose plug*
κροῦσις —, *piston knock*
μῆκος διαδρομῆς —, *travel of piston*
ὁδηγοί —, *piston guides*
παρέμβυσμα βάκτρου —, *piston rod packing*
πεῖρος —, *piston pin, wrist pin*
περικάλυμμα —, *junk ring*
πούς —, *cross head*
σταυρός —, *cross head*
στεγανωτικὰ ἐλατήρια —, *piston sealing rings*
στεφάνη —, *sprocket wheel*
ταχύτης —, *piston speed*
ὦμος —, *piston shoulder*
ἐμβύθισις, *immersion*
ἐμετικὴ τρύξ, *potassium antimonyl tartrate, tartar emetic*
ἐμετίνη, *emetine*
ἐμμονή, *persistence, tenacity*
ἔμμονος ἀντικυκλών, *persistent anticyclone*
παγετός —, *persistent frost*
τάσις, *persistent tendency*
ἐμουλσίνη, *emulsion*
ἐμπειρικοὶ τύποι, *empirical formulae*
ἐμπειρικός, *empirical*
ἐμπεποτισμένος, *impregnated*
τάπης καννάβεως, *impregnated Hessian matting*
ἐμπηγνύω, *to stick*
ἔμπηξις, *recess*
ἐμπιστευτικαὶ διαταγαί, *confidential orders*
ἐμπιστευτικὸν ἔγγραφον, *confidential document*
ἐμπλέκειν, *to drop into gear, to gear together*
ἐμπλεκόμενος ἄξων, *engaging shaft*
ἐμπλέκτης, *clutch*
ἐμπλοκεύς, *dog coupling, dog*
ἐμπλοκή, *engagement, gearing, blockage, stoppage*
ἀλλαγῆς ταχυτήτων, *change-speed gear*

ἐμπλοκὴ
ἀναστροφῆς, *reversing gear*
δι' ὄνυχος, *ratchet gear coupling*
μεγάλης ταχύτητος, *high gear*
ὀδοντοτροχοῦ, *meshing*
ὄνυχος, *engagement of a pawl*
συγχρονισμένη —, *synchromesh*
τριβῆς, σφηνοειδής, *wedge (surface) friction gear*
τριβομένου δίσκου, *disk-friction gearwheel*
ἐμπλοκῆς, ἐπιφάνεια, *area of engagement*
ἐμπλουτισμός, *enrichment, concentration, refining*
μίγματος δι' ἀπογείωσιν, *mixture enrichment for take-off, take-off mixture enrichment*
ἐμπλουτισμοῦ μίγματος, βελόνη, *enrichment needle*
μηχανισμός — —, *enriching device*
συσκευή — —, *enriching device*
ἐμποδίζω, *to obstruct*
ἐμποδιστήρ, *limit stop*
τροχῶν, *chock*
ἐμποδίων, ἐπισήμανσις, *obstruction marking*
σῆμα —, *obstruction marking*
φῶτα —, *obstruction lights*
ἐμπορικὸν ὄνομα, *trade name*
ἐμποτισμός, *soaking*
διὰ σωσικρέατος, *creosote impregnation*
ἔμπουλο. Βλ. ἔμβολον σχοινίου.
ἐμπρηστικὴ βόμβα, *incendiary bomb*
μετὰ θερμίτου, *incendiary bomb with thermite*
οὐσία, *incendiary substance*
σύνθεσις, *incendiary composition, igniter*
ἐμπρηστικὸν βέλος, *incendiary arrow*
ἐμπρός, *fore*
ἐμπροσθέλλα, *apron*
ἔμπροσθεν, *afore, front*
ἐμπροσθία κίνησις ἐμβόλου καὶ κλείθρου, *forward movement of piston rod and bolt*
πλάξ, *front plate*
περιστροφικὴ κίνησις στροφάλου, *forward rotation of crank*
περιτύλιξις, *front packing*
ἐμπρόσθιον κάλυμμα, *front cover*
κάτοπτρον λέβητος, *front plate of boiler*
σκοπευτικόν, *fore-sight*
ἐμπρόσθιος, *fore*
ἐμπροσθίου καλύμματος, ἁρπάγη (ἀσφάλιστρον), *front cover catch*
ἀσφάλεια — —, *front cover anchorage*
ἐμπροσθοβαρής, *nose-heavy*
ἔμπρυμνος, *by the stern*
ἔμπρῳρος, *by the head, by the bow*
ἐμπύριον, *explosive cap, cap*
ἐκ ξηρᾶς βαμβακοπυρίτιδος, *guncotton dry primer*
ἐνισχυτικόν —, *booster cap*
ἐπικρούσεως, *percussion cap*
ἐμπυρίου, σφαιρίδιον, *cap pellet*
ἐμφανίζω, *to develop*
ἐμφανίσεως, αἴθουσα, *developing room*
δεξαμενή —, *developing tank*
στίγματα —, *development marks*
ἐμφάνισις, *developing, development*
ἀνεπαρκής —, *underdevelopment*
δι'ἐξετάσεως, *development by examination*
διὰ τῆς μεθόδου τῶν παραγόντων, *development by factorial method*
ἐμφανιστικὴ διάλυσις, *developing solution*
ἐμφανιστικόν, *developer*
ἐμφανιστικοῦ, κατασκευή, *construction of the developer*
ἐμφρακτήρ, *shutter, interceptor*
ἐμφράκτης, *choke*
ἔμφραξις, *blockage, obstruction*
ἐμφράττω, *to obstruct, to blank off*
ἐμφυσήσεως, πίεσις ἀέρος, *blast pressure*
πλευρά —, *blast side*
ρυθμιστής —, *blast regulator*
ἐμφυσῶ, *to inflate*
ἐν, *in*
ἀναγλύφῳ, *embossed*
ἀποθέσει, *flying trim*
ἀποκλίσει πρὸς τὸν ἄνεμον, *out of wind*
ἐμπλοκῇ, *in gear*
κινδύνῳ, *in distress*
κινήσει, *under way*
πλῷ, *under way*
πορείᾳ, *under way*
σειρᾷ, *in series*
σχήματι κλωβοῦ, *squirrel cage*
φάσει, *in phase*
ἐναέριοι φωτογραφίαι ἐν σειρᾷ, *photographic strip*
ἐναέριος, *aerial, air-borne*
ἀγωγός, *aerial conductor, overhead line*

ἐναέριος
γραμμή, *aerial conductor, air route, overhead line, lane*
μεταφορᾶς, *air-line*
διάδρομος, *air corridor*
διακλάδωσις, *aerial frog*
ἐπιδρομή, *air raid*
κίνησις, *air traffic*
μεταφορά, *air transport*
ὁδός, *air-way, lane*
στόχος τύπου πυραύλου, *rocket target*
ὑποτύπωσις, *air plot method*
φωτογραφία, *aerial photograph*
φωτογραφική, *aerial photography*
ἐναέριον καλώδιον, *aerial cable*
πεδίον, *lane*
ἐναζώτωσις, *nitriding, nitrogen case-hardening*
ἐναλλαγή, *alternation*
φάσεων, *alternating the phase*
ἐναλλακτέος, *alternative, interchangeable*
ἐναλλακτήρ, *alternator*
ἐναλλάκτης, *alternating-current generator*
ἐναλλακτική μέθοδος, *alternate method*
ἐναλλακτικός, *interchangeable, alternative*
ἐναλλάξιμος, *interchangeable*
κλῖμαξ, *interchangeable alternative scale*
ἐναλλασσομένη ἠλεκτρεγερτική δύναμις (Η.Ε.Δ.), *alternating electromotive force (e.m.f.)*
μέθοδος, *alternative method*
συνιστῶσα, *alternating component*
ἐναλλασσόμενον ρεῦμα (Ε.Ρ.), *alternating current (a.c.)*
φορτίον, *alternating load*
ἐναλλασσόμενος, *alternating, alternative*
φάρος, *alternating light*
ἐναλλασσομένου ρεύματος, κεντρική τροφοδότησις, *a.c. mains*
πλευρά — —, *alternating current (a.c.) side*
ἐναλλάσσω, *to alternate*
ἐνανθρακωμένος, *case-hardened*
ἐνανθράκωσις, *carbonation, carbonisation, cementation, case hardening*
ἐναπόθεσις, *dumping*
ἐναποθηκεύειν, *to store*
ἐνέργειαν, *to store energy*
θερμότητα, *to store heat*
ἐναποθήκευσις, *storage, storing, stowage*
ἐναρμόνισις, *harmonisation*
ἔναρξις, *opening*
πυρός, *open fire*
ἔναστρος, *starry*
ἐνασφαλτώνω, *to bituminize*
ἔναυσις (ἐκρηκτ. ὕλης), *initiation*
ἔναυσμα, *priming, igniting, kindling*
ἐναυσματοδότης, *igniter*
ἐναύσματος, σύνθεσις, *priming composition*
ἐνδασφάλεια, *interlocking, inlet joint*
ἐνδείκτης, *indicator, pointer, gauge*
ἀνόδου-καθόδου, *climbing-descent indicator, pitch indicator, statoscope*
βήματος ἕλικος, *propeller pitch indicator*
γωνιακῆς ταχύτητος, ἐναερίου στόχου, *rate indicator*
δέκα μοιρῶν, *ten-degree index*
δεκάδων, *tens pointer*
χιλιάδων, *tens of thousands pointer*
διευθύνσεως, *direction indicator (D.I.)*
δίσκου ρυθμίσεως, *timing disk pointer*
ἑκατοντάδων, *hundreds pointer*
ἐκπτώσεων (ὄργανον), *drift indicator*
ἐπιφανείας, *level indicator*
θερμότητος καὶ ἀτμοσφαιρικῆς πιέσεως, *barothermograph*
κατευθύνσεως, *steering-indicator*
χειριστοῦ, *pilot's direction indicator*
λήψεως, *exposure counter*
μεταφθορίζοντος φωτισμοῦ, *fluorescent indicator*
περιστροφῶν, *revolution indicator*
περιτυλίξεως φωνοταινίας, *film wind indicator*
πιέσεως, *manifold pressure*
πορείας, *course indicator*
ποσότητος βενζίνης, *fuel contents gauge*
προνευστασμοῦ, *pitch indicator*
πτερυγίων καμπυλότητος, ὀπτικός, *visual flap indicator*
ρυθμιζόμενος —, *adjustable pointer*
ρυθμοῦ ταχύτητος ἀνόδου, *rate of climb indicator*
στάθμης ἐλαίου, *oil level indicator*
στροφῆς, *turn indicator*

ἐνδείκτης
καὶ κλίσεως, *turn-and-bank indicator, turn-and-sideslip indicator*
συντονισμοῦ δέσμης ἠλεκτρονικῶν ἀκτίνων, *electron beam tuning indicator*
ταχύτητος ἀέρος τύπου μετὰ διαφράγματος, *diaphragm-type airspeed indicator*
τυμπάνου, *capsule-type airspeed indicator*
στροφῆς, *rate of turn indicator*
φάσεως, *electro-goniometer*
φλογοθαλάμου, *fire-box stay*
φωτιζόμενος —, *luminous indicator*
χιλιάδων, *thousands pointer*
ἔνδειξις, *reading, setting*
διαθλάσεως, *index of refraction*
ἐκπτώσεως ἐκ τῶν ὄπισθεν, *sternward reading*
ἔνδεσις, *joint*
ἔνδεσμος, *girder*
ἐνδέτης, *stay*
θερμοπομπῶν, *radiator nipple*
λέβητος, *stay bolt*
ἐνδιάμεσον κῦμα, *intermediate wave*
ἐνδιάμεσος, *intermediate*
ἄξων, *intermediate shaft*
ἄτρακτος, *intermediate shaft*
πλάξ, *intermediate plate*
περιβολή, *intermediate casing*
συχνότης (Ε.Σ.), *intermediate frequency (I.F.)*
ἐνδοδιαμόρφωσις, *intermodulation*
ἐνδοθερμικός, *endothermic*
ἐνδοσυνεννόησις, *intercommunication, internal communication, interphone*
ἐνδοχώρα, *hinterland*
ἐνδοψυγεῖον, *intercooler*
ἐνδυνάμωσις, *stiffening, boost*
φορέως, *reinforcement of a girder*
ἐνειλιγμένη, *involute*
κύκλου, *involute of a circle*
ἐνέργεια, *action, activity, energy, power, work, appliance, head*
ἀερίων, *action of gases*
ἐκτονώσεως —, *blast effect*
ἀκτινοβολίας, *radiant energy*
ἄμεσος —, *immediate action*
ἀνακουφίσεως, *relief procedure*
αὐτόματος —, *automatic action*
διαφυγῆς, *avoiding action, evasive action*
δυναμική —, *potential energy*

ἐνέργεια
δυνητική —, *potential energy*
ἔργου, *work energy*
θερμάνσεως, *heating effect*
θερμική —, *heat energy*
θέσεως, *potential energy*
κινητή — (ἠλεκτρ.), *inertia*
κινητική —, *kinetic energy*
λανθάνουσα —, *potential energy*
μετρητοῦ φυσιγγίων, *action of round counter*
μηχανική —, *mechanic energy*
ὀπισθοδρομήσεως, *action of recoil*
ὁπλίσεως τοῦ κλείστρου, *cocking action of lock*
παραμορφώσεως, *strain energy*
στατική —, *potential energy*
ἐνεργείας, ἀμέσου, *direct acting*
ἁπλῆς —, *single acting*
διατήρησις —, *conservation of energy*
μετασχηματιστής —, *conversion of energy*
ἐνεργηθείς, *activated*
ἐνεργητικός, *active*
ἐνεργητικότης, *activity, activation, serviceability*
ἐνεργόν ἠλεκτρόδιον, *active electrode*
ρεῦμα, *active current*
ὕψος κεραίας, *effective height of aerial*
ἐνεργοποίησις, *activation*
ἐνεργοποιῶ, *to activate*
ἐνεργός, *active, actual, effective, prevailing, activated*
ὑπηρεσία, *active service*
ἐνεργούμενος, *activated*
ἐνεργοῦσα ἐπιφάνεια, *acting surface*
ἰσχύς, *active voltage*
κατακάθισις, *active deposit*
μᾶζα, *active mass*
τάσις-ἔντασις, *active volt-amperes*
ἐνεργῶν συντελεστής, *active component*
ἔνζυμον, *ferment, enzyme*
ἐνθείωσις, *vulcanisation*
ἐνθέμιον, *bunker, tin, rack, shelf*
ἐναποθηκεύσεως, *storage rack*
ἐργαλείων, *tool rack*
ἔνθεσις, *insertion*
ἐνθέτης, *garnet*
ἐνθέτω, *to embed*
ἐνισχύσεως, γραμμή, *boosting main*
συντελεστής —, *amplification factor*
ἐνίσχυσις, *magnification, amplification, stiffening, gusset, liner*

ἐνίσχυσις
  ἄνευ παραμορφώσεως, *linear amplification*
  βαθμίδος, *stage gain*
  δυνάμεως, *power amplification*
  ἐν εἴδει ἀντηρίδος, *buttress*
  ἐντάσεως, *power amplification*
  ἰσχύος, *power amplification*
  τάξεως «B», *class «B» amplification*
  χαμηλῆς συχνότητος, *low-frequency (L.F.) amplification*
ἐνισχυτήν, καθυστέρησις χρόνου εἰς, *amplifier delay time*
ἐνισχυτήρ, *strengthener*
ἐνισχυτής, *radio amplifier, amplifier, strengthener, stiffener, booster*
  ἀπομονώσεως ἀκτινοβολίας, *buffer amplifier*
  ἀποσβέσεως ἀκτινοβολίας, *buffer amplifier*
  ἐκ ξηρᾶς βαμβακοπυρίτιδος, *guncotton dry primer*
  ἰσχύος (Ε.Ι.), *power amplifier*
  κλιμακοειδής —, *cascade amplifier*
  μικροφώνου, *microphone amplifier*
  τάσεως, στρεφόμενος, *motor booster*
  ὑψηλῆς συχνότητος, *radio frequency amplifier, high frequency (H.F.) amplifier*
ἐνισχυτικὴ νεύρωσις, *shoulder*
  ὀθόνη, *reinforcing fabric*
  ταινία, *Egyptian tape*
ἐνισχυτικὸν πηνίον, *booster coil*
  τεμάχιον, *strengthening piece*
ἐνισχυτικοῦ πηνίου, διακόπτης, *booster coil switch*
    κομβίον — —, *booster coil button*
ἐνισχυτοῦ, βόμβος, *amplifier hum*
  ἰσοδύναμον κύκλωμα —, *amplifier equivalent circuit*
  παραμόρφωσις —, *amplifier distortion*
  σύνθετος ἀγωγιμότης εἰσόδου —, *amplifier input admittance*
  χρόνος διελεύσεως διὰ τοῦ —, *amplifier transit time*
ἐνισχύτρια (λυχνία), *amplifier valve*
  ἰσχύος, *power amplifier*
ἐνισχύω, *to reinforce, to amplify, to boost*
ἐνοφθαλμισμός, *peg marking*
ἐνστατίτης, *enstatite*
ἔνστρωσις, *intercalation*
ἔνσφαιρον ἕδρανον, *ball-bearing*
ἔνσφαιρος τριβεύς, *ball-bearing*
    γωνιακός — —, *angular ball-bearing*
ἐνσφραγίζω, *to seal*
ἔντασις, *stress, stretch, strain, intensity, intensification, current, velocity*
  (ρεύματος ἢ μαγνήτου), *strength*
  ἤχου, *pitching of sound*
  κύματος, *signal strength*
  μαγνητισμοῦ, *intensity of magnetism*
  πεδίου, *intensity of field*
    ἠλεκτρικοῦ —, *electric field intensity*
  προπορευομένη —, *leading current*
  ρεύματος, *intensity of current, overcurrent*
  σελήνης, *intensity of the moon*
  φωτισμοῦ, *intensity of illumination*
ἐντατήρ, *stringer, stretcher, turnbuckle, rigging screw, tie rod, wire*
  ἐπιτόνου, *shroud stretcher*
  κοχλιωτός —, *screw stretcher, stretching screw, stay screw*
ἐντατῆρος, κρικωτὸς ἧλος, *turnbuckle eyebolt*
  κύλινδρος —, *turnbuckle barrel*
  σῶμα —, *turnbuckle barrel*
ἐντατής, *expander*
ἐντοιχίζω, *to embed, to brick in*
ἐντεριώνη (μεδούλι), *pith*
ἐντεριωνικὴ ἀκτίς, *medullary ray*
ἐντερόνεια, *floor boards, lining*
  κύτους, *hold ceiling*
ἐντερονίς, *ceiling plank*
ἐντομή, *gab, groove, notch, slot, score, rabbet*
ἐντόνιον (σχοινίου), *lanyard*
ἐντοπισμός, *elimination, localization*
ἐντορμία, *joint*
  (ξυλουργ.), *(carpenter) joint*
  πλαγία —, *strut-and-tie joint*
ἐντορνεύς, *reamer, rimer*
ἐντός, *in*
  κυκλώματος, *on, in circuit*
ἐντροπία, *entropy*
ἔντροχον, *fair leader, cheek block*
ἔντυπον σημάτων, *message pad*
ἔνυδρος, *hydrated*
ἑνώνειν, *to join*
  μετ' ἀνθρακικοῦ ὀξέος, *to aerate*
  σωλῆνας, *jointing pipes*
ἕνωσις, *union, connection, joint, compound*
  ἀκτηρίδος, *joint of girder*
  ἁπλῆ καθηλωτή —, *lap-riveted-joint*
  δι' ἁπλῆς ἐγκαθίσεως καὶ ἐπιθέσεως, *joggled lap joint*
    ἐπιθέσεως, *lap joint*

ἕνωσις
  διὰ ἥλων κατὰ διαγώνιον, *zigzag-riveted joint*
  εἰσόδου, *inlet joint*
  ἡλωτὴ —, *rivet joint*
  κλειστῆς ἁλύσεως, *closed-chain compound*
  κλειστοῦ δακτυλίου, *closed-ring compound*
  45 **μοιρῶν,** *mitring*
ἐνώτιον, *strap*
  σιδηροῦν —, *iron strap*
  τροχίλου, *rope strop*
ἐξ αὐτεπαγωγῆς, *self-induced*
ἐξαγκυρίζω, *to unshackle*
ἐξαγόμενον, *output*
ἐξαγωγεύς, *extractor*
  ἀερίων δι᾽ ἀπορροφήσεως, *exhauster*
  καρφίων, *nail catcher*
ἐξαγωγή, *extraction, exhaust, outlet, output, eduction, efflux, egress, exit, derivation*
  ἐλευθέρα —, *open exhaust*
ἐξαγωνικὸν σχῆμα, *hexagonal shape*
ἐξάγωνον, *hexagon*
  σχῆμα, *hexangle*
ἐξάεδρον, *hexahedron*
ἐξαερισμός, *de-aeration*
ἐξαεριστήρ, *de-aerator, ventilator, breather, airvent, bleed, carburettor, carburetor*
ἐξαεριστῆρος, παρέμβυσμα, *breather packing*
ἐξαεριστικόν, *gàs vent*
ἐξαεριστικὸς κρουνός, *air cock*
  σωλήν, *vent pipe, air pipe*
ἐξαεριώνειν, *to gasify*
ἐξαεριώσιμος, *gasifiable*
ἐξαερίωσις, *gasification*
ἐξαερούμενος, *volatile*
ἐξαερῶ, *to aerify*
ἐξαέρωσις στερεᾶς οὐσίας, *sublimation*
ἐξαερωτήρ, *carburetter, carburetor*
  δι᾽ ἐγχύσεως, *injection carburettor*
ἐξαερωτῆρος, βελόνη, *carburettor spindle*
  θέρμανσις —, *carburettor heating*
ἔξαλα πλοίου, *upper works*
ἐξαμεθυλενοτετραμίνη, *hexamethylene-tetramine*
ἐξαμίνη, *hexamine*
ἐξαμφιδετῶ, *to unmoor*
ἐξάνθησις, *efflorescence*
ἐξανθράκωμα, *coke*
ἐξανθράκωσις, *decarbonisation, decarbonising, decarburisation*
  τεχνητὴ —, *carbonisation*
ἐξάνιον, *hexane*
ἐξαντλῶ, *to exhaust*
ἐξᾶντος, διόπτρα, *blank tube*
  θόλος —, *sextant dome*
  ἴτυς τοῦ —, *arc of the sextant*
  κάτοπτρα —, *sextant mirrors*
  σῶμα —, *sextant frame*
ἔξαρμα, *angle of elevation*
ἐξαρμολόγησις, *dismantling*
ἐξάρμοσις, *dismantling, stripping*
ἐξάρτημα, *element, component, fitting*
  σιδηροῦν —, *metal fitting*
ἐξαρτήματα, *accessories*
  μετάλλινα — (διαφόρων σχημάτων), *metal fittings*
ἐξάρτησις, *harness*
  (πιστολίου), *holster*
  ἐκ καννάβεως, *webbing equipment*
  πυξίδος, *harness of compass*
ἐξαρτία, *rigging*
ἐξαρτίζω, *to rig*
ἐξαρτισμός, *equipment*
ἐξᾶς, *sextant*
  φυσαλλίδος, *bubble sextant*
ἐξασθενήσεως, σύστημα,, *attenuator*
ἐξασθένησις, *attenuation, regression, fading*
ἐξασκουμένη ἠλεκτρεγερτικὴ δύναμις (Η.Ε.Δ.), *applied electromotive force (e.m.f.)*
  τάσις, *applied voltage*
ἐξατμίζειν, *to evaporate, to steam*
ἐξατμισίμετρον, *evaporimeter*
ἐξάτμισις, *evaporation, exhaust, steam, waste steam*
  διὰ βρασμοῦ, *vaporisation*
  ἐλευθέρα —, *free exhaust*
ἐξατμιστής, *evaporator*
ἐξατμιστικὸς σωλήν, *blast pipe*
ἐξαφρίζω, *to skim*
ἐξάφρισις τοῦ ὑαλοτήγματος, *separation of foam impurities of the glass*
ἐξάχνωσις, *sublimation*
ἐξέδρα, *platform, stand, duckboard*
ἐξειλιγμένη, *evolute*
  ἐλλείψεως, *evolute of the ellipse*
  κυκλοειδοῦς, *evolute of the cycloid*
  παραβολῆς, *evolute of the parabola*
ἐξέλασις, *rolling*
  χειλέων σωλῆνος, *tube flaring*
ἐξελίκτρια, *reel*
ἐξέλικτρον, *reel, winch*
  (ὡρολογίου), *fusee*
ἐξέλιξις, *evolution*
ἐξέτασις, *examination, overhaul*
  διὰ γυμνοῦ ὀφθαλμοῦ, *visual examination*

ἐξευγένισις, *refining*
ἐξεύρεσις τῆς φορᾶς, *sensing*
ἐξηκονταδικαὶ μονάδες, *sexagesimal units*
ἐξηλασμένος, *drawn*
ἐξηλεκτρισμός, *electrification*
ἐξιδρώνειν, *to sweat*
ἐξίδρωσις, *exudation*
ἐξισώσεις δευτέρου βαθμοῦ, *equations of the second degree*
διτετράγωνοι —, *fourth degree equations*
κινήσεως, *equations of motion*
ἐξίσωσις, *equation, equalising*
βοηθητική —, *auxiliary equation*
γραμμική —, *linear equation*
δευτεροβάθμιος —, *quadratic equation*
διεκθετική —, *binomial equation*
διώνυμος —, *binomial equation*
κυβική —, *cubic equation*
ὁμογενής —, *homogeneous equation*
παλινδρομήσεως —, *regression equation*
παλινδρομική —, *regression equation*
παραμετρική —, *parametric equation*
πλήρης —, *full equation*
προσωπική —, *personal equation*
πρωτοβάθμιος —, *linear equation*
πρώτου βαθμοῦ, *first-degree equation*
τεταρτοβάθμιος —, *biquadratic equation*
τριεκθετική —, *trinomial equation*
τριτοβάθμιος —, *cubic equation*
τρίτου βαθμοῦ, *cubic equation*
τριώνυμος —, *trinomial equation*
ὑπερβατική —, *transcendental equation*
χρόνου, *equation of time*
ἐξισωτής, *equaliser, scraper, planer*
ἐξογκῶ, *to inflate*
ἐξόγκωμα, *swelling, bossing*
ἐξόγκωσις καὶ κοίλωμα, *egg and cup*
λόγῳ παγετοῦ, *swelling due to frost*
ἐξοδικός, *hexode*
ἔξοδος, *egress, exit, sortie, outlet*
ἐκ τῆς καταρριχήσεως, *pull-out*
ἑξόζαι, *hexoses*
ἐξοίδησις, *swelling*
θραύσεως, *percentage expansion of section at fracture*
ἐξοικονομητὴς ὀξυγόνου, *oxygen economiser*
ἐξοκέλλω, *to run ashore, to run aground, to strand*
ἐξολισθαίνειν, *to slip*
(ἐπὶ αὐτοκινήτων), *to skid*
ἐξολίσθησις, *skidding, slip*
ἐξολκεύς, *extractor*
(εἰς Browning), *transporter*
κοχλιῶν, *bolt extractor*
τεθραυσμένος —, *broken extractor*
ἐξολκέως, αὖλαξ, *extractor groove*
ἐλατήριον —, *extractor spring*
ἐμβολεύς —, *extractor plunger*
ἧλος ἀναστολέως —, *extractor stop pin*
στερεώσεως κτηδόνων —, *extractor cam rivet*
κτηδόνες —, *extractor cams*
μοχλός —, *extractor lever*
ὁδηγός —, *transporter cam*
κτηδὼν τροφοδοτήσεως —, *extractor feed cam*
περόνη συγκρατήσεως —, *extractor retaining pin*
σκέλη —, *extractor horns*
ὠστήριον —, *transporter plunger*
ἐξολκή, *extraction*
ἐξομάλυνσις τῆς ἐπιφανείας, *grading the surface*
ἐξομαλυντήρ, *scraper*
ἐξομαλυντικὸν ρεῦμα, *smoothing current*
ἐξονυχιστικὴ ἐξέτασις, *strip examination*
ἐξοπλίζω, *to fit, to fit out*
ἐξοπλισμός, *equipment, outfit*
σταθερός —, *standard equipment*
ἐξόρμησις, *sortie*
ἀέρος, *air leak*
ἐξουδετέρωσις, *neutralisation*
ἐξυαλώνειν, *to glaze*
ἐξυάλωσις, *glazing*
ἐξυδατῶ, *to condense*
ἐξυπηρέτησις, *servicing*
ἐξωθερμικὴ ἀντίδρασις, *exothermic reaction*
ἕνωσις, *exothermic compound*
ἐξωθερμικός, *exothermic*
ἐξώθησις, *extrusion*
ἐξωθητήρ, *impeller*
ἐξώθυρα, *house door*
ἐξωλέμβιος μηχανή, *outboard motor*
ἐξωράχιον, *extrados*
ἔξωσις, *expulsion*
ἐξωστήρ, *ejector*
συνδετήρων, *link ejector*
σφηνῶν, *key-drift*
τεθραυσμένος —, *broken ejector*
ἐξωστῆρος, ἀξονικὴ περόνη, *ejector pin*

ἐξωστῆρος
ἄξων —, *ejector pin*
ἐγκοπή —, *ejector slot*
ἐλατήριον —, *ejector spring*
ἄξονος —, *ejector pin spring*
θέσις —, *ejector seating*
κάλυμμα —, *ejector cover*
ἐλατηρίου —, *ejector spring cover*
κοχλίας —, *ejector screw*
προεξέχουσα νεύρωσις —, *ejector cam*
ὁδηγοί —, *ejector guides*
πλάξ —, *ejector board*
ἐξώστης, *balcony*
ἐξωτερικὴ ἀντίστασις, *external resistance*
βλητική, *exterior ballistics*
διάμετρος κοχλίου, *outside diameter of thread*
ἐπικάλυψις ἀτμοσύρτου, *output lap*
περιστροφή, *outside roll*
πλευρικὴ κλίσις, *outward sideslip*
προπορεία, *outside lead*
ἐξωτερικὸν κύκλωμα, *external circuit*
παχύμετρον, *external calliper*
περίβλημα ἐξ ἐλασμάτων, *outside plating*
ἐξωτερικός, *external, exterior, outer, outboard*
δακτύλιος ἐνσφαίρου τριβέως, *outer race of ball-bearing*
ἐξώφυλλον, ἁπλοῦν περιστρεπτόν, *hinged shutter*
ἐπ' ἀριστερά, *left turn*
ὤμου ἄρμ, *slope arms*
ἐπάγω, *to induce*
ἐπαγωγεύς, *inductor, stator, field circuit*
ἐπαγωγή, *inductance, induction, eduction, choke*
ἀπὸ ἑτερονύμων μαγνητικῶν πόλων, *heteropolar induction*
ἠλεκτρομαγνητική —, *electromagnetic induction*
ἠλεκτροστατική —, *electrostatic induction*
μονοπολική —, *unipolar induction*
πηνίου, φαινομένη, *apparent inductance of coil*
πλευρική —, *lateral induction*
ἐπαγωγικὴ γραμμή, *line of induction*
ἱκανότης, *inductive capacity*
σύζευξις, *inductive coupling*
ἐπαγωγικὸν περίβλημα, *induction case*
τύλιγμα ἐπὶ τυμπάνου, *drum winding*
ἐπαγωγικός, *inductive*
ἐπαγώγιμον, *coil, rotor, inductor, armature*
κλειστοῦ κυκλώματος, *closed-circuit armature*
μονοπολικόν —, *single-pole armature*
πεπολωμένον —, *polarised armature*
περιστρεφόμενον —, *revolving armature*
σταθερόν —, *fixed armature*
ταλαντευόμενον —, *oscillating armature*
ἐπαγωγίμου, ἄνοιγμα, *armature gap*
διάκενον —, *armature gap*
περιέλιξις —, *armature winding*
πλὰξ πυρῆνος—, *armature core plate*
πυρήν —, *armature core*
ἐπάγων, *tye, tye block*
ἐπακριβῶς, *accurately*
ἐπάκτιον πυροβολικόν, *coast artillery*
ἐπάκτιος ἄμυνα, *coastal defence*
ἀνωτέρα διοίκησις, *coastal command*
ἐπάλειπτρον, *spatula*
ἐπαλείφω διὰ λίπους, *to grease*
στέατος, *to grease*
ἐπάλειψις, *dressing of a surface*
ἁπλῆ —, *one coat*
διὰ πίσσης θερμῆς, *hot tarring*
ψυχρᾶς, *cold tarring*
διὰ τσιμέντου, *whitewashing, cementing*
ἐπιφανειακή —, *dressing of a surface*
ἐπαλήθευσις, *check, ckecking*
ἐπαλληλία, *superposition*
ἐπαμφοτερίζων, *amphoteric*
ἐπαναλήπτης, *repeater*
ἀεροναυτίλου, *navigator's repeater*
χειριστοῦ, *pilot's repeater*
ἐπαναληπτικὴ μέθοδος, *ditto process*
ἐπαναποθήκευσις, *rehousing*
ἐπανασυγκρότησις, *reassembling, reassembly*
ἐπανασυναρμολόγησις, *reassembling, reassembly, re-rigging*
ἐπανατακτικὸν ἐλατήριον, *return spring, release spring*
μετὰ στελέχους, *return spring and guide*
ἐπανατακτικότης, *resilience*
ἐπανατακτικοῦ ἐλατηρίου, ἀνασταλτικὸν κομβίον, *pinion pawl*
αὔξησις ἐντάσεως — —, *increase in tension of return spring*

ἐπανατακτικοῦ
ἐλάττωσις ἐντάσεως — —, *reduction in tension of return spring*
ζύγισις — —, *weighing of return spring*
θήκη — —, *pinion casing*
ἄξονος συσπειρώσεως — —, *return spring rod housing*
κάλυμμα — —, *spring casing*
κεκαμμένη ράβδος — —, *bent return-spring rod*
κλεὶς ὁδηγοῦ — —, *return spring guide spanner*
ὁμάς — —, *pinion*
περιλαίμιον συγκρατήσεως — —, *retaining collar*
περιστροφικὴ περόνη — —, *pinion hinge-pin*
πλήμνη ἀγκίστρου — —, *hub of return spring*
ὑπερβολικὴ ἔντασις — —, *too heavy return spring*
ἐπανατήκω μέταλλον, *to recast*
ἐπαναφορά, *normalising, tempering, annealing, compensation for wear*
εἰς ἐπίπεδον πτῆσιν, *flattening out*
τὴν ἀρχικὴν κατάστασιν, *overhauling*
ἐπανεγκατάστασις, *rehousing*
ἐπάνθισμα τοίχων ἐκ θειϊκῶν ἀλάτων, *sulphate efflorescence*
νιτρικῶν ἀλάτων, *nitrate efflorescence*
ἐπάνοδος εἰς ὁριζοντίαν πτῆσιν, *flattening out*
ἐπανόρθωσις, *compensation*
ἐπανορθωτὴς πηδαλίου διευθύνσεως, *rudder bias*
ἐπάνω, *overhead*
ἐπαργυρωμένη πλὰξ ὑάλου, *silvered glass plate*
ἐπαργυρώνω, *to silver*
ἐπαργύρωσις, *silver plating, plating*
ὑάλου, *silvering of glass*
ἐπάρτης, ἁπλοῦς, *girt line*
δι' ἑνὸς τροχίλου, *gantline*
σιδηροῦς —, *gin chin*
ἐπαυξάνω, *to accelerate, to increase*
ἐπαυξήσεως, ἄθροισμα, *increment addition*
ἐπαύξησις, *increment*
ἐπαφεύς, *contactor*
ἐπιταχύνσεως, *accelerating contactor*
ἐπαφή, *contact, stud, switch on, tapping*
ἐπαφὴ
βραχυκυκλώσεως, *short-circuit contact*
ἐπέκτασις, *extension. annex*
ἐπένδυσις, *lining, dressing, sheathing, jacket*
διὰ ξύλου, *wooden lining, wood lagging*
ἐξ ὀρειχάλκου, *brass bush*
ἐσωτερική —, *lining*
καλωδίου, μεταλλική, *wire braiding*
ὀχθῶν, *revetment*
πεδίλων, *block lining*
σύρματος, *wire packing*
ἐπενδύω, *to line*
ἐπένθεμα, *gusset*
ἐπεξεργασία, *finishing*
προκαταρκτική —, *preliminary treatment*
ἐπηγκενίς, *plank*
ἐπιστρώσεως, *gangway*
ἐπὶ σιδηροτροχιῶν, *railway mounted*
ἐπιβάρυνσις, *gravitation, loading*
ἐπιβατικὴ κίνησις, *passenger traffic*
ἐπίβλεψις, *surveying*
ἐναερίου κινήσεως, *flying control*
ἐπιβολεύς, *mandrel, mandril*
ἐπιβραδυνομένη ἐνέργεια, *delayed action*
ἐπιβράδυνσις, *retardation, deceleration, negative acceleration*
παλιρροίας, *lagging of tide*
ἐπιβραδυντήρ, *retarder*
ἐπιβραδυντής, *retarder*
ἐπιβραδυντικόν, *restrainer*
ἐμπύριον, *delay cap*
μῖγμα, *delay composition, delayed-action composition*
ἐπιβραδυντικοῦ ἐμπυρίου, ὑποδοχή, *delay cap holder*
ἐπιβράχυνσις, *shrinkage*
ἐπιγλωττίς, *flap*
ἐπιδένω, *to bound in, to bundle, to dress, to bandage*
ἐπιδερμικὸν φαινόμενον, *skin effect*
ἐπίδεσις, *bound in*
ἐπίδεσμος, *dressing, bandage*
προβόλου, *gammoning*
ἐπιδέτης, *lanyard*
ἐπιδιασκόπιον, *epidiascope*
ἐπίδοσις, *performance, record*
ἀποστάσεως, *distance record*
διαρκείας, *duration record*
ταχύτητος, *speed record*
ὕψους, *altitude record*
ἐπιδότης, *epidote*

ἐπίδοτον, *epidote, pistacite*
ἐπίδρασις, *effect*
  ἐξ ἀποστάσεως, *action at a distance*
  κλίμακος, *scale effect*
ἐπιδρομή, *raid*
  ἀεροπορική —, *air raid*
  παρενοχλήσεως, *nuisance raid*
ἐπίδρομος, *spanker*
ἐπιθαλάσσιος ἀρωγή, *salvage*
ἐπίθεσις, *attack, offensive, overlapping*
  ἀπομονώσεως ἐχθρικῶν ἀεροσκαφῶν, *vertical envelopment*
  κατὰ μέτωπον, *head-on attack*
  μικρᾶς διαρκείας, *pass* **(ἀμερ.)**
  πλακῶν, *implate, implating*
  σύντομος —, *pass* **(ἀμερ.)**
  ταχεῖα —, *sweep, strike*
ἐπιθετικαὶ ἐπιχειρήσεις, *offensive operations*
ἐπιθετικός, *offensive*
ἐπιθεώρησις, *inspection, check, checking, survey*
  διὰ συσκευῆς μαγνητικῆς ροῆς, *magnaflux inspection*
  ἑβδομαδιαία —, *weekly inspection*
  ἐξωτερική —, *visual inspection*
  ἐπὶ δοκιμαστικῆς κλίνης ἢ τραπέζης, *bench inspection*
  κλίνης, *bench inspection*
  ἐτησία —, *annual inspection*
  ἡμερησία —, *daily inspection*
  μαγνητικῆς ροῆς, *magniflux inspection*
  μεγάλη —, *major inspection*
  πρόχειρος —, *visual inspection*
  συνήθης —, *routine inspection*
  τρεχούσης φύσεως, *routine inspection*
  τροχάδην, *visual inspection*
ἐπιθεωρητής, *inspector*
ἐπιθωράκισις, *plating*
ἐπικαδμίωσις, *cadmium plating*
ἐπικάθισις κόνεως, *powdery deposit*
ἐπικάθισμα καπνιᾶς, *shining soot*
ἐπικαλυπτικὴ πλάξ, *cover*
ἐπικαλύπτω, *to overlap*
  διὰ φύλλων χρυσοῦ, *to gild*
ἐπικαλύψεως, σημεῖα, *coating marks*
ἐπικάλυψις, *covering, coating, sheathing, padding, planting, skin, lap, overlap*
  ἁπλῆ μεταξίνη —, *simple silk cover (s.s.c.)*
  ἀτμοσύρτου, *flange of slide valve*
  ἀτράκτου δι' ὀθόνης, *air-frame fabric covering, fuselage fabric covering*
ἐπικάλυψις
  δι' ἐμαγίτου, *dope covering, doping*
    ὑφάσματος — —, *fabric doping*
    ὀθόνης, *fabric covering*
  διὰ νικελίου, *nickel plating*
    πολυφύλλου, *plywood skin*
    σορμπίτου, *sorbitising*
    φύλλων, *veneering*
    χαλκοῦ, *copper plating, coppering*
    χρωμίου, *chromium plating*
  ἐκ βάμβακος, ἁπλῆ, *simple cotton cover (s.c.c.)*
  ἔργου, *power overlap*
  ρίζης, *root fillet*
ἐπικαμπή, *kink*
ἐπικασσιτερωμένος, *tin-plated, tinned*
ἐπικασσιτέρωσις, *tin plating*
ἐπίκαυσις, *charring*
ἐπικεκαλυμμένος, *padded*
ἐπίκεντρον, *epicentre*
ἐπικέντρωσις, *centralising, centre punching*
ἐπικεράτιον ἱστίον, *gaff-sail*
ἐπικεφαλῆς (βιβλίου), *frontispiece*
ἐπικλινής, *gradient, raking*
ἐπίκλισις γραμμῆς, *cant of the track, super-elevation of the track*
ἐπικοινωνία, *communication, intercommunication*
ἐπικοινωνίας, ἀκτίς, *communication range*
  ἐμβέλεια —, *communication range*
ἐπικόμβιον, *gusset, lug*
ἐπικουρικός, *auxiliary*
ἐπικρατῶν, *prevailing*
ἐπικρεμής, *hanging*
ἐπίκρουσις, *percussion*
ἐπικρουστήρ, *striker, firing pin*
  τεθραυσμένος —, *broken striker*
ἐπικρουστῆρος, ἀναστολεύς, *striker holder, firing pin stop*
  ἀπελευθέρωσις —, *release of striker*
  ἀσφαλιστικὸς κοχλίας —, *striker keeper-screw*
  βάσις —, *striker post*
  ἐλατήριον —, *firing pin spring, striker spring*
  ἐπέκτασις —, *firing pin extension*
  κεφαλή —, *striker head*
  μοχλός —, *striker lever, tumbler*
  ὀπή —, *striker hole, striker recess*
  περόνη ἀναστολέως —, *striker holder-pin*
    προσαρμογῆς —, *striker fixing-pin*
  πῶμα —, *striker plug*

ἐπικρουστῆρος
στέλεχος —, *striker stem*
ὑποδοχή —, *striker socket*
ὑποστήριγμα —, *striker support*
ἐπικρουστικὴ πλάξ, *cam plate*
ἐπικυκλικός, *epicyclic*
μηχανισμὸς ὀδοντοτροχῶν (μετὰ δορυφόρων), *epicyclic gear*
ὑποπολλαπλασιασμός, *epicyclical reduction*
ἐπικυκλοειδής, *epicycloid*
ἐπίκυκλος, *epicycle*
ἐπιλεκτικότης, *selectivity*
ἐπιλευκοχρύσωσις, *platinum plating, platinising*
ἐπιλογεύς, *selector*
βομβῶν, *bomb selector*
διακοπτῶν, αὐτόματος, *auto-selector switch*
σκιῶν, *shade selector*
ταχυτήτων, *gear selector*
ἐπιλογή, *selection*
κομβίων, *switch selection*
σκιῶν, *shade selection*
ἐπιλογῆς, βαλβίς, *selector valve*
κρουνός —, *selector cock*
μοχλός —, *selector lever*
ἐπιλογικὸν κύκλωμα, *selective circuit*
ἐπιλοχίας, *sergeant-major (Sgt.-major), staff sergeant*
ἐπίλυσις ἐξισώσεως, *solution*
ὀρθογωνίων τριγώνων, *solution of right-angled triangles*
τριγώνου, *solution of a triangle*
ἐπιματτανίωσις, *parkerising*
ἐπιμετάλλωσις, *metallisation*
ἐπίμηκες σχῆμα, *oblong*
ἐπιμήκης, *oblong*
ἐπιμηκυνσίμετρον, *extensometer*
τοῦ Λὰμπ μετὰ κυλίνδρων, *Lamb's roller extensometer*
ἐπιμήκυνσις, *elongation*
ἐπὶ τοῖς ἑκατόν, *elongation percent*
μόνιμος —, *permanent elongation*
ἐπίμηλον, *acorn*
ἐπινικελωμένος, *nickel-plated*
ἐπινικέλωσις, *nickel plating, nickeling*
ἐπινοῶ, *to design*
ἐπινώτιον, *dorsal*
ἐπίπαγος, *icing, patina*
ἐπιπάγου, σχηματισμός, *incrustation*
ἐπιπεδόκοιλος, *convaco-plane, plano-concave, plane-concave*
ἐπιπεδόκυρτος, *convexo-plane, plano-convex, plane-convex*
ἐπιπεδομετρία, *plane geometry*
ἐπιπεδομετρικὸν διάγραμμα, *planometric diagram*
ἐπιπεδόμετρον, *planimeter, level*
ἐπιπεδόμορφος, *flat-faced*
ἐπίπεδον, *plane surface, plane, flat, deck*
ἐξωτερικόν —, *outer plane*
κεκλιμένον —, *inclined plane*
διπλοῦν — —, *wedge*
συγκρίσεως (ἠλεκτρ.), *datum level*
συμμετρίας, *plane of symmetry*
τριβῶν, *friction layer*
ὡρικοῦ κύκλου, *hour-circle plane*
ἐπίπεδος, *flat, plain, plane, level*
ἀβαθὴς παραλία, *flat*
ἐπιφάνεια, *plane surface*
τελείως —, *dead flat*
ἐπιπεδώνω, *to plane*
ἐπιπεδωτήρ, *levelling machine, grading machine*
σιδηρουργοῦ, *flatter*
ἐπιπλακῶ, *to veneer*
ἐπίπλασμα, *luting*
ἐπίπλευσις, *flotation*
ἐπιπλέω, *to float*
ἐπιπλέων, *afloat*
ἐπιπορεία, *lag*
φάσεως, *lag of phase*
ἐπίπωμα, *rocker pad*
ἐπίρραμμα, *sheathing, goring, gore, patch, tear-off patch, cloth*
πρὸς ἀποφυγὴν τριβῆς, *rubbing patch*
ἐπισείων, *streamer, pendant*
οὐρόδετος —, *wheft*
ἐπισημαντὴς διευθύνσεως, *direction finder, directional finder*
θαλάσσης ἐξ ἀλουμινίου, *aluminium sea marker*
ἐπισιδήρωσις, *coslettising*
ἐπισιπάριον, *skysail*
ἐπισκαλμίς, *gunwale, gunnel*
ἐπισκευάζω, *to repair*
μερικῶς, *to patch*
ἐπισκευάσιμος, μή, *beyond repair*
ἐπισκευαστὴς ὀργάνων, *instrument repairer*
ἐπισκευή, *repair, overhaul, compensation for wear*
γενική —, *top overhaul*
δεξαμενῶν βενζίνης, *repair of fuel tanks*
ἐπικαλύψεως πολυφύλλου, *plywood skin repair*
ἡλώσεως, *rivet repair*
μεγάλη —, *major overhaul*
ἐπισκευῆς, ἀνεπίδεκτος, *beyond repair*

ἐπισκίασις, *obscuration*
ἐπισκιασμένη περιοχή, *overlap area* (ἀμερ.)
ἐπισμάλτωσις, *japanning*
  ἐν θερμῷ, *stove enamelling*
ἐπισμηναγός, *squadron leader (S/L., S/Ldr.), major*
ἐπισμηνίας, *flight-sergeant (F/Sgt.)*
ἐπιστασία αὐτοκινήτων, *motor-transport (M.T.) section*
ἐπιστέγασμα, *roof covering*
ἐπίστεγον, *poop*
ἐπιστήλια, *upper masts*
ἐπιστήλιον, *topmast*
  μικρόν —, *topgallant mast*
  ὀλισθαῖνον —, *sliding gunter*
ἐπιστηλίου, ἐξάρτια, *topmast rigging*
ἐπιστόμιον, *muzzle, spigot, flap*
  ἀντλίας, *fang*
  ἐφαρμογῆς, *packing piece*
  λήψεως θαλασσίου ὕδατος, *sea valve*
    ὕδατος, *water valve*
  λιπαντηρίου, *permeater cock*
ἐπιστράτευσις, *mobilisation*
ἐπιστροφή, *restitution*
  εἰς τὴν βάσιν, *homing*
    δι' ἀκουστικῆς μεθόδου, *aural homing*
      ὀπτικῆς μεθόδου, *visual homing*
  ἐλαίου, *oil return*
  φλογῶν εἰς τοὺς ἀναμικτῆρας, *back-fire into carburettor*
ἐπιστρόφιον, *garboard strake*
ἐπίστρωμα, *veneer*
  ξύλινον —, *wood sheathing*
ἐπίστρωσις, *coating, paving, planting*
  διὰ τσιμέντου, *cement wash*
  ἐμαγίτου, *dope finishing*
  χρώματος, *paint finishing*
ἐπιστύλιον, *architrave*
ἐπισυνάπτω, *to append*
ἐπισφράγισις, *overseal*
ἐπισφράγισμα, *seal*
ἐπίσωτρον, *outer tube, tire, tyre*
  ἀντιδιολισθητικόν —, *non-slip tyre (tire)*
  ἐκ συμπαγοῦς ἐλαστικοῦ, *solid rubber tyre (tire)*
  ἐλαστικόν —, *tyre, tire*
  μετ' ἀεροθαλάμου, *pneumatic tyre (tire)*
  μεταλλικόν —, *metal tyre (tire)*
ἐπίτασις, *excess voltage*
ἐπιταχυνθείς, *accelerated*
ἐπιταχυνομένη κίνησις, *accelerated motion*
ἐπιταχυνόμενος, *accelerated*
ἐπιταχύνσεως, ἐπαφεύς, *accelerating contactor*
  σύστημα —, *accelerating system*
  χοάνη —, *accelerating well*
ἐπιταχυνσίμετρον, *accelerometer*
ἐπιτάχυνσις, *acceleration*
  ἀρνητική —, *negative acceleration*
  γραμμική —, *linear acceleration*
  θετική —, *positive acceleration*
  κατὰ τὴν ἐφαπτομένην, *tangential acceleration*
    κάθετον, *normal acceleration*
  μεταβλητή —, *varying acceleration*
  ὁμοιόμορφος —, *uniform acceleration*
  πίπτοντος σώματος, *acceleration of falling body*
ἐπιταχυντήρ, *accelerator*
ἐπιταχυντῆρος, ἀναστολεύς, *accelerator stop*
  ἄξων —, *accelerator pin*
  ποδωστήριον —, *accelerator pedal*
ἐπιταχυντής, *accelerator*
ἐπιταχύνω, *to accelerate*
ἐπιτεγίς, *rafter*
ἐπιτελεῖον, *staff, headquarters (H.G.)*
ἐπιτιθέμενος, *lapped, lapping*
ἐπιτίθημι, *to attack*
ἐπίτονος, *shroud*
  ἐπαγόμενος —, *running shroud*
ἐπιτρεπομένη κατανάλωσις (φορτίον), *rated load*
ἐπιτροπὴ ἐλέγχου κινήσεως ἀεροσκαφῶν, *regional control board*
  ἐπιθεωρήσεως, *board of survey*
ἐπιτυγχάνω, *to score*
ἐπιφάνεια, *surface, face, area, skin*
  ἀναγραφῆς, *registering face*
  ἀναπτυκτή —, *developable surface*
  ἀντώσεως, *lifting surface*
  ἄνω κεκλιμένη —, *upper platform*
  ἀποτυπώσεως, *surface of impression*
  ἀσυνεχείας, *surface of discontinuity*
  βρεχομένη —, *wetted surface*
  γαλακτώδους μίγματος, *surface of the emulsion*
  διατομῆς, *surface of cut-out*
  διαχέουσα —, *diffusive surface*
  ἐπεξειργασμένη δι' ἐλαίου, *oil-treated surface*
  ἐπικεκαλυμμένη δι' ἐμαγίτου, *doped surface*
  ἐπίπεδος —, *plane area*
  ἐσχάρας κλιβάνου, *fire grate surface*
  ἐσωτερική —, *back face*

ἐπιφάνεια
θαλάσσης, *sea level, zero level*
θραύσεως, *fractured surface*
θερμαινομένη —, *heated surface*
κατολισθήσεως, *surface of subsidence*
λεία —, *smooth surface*
ὀλισθήσεως, *sliding surface, bearing surface*
ὀπισθία —/, *back face*
οὐρᾶς , *tail surface*
παραγωγός —, *generating surface*
πτερυγική —, *wing area*
στερεῶν ἐκ περιστροφῆς, *surface of solids of revolution*
στιλπνή —, *smooth surface*
τομῆς, *sectional area*
τραχεῖα —, *rough surface*
ὑγροῦ ἐν σωλῆνι, *meniscus*
ὑπὸ τάσιν, *stressed surface*
φέρουσα —, *lifting surface*
ἐπιφανειακὴ διαρροή, *surface leakage*
ἐκφόρτισις, *surface discharge*
ἐπάλειψις, *surface dressing*
ἐπεξεργασία, *surface treatment*
πυκνότης, *surface density*
ροὴ ὑδάτων, *surface run-off*
ἐπιφανειακὸν φαινόμενον, *skin effect*
ἐπιφανείας, σμίκρυνσις, *reduction of area*
ἐπιφορτίζω (στρατ.), *to detail*
ἐπιφράκται μουσαμάδων, *battens for tarpaulins*
ἐπιχάλκωσις, *copper plating, coppering, copper sheathing*
ἐπιχαλύβδωσις, *cementation*
κτενισμένον —, *combed stucco*
ἐπιχειρήσεις, *operational flying, operations*
ἐπίχρισμα, *stucco, French polish*
ἀγροτικόν —, *stucco to imitate rusticated ashlar*
βασικόν —, *first coat in plaster work, brown coast in plaster work*
βερνικίου, *layer of varnish*
δι' ὑδραυλικῆς κονίας, *cement layer*
ἐξ ἀσβεστοκονιάματος, *lime plaster*
κτενισμένον —, *combed stucco*
Ράμπιτς, *Rabitz plastering*
ριπτόν —, *pebble-dash plastering*
τοίχων, *wall plaster*
ἐπιχρύσωσις, *gold plating, gilding*
ἐπιχρωματισμένα στρώματα, *layer tints*
ἐπίχωμα, *embankment, earth fill*
κωνικόν —, *quarter-cone fill*
ἐπιχωμάτωσις, *embankment fill, earth fill*
ἐπίχωσις, *earth fill*
ἐπιψευδαργυρῶ, *to galvanise*
ἐπιψευδαργύρωσις, *galvanising, zinc plating*
διὰ θερμάνσεως, *sherardising, platinising*
κοινὴ δι' ἐβαπτίσεως, *common galvanising, hot galvanising, ordinary galvanising, galvanisation by dipping*
ἑπόμενος, *following, follower, after*
ἐποπτεία, *surveying*
ἐπόπτης, *inspector*
ἐποχή, *season, period*
ἑπτάγωνον, *heptagon*
ἑπτάεδρον, *heptahedron*
ἑπτάνιον, *heptane*
ἐπωμίς, *butt*
ἐπωτίδες, *gallows*
ἐπωτίδιον σύσπαστον, *cat tackle*
ἐπωτίδιος τρόχιλος, *cat block*
ἐπωτίς, *davit*
ἀγκύρας, *fish davit, cat davit*
λέμβου, *stern davit*
Ε.Ρ., *a.c.*
ἔρβιον, *erbium (Er)*
ἐργάζεσθαι ἐν παραλλήλῳ, *to run in parallel, to run in multiple*
ὑπὸ ὑπερφόρτισιν, *heavy running*
ἐργαζόμενα μέρη (πολυβόλου), *moving parts (of a gun)*
ἐργαζομένη ἐπικάλυψις τεταμένης μεταλλικῆς ἐπιφανείας, *stressed skin*
ἐργαζόμενον βάθος ὀδοντωτῆς μεταδόσεως, *working depth in toothed gearing*
ἐργαζόμενος, *working*
ἐργαλεῖα ἀνυψώσεως, *tools for lifting machine*
ἀνυψωτήρων, *tools for lifting machines*
ἀσφαλίσεως κοχλιῶν, *screw securing set*
θερμάνσεως, *firing tools*
συντηρήσεως, *maintenance tools*
φραιζῶν, *milling-machine tools*
ἐργαλειομηχανή, *machine tool*
ἐργαλεῖον, *tool*
ἄνευ περιόδου, *dead-beat instrument*
διευρύνσεως ὀπῶν, *counter-boring tool*
ἐπὶ μεταλλικοῦ ἐλάσματος, *trepanning tool*
ἐκχονδρύνσεως, *roughing tool*

ἐργαλεῖον
κάμψεως σωλήνων, *mandrel, mandril*
κατασκευῆς σπειρωμάτων, *screw stock, die-stock*
κοπῆς σωλήνων, *edge-milling cutter*
τομῆς σχήματος V, *V-shaped gouge*
μετρήσεως χωρητικότητος βαρελίων ἢ δοχείων, *gauging rod*
μηχανικόν —, *machine tool*
μηχανοκίνητον —, *machine tool*
πυρακτώσεως, *firing instrument*
ρυθμίσεως ἀκίδος, *foresight cramp tool*
σημειώσεως κέντρου (σημαδεύματος), *centre punch*
στεγανώσεως, *fullering tool*
συγκολλήσεως, *soldering iron*
τελικῆς μορφώσεως, *finishing tool*
χαράξεως, *marking tool, surfacing gauge*
χειροτεχνικῆς ἐργασίας, *hand tool*
ἐργαλείου, κόπτον ἄκρον, *cutting edge of tool*
οὐρὰ διὰ τὴν εἴσδυσιν εἰς χειρολαβήν, *shank of tool*
ἐργασία, *work*
διὰ μηχανῆς, *machine work*
χειρός, *manual labour*
ἐλαττωματική —, *defective work*
συνεχής —, *continuous running*
ἐργαστήριον, *laboratory*
ἐργάτης, *windlass*
ἀγκύρας, χειροκίνητος, *handlass*
ἐξησκημένος —, *skilled labourer*
ἐργατόκρανον, *warping capstan end, drum head of capstan*
ἔργιον (μονὰς ἔργου), *erg*
ἐργοδηγός, *foreman*
ἐργολάβος, *contractor*
ἐργόμετρον καταγραφῆς, *work-recording meter*
ἔργον, *work, function*
ἐν κενῷ, *no-load work*
παραμορφώσεως, *work of straining*
σημειούμενον —, *indicated work*
ἐργοστάσιον, *factory, plant, works*
ἐλάσεως, *rolling mill*
κατασκευῆς λεβήτων, *boiler works*
μηχανῶν, *engineering factory*
παραγωγῆς, *production factory, generating plant*
ρεύματος, *electric plant*
φωταερίου, *gas works*
σιδήρου, *iron works*

ἐργοτάξιον, *site of works*
ἐργοτίνη, *ergotine*
ἐργοτινίνη, *ergotoxine*
ἐρεισίνωτον, *dorsal*
ἔρεισμα, *support, abutment*
ἐρείσματα ὁδοῦ, *haunches, shoulders*
ἔρευνα, *search*
ἀποκλίνουσα —, *diverging search*
παραλλήλων ἰχνῶν, *parallel-track search*
συγκλίνουσα —, *converging search*
τετραγωνική —, *square search*
κινητή — —, *moving square search, relative square search*
σταθερά — —, *fixed square search*
σχετική — —, *relative square search*
κινητή — —, *moving square search*
ἐρινεός, *wild fig tree*
ἔριον, *wool*
ἐρκάνη, *guard rod*
ἕρμα, *ballast*
ἐξ ὕδατος, *water ballast*
εὐσταθείας, *stiffening*
ὑδάτινον —, *water ballast*
ἐρματισμός, *ballasting*
ἑρμηνεία τῶν ἀεροφωτογραφιῶν, *interpretation of air photographs*
Ἑρμῆς (Ἀστρ.), *Mercury*
ἑρμητικός, *hermetical*
ἑρμητικῶς ἐσφραγισμένος, *hermetically sealed*
ἑρπύλιον ρεῦμα, *creeping current*
ἑρπυστήρ, *caterpillar track*
ἑρπύστρια, *caterpillar*
ἐρρυπασμένος ἐκ τῶν καταλοίπων, *sooted up*
ἑρτζιανὰ κύματα, *Hertz waves, Hertzian waves*
ἐρυθρὰ σανδαράχη, *realgar*
ἐρυθραργυρίτης, *pyrargyrite, ruby silver ore*
ἐρυθρελάτη, *white fir, common spruce*
ἐρυθρίνη, *erythrene*
ἐρυθρίτης, *erythrite*
ἐρυθρόδανον βαφικόν, *rubia tinctoria*
ἐρυθρόζη, *erythrose*
ἐρυθροκαστανόχρουν, *reddish brown*
ἐρυθροκεραμόχρουν, *brick-red, lateritious*
ἐρυθρόν, *red*
ἀνοικτόν —, *pillar-box red*
βαθύ —, *Turkey red*
ἰζηματογενές —, *red precipitate*
ἰνδικόν —, *Indian red*

ἐρυθρὸν
καθαρόν —, *pure red*
καστανόχρουν —, *brick red*
κερασόχρουν —, *cherry red*
μολύβδου, *red lead, minium*
ρόδινον —, *yellowish red*
χρωμίου, *chrome red*
ἐρυθρόξυλον, *red wood, red deal*
ἐρυθροπυρωμένος, *red hot, of a red heat*
ἐρυθροπύρωσις, *red heat, dull-red heat*
ἐρυθρὸς ψαμμίτης, ἀρχαῖος, *Old Red Sandstone*
κατώτερος — —, *Inferior Red Sandstone*
νέος — —, *New Red Sandstone*
«ἔρχομαι μακρύς», *to overshoot*
Ε.Σ., *I.F.*
ἐσερίνη, *eserine*
ἐσοχή, *recess*
ἐστεροποίησις, *esterification*
ἐστήρ, *ester*
γλυκερίνης, *glycerin ester*
διγαλλικός —, *digallic ester*
κυτταρίνης , *cellulose ester*
ὄξινος —, *alkyl hydrogen ester*
ἑστία, *furnace, kiln, hearth, fire-box, fire-side, fire-place, focus*
διὰ γαιάνθρακος, *coal furnace*
ἐλλείψεως, *focus of ellipse*
ἐνεργείας, *virtual focus*
καταναλίσκουσα καπνόν, *smoke-consuming furnace*
φανταστική —, *virtual focus*
ἑστιακὴ ἀπόστασις, *focal distance, focal length*
κυρία — —, *focal length*
γραμμή, δευτέρα, *second focal line*
πρώτη — —, *first focal line*
ἑστιακὸν ἐπίπεδον, *focal plane*
σημεῖον, *focal point*
ἑστιακός, *focal*
ἑστιακτὶς καὶ ὀχοῦσα ἀκτίς, *radius vector*
ἑστίας, ἄνοιγμα, *focal aperture*
ἑστίασις, *focusing*
μαγνητική —, *magnetic focusing*
ἑστιατόριον ἐκστρατείας, (μές), *mess*
ἐστιγμένος, *pitted, dotted*
ἐσχάρα, *grate, graticule, grid-iron, grid, hearth, fire pot, slipway*
ἁλυσωτή —, *chain grate*
κεκλιμένη —, *inclined grate*
κλιβάνου, *furnace grate, fire grate, grate*
κλιμακωτή —, *stepped grate*

ἐσχάρα
νεωλκείου, *slip*
ὁριζοντία —, *horizontal grate*
παλινδρομική —, *rocking grate*
περιστροφική —, *revolving grate, revolving rake*
προστατευτική —, *protective grating*
ἐσχάρας, διάκενον, *grate opening*
ράβδων —, *air opening in the grate bars, air space between grate bars*
ἐπιφάνεια —, *grate surface (G.S.), grate area*
ράβδος —, *grate bar*
ἐσχάριον, *grate bar, stock*
κλιβάνου, *fire-bar*
ἐσχαρόκρανον, *dead plate*
ἐσωράχιον, *intrados*
ἐσωτερικά, *interiors*
ἐσωτερικαὶ πλευρικαὶ πλάκες, *inner side plates*
ἐσωτερικὴ εἰσαγωγὴ ἀτμοσύρτου, *inside admission*
ζώνη ἀκουστικότητος, *inner zone of audibility*
προπορεία, *inside lead*
ἐσωτερικός, *internal, inner*
πομπὸς ἐπισημάνσεως, *inner marking beacon*
ἐσωτρόπιον, *centre girder, keelson*
ἑτερόδυνον, *heterodyne*
κυματόμετρον, *heterodyne wavemeter*
ἑτερόδυνος παρεμβολή, *heterodyne interference*
ἑτεροκυκλικαὶ ἑνώσεις, *heterocyclic compounds*
ἑτερότροπον, *allotrope*
ἑτερότροπος, *anisotropic*
ἐτησία ἐπιθεώρησις, *annual survey, annual inspection*
ἐπισκευή, *annual overhaul*
θερμότης, *annual temperature*
μεταβολή, *annual variation*
παράλλαξις, *heliocentric parallax*
πτῶσις βροχῆς, *annual rainfall, annual precipitation*
ἐτήσιαι, *etesian winds*
ἐτήσιοι ἄνεμοι, *etesian winds*
δακτύλιοι, *annual rings*
ἐτήσιος, *annual*
ἐτικέττα, *label, tag*
βάσεως, *station label*
ποσότητος, *batch label*
συσκευαστοῦ, *packer's label*
ἑτοιμάζω πλοῖον διὰ ταξείδιον, *to fit out*

ἑτοιμασία, *outfit*
ἕτοιμος πρὸς ἐκτέλεσιν διαταγῆς, *stand by*
ἔτος, *year*
πολιτικὸν —, *civil year*
-φῶς (μονὰς μήκους), *light-year*
εὐαισθησία, *sensitivity, sensibility*
εὐαίσθητος, *sensitive*
εὐάκουστος, *audible*
εὐδίαιος, *scupper*
εὐδιαλυσία, *solubility*
εὐδιάλυτος, *soluble*
εὐδιόμετρον, *eudiometer*
εὐέλικτος, *manoeuvrable, maneuvrable*
εὐελιξία, *manoeuvrability, maneuvrability, controllability*
εὔελπις, *cadet*
εὐθαλασσία, *slight sea*
εὐθεῖα, *straight line*
γραμμή, *straight line*
θέσις (ἀστρονομική), *astro-position line*
εὔθραστον (ἰδιότης), *brittleness, fragility*
εὔθραστος, *fragile, brittle*
εἰς χαμηλὰς θερμοκρασίας, *cold-short, red-short*
εὐθραυστότης ἀνοπτήσεως, *temper brittleness*
κατὰ τὴν θερμὴν κατεργασίαν, *hot-short*
εὐθυγραμμία, *alignment*
εὐθυγράμμισις, *aligning, alignment, lining*
(φ), *transit*
στροφαλοφόρου ἄξονος, *alignment of crankshaft*
εὐθυγραμμιστὴς ἀξόνων, *shaft straightener*
κυλίνδρων, *cylinder liner*
εὐθύγραμμον σχῆμα, *rectilinear figure*
εὐθύγραμμος, *straight, linear, rectilinear*
κίνησις, *linear motion, rectilinear motion*
εὐθυγραμμῶ, *to align*
εὐθύϊνος, *straight-grained*
εὐθυμερής, *straight-grained*
εὐθυντηρία, *guide*
ράβδος, *slide bar*
εὐθυντηρίας, ἐπιφάνεια, *guide surface*
εὐθύς, *straight*
εὔκαμπτον, *flex*
συρματόσχοινον, *flexible wire*
εὔκαμπτος, *flexible*
εὔκαμπτος
ἀγωγός, *flexible conduit*
ἄξων, *flexible shaft*
ζεῦξις, *universal coupling*
σύζευξις, *flexible coupling*
σύνδεσις, *flexible connection*
σύνδεσμος, *flexible coupling*
μεταδόσεως κινήσεως, *flexible coupling*
συνδετήρ, *flexible coupling*
σωλὴν πετροφλέξ, *Petroflex pipe*
σωλήνωσις, *flexible tubing*
εὐκαμψία, *flexibility, pliability*
εὔκρατος ζώνη, *temperate zone*
εὐλογιάσεις (λακκάκια), *pitting*
εὐλυγισία, *pliability*
εὐμεταχείριστος, *controllable*
εὐπάθεια, *sensitivity*
εὐπαθής, *sensitive*
εὔπλαστος, *malleable, plastic*
ἐκρηκτικὴ ὕλη, *plastic explosive*
εὐπλαστότης, *malleability*
εὐραπηλιώτης, *east-south-east*
εὑρετήριον, *index*
εὑρίσκεσθαι ἐν ἐμπλοκῇ, *to be in gear, geared together*
εὐρύτονος, *south-south-east*
εὖρος, *south-east*
εὖρος, *amplitude*
περιοχῆς, *band width*
σιδηροδρομικῆς ὁδοῦ, *gauge*
ταινίας, *band width*
ταλαντώσεως, *amplitude of vibration*
εὔρους, διαμόρφωσις, *amplitude modulation*
παράγων, *amplitude factor*
παραμόρφωσις —, *amplitude distortion*
εὔρυνσις ὀπῆς, *counter-bore*
εὐρύνω, *ti amplify, to broaden, to widen*
εὐρύτης, *amplitude*
εὐρώπιον, *europium (Eu)*
εὐρώς, *mildew, mould*
εὐρωτιῶν, *mouldy*
εὐστάθεια, *stability, inherent stability, balance, stabilisation, stabilising*
(σύστασις), *consistency*
ἀρχικὴ —, *initial stability*
αὐτόματος —, *automatic stability*
διαμήκης —, *longitudinal stability*
ἐγκαρσία —, *lateral stability*
κατευθύνσεως, *directional stability*
ὄγκου, *soundness*
πορείας, *directional stability*

εὐστάθεια
στατικὴ —, *static stability, statical stability*
φέρουσα —, *inherent stability*
εὐσταθειόμετρον, *consistometer, consistency gauge*
εὐσταθής, *dead beat*
εὐσφυρηλατότης, *malleability*
εὔτηκτος, *fusible, eutectic*
εὐτηκτότης, *fusibility, eutectoid*
εὔφλεκτος, *inflammable*
εὐχείριστος, *easy to handle*
ἐφαπτομένη (ἐφ), *tangent (tan)*
δύναμις, *tangential force*
καμπύλη, *tangent curve*
ὁριζοντία —, *horizontal tangent*
τροχιᾶς βλήματος, *line of departure*
ἐφαπτόμενος, *adjacent*
ἐφαρμογή, *adjustment, fitting, application, appliance*
δι' ὀλισθήσεως, *sliding fit*
διὰ κρούσεως, *driving fit*
στροφῆς, *running fit*
ἐφαρμογῆς, σημεῖον, *point of application*
ἐφαρμόζω, *to adjust, to fit, to mount, to apply*
ἐφαρμοστήριον, *fitting shop*
ἐφαρμοστής, *adjuster, fitter, fitter-armourer, erector*
αὐτοκινήτων, *motor-transport (M. T.) fitter*
ἐφαρμοστοῦ, τράπεζα, *bench, fitter's bench*
ἐφέδρανον, *bearing*
τεμαχιστὸν —, *divided journal bearing*
ἐφεδρεία, *reserve*
ἐφεδρικός, *auxiliary, reserve*
ἔφεδρος, *reserve*
ἐθελοντής, *volunteer reserve (V.R.)*
ἐφέλκυσις, *tension*
ἐφελκυσμός, *drawing, tension, traction*
ἐφελκυστήρ, *tension bar*
ἐφελκυστικὴ ἰσχύς, *tensile force*
ἐφεύρεσις, *invention*
ἐπιδεκτικὴ προνομίου, *patentable invention*
ἐφηλίς, *pin, cotter pin, split pin, splint, gib*
ἀντιτριβικοῦ δακτυλίου ἄξονος μοχλοῦ ὁπλίσεως, *side lever axis bush split pin*
ἄξονος ἐπικαλυπτικῆς πλακός, *cover pin cotter pin*
διαχωρισμένη ,— *split pin*
διχαλωτή —, *split pin*
ἐφηρμοσμένα μαθηματικά, *applied mathematics*
ἐφηρμοσμέναι ἐπιστῆμαι, *applied sciences*
ἐφηρμοσμένη στατική, *applied statics*
ἐφηρμοσμένος, *applied*
ἐφίδρωσις, *exudation*
ἐφιζάνειν, *to adsorb*
ἐφίζησις, *adsorption*
ἐφοδεία, *inspection*
ἐφόδια, *outfit, kit*
ἐναποθηκεύσεως, *storage equipment*
πλοίου, *(ship) stores*
ἐφοδιάζω, *to fit*
ἐφοδιασμός, *supply*
ἐφοδιοφόρον ἀτμομηχανῆς, *tender (of a locomotive)*
ἐφόλκιον, *boat*
ἑλικοκίνητον —, *power boat*
ἐφόρμησις, *zoom*
ἐφραγμένος εἰς θέσιν ἀργὰ (βραδείας λειτουργίας), *throttled down*
ἐφυάλωμα, *glaze, slip-clay glaze*
ἐφυαλώνειν, *to glaze*
ἐφυάλωσις (τοποθέτησις ὑαλοπινάκων), *glazing*
ἔχμα, *lashing rope, gripe, becket, stopper*
ἐχμάζω, *to seize, to frap*
ἔψησις μεταλλευμάτων, *roasting ores*
ἐωζίνη, *eosin*
ἐωσίνη, *eosin*
Ἑωσφόρος (Ἀστρ.), *Lucifer*

Z

ζάντα, *rim*
ζὰρ (μονὰς μετρήσεως χωρητικότητος), *jar*
ζάρωμα, *shrinking*
ζαφείρι. Βλ. σάπφειρος.
ζελατίνη, *gelatine, celluloid*
  ἀναφλέξεως, *gelignite*
  διχρωματική —, *bichromated gelatine*
  πυριτιοῦχος —, *silica gel*
ζελινῖτις, *gelignite*
ζεμπίλι, *gabion, basket*
ζενίθ, *zenith, vertex*
  τοῦ παρατηρητοῦ, *observer's zenith*
ζενιθία. Βλ. ζενιθιακή.
ζενιθιακὴ ἀπόστασις, *zone distance, co-latitude*
    ἀστέρος, *zenith distance*
  προβολή, *zenithal projection*
ζευγάρωμα, *coupling*
ζευγαρώνω, *to couple*
ζευγαρωτός, *binary*
ζευγνύειν, *to couple, to put into gear, to throw into gear*
  ἐν παραλλήλῳ, *connecting in parallel, connecting in multiple*
ζεῦγος, *couple, torque, binary*
  διευθύνσεως, *rudder bar*
  δυνάμεων, *torque, couple*
    προκαλούμενον ὑπὸ τῆς περιστροφῆς τῆς ἕλικος, *propeller torque*
  ἐκκινήσεως, *starting torque*
  ἠλεκτρονίων, *electron pair*
  κινητήρων, *motor set*
  μηχανικῶν ἀναρροφήσεων ρευμάτων, *group of negative boosters*
  περιστροφῆς κινητῆρος, *engine torque*
  στρέψεως, *couple torque*
ζευκτήρ, *couple*
ζευκτόν, *trussed beam*
  στέγης, *roof truss*
  τοξωτόν —, *arched truss*
ζεύξεως, ἀναλόγιον, *switch-desk*
  ἑρμάριον —, *switch cupboard*
  στήλη —, *switch column*
ζεῦξις, *connection, engagement, coupling, putting into gear, throwing into gear*
ζεῦξις
  διὰ διακένου κυλινδρικοῦ τεμαχίου, *box coupling, butt coupling*
    κοχλίου, *screw coupling*
    σιαγόνων, *claw coupling, jaw coupling*
  μικτή —, *mixed grouping*
  πολυγωνική —, *mesh connection*
  σειρᾶς, *series connection*
  στερεά —, *close coupling, tight coupling*
  τριγωνική —, *delta connection*
Ζεὺς (Ἀστρ.), *Jupiter*
ζέφυρος, *west wind, westerly wind, zephyr*
ζητούμενον, τό, *the unknown*
ζιγκίτης, *zincite*
ζιγκλέρ, *nipple, spraying nipple*
ζιρκόνιον, *zirconium (Zr)*
  τετραχλωριοῦχον —, *zirconium tetrachloride*
ζιρκονίου, διοξείδιον, *zirconium dioxide*
ζούλ, *joule (J)*
ζουμάρισμα, *zoom*
ζουμπᾶς, *punch, punching machine, reaming iron*
ζοῦρλος, *gasket, stop, bunt gasket*
ζυγὰ ἀνὰ δεύτερον νομέα, *beams at alternate frames*
  καταστρώματος, *deck beams*
ζυγαριά, *balance, beam engine.* **Βλ. καὶ ζυγός.**
ζύγισις, *weighing*
  ὠθήσεως, *weighing pull-off*
ζυγογέφυρα, *weighing machine, weighbridge, platform scales*
ζυγοδόκη, *clamp*
ζυγοὶ ἀξόνων στηρίξεως πολυβόλου, *rocker shaft bearings*
  ἐπὶ τροχιᾶς, *track scales*
ζυγόν, *beam*
  δονισμοῦ, *panting beam*
Ζυγός (Ἀστρ.), *Libra*
ζυγός, *scale, balance, rocker, rocking beam, yoke, steel yard*
  ἀκριβείας, *micro-balance*
  αὐτόματος —, *automatic scales*
  βαλβίδων, *rocker arm, rocker*

ζυγὸς
γεφυρωτός —, *weighing machine*
δεκαδικός —, *decimal balance*
διὰ δοκοῦ, *beam balance*
ἐλατηρίου, *spring balance*
ἠλεκτροδυναμικός —, *current balance*
μὲ ἐλατήρια, *spring balance*
μεταδόσεως κινήσεως διὰ δυνάμεως ζώων, *bullock gear, cattle gear, horse gear*
Μποῦνκερ, *Bunker scale*
πίνακος διανομῆς, *bus-bar*
προσγειώσεως, *earth bar*
στρέψεως, *torsion balance*
ὑδροστατικός —, *hydrostatic balance*
ζυγοσταθμίζω, *to trim, to balance*
ζυγοσταθμίσεως βενζίνης, σύστημα, *balancing fuel system*
δεξαμενή —, *trimming tank*
λωρίδες —, *trimming strips*
μηχάνημα —, *balancing machine*
πτερυγίδια —, *trimming tabs, trim tabs*
ρύθμισις —, *trimming adjustment*
ζυγοστάθμισις, *balance*
μηχανῆς, *balancing of engine*
ζυγοσταθμισμένον πηδάλιον, *balanced rudder*
ζυγοσταθμισμένος τομεύς, *balanced sector*
ζυγοσταθμιστής, *stabiliser*
ἀεροσκάφους, *stabiliser, airplane stabiliser*
κατακόρυφος —, *vertical stabiliser*
ὁριζόντιος —, *horizontal stabiliser*
ζυγοῦ, ἀγκών, *beam knee*
δίσκος —, *scale pan*
δοκίς —, *beam of balance*
πέδιλον —, *beam shoe*
ζύγωθρον καθεκτῶν, *hatch bar*
ζύγωμα, *girder, cross head*
ζυγῶν, ἀραίωμα, *beams spacing*
ζυμεγέρτης, *yeast*
ζύμη, *paste*
ζυμογαλακτικὸν ὀξύ, *lactic acid*
ζύμωσις, *fermentation*
ζωάνθραξ, *animal charcoal*
Ζῴδια, *signs of the Zodiac*
ζῳδιακὸν φῶς, *zodiacal light*
Ζῳδιακὸς Κύκλος, *Zodiac*
ζωϊκὴ πηκτή, *gelatine*
ζῶναι ἀναρτήσεως, *adaptor bands*
τροπικῶν ἀπνοιῶν, *horse latitudes*
ζώνη, *zone, area, belt, girdle, frieze*
ἀδυνάτου λήψεως, *blind spot*
ἅλματος, *skip distance*
ἀνωμάλου ἀκουστικότητος, *zone of abnormal audibility*
ἀπηγορευμένη —, *prohibited area*
ἀραιώσεως, *dispersal area*
ἀρκτική —, *polar zone*
ἀσφαλείας, *safety belt, safety harness*
διακεκαυμένη —, *torrid zone*
ἐμποδίων, *obstruction area*
ἐπιχειρήσεων, *combat zone*
εὔκρατος —, *temperate zone*
κατεψυγμένη —, *frigid zone*
μεγίστης συχνότητος (σέλαος), *zone of maximum frequency (of aurora)*
μήκους, *zone of longitude*
μηκῶν κύματος, περιωρισμένη, *restricted band of wave-lengths*
ναρκῶν, *mine belt*
περιστρόφῆς ἕλικος, *propeller slipstream*
πλεκτή —, *tress, mat, gasket*
πλησίον ἰσχυροῦ πομποῦ, *wire-out area*
προκεχωρημένη —, *combat zone*
προσγειώσεως, *landing area, outfield*
σιγῆς, *zone of silence, skip distance*
συχνοτήτων, *channel*
ἀντιδράσεως, *feedback channel*
σχοινίου, *swifter*
ταραχώδης —, *disturbed area*
ταχυτήτων, *range of speeds*
τροπική —, *torrid zone*
ζώνης, ἀριθμός, *zone number*
ζωνικὴ διέλευσις, *pass band*
ζωστήρ, *sheer strake*
ἀσφαλείας, *safety belt*

Η

ἡδυοσμοκαμφορά, *mint camphor*
ἡδύοσμος, *mint tree*
Η.Ε.Δ. (ἠλεκτρεγερτικὴ δύναμις), *e.m.f. (electro-motive force)*
ἠθμοπιεστήριον, *press filter*
ἡλάγρα, *nippers, nail claw, pincers*
ἡλαιρέτης, *nail catcher*
ἠλακάτη, *skysail mast, pole of a mast*
ἠλεκτράμαξα, *electric locomotive*
ἠλεκτραρνητικόν, *anion*
ἠλεκτρεγερτικὴ δύναμις (Η.Ε.Δ.), *electro-motive force (e.m.f.)*
  ἐξ αὐτεπαγωγῆς, *induced e.m.f.*
ἠλεκτρικὴ ἅλυσις (κυκλωμώτων), *electrical chain*
 ἀμπούλα, *electric bulb*
 ἀντήχησις, *electrical resonance*
 ἀντίφασις, *anti-node*
 ἀντοχὴ (μονωτήρων), *electric strength*
 ἀπορρόφησις, *electrical absorption*
 γεννήτρια, *electric generator*
 ἐγκατάστασις, *electrical installation, electric fittings, electrical supply circuit, electric plant, wiring*
 ἐκκένωσις, *electric discharge, brush discharge*
 ἔκρηξις, *electrical impulse*
 ἕλξις (ὀχημάτων), *electric traction*
 ἕνωσις, *short-circuit*
 ἐπαγωγή, *electric induction*
 ἐπικάλυψις μετάλλων, *electroplating, Fescoling, tricolising*
 θέρμανσις, *electric heating, electrical heating*
 ἱπποδύναμις, *electrical horse-power*
 ἰσχύς, *electric power*
 καθαλάτωσις, *electrical precipitation*
 κάμινος, *electric furnace*
 λυχνία, *electric tube, electric bulb*
 παραμόρφωσις μεγαφώνου λόγῳ ὑπερφορτίσεως τῆς λυχνίας, *blasting*
 πίεσις, *potential*
 πυκνότης ἐπιφανείας, *electric surface density*
 ροή, *electric flux*
 σειρήν, *electric horn*
 στήλη, *voltaic pile*

ἠλεκτρικὴ
 συνδεσμολογία, *electrical wiring*
 συνέχεια σωληνώσεως, *electrical continuity of tubing*
ἠλεκτρικοὶ θύσανοι, *St. Elmo's fire*
ἠλεκτρικὸν διάφραγμα φωνογράφου, (πικάπ), *gramophone pick-up*
 δυναμικόν, *electric potential*
 δυναμόμετρον, *electric dynamometer*
 καλώδιον, *electrical lead*
 κτύπημα, *electric shock*
 κύκλωμα, *electric circuit*
  ὑπερφορτισμένον — —, *overloaded circuit*
 ὀξύ, *succinic acid*
 πεδίον, *electric field*
 ρεῦμα, *electric current, voltaic electricity*
  τοῦ παρὰ τὴν γῆν ἀέρος, *air-earth current*
 τηλεσκόπιον, *electric telescope*
 τόξον, *electric arc*
  φωτεινόν —, *electric arc, arc*
 ὑλικόν, *electric equipment*
ἠλεκτρικός, *electrical*
 ἀναφλεκτήρ, *electric igniter*
 ἐκκινητήρ, *electric(al) starter*
 ἐξαρτισμός, *electric fittings*
 ζυγός, *ampere balance*
 θερμαντήρ, *electrical heater*
 κώδων, *electric bell*
 λαμπτήρ, *electric bulb, electric lamp, electric-light bulb*
  διὰ βολταϊκοῦ τόξου, *arc lamp*
 μετασχηματιστής, *electric transformer*
 προβολεύς, *electric-light projector*
 πυκνωτής, *electric condenser*
 σπινθήρ, *electric spark*
 σπινθηριστής, *electric igniter*
 συλλέκτης, *brush gear*
 συνδέτης, *jumper*
 φανός, *flash-light*
ἠλεκτρικῶς οὐδέτερος, *electrically neutral*
ἠλέκτρισις, *electrification*
ἠλεκτρισμός, *electricity*
 ἀρνητικός —, *negative electricity*
 ἀτμοσφαιρικός —, *atmospheric electricity*

ἠλεκτρισμὸς
θετικός —, *positive electricity*
ἠλεκτρισμοῦ, διαφυγή, *electrical leakage*
κύκλωμα παροχῆς —, *electrical supply circuit*
σταθμὸς παραγωγῆς —, *electric generating station*
ἠλεκτροανάλυσις, *electro-analysis*
ἠλεκτρογαλβάνισμα, *electro-galvanising*
ἠλεκτρόδια, *pin plugs*
ἠλεκτρόδιον, *electrode*
ἀρνητικόν —, *negative electrode*
διπολικόν —, *bipolar electrode*
ἐπιταχύνσεως, *accelerating electrode*
θετικόν —, *positive electrode*
περιπεφραγμένον —, *sheathed electrode*
ἠλεκτροδίου, διάκενον, *electrode gap*
δυναμικόν —, *electrode potential*
κανονικόν — —, *normal electrode potential*
ἠλεκτροδυναμικὸν μεγάφωνον, *electro-dynamic loudspeaker*
μικρόφωνον, *electro-dynamic microphone*
ἠλεκτροεκκινητήρ, *electric starter*
χειροκίνητος —, *hand-electric starter*
ἠλεκτροεπιμετάλλωσις, *electro-deposition*
ἠλεκτροεπιχρύσωσις, *electro-gilding*
ἠλεκτροθετικόν, *cation*
ἠλεκτροθύελλα, *electric storm*
ἠλεκτροκίνησις, *electric drive*
ἠλεκτροκινητήρ, *electric motor, electro-motor, motor generator*
ἐπαγωγικός —, *induction motor*
ἐναλλασσομένου ρεύματος ἐν σειρᾷ, *alternating current series motor*
μετὰ συλλέκτου, *alternating current commutator motor*
μετὰ κλωβοῦ, *squirrel-cage motor*
πυκνωτοῦ, *capacitor motor*
ἠλεκτρολόγος-μηχανολόγος, *electrical engineer*
ἠλεκτρόλυσις, *electrolysis*
ἠλεκτρολύτης, *electrolyte*
ἠλεκτρολυτικὴ ἀγωγιμότης, *electrolytic conduction*
ἀπόθεσις, *electrolytic deposit*
ἀποπόλωσις, *electrolytic depolarisation*
πόλωσις, *electrolytic polarisation*
ἠλεκτρολυτικὸν ἀλεξικέραυνον, *electrolytic lightning arrester*
δοχεῖον, *electrolytic cell*
στοιχεῖον, *electrolytic cell*
ἠλεκτρολυτικὸς ἀνορθωτής, *electrolytic rectifier*
ἀφαιτερισμός, *electrolytic dissociation*
πυκνωτής, *electrolytic condenser, electro-chemical condenser*
χαλκός, *electrolytic copper*
ἠλεκτρομαγνήτης, *electro-magnet*
δακτυλιοειδής —, *ring-shaped electromagnet, annular electromagnet*
ἐναλλασσομένου ρεύματος, *alternating current electromagnet*
μὲ καθωρισμένους πόλους, *polarised electromagnet*
ἠλεκτρομαγνητικαὶ μονάδες, *electromagnetic units (e.m.u.)*
ἠλεκτρομαγνητικὴ ἀκτινοβολία, *electro-magnetic radiation*
ἐπαγωγή, *electro-magnetic induction*
πέδη, *electro-magnetic brake*
ἠλεκτρομαγνητικὸν κῦμα, *electromagnetic wave (e.m. wave), radio wave*
μεγάφωνον, *moving-iron loudspeaker*
μέσον κῦμα, *mean wave*
πεδίον, *electro-magnetic field*
ἠλεκτρομεταλλουργία, *electro-metallurgy*
ἠλεκτρόμετρον, *electrometer*
ἀπόλυτον —, *absolute electrometer*
τεταρτοκύκλιον —, *quadrant electrometer*
ἠλεκτρομηχανὴ φωτισμοῦ, *electric-light engine*
ἤλεκτρον, *amber*
-βὸλτ (μονὰς μετρήσεως ἐνεργείας), *electron-volt*
ἠλεκτρόνια, ἐλεύθερα, *free electrons*
πλανητικά —, *orbital electrons*
ἠλεκτρονικὴ δίνη, *electronic spin*
ἐκκένωσις, *electron discharge*
συγγένεια, *electron affinity*
ἠλεκτρονικὸν μικροσκόπιον, *electron microscope*
ἠλεκτρονικός, *electronic*
ἀνορθωτής, *electronic rectifier*
πολλαπλασιαστής, *electron multiplier*
σωλὴν προβολῆς εἰκόνων (τηλεόρασις), *image tube*
φακός, *electron lens*

ἠλεκτρόνιον, *electron, elektron*
  θετικὸν —, *positron*
ἠλεκτρονίου, περίθλασις, *electron diffraction*
ἠλεκτρονίων, σθένος, *co-valency*
ἠλεκτρονόμος, *relay*
  μεταρρυθμίσεως τοῦ χρόνου, *maximum relay with time adjustment*
ἠλεκτροπαραγωγὸς κινητήρ, *dynamo*
ἠλεκτροπληξία, *electric shock*
ἠλεκτροστατικαὶ γραμμαί, *electro-lines*
  μονάδες, *electro-static units (e.s.u.)*
ἠλεκτροστατική, *electro-statics*
  ἐπαγωγή, *electro-static induction*
  ἑστίασις, *electrostatic focusing*
  σύζευξις, *electro-static coupling*
ἠλεκτροστατικὸν βολτάμετρον, *electrostatic voltameter*
  πεδίον, *electrostatic field, electric field*
ἠλεκτροστατικός, *electro-static*
ἠλεκτροσυγκόλλησις, *electric welding, spot welding*
  δι' ἠλεκτρικοῦ τόξου, *arc welding*
ἠλεκτροτεχνίτης, *electrician*
ἠλεκτροτροφοδότησις, *electrification*
ἠλεκτροφόρος, *electrophorus*
ἠλεκτροχημεία, *electro-chemistry*
ἠλεκτροχημικὴ σειρά, *electro-chemical series*
  σταθερά, *electro-chemical constant*
ἠλεκτροχημικός, *electro-chemical*
  πυκνωτής, *electro-chemical condenser*
ἡλιακαὶ κηλῖδες, *sunspots*
ἡλιακὴ ἀκτινοβολία, *solar radiation*
  ἡμέρα, *solar day*
  ἡμερησία μεταβολή, *solar diurnal variation*
  παλίρροια, *solar tide*
  σταθερά, *solar constant*
  στήλη, *sun pillar*
ἡλιακὸν σύστημα, *solar system*
ἡλιακός, *solar*
  στέφανος, *solar corona*
ἡλιακῶν κηλίδων, ἀριθμός, *sunspot number*
  περίοδος — —, *sunspot cycle*
ἡλιανθίνη, *helianthine*
ἡλίασις (φωτογραφική), *solarisation*
ἡλίδιον, *rivet*
ἡλιοβολία, *sunshine*
ἡλιογράφος, *heliograph, sunshine recorder*
ἡλιοκεντρικὴ σύνοδος, *heliocentric conjunction*
ἡλιοκεντρικός, *heliocentric*
ἥλιον, *helium (He)*
ἥλιος, *sun*
ἡλιοστάσια σημεῖα, *solstitial points*
ἡλιοστάσιον, *solstice*
  θερινὸν —, *summer solstice*
  χειμερινὸν —, *winter solstice*
ἡλιοτρόπιον, *heliotrope*
ἡλιοτυπία, κυανῆ, *white line phototype, blue-print*
ἡλίου, ἀνατολή, *rising of sun, sunrise*
  δύσις —, *setting of sun, sunset*
ἡλιοφάνεια, *sunshine*
ἡλίσμος, *nail, brad, tack*
  ὀρειχάλκινος —, *gimp*
  πλατυκέφαλος —, *tack*
ἡλοπαγές, *Nagelfluh*
ἧλος, *nail, rivet, bolt, spike, holdfast*
  ἀκατέργαστος, —, *black bolt*
  ἀκιδωτὸς —, *barb bolt*
  ἄνευ προεξεχούσης κεφαλῆς, βεβυθισμένος, *flush countersunk rivet, rivet with flush head*
  γυρωτικὸς —, *rivet*
    σωληνωτὸς — —, *draw rivet*
  διανοίξεως, *reamer*
  ἐσφηνωμένος —, *dowel*
  ἡμιβεβυθισμένος —, *countersunk rivet*
  ἡμισφαιρικὸς —, *snaphead rivet*
  κεφαληφόρος —, *rivet*
  κοχλιοφόρος —, *rivet bolt, screw*
    δικέφαλος — —, *screw bolt*
    μέγας — —, *coach screw*
  κρικωτὸς —, *eye bolt*
  μετὰ βυθιζομένης κεφαλῆς, *countersunk screw*
    ἐπιπέδου κεφαλῆς, *rivet with flat head*
    κωνικῆς κεφαλῆς, *conical rivet*
    τραπεζοειδοῦς κεφαλῆς, *panhead rivet*
  ναυπηγικῆς, *boat nail*
  ὀγκινωτὸς —, *barb bolt, rag-bolt*
  πεπλατυσμένος —, *shank-head type rivet*
  πλατυκέφαλος —, *tack*
  σιδηροτροχιᾶς, *railroad spike, rail spike, clasp nail*
  συναρμογῆς, *tacking rivet*
  σφυρήλατος —, *wrought nail*
  σωληνοειδὴς —, *tubular-head type rivet*
  ὑποστηρίγματος ἐπικαλυπτικῆς πλακός, *cover bracket rivet*
  φραιζωτός, *bullhead rivet*
ἡλώσεις, διαρρέουσαι, *leaking rivets*

ἥλωσις, *riveting*
ἁπλῆς σειρᾶς ἁπλῆς τομῆς, *single riveting*
διαγώνιος —, *staggered riveting, zigzag riveting*
διπλῆς σειρᾶς, παράλληλος, *double-chain riveting*
κατὰ μετάθεσιν, *staggered riveting*
τριγωνικὴ —, *staggered riveting*
τριπλῆς σειρᾶς, παράλληλος, *treble chain riveting*
ἡμέρα, *day, day-light*
βροχῆς, *wet day*
πολιτικὴ —, *civil day*
τρέχουσα —, *running day*
ψεκάδων, *rain day*
ἡμερησία διαταγή, *daily routine orders (D.R.O.)*
δοκιμὴ ἐδάφους, *daily ground test*
ἐπιθεώρησις, *daily inspection*
μεταβολή, *daily variation*
ἡμερήσιος, *diurnal*
ἡμερολόγιον, *log*
ἀεροπορικὸν —, *air log*
ἀεροπόρου, *log book*
ἀέρος, *air almanac*
ἀεροσκάφους, *journey log*
ἀστρονομικὸν —, *almanac*
Ἰουλιανὸν —, *Julian calendar*
ναυτικὸν —, *nautical almanac*
πλοίου, *ship's log, log book*
πολιτικὸν —, *civil calendar*
ἡμερολογίου, τήρησις, *log keeping*
ἡμερομηνία Γκρήνουϊτς (Hg), *Greenwich date (G.D.)*
ἡμί-, *semi-*
ἡμιανακύκλωσις, *half-roll*
ἀνάστροφος —, *bunt*
καὶ ἡμιπεριστροφική, κανονική, *normal Immelman turn*
ἡμιανθρακίτης, *semi-anthracite, steam coal*
ἡμιαξόνιον, *half-axle*
ἡμιάξων, *semi-axis*
ἡμιαυχμηρός, *semi-arid*
ἡμίδεσμος, *half-hitch*
ἡμιδῆζελ, *semi-diesel engine*
ἡμιδιάμετρος, *semi-diameter*
ἡμιδιατρητικός, *semi-armour-piercing (S.A.P.)*
ἡμιδιαφανὲς σῶμα, *translucent body*
ἡμιδιαφανής, *translucent*
ἡμικατειργασμένα προϊόντα, *semi-manufactured goods*
ἡμικυκλικὴ προβολή, *semi-circular projection*

ἡμικυκλικὸν σφάλμα (πυξίδος), *semi-circular error*
ἡμικύκλιον, *semi-circle*
ἡμίλιτρον (0,568 γαλ. λίτρου), *pint*
ἡμιμεσημβρινός, κάτω, *anti-meridian*
ἡμιολία, *schooner*
ἡμιόλιον, *trysail*
ἡμιπερίοδος, *alternation*
ἡμιπεριστροφή, *half-roll*
ἡμισέληνος, *half-moon, crescent*
ἡμίσκιον, *penumbra*
ἡμιστιλβωμένος, *semi-finished*
ἡμιστρόγγυλος, *half-round*
ἡμισύνδεσμος ἀποσυναρμολογήσεως, *dismantling halved junction*
ἡμισφαίριον, *hemisphere*
ἡμιταχῶς, *half ahead, half speed*
ἡμιτελής, *unfinished*
ἡμιτονοειδής, *sinusoidal*
ἠλεκτρεγερτικὴ δύναμις, *sinusoidal electromotive force (e.m.f.)*
καμπύλη, *sine curve, sine wave*
κύμανσις, *sinusoidal vibration*
ἡμίτονον, *half tone*
(ἡμ), *sine (sin)*
ἡμιτόνου, μεταβολαί, *changes of the sine*
ἡμιϋδαταέριον, *semi-water gas*
ἡμίφως, *penumbra*
Ἡνίοχος (Ἀστρ.), *Auriga*
ἠπειρωτικὰ ἀβαθῆ, *continental shelves*
ὑφαλοκρηπιδώματα, *continental shelves*
ἠπειρωτικὸς ἀήρ, *continental air*
ἠρακλῆς, *fish-boom*
ἠρέμα, *slow*
ἤρεμος, *still*
ηὐλακωμένος, *fluted*
ἡφαίστειον, *volcano*
ἠχητικὰ κύματα, *acoustic waves, sound waves*
ἠχητικὴ ἀναπαραγωγή, *acoustic reproduction*
ἀντίδρασις, *acoustic resistance, acoustic reactance, acoustic impedance*
εἰδοποίησις, *audible warning*
καθυστέρησις, *acoustic delay*
παραμόρφωσις, *acoustic distortion*
πίεσις, *acoustic pressure*
ἠχητικὸν γραμμόφωνον, *acoustic gramophone*
κέρας, *horn*
τεῖχος, *sound barrier*
ἠχητικός, *aural*
βυθομέτρης, *echo sounder*
κορεσμός, *acoustic saturation*

ἠχητικὸς
  λόγος, *acoustic ratio*
ἠχοβολιστικὸν μηχάνημα, *echo sounding instrument, sounding machine*
ἠχομονωτικός, *sound-proof*
ἦχος, *sound, tone, tune*
ἠχοσημαντήρ, *whistling buoy*
ἦχου, διαμόρφωσις, *tone modulation*
  ἐλεγκτὴς ἐνισχύσεως —, *volume control*
  ἔντασις —, *pitch of sound, volume*
  ἐντοπισμός —, *sound location*
  ἐντοπιστής —, *sound locator*
  κοχλίας ρυθμιστοῦ —, *volume control screw*
ἦχου
  παῦσις —, *dead spot*
  ρυθμιστής —, *volume control*
  ὕψος —, *loudness of sound*
  φράγμα —, *sound barrier*
  χροιά —, *quality of sound*
ἠχώ, *echo*
  ἀφοῦ ἐξετελέσθη ὁ γῦρος τῆς γῆς (σῆμα), *round-the-world echo*
  καθυστερημένη —, *echo of long delay*
ἠωζωϊκὸς αἰών, *proterozoic*
ἠώκαινος, *Eocene*
ἠωσίνη, *eosin*

Θ

θαιρός, *pintle*
θαλάμη, *chamber*
θαλαμηγός, *yacht*
θαλάμης, βύσμα, *chamber cap*
μέτρησις —, *chamber measuring*
θάλαμος, *cabin, case, casing, ward*
ἀερίων, *gas chamber*
ἀναμίξεως, *mixing chamber*
ἀναφλέξεως, *combustion chamber*
πρώτης γομώσεως —, *primer case container*
βαλβῖδος, *valve pocket*
βελονοφόρου —, *needle valve chest*
σφαίρας ὑψηλῆς πιέσεως, *highpressure ball - valve chamber*
διαστολῆς, *expansion chamber*
διαχύσεως, *diffuser chamber*
εἰσαγωγῆς ἀναρροφητικῆς ἀντλίας, *inlet chamber*
ἐκρήξεως, *explosion chamber, firing chamber*
ζεύξεων, *switch room*
θυρίδος, *shutter chamber*
καύσεως, *combustion chamber*
μεταδόσεως κινήσεως μαγνητοηλεκτρικῆς συσκευῆς, *magneto drive gears*
μηχανῶν, *engine room*
Οὐίλσων, *cloud chamber*
πιέσεως (ὑψομέτρου), *pressure cabin*
ἐξισώσεως —, *air-balance chamber*
προαναφλέξεως, *precombustion chamber, ignition cup*
προκαύσεως, *precombustion chamber*
σκοτεινός —, *dark room, camera obscura, pin-hole camera*
φωτεινός —, *camera lucida*
χειριστοῦ, *cock-pit*
θαλάμου, συντήρησις, *cabin maintenance*
χειριστοῦ, θέρμανσις, *cock-pit heating*
θαλάμων, δύο, *bicameral*
θάλασσα, ἀβαθής, *shoal*
ἀνοικτή —, *open sea*
θάλασσα
γαληνιαία —, *smooth sea*
ἤρεμος —, *smooth sea*
κυματώδης —, *very rough sea*
τεταραγμένη —, *rough sea*
ὀλίγον — —, *slight sea, moderate sea*
τρικυμιώδης —, *very high sea*
λίαν — —, *precipitous sea*
χονδρή —, *heavy sea*
θαλάσσης, διαταραχή, *sea disturbance*
ἐπισημαντής —, *sea marker*
ρεύματα —, *sea currents*
σημαντήρ —, *sea marker*
σημειωτής —, *sea marker*
χαρακτηριστικὰ σημεῖα —, *sea marks*
θαλασσία γραμμή, *lane*
κίνησις, *sea traffic*
ὁδός, *sea lane, ship lane, lane*
στάθμη, *sea-level*
θαλασσινός, *marine*
θαλάσσιον πεδίον, *lane*
ρεῦμα, *sea current*
θαλάσσιος ὁρίζων, *sea horizon*
πολικὸς ἀήρ, *maritime polar air*
θαλασσοζημία, *average*
θαλασσόκολλα, *marine glue*
θαλασσοπόρος, *navigator*
θάλλιον, *thallium (Tl)*
θαμβὴ ἐπικάλυψις, *matt finish*
ἐπιφάνεια, *matt surface*
θαμβόλευκον, *dead white*
θαμβὸν ἄνοιγμα ἐκ περσπέξ, *matted Perspex window*
χρῶμα, *flat colour, dead colour*
θαμβός, *dull*
θάμβωσις, *depolish*
θειανιλινικὸν ὀξύ, *sulphanilic acid*
θειάφι. Βλ. θεῖον.
θειϊκὸν ὀξύ, *sulphuric acid, chamber acid, vitriol*
ἀτμίζον — —, *fuming sulphuric acid, Nordhausen sulphuric acid, disulphuric acid, fuming acid, pyrosulphuric acid*
ἐμπορίου, *ordinary sulphuric acid*

θειϊκὸν ὀξὺ
πυκνόν — —, *concentrated sulphuric acid*
θειϊκὸς χαλκός, ἔνυδρος, *langite*
θειϊνικὸν ὀξύ, *sulphinic acid*
θειοαλκοόλαι, *mercaptans, thio-alcohols*
θειοθειϊκὸν ἅλας, *hyposulphite*
ὀξύ, *hyposulphurus acid, thiosulphuric acid*
θειοκυανικὸν ὀξύ, *sulphocyanic acid, thiocyanic acid*
θεῖον, *sulphur (S)*
ἄμορφον —, *amorphous sulphur*
διχλωροδιαιθυλικόν —, *mustard gas*
ἐλεύθερον —, *free sulphur*
κρυσταλλικόν—, *crystalline sulphur*
θειόνη, *sulphonal*
θειονοξύ, *sulphonic acid*
θειόνωσις, *sulphonation*
θείου, ἄνθη, *flowers of sulphur, sublimed sulphur*
διοξείδιον —, *sulphur dioxide*
ράβδος —, *roll sulphur*
τριοξείδιον —, *sulphur trioxide*
θειοῦχοι ἑνώσεις, *sulphides*
πηγαί (ἰαματικαί), *sulphur springs*
θειοῦχος, *sulphide*
θειοφαίνη, *thiophen*
θειοφαίνιον, *thiophen*
θειῶδες ὀξύ, *sulphurous acid*
ὑγρόν, *sulphite liquor*
θειώδης, *sulphite*
θειώνειν, *to vulcanise*
θείωσις, *vulcanisation, sulphating*
θεμέλιον, *foundation*
θεμελιώδεις μονάδες, *fundamental units*
θεμελιῶδες μῆκος κύματος, *fundamental wave length*
θεμελιώδης, *fundamental*
θεμελίωσις, *foundation*
διὰ λιθοστρώματα, *hand-laid foundation*
ἐκ πλινθοδομῆς, *brick foundation*
σκυροδέματος, *concrete foundation*
θεοδόλιχος, *theodolite, altometer, transit*
ἀμερικανικός —, *American transit*
θεραπευτήριον, *treatment centre*
θερμαίνω, *to heat, to stroke*
σίδηρον πρὸς βαφήν, *to anneal*
θερμάνσεως, νῆμα, *heater filament*
σύστημα —, *heating system*
θέρμανσις, *heating*

θέρμανσις
ἀναμικτῆρος, *carburettor heating*
δι' ἀέρος, *warm-air heating*
θερμοῦ, *hot-air heating*
ἀτμοῦ, *steam heating*
ἐξαγωγῆς μηχανῶν, *exhaust steam heating*
ὑπὸ κενόν, *vacuum-steam heating*
ὑψηλῆς πιέσεως, *high-pressure steam heating*
χαμηλῆς πιέσεως, *low-pressure steam heating*
ὕδατος, *water heating system*
θερμοῦ, *hot-water heating system, hot-water heating*
ὑπὸ ὑψηλὴν πίεσιν, *high-pressure hot-water heating*
χαμηλὴν πίεσιν, *low-pressure hot-water heating*
διὰ θερμαστρῶν, *heating with stoves*
φωταερίου, *gas heating*
κεντρική —, *central heating*
μὲ κυκλοφορίαν δ' ἀντλίας, *forced pump circulation heating*
διὰ βαρύτητος, *gravity-circulation heating*
ὁμαδική —, *district heating*
θερμαντήρ, *heater*
ἄφλογος —, *flameless heater*
θερμαντικὴ ἀξία, *heat value*
δύναμις, *heating power*
ἐγκατάστασις, *heating installation*
ἐπιφάνεια, *heating surface*
ἱκανότης, *heat value*
πρακτική — —, *available heating value*
θερμαντικὸν ἀποτέλεσμα, *heating effect*
καύσιμον ὑλικόν, *fuel*
σπείρωμα δι' ἀτμοῦ, *heating coil*
σῶμα, *radiator*
πτερυγωτόν — —, *gilled heater, ribbed heater*
θερμάστρα, *stove*
ἀκτινοβολίας, *radiation stove*
ἐπαφῆς, *convection stove*
πηλίνη —, *stove*
σιδηρᾶ —, *iron stove*
θερμιδομετρικὴ βόμβα, *calorimetric bomb*
θερμιδόμετρον, *calorimeter*
Γιοῦνκερ, *Junker's calorimeter*
δι' ἀτμοῦ, *steam calorimeter*
διὰ πάγου, *ice calorimeter*
διαχωριστικόν —, *separating calorimeter*

θερμικὴ ἀγωγή, *thermal conduction*
ἀγωγιμότης, *thermal conductivity*
ἀπόδοσις, *thermal efficiency*
διαστολή, *thermal expansion*
ἱκανότης, *calorific value*
κατεργασία ἀεροσκάφους, *air-frame heat treatment*
ἀτράκτου, *air-frame heat treatment*
συστολή, *hot-short*
χωρητικότης, *thermal capacity*
θερμικὸν ἐρέθισμα, *thermal effect*
ζεῦγος, *thermo-couple*
ἰσοζύγιον, *heat balance*
μέγεθος, *calorific value*
θέρμιον, *thermion*
θερμιονικὴ ἐκπομπή, *thermionic emission*
λυχνία, *thermionic valve*
ταλαντώτρια, *thermionic oscillator*
θερμιονικὸν ρεῦμα, *thermionic current*
θερμιονικὸς ἐνισχυτής, *thermionic amplifier*
φωρατής, *thermionic detector*
θερμίς, *calorie*
μεγάλη —, *large calorie, kilogram(me) calorie*
μικρά —, *small calorie, gram(me) calorie*
θερμίτης, *thermit*
θερμοβαθμὶς ἐλαττώσεως, *lapse rate*
θερμογράφος, *thermograph*
θερμοδιακόπτης, *breaker*
θερμοδοχεῖον ἀεραντλίας, *hot well*
θερμοδυναμική, *thermodynamics*
θερμοδυναμικόν, *capacity of heat*
θερμοηλεκτρικὴ ζεῦξις, *thermo-couple leads*
ἰσχύς, *thermo-electric power*
στήλη, *thermo-electric pile*
θερμοηλεκτρικὸν γαλβανόμετρον, *thermo-electric galvanometer*
ζεῦγος, *thermo-couple leads, thermo-couple*
στοιχεῖον, *thermo-electric couple*
κεφαλῆς κυλίνδρου, *cylinder head thermo-couple*
θερμοηλεκτρικοῦ στοιχείου, συνδέσεις, *thermo-couple connections*
θερμοηλεκτρισμός, *thermo-electricity*
θερμοθραυστός, *red-short*
θερμοκινητήρ, *heat engine*
θερμοκρασία, *temperature*
ἀπολεπίσεως σιδήρου, *bright red heat*
ἀπόλυτος —, *absolute temperature*
θερμοκρασία
ἀτμοποιήσεως, *evaporating temperature*
αὐταναφλέξεως, *spontaneous ignition temperature*
δοκιμῆς εἰς καῦσιν, *fire test temperature*
δυναμικὴ —, *potential temperature*
δωματίου, *room temperature*
εἰσαγωγῆς, *inlet temperature*
ἐλαίου, *oil inlet temperature*
ἐλαίου, *oil temperature*
ἐξατμίσεως, *temperature of evaporation*
κανονικὴ —, *normal temperature, room temperature*
κορεσμοῦ, *saturation temperature*
κρίσιμος —, *critical temperature*
οὐδετέρα —, *fiducial temperature*
συσσωρευμένη —, *accumulated temperature*
τήξεως, *melting temperature*
ὑπὸ σκιάν, *shade temperature*
χλοεροῦ ἐδάφους, *grass temperature*
χύσεως, *pouring temperature*
θερμοκρασίας, ἀλλαγή, *temperature variation*
ἀναστροφή—, *temperature inversion*
ἀντιστάθμισις —, *temperature compensation*
βαθμὸς —, *temperature gradient*
μέτρησις —, *temperature measuring*
πτῶσις —, *fall of temperature*
ρυθμιστὴς —, *temperature regulator*
χειριστήριον —, *temperature control*
θερμομέτρησις, *thermometry*
θερμομετρία, *thermometry*
θερμομετρικὴ κλῖμαξ Φαρενάϊτ, *Fahrenheit scale*
θερμομετρικὸν ὄργανον, *thermometric instrument*
θερμόμετρον, *thermometer*
ἀντιστάσεως, *resistance thermometer*
αὐτογραφικὸν —, *recording thermometer*
βαρομέτρου, *attached thermometer*
γηΐνης ἀκτινοβολίας, *terrestrial variation thermometer*
γωνιῶδες —, *angular thermometer*
δι' ἀερίου, *gas thermometer*
ἀντιστάσεως, *resistance thermometer*
ἑκατονταβάθμιον —, *Centigrade thermometer*

θερμόμετρον
ἐλαχιστοβάθμιον —, *minimum thermometer*
χλοεροῦ ἐδάφους, *grass minimum thermometer*
Κελσίου, *Centigrade thermometer*
κεφαλῆς κυλίνδρου, *engine cylinder thermometer*
κινητῆρος, *engine thermometer*
κρεμαστόν —, *whirled thermometer*
μεθ' ὑδραργύρου, *mercury thermometer*
μεγιστοβάθμιον —, *maximum thermometer*
καὶ ἐλαχιστοβάθμιον —, *maximum and minimum thermometer*
μέλαν —, *black-bulb thermometer*
ξηρανσίας, διαφορικόν, *dry-bulb thermometer*
Ρεωμύρου, *Réaumur thermometer*
σφενδονοειδές —, *sling thermometer*
σφηνοειδές —, *sling thermometer*
σωληνωτόν —, *stem thermometer*
ὑγρᾶς σφαίρας, *wet-bulb thermometer*
ὑγρόν —, *wet bulb*
Φαρενάϊτ, *Fahrenheit thermometer*
ὡπλισμένον —, *armoured type thermometer*
θερμομέτρου, βολβός, *thermometer bulb*
ρύθμισις —, *adjustment of thermometer, thermometer adjustment*
σφαῖρα —, *thermometer bulb*
θερμομονωτικός, *heat insulating*
θερμὸν μέτωπον, *warm front*
θερμοπῖδαξ, *geyser*
θερμοπλαστική, *thermo-plastic*
θερμοπομπός, *radiator*
θερμορρυθμιστής, *thermostat*
θερμός, *hot*
θερμοσίφων, *geyser*
θερμοστάτης, *thermostat*
θερμοστατικὸν ζεῦγος, *thermo-couple leads*
θερμοστατικός, *thermostatic*
ρυθμιστὴς θερμοκρασίας ἐλαίου, *thermostatic oil temperature regulator*
θερμοσυγκολλῶ ἐλαστικά, *to vulcanise*
θερμοσωλήν, *heating coil, radiator coil*
θερμότης, *heat, conduction*
αἰσθητή —, *sensible heat*

θερμότης
ἀκτινοβόλος —, *radiant heat*
ἀκτινοβολοῦσα —, *radiating heat*
ἀτμοποιήσεως, *heat of evaporation, latent heat*
ἐκ τριβῆς, *heat due to friction*
ἐκφορτίσεως, *heat of discharge*
ἐλευθερωθεῖσα —, *evolved heat*
ἐξ ἀπωλειῶν τοῦ ἔργου, *heat due to energy losses*
ἐπωφελής —, *available heat*
ἐρυθροπυρώσεως, *red heat*
λαμπροῦ ἐρυθροῦ, *bright-red heat*
λανθάνουσα —, *latent heat, heat of evaporation*
ἀτμοποιήσεως, *latent heat of vaporisation*
ἐξατμίσεως, *latent heat of evaporation*
λευκοπυρώσεως, *white heat, incandescence*
μελανερύθρου, *black-red heat*
μέχρι σκοτεινοῦ ἐρυθροῦ, *dull-red heat*
ἐρυθροῦ κερασίου, *cherry-red heat*
τήξεως, *heat of fusion*
ὑπολανθάνουσα —, *latent heat*
χανομένη —, *waste heat*
θερμότητος, βαθμός, *heat value*
διάχυσις —, *heat dissipation*
κακὸς ἀγωγός —, *non-conductive of heat*
κατανάλωσις —, *heat consumption*
μετάδοσις —, *heat transference, heat transmission*
περιεκτικότης —, *capacity of heat*
ποσότης —, *heat quantity*
σταθερά —, *heat constant*
θερμοχημεία, *thermochemistry*
θερμοχωρητικότης, *heat capacity*
θέσις, *position, post, spot*
ἀεροφράκτου, *throttle position*
ἀκινησίας, *position of rest*
ἀναμονῆς, *stand by position*
αὐλαίας, *position of the shutter*
βασική —, *zero position*
εἰς μηδέν, *zero position*
ἐκκινήσεως, *starting point*
ἐμπλοκῶν, *position of stoppages*
ἐναποθηκεύσεως, *stowage position, storage position*
κοινῆς λήξεως, *traffic position*
παραλαβῆς (ρεύματος), *point of collection*
παρατηρητοῦ, *observe's cockpit, observer's stand*

θέσις
πλουσίου μίγματος, *rich mixture setting*
πρηνής —, *prone position*
πτήσεως, *flying position*
πτωχῆς λειτουργίας, *weak setting*
συναρμολογήσεως, *rigging position*
σφηνοειδοῦς πλακός, *wedge plate stowage*
σωλῆνος πιέσεως ταχυμέτρου, *pressure head position*
χειριστηρίου ἀερίων ἐν πτήσει, *throttle position in flight*
χειριστοῦ, *pilot's cockpit*
θετικὴ γωνία, *positive angle*
δίεδρος γωνία, *positive dihedral*
ἐπιστήμη, *applied science*
φορά, *positive sense*
φόρτισις, *positive charge*
θετικὸν ἰόν, *positive ion*
σημεῖον, *positive sign*
τόξον, *positive arc*
θετικός, *positive, definite, applied*
ἀριθμός, *positive number*
ἠλεκτρισμός, *positive electricity*
πόλος, *positive pole*
θετικῶς ἠλεκτρισμένος, *electro-positive*
θέτω ἐμπόδιον, *to jam*
εἰς τὸν ἄξονα, *to centre*
ἐπὶ τῆς ὀρθῆς γραμμῆς, *to align, to aline*
θεώρημα, *theorem*
ἀντικαταστάσεως, *replacement theorem*
θεωρητικός, *theoretical*
θεωρία, *theory*
ἐμφανίσεως, *theory of development*
ἐξελίξεως, *theory of evolution*
τῆς ἐκ σωματιδίων συστάσεως τοῦ φωτός, *corpuscular theory of light*
σχετικότητος, *relativity theory, theory of relativity*
τοῦ μοριακοῦ μαγνητισμοῦ, *theory of molecular magnetism*
φλογιστοῦ, *phlogiston theory*
τῶν ἀτόμων, *atomic theory*
κυμάνσεων, *wave theory of light*
κυμάτων φωτός, *wave theory of light*
θηβαΐνη, *thebaine*
θηκάρι, *scabbard*
θήκη, *sheath*
ἀλεξιπτώτου, *pack assembly*
ἀπορρίψεως ἐκ καραβοπάνου, *canvas deflector bag*

θήκη
μεταλλική —, *metal socket*
μηχανισμοῦ ὀλισθήσεως, *sliding-gear housing*
ὀδοντωτοῦ τροχίσκου, *pinion casing*
παρεμβύσματος, *packing box*
πλεκτή —, *nettings*
θηλειὰ (κόμβος), *noose, running knot, slip knot*
θηλή, *nipple*
προσαρμογέως, *adaptor nipple*
συνδέσμου, *trunnion nipple*
θηλύκωσις, *lacing*
θηραϊκὴ γῆ, *Santorin, pozzuolana*
θλιβόμενον στοιχεῖον, *compression member*
θλιβόμετρον, *manometer, pressure-gauge, steam-gauge, gauge*
ἀέρος, τριπλοῦν, *triple air-pressure gauge*
ἐλαίου, *oil gauge*
μεθ' ὕδατος, *water manometer*
ὑδραργύρου, *mercury manometer*
πιέσεως εἰσαγωγῆς, *boost gauge*
θλιβομέτρου, δείκτης, *steam-gauge hand*
κρουνός —, *steam-gauge cock*
σωλήν —, *steam-gauge pipe*
θλιπτικὴ ἐργασία, *press work*
θλῖψις, *compression, pressure*
θολίσκος ἐκ σαπφείρου, *sapphire cup*
θολίτης, *arch brick, voussoir*
θολόλιθος, *arch stone, voussoir*
θόλος, *vault, dome, arch, rotunda, canopy*
ἀνακουφιστικός —, *relieving arch*
ἀνεστραμμένος —, *inverted arch*
ἀστεροειδής —, *astral dome*
κελυφοειδής —, *shell vault*
φλογοθαλάμου, *fire-box crown*
θολοσκεπής, *arched*
θολότυποι, *centering of arches*
θόλου, κλείς, *arch stone, voussoir*
θολώνω, *to fog*
θολωτὴ ὀροφή, *arched floor*
θολωτὸν κάλυμμα, *enclosing dome*
κτίριον, *rotunda*
θόριον, *thorium (Th)*
τετραχλωριοῦχον —, *thorium tetrachloride*
θορυβοσιγαστικὸς ρυθμιστής, *noise-limiter control*
θούλιον, *thulium (Tm)*
θραπίνα, *granulating hammer*
θραυόμενον μῆκος, *breaking length*
θραύσεως, δοκιμή, *breaking test*

θραύσεως
  ὅριον —, *breaking point*
  φορτίον —, *breaking load*
θραῦσις, *rupture, fracture, breakage*
  ἀνώμαλος —, *uneven fracture*
  ἰνώδης —, *fibrous fracture*
  κοκκώδης —, *granular fracture*
  λεία —, *smooth fracture*
  λεπιδωτή —, *laminated fracture*
  ὁμαλή —, *even fracture*
  φολιδωτή —, *laminated fracture*
  χωματοειδής —, *earthy fracture*
θραῦσμα, *fragment*
θραυσμένος. Βλ. τεθραυσμένος.
θραυστήρ, *crusher*
  διὰ μασητήρων, *paw-crusher*
    σιαγόνων, *jaw crusher*
  ὀπτάνθρακος, *coke breaker*
θραυστικὴ τάσις, *breaking stress*
θραύω, *to fracture, to crack, to break*
θριγκός, *entablature, cornice*
θρυαλλίς, *wick, fuse, fuze, primacord*
θρύμματα, *shavings*
θρυμματισμός, *fragmentation, brisance*
θρυπτικὸν μύστρον, *rubbing board, rubbing trowel*
θύελλα, *gale, thunderstorm*
  ἄνευ βροχῆς, *wind storm*
  μικρᾶς ἐντάσεως, *loom gale*
  περιστρεφομένη —, *revolving storm*
  σφοδρά —, *whole gale*
θυΐα, *tree of life*
θῦλαξ, *pocket*
  ἀερίου, *gas cell*
  ἀέρος, *air pocket, air lock*
    κενοῦ —, *air pocket*
θύρα, *door, gate, port*
  ἀκτινωτή —, *radial gate*
  γιγγλυμωτή —, *hinged door*
  δίφυλλος —, *folding door, double-wing door*
  εἰσόδου ντόκου, *lock-gate*
  ἑστίας, *fire door*
  κλεισιάδος, *lock gate*
    ἀνυψουμένη — —, *lift gate*
    κατακλιτή — —, *tumble gate*
    ὀλισθαίνουσα — —, *sluice gate, penstock*
    περιστροφικὴ δίφυλλος — —, *two-leaved mitering gate*
      μονόφυλλος — —, *one-leaf mitering gate*
    ῥιπιδιοειδής — —, *fan-shaped gate*

θύρα
  κλιβάνου, *fire door*
  μετὰ γιγγλυμοῦ, *hinged door*
  ντόκου, *dock gate*
  ὀλισθαίνουσα —, *sliding door*
  περιστρεφομένη —, *revolving door*
  συμπτυσσομένη —, *batten door*
  συρταρωτή —, *sliding door*
θύρας, πλαίσιον, *door frame*
  σύρτης —, *door bolt*
θυρατρόν, *thyratron*
θυρίδες ἐντὸς τοῦ κυλίνδρου, *inter-cylinder baffles*
θυρίς, *gate, baffle, shutter, panel, hatch, aperture, recess, port*
  ἀπορρίψεως καλύκων, *ejection opening*
    συνδετήρων, *link chute*
  ἀποστραγγίσεως ἐλαίου τοῦ στροφαλοθαλάμου, *crank-case oil baffle*
  δεξαμενῆς βενζίνης, *door for fuel tank*
  ἐκκενώσεως, *emptying hole*
  ἐξαγωγῆς, *exhaust port*
  ἐξόδου, *exhaust port*
  ἐπιθεωρήσεως, *inspection door, inspection window, observation panel, baffle plate*
  θαλάμου ἀφετήρων, *bomb opening, bomb panel*
  καθαρισμοῦ, *scavenge port*
  ὀλισθαίνουσα —, *sluice valve, sliding shutter*
  ὀλισθιτική —, *sliding shutter*
θυρόπλοιον, *floating gate, lock-gate, ship caisson*
θυρόφυλλον, *lid, gills*
θύρωμα τοίχου, *niche*
θύσανοι ἐν εἴδει οὐρᾶς ἵππου, *mare's tails*
θύσανος, *cirrus*
θυσανοστρώματα, *cirrostratus*
θυσανοσωρεῖται, *cirrocumulus*
θῶμιγξ, *string, twine*
θωρακεῖον, *balustrade*
θωράκισις, *screening, sheeting*
θωρακισμένος, *screened.* **Βλ. καὶ τεθωρακισμένος.**
θώραξ, *armour, armor*
  προφυλακτικός —, *armour plating*
θωρηκτόν, *battleship*

I

ἰατρεῖον, *sick quarters*
ἴβδης, *plug*
ἰγδίον, *mortar*
ἴδιος, *self-*
ἰδιότης τήξεως, *fusibility*
ἰδομίνιον, *hiduminium*
ἱέραξ, *yoke*
ἱεροξυλέλαιον, *guaiacol*
ἴζημα, *sediment, deposit, precipitate*
ἱκανότης, *capacity, soundness*
  ἀπορροφήσεως θερμότητος, *heat-absorption capacity*
ἴκαρος, *cadet*
ἰκρίωμα, *scaffold, scaffolding, mason's scaffold, stage gantry*
ἰλλίνιον, *illinium (Il)*
ἰλυάσφαλτος, *sludge asphalt*
ἰλυοθυρίς, *sludge hole, mud hole*
ἰλυοκαθαρτήριον, *mud filter*
ἰλυοσυλλέκτης, *mud-guard*
ἰλυοφορτηγίς, *mud lighter*
ἰλύς, *mud, slime, silt, sludge, mire*
  κιτρίνη —, *yellow mud*
  μαλακή —, *ooze*
  πρασίνη —, *green mud*
ἱμάντες καὶ πόρπαι, *straps and buckles*
  ρυθμίσιμοι στερεωτικοί —, *adjustable fixing straps*
ἱμάντος, ἀκαμψία, *belt stiffness*
  ἀνθεκτικότης —, *belt stiffness*
  δίχαλον μεταφορᾶς —, *belt fork*
  ἕνωσις —, *belt joint*
    καρφωτή — —, *riveted belt joint*
  κίνησις δι' —, *belt drive, belt gearing*
  κουρνιαστήρι —, *belt perch*
  μετακινητής —, *belt shifter*
  ὀλίσθισις —, *belt slipping*
  ραφή —, *belt joint*
  στρῶμα —, *ply of belting*
  σύνδεσις ἄκρων —, *belt coupling*
  τάσις —, *belt tension*
  τροχαλία —, *belt pulley*
ἱμαντοφόρον μηχάνημα, *belt gearing*
ἱμάντων, ἀγκύλιον συνδέσεως, *belt fastener*
  ἐκτατής —, *belt stretcher*
  ἕνωσις —, *belt coupling*
  ἑρπυσμός —, *belt creeping, creeping in belts*

ἱμάντων
  τανυστήρ —, *belt lightener*
  τρυπητήρ —, *belt punch*
  ὑλικὸν ἐπαλείψεως —, *belt dressing*
ἱμάς, *belt, strap, lace, lanyard*
  ἀναρτήσεως, *suspension band*
  διασταυρούμενος —, *crossed belt*
  ἐκ καννάβεως, *canvas belt*
    πολλῶν λωρίδων, *multiple belt*
    τεχνητῶν ἰνῶν, *fabric belt*
    τριχῶν καμήλου, *camel-hair belt*
  ἐνισχύσεως, *packing strip*
  ἐπίπεδος πλεκτὸς διὰ σωλήνων, *flat tubular woven belting*
  ἡμιδιασταυρούμενος —, *half-crossed belt, quartering belt*
  καλύμματος, *shroud cord*
  κολλημένος —, *glued belt, cemented belt*
  μὲ πολλὰ στρώματα, *multiple belt*
    ταινίας, *laced belt*
  μεταφορᾶς, *carrying strap*
  ὁδηγοῦ, *guide band*
  συνδεδεμένος —, *laced belt*
  τραπεζοειδής —, *vee-belt, V-belt*
ἰμβερτοσάκχαρον, *invert sugar*
ἰνδικόλευκον, *indigo white*
ἰνδικόν, *indigo*
  θέρος, *Indian summer*
ἰνδικοτίνη, *indigo, indigotin*
ἴνδιον, *indium (In)*
ἶνες λίνου, *flax tow*
ἰνσουλίνη, *insulin*
ἴντσα, *inch (in., ")*
ἰνώδης, *fibrous*
ἰξός, *viscose*
ἰξῶδες (ἰδιότης), *viscosity, gumminess*
  κινηματικόν —, *kinematic viscosity*
ἰξώδης οὐσία, *viscous substance*
ἰξωδόμετρον, *viscometer*
ἰόδενδρον ξύλον, *violet wood*
ἰόν, *ion*
  ἀρνητικόν —, *negative ion*
  ὑδρογόνου, *hudrogen ion, hydrion*
  ὑδροξυλίου, *hydroxyl ion*
ἰονισμός, *ionisation*
ἰοντισμός, *ionisation*
  ἑκούσιος —, *spontaneous ionisation*

ἰονόσφαιρα, *ionosphere*
ἰουράσιος περίοδος, *Jurassic period*
ἰούτης, ἶνες, *jute*
ἰόχρουν, *violet*
  ἐρυθρόν —, *violet purple*
ἱπποδύναμις, *horse-power (h.p.), power*
  ἀξονική —, *shaft horse-power*
  διατετιμημένη —, *rated horse-power*
  ἑλκτική —, *thrust horse-power*
  ἐνδεικνυομένη —, *indicated horse-power (i.h.p.)*
  ἐνδεικτική —, *indicated horse-power*
  ἐπὶ τοῦ ἐδάφους, *power on the ground*
    τῶν τροχοπεδῶν, *brake horse-power (b.h.p.)*
  χαλινωτηρίου, *brake horse-power (b.h.p.)*
ἱπποκαστανέα, *common horse chestnut*
ἱππουρικὸν ὀξύ, *benzoyl glycine*
ἵππουρις, *swab*
ἵπταμαι, *to fly*
  ἐπ' εὐθείας, *to fly straight*
ἱπτάμενον προσωπικόν, *airscrew*
  φρούριον, *flying fortress*
ἱπτάμενος, *flier, flying*
  μηχανικός, *aerial engineer*
ἰρίδιον, *iridium (Ir)*
  διχλωριοῦχον —, *iridium dichloride*
ἰριδίου, ὀξείδιον, *iridium oxide*
  τετροξείδιον —, *iridium tetroxide*
ἰριδισμός, *iridescence, irisation*
ἶρις, *rainbow*
ἰρόνη, *ironé*
ἴς, *fibre*
  ἐκ κυτταρίνης, *cellulose filament*
  ἐξ ἄνθρακος, *carbon filament*
  χαλαζίου, *quartz fibre*
ἰσαλλοβαρεῖς, *isallobars*
  ἄνεμοι, *isallobaric winds*
ἴσαλος γραμμή, ἔμφορτος, *load line*
    πλοίου, *water line*
    ἑρματισμοῦ, *ballast water line*
ἰσεντροπικὴ κατάστασις, *isentropic state*
ἰσημερία, *equinox*
ἰσημερινὰ σημεῖα, *equinoctial points*
ἰσημεριναὶ νηνεμίαι (ζώνη), *doldrums*
  παλίρροιαι, *equinoctial tides*
  συντεταγμέναι, *equatorial co-ordinates*
ἰσημεριναὶ
  ὠκεανικαὶ ζῶναι, *equatorial oceanic regions*
ἰσημερινὴ παλίρροια, *spring tide*
ἰσημερινὸν σημεῖον, ἀναβατικόν, *ascending node*
ἰσημερινός, *equator*
  ἀήρ, *equatorial air*
  κύκλος, *equator*
  οὐράνιος —, *equinoctial*
ἰσθμός, *isthmus*
ἰσιάζω τὴν ἐπιφάνειαν, *to flatten*
ἰσοβαθεῖς, *depth curves*
ἰσοβαλεριανικὸν ὀξύ, *isovaleric acid*
ἰσοβαρεῖς, *isobars*
  ἐπιφάνειαι, *isobaric surfaces*
ἰσόβαρον, *isobar*
ἰσοβαρύς, *isobar*
ἰσοβύθιστον, *even keel, trim (of ship)*
ἰσογώνιοι, *isogonals, isogonic lines*
ἰσογώνιον πολύγωνον, *regular polygon*
ἰσογώνιος, *equiangular*
ἰσοδιάστασις καμπυλῶν, *contour interval*
ἰσόδομος λίθος προσώπου, *face ashlar*
ἰσοδύναμον βάρος (Χημ.), *equivalent weight*
  κύκλωμα, *equivalent circuit*
  μονοπτέρυγον, *equivalent monoplane*
ἰσοδύναμος, *equivalent, equal*
  διάταξις, *alternative arrangement*
  διατομή, *equivalent cross-section*
  ἐπίπεδος ἐπιφάνεια, *equivalent flat plate*
  σταθερὸς ἄνεμος, *equivalent constant wind*
  ταχύτης ἀέρος, *equivalent air speed*
ἰσοζυγισμός, *equilibration*
ἰσοζυγισμοῦ, ἔλλειψις, *lack of balance*
  μηχανισμός —, *balancing apparatus*
ἰσοζυγιστής, *equaliser*
ἰσοηλιακὴ γραμμή, *isohel*
ἰσοθερμικὴ διακρίβωσις, *isothermal calibration*
  συμπίεσις, *isothermal compression*
ἰσοθερμικὸν ὕψος, ἐνδεικνυόμενον, *indicated isothermal height*
ἰσοθερμικός, *isothermal*
ἰσοθερμικῶς διηκριβωμένος, *isothermally calibrated*
ἰσόθερμον στρῶμα, *isothermal layer*
ἰσόθερμος, *isothermal*
  γραμμή, *isothermal line*
ἰσοκλινεῖς, *isoclinals*
ἰσοκυανιοῦχα, *isocyanides*
ἰσομέρεια, *isomer*

ἰσομερής, *isomeric, isomer*
ἰσομερικός, *isomeric*
ἰσομερισμός, *isomerism*
ἰσομετρικὴ γραμμή, *isometric line*
ἰσόμορφον μῖγμα, *isomorphous mixture*
ἰσόμορφος, *isomorphous*
ἰσόπεδος, *flush*
διάβασις, *level crossing*
ἰσοπεδῶ, *to flatten*
ἰσοπέδωσις, *levelling*
ἰσόπλευρον πολύγωνον, *regular polygon*
ἰσόπλευρος, *equilateral*
ἰσόπυκνος, *isopycnic*
ἰσορρόπησις, *balance, balancing*
ἰσορροπία, *equilibrium, balance, stability*
ἀδιάφορος —, *indifferent equilibrium, neutral equilibrium*
ἀσταθής —, *unstable equilibrium, labile*
αὐτόματος —, *inherent stability*
δυνάμεων, *equilibrium of forces*
ἐν κινήσει, *running balance*
εὐσταθής —, *stable equilibrium*
χημική —, *chemical equilibrium*
ἰσορροπίας, συνθήκη, *condition of equilibrium*
σωλὴν —, *balance pipe*
ἰσορροπῶ, *to balance, to stabilize*
ἴσος, *equal*
ἰσοσκελής, *isosceles*
ἰσοσταθμιστὴς πιέσεως δεξαμενῆς βενζίνης, *de-aerator*
ἰσοτιμία, *equivalence*
ἰσότοπον, *isotope*
ἰσότροπος, *isotropic*
ἰσοϋετικὴ γραμμή, *isohyet*
ἰσοϋψεῖς, *contours*
καμπύλαι, *contour lines, contours*
ἰσοχρονισμός, *isothronism*
ἰσόχρονος, *isochronous*
ἱστία, ἀναδρομικά, *stay sails*
ἱστίον, *sails*
τετράγωνον —, *square sail, jumper*
τριγωνικόν —, *lateen*
ἱστιόπανον, *sail cloth*
ἱστιόρραμμα, *sail twine, twine*
ἱστιοῦχος, *jack-stay*
ἱστιοφόρον, *sailing ship*
ἱστοὶ πτερύγων, *interplane struts*
ἱστοπέδη, *mast collar*
ἱστός, *mast, pole, strut, pylon, grain structure*
ἀγκυροβολίας, *mooring mast*
δικτυωτός —, *girder pole*

ἱστὸς
ἐπήβολος —, *pole mast*
ἰνώδης —, *fibrous structure*
κεραίας, *radio mast*
κοκκώδης —, *granular structure, granular texture*
μέγας —, *main mast*
μέσος —, *middle mast*
μεταλλικός —, *pylon*
μονοκόμματος —, *hand mast*
πέμπτος —, *spanker mast*
προσωρινός —, *jury mast*
συνδετικός —, *strut frame*
φυλλοειδής —, *laminar texture*
χαλύβδινος σωληνωτός —, *tubular steel pole*
ἱστοῦ, θωράκιον, *mast turret, mast top*
λαιμός —, *head of a mast, masthead*
πτέρνα —, *heel of mast*
στεφάνη —, *mast hoop*
ὑποπτερνίς —, *mast step*
ἰσχάζω, *to back*
ἄγκυραν, *to back anchor*
ἰσχάς, *kedge anchor, kedge*
ἰσχίον (γοφὸς πλοίου), *quarter*
ἰσχνός, *lean*
ἰσχυρότης, *tenacity*
ἰσχύς, *power*
ἀνακλάσεως, *reflecting power*
ἀνοίγματος ἀεροφράκτου εἰς ἐπιφάνειαν θαλάσσης, *throttle sea-level power*
πλήρους — — — — —, *full-throttle sea-level power*
ἀνωτάτη —, *maximum power*
διατετιμημένη —, *rated horse-power, rated power*
πεδήσεως, *rated brake horse-power*
διεθνής —, ἡ, *the international power*
ἐλαχίστη —, *minimum power*
ἐνδεικνυομένη —, *indicated horse-power (i.h.p.), indicated power*
ἐπιφανείας θαλάσσης, *sea-level power*
ἐφελκυστική —, *stretching force*
μαγνητικῶν πόλων, *strength of magnetic poles*
παρὰ τῇ ἐπιφανείᾳ θαλάσσης, *power at sea level*
πόλου, *pole strength*
πραγματική —, *effective power, true power*
φαινομενική —, *apparent power*

ἰσχὺς
φανταστικὴ —, *apparent power*
φορτίσεως, *loading power*
ὠφέλιμος —, *effective power*
ἴταμος, *yew*
ἰτεΐνη, *salicin*
ἰτεογονίνη, *salicyl alcohol*
ἰτεϋλαλδεΰδη, *salicylaldehyde*
ἰτεϋλικὴ ἀλδεΰδη, *salicylaldehyde*
ἰτεϋλικὸν ὀξύ, *salicylic acid, phenyl salicylate*
ἰτεϋλικός μεθυλαιθήρ, *methyl salicylate*
ἰχθυάκανθα, *herring-bone*
ἰχθυέλαιον, *blubber oil, whale oil, train oil*
Ἰχθύες (Ἀστρ.), *Pisces*
ἰχθυόκολλα, *fish glue, glue, isinglass*
ἰχθυόφθαλμος, *fish-eye, apophyllite*
ἰχνάριον, *template, templet, jig*
ἴχνος (I), *track (Tr.), trace*
ἀκολουθητέον —, *required track*
ἀληθινόν (πραγματικόν) —, *true track, track true (Tr. T.)*
ἐδάφους, *trace*
ἐπὶ τοῦ χάρτου ὑποτυπώσεως, *map course*
καπνοῦ, *smoke trail*
μεγίστου κύκλου, *Great Circle track*
πραγματοποιηθέν —, *track made good (T.M.G.)*
πτερυγίων ἕλικος, *track of the blades*
ὑποθετικόν —, *assumed track*
ἰώδιον, *iodine (I)*
ἰωδίου, ἀτμός, *iodine vapour*
ἰωδιοῦχα ἅλατα, *iodides*
ἰωνικός, *Ionic*

K

καβάκι, *poplar*
καβίλια, *chipping chisel, peg, pricker, marline spike*
καβοσύρτης, *rigging tackle*
καβούρι (ἀρθρωτὴ ἄγκυρα), *articulated anchor*
καγιάκ, *guaiacum wood*
κάγκελα, *rails*
κάδμιον, *cadmium (Cd)*
κάδος, *bucket*
  ἀνατρεπόμενος —, *tripping bucket, tipping tub*
  ἐκσκαφέως, *bucket of mechanical digger, skip*
  (στήλη), *(supply drop) riser*
  συρτός —, *tipping bucket*
  ὕδατος, *tub*
  ὑδραυλικοῦ τροχοῦ, *bucket of water wheel*
καδοφόρος ἐκσκαφεύς, *bucket excavator*
καδρόνι, *baulk, rafter*
καζάνι, *boiler*
καζεΐνη, *casein*
καζεΐνης, κόλλα, *casein glue*
καθ' ὥραν, *per hour*
καθαιρῶ, *to haul down*
καθαλάτωσις, *precipitation*
  λέβητος, *boiler scale, scale, sediment*
κάθαμμα (δέσιμον), *mousing*
καθαρίζειν ἀρνητικὰς πλάκας, *clearing plate negatives*
καθαρίζω, *to cleanse, to purify, to refine*
  (μέταλλον), *to scour*
καθαρισμός, *purifying, refining, rinsing*
  δι' ἀναζωογονηθείσης ἰλύος, *activated sludge process*
  ὀξέος, *pickling*
  μετάλλου δι' ὀξέος, *scouring a metal*
καθαριστήρ, *wiper*
καθαριστήριον πετρελαίου, *oil fuel filter, oil strainer*
καθαριστικὸν μηχάνημα, *purifier*
  συγκολλήσεως, *soldering flux*
καθαρός, *clean, net*
κάθαρσις, *refining*
  μετάλλου, *metal refining*

καθαρτήρ, *purifier*
καθέκτης στομίου κύτους, *hatch*
καθελκύσεως, βάθρον, *launching cradle*
  σφήν —, *launching wedge*
καθέλκυσις, *launching*
καθελκυσμός, *launching*
καθελκυστήρ, *launcher*
καθέλκω, *to launch*
κάθεμα (ἀλύσεως ἀγκύρας), *range*
κάθετον σταθερὸν διευθύνσεως, *stern post*
καθετόμετρον, *cathetometer*
κάθετος, *perpendicular, vertical, (Μαθ.) normal*
  γραμμή, *plumb line*
  διαμήκης ἐπιφάνεια ἄνωθεν τῆς ἄνω πτέρυγος διπλάνου, *skid fin*
  συνδετὴρ μηχανισμοῦ σκοπεύσεως, *vertical glide link*
  τομή, *cross section*
    πρίσματος, *perpendicular section of prism*
καθέτως ἐπὶ τῆς πλευρᾶς τοῦ πλοίου, *abeam*
  πρὸς τὰς ἶνας, *end-grained*
καθηλώνειν ἀεροσκάφος ἐπὶ τοῦ ἐδάφους, *to ground an aircraft*
καθήλωσις, *pinning down*
  διὰ στυλίσκων, *pin riveting*
  ἐν θερμῷ, *hot riveting*
    ψυχρῷ, *cold riveting*
καθίζημα, *precipitation*
καθίζησις, *settlement, subsidence, sagging*
  ἐδάφους, *landslide*
καθίζω, *to get aground*
κάθισμα, *seat*
  ἀτρακτοειδοῦς σκάφους, *fuselage seat*
  προφυλαγμένον —, *armoured seat*
  τεθωρακισμένον —, *armoured seat*
καθισμένος (ἐπὶ πλοίων), *aground*
καθοδήγησις δι' ἀκιδωτοῦ τροχοῦ, *spur-wheel drive*
καθοδικὰ ρεύματα ἀέρος, *descending air currents*
καθοδικὴ ἀκτίς, *cathode ray*
  δύναμις, *descentional power*
  λυχνία, *cathode ray tube*

καθοδικὸν ρεῦμα, *down gust*
κάθοδος, *kathode, cathode, negative electrode*
ἀπότομος —, *dive*
δι' ὀλισθήσεως, *volplane*
διὰ τοῦ ράμφους τοῦ ἀεροπλάνου (βουτιά), *nose dive*
λεπτοῦ στρώματος, *thin film cathode*
καθολικαὶ προσχώσεις, *diluvium*
καθολκή, *launching*
καθορίζειν πυκνότητα ὑγροῦ, *to titrate*
καθορισμός, *specification*
διευθύνσεως ραδιοκύματος, *radio range orientation*
καθρέπτης, *mirror.* **Βλ. καὶ κάτοπτρον.**
καθυστέρησις, *lag, time lag*
χρόνου εἰς ἐνισχυτήν, *amplifier delay time*
καινίτης ἢ καϊνίτης, *kainite*
καιρικὴ παράστασις Μπωφόρ, *Beaufort notation*
καιρός, *weather*
γλυκύς —, *mild weather*
καλός —, *fair weather*
καιροῦ, γνωμικόν, *weather maxim*
δελτίον —, *weather report*
πληροφορία —, *weather report*
σήματα —, *weather signals*
καίσιον, *caesium (Cs)*
κακοδύλιον, *cacodyl*
κακοδυλοξείδιον, *cacodyl oxide, dimethylarsine oxide*
κακοκαιρία, *foul weather*
καλαβάριος κύαμος, *Calabar bean*
κάλαθος, *basket*
(ἀεροστάτου), *passenger car (of balloon), nacelle*
καλάϊ, *solder, soft solder, plumber's solder, tin*
καλάμι. Βλ. κάλαμος.
καλαμιά, *stubble*
καλαμίνα, *calamine, zinc spar, smithsonite*
πυριτική —, *siliceous calamine, electric calamine*
κάλαμος, *reed*
κοινός —, *common reed*
καλαμοσάκχαρον, *sucrose*
καλαφάτης, *caulker, calker*
καλαφατίζω, *to caulk, to calk*
καλαφατικό, *caulking iron, calking iron, reaming iron, horsing iron*
καλαφάτισμα, *caulking, calking*
καλικό (ὕφασμα), *calico*

κάλι, *potassium (K)*
κάλιον, *potassium (K)*
ἀνθρακικόν —, *potassium carbonate, pearl-ash*
ὄξινον — —, *potassium bicarbonate*
ἀντιμωνιοῦχον —, *potassium antimonyl tartrate*
ἀργιλλικόν —, *potassium aluminate*
βρωμιοῦχον —, *potassium bromide*
διττανθρακικόν —, *bicarbonate of potash, potassium bicarbonate*
διχρωμικόν—, *potassium bichromate, potassium dichromate*
θειϊκόν —, *potassium sulphate*
ὄξινον — —, *potassium bisulphate*
θειοκυανικόν —, *potassium thiocyanate*
θειοῦχον —, *potassium sulphide*
ἰωδιοῦχον —, *potassium iodide*
καυστικόν —, *potassium hydroxide, caustic potassium, caustic potash*
κυανιοῦχον —, *potassium cyanide*
μονοθειοῦχον —, *potassium monosulphide*
μονοχρωμικόν —, *normal potassium chromate*
νιτρικόν —, *potassium nitrate, saltpetre*
νιτρῶδες —, *potassium nitrite*
ὀξαλικόν —, *potassium oxalate*
ὄξινον τρυγικόν —, *cream of tartar*
πενταθειοῦχον —, *potassium pentasulphide*
πυριτικόν —, *potassium silicate*
σιδηροκυανιοῦχον ἐρυθρόν —, *red prussiate of potash, potassium ferrocyanide*
ὑπερανθρακικόν —, *potassium percarbonate*
ὑπερμαγγανικόν —, *potassium permanganate, permanganate of potash*
φθοριοῦχον —, *potassium fluoride*
φωσφορικόν —, *potassium phosphate*
χλωρικόν —, *potassium chlorate*
χλωριοῦχον —, *potassium chloride*
χρωμικόν —, *potassium chromate*
καλιόρρυμμα, *caustic potash solution*
καλίου, ὀξείδιον, *potassium monoxide*
ὑδροξείδιον —, *potassium hydroxide, caustic potash, potash*

κάλλαϊς, *turquoise*
καλοκαιράκι τοῦ Ἁγ. Δημητρίου, *Indian summer*
καλομέλανον, *calomel, mercurous chloride*
καλομέλας, *calomel, mercurous chloride*
καλομέλι, *calomel, mercurous chloride*
καλοριφέρ, *radiator*
καλόσφυρα, *serving mallet, mallet*
καλούπι, *form, mould, matrix, jig, swage*
  διὰ σφυρήλατα, *die*
καλουπιάζω, *to mould*
καλύβη, *cabin*
καλυκάγρα (ἀναλόγως τοῦ διαμετρήματος), *ruptured cartridge extractor (to suit calibre)*
καλυκοσυλλέκτης, *cartridge chute, deflector bag*
καλυκοσυλλέκτου, ἄγκιστρα, *deflector bag clamps*
  ἀσφάλεια —, *deflector bag catch*
  κορμός —, *deflector bag body*
  ὁδηγός —, *empty-cartridge-case chute*
  ὀπή —, *deflector chute*
κάλυμμα, *cover, cowling, hood, envelope, lid, keep, tilt*
  ἀκροσωλῆνος, *nozzle cover*
  ἀναφωτίδος, *skylight hood*
  ἀφαιρετέον —, *pull-off cover*
  ἐξ ἐβονίτου, *ebonite cup*
  ἐξωτερικόν —, *outer cup*
  ζυγοῦ βαλβίδων, *rocker arm cover*
  κάτω —, *undershield*
  κινητῆρος, *cowling, engine cowling*
  ὀθόνινον —, *tarpaulin*
  ὀλισθαῖνον —, *sliding cover*
  περικοχλίου, *hub*
  πρὸς ἀφαίρεσιν, *pull-off lid*
  προφυλακτικὸν (ἀεροδυναμικόν) —, *fairing*
  πτερυγίων ψύξεως κυλίνδρων, *cowling gills*
  πυθμένος, *undershield*
  ρινός, *nose cowl*
  στομίου κύτους, *hatch cover, hatchway cover*
  ὑάλινον —, *cover glass*
  φίλτρου, *filter cover*
κάλυξ, *case*
  ἐντὸς θαλάμης, *separated case*
  κενὸς ἐντὸς στερεοῦ, *separated case*
καλυπτικὴ πλάξ, ἀριστερά, *port closing cup*
  δεξιά— —, *starboard closing cup*
καλύπτρα, *enclosure, bonnet, cap, arrester*
καλύπτω, *to cover*
  δι᾽ ἄμμου, *to grit*
  (τὰ πυρά), *to bank*
κάλυψις, *obscuration, occultation*
καλώδιον, *cable, lead, guy, pigtail*
  δι᾽ ἀνυψώσεις, *hoisting rope*
  ἐκ λεπτῶν συρματίνων κλώνων, *fine-strand wire rope*
  χονδρῶν συρματίνων κλώνων, *coarse-strand wire rope*
  ἐλέγχου, *control cable*
    Μπόουντεν, *Bowden-control cable*
  ἐναέριον —, *aerial cable*
  ἐπιστροφῆς ρεύματος, *return cable*
  ἑπταπολικόν —, *septocel*
  μακροδυναμικόν —, *fly rope*
  μετὰ μεταλλικῆς ἐπενδύσεως, *braided cable*
    μονώσεως ἐκ χάρτου, *paper cable*
    συνεστραμμένων ἀγωγῶν, *twisted cable*
  μεταδίδον κίνησιν, *driving rope*
  πενταπολικόν —, *quincel*
  πλεκτῆς μονώσεως, *braided cable*
  πλεκτόν —, *braided cable*
  σπινθηριστοῦ, *ignition wire*
  συγκεντρικόν —, *concentric cable*
  συνεστραμμένον τριφασικόν —, *twisted treble cable*
  τηλεφωνικόν —, *telephone wire*
  τριπολικόν —, *tricel*
  ὑποβρύχιον —, *submarine cable*
  ὑπόγειον —, *underground cable*
  ὑψηλῆς τάσεως, *high-tension (H. T.) cable*
  φρεάτων, *pit cable*
  φωτισμοῦ, *lighting cable*
  ὡπλισμένον —, *armoured cable*
καλωδίου, διαδρομή, *cable run*
  ἕνωσις —, *cable splicing, rope splicing*
  κατασκευή —, *rope laying*
  κεφαλὴ συνδέσεως —, *socket of a rope*
  κιβώτιον συνδέσεως —, *cable sleeve*
  πέδιλον —, *cable shoe*
  πυρήν —, *core of a rope*
  στρίψιμο —, *rope laying*
  τύμπανον —, *rope drum*
καλωδίων, ἀγωγός, *cable conduit*
  ἐξάρτησις —, *cable harness*
  ὁδηγοί —, *cable guides*
  προφυλακτήρ —, *cable conduit*
  συγκρατηταί —, *cable ferrules*
  τοποθέτησις —, *cable bedding*

κάλως, *cable*. **Βλ. καὶ καλώδιον.**
καμάκι, *harpoon*
κάμαξ, *harpoon*
καμάρα, *arc, arch, vault*
καμάρι, *beam*
καμαρωτός, *arched*
κάμβιον, *cambium*
Καμβρική, *Cambrian*
Κάμβριος, *Cambrian*
καμινάδα, *smoke stack*
καμιναέριον, *waste gas*
καμινευτήρ, *blow lamp, blow torch*
κάμινος, *furnace, oven, kiln*
  ἀναδεύσεως, *puddling furnace, balling furnace*
  ἀναζωογονήσεως, *regenerative furnace*
  ἀποσκληρύνσεως, *annealing furnace*
  ἀσβεστοποιήσεως, *calcining kiln*
  δι' ἠλεκτρικοῦ τόξου, *electric-arc furnace*
  διακαύσεως, *calcinating kiln*
  ἑψήσεως, *roasting furnace*
  ἠλεκτρική —, *electric furnace*
    ὑψηλῆς συχνότητος (Υ.Σ.), *high-frequency (H.F.) electric furnace*
  θολωτή —, *cupola furnace*
  μετὰ διαμερισμάτων, *chamber furnace, muffle furnace*
  περιστροφική —, *rotary kiln*
    δακτυλιωτή — —, *rotary kiln*
    σωληνωτή — —, *revolving tubular kiln*
  σιδηρουργοῦ, *forge fire, forge*
  συγκεραστική —, *annealing oven*
  συνεχοῦς λειτουργίας, *continuous working kiln*
  ὑψηλή —, *blast furnace*
  ὑψηλῆς συχνότητος (Υ.Σ.) ἐξ ἐπαγωγῆς, *high-frequency (H. F.) induction furnace*
  φορητή —, *portable forge*
  φρεατοειδής —, *shaft kiln*
  χωνευτηρίων, *crucible furnace*
καμιόνι, *motor-lorry, lorry, motor-truck, truck*
καμουφλάζ, *camouflage*
καμουφλάρω, *to camouflage*
καμπάνα, *bell*
καμπαναριό, *bell tower, belfry*
κάμπη, *caterpillar, caterpillar track*
καμπή, *inflection*
  ἀκτῆς, *sweep of coast*
  ὀγδόου κύκλου, *eight bend*
  σχήματος U, *U-bend*
καμπῆς, σημεῖον, *inflectional point, point of inflection*
καμπουρωτός, *gibbous*
καμπτολαβίς, *nipper*
κάμπτω, *to bend, to sag*
  ἀκρωτήριον, *to double a cape, to weather a cape*
  πρὸς τὰ ἔξω, *to sag*
καμπύλαι βαθῶν, *depth curves*
  ἐκροῆς, *flow curves*
  Ia- Vg- διὰ Va σταθ., *mutual characteristics*
καμπύλη, *curve, sweep, graph*
  (γραμμή), *catenary*
  ἀκτινοβολοῦσα —, *radiating curve*
  ἀκτινοειδής —, *radiating curve*
  ἀνοικτή —, *flat curve*
  ἀνταποκρίσεως, *response curve*
  ἀντίστροφος —, *reversed curve*
  ἀντώσεως, *curve of buoyancy*
  γραμμή, *curved line, curve*
  διολισθήσεως, *slip curve*
  διπλῆς καμπυλότητος, *twisted curve*
  ἐκτονώσεως, *expansion curve*
  ἐξογκώσεως, *back-water curve*
  ἐξωτερική —, *outer curve*
  ἐπὶ τῆς κατὰ μῆκος τομῆς, *vertical curve*
  ἐπιφάνεια, *curved surface*
  ἱπποδυνάμεως, *power curve*
  ἰσχύος δικλίδος, *throttle power curve*
    συναρτήσει τοῦ ἀνοίγματος δικλίδος ἀναμικτῆρος, *throttle power curve*
  ἴσων διοπτεύσεων, *curve of equal bearing*
  καταναλώσεως ἰσχύος συναρτήσει γωνιῶν δικλίδος, *throttle power consumption curve*
  μαγνητικῆς ὑστερήσεως, *magnetic hysteresis loop*
  μαγνητίσεως, *magnetisation curve*
    μετάλλων, *B/H curve*
  ὁριακή —, *border curve*
  παρεχομένης ἰσχύος, *power output curve*
  πεταλοειδής —, *horseshoe curve*
  πιθανότητος, *probability curve*
  ροῆς, *line of flux*
  συναρμογῆς, *transition curve*
  σύνθετος —, *compound curve*
  συντονισμοῦ, *resonance curve*
    τοῦ κυκλώματος, *frequency response curve*
  σφάλματος θέσεως, *position error curve*

καμπύλη
  ὀργάνου, *instrument error curve*
  τοῦ Γκάους, *normal law of errors*
καμπύλης, ἀρχή, *spring of curve*
  κατασκευή —, *curve tracing*
  κατεύθυνσις —, *direction of a curve*
καμπυλόγραμμον, *French curve*
  σχῆμα, *curvilinear figure*
καμπυλόγραμμος, *curvilinear*
καμπυλογράφος, *French curve*
καμπυλοειδὴς τροχιά, *curved path*
καμπυλόμετρον, *radius gauge*
καμπυλότης, *curvature, sheer*
  τοῦ πεδίου, *curvature of field*
καμπυλῶν, οἰκογένεια, *family of curves*
καμφάνιον, *camphane*
καμφορά, *camphor*
καμφορόδενδρον, *camphor tree, Laurus camphora*
κάμψεως, δοκιμή, *bend test*
  κάμινος —, *bending furnace*
  κατεύθυνσις —, *direction of bending*
  μηχανή —, *bending machine*
  ὁπλισμῶν, μηχάνημα, *bending machine*
  ράβδος —, *bending bar*
κάμψις, *bending, bend, flexure, deflection, inflection, sagging*
  ἐπὶ ἐπικρουστῆρος, *bend on firing pin*
    σχαστηρίας, *bend on sear*
  κατ' ὀρθὴν γωνίαν, *bend at right angles*
  πρὸς τὰ ἔξω, *sagging*
  σύνθετος —, *composite bending*
κάναβος, *grid*
κανάλι, *canal*
κανδηλίτσα, *bowline bend*
κανέλλα, *cinnamon*
κάνθαρος, *mud lighter*
κανθός, *rabbet*
κάνιστρον (μοτοσυκλέττας), *(motorcycle) side car*
καννάβινον ὕφασμα, *packing canvas, canvas*
κάνναβις, *hemp*
  Μανίλλας, *Manilla hemp*
κάννη, *barrel*
  ὀξειδωμένη —, *rusty barrel*
  σκουριασμένη —, *rusty barrel*
κάννης, ἀσφάλεια, *barrel lock*
  ἀσφαλιστικός κοχλίας περιβλήματος —, *barrel jacket lock screw*
  δακτύλιοι —, *barrel rings*

κάννης
  διάμετρος ἐσωτερικοῦ —, *bore*
  ἔδρανον —, *barrel bearing*
  ἐξόγκωσις —, *barrel distortion*
  ἐπανατακτικὸν ἐλατήριον —, *barrel return spring*
  ἐπίπεδον —, *level of the barrel*
  ζώνη —, *barrel band, barrel strap*
  ἧλος συνδετῆρος —, *barrel link pin*
  καὶ ἐπιταχυντοῦ, ἐμβολεύς, *barrel plunger*
    ὀλισθητῆρος, πεπλατυσμένον ἐλατήριον, *barrel locking spring*
  κάλυμμα —, *barrel housing.*
  κλεὶς ἀποσυνδέσεως περιστομίου, *barrel mouthpiece spanner*
  κυλινδρικαὶ προεξοχαί —, *barrel trunnions*
  ὁδηγὸν παρέκταμα —, *end cap*
  ὁδηγὸς ἧλος ἐμβολέως —, *barrel plunger guide pin*
  ὀθισθητήρ —, *barrel extension*
  ὁμάς —, *barrel group*
  πεπλατυσμένον ἐλατήριον ἀσφαλίσεως —, *barrel lock spring*
  περίβλημα —, *barrel casing, barrel jacket*
    ὁδηγοῦ παρεκτάματος —, *end cap barrel casing*
  περιλαίμιον —, *barrel collar*
  περιστόμιον —, *barrel mouthpiece*
  περόνη συνδετῆρος —, *barrel link pin*
  πιστολίου, ὀπίσθιον τεμάχιον, *breech closing plate*
  προσαρμογεὺς περιβλήματος —, *barrel jacket adaptor*
  προσάρτημα —, *barrel attachment*
  ρύθμισις —, *breeching up*
  συγκρότημα —, *barrel group*
  σύνδεσμος ὀλισθητῆρος —, *barrel extension shank*
  συνδετήρ —, *barrel link*
  τόρμος —, *barrel stud*
    ἐλατηρίου ἐμβολέως —, *barrel plunger spring stud*
    ἐμβολέως —, *barrel plunger stud*
    ὀλισθητῆρος —, *barrel extension stud*
  ὑποστήριγμα —, *barrel support*
  φθορά —, *barrel wear*
  φωτοανακλαστικὸν κάτοπτρον —, *barrel reflector mirror*
κανόνες συνθέσεως (ὄργανα), *rigging boards*

κανόνι, *cannon*
κανονίζω, *to regulate*
κανονικὴ ἕδρασις, *normal setting*
ἡμερησῖα μεταβολή, *normal diurnal variation*
ρύθμισις, *normal setting*
ταχύτης πλεύσεως, *normal cruising throttle*
χοάνη, *normal funnel*
κανονικὸν κῦμα ἡμιτόνου, *pure sine wave*
συστατικόν, *normal constituent*
κανονικός, *regular, normal, standard*
κανονιοβολισμός, χαιρετιστήριος, *salvo*
κανονιοφόρος, *gunboat*
περιπολίας, *patrol gunboat*
κανονισμοί, *regulations*
κανονιστήρ, *governor*
κάνουλα, *tap, cock, bibcock*
καντηλίτσα, *boatswain's chair*
κανών, *norm, rule, order, modulus, ruler, straight edge*
ἀναδιπλούμενος —, *folding rule*
ἐνδείξεως ἀποστάσεως, *range bar*
κυκλικὸς λογιστικός ,— *circular slide rule*
λοξός —, *mitre square*
μετὰ λιναίης, *plumb rule*
Σίμσων, *Simpson's rule*
συνθέσεως, *straight edge*
ὑποτυπώσεως, *plotting rule*
διαφανής — —, *transparent plotting rule*
Κάνωπος (α Τρόπιδος), *Canopus*
καολίνης, *China clay*
Κάους Ἀουστράλις (γ Τοξότου), *Kaus Australis*
καουτσούκ, *rubber*
καπάκι, *hatch, lid*
Καπέλλα (α Ἡνιόχου), *Capella*
καπετάνιος, *captain*
καπλαμᾶς, *three-plywood, veneer*
μὲ περισσότερα τῶν τριῶν φύλλων, *plywood*
πανιοῦ, *goring cloth*
καπναγωγός, *flue, uptake*
ἀτμολέβητος, *boiler flue*
καπναέριον, *flue gas, fume gas, gas in smoke*
καπνιά, *soot, gas black*
στιλπνή —, *shining soot*
καπνοβόρος, *smoke consumer*
καπνογόνος βόμβα, *smoke bomb*
ἐπιπλέουσα — —, *smoke float*
ἀεροναυτιλίας, *navigation smoke float*
καπνογόνος
βομβίς, *smoke grenade*
σύνθεσις, *smoke composition, smoke mixture*
συσκευή, *smoke generator*
φωτοβολίς, φαιόχρους, *brown smoke puff*
καπνοδόχη. Βλ. καπνοδόχος.
καπνοδόχος, *chimney, chimney stack, smoke stack, stack, flue, funnel*
καπνοδόχου, ἑλκυσμός, *chimney draught, funnel draught*
ἐπίτονοι —, *funnel shrouds*
κάλυμμα —, *funnel cover*
περιαυχένιον —, *funnel cap*
περίβλημα —, *chimney casing, funnel casing*
πρότονος —, *funnel stay*
καπνοθάλαμος, *smoke box*
καπνοπαραγωγός, *smoke generator*
καπνός, *smoke, fume, soot*
δηλητηριώδης —, *poisonous smoke*
καπνοφόρος αὐλός, *fire-tube*
καπνόφραγμα, *smoke screen*
καπό, *hood*
καπόνι, *boat davit, davit*
ἀγκύρας, *cat davit*
καποτάρισμα, *turn-turtle*
καπουτσῖνος, *tricing mine*
καπρονικὸν ὀξύ, *caproic acid*
καπρυλικὸν ὀξύ, *capric acid*
καπύρωσις, *shake*
καραβίνα, *carbine*
καραβόπανον, *sail cloth, canvas*
καραβοφάναρο, *light-vessel*
καραμπίνα, *carbine*
καράτι. Βλ. καράτιον.
καράτιον, *carat*
καρβαμίδιον, *carbamide*
καρβίδιον, *carbide*
καρβονύλιον, *carbonyl*
καρβοξύλιον, *carboxyl*
καρβουνιέρα, *coal bunker*
καρδιοειδὲς πολικὸν διάγραμμα, *heart-shaped polar diagram*
καρδιοειδῆ, διαδοχικά (ἐναλλάξ), *switch cardioids*
καρδιοειδής, *cardioid*
καρίνα, *keel*
Καρκῖνος (Ἀστερ.), *Cancer*
καρμίνιον, *carmine*
καρμπόν, *carbon paper*
καρμπυρατέρ, *carburettor, carburetor*
καρνάγιο, *yard*
καρναλλίτης, *carnallite*
καρντάν, δίχαλον, *Cardan fork*
σύνδεσμος —, *Cardan joint*

καρούλι, *pulley, bobbin, spool, sheave*
καρρέ, *mess*
καρύα ἢ καρυά, *walnut tree.* **Βλ. καὶ καρυδέα.**
καρυδέα, *common walnut tree*
ἡ ἀμερικανική, *American walnut*
καρυδόκομβος, *wall knot*
καρύλλιον, *sheave*
κάρυον, *walnut*
τροχίλου, *rowl*
καρφί, *pintle.* **Βλ. καὶ ἧλος.**
μεγάλο —, *spike*
μικρόν —, *tack*
σιδηροτροχιᾶς, *railroad spike*
καρφίον, *nail, rivet.* **Βλ. καὶ ἧλος.**
μὲ κωνικὴν κεφαλήν, *pointed-head rivet*
ὀρειχάλκινον —, *gimp pin*
πλατυκέφαλον —, *tack*
προσαγώγιον —, *wrain bolt, wring stave*
χάλκινον —, *copper bail*
καρφίου, κεφαλή, *rivet head*
κορμός —, *rivet shank*
στέλεχος —, *rivet shank*
καρφοβελόνη, *wire nail, rivet*
καρφώνω, *to nail*
κάρφωσις, *riveting.* **Βλ. καὶ ἥλωσις.**
διαρρέουσα —, *leaky riveting*
εἰς τρεῖς σειράς, *triple riveting*
ἐν ψυχρῷ, *cold riveting*
κατὰ μετάθεσιν, *zigzag riveting*
σειράν, *chain riveting*
μηχανική —, *machine riveting*
τριπλῆ —, *treble riveting*
καρφωτὴ ἕνωσις, *rivet joint*
κάσαρο, *jack quarter-deck, poop*
κασεΐνη, *casein.* **Βλ. καὶ καζεΐνη.**
κάσκα, *helmet*
κασκαβάλι, *split pin, splint, cotter, gib*
κασμᾶς, *pick, gad*
κασμήριον, *cashmere*
κασουαρίνη, *Australian oak*
Κασσιόπεια, *Cassiopeia*
Κασσιόπη, *Cassiopeia*
κασσιοπορφυροῦν, *purple of Cassius*
κασσιτερικὸν ὀξύ, *stannic acid*
κασσιτερίτης, *cassiterite, tin-stone*
κασσιτεροκόλλησις, *soft solder*
κασσίτερος, *stannum (Sn), tin*
διχλωριοῦχος —, *stannous chloride*
εἰς χελώνας, *block tin*
θειοῦχος —, *stannic sulphide, stannous sulphide*
μονοθειοῦχος —, *stannous sulphide*
νικελιοῦχος —, *nickel tin*
κασσίτερος συγκολλήσεως, *tin solder*
ὑπερχλωριοῦχος —, *stannic chloride*
ὑποχλωριοῦχος —, *stannous chloride*
φωσφοροῦχος —, *phosphor-tin*
χλωριοῦχος ἐναμμώνιος—, *ammonium stannic chloride*
κασσιτέρου, διοξείδιον, *tin dioxide, tin-stone*
μονοξείδιον —, *stannous oxide*
ὀξείδιον —, *stannic acid, stannic oxide*
πλάξ —, *tin plate*
ράβδοι καθαροῦ —, *ingot tin*
ὑδροξείδιον —, *stannic hydroxide*
ὑποξείδιον —, *stannous oxide*
φύλλον —, *tinfoil*
κασσιτερωμένος, *tin-plated, tinned*
κασσιτερώνω, *to tin*
κασσιτέρωσις, *tin plating*
καστανέα, *chestnut*
καστάνη, *click-and-ratchet wheel, ratchet, pawl*
καστάνια, *ratchet, pawl, click and ratchet wheel*
καστανιόλα, *pawl, pall, latch*
(ἁλυσίδας), *chain stopper*
καστανόχρουν, *brown*
Κάστωρ (Ἀστερ.), *Castor*
κατ' ἐγκάρσιον, *on the beam*
ἐμφάνισιν, *apparent*
εὐθεῖαν ὀπίσω, *right astern*
κατά, *per, along*
κάθετον, *on the beam*
μῆκος, *along*
προσσέγγιν, *by approximation, approximately*
μεγάλην —, *by high degree of approximation*
προσωπικοῦ, *anti-personnel*
καταβαίνω, *to alight*
καταβατικός, *katabatic*
καταβιβάζω, *to haul down, to strike*
τὸν ἱστόν, *to strike the mast*
καταβρέχω, *to spray*
καταβύθισις, *dive*
κάταγμα, *fracture*
καταγραφεύς, *register*
καταγραφικὸν ἠλεκτρόμετρον, *recording electrometer*
ὄργανον, *recorder*
καταγράφω, *to register, to record, to indicate*
κατάδεσις δύο τεμαχίων ξύλου, *splice*

καταδιωκτικόν, *fighter*
ἀναγνωρίσεως, *fighter reconnaissance plane*
βομβαρδιστικόν, *fighter-bomber*
καθέτου ἐφορμήσεως, *fighter-dive-bomber*
διθέσιον —, *two-seat fighter*
καταδρομὴ (σύνολον καταρριχήσεως καὶ ἀναρριχήσεως), *zoom*
καταδυόμενος ἀνοικτὸς κώδων, *open caisson*
κατάδυσις, *diving dip*
καταδυτικὸν μηχάνημα, *diving apparatus*
καταδυτικὸς κώδων, *diving-bell*
καταιγίς, *gale, whole gale, thunderstorm, hurricane*
κατακάθι, *sediment*
κατακάθισις, *slump*
κατακάθισμα, *sediment, subsidence, deposit*
ὕδατος, *silt*
κατάκαυσις, *deflagration*
κατακλείς, *pawl, pall*
κατακλυσθεὶς ὑπὸ ὕδατος, *waterlogged*
κατακόρυφοι γραμμαὶ τοῦ τετραγωνισμένου συστήματος, *vertical grid-lines*
κατακόρυφον διάστημα, *vertical interval*
μεγίστου κύκλου, *vertex of a great circle*
σημεῖον, *vertex*
σταθερόν, *vertical fin, fin*
στέλεχος, *vertical stem*
σφάλμα, *vertical error*
φαινόμενον, *vertical error*
κατακόρυφος, *vertical line, vertical, perpendicular, plumb*
ἀναρρίχησις, *zoom*
ἀνηφόρισις, *zoom*
ἐπιφάνεια τοῦ οὐραίου συγκροτήματος, *vertical tail area*
εὐστάθεια, *vertical stability*
ἰσοδιάστασις, *vertival interval*
κινητήρ, *vertical engine*
κύκλος, *vertical circle*
συνιστῶσα, *vertical component (Z)*
συντεταγμένη, *vertical co-ordinate*
τομή, *cross section*
κατακρημνίζειν, *to precipitate*
κατακρήμνισις, *precipitation*
καταλήγω, *to abut*
κατάλληλος, *fit, suitable, appropriate*
πρὸς βολισμόν, *fathomable*
βυθομέτρησιν, *fathomable*
κατάλογος, *list, schedule*
διαφορῶν, *discrepancy list*
κατάλοιπα μετάλλου, στερεά, *powder fouling*
κατάλυσις, *catalysis*
καταλύτης, *catalyst, catalytic agent*
καταμετρητής, *gauger*
κατανάλωσις, *consumption*
εἰς βάττ, *watt consumption*
κατανομὴ τῶν σιδηρῶν ράβδων ὁπλισμοῦ, *bar distribution*
καταπακτή, *hatch*
καταπέλτης, *catapult*
καταπήκτης, *pile driver, pile frame*
καταπὴξ ἢ κατάπηξ, *peg, pile*
καταπόνησις, *fatigue, strain*
ἐκ κάμψεως, *bending strain*
λυγισμοῦ, *buckling strain, crippling strain*
στρέψεως, *torsional strain*
καταποντίζομαι, *to founder*
καταποντισμός, *foundering*
καταπτερατήρ, *lead-line*
καταπτώσεις, *cliffs*
καταρράκτης, *cascade, cataract, sluice*
καταρρεύσιμος ἐξ ἀπορροφήσεως τῆς ὑγρασίας τοῦ ἀέρος, *deliquescent*
καταρροϊκός, *down draught*
κατάρτι, *mast*
κατασβεστήρ, *extinguisher*
κατασκευή, *structure*
καθιερωμένη —, *standard design*
κατακορύφου σταθεροῦ, *fin construction*
μηχανῶν, *mechanical engineering*
ὀπισθίου φατνώματος, *stern panel construction*
φέρουσα —, *bearing structure*
κατασκηνώσεις, *tentage*
κατάστασις, *state*
ἀέριος —, *gaseous state*
ἐδάφους, *state of the ground*
εὐθείας πτήσεως, *flying position*
λόγῳ ριπῆς ἀνέμου, *gustiness*
οὐρανοῦ, *state of the sky*
πτητικότητος, *mayfly return*
ρυθμίσεως, *rigging attitude*
στερεά —, *solid state*
ταξειδίου, *cruising condition*
ὑγρά —, *liquid state*
φορτίσεως, *charged state*
καταστολεύς, *suppressor*
κατάστρωμα, *deck*
ἀνώτατον —, *upper deck*
ἀπογειώσεως (ἀεροπλανοφόρου), *flight deck (of aircraft carrier)*
ἐκτεθιμένον —, *weather deck*

κατάστρωμα
ἐξάλων, *freeboard deck*
ἐπιστέγου, *poop-deck*
κατώτατον —, *lower deck*
κουραδόρου, *cargo deck*
ὁδοῦ, *carriage-way*
προστέγου, *fore-deck*
ὑποφράγματος, *cargo deck*
κατατριβή, *abrasion*
καταυγαστήρ, *lamp-shade, abatjour*
καταυλισμός, *bivouac*
καταφθάνω, *to overtake*
καταφύγιον, *shelter, bunker, refuge*
ὁδοῦ, *refuge, island*
καταχνιά, *fog*
καταχωρῶ, *to insert*
κατειγασμένος δι᾽ ἐργαλειομηχανῆς, *machined*
κατεργασία, *treatment, process*
ἀνοδική —, *anodic treatment*
δι᾽ ἐργαλειομηχανῆς, *machining*
ἰζήματος, *precipitation treatment*
διὰ θερμοκρασίας, *heat treatment*
ἐν ψυχρῷ, *cold treatment*
θερμική —, *heat treatment*
τοῦ Σόρι, *Schori process*
χρωμιώσεως, *chromic treatment*
κατέρχομαι δι᾽ ἀλεξιπτώτου, *to bale out*
κατερχόμενα ρεύματα ἀέρος, *descending air currents*
κατεστραμμένος, *wrecked*
κατευθυνόμενον βλῆμα, *guided missile*
κατευθυνόμενος, *directed, guided, beamed*
κατεύθυνσις, *heading, compass point*
κατευθύνω, *to steer*
κατεχίνη, *catechu*
κατεχοῦ γῆ, *catechou*
κατηφορικός, *down hill*
κατιόν, *cation*
κατολισθαίνω, *to glide*
κατολίσθισις, *glide, gliding, landslide, subsidence*
ἀνάστροφος —, *inverted glide*
κατοπτεύω, *to reconnoitre*
κάτοπτρα, συγκλίνοντα, *inclined mirrors*
κάτοπτρον, *mirror*
ἀνακλαστικόν —, *reflecting mirror, reflector*
περιστρεφόμενον— —, *rotatable reflecting mirror*
σταθερόν — —, *fixed reflecting mirror*
ἐξᾶντος, *speculum*

κάτοπτρον
μέγα — —, *index glass*
μικρόν — —, *horizon glass*
ἐπίπεδον —, *plane mirror*
ἐφυδραργυρωμένον ὑάλινον —, *silvered glass plate*
μή — — —, *unsilvered glass plate*
κατευθύνσεως, *prediction mirror*
κοῖλον —, *concave mirror*
κυλινδρικόν —, *mirror drum*
κυρτόν —, *convex mirror*
λέβητος, αὐλοφόρον, *tube plate of boiler*
μεταλλικόν —, *metal reflector*
ὁδηγοῦ (αὐτοκινήτου), *driving mirror*
ὀπισθίας θέας, *rear view mirror*
παραβολικόν —, *parabolic mirror, parabolic reflector*
περιστρεφόμενον —, *rotating mirror*
συγκεντρωτικόν —, *rear vision mirror*
σφαιρικόν —, *spherical mirror*
φωτοανακλαστικόν —, *reflector sight*
κατοχεύς, *pawl, pall*
κάτοψις, *sectional plan, top view*
ἰσογείου, *main floor plan*
κατράμι, *pitch, tar*
κατραμώνω, *to tar*
κατσαβίδι, *screw-driver, turn screw.* **Βλ. καὶ κοχλιοστρόφιον.**
κάτω τροφοδοτικὸς ὀδούς, *retaining pawl*
τροφοδοτικοῦ ὀδόντος, ἄξων, *retaining pawl pin*
κατώταται στροφαὶ ἀνὰ λεπτὸν (σ. ἀ.λ.) ἀπογειώσεως, *minimum take-off revolutions per minute (r.p.m.)*
κατωφέρεια, *falling gradient, slope*
κατωφερὴς κλίσις, *falling gradient*
καυσαέρια, *burner-gases, burned gases*
καύσεως, κατάλοιπον, *residue of combustion*
ρυθμιστής —, *combustion regulator*
καύσιμον, *fuel*
ἀέριον, *combustible gas, fuel gas, gaseous fuel*
ἀρίστης ποιότητος, *high-grade fuel*
εἰς μεγάλα τεμάχια, *lump fuel*
κατωτέρας ποιότητος, *low-grade fuel*
ὀρυκτέλαιον πετρελαιοκινητήρων, *fuel oil*

καύσιμον
ὑγρόν —, *liquid fuel*
φυσικόν —, *natural fuel*
καύσιμος, *combustible*
ὕλη, *combustible, fuel, liquid fuel*
καῦσις, *combustion, burning*
ἀτελής —, *incomplete combustion*
καυσόξυλον, *fire-wood, fuel wood*
καυστήρ, *burner, blowpipe*
πετρελαίου, *oil burner*
φωταερίου, *gas burner*
καυστικὴ σόδα, *caustic soda*
καυτήρ, *blow lamp*
καφάσι, *grid, grating, lattice*
ἀναφωτίδος, *skylight grating*
καφεΐνη, *theine*
καφετί, *brown, brownish*
καφουρά. Βλ. καμφορά.
καψυλλιοδόχη, *cap holder*
καψυλλιοθήκη, *cap*
καψύλλιον, *cap, eye-piece*
βάσεως, *base cap*
ἐπικρούσεως, *percussion cap*
σταθερᾶς ἐπιβραδύνσεως, *fixed-delay capsule*
φυσιγγίου, *cap*
καψυλλίου, θαλάμη, *cap chamber*
σύνθεσις —, *cap composition*
καψυλλιωταὶ ὀπαί, *eyelets*
κβάντον (φωτόνια), *quantum*
κεβράτσο, *quebracho*
κεδρία, *tar*
κέδρινος, *cedar*
κέδρος, *cedar*
κειρία, *belt*
κειρίωσις (σχοινίου), *worm*
κεκαμμένος, *bent*
κατ᾽ ὀρθὴν φοράν, *cranked*
κεκλιμένον ἐπίπεδον, *ramp*
προσπελάσεως, *accommodation ramp*
κεκλιμένος, *alist*
κέλης, *yawl, gig*
κελλοβιόζη, *cellobiose, cellose*
κελλουλόζη, *cellulose*
κελλοφάνη, *cellophane*
κελυφοειδὴς κατασκευή, *monocoque construction*
κέλυφος, *shell*
ἀερακάτου, *sea plane hull*
βόμβας, *jacket sheath case (of bomb)*
ρινός, *nose casting*
στροβιλοσυμπιεστοῦ, *supercharger volute*
σφαιρικόν —, *spherical shell*
κενόν, *vacuum, gap, pocket*
ἀέρος, *air lock, air pocket*
κενὸς θάλαμος, *flotation chamber*
Κένταυρος (Ἀστερ.), *Centaurus*
κεντρικαὶ ἀποθῆκαι (στρατ.), *ordnance stores*
κεντρικὴ ἀκίς, *centre spot*
γωνία, *central angle*
ἐπαφή, *centre contact*
πτέρυξ, *centre plane, centre section*
τομή, *centre section*
ἐπιπέδου, *plane centre section*
κεντρικὸν πέδιλον, *centre block*
τμῆμα *centre section*
κεντρικός, *central, main, focal*
πυρήν, *centre section*
τομεὺς πτέρυγος, *centre plane*
κεντροβαρικὴ γραμμή, *centre line*
κεντρομόλος δύναμις, *centripetal force*
ἐπιτάχυνσις, *centripetal acceleration*
κέντρον, *centre, center, bull, punch*
ἀντώσεως, *centre of buoyancy*
βάρους, *centre of gravity*
ἐπιπέδου ἐπιφανείας, *centroid of a plane area*
ὁμογενοῦς στερεοῦ, *centroid of a homogeneous solid*
στερεῶν ἐκ περιστροφῆς, *centroid of solids of revolution*
τριγώνου, *centroid of a triangle*
τροφοδοτήσεως, *gravity feed*
βαρύτητος, *centre of gravity*
διερχομένων, *transit camp*
θλίψεως, *centre of pressure*
καμπυλότητος, *centre of curvature*
κύκλου, *centre of the circle, hub*
περιστροφῆς, *centre of rotation*
περιφερείας, *centre of the circle*
πιέσεως, *centre of pressure (C.P.)*
ὑγροῦ, *centre of fluid pressure*
πλακός, *plate centre*
συνολικῆς διασπορᾶς βλημάτων, *centre of bullet pattern*
ταλαντώσεως, *centre of oscillation, centre of percussion*
φωτογραφίας, *plumb point*
ὤσεως, *centre of thrust*
κέντρου πιέσεως, μετακίνησις, *travel of centre of pressure*
συντελεστής — —, *centre of pressure coefficient*
κεντροφορεύς, *tail-stock*
κεντρόφυξ ἐμπλοκή, *centrifugal clutch*
ἐπιτάχυνσις, *centrifugal acceleration*
κέντρωσις, *balancing of machine, centre punching, true up*
ἀεροπλάνου (διὰ τῆς ρυθμίσεως τῶν τενόντων), *rigging*

κενῶν, ποσοστόν, *voids ratio*
κεραῖαι πρυμναίου ἱστοῦ, *after-yards*
κεραία, *aerial, antenna, yard*
ἀεροσκάφους, *whip aerial*
αἰωρουμένη —, *trailing aerial, trailing antenna*
ἀκτινοειδής —, *fan antenna*
ἀμέσου συζεύξεως μετὰ τοῦ δέκτου, *plain aerial*
ἀναδιπλουμένη —, *retractable aerial*
ἀνοικτή —, *open aerial*
ἀντίβαρον, *counter-poise aerial*
ἀντισταθμίσεως, *balancing aerial, balancing antenna*
ἀντιστατική —, *anti-static antenna*
ἀντιστρόφου «L», *inverted «L» aerial*
ἀπεριοδική —, *aperiodic aerial, aperiodic antenna*
ἁρμονική —, *harmonic antenna*
ἀσυρμάτου τηλεγράφου(Α/Τ), *wireless telegraph (W/T) aerial*
γερανοῦ, *jib*
διπλῆ —, *doublet antenna*
διπολική —, *dipole antenna, doublet antenna*
ἐκπομπῆς τηλεοράσεως, *television transmitting aerial*
ἐκτυλισσομένη —, *trailing aerial*
ἐν εἴδει ἀλεξηλίου, *umbrella aerial*
κλωβοῦ, *cage aerial, cage antenna*
ἑνὸς δευτέρου μήκους κύματος, *half-wavelength aerial*
τετάρτου κύματος, *quarter-wave length aerial*
ἐντὸς οἰκήματος, *indoor aerial*
ἐξωτερική —, *outdoor aerial*
ἐσωτερική —, *indoor aerial*
ἠλεκτρικοῦ δικτύου, *mains antenna*
ἡμικύματος, *half-wave aerial, half-wave antenna*
ὁριζοντία — —, *Zepp antenna*
κατευθυνομένη —, *directional aerial, beam antenna*
κατευθυνομένης ἐκπομπῆς, *directional aerial, directional antenna, beam antenna*
πρὸς μίαν διεύθυνσιν, *unidirectional antenna*
πᾶσαν διεύθυνσιν, *omnidirectional antenna*
κλειστὴ —, *frame aerial*
κυλινδροειδής —, *sausage antenna*
λαίφου, *jack yard*
λήψεως τηλεοράσεως, *television receiving aerial*
μεγάλη —, *lower yard*
κεραία
Μπέβεριτζ, *Beverage aerial, Beverage antenna, wave antenna*
περιπεφραγμένη —, *screened aerial, screened antenna*
πεφορτισμένη —, *loaded antenna, loaded aerial*
μή — —, *unloaded antenna, unloaded aerial*
πλαισιωμένη —, *frame aerial*
πλαισιωτή —, *frame aerial*
ραντάρ, *aerial scanner*
ρομβοειδής —, *rhombic antenna*
συντονισμένη —, *tuned aerial*
μή — —, *aperiodic aerial, untuned aerial*
σχήματος ἀλεξηλίου, *umbrella antenna*
Γ, *inverted–«L» aerial*
Λ, *inverted–«V» antenna*
Τ, *«T»–antenna*
Τ, *«T»–aerial*
τεχνητή —, *artificial aerial, artificial antenna*
τροφοδοτουμένη διὰ τάσεως, *voltage-fed antenna*
ὑπὸ τὸ ἔδαφος, *buried antenna*
κεραίας, ἀντίστασις, *aerial resistance*
ἐνεργὸν ὕψος —, *actual aerial height*
ἐπαγωγὴ συντονισμοῦ —, *aerial tuning inductance (A.T.I.)*
κορυφή —, *peak*
κύκλωμα —, *aerial circuit*
συντονισμοῦ —, *aerial tuning circuit*
μόνωσις —, *aerial insulation*
μονωτῆρες —, *aerial insulators*
ὁμοίωμα —, *dummy antenna, phantom antenna, quiescent antenna*
πηνίον συντονισμοῦ —, *aerial tuning inductance (A.T.I.)*
πλαίσιον —, *antenna frame, antenna coil, antenna loop*
πυκνοτὴς συντονισμοῦ —, *aerial tuning condenser*
συντονιστικὴ αὐτεπαγωγή —, *aerial tuning inductance*
σύρμα —, *aerial wire*
τροφοδοτικὴ γραμμή —, *aerial lead-in*
κεραμευτική, *ceramics*
κεραμίδιον ἁρμῶν (καπάκι), *concave tile*
κεραμική, *ceramics*
κέραμος, *tile*

κέραμος
ἑλληνικοῦ τύπου, *hollow roofing tile*
ἐξυαλωμένος —, *clinker*
μηχανοποίητος — —, *machine-made vitrified clay product*
χειροποίητος — —, *hand-made vitrified clay product*
ἐπιστρώσεως, *earthern slab tile, earthenware slab*
μεγάλος (κοῖλος) —, *concave tile*
μικρὸς (κυρτός) —, *convex tile*
στεγάσεως, *roofing tile, tile*
κεραργυρίτης, *hornsilver*
κέρας, *gaff*
ἐπιδρόμου, *spanker gaff*
κερασέα, *cherry tree*
ἡ ὀξύκαρπος, *sour cherry tree*
ὀξύχυμος, *sour cherry tree*
κερατόλιθος, *hornstone*
κεραυναγωγός, *lightning conductor*
κεραυνίας (ὑάλωμα), *fulgerite*
κεραυνός, *thunder*
κερί. Βλ. κηρός.
κερκέτης, *grapnel, grappling line*
κερκίς, *head-rail, aspen*
κερκόπους, *boom tackle*
κέρκος, *spanker boom, boom*
κέρκου, νεῦρον, *boom guy*
ὀρθωτὴρ —, *boom lift*
κέρκουρος, *cutter*
κεροζίνη, *paraffin oil*
κεροίαξ, *topping lift, lift*
κεροστίλβη, *hornblende*
κερουσσίτης, *cerussite*
κεροῦχος, *gaff-tackle*
ἀκατίου, *fore vang*
κέστρα, *chipping chisel, splicing fid, marline-spike, pricker*
κέστρον, *pricker, punch, awl*
κετοεξόζαι, *ketohexoses*
κετόζαι, *ketoses*
κετόναι, *ketones*
κετσές, *felt*
κεφαλή, *head*
(ἀεροπλάνου), *nose*
(ἀτράκτου), *nose*
εἰργασμένου λίθου, *face of ashlar*
κατακορύφου ὑδρορρόης, *rain water head*
κυλίνδρου, *cylinder head*
μετὰ μοχλοῦ, *tommy head*
ριγώσεων, *milled head*
νεκρά —, *dead head*
συρρικνωμένη —, *knurled head*
σωλῆνος ταχυμέτρου Πιτό, *Pitot head*

κεφαλὴ
τιμονιοῦ, *head of a rudder*
κεφαλῆς, δακτύλιοι ἀσφαλίσεως, *head locking rings*
κεχαραγμένη ἐρυθρὰ γραμμή, *engraved red line*
κεχαραγμένος, *engraved*
κεχριμπάρι, *amber.* **Βλ. καὶ ἤλεκτρον.**
κεχωρισμένος, *split*
κηλίς, *spot, stain, mildew*
κηρίον, *candle*
(μονὰς μετρήσεως), *candle-power*
δεκαδικόν —, *decimal candle*
διεθνές —, *decimal candle*
καπνογόνον —, *smoke candle*
φωτιστικόν —, *flare candle*
ὡριαῖον —, *candle-hour*
κηρόπανον, *oil-cloth*
κηροπήγιον, *girandole*
κηρόπισσα, *pitch*
κηρός, *wax*
ἱσπανικός —, *sealing wax*
καντέλλιλα, *candelilla wax*
λιγνίτου, *lignite wax*
μελίσσης, *beeswax*
ὀρυκτός —, *earth wax, mineral wax*
παραφίνης, *paraffin wax*
στιλβωτικός —, *polish wax*
κηροσίνη, *kerosene*
κηρόχαρτον, *parchment*
κηρωτὴ ὀθόνη, *oil-cloth, oil skin*
κηρωτὸν μετάξινον ὕφασμα, *impregnated silk*
ὕφασμα, *oil-cloth, linoleum*
Κῆτος (Ἀστερ.), *Cetus*
κητόσπερμα, *spermaceti*
Κηφεύς (Ἀστερ.), *Cepheus*
κιάλια, *binoculars*
κιβώτιον, *box, case, chest, trunk, caisson*
ἀκροδεκτῶν, *terminal box*
ἀναρροφητικῆς ἀντλίας, *suction box*
ἄξονος, ἀκραῖον, *plummer block*
βοηθητικῆς ταχύτητος, *transfer case*
διὰ μικρὰ ἐξαρτήματα, μεταλλικόν, *tin box for small parts*
διαλογῆς, *control box*
διανομῆς, *junction-box*
ἀτμοσύρτου, *steam chest*
κινήσεως, *wheel case*
διασταυρώσεως, *junction-box*
διορθωτοῦ, *connector box*
ἐργαλειοφόρον —, *tool kit*
ἐργαλείων, *tool kit, tool box*
καθαρισμοῦ ὕδατος, *mud box*

κιβώτιον
λιπάνσεως, *grease box*
μεταφορᾶς, *carrying case, transit case*
ὀδοντωτῶν τροχῶν, *gear box*
συνδεσμολογίας, *junction-box*
ταχυτήτων, *gear box, transmission*
τελείως σανιδόκλειστον —, *close boarded case*
τηλεδιακόπτου, *relay box*
κιβωτίου διανομῆς, ὑποστήριγμα, *box adapter bracket*
κιγκλίδωμα, *balustrade, grating, grid*
κιγκλιδώματα, *rails*
κιγκλιδωτός, *lattice*
κιγκλίς, *grate, lattice, baluster*
κιθάρα, *long tackle block*
κικινέλαιον, *castor oil*
κιλοβάττ, *kilowatt (kw).* **Βλ. καὶ χιλιόβαττον.**
κιμωλία, *chalk*
ἱσπανική —, *whiting*
κινήσεως, μέσον, *motive agent, motive means*
κινεῖσθαι, *to move, to go*
πρὸς τὰ ὀπίσω, *going astern*
πρόσω, *going ahead*
κινηματικὸν ἰξῶδες, *kinematic viscosity*
κίνησις, *motion, movement, impulsion, gear*
ἀκανόνιστος —, *irregular movement*
ἀνακλαστική —, *reflex movement*
ἁπλῆ ἁρμονική —, *simple harmonic motion*
ἀρθρωτή —, *link motion*
ἀσφαλίστρου πρὸς τὰ ἐμπρός, *forward movement of lock*
δι' ἐκκέντρου, *eccentric drive, cam motion, cam gear*
ἱμάντος, *belt drive, belt gearing*
διὰ καλωδίου, *rope gearing*
σωληνοειδοῦς, *operation by solenoid*
χειρός, *hand drive*
διακοπτομένη —, *intermittent motion*
ἐλευθέρα διαμήκης —, *end float*
ἐπιβραδυνομένη —, *retarded motion*
ἐπιταχυνομένη —, *accelerated motion, increasing motion*
εὐθύγραμμος —, *rectilinear motion*
καμπυλόγραμμος —, *curvilinear motion*
κατὰ Μπράουν, *Brownian movement*
κραδασμοῦ, *vibration motion*

κίνησις
κυλίσεως, *rolling motion*
κυματοειδής —, *wave motion, wavy motion, undulation*
μαγνητῶν, ρυθμιζομένη, *adjustable magnet movement*
μοχλοῦ δικλίδος, *throttle lever movement*
ὁμαδική —, *group drive*
ὁμοιόμορφος —, *uniform motion*
παλινδρομική —, *reciprocating motion*
περὶ τὸν διαμήκη ἄξονα, *rolling*
ἐγκάρσιον ἄξονα, *pitching, pitch*
περιοδική —, *intermittent motion*
περιστροφική —, *rotary motion, swirl*
πλανητική —, *planetary motion*
προοδευτική —, *progressive motion*
πρὸς τὰ ὀπίσω, *backward movement*
πρόσω, *forward movement*
στροβιλοειδής —, *whirling motion*
ταλαντώσεως, *oscillating motion*
κινητήρ, *motor, engine, prime mover*
ἀερόψυκτος —, *air-cooled engine*
ἀμφίστροφος —, *reversible motor*
ἀνεστραμμένου τύπου, κατακόρυφος, *vertical inverted engine*
ἀνοικτός —, *open motor*
ἀνοικτοῦ τύπου, *open-type motor*
ἀντιδράσεως περιοδικῆς ροῆς, *pulse jet*
ἀντιστρεπτός —, *reversible motor*
ἀπ' εὐθείας μεταδόσεως, *straight-drive engine, direct-drive engine*
ἀριστερός —, *port engine*
ἀστεροειδής —, *radial-type engine, radial cngine*
βαρέος πετρελαίου, *heavy-oil motor*
βοηθητικός —, *servometer*
δεξιόστροφος —, *right-hand engine*
διὰ κυλινδρικῶν συρτῶν, *sleeve valve engine*
παραφίνης, *paraffin engine*
διακυβερνήσεως, *rudder motor*
διωστικός —, *repulsion motor*
ἐν σειρᾷ, *in-line engine*
ἐναλλασσομένου ρεύματος, *alternating-current (a.c.) motor*
ἐνεργός —, *live engine*
ἐξυπηρετικός —, *servomotor*
διὰ πεπιεσμένου ἀέρος, *pneumatic servomotor*
ἐσβεσμένος —, *dead engine*
ἐσωτερικῆς καύσεως, *internal-combustion engine, I.C. Engine*

κινητὴρ
ἡμιδῆζελ δι' ἐκτοξεύσεως ἐλαίου, *mixed-cycle engine*
ἱστοῦ (ὑφαντηρίου), *loom motor*
κάθετος —, *vertical engine*
κεκαλυμμένος —, *enclosed motor*
κλειστοῦ τύπου, *enclosed motor*
κυκλώματος Δῆζελ, *compression-ignition engine*
μὲ ἀντικειμενικοὺς συνεπιπέδους κυλίνδρους, *engine with opposed cylinders, flat-type engine*
ἀπ' εὐθείας μετάδοσιν κινήσεως κινητῆρος, *direct drive engine*
αὐτομάτους βαλβῖδας ἀναρροφήσεως, *poppet valve engine*
μεθ' ὑποπολλαπλασιαστοῦ, *engine with reduction gear, geared-down engine*
μετὰ κυλίνδρων ἐν σειρᾷ, *in-line engine*
μαγνητῶν ἐν διακλαδώσει, *shunt wound machine, shunt wound motor, shunt*
συστήματος ἐλαττώσεως τῶν στροφῶν, *geared-down engine*
χιτωνοειδῶν βαλβίδων, *sleeve valve engine*
μόνιμος —, *stationary engine*
μονοκύλινδρος —, *single-cylinder engine*
ὁριζόντιος —, *horizontal motor*
παρεμβολῆς, *switch motor*
περιστροφῆς, *rotation motor*
περιστροφικός —, *rotary engine*
προωθήσεως ἐξ ἀντιδράσεως, *jet propulsion engine*
σειρᾶς μετ' ἀντισταθμίσεως, *series motor with compensation*
στεγανὸς ἀεριζόμενος —, *enclosed ventilated motor*
στιλβώσεως, *polishing motor*
συνθέτου διεγέρσεως, *compound motor*
σχήματος «V», *vee-type engine*
τετράχρονος —, *four-cycle motor*
τροχιοδρόμων, *tramcar motor*
τύπου Δῆζελ, *compression-ignition engine*
συμπιέσεως, *compression-ignition engine*
«V», *«V»-type engine*
ἀνεστραμμένου — —, *«V»-inverted-type engine*
«W», *«W»-type engine*

κινητὴρ
ὑγρόψυκτος —, *water-cooled engine, liquid-cooled engine*
ὑπερσυμπιεζόμενος —, *supercharged engine*
ὑπερτροφοδοτούμενος —, *supercharged engine*
μή — —, *unsupercharged engine*
ὑψηλῆς συμπιέσεως, *high-compression engine*
τάσεως, *high-tension motor*
κινητῆρες, παλινδρομικοί, *reciprocating engines*
σταθεροὶ ἐν σειρᾷ—, *stationary in-line engines*
συνδεδεμένοι —, *connected engines*
κινητήριος δύναμις, *motive power, moving power, moving force, mover*
κυρία — —, *prime mover*
ἐνέργεια, *kinetic energy*
μηχανισμός, *driving gear*
κινητῆρος, ἀναπνευστῆρες, *engine breathers*
ἀνωμαλία —, *engine trouble*
ἀτρακτίδιον —, *engine nacelle*
ἀφαίρεσις — (ἐκ τῆς βάσεως αὐτοῦ), *engine removal*
βάθρον —, *engine stand*
βάσις —, *engine mounting, engine stand, engine bed*
βιβλιάριον μητρῴου —, *engine log book*
βλάβη —, *engine failure*
βραχίονες —, *engine bearers*
δυκτύλιος στηρίξεως —, *engine mount ring*
διάρκεια —, *life of motor*
ἔγχυσις —, *priming the engine, engine priming*
ἔλεγχος —, *engine check*
ἐπιθεώρησις —, *engine inspection*
ἐπιστροφή —, *back-fire*
ζωή —, *life of motor*
κάλυμμα —, *engine cover, engine cowling*
κενοῦ (καυσίμων), βάρος, *dry weight of engine*
κιβώτιον συσκευασίας —, *engine packing case*
κιλλίβας —, *engine stand*
κοιτίς —, *engine bed, engine mounting*
κράτησις —, *stopping an engine*
λάκτισμα —, *kick of motor*
λειτουργία —, *engine running*
λεκάνη —, *sump*
μητρῷον —, *engine log*

κινητῆρος
ὄργανα —, *engine instruments*
παρελκόμενα —, *engine accessories*
πλὰξ βάσεως —, *engine bearing plate*
πούς —, *engine foot*
προθέρμανσις —, *engine warming up*
στερεωτικοὶ κοχλίαι —, *engine mounting bolts*
τροφοδοτικὴ δεξαμενή —, *engine supply tank*
ὑπερπλήρωσις —, *clogging up*
ὑποστηρίγματα —, *engine bearers*
ψῦξις —, *engine cooling*
κινητικὴ θεωρία, *kinetic theory*
κινητὸν οὐραῖον, *locking bolt, bolt*
πηνίον, *moving coil*
φορτίον, *moving load*
κινητός, *moving, mobile, portable*
πυρήν, *moving-iron*
φάρος ἀεροδρομίου, *portable chance light*
κινητοῦ οὐραίου, βραχεῖα αὐλάκωσις, *bolt short groove*
ἐπιμήκης αὐλάκωσις — —, *bolt long groove*
γλυφὴ παλινδρομήσεως — —, *bolt-way*
ἔμφραξις — —, *locking of bolt*
κορμός — —, *bolt body*
παράκυκλος στελέχους — —, *bolt stock washer*
στέλεχος — —, *bolt stock*
στερεὰ νεύρωσις — —, *bolt solid rib*
τόρμος ἑνώσεως — —, *bolt solid lug*
κινίνη, *quinine*
διθειϊκή —, *quinine disulphate*
θειϊκή —, *quinine sulphate*
κιννάβαρι, *cinnabar, mercuric sulphide*
κιννάμωμον, *cinnamon*
κινόνη, *quinone*
κινούμενος, *moving, mobile, working*
κινῶ σπασμωδικῶς, *to jerk*
κιονίσκος, *bollard*
κιονόκρανον, *column capital*
κίσσηρις, *pumice stone, pumice*
κονιοποιημένη —, *powdered pumice*
κισσοειδής (καμπύλη), *cissoid*
τοῦ Διοκλέους, *cissoid of Diocles*
κιτρικὸν ἅλας, *citrate*
ὀξύ, *citric acid*
κίτρινον, *yellow*

κίτρινον
ἀσθενές —, *pale yellow*
ἀχύρου, *straw yellow*
καδμίου, *cadmium yellow*
χρωμίου, *chrome yellow*
ὤχρας, *ochre yellow*
κιτρινόφαιον, *beige*
κίων, *column, pillcr, bollard, stanchion, strut*
κλάδος, *arm, branch, bough*
κλάσμα, *fraction*
ἀνάγωγον —, *improper fraction*
δεκαδικὸν περιωρισμένον —, *finite decimal fraction*
κοινόν —, *vulgar fraction*
παραστατικὸν —, *representative fraction*
κλασματικὴ ἀπόσταξις, *fractional distillation*
αὔξησις, *fractional increase*
κρυστάλλωσις, *fractional crystallisation*
κλασματικὸς ἀριθμός, *fractional number*
κλασσικός, *classical, standard*
κλαστικὸς ἀσβεστολιθότοφος, *clastic lime tuff*
κλέθρα, *alder*
κλειδί, *key, shackle.* **Βλ. καὶ κλείς.**
γιὰ τάπες, *tap wrench*
γυριστό —, *swivel*
κλειδιὰ σιδηροδρομικῆς γραμμῆς, *shunt*
κλείδωσις, *articulation*
κλείειν, *to lock*
κλεῖθρον, *lock, latch*
ἐσωτερικόν —, *mortice lock*
κρεμαστόν —, *padlock*
χωνευτόν —, *mortice lock*
κλειθροποιός, *locksmith*
κλείς, *key, key-stone, lock, wrench, spanner*
ἀγγλική —, *monkey wrench*
ἀκροδεκτική —, *socket spanner, socket wrench*
ἀλλαγῆς, *switch lever*
τροφοδοτήσεως, *bolt switch, switch-plate*
ἁλυσοφόρος —, *pipe tongs*
ἄξονος (τροχῶν), *axle wrench*
ἀσφαλίσεως ρυθμιστοῦ ἀερίων, *gas regulator key*
αὐλακωτή —, *socket wrench*
γαλλική —, *adjustable spanner, adjustable wrench*
γενική —, *monkey wrench*
γερμανική —, *set spanner*

κλεὶς
δακτυλιοειδής —, *ring spanner*
δακτυλιωτή —, *ring spanner*
δίπλευρος —, *set spanner*
ἐπικρουστῆρος, *striker tool*
ἐσχάρας χειρολαβῆς, *handle grip key*
ἡμικυκλική —, *half-round spanner, «C»–spanner*
κοχλιῶν, *screw key, wrench*
κρυπτογραφήματος, *cipher key*
κωνοειδής —, *cone key*
μετὰ δύο ἄκρων, *double-ended spanner*
λωρίδος, εἰδική, *tap wrench*
πειρίσκων, *peg spanner*
μεταβλητοῦ ἀνοίγματος σιαγόνων, *adjustable spanner, screw wrench, monkey wrench*
περικοχλίων, *screw key*
βελονοειδής — —, *pin spanner*
διχαλωτή — —, *fork spanner*
κυρτή — —, *bent spanner, skew spanner*
μὲ ἐναλλαξίμους σωληνωτὰς κεφαλάς, *box spanner*
πλευρικῆς πλακός (πυρ. *Hispano 20 mm*), *cotter*
πωματοειδής —, *plug spanner*
πωμάτων, *tap wrench*
ρυθμιζομένη —, *adjustable spanner, adjustable wrench, universal spanner, monkey wrench*
ρυθμιστή —, *adjustable key*
σταθερά —, *fixed spanner*
σύνθετος —, *combination wrench*
σχήματος «C», *«C»–spanner*
σωλήνων, *pipe tongs, pipe wrench, tube wrench*
σωληνωτή —, *tube spanner, box spanner, socket wrench, tommy bar*
καὶ ἀξονίσκος, *box spanner and tommy bar*
φυτευτοῦ κοχλίου, *stud box*
τρίστομος ἀσφαλιστική —, *three-way safety valve*
τύπου Ἄλλεν, *Allen wrench*
κλεισιάδος, ἄνοιγμα, *sluiceway opening*
δίοδος —, *sluiceway opening*
κλεῖσις, *locking*
κλεισμένος σφικτά, *battened down*
κλειστὴ ἀναρρίχησις, *steep climb*
κλίσις, *steep bank*
ὅδευσις, *close traverse*
στροφή, *steep turn*
κλειστός, *steep*
κλεῖστρον, *lock, bolt, breech, breech block*
ἐκκινητῆρος, *starter breech*
ἐναλλασσομένης τροφοδοτήσεως, *alternate feed bolt*
κλείστρου, ἀναστολεύς, *bolt stop*
ἀπόφραξις —, *opening of breech*
ἁρπάγη καλύμματος —, *breech catch*
ἄξων σύρτου ἀσφαλίσεως —, *breech lock pin*
διάδρομος —, *bolt-way*
ἐλατήριον ἄξονος σύρτου ἀσφαλίσεως —, *breech lock pin spring*
ἔλεγχος καλῆς ἀσφαλίσεως —, *breeching up*
ἐμπροσθία κίνησις —, *forward movement of bolt*
ὄψις —, *bolt head*
ἧλος ἀσφαλείας λαβῆς —, *bolt handle locating pin*
κάλυμμα —, *breech cover*
κεφαλή —, *bolt head*
λαβή —, *bolt handle*
ὁδηγὸς σύρτου ἀσφαλίσεως —, *breech lock cam*
ὄνυξ —, *bolt claw*
ὀπισθία ὁδηγητικὴ νεύρωσις —, *bolt guiding rib*
ὅπλισις —, *cocking of bolt*
σύνδεσις —, *bolt coupling*
σύρτης ἀσφαλίσεως —, *breech lock*
τόρμος —, *bolt stud*
κλεφτοπόλεμος, *guerrilla warfare*
κλεψύδρα, *hour glass, sand glass*
κλήθρα, *alder*
ἡ λευκή, *hoary leaved alder*
κλῆθρος, *alder*
κλῆσις, *call*
κλιβανισμός, *fumigation*
κλίβανος, *furnace, oven, kiln*
ἀποξηράνσεως, *drying stove*
βαφῆς χάλυβος, *hardening kiln, tempering furnace*
διὰ γαιάνθρακας, *coal furnace*
θερμάνσεως, *heating furnace*
κυλινδρικός —, *shaft furnace*
μεταλλουργικός —, *metallurgical furnace*
συγκολλήσεως, *weld furnace*
κλιβάνου, βωμός, *furnace bridge*
θύρα —, *furnace door*
κλιγκερίτης, *klingerite*
κλίμα, *climate*
κλιμάκιον, *echelon*

κλιμακοειδὴς συγχρονισμός, *cascade synchronism*
κλίμακος, πλάξ, *scale plate*
κλιμακοστάσιον, *staircase*
κλῖμαξ, *scale, graduation, representative fraction, ladder, stair*
ἀποστάσεων, *distance scale*
βαθμονομημένη —, *graduated scale*
βοηθητική —, *subsidiary scale*
δεκάδων, *tens scale*
χιλιάδων, *tens of thousands scale*
δύο κεκλιμένων ἐπιπέδων, *two-flight stair*
ἐκ σχοινίου, *Jacob's ladder*
ἑκατονταβαθμίου, *centigrade scale, Celsius scale*
ἐκτοπίσματος, *displacement scale*
ἑλικοειδής —, *spiral stair*
ἐναλλάξιμος —, *interchangeable scale*
ἐντάσεων ἀνέμων, *wind-speed scale*
εὐθεῖα —, *straight stair*
καθόδου κυτῶν, *hatchway ladder*
καμπύλη —, *winding stair*
κινητή —, *ladder*
κρεμαστή —, *overhanging stair*
λογαριθμική —, *logarithmic scale*
μὲ χειραγωγοὺς ἐκ σχοινίου, *jack ladder*
μετρήσεως βυθίσματος, *depth gauge*
πλάτους, *latitude scale*
πλοίου, ἐπίσημος, *accommodation ladder*
Ρεωμύρου, *Réaumur scale*
σκληρομετρική —, *scale of hardness*
σχεδιάσματος, *scale of drawing*
σχοινίνη —, *rope ladder*
ταχυτήτων, *speed scale*
τριακοσιόβαθμος —, *tercentesimal scale*
ὑψομέτρου, *altimeter dial*
χρόνου, *time scale*
καὶ ταχύτητος, *time and speed scale*
κλιματισμός, *air-conditioning*
κλιματισμοῦ, ἐγκατάστασις, *air-conditioning installation*
κλιματολογία, *climatology*
κλιματολογικαὶ μεταβολαί, *climatic changes*
κλιματολογικὴ κατάστασις, *climatic statement*
κλίνη, *crib, bed*
ἀκίνητος —, *pedestal bearing*
κρεμαστή —, *hammock*
κλίνη
μετ' ἄξονος *pin rocker bearing*
μηχανῆς, *engine bed*
κλινόμετρον, *inclinometer, clinometer*
κλίνω, *to incline*
κλισίμετρον, *inclinometer, clinometer*
κλισιοσκόπιον, *back sight, rear sight, tangent sight leaf*
κλισιοσκοπίου, ἄνοιγμα, *rear sight aperture*
ἐλατήριον —, *tangent sight ring*
θέσις —, *tangent sight position*
ὀδοντωτὴ ράβδος συγκρίσεως —, *sight rack*
κλίσις, *inclination, inflection, acclivity, gradient, rising gradient, grade, ascent, tilt, slope, dip, rake, droop, bank, banking, batter, rolling*
(δ), *declination*
ἀνωφερής —, *rising gradient*
ἐγκαρσία —, *tilt*
ἐπὶ τῆς πτέρυγος, *heel over*
ἐπιπέδου, *inclined plane*
κάθετος —, *vertical bank*
κατὰ μῆκος, *grade, gradient*
κατωφερής —, *falling gradient*
κλειδός, *angle of key, taper of key*
ὁριακή —, *ruling gradient*
πλοίου, *heeling, list*
ποταμοῦ, *slope of a river*
τοίχου, *batter of a wall*
κλιτομετρικὸς κανών, *telescopic sighting alidade*
κλίτος, *aisle*
κλιτύς, *slope*
ὄρους, *mountain slope*
κλοιός, *collar*
κλόνισις ἄξονος τῆς γῆς, *nutation*
κλονισμός, *jerk*
κλότς, *clutch*
κλυδωνισμός, *rolling and pitching*
κλωβός, *crate*
κλώθω, *to twist*
κλῶνος διὰ καλώδια, *rope yarn*
σχοινίου, *strand of a rope*
κλῶσμα, *yarn*
κλωστή, *fibre, yarn, thread*
διὰ καλώδια, *rope yarn*
κλώτσημα ὅπλου, *kick*
κλωτσιὰ κινητῆρος, *kick of motor*
κνήμη, *shank*
κοβάλτιον, *cobalt (Co)*
κοβαλτίου, ἄνθη, *cobalt bloom*
ὀξείδιον —, *cobalt oxide*
κοβαλτίτης, *cobalt glance*
κογχίτης, *shell limestone*

κογχοειδές, *conchoidal*
 τοῦ Νικομήδους, *conchoid of Nicomedes*
κογχοειδής, *conchoid*
κογχύλιον, *shell*
κοδεΐνη, *codeine*
κοιλαδογέφυρα, *viaduct*
κοιλαδοφράκτης, *barrage*
κοιλάς, *valley, vale*
κοιλίσκος, *gouge*
κοιλόκυρτος, *convexo-concave, concavo-convex, converging miniscus*
κοῖλος, *concave, hollow*
κοιλότης, *cavity, hollow, pot hole, socket*
 (μετάλλου), *roak*
 κεντρική —, *central cavity*
κοίλωμα, *cavity, hollow, recess, socket, trough, gutter, curved depression*
 κύματος, *hollow of wave*
 τοίχου, *niche*
κοιλώματα, *indents*
κοίλωσις, *cushion distortion*
κοινὰ ὀξύαιχμα, *common pointed*
κοιναὶ πλευραί, *common sides*
κοινός, *common*
κοινωμάτιον, *rivet, eye-piece*
 μὲ ἡμιστρόγγυλον κεφαλήν, *snap head rivet*
  πεπλατυσμένην κεφαλήν, *panhead rivet*
  τραπεζοειδῆ κεφαλήν, *panhead rivet*
κοίτασμα, *natural bed, stratification*
κοίτη, *bearing, bed*
 ἀνέμου, *eye of the wind*
 ποταμοῦ, *channel*
 ρεύματος, *stream*
κοιτόστρωσις, *apron*
κοκαΐνη, *cocaine*
κοκκομετρικὴ διαβάθμισις, *granulometric gradation*
  λιθίνων ὑλικῶν, *grading of aggregate*
 σύνθεσις, *granulometric gradation, gradation, grading (of sand, etc.)*
κοκκομετρημένα ὑλικά, *graded material*
κοκκοποιεῖν, *to granulate*
κόκκος, *grain*
 μετάλλου, *grain of the metal*
κόκκου, διαμέτρημα, *size of grain*
 μέγεθος —, *size of grain, grain size*
 μορφή —, *shape of grain*

κοκκώδης, *granular*
κολαοῦζο, *tap*
κολεός (ξιφολόγχης), *scabbard*
κόλλα, *glue, mastic, putty, paste, binder, cement*
 ἐκ γλυκερίνης, *glycerin mastic*
  γουταπέρκας, *gutta-percha mastic*
 ἐξ ἐλαστικοῦ, *rubber mastic*
 ζελατίνης, *gelatine glue*
 ζωϊκή —, *animal glue*
 λευκὴ ὑγρά —, *liquid glue*
 λευκωματώδης —, *albumen glue*
 ναυτικοῦ, *marine glue*
 σύνθετος —, *synthetic glue, marine glue*
 ὑάλου, *white putty*
 φυτική —, *vegetable glue*
κολλάρον, *collar*
κόλλησις, *gluing, soldering*
κολλητήριον, *soldering iron*
κολλόδιον, *collodion*
κολλοδιοχάρτης, *collodio-chloride paper*
κολλοειδές, *colloid*
κολλοειδής, *colloidal*
 διάλυσις, *emulsion*
κολλῶ, *to stick, to glue*
κολλῶδες (ἰδιότης), *viscosity*
κολλώδης, *adhesive*
κολόβιον (νιόβιον), *columbium (niobium)*
κολομπίρι, *mast-head*
κόλουρον στερεόν, *frustum*
κόλουρος, *colure*
 κῶνος, *truncated cone*
κολοφών, *apex*
κολοφώνιον, *rosin*
κόλπιον ρεῦμα, *gulf stream*
κολπίσκος, ἀνοικτός, *bight*
κόλπος, *gulf, bay*
κολώνα, *column*
κομβίον, *button, knob, switch, pin*
 ἀπομονωτικόν —, *insulator button*
 βάσεως, *journal*
 διακόπτου, *interrupter switch*
 ἐπαναρρυθμίσεως, *resetting button*
  μετρητοῦ σκοπεύσεως, *shot-counter resetting button*
 ἐπαυξήσεως 5 μοιρῶν, *five-degree increment knob*
 ἐπαφῆς, *push-button*
 ἐπιλογῆς σκιῶν, *shade selector knob*
 κονδυλωτόν —, *knurled button*
 περιστρεφόμενον —, *wrist knob*

κομβίον
συγκρατητικόν —, *wrist grip knob*
πιέσεως, *press button*
πυροδοτήσεως, *gun firing button, button, thumb-grip*
ρυθμίσεως, *setting knob*
λεπτῆς —, *fine setting knob*
πορείας, *course-setting knob*
τραχείας —, *coarse-setting knob, coarse-setting control*
στροφάλου, *wrist, pin, journal*
στροφέως, *journal*
συνολικῆς ἀφέσεως ἐν ὥρᾳ κινδύνου, *jettison switch*
ταχείας ἀφέσεως, *quick-release button*
κομβοέλασμα, *gusset plate*
κομβολόγιον, *chain conveyor*
κόμβος, *knot, bend*
ἁρμόσεως, *node*
δικτύου, *junction point*
κομήτης, *comet*
κομμάτι, *piece*
κόμμι, *gum*
τραγακάνθου, *dragon gum*
κομμίδωσις, *gumming*
κομμιλακιοβερνίκιον, *shellac varnish*
κομμιοφόρος, *gummiferous*
κομμιῶ, *to gum*
κομμιώδης, *gummy*
κομμίωσις, *gumming, sludging*
ἐνεργός —, *activated sludge*
κομπάσσο, *pair of compasses*
κονδυλώδης, *nodular*
κονδυλωτὴ κεφαλή, *knurled head*
χειρολαβή, *knurled finger-grip*
κονδυλωτός, *knurled*
σύνδεσμος, *knuckle joint*
κονεοστεγής, *dust-proof*
κόνεως, ἀπομάκρυνσις, *dust extraction*
ἐξαγωγή —, *dust extraction*
κηλῖδες —, *dust spots*
προφυλακτὴρ —, *dust excluder*
προφυλακτικόν —, *dust shield*
κονία, *cement, binding material*
ἀμμοῦχος —, *sand cement*
ἀργιλλική —, *aluminium cement, ciment fondu*
βραδείας πήξεως, *slow-setting cement*
Λαφάρζ, *Lafarge cement*
λευκὴ ὑδραυλική —, *Lafarge cement*
μαγνησιακή —, *magnesium cement*
νόθος —, *mixed cement*
κονία
πόρτλαντ, *Portland coment*
ρωμαϊκή —, *Roman cement*
σύμμικτος —, *mixed cement*
ταχείας πήξεως, *quick-setting cement*
τηκτή —, *aluminium cement*
ἀργιλλική — —, *aluminium cement*
ὑψικαμίνου, *slag cement*
φυσική —, *Roman cement*
κονίαμα, *mortar*
ἀερικόν —, *air hardening mortar*
ἀμιάντου, *asbestos mortar*
ἀσβεστανθρακικόν —, *limestone mortar*
ἀσφαλτικόν —, *sand carpeting*
ἐπιχρισμάτων, *stuff*
μηχανικόν —, *mechanical mortar*
πουζολανικόν —, *trass mortar*
πυρίμαχον —, *fire-proof mortar, refractory mortar*
σιδηροπαγές —, *iron concrete*
τῆς φωτιᾶς, *refractory mortar*
τριχόφορτον —, *hair mortar*
κονίας, πολτός, *cement paste*
κονιόβολον, *cement gun*
κονιορτοθύελλα, *dust storm*
κονιορτός, *dust*
κονιορτοσκόπιον, *dust counter*
κονιορτοστρόβιλος, *sand pillar*
κόνις, *dust, powder*
ἀσβέστου, *powdered lime*
βαφῆς χάλυβος, *hardening powder*
ἐκ κιμωλίας, *whiting*
λεπτή —, *powder*
σμύριδος, *crocus powder*
λεπτοτάτη —, *finely ground powder*
ὑδρασβέστου, *powdered lime*
χονδρή —, *coarsely ground powder*
κοντάκιον, *stock*
περιστρόφου, *stock*
τυφεκίου, *rifle stock*
κοντάρι, *staff, boat hook*
κοντένζα, *condenser*
κοντέρ, *odometer*
κοντὸς λέμβου, *boat hook*
κόντρα κόβα, *preventer sling*
μαΐστρα, *main tack*
μουστάκι, *false bobstay*
μπράτσο, *preventer brace*
παξιμάδι, *back nut, check nut, jam nut*
πλακέ, *three-plywood*
πόρτα, *baffle plate*
πόστα, *web frame*
στίγκος, *spilling line*

κοντραπέζο, *balance weight, back balance*
κοπανίζω, *to pestle*
λέβητα, *to scale a boiler*
κοπάνισμα λέβητος, *scaling*
κόπανος, *serving mallet, mallet, tamper, rammer, punner, butt*
μηχανικός —, *tamping machine, ramming machine*
ξύλινος—, *wood tamp, wooden rammer*
κοπεύς, *chisel*
ἐπίπεδος —, *flat chisel*
κωνικός —, *cross-cut chisel*
ὀνυχοειδής —, *round-nose chisel*
ρομβοειδής —, *diamond-point chisel*
στρογγυλόαιχμος —, *round-nosed chisel*
κοπέως, ἀθήρ, *chisel edge*
ἀκμή —, *chisel edge*
κοπή, *shearing, shear, sheer*
ἁπλῆ —, *single cut*
διπλῆ —, *double cut*
λίαν τραχεῖα —, *rasp cut*
ρίνης, *cut of file*
ταχεῖα —, *dreadnaught cut*
κοπῆς, βάθος, *cutting depth*
ἐργαλεῖον —, *cutting tool*
κοπίδιον, *chisel, rod chisel*
ἀποκοπῆς ἐν ψυχρῷ, *cold chisel*
ἐντορμίας διὰ πιέσεως χειρός, *paring chisel*
ἡμιστρογγυλόαιχμον —, *half-round chisel*
καλαφατίσματος, πλατύ, *fullering tool*
καμπύλης διατομῆς, *gouge*
κατασκευῆς καμπύλης ἐντορμίας, *socket chisel*
ρομβοειδές —, *diamond point chisel*
σιδηρουργοῦ, *smith's gouge*
ψυχρᾶς κοπῆς μετὰ λαβῆς, *cold sett*
κοπίλια, *split pin*
κοπίς, *cold chisel*
ξυλουργοῦ, *(woodwork) gauge chisel*
κοπτήρ, *cutter, cutting machine, taper*
μεταλλικῶν φύλλων, *guillotine cutter*
κόπτης, *knife, shearing machine*
ἀκροτεμαχίων αὐλῶν, *burr remover for tubes*
δι' ἀτέρμονας κοχλίας, *worm-gear milling-cutter*
εὐρείας παρυφάς, *wide-edge milling hob*
κόπτης
ἐλασμάτων, *plate punching machine*
σπειροειδής —, *spiral milling-cutter*
σχισμῶν, *slot milling-cutter*
κόπτον σίδηρον πλάνης, *plane iron*
κόπτουσα διαδρομή, *cutting stroke*
κόπτω τὰς γωνίας, *to chamfer*
κόπωσις, *fatigue, strain*
διατμήσεως, *shear stress*
μετάλλου, *fatigue of metal*
ὑλικῶν, *fatigue of materials*
κοράκι, *stem*
τῆς πρύμνης, *stern post*
κορακόδεσμος, *hook knot, blackwall hitch*
κοραλλιογενής, *coral*
κοραλλιόδενδρον, *coral tree*
κόραξ, *hook, bollard*
φορτοεκφορτώσεως, *cargo hook*
κορδέλλα, *tape*
κορδιερίτης, *cordierite*
κορδῖτις, *cordite*
κορδόνι, *lace, tape*
κορεννύω, *to saturate*
κορεσμός, *saturation*
κορεσμοῦ, καμπύλη, *saturation curve*
ρεῦμα — (λυχνιῶν), *saturation current (in a valve)*
τιμή —, *saturation value*
κορμοὶ πόλων, *pole pieces*
κορμόξυλον, *trunk timber*
κορμός, *body, trunk, stem, stump, stock, shank, log*
ἄκμονος, *stock anvil*
βαλβῖδος, *valve stem*
ἐκ σκληροῦ ξύλου, *hardwood body*
κεντρώσεως, *spigot shaft*
σιδηροδοκοῦ, *web of a beam*
χειροβομβίδος, *grenade body*
κόρνα, *horn*
κορνίζα, *frame, cornice*
κόρος (100 κυβ. πόδες), *tonnage*
κορούνδιον, *corundum*
κόρυμβος, *solar apex*
κορυφή, *apex, vertex, peak, tip*
ἐξ ἀλουμινίου, *aluminium tip*
κορυφογραμμή, *crest (of mountains)*
(διαχωρισμοῦ ὑδάτων), *watershed line*
κορῶνα, *corona*
κορώνιον, *coronium*
κορωνίς, *cornice*
κορωνύαλος, *crown glass*
κόσκινον, *screen, sieve*
κεκλιμένον —, *sloping screen*
περιστρεφόμενον —, *revolving screen*

κοσμικαὶ ἀκτῖνες, *cosmic rays*
κοσμικὴ ἀκτινοβολία, *cosmic radiation*
κοσμογονία, *cosmogony*
κοσμολογία, *cosmology*
κόστος λειτουργίας ἐκσκαφέως, *excavator cost*
κόττερον, *cutter*
κουάντουμ (ποσότης ἐνεργείας), *quantum*
κουβαρίστρα, *spool*
κουβᾶς, *bucket, skip*
κουεβράχον, *quebracho*
κουζινέτο, *bearing, thrust bearing*
κουκέττα, *crib, berth*
κούκλα μαλλιοῦ, *skeins*
κουκούλα, *cover, cowling, cap, hood*
κουλόμβ (μονὰς ποσότητος ἠλεκτρισμοῦ), *coulomb (c)*
κουλούρα, *loop*
κουλούρι (κόμβος), *running clinch, clinch, clench*
κούμουλος, *cumulus*
κουντρίνι, *skysail*
κουπαστή, *gunwale, gunnel, mail rail*
κόϋπερ, *Keuper series*
κοϋπέρειος ὑποδιάπλασις, *Keuper series*
κουπί, *oar*
κουρασάνι, *powdered brick*
κουραστάρι, *frame-saw*
κουρζέτο, *gunwale plate, gunnel plate*
κούριον, *curium (Cm)*
κούρκωμα σχοινίου, *coil*
κουρτελάτσα, *studding sail*
κουτάλα, *ladle*
κουτούκι, *stern fast*
κούτσα, *floor plate, transom, jaw*
κουτσαννέλο, *kevel*
κούτσουρο, *stock, stump*
κουφοξυλιά, *elder*
κούφωμα παραθύρου, *window frame*
κοφίνι, *basket*
κόφινος, *gabion*
κόφτης, *cutting nippers*
κόφτρα, *wire cutter*
κοχλίαι καὶ περικόχλια, *bolts and nuts*
  πλακῶν κοντακίου περιστρόφου, *stock plate screws*
  πλατινοφόροι —, *platinum points*
κοχλιάριον, *ladle*
κοχλίας, *screw, bolt*
  ἀγκιστρώσεως, *anchor bolt*
  ἀγκιστρωτός —, *hook screw*
  ἀγκυλωτός —, *hook bolt*

κοχλίας
ἀκανθωτός —, *barb bolt*
ἀκέφαλος —, *headless bolt, grub screw*
ἀκιδωτός —, *barb bolt*
ἀλλαγῆς κινήσεως, *reversing screw*
ἁμαξώματος (μὲ τετραγωνικὴν κεφαλήν), *coach screw*
ἀνακοπῆς, *stop screw*
  δικλίδος, *throttle stop screw*
ἀνασταλτικός —, *stop screw, jack screw*
ἀντιτριβικός —, *screw bushing*
ἁπλοῦ σπειρώματος, *single-threaded screw*
ἀρθρωτῆς ζεύξεως, *drag bolt*
ἀρτήσεως, *eye bolt, eye nut*
ἀσφαλείας, *securing bolt, keeper screw*
ἀσφαλίσεως, *grub screw*
ἀσφαλιστικός —, *securing bolt, locking nut*
ἀτέρμων —, *endless screw, perpetual screw*
βάσεως προσαρμογέως κλείστρου, *mount adaptor bolt*
γιγγλυμῶν, *hinge bolt, hinge pin*
διπλοῦ σπειρώματος, *double-threaded screw*
δίσκου κοντακιοφορέως, *marking disk screw*
ἐλέγχου, *check bolt*
ἐνεργείας, *operating screw*
ἐξολκέως, *extractor bolt*
θήκης, *case screw*
καὶ περικόχλιον μετ' ὠτίων, *screw and wing-nut*
  πτερυγωτὸν περικόχλιον, *screw and wing-nut*
κεφαληφόρος —, *cap screw*
  μετὰ σχισμῆς εἰς τὴν κεφαλήν, *slotted-head screw*
κλειδώματος, *locking screw*
κρικωτός —, *eye bolt*
κυλινδροκέφαλος —, *cheesehead screw*
λειτουργίας, *operating screw*
μὲ πτερυγωτὴν κεφαλήν, *wing screw*
  σφαιρικὴν διάτρητον κεφαλήν, *tommy screw*
μεθ' ἡμισφαιρικῆς κεφαλῆς, *roundhead screw, roundheaded screw*
μετ' ὀφθαλμιδίου, *eye bolt*
μετὰ διχαλωτῆς κεφαλῆς, *link bolt*
  κυκλικῆς ἐγκοπῆς, *waisted stud*
μεταφορᾶς, *transit screw*

κοχλίας
μικροκινητήριος —, *tangent screw*
μικρομετρικός —, *micrometer screw, micrometrical screw*
ὁδηγός —, *guide screw, leading screw*
ὁριζοντιώσεως, *foot screw*
παρεμποδίσεως, *check bolt*
πλίνθων, *brick bolt*
πολλαπλοῦ σπειρώματος, *multiple-threaded screw*
προσαρμογῆς κάννης καὶ ψυγείου, *jack screw*
προσηρμοσμένου πώματος, *fixed cap screw*
ριγωτός —, *milled-head screw*
ρυθμίσεως, *adjusting screw*
βαλβίδων, *valve adjusting screw*
κλισιοσκοπίου, *tangent sight elevating screw*
ρυθμιστικός —, *adjusting screw, set screw, tangent screw*
στερεώσεως, *locking screw, attachment screw, anchor bolt*
τενόντων, *drag bolt*
στρεφομένου ἀορτηριούχου, *sling swivel screw*
συγκρατήσεως, *stop screw, grub screw, holding-down bolt*
ἄξονος ἐμβόλου, *gudgeon pin set screw*
ὀδοντωτοῦ τροχοῦ, *rack retaining screw*
συνδετικός —, *binding bolt, coupling bolt, holding bolt*
σύνθετος —, *compound screw*
συσπειρώσεως, *tension screw*
συσφιγκτικός —, *clamp screw*
συσφιγκτικοῦ δακτυλίου, *clamp ring screw*
τετραγωνοκέφαλος —, *square-head screw*
ὑπομοχλιακός —, *fulcrum bolt*
φυτευτός —, *countersunk screw, countersunk bolt, stud bolt, stud*
μετ' ἀναβαθμίδος, *shouldered stud*
ἐκλεπτυσθέντος στελέχους, *waisted stud*
χωνευτός —, *coutersunk screw*
κοχλιοστρόφιον, *screw-driver, screw wrench, wrench, spanner, turn screw*
ἀγκωνωτόν —, *offset screwdriver*
διχαλωτόν —, *forked screw-driver*
ἐκ σφυρηλάτου χάλυβος, *drop-forged jaw spanner*

κοχλιοστρόφιον
κοχλιῶν ἐξολκέως, *extractor screw screw-driver*
μεγάλον —, *large screw-driver*
μετὰ στρεπτῆρος, *wrench screw spanner*
μικρόν —, *small screw-driver*
τύπου πολυγωνικοῦ, *star-type screw-driver*
κοχλιοτομεύς, *screw die, screw plate, die, tap*
κοχλιοτομῶ, *to thread*
κοχλιοτρύπανον, *screw tap*
κοχλιότυπος, *screw die*
κοχλίου, κεφαλή, *screw head, screw cap, bolt head*
ὀπή —, *bolt hole*
πέδη —, *bolt lock*
κοχλιοφόρος ράβδος, *screw bolt*
ἀγκυλωτή — —, *hook bolt*
ἑλκυσμοῦ, *tension bolt*
θεμελιώσεως, *foundation bolt, tie bolt*
μὲ κεφαλὴν σχήματος «Τ», *tee-headed bolt*
ὀφθαλμόν, *eye bolt*
μετὰ οὐρᾶς ἐξογκωμένης, *jag bolt*
περικοχλίου, *bolt-and-nut*
συναρμολογήσεως, *assembling bolt*
κοχλιῶ, *to screw*
κοχλιῶν, ἐξολκεύς, *bolt extractor*
κοχλιωρύκτης, *screw tap, tap*
κοχλιώσεις, *screw threads*
κοχλιωτὴ συναρμογή, *screwed union*
κοχλιωτὸν κάλυμμα, *screw cap*
πῶμα μετὰ ριγώσεων, *milled-head screw*
κοχλιωτός, *tapped*
ἐντατήρ, *set screw*
κρίκος ἀρτήσεως, *eye bolt*
κόψιμο, *score*
κόψις, *arris*
μαγνητικοῦ πόλου, *pole edge*
κραδαίνω, *to wobble*
κραδασμός, *vibration, jar*
ὀφειλόμενος εἰς τάσιν στρέψεως, *torsional vibration*
κραδαστής, *trembler*
κρᾶμα, *mixture, alloy*
ἐναζωτέον —, *Nitralloy*
εὔτηκτον —, *fusible alloy*
κατασκευάζειν —, *to alloy*
σκηρόν —, *hard alloy*
συγκολλήσεως, *spelter*
κράματος, καθαρότης, *fineness of an alloy*

κράνος, *helmet*
κρᾶσις (ἀσφάλτου), *fluxing (of asphalt)*
κράσπεδον, *kerb, curb, hem, skirt*
κράτει, *avast*
κρατὴρ ἡφαιστείου, *crater*
κράτησις, *jamming, failure*
κρεατίνη, *creatine*
κρεατινίνη, *creatinine*
κρεζόλη, *cresol*
κρέκα, *screw jack, jack*
κρεμάθρα, *bowline bend*
κρεμασμένος, *overhanging*
κρεμαστήρ, *pendant*
κρεμαστός, *hanging*
κρεόζωτον, *creosote*
κρέπι, *crêpe*
κρεσόλιον, *cresol*
κρημνιστής, *precipitator*
κρημνός, *cliff, escarpment*
κρηπίς, *footing*
κρητιδικὴ διάπλασις, *Cretaceous period*
  περίοδος, *Cretaceous period*
κρητιδόκονις, τεχνητή, *precipitated chalk*
κρητίς, *chalk*
κριεζῶτο, *creosote*
κρικέλλα, *link*
κρικόδεσμος, *fisherman's bend*
κρίκος, *ring, link, loop, ferrule, hoop, eye, buckle, shackle, jack, lug*
  ἀγκιστρώσεως, *anchoring lug*
  ἁλύσεως, ἁπλοῦς, *open link*
    τελευταῖος — —, *end ring*
  ἅμματος ἁλύσεως, ἀκραῖος, *end link*
  ἀναρτήσεως, *lifting link, suspension lug*
    βόμβας, *suspension stirrup (hook)*
  ἀρθρώσεως, *link pin*
  βραχύνσεως, *reducing link*
  δι' ὄνυχος, *lever jack, ratchet jack*
  διάδετος —, *stud link*
  εἰς σχῆμα «Θ», *stud link*
  ἐπὶ φορείου, *traversing screw jack*
  μετὰ διάπηγος, *stud link*
  ὁδηγός —, *ferrule guide*
  προσδέσεως πλοίων, *mooring ring*
  σιδηροῦς —, *ferrule*
  στηρίξεως, *bearing lug*
  τρίπους —, *tripod jack*
Κριός (Ἀστερ.), *Aries*
κριός, *ram*
  ἀτμοκίνητος —, *steam ram*
    Λακουρσέρ, *Lacourscher steam ram*
    Μένκ, *Menck steam ram*
κριὸς
  πασσαλοπήξεως, *ram*
κρίσιμον σημεῖον, *critical point*
    ἐλαστικότητος, *yield stress*
κρίσιμος, *critical*
  ἀντίστασις, *critical resistance*
  θερμοκρασία, *critical temperature*
  κατεύθυνσις, *critical heading*
  πίεσις, *critical pressure*
κριτὴς ἀεροπορικῶν γυμνασίων, *umpire*
κριτικὰ ὅρια, *critical ranges*
  ὕψη, *critical altitudes*
κριτικὸν σημεῖον, *critical point*
κριτικός, *critical*
κροκάλη, *shingle*
κροκαλοπαγῆ πετρώματα, *conglomerates*
κροκεάτης λίθος, *green porphyry*
κρόκη, *weft*
κροκοΐτης, *crocoisite*
κρόκος ᾠοῦ, *yolk*
Κρόνος (Ἀστερ.), *Saturn*
κροταλισμός, *knocking*
κρότησις, *fulmination*
κροτικὸν ἅλας, *fulminate*
κρότος (κινητῆρος), *knock*
κρούβα, *fish-boom*
κρουζάρω, *to frap*
κρουνός, *cock tap, tap, cock*
  ἁλατομέτρου, *salinometer cock*
  ἀναρροφήσεως θαλασσίου ὕδατος, *sea cock*
  ἀπομονωτικός —, *stop cock*
  ἀποστραγγίσεως, *drain cock*
    δεξαμενῆς βενζίνης, *fuel tank drain cock*
  ἀτμοῦ, *steam cock*
  βαλβῖδος, *valve cock*
  γωνιώδης —, *angle cock*
  διακοπῆς, κωνικός, *stop cock, shut-off cock*
  δικλίδος, *valve cock*
  διπλοῦς —, *two-way cock*
  δοκιμαστικός —, *gauge cock*
  ἐκκενώσεως, *discharge cock, drain cock, blow-out cock*
    δεξαμενῆς βενζίνης, *drain cock for fuel tanks*
  ἐναλλαγῆς, *change-over cock*
  ἐξαφρίσεως, *scum cock*
  καθαρισμοῦ, *drain cock*
  κοινός —, *bib cock*
  πληρώσεως, *charging valve*
  στυπιοθλίπτου, *gland cock*
  ὕδατος, *hydrant*
  χειριστήριος —, *control cock*

κροῦσις, *knock, knocking, impact, thrust, shock, percussion*
ἐλαφρά —, *tapping*
κατὰ τὴν προσγείωσιν, *landing impact*
κρουσιφλεγής βολή, *percussion fire*
σωλήν, *percussion tube*
κροῦσμα, ὑδραυλικόν, *water-hammer*
κρούστα, *patina*
κρυόλιθος, *cryolite*
κρύπτη, *mask*
κρυπτογράφησις, *cipher*
κρυπτοκρυσταλλοφυής, *crypto-crystalline*
κρυπτόν, *krypton (Kr)*
κρυσταλλικὰ συστήματα, *crystallographic systems*
κρυσταλλικὸν πέτρωμα, *crystalline rock*
κρυσταλλικός, *crystal, crystalline*
γύψος, *crystalline gypsum*
κρυστάλλινος, *crystalline*
κρυσταλλοειδής, *crystalline*
κρύσταλλοι, διπλοθλαστικοί, *doubly-refracting crystals*
φωσφορούχου ἀσβεστίου, *calcium phosphide crystals*
κρύσταλλος (ὁ, ἡ), *crystal*
ἀγγλική —, *English lead crystal*
ἰσλανδική —, *Iceland spar*
κρυσταλλοσχιστῶδες πέτρωμα, *crystalline schist*
κρυσταλλῶ, *to freeze*
κρυσταλλωμένος, *crystallised*
κρυστάλλωσις, *crystallisation*
κτίριον, *building, edifice*
κτίσιμον, *building, construction*
κτίσμα, *edifice*
(δι' ἐγκατάστασιν πολυβόλου), *pillbox*
κτίστης, *bricklayer, builder*
κτύπημα, *stroke, thrust, shock, impact*
ὑδραυλικοῦ κριοῦ, *water-hammer*
κτύπος, *knock*
κυάθιον, *ferrule*
ἐλαίου, *oil cup*
κυανῆ μελία, *blue ash*
φωτοτυπία, *blueprint*
κυανικόν (ἅλας), *cyanate*
ὀξύ, *cyanic acid*
κυανίνη, *cyanin*
κυάνιον, *cyanogen*
κυανιοῦχον (ἅλας), *cyanide*
κυανισμὸς ξύλου, *kyanising process*
κυανίτης, *kyanite, cyanite*
κυανοτυπία, *blueprint*
κυανοῦν, *blue, azure*

κυανοῦν
ἀλιζαρίνης, *alizarin blue*
ἀνοικτόν —, *sky blue*
βαθύ —, *navy blue*
βερολίνειον —, *Prussian blue*
βιτριόλιον, *blue vitriol*
ἰνδικόν —, *indigo blue*
κοβαλτίου, *cobalt blue*
λουτρόν, *blue bath*
οὐρανοῦ, *blue of the sky*
πόντιον —, *ultramarine*
πρωσσικόν —, *Prussian blue, ferric ferrocyanide*
ὑπεράλιον —, *ultramarine*
κυανουρικὸν ὀξύ, *cyanuric acid*
κυανόφαιον, *blue grey*
κυάνωσις, *blueing*
ξύλου, *kyanising process*
κυβερνήτης, *governor, commander, captain*
ἀεροσκάφους, *aircraft captain*
κυβερνῶ, *to govern, to steer*
κυβίζω, *to cube*
κυβικὴ ἐξίσωσις, *cubic equation*
ρίζα, *cube root, cubic root*
κυβικὸν ἑκατοστόμετρον (κ.ἑκ.), *cubic centimetre (cc)*
κυβικός, *cubic*
κυβόλιθος, *block, paving sett*
ἐξ ἐλαστικοῦ, *rubber paving block*
ὁδοστρωσίας, *paving stone*
κύβος, *cube, third power, walnut*
κυκλικαὶ ἑνώσεις, *cyclic compounds*
κυκλικὴ κυλινδρικὴ ἐπιφάνεια, *circular cylindrical surface*
κωνικὴ ἐπιφάνεια, *cone surface*
λειτουργία Καρνό, *Carnot's cycle*
μέθοδος, *cyclic process, (cyclic) operation*
μετάθεσις, *cyclic permutation*
πλὰξ βάσεως μετὰ φλάντζας, *circular flanged base plate*
κυκλικὸν διάγραμμα, *circle diagram*
κυκλικός, *circular*
ἀναγωγεύς, *circular protractor*
κύλινδρος, *circular cylinder*
χάρτης ὑποτυπώσεως ἀστέρων, *circular star chart*
κυκλογράφος, *cyclograph*
κυκλοειδές, βεβραχυμμένον, *curtate cycloid*
ἐπιμεμηκυσμένον —, *prolate cycloid*
κυκλοειδής, *annular*
(καμπύλη), *cycloid*
κυκλοεξάνιον, *cyclohexane*
κύκλοι ἀνὰ δευτερόλεπτον, *cycles per second (C.P.S.)*

κύκλοι
ἐκκεντρικοί —, *eccentric circles*
ὁμόκεντροι —, *concentric circles*
κύκλος, *cycle, circle*
ἀεροδρομίου, *circuit*
ἀποκλίσεως, *circle of declination*
βαθμολογημένος —, *graduated circle*
βοηθητικός —, *witness circle*
γεννήτωρ —, *generating circle*
διακένου ὀδοντωτῶν τροχῶν, *pitch circle*
ἐγγεγραμένος —, *inscribed circle*
ἐνδείξεως κέντρου ἀεροδρομίου, *marker circle*
ἐργασίας, *working cycle*
θέσεως, *position circle*
καμπυλότητος, *circle of curvature*
κεφαλῶν ὀδοντωτῶν τροχῶν, *addendum circle*
κλίσεως, *circle of declination*
μαγνητίσεως, *cycle of magnetisation*
περιγεγραμμένος —, *circumscribed circle*
στεφάνης ὀδοντωτῶν τροχῶν, *root line*
συγχεόμενος φωτεινός —, *circle of confusion*
χρόνων κινητῆρος, *cycle*
κυκλοτερὲς μεταλλικὸν τύμπανον, *gong*
οἰκοδόμημα, *rotunda*
κυκλοτερής, *round*
κύκλοτρον, *cyclotron*
κύκλου, ἐνειλιγμένη, *involute of circle*
περιφέρεια —, *circumference of circle, circumference*
τομεύς —, *sector of a circle*
τόξον —, *arc of circle*
χορδή —, *chord of circle*
κυκλοφορία, *traffic*
κυκλοφορῶ, *to circulate*
κύκλωμα, *circuit, on*
ἀνόδου, *plate circuit*
ἀντιδράσεως, *regenerative circuit*
ἀποδεκτικόν —, *acceptor circuit*
ἀπορριπτικόν —, *rejector circuit*
ἀσυρμάτου χρησιμοποιοῦν κρύσταλλον, *crystal circuit*
βοηθητικόν —, *emergency circuit*
εἰσαγωγῆς, *input circuit*
ἐν παραλλήλῳ, *parallel circuit*
ἐνισχύον Υ.Σ. καὶ Χ.Σ., *reflex circuit*
ἐπηρεαζόμενον —, *critical circuit*
ζωνικῆς διελεύσεως, *pass band circuit*

κύκλωμα
καθορίζον τὴν συχνότητα, *drive circuit*
κλειστόν —, *closed circuit*
μερικόν —, *derived circuit*
μικτόν —, *mixed circuit*
νήματος, *filament circuit*
παραλλήλου ζεύξεως, *parallel circuit*
Ράϊναρτς (ὑψίσυχνα κύματα), *Reinartz circuit*
σειρᾶς, *series circuit*
σύνθετον —, *complex circuit*
συντονισμένον —, *tuned circuit*
μή — —, *untuned circuit*
συντονισμοῦ, *resonating current*
ταλαντώσεων, *oscillatory circuit, oscillating circuit*
φραγμοῦ, *rejector circuit*
κυκλώματα, συνεζευγμένα, *coupled circuits*
ἐπαγωγικῶς — —, *coupled circuits*
κυκλών, *cyclone*
κυκλῶνος, κέντρον, *vortex of a storm*
πορεία —, *track of cyclone*
Κύκνος (Ἀστερ.), *Cygnus*
κυλινδρέλαιον μὴ διϋλισμένον, *black oil*
κυλινδρικὴ δέσμη (φωτός), *parallel beam (of light)*
δικλείς, *piston valve*
ἐπιφάνεια, *cylindrical surface*
κεφαλή, *cheese-head*
προβολή, *cylindrical projection*
κυλινδρικὸν ἐκπέτασμα, *cylindrical projection*
πτερύγιον, *cylindrical vane*
κυλινδρικός, *cylindrical*
ἀναστροφεὺς πορείας, *reversing switch drum*
ἀτμοσύρτης, *piston valve*
κυλινδρίσκος, *roller*
μὲ αὔλακας, *fluted roller*
κυλινδρισμός, *stroke volume*
κύλινδρος, *cylinder, roll*
ἀέργου στροφείου, *dummy cylinder*
ἀερίων (σωλήν), *gas cylinder*
ἀκανθοφόρος —, *spike roller*
ἀντιχαλαρωτικός —, *tension roller*
ἀνυψώσεως, *lifting cylinder*
ἀποσβεστηρίου συστήματος προσγειώσεως, *dashpot*
διὰ χιτωνίου, *jacketed cylinder*
ἐκ περιστροφῆς, *cylinder generated by revolution*

κύλινδρος
ἔκκεντρος —, *offset cylinder*
ἐξ ὑφάσματος, *fabric cylinder*
κατόπτρου, *mirror drum*
κοπανοφόρος —, *sheep's-foot roller, tamping roller*
κυκλικός —, *circular cylinder*
λεπτῶν, *minute drum*
μὲ πουκάμισο, *jacketed cylinder*
μέσης πιέσεως, *intermediate cylinder*
μετὰ χιτωνίων κυκλοφορίας ὕδατος, *water-jacketed cylinder*
μετρήσεως, *measuring roller*
μηχανῆς, *engine cylinder*
μοιρῶν, *degree drum*
ἀθροιστοῦ —, *totaliser degree drum*
ὀδοντοφόρος —, *indented roller*
ὀρθός —, *right cylinder*
συμπιέσεως μετ᾽ ὀδόντων, *indented roller*
συμπιεστικός —, *press roller*
σχήματος «V», *V–type cylinder*
τροφοδοτήσεως, *feed roller*
ὑψηλῆς πιέσεως, *high-pressure cylinder*
κυλινδροσυμπίεσις ἐλασμάτων, *rolling of sheets*
κυλινδροσυμπιεστής, *roller*
κυλινδροσυμπιεστός, *rolled*
κυλινδροτριβεύς, *roller-bearing*
κυλίνδρου, ἄξων, *axis of a cylinder*
ἀτμοθυρίς —, *cylinder passage*
διατομὴ κενοῦ —, *cylinder bore*
ἐπισκευή —, *cylinder overhaul*
θυρίδες —, *cylinder baffles*
κεφαλῆς —, *cylinder head baffles*
καθαρισμός —, *scavenging*
κεφαλή —, *cylinder head*
κλείς —, *cylinder key*
κυρτὴ ἐπιφάνεια —, *curved surface of a cylinder*
ὄγκος —, *cylinder capacity*
ὅρια θερμοκρασίας —, *cylinder temperature limits*
παρειαί —, *cylinder walls*
παρέμβυσμα —, *cylinder flange*
βάσεως —, *cylinder base flange*
κεφαλῆς —, *cylinder head gasket*
περίβλημα —, *cylinder casing, cylinder barrel*
πυθμήν —, *cylinder bottom*
τάσις διαρρήξεως —, *bulging stress*
κυλίνδρου
τοιχώματα —, *cylinder walls*
τομή —, *section of a cylinder*
ὀρθή — —, *right section of a cylinder*
ὑποκάμισον —, *cylinder lining*
χιτώνιον —, *cylinder jacket*
κυλινδρῶ, *to roll*
κυλίνδρων, δέσμη, *cylinder block*
ὁμάς —, *cylinder block*
συγκρότημα —, *cylinder block*
κυλίνδρωσις ἐν θερμῷ, *hot rolling*
ψυχρῷ, *cold rolling*
κύλισις, *rolling*
κύλισμα, *rolling*
κυλίω, *to roll*
κῦμα, *wave*
ἀκίνητον —, *standing wave*
ἠχητικόν —, *sound wave*
μικρόν —, *wavelet, small wave*
παλιρροιακόν —, *tidal wave*
στάσιμον —, *standing wave*
χώρου, *sky wave*
ψύχους, *cold wave*
κυμαίνομαι, *to fluctuate*
κύμανσις, *oscillation*
περιοδεύουσα —, *mobile wave*
κύματα (θαλάσσης, ἀέρος κλπ.), *waves*
ἀκίνητα —, *stationary waves*
ἄνευ ἀνέμου, *storm waves*
βραχέα —, *short waves*
διαμήκη —, *longitudinal waves*
ἐκρήξεων, *waves of explosions*
ἠλεκτρομαγνητικά —, *wireless waves*
μακρά —, *long waves*
μεσαῖα —, *medium waves*
ὀφειλόμενα εἰς τὴν ἐνέργειαν τῆς βαρύτητος, *gravitational waves*
συντηρούμενα —, *undamped waves*
ὑπερακουστικά —, *supersonic waves, ultrasonic waves*
ὑπερβραχέα —, *ultra-short waves, very short waves*
ὑπερηχητικά —, *supersonic waves, ultrasonic waves*
κυματικὴ ἀντίφασις, *anti-node*
κυματισμός, *ground swell, billow*
ἐλαφρός —, *ripples*
κυματοειδής, *corrugated, weaving*
κάμψις, *corrugation*
προχώρησις, *surging process*
σχηματισμός, *wave formation*
φθορὰ τῆς ἀποθήκης, *corrugating of magazine*
κυματοθραύστης, *breakwater*

κυματοθραύστης
ἐκ λιθορριπῆς, *rubble mound breakwater*
ξύλινος —, *groyne*
κυματόμετρον, *wavemeter, cymometer*
ἐπαγωγικῆς συζεύξεως, *absorption wavemeter*
ἐπαγωγικόν —, *absorption wavemeter*
μετὰ βομβητοῦ, *buzzer wavemeter*
κυματόρρευμα, *undulatory current*
πρὸς μίαν φοράν, *unidirectional pulsating current*
κύματος, ἀνορθωτής, *wave rectifier*
ἀντίστασις —, *wave resistance*
αὖλαξ —, *wave hollow*
κίνησις —, *wave motion*
κοιλότης —, *wave hollow*
κορυφή —, *wave crest*
μέτωπον —, *wave front*
μῆκος —, *wave-length*
ὅλον — —, *swathe*
μορφή —, *wave form*
παραμόρφωσις —, *wave distortion*
φωρατής —, *wave rectifier*
κυματωγή, *surf*
κυματώδης, *wavy, billowy*
κυμάτων, ἄθροισμα, *white caps*
κυματώσεις χιόνος SASTRUGI, *sastrugi*
κύμβαλον, *gong*
κύνδαλος, *plug, pin*
κυπρίτης, *cuprite, red copper ore, ruby ore*
κύρια σημεῖα, *cardinal points*
ἀγκιστρώσεως ἀεροσκαφῶν, *main picketing points*
κυρία ἀπόστασις, *principal distance*
διαμήκης δοκός, *main longitudinal (girder)*
ἠλεκτρικὴ παροχή, *main power*
κυστὶς (ἐκκεντροφόρου κιβωτίου), *main crankcase*
παροχὴ βενζίνης, *main fuel supply*
περιοχὴ (ἀσυρμ.), *main channel*
τομή, *principal section*
κύριαι νευρώσεις, *compression ribs*
κύριοι τριβεῖς, *main bearings*
κύριον γέμισμα, *main filling*
ἐλατήριον, *main-spring*
ἱστίον, *main-sail*
κατάστρωμα, *main-deck*
κύκλωμα, *primary circuit*
μέρος ἄξονος, *main shaft*
πολυβόλον, *master gun*
ρεῦμα, *main current*
σημεῖον, *principal point*
κύριον
συγκρότημα γυρομαγνητικῆς πυξίδος, *master unit (of D.R. compass)*
σύστημα προσγειώσεως, *main landing gear*
σῶμα, *main body*
ὑποστήριγμα, *main bracket*
χειριστήριον, *master control*
κύριος, *primary, prime, principal, main*
ἀγωγός, *main duct*
διανομῆς, *distributing main*
ἀναβλυστήρ, *main jet*
ἀναμικτήρ, *main carburettor*
ἄξων, *principal axis, main shaft*
ἀτμοφράκτης, *main stop valve*
διακόπτης, *master switch*
διαμήκης φορεύς, *main longitudinal (girder)*
διωστήρ, *master connecting rod, master rod*
καὶ βοηθητικός —, *master and auxiliary rods*
ἐλεγκτής, *master control*
πόλος, *pivot block*
σωλήν, *main pipe line*
κυκλοφορίας ἐλαίου, *main oil transfer bracket*
κυρίου διωστῆρος, πιδακίσκοι, *master rod oil jets*
συγκρότημα — —, *master rod bearings*
συναρμολόγησις — —, *master rod bearings*
ἐλατηρίου, θάλαμος, *main-spring chamber*
περόνη ὑποδοχῆς — —, *main-spring housing-pin*
πῶμα — —, *main-spring cap*
ὑποδοχή — —, *main-spring housing*
κυρτὴ ἐπιφάνεια, *curvature*
κυρτόκοιλος, *diverging, convexo- concave*
κυρτὸν πολύγωνον, *convex polygon*
πολύεδρον, *convex polyhedron*
τετράπλευρον, *convex quadrilateral*
κυρτός, *convex, gibbous, bulged*
κύρτος, *junket*
κυρτότης, *hang*
κύρτωμα, *camber, bow*
κομβίου, *boss*
ρυθμιζόμενον — —, *adjustable boss*
μοχλοῦ ὁπλίσεως, *hump of the crank handle*
πρὸς τὰ ἔξω, *bulge*

κυρτώνω, *to bend, to sag*
(μέταλλον), *to hollow out*
κύρτωσις, *sagging, droop*
κύστις, *casing, can buoy*
κυτίον, *box*
διανομῆς, *terminal block*
διευθύνσεως, *steering-box*
κύτος, *hold*
κύριον —, *main hold*
κύτους, ζυγόν, *hold-beam*
κίων —, *hold stanchion*
κλῖμαξ —, *hold ladder*
στόμιον —, *cargo hatchway*
κυτταρίνη, *celluloid, cellulose*
κυτταρινοΐδη, *celluloid, xylonite*
κυτταρινοῦχος, *cellulosic*
κυτταροειδής, *celluloid*
κύτταρον, *cellule, cell*
κυφόξεσις λίθου, *bossage of stone*
κυφός, *gibbous*
κύφωμα, *boss*
κύφων, *belfry*
κυψέλη, *cellule, cell*
ψυγείου, *radiator core*
κυψελίς, *bowl*
κυψελοειδὲς στοιχεῖον ψυγείου, *honeycomb cell*
κυψελοειδής, *cellular*
κῶδιξ, *code*
σηματοδοσίας, *panel code*
σημάτων, *signals code*
κώδων, *bell, bell jar*
διὰ πεπιεσμένου ἀέρος, *pneumatic caisson*
κινδύνου, *alarm bell*
μειώσεως διαμέτρου, *diminishing socket, reducing socket*
ὁμίχλης, *fog bell*
σημάτων, ὑποβρύχιος, *submarine signals bell*
συναγερμοῦ, *alarm bell*
κωδωνίσκος, *gong*
κώδωνος, κρεμάθρα, *belfry*
κωδωνοσημαντήρ, *bell-buoy*
κωδώνων, κρᾶμα, *bell metal*
μικρῶν —, *silver bell metal*
κώκ, *coke*
κώλια (πλοίου), τά, *buttock*
κώλωμα, *backing*

κωλώνω, *to fall astern*
κωνειΐνη, *coniine*
κώνειον, *hemlock*
κωνικὴ ἐπιφάνεια, *cone surface, conical surface*
ὀρθομορφικὴ τοῦ Λάμπερτ, *Lambert's conical orthomorphic*
προβολὴ τοῦ Λάμπερτ, *Lambert's conical projection*
τομή, *conic section*
ὑποδοχή, *cone socket*
κωνικῆς ἐπιφανείας, κορυφή, *vertex of a cone surface*
κωνικὸν ἄκρον, *taper lead*
κάλυμμα, *cone mounting*
κέρας, *exponential horn*
κωνικός, *tapered*
γόμφος, *taper bolt*
διαμορφωτὴρ ἐκκέντρου, *taper*
θῦλαξ, *cone socket*
πεῖρος, *taper pin*
συσφίγξεως, *tightening key*
σημαντήρ, *cone buoy*
κωνικότης, *camber*
κωνοειδὲς ἐν σχήματι μόνον, *taper in plan only*
κατὰ τὸν λόγον πάχους μόνον, *taper in thickness ratio only*
κωνοειδὴς θῦλαξ, *cone-shaped pocket*
κῶνος, *cone, spinner*
ἀκτίνων, *luminous cone*
διασπορᾶς, *cone of dispersion*
διχαλωτός —, *split cone*
ἕλικος, *spinner*
θυέλλης, *storm cone, gale cone*
καταιγίδος, *storm cone*
κεκλιμένος —, *oblique cone*
κολοβός —, *truncated cone*
κυκλικός —, *circular cone*
ὀρθός —, *right cone*
πυρός, *cone of fire*
τριβῆς, *friction cone*
φακοῦ, *lens cone*
χειμάρρου, *boulder heap*
κώνου, δακτύλιος, *cone ring*
κώπη, *oar*
κώπης, παλάμη, *blade*
πτέρυξ —, *oar blade*
κωπητήρ, *gunwale, gunnel*

Λ

λάβα, *lava*
βασαλτική —, *basaltic lava*
λαβαὶ ἀνυψωτήρων, *forks of lifting machines*
κατευθύνσεως, *training handles*
λάβδανον, *laudanum*
λαβή, *handle, grip, tang, lug, helve, spoke*
ἀσφαλείας, *safety grip*
διχαλωτή —, *spade grip*
ἐγγεγλυμμένη —, *milled handle*
μετὰ ριγώσεων, *milled handle*
μεταλλική —, *metal holder, metallic holder*
πελέκεως, *helve of an axe*
πιστολίου, *butt*
πιστολιοειδής —, *pistol grip, spade grip*
σιδηρᾶ —, *staple*
σφηνοειδής —, *wedge grip*
χειρισμοῦ, *operating handle*
χειριστηρίου, *operating handle*
λαβίς, *pair of pliers, pliers, tongs, lever, claw, clip*
ἀεριοσωλήνων, *gas pliers, gas tongs*
διατρήσεως, *punch pliers*
ἐπιπέδων σιαγόνων, *flat-mouthed tongs*
ἡμικυκλικῶν σιαγόνων, *pincher jaw tongs*
λαγάρισμα, *filtration*
λάγηνος, *phial, vial, jar*
τοῦ Λέϋντεν, *Leyden jar*
λαγουδέρα, *rudder tiller, tiller*
λαδάκονον, *oilstone, honestone, whetstone*
λαδικό, *oil can*
λαδόχορτο, *oiled paper*
λάδωμα, *oiling*
λαδώνω, *to lubricate*
λαδωτήρι, *oil can*
λαδωτής, *oiler, greaser*
λαζούλιθος, *lazulite, ultramarine*
λαζουρίτης, *lazurite, lapis lazuli*
λαιβουλόζη, *fructose*
λαῖλαψ, *squall*
λαιμός, *neck*
λαῖφος, *jack topsail, gaff topsail*
λάκκα, *lac*
λακκέ, *lacquer*
λάκκειον κόμμι, *lac*
λάκκη, *lac*
λακκόλιθος, *laccolith*
λάκκος, *pit*
χωνείας, *moulding pit*
λακτόζη, *milk-sugar*
λάμα, *flat iron, blade*
πλάνης, *plane iron*
λαμαρίνα, *iron plate, sheet iron, sheet*
αὐλακωτή —, *checkered plate, chequered plate, corrugated sheeting*
λάμπα, *lamp*
Λαμπαδίας (α Ταύρου), *Aldebaran*
λαμπαδόξυλον, *straight timber*
λαμπίκος, *still, alembic*
λαμπρότης, *brightness, brilliance*
λαμπρύνω, *to brighten*
λαμπτήρ, *lamp, bulb*
διὰ πυρακτώσεως, *incandescent lamp*
ἐξακριβώσεως, *tell-tale lamp*
μετὰ νήματος, *filament-lamp*
μικρός —, *pea lamp*
νέου, *neon lamp*
ὀργάνου, *instrument lamp*
ὀροφῆς, *dome lamp*
προειδοποιήσεως, *tell-tale lamp*
πυρακτώσεως, *glow-lamp*
σηματοδοτήσεως, *call lamp*
φορητός —, *torchlight*
λαμπτῆρες ἀεροναυτιλίας, *navigation lamps*
λάμψις, *flash, lustre, brightness*
μεταλλική —, *metallic lustre*
ὑαλίνη —, *vitreous lustre, glassy lustre*
ὑπόλευκος —, *whitish glare*
λανθάνιον, *lanthanium (La)*
λανθασμένος, *false*
λανολίνη, *lanolin, adeps lanae*
λαντζάνα, *hawser*
λαπάτσα, *butt of strap, fish*
λάριξ, *(European) larch*
λάρτσινο, *(European) larch*
λασκάδα, *free wind, broad on the quarter*
λασκάρω, *to surge*
λασουρίτης, *lazurite*

λάσπη, *mud, mire, sludge, silt, ooze*
λάσπωμα, *first coat in plaster work, brown coat in plaster work*
λατίνι, *lateen*
λατομεῖον, *quarry*
λατομία, *quarrying*
  ὑπαίθριος —, *open working*
λατύπη, *flake*
λατυποπαγές πέτρωμα, *breccia*
λαυρινικὸν ὀξύ, *lauric acid*
λάφυρον, *prize*
λάφφα, *fluke*
λεβάντες, *east*
λεβάρω, *to hoist*
λέβης, *boiler, kettle*
  ἀτμομηχανῆς, *locomotive boiler*
  αὐλοφόρος —, *tubular boiler*
  αὐλωτός —, *tube boiler*
  βοηθητικός —, *donkey boiler*
  Γιάρω, *Yarrow boiler*
  θερμάνσεως ἀέρος, *air-heating range*
  κυλινδρικός —, *tank boiler*
  πολυμελής —, *sectional boiler*
  σιδηροῦς —, *steel boiler*
  τύπου δι' ἀτμαμάξας, *locomotive boiler*
  ὑδραυλωτός —, *water tube boiler*
  χυτοσιδηροῦς —, *cast-iron boiler*
λεβητοποιεῖον, *boiler shop*
λεβητοποιός, *boiler-maker*
λέβητος, ἀντικαθαλατωτικόν —, *boiler compound*
  αὐλός —, *boiler tube*
  βάθρον —, *boiler bearer*
  ἔκρηξις —, *boiler explosion*
  ἐνδέτης —, *boiler nipple*
  ἐξαρτήματα —, *boiler mounting*
  ἐπένδυσις —, *boiler coating*
  καπναγωγός —, *boiler flue*
  κάτοπτρον —, *boiler front*
    ὀπίσθιον — —, *back-end plate of boiler*
  κέλυφος —, *boiler shell*
  οὐρανός —, *boiler crown*
  πέδιλον —, *boiler foot*
  περίβλημα —, *boiler casing*
  πίεσις —, *boiler pressure*
  στήριγμα —, *boiler bracket*
  συνδέτης —, *boiler stay*
  τροφοδότησις —, *boiler feed*
  τροφοδοτικὴ ἀντλία —, *boiler feed pump*
  τροφοδοτικὸν στόμιον —, *boiler feed valve*
λεβητοστάσιον, *boiler house, boiler room, stoke hold*
λεβήτων, συστοιχία, *battery of boilers*
  ὕδωρ —, *boiler water*
λεβιές, *lever.* **Βλ. καὶ μοχλός.**
λεία πολέμου, *prize*
λεία ραφή, *flat seam*
λειαίνω, *to grind, to glaze, to skim*
λειάνσεως, μέσον, *abrading agent, abrasive material*
λείανσις, *grind, lap*
  (μὲ ἀλοιφήν), *lapping*
  πρὸς ἐφαρμογήν, *grinding-in*
  τελειωτική —, *finishing*
λειαντήρ. Βλ. ἐκτριβεύς.
λειαντικόν, *abrading agent, abrasive*
λειμωνάνθραξ, *peat turf, peat*
λειμωνίτης, *limonite, bog iron-ore*
λεῖος, *smooth, plain*
λειτουργία, *function*
  ἀνώμαλος —, *rough running*
  ἀσταθής —, *unstable running*
  ἐπὶ ἐδάφους, *ground run*
  εὐσταθής —, *stable running*
  καινουργοῦς κινητῆρος, *running-in a new engine*
  κινητῆρος, *running-up the engine*
    ἀθόρυβος — —, *noiseless running of engine, silent running of engine*
    ἀντικανονική — —, *sputter*
    ὁμαλή — —, *even running of engine, smooth running of engine*
    πρὸ πτήσεως, *running-up before flight*
  παράλληλος —, *running in parallel*
  προεξερχομένου τεμαχίου, *slip function*
  συνεχής —, *continuous running*
λειτουργίας, ἔναρξις, *running-in*
λειτουργῶν, *functioning, working, operating, running*
λεκάνη, *basin, vat, bowl, sump, cistern*
  ἀνυψώσεως ὑδάτων, *lock*
  ἀπορροῆς, *catchment area, catchment basin*
  ἐλαίου, *oil sump*
    ἀποστραγγίσεως —, *oil sump, sump*
      καὶ ἀναπνευστῆρες, *oil sump and breathers*
  ἐμφανίσεως, *development dish*
  ἠρεμίας, *stilling basin*
  ποταμοῦ, *basin of a river*
  πυξίδος, *bowl*
  συλλεκτήριος —, *catchment area, catchment basin*

λεκανοπέδιον, *basin*
λέμβος, *boat*
  κρεμαστή —, *davit boat*
  κωπηλασίας, *outrigger*
  πτυσσομένη —, *folding boat*
  σωστική —, *dinghy*
λέμβου, δεξιὰ πλευρά, *bow-side*
  ἐπωτίς —, *boat davit*
λεμβοῦχος, *swinging boom*
λεντία, *spring*
λέπια ἐκ σφυρηλατήσεως, *forge scale*
λεπίδες πριονίου, *hack-saw blades*
  σιδηροπριονίου, *hack-saw blades*
λεπιδόλιθος, *lithia-mica, mica*
λεπίς, *knife, blade, lamina, flake*
  ἀποξέσεως, *eraser knife*
  κοχλιοστροφίου, *screw-driver blade*
  μηχανοπρίονος, *machine-saw blade*
  ψαλίδος, *shear blade*
λεπιώδης, *laminated, lamellar, flaky*
λεπτινίτης, *granulite*
λεπτοδείκτης ὡρολογίου, *minute hand*
λεπτοκαρυά, *hazel*
λεπτόκοκκος, *fine-grained*
λεπτὸν μοίρας, *minute of degree*
  τόξου, *minute of arc*
λεπτότης, *aspect ratio*
  ἀλέσεως, *fineness of grinding*
  δραστική —, *effective aspect ratio*
  συγκολλητικοῦ, *fineness of cement*
λεπτότητος, βαθμός, *standard of fineness*
  σχέσις —, *fineness ratio*
λεπτοχάλυξ, *grit*
λεπτῶν τοιχωμάτων, *light case*
λέρωμα, *sooting*
λεύκα, *white poplar, poplar, aspen.* **Βλ. καὶ λεύκη.**
λευκαίνω, *to bleach*
λευκάνσεως, ἐνέργεια, *bleaching operation*
λεύκανσις, *bleaching*
λευκαντικὴ κόνις, *bleaching powder*
λεύκη, *poplar*
  ἡ ἀμερικανική, *American poplar*
  καναδική, *Canadian poplar*
  κιτρίνη, *yellow pine*
  λευκή, *white poplar*
  μέλαινα, *black poplar*
  τρέμουσα, *aspen*
  σταχτόχρους —, *grey poplar*
λευκίτης, *leucite*
λευκόλιθος, *magnesite, granulite*
λευκόν, *white*
  ἰνδικόν —, *indigo white*
  μολύβδου, *white lead*
  χιονῶδες —, *philosopher's wool*
λευκὸν
  ψευδαργύρου, *white of zinc*
λευκόπυρον, ἔντονον, *white welding heat*
λευκοπυρωμένος, *white hot*
λευκοπύρωσις, *white heat*
λευκοσίδηρος, *white tin, tin plate*
λευκοσιδηρουργός, *tinsmith*
λευκόχαλκος, *white copper*
λευκόχρυσος, *platinum (Pt)*
  -ἰρίδιον, *platinum-iridium*
  ροδιοῦχος —, *rhodio-platinum*
  σπογγώδης —, *platinum sponge, spongy platinum*
  τετραχλωριοῦχος —, *platinum tetrachloride*
  χλωριοῦχος —, *platinum chloride*
λευκοχρύσου, ὀξείδιον, *platinous oxide*
  ὑδροξείδιον —, *platinous hydroxide*
  ὑπεροξείδιον —, *platinum dioxide, platinic oxide*
λεύκωμα, *albumin*
λευκωματικὸν ἄλκαλι, *albuminate*
λευκωματίνη, *albumin*
λευκωματοειδεῖς οὐσίαι, *albumins*
Λέων ('Αστερ.), *Leo*
ληγαδούρα, *seizing line, lacing*
  τοῦ μπομπρέσου, *gammoning*
λημνίσκος, *lemniscate*
λῆψις, *receiving, tapping, tap*
  ἄμεσος —, *direct pick-up*
  διὰ συμβολῆς, *beat reception*
  πιέσεως, *recording of pressure*
  πληροφοριῶν, *brief*
    πρὸ πτήσεως, *briefing (conference)*
λιακάδα, *sunshine*
λίαν ὑψηλὴ συχνότης (Λ.Υ.Σ.), *very high frequency (V.H.F.)*
λίβας, *south-west*
λιβοζέφυρος, *west-south-west*
λιβόνοτος, *south-south-west*
λίβρα, *pound (lb)*
  -πούς, *foot-pound (ft-lb)*
λιγνίτης, *lignite, brown coal*
λιθάλας, *rock salt*
λιθάλευρον, *stone powder*
λιθανθρακικὴ περίοδος, *carboniferous period*
λιθανθρακοφόρος περίοδος, *carboniferous period*
λιθάνθραξ, *coal*
λιθάργυρος, *latharge, lead monoxide, plumbic oxide*
λιθένδυτον, *revetment*

λίθιον, *lithium (Li)*
ἀζωτοῦχον —, *lithium nitride*
ἀνθρακικόν —, *lithium carbonate*
φθοριοῦχον —, *lithium fluoride*
χλωριοῦχον —, *lithium chloride*
λιθογραφία, *lithography*
λιθοθραυστήρ, *stone breaker*
λιθοθραύστης, *stone breaker*
λιθοξόου, κτένα, *indented chisel*
λίθος, *stone*
ἀργός —, *stone rubble, quarry stone*
ἀσβεστοπυριτικός —, *lime sand brick, malm brick*
διάτρητος —, *perforated brick*
δομήσιμος —, *building stone*
εἰργασμένος —, *ashlar*
ἐλαφρός —, *light block, light stone*
ἐπενδύσεως δι' ἐμβολῆς, *lining brick*
ἐπιστρώσεων, *paving stone*
ἰσόδομος ἀγροτικός —, *hammer-dressed ashlar, rustic ashlar*
ξεστός —, *ashlar*
πλωτός —, *spongiform quartz*
ποικίλος αἰθιοπικός —, *red porphyry*
πολύτιμος —, *jewel*
πορώδης —, *tufa, porous stone*
Σκύρος, ποικίλη, *Skyros marble*
στεγάσεως, σχιστός, *roof slate*
συλλεκτός —, *erratic block*
τροχίσεως, *grindstone, grind wheel*
φερτός —, *erratic block*
χονδροπελέκητος —, *ashlar*
ἰσόδομος — —, *worked stone, cut stone, ashlar*
λιθόστρωτον, *pavement*
μωσαϊκόν —, *random paving*
λιθοσύντριμμα, *crushed stone*
λιθόσφαιρα, *lithosphere*
λιθοτρίμματα, *chippings*
λίθου, ἀνωτέρα ἐπιφάνεια κατειργασμένου, *upper bed of an ashlar*
κατειργασμένον πρόσωπον —, *face of ashlar*
κάτω ἐπιφάνεια κατειργασμένου—, *lower bed of the ashlar*
κοίτη —, *bed of the stone*
κυφόξεσις —, *bossage of stone*
στρῶσις —, *bed of the stone*
τελικὴ ἐπεξεργασία —, *refinishing of the ashlar*
λιθωπόν (τσίγκος), *lithopone*
λίκνον, *crib, cradle*
λίμα, *file*. **Βλ. καὶ ρίνη.**
στρογγύλη —, *rat-tail file*
λιμάρω, *to file*
λιμβουργίτης, *lime water*
λιμήν, *harbour, harbor, port*
ἀερακάτων, *flying-boat harbour*
ἀνθρακεύσεως, *coaling port*
παλιρροιακός —, *tidal harbour*
πάσης παλίρροιας, *deep-water harbour*
λίμνη, *lake*
λιμνοθάλασσα, *salt marsh, lagoon*
λιμνοστασία δρόσου, *dew pond*
λιναίη, *plumb line*
λιναίης, σταφύλη, *plumb bob*
λινάτσα, *mat*
λινέλαιον, *linseed oil, oil varnish*
βρασμένον —, *refined linseed oil*
κεκαθαρμένον —, *refined linseed oil*
λευκανθέν —, *bleached linseed oil*
λινελαιοτάπης, *linoleum*
ἐκ πεπιεσμένου χάρτου, *linoleum from papier-mâché*
λινόλεουμ, *linoleum*
λίνον, *flax*
λινὸν ὕφασμα, *linen*
λινοτυπικὴ μηχανή, *Linotype composing machine*
λίνου, ἶνες, *flax tow*
λιόπρινο, *holly*
λιπαίνω, *to lubricate, to grease, to oil*
λιπάνσεις, *impurities*
λιπάνσεως, διάγραμμα, *lubrication diagram, lubrication chart*
ἔλαιον —, *lubricating oil*
κοχλίας —, *lubrication screw*
πάχος —, *lubrication grease*
πιστόλιον —, *grease gun*
σῦριγξ —, *lubricating syringe*
φυτίλιον —, *lubricating wick*
λίπανσις, *lubrication, lubricating, greasing, oiling*
δι' ἁλύσεως, *chain lubrication*
ἐκτινάξεως, *splash lubrication*
ἐλαίου, *oil lubrication*
διὰ κατακλυσμοῦ, *flood lubrication*
λίπους, *greasing*
πιέσεως, *forced lubrication, forced-feed lubrication*
ραντίσματος, *splash lubrication*
σταλαγμοῦ, *drip-feed lubrication*
φυτιλίου, *wick lubrication*
κινητῆρος, *lubrication of engine*
πυροβόλου, *gun lubrication*
συστήματος προσγειώσεως, *lubricating landing gear*
χειριστηρίων ἀτράκτου, *lubricating controls in fuselage*
λιπαντήρ, *lubricator, grease box*

λιπαντὴρ
ἀνοικτός —, *sight-feed lubricator*
αὐτόματος —, *automatic lubricator*
βαλβίδων, *valve lubricator*
δι' ἐλαίου, *oiler*
διὰ λίπους, *grease lubricator*
ἐλαίου διὰ σταγόνων, *oil-dropping apparatus*
κατὰ σταγόνας, *drop-feed lubricator*
μὲ βελόνην, *needle lubricator*
λιπαντήρ, *lubricator*
λιπαντής, *greaser, oiler*
λιπαντικόν *lubricant, grease*
ἐκ μαρμαρυγίου, *mica lubricant*
λιπαντικός, *lubricant, lubricating*
λιπαντικότης, *oiliness*
λιπαρὰ γαλήνη, *flat calm*
ἔλαια, *fatty oils*
ὀξέα, *fatty acids*
λιπαρίτης, *rhyolite, quartz trachite*
λίπασμα, *fertiliser*
διὰ συγκόλλησιν, *flux for soldering*
λιπάσματα, ὑπερφωσφορικά, *superphosphates of lime*
λιποκιβώτιον, *axle-box*
λίπος, *grease, fat*
δι' ἄξονας (ὀχήματος), *axle grease*
ἐρίου, *yolk*
ζωϊκόν —, *tallow*
λιπάνσεως, *lubricating grease*
περιέχον γραφίτην, *graphite grease*
σκληρόν —, *hard grease*
λιποσυλλέκτης, *grease trap*
λίστρον, *smoothing iron*
ἁρμολογήσεως, *jointing tool*
λίτρον (4,5 γαλλόνια), *litre (l)*
λίψ, *south-west*
λοβελίνη, *lobeline*
λοβός, *lobe, blind pulley, (sewing) thimble*
λοβοτρόχιλος, *clump block*
λογαριθμικὴ διαφόρισις, *lagarithmic differentiation*
παράγωγος, *logarithmic differentiation*
συνάρτησις, *logarithmic function*
λογαριθμικός κανών, *slide rule*
πίναξ, *logarithmic table*
συντελεστὴς ἀποσβέσεως, *(logarithmic) decrement*
λογαριθμικοί, φυσικοί, *Napier(ian) logarithms*
λογάριθμος (λογ), *logarithm (log)*
κοινός —, *common logarithm*
φυσικός —, *natural logarithm*
λογαρίθμου, βάσις, *base of a logarithm*

λογαρίθμου
χαρακτηριστικόν —, *characteristic of a logarithm, index of a logarithm*
λόγγος, *forest*
λογισμός, *calculus, reckoning*
λογιστικὸς κανών, *slide rule*
ἀεροβολίσεων, *slide rule of pilot balloon*
κυκλικός — —, *circular slide rule*
λόγος, *ratio*
ἀεροδυναμικότητος, *fineness ratio*
ἀναμίξεως, *mixture ratio*
ἀνώσεως πρὸς ὀπισθέλκουσαν, *lift-drag ratio*
βενζίνη-ἀέρος, *fuel-air ratio*
βήματος ἕλικος, *propeller pitching ratio, pitching ratio of propeller*
διαδρομῆς πρὸς διάμετρον ἐμβόλου, *stroke-bore ratio*
διαστάσεων, *aspect ratio*
ἐπιβραχύνσεως, *strain*
ἐπιμηκύνσεως, *strain*
ἐπιπλατύνσεως, *thickness ratio*
ἱπποδυνάμεως ἔργου, *power weight ratio*
λεπτότητος, *fineness ratio, slenderness ratio*
μετασχηματισμοῦ, *ratio of transformation*
μίγματος, *mixture ratio*
πάχους, *thickness ratio*
συστήματος τροχῶν, *gear ratio of a train of wheels*
ταχύτητος, *gear ratio*
τοῦ Πουασσόν, *Poisson's ratio*
ὑποπολλαπλασιασμοῦ, *reduction ratio*
λόγου διακυμάνσεως, αὔξησις, *volume expansion*
μείωσις — —, *volume compression*
λόγχη, *bayonet*
λόγχης, αὖλαξ, *fuller of bayonet*
διάμεσον τεμάχιον —, *crosspiece of bayonet*
θήκη —, *bayonet scabbard*
κολεός —, *bayonet scabbard*
ράβδος —, *bayonet bar*
λογχοειδὴς κοχλιωτὸς σύνδεσμος, *bayonet union*
λοίπαδος, *jigger sail*
λοξὴ τομή, *oblique section*
λοξοδρόμησις, *warping*
λοξοδρομία, *aberration, loxodrome, rhumb-line, plane sailing*

λοξοδρομία
φακοῦ, *lens aberration*
χρωματική —, *chromatic aberration*
λοξοδρομικὴ διόπτευσις, *rhumb-line bearing*
καμπύλη, *rhumb-line*
πλεῦσις, *rhumb-sailing, Mercator's sailing*
λοξοδρομικὸν ἴχνος, *rhumb-line track*
λοξοδρομῶ, *to deviate*
λοξός, *oblique, transversal, skew, bevel*
λοξοτετμημένος, *chamfered*
λοξότης, *slope*
λοξότμησις, *chamfer*
λοξῶς, *aslant, askew*
λόξωσις τῆς ἐκλειπτικῆς, *obliquity of the ecliptic*
λοστός, *crow bar*
ξύλινος —, *heaver*
λοστρόμος, *boatswain*
λουβί, *lobe*
λουγδουνικὴ λάγηνος, *Leyden jar*
λουκάνικο (ἀνεμοδείκτης), *wind sock*
λουκέτο, *padlock, latch*
λούκι, *convex tile*
λουλάκι, *ultramarine, indigo*
λοῦμεν (μονὰς ποσότητος φωτισμοῦ), *lumen*
ὡριαῖα —, *lumen-hour*
λουμενόμετρον, *lumen-meter*
λούξ (μονὰς φωτός), *lux*
λουρί, *belt, strap*
λούσις, *ablution*
λουτήρ, *ablution pot*
λουτήτιον, *lutecium (Lu)*
λουτιδῖναι, *lutidines*
λουτρόν, *bath*
καθαρισμοῦ, *clearing bath*
σκληρύνσεως, *hardening bath*
λοφίσκος, *hillock*
λόφος, *hill*
μαστοειδής —, *knoll*
λοχαγός, *captain*
λοχίας, *sergeant (Sgt.)*
λύγδινος, *Paros marble*
λύγδος, *Paros marble*
λυγίζω, *to sag*
λυγισμός, *buckling*
λυγισμοῦ, τάσις, *buckling stress*
λυδία λίθος, *Lydian stone, touchstone*
λυδίτης, *lydite, touchstone*
λυζόλη, *Lysol*
λυκαυγές, *dawn, twilight, morning twilight*
ναυτικόν —, *nautical twilight*
λυκίσκος, *snatch block*
λυκόφως, *twilight, evening twilight*
ναυτικόν —, *nautical twilight*
λυκόφωτος, ἀψίς, *twilight arch*
λυόμεναι οἰκίαι, *prefabricated houses*
λυόφιλον κολλοειδές, *lyophilic colloid*
λυόφοβον κολλοειδές, *lyophobic colloid*
Λύρα (Ἀστρ.), *Lyra*
Λ.Υ.Σ. (λίαν ὑψηλὴ συχνότης), *V.H.F. (very high frequency)*
λύσις, *solution, dismantling*
ἐξισώσεως, *solution of an equation*
λυχνία, *valve, tube, lamp, bubble, barretter*
ἀερόκενος —, *vacuum valve*
ἀνθρακασβεστίου, *acetylene lamp*
ἀνορθώτρια —, *rectifying valve*
ἀντιμικροφωνική —, *antimicrophonic tube*
ἀπελευθερώσεως ἀέρος, *air release valve*
ἀποσβέσεως, *absorber valve*
ἀσετυλίνης, *acetylene lamp*
ἀσυρμάτου, *electronic tube, radio tube*
μεταλλική — —, *catkin valve*
ἀσφαλείας, *safety lamp*
βολταϊκοῦ τόξου, *arc lamp*
δι' ἀτμῶν ὑδραργύρου, *mercury-vapour lamp*
διὰ μεταλλικῆς ἰνός, *metallic filament lamp*
νέου, *neon lamp*
διαμορφωτική —, *control valve*
διαχύτου φωτισμοῦ, *flood lamp*
Δαίβυ, *davy*
ἐνδεικτικὴ ἠλεκτρική —, *pilot-lamp*
ἐνισχύτρια —, *amplifier valve*
ἐξαγωγῆς, *output valve*
σιωπηλοῦ, *push-pull, quiet push-pull (Q.P.P.) output valve*
ἐπιθεωρήσεως, *inspection lamp*
ἐπιμεταλλωμένη —, *metallised valve*
ἑπτοδική —, *heptode valve*
κενοῦ, *vacuum valve, vacuum tube, hard valve*
μὲ ἀμπαζούρ, *shade lamp*
μεγάλης ἰσχύος, *super-power valve*
μετ' ἀερίου, *soft valve*
μεταβλητοῦ μ (ἐνισχύσεως), *variable mu valve*
νέου σταθεροποιήσεως τάσεως μετὰ πολλῶν διακένων, *multi-gap neon stabilising tube*

λυχνία
ὀπτικῶν σημάτων, *optical lantern*
πορείας, *navigation lamp*
προστατευτική —, *guard lamp*
πυρώσεως, *blow lamp*
σκληρά —, *hard valve*
συγκολλήσεως, *soldering lamp*
συντονιστική —, *tuning lamp*
ταλαντώσεων, *oscillation valve*
ταλαντώτρια —, *oscillator valve*
τάξεως «B», *class «B» valve*
τεσσάρων ἠλεκτροδίων, εἰδική, *negatron*
τετροδική —, *four-electrode valve, screen grid valve, screen grid tube*
τριοδική —, *three-electrode valve*
ὑδρόψυκτος —, *water-cooled valve*
φωράτρια —, *valve detector*
ψυχομένη δι' ὕδατος, *water-cooled valve*
λυχνίας, *Paros marble*
βάσις, *tube base*
ἐσχάρα —, *valve grid*
ἐσωτερική ἀντίστασις —, *a.c. resistance*
πλέγμα —, *valve grid*
λυχνίτης, *Paros marble*
λύχνος βοῦνσεν, *Bunsen burner*
συγκολλήσεως, *soldering lamp*
λύω, *to unbind, to unlash, to solve*
δεσμόν, *to unbend*
λυώνω, *to melt, to smelt*
λυῶσιμο, *fusion, liquefaction*

λῶμα, *bolt rope*
λωματορραφῶ, *to marl*
λωρία ποδωστηρίου, *foot straps*
λωρίδες, ναυτικαί, *navigation strips*
λωρίον, *strap, strip*
λωρίς, *strap, strip, band, fillet*
ἀπασφαλίσεως, *release slip*
ἀσφαλείας, *approach strip, overshoot clearance*
διόδου, *band pass*
ἐκ πιλήματος, *felt strip*
ἐκκέντρου, *eccentric hoop*
ἐνισχυτική —, *strain band*
ἐνωτική —, *tie plate*
ἐξ ἀμιάντου, *asbestos strip*
ἐλάσματος σκληραργιλλίου, *Dural strip*
ἐπάλληλος —, *interference fringe*
ξυλίνη —, *wooden strip*
ξύλου, λεπτή, *slat*
προσγειώσεως, *flight, strip, flight shoulder*
μεμονωμένη — —, *flight strip, flight shoulder*
προσδέσεως, *bracing strip*
στενόμακρος —, *streamer*
συμπλέγματος φωτογραφιῶν, *strip mosaic*
συντηκτική —, *fuse strip*
τοπογραφικοῦ χάρτου, *strip map*
λῶρος, *stringer*
δονισμῶν, *panting stringer*
ἐκ δοκοῦ, *stringer bar*
πυθμένος, *keelson*

M

μ (μικρόν), *μ*
μαβί, *mauve*
μαγγάλιον, *mangallium*
μαγγάνι, *winch, wheel-and-axle*
μαγγανίζω, *to calendar*
μαγγανικὸν ὀξύ, *manganic acid*
μαγγάνιον, *manganese (Mn), manganesium*
  ἀνθρακικόν —, *manganese carbonate, rhodochrosite*
  θειϊκόν —, *manganous sulphate*
  χλωριοῦχον —, *manganous chloride*
μαγγανίου, διοξείδιον, *manganese dioxide, pyrolusite*
  ἑπτοξείδιον—, *manganese heptoxide*
  ὑποξείδιον —, *manganous dioxide*
μαγγανιοῦχον κρατέρωμα, *manganese bronze*
μαγγάνισμα, *calendering*
μάγγανον, *crab winch, wheel-and-axle, calendar*
μάγγανος, *buffing machine*
μαγειρεῖον πλοίου, *galley*
μαγκάλι, *brazier*
μαγνέζια. Βλ. μαγνησία.
μαγνησία, *magnesia*
  κεκαυμένη —, *calcined magnesia, magnesia usta, burnt magnesium*
  λευκή —, *magnesia alba*
  πεφρυγμένη —, *calcined magnesia*
μαγνησιακὴ κόλλα, *magnesium cement*
μαγνησιοκονία, ἀερική, *Sorel's cement*
μαγνησιομιγής, *biotite*
μαγνήσιον, *magnesium (Mg)*
  ἀνθρακικόν —, *magnesium carbonate, magnesite*
  διττανθρακικόν —, *magnesium bicarbonate*
  ἐναμμώνιον ἀρσενικόν —, *magnesium ammonium arsenate*
  θειϊκόν —, *sulphate of magnesia, magnesium sulphate, Epsom salts*
  πυριτικόν —, *magnesium silicate*
  πυροφωσφορικόν —, *magnesium pyrophosphate*

μαγνήσιον
  φθοριοῦχον —, *magnesium fluoride*
  φωσφορικόν —, *magnesium phosphate*
    ἐναμμώνιον — —, *magnesium ammonium phosphate*
    κανονικόν — —, *normal magnesium phosphate*
  χλωριοῦχον —, *magnesium chloride*
μαγνησίου, ὀξείδιον, *magnesium oxide*
  ὑδροξείδιον—, *magnesium hydroxide*
μαγνησίτης, *magnesite*
μαγνητεγερτικὴ δύναμις, *magnetomotive force (m.m.f.)*
μαγνήτης, *magnet*
  ἀνυψωτικός —, *lifting magnet*
  διακλαδώσεως, *shunt magnet*
  διαρκής —, *permanent magnet*
  διορθωτής —, *correcting magnet*
  εἰς σχῆμα ράβδου, *bar magnet*
  κατευθυντήριος —, *controlling magnet*
  μόνιμος —, *permanent magnet*
  παραμένων —, *magnetic remanence*
  πεταλοειδής —, *horseshoe magnet*
  ραβδοειδής —, *bar magnet*
  σύνθετος —, *compound magnet*
  φολιδωτός —, *laminated magnet*
μαγνητίζειν, *to magnetise*
  κατ' ἐγκαρσίαν ἔννοιαν, *to cross-magnetise*
μαγνητίζουσα δύναμις, *magnetising force*
μαγνητικαὶ δυναμικαὶ γραμμαί, *magnetic lines of force, magnetic lines*
  μεταβολαί, *magnetic variations*
μαγνητικὴ ἀγωγιμότης, *magnetic conductivity*
  ἀλληλένδεσις πηνίων, *magnetic interlinking of coils*
  ἀναγραφή, *magnetic recording*
  ἀντίδρασις, *magnetic reaction, magnetic resistance, magnetic reluctance*
  ἀντίστασις, *magnetic reluctance, reluctance*
    εἰδική — —, *reluctivity*

μαγνητική
ἀπόκλισις, *magnetic declination, magnetic deflection*
ἀπόσβεσις, *magnetic damping*
ἀσυνέχεια, *magnetic discontinuity*
βελόνη, *magnetic needle*
γραμμὴ ἐπιστροφῆς, *magnetic return path*
δεκτικότης, *magnetic permeability*
διάθλασις, *magnetic deflection*
διακλάδωσις, *magnetic shunt*
διαμόρφωσις, *magnetic modulation*
διαπερατότης, *magnetic permeability*
διαρροή, *magnetic leakage*
διατάραξις, *magnetic disturbance*
διαφορὰ δυναμικοῦ, *magnetic difference of potential*
δίνη, *magnetic whirl*
διόπτευσις, *magnetic bearing*
δύναμις, *magnetic power, magnetic force*
ἔγκλισις, *magnetic dip, magnetic inclination*
ἐνέργεια, *magnetic power*
ἔντασις, *magnetic intensity*
ἐπαγωγή, *magnetic induction*
ἐπιδεκτικότης, *magnetic susceptibility*
ἐπιμήκυνσις, *magnetic elongation*
ἑστία, *magnetic focus*
ἑστίασις, *magnetic focusing*
εὐαισθησία, *magnetic susceptibility*
θύελλα, *magnetic storm*
καθυστέρησις, *magnetic delay*
καταιγίς, *magnetic storm*
κλείς, *magnetic key*
κλίσις, *magnetic dip*
νάρκη, *magnetic mine*
παρεμβολή, *magnetic interference*
πέδησις, *magnetic braking*
περίφραξις, *magnetic shielding*
πόλωσις, *magnetic polarisation*
πορεία, *magnetic course (Co.M.)*
πυκνότης ἐπιφανείας, *magnetic surface density*
πυξίς, *magnetic compass*
ἀεροπλάνου, *aircraft magnetic compass*
ροή (Maxwell), *magnetic flux*
δυναμικὴ —, *magnetic flux*
ὁλικὴ — —, *linkage*
ροπή, *magnetic moment*
σκέδασις, *magnetic leakage*
αὔλακος, *slot leakage*
σταθερότης, *magnetic stability*
συνιστῶσα, *magnetic component*

μαγνητική
συστοιχία, *magnetic battery*
ὑστέρησις, *magnetic hysteresis, retentivity*
χωρητικότης, *magnetic susceptibility*
μαγνητικὸν ἀποτέλεσμα, *magnetic effect*
δυναμικόν, *magnetic potential*
ζύγωμα, *magnetic yoke*
κλεῖθρον, *magnetic lock*
κρᾶμα, *magnetic alloy*
κύκλωμα, *magnetic circuit*
ὀξείδιον τοῦ σιδήρου, *magnetic oxide of iron, magnetic iron-ore, magnetite*
πεδίον, *magnetic field*
ἀναστροφῆς, *reversing field*
αὔλακος, *slot field*
σφύζον — —, *pulsating magnetic field*
περίφραγμα, *magnetic screen*
πλάτος, *magnetic latitude*
μαγνητικός, *magnetic*
ἀναγραφεύς, *magnetic recorder*
βορρᾶς, *magnetic North*
διακλαδωτήρ, *magnetic shunt*
διαχωριστής, *magnetic seperator*
ζυγός, *magnetic yoke*
θώραξ, *magnetic screen*
ἰσημερινός, *magnetic equator*
κορεσμός, *magnetic saturation*
κόρος, *magnetic saturation*
τῶν πόλων, *pole saturation*
μεσημβρινός, *magnetic meridian*
νότος, *magnetic South*
πόλος, *magnetic pole*
ἀντισταθμίσεως, *reversing pole*
συμπλέκτης, *magnetic clutch*
φωρατής, *magnetic detector*
χάρτης, *magnetic map*
μαγνῆτις, φυσική, *magnetic iron ore, magnetite*
μαγνήτισις ἐξ ἐπαγωγῆς, *magnetisation by induction*
ἐπιδράσεως, *magnetisation by induction*
μαγνητισμός, *magnetism, magnetisation*
ἐλεύθερος —, *free magnetism*
ἐξ ἐπαγωγῆς, *induced magnetism*
λανθάνων —, *latent magnetism*
μαγνητισμοῦ, ὑπόλοιπον, *residual magnetism*
μαγνητίτης, *magnetite, magnetic iron ore*

μαγνητοηλεκτρικὴ μηχανή, *magneto-electric machine, magneto*
συσκευή, *magneto*
ἐκκινήσεως, χειροκίνητος, *hand-starter magneto*
μαγνητοχειροκινητῆρος, *hand-starter magneto*
τύπου Σιντιλλά, *Scintilla magneto*
χειροκινητῆρος, *hand-starter magneto*
μαγνητοηλεκτρικῆς συσκευῆς, ἄξων, *magneto shaft*
διανομεύς — —, *magneto distributor*
μαγνητόμετρον, *magnetometer*
μαγνητοοπτικὴ περιστροφή, *magneto-optical rotation*
μαγνητοσυστολή, *magneto-striction*
μαγνήτου, ζύγωμα, *yoke of a magnet*
ὁπλισμός —, *armature of a magnet*
μαγνητόφωνον, *magnetophone*
μαγνητρόν, *magnetron*
μαγνητῶν, ρυθμίσιμος κίνησις, *adjustable magnet movement*
μαδέρι, *plank, gangway*
μᾶζα, *mass, lump*
ἀέρος, *air mass*
ἀργὴ —, *raw mass*
κοπανισμένη —, *rammed stuff*
περιστρεφομένη —, *revolving mass, rotating mass*
πιεστὴ —, *rammed stuff*
μαζεύω, *to gather up*
μαζούτ, *mazut*
μαθηματικά, *mathematics*
ἐργαλεῖα, *mathematical instruments*
μαθηματικός, *mathematical, mathematician*
μαιανδρικός, *zigzag*
μαιανδρισμός, *maeandering, meandering*
μαίανδρος, *maeander, meander*
μαϊνάρω, *to strike*
μαΐστρα, *main-sail*
μαΐστρος, *north-west, maestro*
μαϊστροτραμουντάνα, *north-north-west*
μακαρᾶς, *pulley, block*
μὲ πτέρνα, *shoulder block*
μακέττα, *model*
μακινίστας, *machinist*
μακρὰ βολή, *overshoot*
προσγείωσις, *overshoot*
μακρόϊνος, *long fibred*
μακρομερής, *long fibred*
μάκρος, *length*
μακροσκοπικός, *macroscopic*
μάκτρον, *sponge-cloth, wiper, swab*
μαλακός, *soft, mild*
μαλακότης, *softness*
μαλακτήρ, *mixing machine, mixer*
μαλαχίτης, *malachite*
μαλλίον, *wool*
ἐξ ὑάλου, *glass wool*
μαλτόζη, *maltose*
μαλχίτης, *malchite*
μάνα (ἀγκύρας), *shank of an anchor*
μαναβέλλα. Βλ. μανιβέλλα.
μάνδαλον, *latch*
μάνδαλος, *latch*
ὁπλίσεως, *loading latch*
μανδάλου, ἐλατήριον, *latch spring*
μανδαλώνω, *to bolt*
μάνδρα (ἀραιώσεως ἀεροσκαφῶν), *pen*
μανέλλα. Βλ. μανιβέλλα.
μανιατό, *magneto*
μανιβέλλα, *starting crank, starting handle, crank handle, hand spike, bar*
μανόμετρον, *manometer, pressure gauge, steam gauge, control gauge*
ἐλέγχου ἀκριβείας, *test gauge*
μανσόν, *sleeve*
μαντάρι, *halyard, yard rope, outhaul*
μαντέμι, *cast-iron*
σαβούρας, *pig iron*
μαντιζέλο, *reef tackle*
μαντίκι, *lift*
τῆς ἀντένας, *topping lift*
μάντος, *winding tackle*
τοῦ πεσκαδούρου, *fish tackle*
μαντρέλι, *mandrel, mandril*
μάξουελ (μονὰς μετρήσεως μαγνητικῆς ροῆς), *maxwell*
μαόνι (ξυλεία), *mahogany*
μαούνα, *lighter*
μάππα, *eye bolt*
μαραβίλια, *gantline, girtline, garnet*
μαραγκόδεσμος, *timber hitch*
μαραίνω, *to damp out*
μάργα, *marl*
ἀργιλλικὴ —, *argillaceous marl*
ἀσβεστολιθικὴ —, *chalk marl, marly limestone, lime marble*
πυριτιοῦχος —, *siliceous marl*
μαργαϊκὸς πηλός, *marly clay*
σχιστόλιθος, ρητινομιγής, *marl slate*
μαργαρινικὸν ὀξύ, *margaric acid*
μαργαριτάρι, *pearl*
μαργαρίτης, *pearl*
μαργαριτόφαιον, *pearl grey*

μάρκα, *brand, mark, make*
μαρκάσι, *mica*
μαρκασίτης, *marcasite*
μαρκίζα, *canopy*
μάρμαρον, *marble, primary limestone*
Λακεδαίμονος, *Lacedaemon marble*
Μάνης, **ἐρυθρόν,** *rosso antico*
Πάρου, *Paros marble*
Πεντελικόν —, *Pentelic marble*
πράσινον —, *verde antico*
τεχνητόν —, *artificial marble*
Ὑμηττοῦ, *Hymettus marble*
μαρμαρυγή, *twinkling of stars*
μαρμαρυγιακὸς πορφύρης, *micaceous porphyry, mica porphyry*
σχιστόλιθος, *micaceous schist, mica-schist*
ψαμμίτης, *micaceous sandstone*
μαρμαρυγίας, *mica*
καλιμιγής —, *common mica, white mica, muscovite*
κονιοποιημένος —, *powdered mica*
σιδηρομιγής —, *biotite*
μάρσ-πιέ, *running board*
μαρτενσίτης, *martensite*
μασιά, *smith's pliers, tongs*
μάσκα, *bow*
μασούριον, *masurium (Ma)*
μαστέλλο, *tub*
μαστίχη, *mastic, putty, gum resin*
ἀσφαλτική —, *rock mastic*
δι' ἐλαίου, *oil putty*
κόλλας, *glue putty*
μινίου, *red-lead putty*
ρητινώδης —, *resinous putty*
ὑελοπινάκων, *glazier's putty*
μάστορης, *midship frame*
μαστός, διπλούς, *double nipple*
μασχαλιστήρ, *fish tackle, fish, three-way sling*
ματίζω, *to splice*
ματικάπι, *bit-stock brace, bit brace, hook borer, wimble*
μάτισμα, *splicing*
ματσαπλί, *leading block*
(σύρτης), *ninepin block*
σχιστό —, *snatch block*
ματσόλα, *reeming beetle, beetle, mallet*
μαῦρος, *black.* **Βλ. καὶ μέλας.**
μάχαιρα, *knife*
μαχαιρίδιον, *knife*
μαώνιον, *mahogany*
μὲ λεπτὰς ὀπάς, *fine-meshed*
ὅλον τόν ἀτμόν, *full steam*
χονδρὰς ὀπάς, *coarse-meshed*
μέγα πλάτος, *high latitude*
μεγαδύνη, *megadyne, bar*

μεγάκυκλος, *megacycle*
Μεγάλη Ἄρκτος (Ἀστερ.), *Great Bear, Ursa Major, Large Dipper, Plough*
μεγάλη ἐπιθεώρησις καὶ ἐπισκευή, *major overhaul*
ἐπισκευή, *major overhaul*
μεγάλης γωνίας, *steep*
ταχύτητος, *high velocity*
μέγας, *big, great, grand, large, prime*
Μέγας Κύων (Ἀστερ.), *Canis Major*
μεγάφωνον, *megaphone, loudspeaker*
ἠλεκτρομαγνητικόν —, *inductor loudspeaker*
κινητοῦ πηνίου, *moving coil loudspeaker*
μετὰ πυκνωτοῦ, *condenser loudspeaker*
τηλεφώνου, *telephone loudspeaker*
μεγαφώνου, κιβώτιον, *box baffle*
πλαίσιον —, *box baffle, baffle*
μεγαώμ, *megohm*
μέγγενη, *vice, clamp.* **Βλ. καὶ συνδήκτωρ.**
σιδηρουργοῦ, *hook wrench*
σωλήνων, *pipe vice, tube vice*
τραπέζης, *parallel vice*
χειρός, *hand hook*
μέγγενης, σιαγόνες, *vice clamps, vice claws, vice cheeks, vice jaws*
μεγγενόπουλο, *hand vice*
μέγεθος, *magnitude, size*
ἄγνωστον —, *unknown quantity*
ἐκλείψεως, *magnitude of eclipse*
κόκκου, *size of grain*
μεῖζον —, *oversize*
νόμιμον —, *legal magnitude*
μεγένθυσις, *magnification, enlarging*
μεγενθυτήρ, *magnifier, enlarger*
μεγενθυτής, *magnifier, enlarger*
μεγεθυντικὸς φακός, *enlarging lens*
μέγιστα καὶ ἐλάχιστα, *maxima and minima*
μέγισται ἐπισκευαί, *major repairs*
μεγίστη, *main-sail*
μεγίστη ἀκτὶς δράσεως, *maximum range*
πτήσεως, *maximum range*
ἀνεκτὴ ἐγκαρσία συνιστῶσα (ἀνέμου), *maximum allowable beam component*
αὐτονομία, *maximum range*
διάμετρος, *overall diameter*
διάρκεια πτήσεως, *endurance*
κλίσις, *maximum slope*
πίεσις εἰσαγωγῆς ἀνόδου, *maximum climbing boost, maximum rated boost*

μεγίστη
ἀπογειώσεως, *maximum take-off boost*
δι' οἰκονομικὴν πτῆσιν, *maximum boost for economical cruising*
διὰ συνεχῆ πτῆσιν, *maximum boost for continuous cruising*
εὐθείας καὶ ὁριζοντίας πτήσεως, *maximum boost for level flight*
ὕψους χρησιμοποιήσεως, *maximum climbing boost, maximum rated boost*
ὑπερσυμπιεστοῦ, *maximum boost pressure*
ταχύτης, *maximum speed*
τιμή, *peak value*
μεγίστης, κεραία, *main-yard*
πούς —, *main-sheet*
πρόπους —, *main tack*
μέγιστον, *maximum*
ζυγόν, *midship beam*
μῆκος, *overall length*
μέγιστος κοινὸς διαιρέτης, *greatest common divider*
συντελεστής, *highest common factor (H.C.F.)*
κύκλος, *Great Circle*
σφαίρας, *great circle of a sphere*
νομεύς, *midship frame*
μεγώμ (μέτρον ἀντιστάσεως), *megohm*
μεθανάλη, *methanal*
μεθάνιον, *methane, marsh gas*
μεθανοδισουλφονικὸν ὀξύ, *methionic acid*
μεθασετίνη, *methacetin*
μεθειονικὸν ὀξύ, *methionic acid*
μεθίνη, *methine*
μέθοδος, *method, process*
ἀναρπαγῆς, *pull-off method*
ἀνοικτῆς ἑστίας, *open hearth method*
ἀντιθέτου ἴχνους, *reverse-track method*
πορείας, *reverse-course method*
δι' ἀντικαταστάσεων, *substitution method*
ἐκπτώσεως καὶ γραμμῆς θέσεως, *drift and position line method*
καὶ διοπτεύσεως, *drift and bearing method*
κοίτης ἀνέμου, *drift and wind lane method*
ἐμβαπτίσεως, *dipping process*

μέθοδος
ἴσων ἀποκλίσεων, *equal-deflection method*
ὑποχλωριώδους ὀξέος, *hypochlorite method*
διὰ γεφύρας, *bridge method*
διαγραμμάτων, *graphical method*
κλειστῆς ὁδεύσεως, *traversing method*
νέφους καπνοῦ, *smoke cloud method*
παραλληλισμοῦ, *parallel method*
πολλαπλῶν ἐκτυπώσεων, *multiple-drift method*
ραντισμοῦ, *spraying process*
συγκρίσεων, *method of compression*
δοκιμῆς κινητήρων ἐντὸς ὑποστέγου, *hangar test method*
ἐγκαταστάσεως, *method of mounting*
ἐμποτισμοῦ, *penetration method, grouting method*
ἐμπροσθοτομίας (Τοπογρ.), *intersection method*
ζωνῶν, *zone method*
κυπελλώσεως, *cupellation method*
ὀπισθοδρομήσεως, *step-back method*
προμίξεως, *premixing method*
σκοπεύσεως φαινομένου μήκους, *«length-ahead» method of aim*
Σόρι, *Schori process*
τριῶν πορειῶν, *three-course method*
τῶν 90 μοιρῶν, *bearing method (90°)*
45 μοιρῶν, *bearing method (45°)*
τριῶν, *rule of 3, simple proportion*
μεθυλαιθήρ, χλωριοῦχος, *methyl chloride*
μεθυλαλκοόλη, *methyl alcohol*
μεθυλαμῖναι, *methylamines*
μεθυλανιλίνη, *methylaniline*
μεθυλένιον, *methylene*
διχλωριοῦχον —, *methylene chloride*
μεθύλια, *methyl group*
μεθυλικὴ κετόνη, *dimethylketone, acetone*
πεντόζη, *rhamnose*
μεθύλιον, *methyl*
χλωριοῦχον —, *methyl chloride*
μεθυλοκαουτσούκ, *methyl rubber*
μεθυλοκυανοῦν, *methylene blue*
μεθυλόπνευμα, *methyl alcohol, methanol*
μεθυλοπροπυλοκετόνη, *diethyl ketone, propione*
Μειόκαινος, *Miocene*
μειώνω, *to reduce, t ase*

μείωσις, *reduction, decrease*
ἀποδόσεως, *de-rating*
μειωτήρ, *reducing gear*
μειωτής, *restrictor*
μειωτικὴ συσκευή, *reducing gear*
μέλαν, *black*
ἀνιλίνης, *aniline black*
γαιῶδες —, *graphite black*
ἐβένου, *ivory black*
λευκοχρύσου, *platinum black*
σῶμα, *black body*
Φρανκφούρτης, *Frankfort black*
μελανίαι, *nimbus clouds*
μελανῖτις, *melanite*
μελανοκίτρινος, *fulvous*
μελανοπυρῖτις, *gunpowder*
μελανοστρώματα, *nimbo-stratus*
μέλας σπινέλλιος, *ceylonite*
μελαφύρης, *melaphyre*
συμπαγής —, *compact melaphyre*
μελαφυροπορφύρης, *porphyric melaphyre*
μελία, *ash tree, ash wood, ash*
μέλεγος, *ash wood*
μελικηρίς, *beeswax*
μελικουνιά, *ash wood*
μελίλιθος, *melilite*
μελινῖτις, *picric acid*
μελιτοσάκχαρον, *raffinose*
μέλος, *member*
μελτέμια, *etesian winds*
μεμβράνη, *membrane, diaphragm*
ἐλαιοβαφῆς, *oil film, oil skin*
ἐλαίου, *oil skin, oil film*
μενεξεδένιος, *violet*
μενθόλη, *menthol*
μεντεσές, *hinge*
μεραρχία, *division*
ἀέρος, *air division*
μέραρχος, *division commander*
μεριδιάνα, *gnomon*
μερικὰ γινόμενα, *partial products*
μερικὴ ἀνομβρία, *partial drought*
παγόλυσις, *partial thaw*
πίεσις, *partial pressure*
μερικὸν ρεῦμα, *sub-current*
μερικός, *partial*
μερίς, *fraction*
μερκαπτάναι, *mercaptans*
μερκαπτίδια, *mercaptides*
μερκατορικὰ τμήματα, *meridional parts*
μερκατορικὴ πλαγία, *transverse Mercator*
πλεῦσις, *Mercator's sailing*
προβολή, *Mercator's projection*
μερκατορικὸς χάρτης, *Mercator's chart*
μερλῖνο, *marline, string*
μέρμιθος, *marline, string*
μέρμις, *marline, string*
μερόξενος, *biotite*
μέσα στοιχεῖα ἀνέμου, *mean wind velocity*
μεσαῖα κύματα, *medium waves*
μεσαπηλιώτης, *east-north-east*
μεσαρτέμων, *middle jib*
μέση ἀεροδυναμικὴ χορδή, *mean aerodynamic chord*
ἀναλογία, *mean proportion*
ἀπόστασις, *middle distance*
μεταφορᾶς, *mean lead*
γραμμῆς ἀεροτομῆς, *mean line of an airfoil*
προχωρήσεως, *mean line of advance*
διχοτομικὴ παλίρροια, *ordinary neap tide*
ἔνδειξις, *average reading*
ἡλιακὴ ἡμέρα, *mean solar day*
ἡμισφαιρικὴ ἔντασις φωτός, *mean hemispherical candle-power*
θερμοκρασία, *mean temperature*
ἐτησία —, *mean annual temperature*
θέσις, *mid-position, mid-setting*
πίεσις, *mean pressure, intermediate pressure*
ἀποτελεσματική—, *mean effective pressure (m.e.p.)*
ἐνδεικνυομένη δραστική —, *indicated mean effective pressure*
πραγματική —, *mean effective pressure (m.e.p.)*
πορεία, *compound course*
πυξὶς ἐδάφους, *medium landing compass*
στάθμη θαλάσσης, *mean sea-level*
πλήμμης, *mean high-water*
ρηχίας, *mean low-water*
συχνότης (Μ.Σ.), *medium frequency (M.F.)*
ταχύτης ἀνέμου, *mean wind velocity*
τιμή, *mean value*
ἐντάσεως ρεύματος, *mean value of the current*
συναρτήσεως, *mean value of a function*
τετραγωνική —, *root mean square*
τετραγώνων, *mean-square value*
χωρητικότης, *medium capacity*
ὥρα, *mean time*
μεσημβρία, *noon*

μεσημβρινὰ τμήματα (μτ), *meridional parts*
μεσημβρινὸν ἔξαρμα, *meridian altitude*
μεσημβρινός, *meridian*
  ἀληθής —, *true meridian*
  ἀστέρος, *meridian of a star*
  Γκρήνουϊτς, *meridian of Greenwich*
  κύκλος, *meridian circle, transit circle*
  νόμιμος —, *standard meridian*
  παρατηρητοῦ, *observer's meridian*
    ἀληθής — —, *observer's true meridian*
  πρῶτος —, *prime meridian*
μέσης, *north-east*
μέσης δυναμικότητος, *medium capacity (M.C.), medium case*
μεσίστιος, *half-mast*
μεσόβαθρον, *centre pier*
μεσοβορρᾶς, *north-north-east*
μεσοδόκη, *hatch beam*
μεσοδόμος, *mess*
μεσόζευγμα, *brace*
μεσόζυγον, *half-beam, hatch beam, shifting beam, ledge (of a ship)*
μεσοζωϊκὴ περίοδος, *Mesozoic period*
μεσοθάλασσο, *mid-sea*
μεσο-μονοπτέρυγον, *mid-wing monoplane*
μέσον, *medium, agent, way, appliance*
  ἅρμα, *medium tank*
  βομβαρδιστικόν, *medium bomber*
  δοθείσης εὐθείας, *mid-point of a given straight line*
  εὖρος παλιρροίας, *mean range of tide*
  ἰσοτρόπου, *isotropic medium*
  καθαρισμοῦ, *detergent*
  λειάνσεως, *grinding agent*
  ὀξειδώσεως, *oxidising agent*
  πλάτος, *mid-latitude*
  πυροβολικόν, *medium artillery*
  σημεῖον κρούσεως, *mean point of impact*
  τετράγωνον σφάλμα, *mean-square error*
  τοῦ πλοίου, *midship*
  ὕψος πλήμμης, *mean rise of tide*
    διχοτομικῆς παλιρροίας, *neap tide rise*
  φορτίσεως, *loading agent*
μεσόνιον, *mesotron, meson*
μεσόπλευρον σύστημα, *intercostal system*
μεσοπτέρυγον, *mid-wing*
μέσος, *average, mean, medium*

μέσος
  ἀνάλογος, *geometrical mean*
  ἄνεμος, *mean wind*
  ἥλιος, *mean sun*
  καὶ ἄκρος λόγος, *mean and extreme ratio*
  ὅρος, *average*
  χρόνος, *mean time*
    ἀστρονομικοῦ ἀγωγέως, *astrograph mean time*
    Γκρήνουϊτς (Τμg), *Greenwich Mean Time (G.M.T.)*
      πολιτικός — — (Τπg), *Greenwich Mean Time (G.M.T.)*
    ἡλιακός —, *mean solar time*
    τοπικός —(Τμθ), *local mean time (L.M.T.)*
μεσοστέγου, πρῳραία φρακτή, *bridge front bulkhead*
μεσοτρόνιον, *mesotron, meson*
μεσοτρυγικὸν ὀξύ, *mesotartaric acid*
μεσουράνησις, *meridian transit, meridian passage*
μετὰ μεσημβρίαν (μ.μ.), *post-meridian (p.m.)*
  πτυχῶν, *lap type*
μεταβαλλόμενος, *variable*
μεταβάλλω εἰς ὀξύ, *to acidify*
μεταβιβάσεως, σύστημα, *transmission system*
μεταβίβασις, *transmission, conduction*
μεταβληταὶ συχνότητος πολλαπλῶν ἠλεκτρονίων, *multi-electrode frequency changers*
μεταβλητή, *variable*
  ἀνεξάρτητος —, *independent variable*
  ἐξαρτωμένη —, *dependent variable*
μεταβλητός, *variable*
μεταβολή, *change, alteration, reduction, about turn*
  γενική — (τῆς πιέσεως), *surge*
  μεταβλητῆς, *change of variable*
  ὁρίων, *change in limits*
  τάσεως εἰς τὴν μονάδα μήκους, *potential gradient*
μεταγωγικόν (ἀεροπλάνον, πλοῖον), *transport*
  ἀεροπλάνον, *transport airplane*
μεταγωγός, *feeder*
  ἀτέρμων —, *conveyor*
μεταδίδειν κίνησιν, *to actuate*
μεταδόσεως κινήσεως, ἄξων, *transmission shaft*
    βοηθητικὰ σημεῖα — —, *accessory drives*

μεταδόσεως
δευτερεύοντα σημεῖα — —, *accessory drives*
σύνδεσμος — —, *transmission safety coupling*
μετάδοσις, *transmission, transmitting, conduction, gear*
ἀναστροφῆς λειτουργοῦσα δι' ἱμάντων, *belt-reversing gear, belt-reversing gearing*
ἀπεμπλέκουσα — (ἐμπλοκῆς), *disengaging gear*
δι' ἀκιδωτοῦ τροχοῦ, *spur gearing*
ἁλύσεως, *chain gearing*
ὀδοντωτῶν τροχῶν, *toothed gearing*
διὰ κώνων τριβῆς, *bevel-friction gear*
τριβῆς, *friction gearing, frictional gearing*
διπλῆ —, *double gear*
εἰς βραδεῖαν κίνησιν, *gearing-down*
ταχεῖαν κίνησιν, *gearing-up*
ἐνδιάμεσος —, *intermediate gearing*
ὀδοντωτή —, *intermediate-toothed gearing*
ἐξωτερική —, *external gearing*
ἐσωτερική —, *internal gearing, annual gearing*
κινήσεως, *drive*
ἀπ' εὐθείας — —, *direct drive*
δι' ἀκιδωτοῦ τροχοῦ, *spur-wheel drive*
ἁλύσεως, *chain drive*
ἀτέρμονος κοχλίου, *worm gearing*
ἀτράκτου, *shaft-drive*
εὐκάμπτου ἄξονος, *flexible-shaft drive, flexible drive*
ἱμάντων, *belt drive*
ὀδοντωτῶν τροχῶν, *toothed-wheel drive, gearing*
διὰ κωνικῶν τροχῶν, *bevel gear drive*
ἐκκινητῆρος, *starter drive*
ἐλαστική — —, *spring drive*
στροβιλοσυμπιεστοῦ, *supercharger drive*
κλιμακωτή —, *stepped gearing*
μακροδυναμική —, *teledynamic-transmission gear*
ὀπτικῶν σημάτων, *visual signalling*
μεταδότης, *transmitter*
κινήσεως, *drive*
μεταθερμαντήρ, *after heater*
μετάθεσις, *permutation, posting*

μετάθεσις
τῶν ἰσημερινῶν σημείων ἐξ ἀνατολῶν πρὸς δυσμᾶς, *precession*
μεταίχμιον, *watershed*
μετακασσιτερικόν ὀξύ, *metastannic acid, stannous hydroxide*
μετακεντρικὸν ὕψος, *metacentric height, height of metacentre*
μετάκεντρον, *metacentre, centre of net lift*
μεταλαμπή, *afterglow*
μεταλδεΰδη, *metaldehyde*
μεταλλακτήρ, *rotary converter, converter*
μεταλλάκτης, *rotary converter*
μεταλλεῖον, *mine*
μετάλλευμα, *ore*
πλούσιον —, *high-grade ore*
πτωχόν —, *low-grade ore*
μεταλλεύματος, προπαρασκευή, *ore dressing*
μεταλλικὰ εἴδη, *metal-ware*
τεμάχια, *metallic portions*
ὕδατα, *mineral waters*
μεταλλικαὶ πηγαί, *mineral springs*
μεταλλικὴ ἐπιφάνεια, *metallic surface*
προσθήκη, *metallic packing*
μεταλλικὸν κέλυφος, *metal hull*
σκάφος, *metal hull*
μεταλλικός, *metallic*
συνδετήρ, *metallic link*
μεταλλογραφία, *metallography*
μεταλλογραφικὴ δοκιμή, *metallographic test*
μεταλλοειδές, *metalloid*
μέταλλον, *metal*
ἀκατέργαστον —, *crude metal*
ἀντιτριβῆς, *anti-friction metal*
Δ, *delta metal*
δέλτα, *delta metal*
κατόπτρων, *speculum metal*
κοινόν —, *base metal*
κουζινέτων, *bearing metal*
λευκόν —, *white metal, white copper*
μαλακόν —, *flowing metal, anti-friction metal*
μονέλ, *Monel metal*
πρωτογενές —, *crude metal*
πυροβόλων, *ordnance metal*
ρέον —, *flowing metal*
σιδηροτροχιῶν (γερμανικόν), *Bahnmetall*
σιδηροῦχον —, *ferrous metal*
μή — —, *non-ferrous metal*
τετηκός —, *molten metal*

μεταλλοπρίων, *hack-saw*
μεταλλοτεχνία, *machining*
μεταλλοτεχνίτης, *metal worker*
μεταλλοτρύπανον, *drilling machine*
μετάλλου, ἐλάττωμα, *cleft*
  ὄγκος —, *ingot*
μεταλλούργησις, *forging, machining*
μεταλλουργία, *metallurgy*
μεταμορφικὰ πετρώματα, *metamorphic rocks*
μεταμορφωσιγενῆ πετρώματα, *metamorphic rocks*
μεταπορφύρωσις, *after-glow*
μετάπτωσις, *veer*
  (μετεωρολογική), *squall*
  τῶν ἰσημερινῶν σημείων ἐξ ἀνατολῶν πρὸς δυσμᾶς, *precession*
μεταπυριτικὸν ὀξύ, *metasilicic acid*
μεταρσενικὸν ὀξύ, *metarsenic acid*
μεταστοιχείωσις, *transmutation*
μετασχηματισμός, *transformation*
  παραγόντων, *transformation of derivatives*
  ρεύματος, *transformation of current, transforming of current*
μετασχηματισμοῦ, λόγος, *transformation ratio*
μετασχηματιστής, *transformer*
  ἀκουστικῶν, *telephone transformer*
  ἀναρροφήσεως, *negative booster transformer*
  αὐτόματος —, *auto-transformer*
  δυνάμεως, *power transformer*
  ἐλαιόψυκτος —, *oil-cooled transformer*
  ἐναλλασσομένου ρεύματος (Ε.Ρ.), *alternating current (a.c.) transformer*
  ἐντάσεως (ρεύματος), *current transformer, transformer of current*
  ἐξαγωγῆς, *output transformer*
  ἐπιπρόσθετος —, *booster transformer*
  μετὰ κλειστοῦ μαγνητικοῦ μεταλλικοῦ κυκλώματος, *closed-core transformer*
    σιδηροῦ πυρῆνος, *iron-cored transformer*
  μετρήσεως, *measuring transformer*
  πυρῆνος, *core-type transformer*
    ἀνοικτοῦ —, *open-core transformer*
  ρυθμίσεως, *regulating transformer*
  σειρᾶς, *series tranformer*
  στρεφόμενος ἐν κλιμακοειδεῖ ζεύξει, *cascade converter*
  συζεύξεως, *intervalve transformer*
μετασχηματιστὴς
  ταλαντώσεων, *oscillation transformer*
  τάσεως, *transformer of voltage*
    αὐξήσεως —, *step-up transformer*
    διανομῆς ∼—, *transformer for a three-wire system*
    ὑποβιβασμοῦ —, *step-down transformer*
  τύπου μανδύου, *shield-type transformer*
  ὑψηλῆς συχνότητος (Υ.Σ.), *high frequency transformer, radio frequency transformer*
  φάσεως, *phase transformer*
  χαμηλῆς συχνότητος (Χ.Σ.), *low frequency (L.F.) transformer*
μετασχηματιστοῦ, πλάξ. *transformer plate*
μετατόπισις, *displacement*
  κατὰ τὴν ἀκτῖνα, *radial displacement*
μετατρέπειν ἐνέργειαν, *to transform energy*
  ὑγρὸν εἰς ψεκάδας, *to atomise a liquid*
μετατροπεύς, *converter, transformer*
  ἰσχύος, *power transformer*
  πρὸς παροχὴν συνεχοῦς ρεύματος εἰς τὴν ἄνοδον, *anode converter*
  πυξίδος, *(compass) inverter*
μετατροπή, *commutation, version*
  μονάδων, *conversion of units*
μεταφερόμενος, *portable*
  διακριβωτής, *portable calibrator*
  ρυθμιστής, *portable calibrator*
μεταφέρω, *to haul, to transfer*
μεταφορά, *transportation, transport*
  δι' ἁλύσεως, *chain traction*
  διὰ καλωδίου, *cable traction*
  δυνάμεως, *power transmission*
  κατακόρυφος —, *convection*
μεταφορᾶς, λόγος, *turns ratio*
  σχέσις —, *turns ratio, transformation ratio*
μεταφορεῖον (μεταλλείου), *gig*
μεταφορεῖς δι' ἀνυψωτικὰς μηχανάς, *conveying tools for lifting machines*
μεταφορεύς, *transporter, conveyor*
  δι' ἱμάντος, *belt conveyor*
  διὰ κάδων, *bucket conveyor*
    κοχλίου, *worm conveyor*
  ἀναέριος —, *aerial transporter*
  κεντρικὸς ἀτέρμων —, *main conveyor*

μεταφορέως, ὁδηγός, *transporter cam*
μεταφωσφορικὸν ὀξύ, *metaphosphoric acid*
μεταχείρισις, *treatment*
μετεπεξεργασία, *after-treatment*
μετεωρισμός, *mushing*
μετεωρίτης, *meteorite*
μετεωρογράφος, *meteorograph, aerograph*
μετεωρόλιθος, *meteorite*
μετεωρολογία, *meteorology*
μετεωρολογικὰ ἀεροσκάφη, *meteorological aircraft*
  σύμβολα, *meteorological symbols*
μετεωρολογικὴ ὑπηρεσία, *meteorological office*
μετεωρολογικὸν γραφεῖον, *weather bureau*
  δελτίον, *meteorological bulletin, weather bulletin, weather report, pibal*
μετεωρολογικὸς θάλαμος, *meteorological shelter*
  κλωβός, *screen*
    Στήβενσον, *Stevenson screen*
  σταθμός, *weather man*
  χάρτης, *meteorological chart, weather map*
μετεωρολόγος, *weather man*
μετέωρον, *meteor, shooting star*
  ὑδατῶδες —, *hydrometeor*
μετζαβόλτα (κόμβος), *half-hitch*
μετζάνα, *half-beam*
μετζανί, *shifting beam, hatch beam, hatchway beam*
μετζαρόλι, *hour glass, sand glass*
μετζοκάμαρο, *ledge (of ship)*
μέτρα καὶ σταθμά, *weights and measures*
μετρεῖν ἐν παραβολῇ, *to gauge*
μέτρησις, *measuring*
  ἀντιστάσεως, *measuring of resistance*
  ἀριθμοῦ στροφῶν, *measuring of number of revolutions, revolution indication*
  διὰ βηματισμοῦ, *pacing*
    παραπετάσματος (ὑδραυλικοῦ), *hydraulic screen measuring*
  ἐν παραβολῇ, *gauging*
  ἐπὶ βρόχου, *loop test*
  εὐθυγράμμων τριγώνων, *measurement of triangles in a plane*
  θερμοδυναμικοῦ, *measuring of calorific capacity*
    ἄνθρακος, *measuring of calorific capacity of coal*

μέτρησις
  θερμότητος, *measuring of heat*
  ἰσχύος, *measuring of power*
  ὄγκου, *measuring of volume*
  ποσοτήτων, *measuring of quantities*
  ὑγρασίας, *measuring of moisture*
    ἀέρος, *measuring of air moisture*
  ὑγρομετρικῆς καταστάσεως ἀέρος, *measuring of air moisture*
  ὑγρῶν, *liquid measuring*
  χρόνου, *measuring of time*
  χωρητικότητος, *gauging*
μετρητής, *counter, meter, gauge, gage*
  ἀερίου, *gas meter*
  ἀνοχῆς ἐσωτερικῆς διαμέτρου, *plug gauge*
  βάθους, *depth gauge*
  βέλους κάμψεως, *deflectiometer*
  Βεντουρί, *Venturi meter*
  δακτυλιοειδής —, *collar gauge, ring gauge*
  διὰ κανόνος, *rod gauge*
    κοχλίου, *screw gauge*
  διακένων, *feeler gauge*
  διαφορᾶς, *difference gauge*
  διολισθήσεως, *slip meter*
  ἐκθέσεως, *exposure meter*
  ἐκτάσεως, *dilatometer*
  ἐλαίου, *oil gauge*
  ἐλέγχου, *gauge*
  ἑλκυσμοῦ, *traction meter, drift meter*
  ἐξατμίσεως, *measurer of vaporisation*
  ἐξωτερικῆς διαμέτρου, *outside calliper*
  ἐσωτερικῆς διαμέτρου, *inside calliper*
  ἰσχύος, *wattmeter*
  ἰξώδους Ἔγκλερ, *Engler viscometer*
    Ρέντγουντ, *Redwood viscometer*
  κενοῦ, *vacuum meter*
  ὁρίου, *limit gauge*
  παρεκκλίσεως, *leeway indicator*
  παροχῆς ἠλεκτρισμοῦ, *supply meter*
  πάχους φύλλων ἐλασμάτων, *sheet gauge*
  περιεχομένου δεξαμενῆς βενζίνης, *fuel tank contents gauge*
  πιέσεως, *pressure-gauge*
    ἐλαίου, *oil-pressure gauge*
    ὑψηλῆς —, *high-pressure gauge*
  ρεύματος, *current meter*
  ροῆς, *flowmeter*
  σκοπεύσεων, *shot counter*
  σπειρωμάτων, *screw-thread gauge*
    δακτυλιοειδής— —, *screw-thread ring gauge*

μετρητὴς
σχήματος πώματος, *screw-thread plug gauge*
σύρματος, *wire gauge*
ταχύτητος ὑδάτων, *water-speed meter*
φυσιγγίων, *round counter*
μετρητικὴ δεξαμενή, *gauging tank*
μετρητικὸν δοχεῖον, *measuring box*
ὄργανον ταχύτητος ἀνέμου, *wind speed measuring instrument*
μετρικὸν σύστημα, *metric system*
μέτριος, *average, medium, mean*
μέτρον, *metre, meter, measure, modulus*
-ἀμπὲρ (μονὰς μετρήσεως ἀκτινοβολουμένης ἐνεργείας), *metre-ampere*
-γραμμάριον-δευτερόλεπτον, *metre-gram-second (M.G.S.)*
γραμμικὸν —, *linear measure*
διατμήσεως, *shearing modulus*
δυσκαμψίας, *modulus of rigidity*
ἐλαστικότητος, *modulus of elasticity*
ἐξαπλώσεως, *extension modulus, flattening modulus*
ἐπιφανείας, *square measure*
θραύσεως, *modulus of rupture*
κυκλικὸν —, *circular measure*
ὄγκου, *bulk modulus*
ὀλισθήσεως, *shearing modulus*
πρότυπον —, *standard measure*
συμπιεστότητος, *modulus of compressibility*
-τόννος-δευτερόλεπτον, *metre-ton-second (M.T.S.)*
τόξου, *measure of an arc*
τρέχον —, *running metre*
ὑδραυλικὸν —, *hydraulic modulus*
-χιλιόγραμμον-δευτερόλεπτον, *metre-kilogram-second (M.K.S.) system*
μετρονόμος, *metronome*
μετροταινία, *measuring tape, tape*
μετροτράπεζα, *plane table*
μετρῶ, *to gauge, to measure*
μετωπιαία ἀκτίς, *marginal ray*
μετωπικὰ πυρά, *frontal fires*
μέτωπον, *front, leading edge, entering edge*
θερμὸν —, *warm front*
κύματος, *front of the wave*
λαίλαπος, *line-squall*
ψυχρὸν —, *cold front*
Μεϋχίλλιος βαθμίς, *May Hill Series*
μή, *non-, un-*

μὴ
ἀεριζόμενος, *unventilated*
ἀνακρουόμενα μέρη, *non-recoiling parts, non-recoiling portions*
ἀναστρέψιμος, *irreversible*
βυθιζόμενος, *unsinkable*
ἐκλεπιζόμενος, *non-scaling*
ἐπηρεαζόμενος ὑπὸ οἰνοπνεύματος, *alcoholic-resisting*
μαγνητικός, *non-magnetic*
μεταλλικός, *non-metallic*
περιοδικός, *aperiodic*
πλεύσιμος, *unnavigable*
ὑγράνσιμος, *moisture-proof*
μηδέν, *zero*
μηδένιος μέθοδος, *null method*
μηδενισμός, *elimination*
μηκίς, *subsidiary longitudinal girder, purlin*
μηκομετρικὸς χαράκτης τριῶν σημείων, *three-point trammel*
μηκόμετρον, *trammel bar*
μῆκος, *length, range*
(λ), *longitude*
ἀπογειώσεως, *length of run to get off*
διαδρομῆς, *length of run*
ἐπιθέσεως ἐναντίον στόχου, *length of bombing run*
ἐλεύθερον —, *length of overhang*
ἐπιπέδων καμπυλῶν, *length of plane curves*
κατ' ἐκτίμησιν, *longitude by dead reckoning*
καταμετρήσεως (πλοίου), *tonnage length*
κύματος, *wavelength*
ἴδιον — —, *unloaded wavelength*
φυσικὸν — —, *natural wavelength*
ὁλικὸν —, *overall length*
τόξου, *length of arc*
εἰς πολικὰς συντεταγμένας, *length of arc in polar coordinates*
χρήσιμον —, *useful length*
μηκοτομή, *longitudinal section*
μήκυνσις θραύσεως, *percentage elongation*
μηλέα, *apple (tree)*
μηλιά, *apple (tree)*
μηλικὸν ὀξύ, *malic acid*
μηλονικὸν ὀξύ, *malonic acid*
μηλονυλουρία, *barbituric acid*
μήν, *month*
μηνίσκος, *meniscus, crescent, lune*
ἀποκλίνων —, *diverging meniscus*

μηνίσκος
συγκλίνων —, *converging meniscus*
σφαιρικός —, *spherical lune*
μηνοειδής, *luniform*
μήρυμα σχοινίου, *coil*
μήτρα, *matrix, core, mould, pattern template, template, templet, jig*
σπειρωμάτων, *die*
σχοινίου, *middle strand*
μητρῷον, *log book, log*
πυροβόλων, *gun history sheet*
συντηρήσεως καὶ ἐπιθεωρήσεων, *maintenance inspection record*
μηχαναί, *machinery*
μηχανέλαιον, *engine oil*
μηχανή, *machine, engine, motor.* **Βλ. καὶ μηχάνημα καὶ μηχανισμός.**
ἀκονίσματος, *grinding machine*
ἀκριβείας, *precision machine*
ἀναστρέψιμος —, *reversible machine*
ἀνατροπῆς, *reversing engine*
ἄνευ βάκτρου ἐμβόλου, *trunk engine*
ἀνοίγουσα αὔλακας, *grooving machine*
ἐπιμήκεις ὀπάς, *slotting machine*
ἁπλῆς ἀποτονώσεως, *single-expansion engine*
ἐνεργείας, *single-acting engine*
αὐλακώσεως, *groove-cutting machine*
βοηθητική —, *auxiliary engine*
βραχείας διαδρομῆς, *short-stroke engine*
γεμίσεως διὰ πολυβόλα, *loading mechanism for guns*
Δῆζελ, *Diesel engine*
δι' ὑδατοπιέσεως, *water-pressure engine*
διακλαδώσεως, *shunt wound machine*
διατρήσεως βράχων, *rock drill*
διπλῆς ἐνεργείας, *double acting engine*
δοκιμασίας ὀδοντωτῶν τροχῶν, *gearwheel testing machine*
δοκιμῆς εἰς ἐφελκυσμὸν (τύπου Avery), *Avery tensile testing machine*
ἐκτονώσεως, *expansion engine*
ἐκτριβῆς, *grinding machine*
ἐκτυπώσεως, *stamping machine*
ἔργου, *machine*
ἐσωτερικῆς καύσεως (Μ.Ε.Κ.), *internal-combustion engine, semi-diesel engine*

μηχανὴ
ἐφεδρική —, *stand-by engine*
καρφώσεως, *riveting machine*
κατασκευῆς ὀδοντώσεων, *gear-cutting machine*
κατατομῶν, *moulding machine*
κινουμένη δι' ἱμάντος, *belt-driven machine*
δι' ὀδοντώσεων, *gear-driven machine*
διὰ καλωδίου, *rope-driven machine*
κοπῆς, *shearing machine*
μετάλλου, *metal-cutting machine*
ὀδόντων, *wheel-cutting machine*
κοχλιοποιητική —, *screwing machine*
λειάνσεως δι' ὑαλοχάρτου, *glass-papering machine*
μαγνητῶν ἐν σειρᾷ, *series-wound machine*
μακρᾶς διαδρομῆς, *long-stroke engine*
μεγάλης ταχύτητος, *high-speed engine*
μετὰ ξένης διεγέρσεως, *separately excited machine*
πυροκεφαλῆς, *hot-bulb engine*
μικρᾶς ταχύτητος, *low-speed engine*
πεπιεσμένου ἀέρος, *compressed-air engine, compressed-air cylinder*
περιστροφική —, *rotary engine*
πεφορτισμένη —, *loaded engine*
πλοίου, *marine engine*
προωθήσεως σιδηροτροχιῶν, *rail shifting machine*
στιλβώσεως, *glazing machine*
συνθέτου διεγέρσεως, *compound-wound machine*
σφυρηλατήσεως, *forging machine*
σχηματισμοῦ μορφῶν, *moulding machine*
ταλαντευομένη —, *oscillating engine*
τετραπλῆς ἐκτονώσεως, *quadruple-expansion engine*
ὑπολογιστική —, *calculating machine*
ὑποστᾶσα ἀναστροφὴν τῶν μαγνητικῶν πόλων, *non-polarised machine*
ὑψηλῆς ἀποδόσεως, *high-efficiency engine*
χαράξεως ἐγκοπῶν, *slotting machine*
μηχάνημα, *machine.* **Βλ. καὶ μηχανὴ καὶ μηχανισμός.**

μηχάνημα
ἀναδιπλώσεως, *folding machine*
ἀνοίγματος ὀπῶν, *boring machine*
δοκιμῆς ἑλίκων, *propeller-testing machine*
ὑλικῶν, *testing machine*
ἐκπομπῆς σκυταλίδων, *rocket apparatus*
ἑλικοτομῆς κοχλιῶν, *bolt-screwing machine*
ἐπιπεδώσεως πλακῶν, *plate-flattening machine*
ἡλώσεως, *riveting machine*
ἰσοπεδώσεως, *mechanical leveller*
ἰσορροπίας ἑλίκων, *propeller balancing machine*
κάμψεως ἐλασμάτων, *plate-bending press*
πλακῶν, *plate-bending machine*
κατασκευῆς γλωττίδων, *tonguing machine*
ἥλων, *heading tool*
ὀδοντώσεων, περιστροφικόν, *gear milling machine*
σπειρωμάτων, *screw milling machine*
κατεργασίας ξύλου, *woodworking machine*
λειάνσεως, *grinder, grinding machine*
μορφώσεως ὠτίδων, *flanging machine*
ὀρύξεως, *mechanical digger*
περιελίξεως πηνίων, *winding machine*
πηδαλίου, *helm gear*
πλανίσεως τῶν ἄκρων πλαγίως (φάλτσο), *edge planing machine*
στρέψεως σχοινίων, *cable-stranding machine*
χαράξεως ρινῶν, *file-cutting machine*
μηχανήματα, *machinery*
μπετόν, *concrete machinery*
φορητά —, *portable machinery*
μηχανῆς, ἀναστροφή (πορείας), *reversing an engine*
ἄξων —, *engine shaft*
ἄτρακτος —, *engine shaft*
βάσις —, *engine bed, engine seating*
δάπεδον —, *engine platform*
εἰς βραδυπορείαν, θέσις, *slowing-down an engine*
περίφραγμα —, *engine casing*
στοιχεῖον —, *engine detail*
τεμάχιον —, *engine detail*

μηχανῆς
ὑπόβαθρον —, *engine seating*
μηχανικὰ μέσα, *mechanical appliances*
μηχανικαὶ ἐγκαταστάσεις ἀποχετεύσεως, *mechanical devices for sewage*
μηχανική, *mechanics*
ἀεραντλία, *mechanical air pump*
ἄντλησις, *pumping*
ἀπόδοσις, *mechanical efficiency*
ἐνέργεια, *mechanical energy*
ἔντασις, *mechanical strain*
εὐχέρεια, *mechanical advantage*
κίνησις, *mechanical propulsion*
μεταφορά, *mechanical haulage*
μόρφωσις, *mechanical moulding*
πρόωσις, *mechanical propulsion*
σειρὰ ἀπογεμίσεως, *mechanical process of unloading*
γεμίσεως, *mechanical process of loading*
σφῦρα, *forging press*
ψαλίς, *shearing machine*
ὠφέλεια, *mechanical advantage*
μηχανικὸν ἰσοδύναμον τῆς θερμότητος, *mechanical equivalent of heat*
σάρωθρον, *mechanical sweeper*
μηχανικός, *engineer, fitter, mechanical*
ἀερισμός, *mechanical ventilation*
ἀεροσκαφῶν, *aircraft engineer*
ἀνορθωτής, *mechanical rectifier*
ἀσυρμάτου, *wireless mechanic*
αὐτοκινήτων, *motor-transport (M. T.) mechanic*
πολιτικός —, *civil engineer*
πρῶτος —, *chief engineer*
σκοπευτής προειδοποιήσεως ἀφίξεως ἐχθρικῶν ἀεροπλάνων, *mechanical predictor sights*
σύμβουλος, *consulting engineer*
συντηρήσεως, *ground engineer*
τροφοδότης (ἄνθρακος), *mechanical stoker*
ὑπολογισμός, *mechanical computation*
φροτωτής, *mechanical loader*
μηχανισμοὶ ὁπλίσεως, *gun charges*
μηχανισμός, *mechanism, gear, gearing*
ἀκριβείας, *precision valve gear*
ἀλλαγῆς κατευθύνσεως πολυβόλων, *power traverse mechanism*
ἀναδιπλώσεως, *retracting gear*
ἀναστροφῆς, *reversing gear*
ἕλικος, *screw-reversing gear*

μηχανισμὸς
ἀνατροπῆς ὀχήματος, *(car) tipping gear*
ἀντλίας, *gear pump*
ἀπεμπλοκῆς, *throw-out mechanism*
ἀποφυγῆς ὑπερφορτίσεως, *overload release*
ἀτμοσύρτου, *slide-valve gear*
βαλβῖδος, *valve gear*
δι' ἀτέρμονος κοχλίου, *worm gear*
διακοπῆς βολῆς πολυβόλου, *gunfire interrupter mechanism*
διαδρομῆς πολυβόλου, *gun-travel interrupter mechanism*
ἐκκινήσεως, *starting gear*
ἑξᾶντος, *sextant mechanism*
ἐπικυκλικός —, *epicyclic gear train*
καθοδηγήσεως, *driving gear*
κινήσεως, *driving gear*
κλειδώματος, *locking device*
μεταδόσεως ἐνεργείας, *trip mechanism*
κινήσεως, *linkage mechanism*
μετρήσεως, *measuring mechanism*
ὀδοντωτῆς τροχιᾶς καὶ ὀδοντωτοῦ τροχοῦ, *rack-and-pinion mechanism*
ὀλισθαίνων —, *sliding (train) gear*
παντογράφου, *pantograph mechanism*
παρεμβολῆς, *switch-gear*
περιστροφῆς, *rotation mechanism*
πυροδοτήσεως, *firing gear, firing mechanism, trigger motor*
πολυβόλων, *gun-firing mechanism*
στερεώσεως, *locking device*
στροβίλου, *blower gear*
στροφῆς διὰ χειρός, *hand rotation mechanism*
συγκρατήσεως, *snap gear*
συνδετήρων, *linkage mechanism*
σύρτου, *slide-valve gear*
συρτῶν, *latch gear*
τόξου πηδαλίου, *quadrant gear*
ὑπερπηδήσεως, *overriding device*
χειρισμοῦ βαλβῖδος ἀνυψώσεως, *elevation valve control mechanism*

μηχανισμοῦ πυροδοτήσεως, ἄξων στηρίγματος, *trigger motor pad rivet*
βαλβὶς ἀποσβέσεως — —, *trigger motor dampening valve*
ἐλατήριον — —, *trigger motor spring*
ἔμβολον — —, *trigger motor plunger*

μηχανισμοῦ
κορμός — —, *trigger motor body*
ὁδηγὸς ἐμβόλου — —, *trigger motor plunger guide*
οὐραῖον τμῆμα — —, *trigger motor tail piece*
πῶμα — —, *trigger motor cap*
στεγανότητος — —, *trigger motor cap packing*
στήριγμα — —, *trigger motor pad*
ὑποστήριγμα — —, *trigger motor bracket*

μηχανοκίνητα μεταφορικὰ μέσα, *mechanical transport vehicles*
μηχανοκίνητος, *mechanically driven, motorised*
μηχανολογία, *mechanical engineering*
μηχανοποίητος, *machine-made*
μηχανοστάσιον, *engine room*
μηχανοσυνθέτης, *fitter, fitter and rigger*
μηχανοτρύπανον, *drilling machine*
μηχανουργός, *mechanic, mechanician, machinist*
τορναδόρος, *milling machinist*

μῖγμα, *mixture, admixture, composition, compound*
ἀπομονωτικόν —, *insulating compound*
βενζίνης-ἀέρος, *petrol-air mixture*
διὰ μεγίστην ἰσχύν, *mixture for maximum power*
ἐκπυρσοκροτήσεως, *detonate composition*
ἐκρηκτικόν —, *explosive mixture, fulminate composition*
ἐλαφρόν —, *weak mixture*
ἐπιβραδυντικόν —, *delay composition*
ἰσχνόν —, *lean mixture*
καύσιμον —, *combustion mixture*
παχύ —, *rich mixture*
πλούσιον —, *rich mixture*
κανονικόν — —, *normal rich mixture*
ταξειδίου, *rich cruising mixture*
πτωχόν—, *lean mixture, weak mixture*
συγκολλητικόν —, *jointing compound*
ταχὺ γαλακτῶδες —, *fast emulsion*
τροχιοδεικτικόν —, *tracer composition*
ψύξεως, *freezing mixture*

μίγματα, μηχανικά, *mechanical mixtures*
μίγματος, βελόνη ρυθμιστοῦ, *mixture control needle*
διαχωρισμός —, *separation of a mixture*
κρουνὸς χειριστηρίου —, *mixture control cock*
μοχλὸς ρυθμιστοῦ —, *mixture control lever*
πτώχευσις —, *weakening of mixture*
ρυθμιστής —, *mixture control*
χειριστήριον —, *mixture control*
μιγνύω, *to mix*
ἐπιμόνως, *to agitate*
μίκα, *mica*
Μικρὰ Ἄρκτος (Ἀστερ.), *Ursa Minor, Small Dipper, Lesser Plough*
μικρο-, *micro-*
μικροαμπέρ (παράγωγος μονάς ἀντιστάσεως = 10—⁶ ἀμπέρ), *micro-ampere*
μικροανάλυσις, *micro-analysis*
μικροανρὺ (παράγωγος μονὰς αὐτεπαγωγῆς = 10—⁶ ἀνρύ), *micro-henry (μH)*
μικροβαρογράφος, *micro-barograph*
μικροβάτης, *adjusting screw, tangent screw*
μικροβὸλτ (παράγωγος μονὰς τάσεως), *micro-volt (μV)*
μικροκλινής, *microcline*
μικρομανόμετρον, *micro-manometer*
μικρομετατόπισις, *play*
μικρόμετρον, *micrometer*
περιστροφικόν —, *dial turn indicator (D.T.I.)*
ὡρολογίου ἐνδείξεως καμπύλης, *dial turn indicator (D.T.I.)*
τηλεσκοπικόν —, *telescopic gauge*
ὡρολογιακόν —, *dial test indicator*
μικρο-μικροφαράδ (10—¹² φαράδ), *micro-microfarad*
μικρὸν (10—³ χιλιοστομέτρου), *micron*
μικρονησῖδες, *atolls*
μικρορρυθμιστής, *micro-adjuster*
μικρὸς κύκλος, *small circle*
Μικρὸς Κύων (Ἀστερ.), *Canis Minor*
μικροσεισμικαὶ δονήσεις, *microseismic oscillations*
ταλαντεύσεις, *microseismic oscillations*
μικροσκόπιον, *microscope*
μὲ δύο προσοφθάλμια, *binocular microscope*
ρικροσκόπιον
πολωτικόν —, *polarisation microscope*
σύνθετον —, *compound microscope*
μικροτρύπανον, *gimlet, gimblet*
μικροῦ πάχους, *thin gauge*
μικροφαράδ. Βλ. μικροφαράδιον.
μικραφαράδιον (παράγωγος μονὰς χωρητικότητος = 10—⁶ φαράδ), *micro-farad (μF)*
μικρόφωνον, *microphone*
μετὰ κόκκων ἄνθρακος, *carbon microphone*
πυκνωτοῦ, *condenser microphone*
μικρώμ (παράγωγος μονὰς ἀντιστάσεως = 10—⁶ ὤμ), *microhm (μΩ)*
μικτικὸν πτερύγιον, *mixing paddle*
μικτὸν τύλιγμα σειρᾶς καὶ παραλλήλων ζεύξεων, *series-parallel winding*
μίκτρον, *mixer, mixing paddle, beater*
κονιαμάτων, *mixing machine*
μὲ κώπας, *shaft paddle*
πτερυγοφόρον —, *shaft paddle*
σκυροκονιάμοτος, *concrete mixer*
μίλ (1/1000″), *mil*
μίλια, *mileage*
καθ' ὥραν, *miles per hour (m.p.h.)*
κατὰ γαλλόνιον, *miles per gallon (m.p.g.)*
μίλιον, *mile*
ναυτικὸν —, (ν.μ.=1853 μ), *nautical mile (n.m.), Admiralty-measured mile*
ξηρᾶς, *mile (m.)*
ἀγγλικόν — —, *statute mile*
μιλλιαμπέρ (παράγωγος μονὰς ἐντάσεως = 10—³ ἀμπέρ), *milliampere (mA)*
μιλλιαμπερόμετρον, *milliammeter*
μιλλιανρύ (παράγωγος μονὰς χωρητικότητος = 10—³ ἀνρύ), *millihenry (mH)*
μιλλιβὸλτ (παράγωγος μονὰς τάσεως=10—³ βὸλτ), *millivolt (mV)*
μινθόλη, *menthol, mint camphor*
μίνιον, *minium, red lead, iron oxide*
Μιρφὰκ (α Περσέως), *Mirfak*
μιστράλ (βορ. ἄνεμος Γαλλίας), *mistral*
μίσχος (χέρι ἐργαλείου), *tongue piece*
μμ (ἑκατομμυριοστόμικρον), μμ
mμ (χιλιοστόμικρον), *mμ*
μνημόνιον ὁδηγιῶν, *memorandum of instructions*
μοῖρα, *squadron (squ.), degree*
ἀεροπλάνων, *air squadron*

μοῖρα
ἀναγνωρίσεως, *reconnaissance squadron*
βομβαρδισμοῦ, *bomber squadron*
διώξεως, *fighter squadron, pursuit squadron*
ναυτικῆς συνεργασίας, *naval co-operation squadron*
πολεμικῶν πλοίων, *flotilla*
στρατιωτικῆς συνεργασίας, *army co-operation squadron*
μοιρασμὸς, *graduation*
μοιρογνωμόνιον, *protractor, goniometer, divider*
Δοῦγλας, *Douglas protractor*
ἐξᾶντος, *nonius*
ὑποδιηρημένον —, *graduated protractor*
μοιρογνώμων, *inclinometer*
μολλάρω περ᾽ ὄκιο, *to slip the cable*
μολύβδαινα, *plumbago*
μολυβδαινικὸν ὀξύ, *molybdic acid*
μολυβδαίνιον, *molybdenum (Mo)*
θειοῦχον —, *molybdenum sulphide*
πενταχλωριοῦχον —, *molybdenum pentachloride*
τριθειοῦχον —, *molybdenum trisulphide*
τριχλωριοῦχον —, *molybdenum trichloride*
μολυβδαινίτης, *molybdenum glance*
μολυβδασφάλεια, *fuse, fuze, fusibility*
μονοπολική —, *single-pole fuse*
μολυβδίς, *plummet*
μολυβδίτης, *black lead*
μόλυβδος, *plumbum (Pb), lead*
ἀζωτοῦχος —, *lead azide*
ἀνθρακικός —, *lead carbonate*
ἀντιμονιοῦχος —, *antimonial lead*
δομήσιμος —, *builder's lead*
ἐμπορίου, *market lead*
θειϊκός —, *lead sulphate*
θειοῦχος —, *lead sulphide, galena*
μαλακός —, *market lead*
ὀξικός —, *lead acetate, sugar of lead*
τετραιθυλικός —, *lead tetraethyl*
τετραχλωριοῦχος —, *plumbic chloride*
χλωριοῦχος —, *plumbous chloride, lead chloride*
χρωμικός —, *lead chromate, crocoisite*
μολυβδοσάκχαρον, *sugar of lead*
μολυβδοσωλήν, *lead pipe*
μολύβδου, διοξείδιον, *lead dioxide, lead peroxide, plumbic peroxide*
ἐπιτεταρτοξείδιον —, *triplumbic tetraoxide, red-lead, minium*
κρᾶμα —, *lead alloy*
ὀξείδιον —, *plumbic oxide, lead monoxide, litharge*
ὄξος —, *sugar of lead*
ὑπεροξείδιον —, *plumbic peroxide, lead peroxide, lead dioxide*
φύλλον —, *sheet lead*
μολυβδύαλος, *lead glass, flint glass*
μονάδες C.G.S. (συστήματος ἑκατοστομέτρου-γραμμαρίου-δευτερολέπτου), *C.G.S (centimetre-gram-second) units*
δείκτου ροπῆς βάρους, *index units*
παροχῆς ἰσχύος δυναμοκινητῆρος, *power units*
μοναδικός, *sole*
μονάς, *unit*
ἐκπαιδεύσεως δι᾽ ἐπιχειρήσεις, *operational training unit*
ἐντάσεως μαγνητικοῦ πεδίου, *gauss*
ἐπισκευῆς καὶ περισώσεως (Μ. Ε.Π.), *repair salvage unit (R.S.U.)*
ἠλεκτρικῆς φορτίσεως, *unit electric charge*
θερμότητος, *thermal unit*
μάζης, *unit of mass*
μετρήσεως πάχους, *thickness gauge*
μήκους, *unit length*
κύματος Ångström, *Ångström unit (ÅU)*
περισώσεως, *salvage unit (S.U.)*
προσθήκης, *matching unit*
συντηρήσεως (Μ.Σ.), *maintenance unit (M.U.), service centre*
τάσεως, *unit stress*
τροχοῦ ἐκτυλίξεως, *spool winding unit*
μονατομικός, *monovalent*
μόνιμοι διαταγαί, *standing orders (S.O.)*
βάσεως, *station standing orders*
μόνιμος, *fix, fixed, permanent, regular, standard*
δύναμις, *establishment*
μονοακετίνη, *monoacetin*
μονοβασικός, *monobasic*
μονοβρωμιοηλεκτρικὸν ὀξύ, *bromosuccinic acid*
μονοδύναμος, *monovalent*
μονόζαι, *monosaccharoses, monoses*

μονοθέσιον καταδιωκτικόν, *single-seater fighter*
μαχητικόν, *single-seater fighter*
μονοθέσιος, *single-seater*
μονοκινητήριος, *single engine*
μονολιθική κατασκευή, *monolithic construction*
μονόμετροι ποσότητες, *scalar quantities*
μονοξίνη, *monoacetin*
μονοπάτι, *path, footpath, trail*
μονοπλάνον, *monoplane*
μονόπλευρος διεύρυνσις ὀπῆς, *unilateral hole*
μονοπολικὸν σύρμα καλωδίου, *unicel*
μονοπτέρυγον, *monoplane*
ὀμβρελλοειδές —, *parasol monoplane*
μονός, *single, simple*
μόνος, *sole, solo*
μονοσακχαρῖται, *monosaccharoses, monoses*
μονοσθενής, *monovalent*
μονότροχον, *wheelbarrow*
μονοτυπικὴ στοιχειοθετικὴ μηχανή, *Monotype composing machine*
μονοφαινόλη, *phenol*
μονοφασικὸν ρεῦμα, *monophase current*
μονοχρωματικός, *monochromatic*
μονταδόρος, *erector*
μοντάρω, *to mount*
μοντέλο, *model, pattern, mould, template, templet, pattern template*
μονώνυμα, ὅμοια, *similar monomials*
μονώνυμον, *monomial*
μόνωσις, *insulation*
αὐλάκων, *slot insulation*
ἐκ μαρμαρυγίου, *mica insulation*
μονωτήρ, *insulator*
ἁλυσοειδής —, *buckle insulator*
ἀναρτήσεως, *suspension insulator*
αὐλακωτός —, *grooved insulator*
ἐλαίου, *oil insulator*
θερμότητος, *heat insulator*
καρυοειδής —, *nut insulator*
κωδωνοειδής —, *bell insulator*
στεφανηφόρος —, *ribbed insulator*
μονωτικὴ ἀντίστασις, *insulation resistance*
στιβάς, *insulating layer, insulating course*
ταινία, *insulating tape*
μονωτικὸν κάλυμμα, *insulating cover*
ὑλικόν, *insulating material*
μονωτικός, *insulating*
δακτύλιος, *insulating bush, insulator*
μορέα, *mulberry tree*
μοριακὴ διάσπασις, *atomising*
διάχυσις, *molecular diffusion*
θεωρία, *molecular theory*
μοριακὸν βάρος, *molecular weight*
φάσμα, *molecular spectrum*
μοριακός, *molecular*
μοριόγραμμον, *gram-molecule*
μόριον, *molecule, corpuscle*
μορσικὸς κῶδιξ, *Morse code*
μόρσος, *chock*
μορφίνη, *morphine*
μορφοσίδηρος, *channel iron*
μορφώνω, *to mould*
μόρφωσις, *moulding*
διὰ σφυρηλατήσεως ἐντὸς μήτρας, *drop forging, die forming*
καμπύλων ἐπιφανειῶν διὰ τόρνου, *turning cambered surfaces*
μορφωτής, *moulder*
μοτέρ, *motor*
μοτοσυκλέττα, *motorcycle*
μὲ καλάθι, *motorcycle with side-car*
μοτοσυκλεττιστής ἀγγελιοφόρος, *despatch rider, dispatch rider (D.R.)*
μουντί, *pencil*
μουράγιο, *breakwater*
μούργα ἐλαίου, *sediment of oil*
μουρέλο, *chipping chisel, splicing fid, fid*
μούρη ἀεροπλάνου, *nose*
μουρίτσα, *Austrian pine, black pine*
μοῦρσος, *skid*
μουσαμᾶς, *oil skin*
μούσκλι, *moss*
μουσκοβίτης, *muscovite, common mica, white mica*
μουσσῶνες, *monsoons*
μουστάκι, *bob-stay*
μούχλα, *mould, mildew*
μουχλιασμένος, *mouldy*
μόχλευσις, *leverage*
μοχλικὸν σύστημα, *linkage, link work*
ρυθμιζόμενον διὰ τῆς ὑψομετρικῆς πιέσεως, *altitude controlled link mechanism*
μοχλοβραχίων, *lever arm, hand lever*
δυνάμεως, *leverage*
πηδαλιουχήσεως, *steering-arm*
ροπῆς, *moment arm*
μοχλός, *lever, crow bar, rod, pawl*
ἀγκωνωτός, *bell-crank lever*
ἀερίων, *butterfly throttle*
καὶ ὑποστήριγμα, *air lever and pin*
ἀλλαγῆς, *switch lever*

μοχλὸς
ἀναβλυστῆρος ἐμπλουτισμοῦ, *enrichment jet lever*
ἀναστολέως, *knock-off lever*
ἀναστροφῆς, *reversing lever*
ἄξονος, *pivot lever*
ἀπεμπλοκῆς, *disengaging lever*
ἀποκρύψεως κύκλου (γυροσκ.), *masking lever*
ἀσφαλίστρου ἐπικαλυπτικῆς πλακός, *cover latch lever*
ἀφέσεως βομβῶν, *bomb release lever*
ἀφετήρων βομβῶν, *bomb release lever*
βοηθητικός —, *assister lever*
γωνιωτός —, *bell-crank lever*
διακοπῆς, *knock-off lever*
διακόπτου, *interrupter lever*
διευθύνσεως βαλβίδων, *rocker arm, rocker*
πεταλούδας, *throttle lever*
δικλίδος ἀερίων, *throttle lever*
διχαλωτός —, *forked lever*
ἐκκινήσεως, *starting lever*
ἐλέγχου, *check lever*
ἐπαυξήσεως, *magnifying lever*
5 μοιρῶν, *five-degree increase lever*
ζεύξεως, *coupling bar, clutch lever*
κεκαμμένος —, *knee lever*
κινήσεως πηδαλίου, *king-post lever*
διευθύνσεως, *rudder lever*
κινούμενος πλευρικός —, *floating beam lever*
μὲ ἀντίβαρον, *weighted lever*
μεγενθύσεως, *magnifying lever*
ξύλινος —, *hand spike*
ὀνυχωτός —, *ratchet lever*
ὀπλίσεως, *cocking lever*
περιστροφῆς κοχλιοτομέων, *wrench*
ποδός, *foot lever*
προεκτάσεως, *extension lever, extension socket*
πρώτου, δευτέρου καὶ τρίτου εἴδους, *1st, 2nd and 3rd-class lever*
ρυθμιστοῦ μίγματος, *throttle control lever*
συζεύξεως, *coupling lever, coupling bar*
συνδέσεως, *coupling lever, coupling bar*
ταλαντευόμενος —, *rocking lever*
ταχυτήτων, *speed lever, gear shift*
χειρισμοῦ, *operating handle*
χειριστηρίου βενζίνης, *fuel control lever*

μοχλὸς
εἰσαγωγῆς, *throttle control lever*
χειροκινήτου πέδης, *hand brake lever*
χοάνης διαχύσεως (ἐκ τῆς θέσεως χειριστοῦ), *cock-pit throttle lever*
μοχλοῦ ἀερίων, ἐγκοπή, *throttle gate*
πυροδοτήσεως, ἀξονικὴ περόνη, *firing lever axis pin*
κομβίον πιέσεως — —, *firing lever thumb piece*
τόρμος — —, *firing lever pawl*
μπαγιέτο, *mat*
μπαγιονέττα, *bayonet*
μπάγκοι, *sand banks, shifting sands*
μπάγκος, *bank, seat, bench*
ἀμμώδης —, *sand bank*
ἐκ λάσπης, *mud bank*
μπάζα, *debris*
μπακίρι, *copper*
μπακίρωμα, *copper plating, copper sheathing, coppering*
μπαλαντέζα, *inspection lamp*
μπαλέστρα. Βλ. ἑξᾶς.
μπάλλα, *ball*
μπαλλόνι, *ball*
μπάλωμα, *patching, patch*
μπαλώνω, *to patch*
μπαμπαδέλι, *kevel head, bollard*
μπαμπᾶδες, *bitts*
μπαμπᾶς, *king-post, newel (post)*
μπάντα, *broadside*
μπαξάκι, *fire bridge, bridge*
μπάρα, *batten, fire-bar*
μετάλλου, *ingot*
μπαρέτα, *buret, burette*
μπάριζα, *barge*
μπαρμπαρέσα, *hook rope, ring stopper*
μπαρούμα, *boat rope, guest rope, guest warp, painter*
μπαρούτι, *gun-powder*
μπασκέτα, *cheek block*
μπαστέκα, *fair leader, chuck*
μπαστούνι, *jib boom*
μπαταρία, *battery*
μπάτης, *sea breeze*
μπατικοῦλο, *mast rope*
μπέκ, *atomiser, burner*
μπέλ (μονὰς μετρήσεως ἐνισχύσεως ἢ ἀπωλείας), *bel*
Μπέσσεμερ, στρόμβος, *Bessemer converter*
χάλυψ —, *Bessemer steel*
χυτοσίδηρος —, *Bessemer pig iron*
μπετζιρόλαδο, *linseed oil*
μπετόν, *concrete, béton*

μπετὸν
  ἀρμέ, *reinforced concrete, armoured concrete, iron concrete, ferro-concrete*
  δι' ἐκτοξεύσεως, *rendering concrete*
  κατεργασία —, *concrete treatment, concrete working*
  μεταφορά —, *concrete conveying, concrete hauling, concrete hoisting*
μπετονιέρα, *concrete mixer*
μπίγα, *jib, derrick, load boom*
μπιγότα, *blind pulley*
μπιέλλα, *connecting-rod, connection rod*
μπίλια, *ball-bearing*
μπίμπιλο κατάρτι, *pole mast*
μπιμπίλωμα, *hem*
μπλέ, *blue.* **Βλ. καὶ κυανοῦν.**
μπλόκ, *block*
μπλοκάρισμα, *blockage*
μπλοκάρω, *to block*
μπογιά, *paint*
μπομπέ, *convex*
μπομπίνα, *bobbin*
  ἀντιστάσεως, *resistance coil*
μπομπρέσο, *bowsprit*
μπομπρέσου, ληγαδούρα τοῦ, *gammoning*
  μπαμπᾶδες τοῦ —, *bowsprit bitts, bowsprit chocks*
  σκουλαρίκι τοῦ —, *bowsprit collar*
  τρύπα τοῦ —, *bowsprit hole*
μπόρα, *shower*
μπόρνα, *burner*
μπόσικα τοῦ σχοινιοῦ, *slack of rope*
μπόσικος, *slack, bight*
μποτζεργάτης, *windlass*
μποτσάρισμα, *rolling and pitching, roll*
μποτσάρω, *to roll, to chock, to lash, to seize*
μπότσος, *stopper, becket, gripe*
  ἀγκύρας, *stopper of anchor*
μπουζί, *sparking plug, spark plug*
μπουλμές, *bulkhead*
μπουλντόζα, *bulldozer, bullgrader*
μπουλόνι, *bolt*
  μὲ νύχια, *snug bolt*
μπούμα, *spanker, boom*
μπουνάτσα λάδι, *flat calm*
μποῦνι, *scupper*
μπουρίνα, *bow-line*
μπουρίνι, *squall*
μπρακέτο, *bracket*
μπράντα, *swing-bed, hammock*
Μπραούνειος κίνησις, *Brownian movement*
μπρατσάρω, *to brace*
μπράτσο, *brace*
  τοῦ τρίγκου, *fore-brace*
μπρατσόλι, *stern knee, dagger knee, beam knee, knee, bracket*
  τοῦ καπονιοῦ, *supporter of the cathead*
μπρικέττα, *briquette*
μπρίκι, *brig*
μπρουνζοκολλῶ, *to braze*
μπροῦντζος, *bronze, brass*
  μαγγανιοῦχος—, *manganese bronze, high-strength brass*
Μ.Σ. (μέση συχνότης, *I.F. (intermediate frequency)*
μυδραλλιοβόλον, *machine-gun*
μύκης, *fungus, mushroom*
  ξύλου, *dry rot*
μύλος, *mill*
  διὰ κυλίνδρων, *roll mill*
    μυλιῶν, *stone mill*
    σφαιρῶν, *ball mill*
  κυλινδρικός —, *tube mill*
μυοδρόμων, *bark*
μυοπάρων, *brigantine*
μυριάς, *myriad*
μυρμηκαλδεῦδη, *formaldeyde, aldoform*
μυρμηκικὸν ὀξύ, *formic acid*
μυρμηκυλαμίδη, *ammonium formate*
μυστρί, *trowel*
μυστρίον, *trowel*
μύστρον, *trowel*
μὼ (μονὰς ἀγωγιμότητος), *mho*
μῶλος, *pier, breakwater, sea wall, jetty*
μωσαϊκόν, *mosaic*
  δαπέδου, *floor mosaic*

N

ναδίρ, *nadir*
Νάθ (β Ταύρου), *Nath*
ναρδικὸν ὀξύ, *valeric acid*
νάρκη, *mine*
  ἀέρος, *aerial mine*
  ἀντιαρματική —, *anti-tank mine*
  βολιδοφόρος —, *shrapnel mine*
  ξηρᾶς, *ground bomb*
  χημική —, *chemical mine*
ναρμοζώνη, *mine belt*
ναρκοθέτις, *mine-laying ship*
ναρκοπέδιον, *mine-field*
ναρκωτίνη, *narcotine*
νάτριον, *natrium (Na), sodium*
  αἰθυλικόν —, *sodium ethoxide*
  ἀνθρακικόν —, *sodium carbonate, washing soda*
    ἀρσενικῶδες— —, *arsenite soda*
  ἀργιλλικόν —, *sodium aluminate*
  βολφραμικόν —, *sodium tungstate*
  βορικόν —, *sodium borate, borax, tincal*
  διθειϊκόν —, *sodium bisulphate*
  διττανθρακικόν —, *sodium bicarbonate, bicarbonate of soda, baking soda*
  θειϊκόν —, *sodium sulphate, Glauber salt*
    ὄξινον — —, *sodium bisulphate, hydrogen sodium sulphate*
  κυανιοῦχον —, *sodium cyanide*
  νιτρικόν —, *sodium nitrate, soda nitre, caliche*
  ὀξαλικόν —, *sodium oxalate*
  ὀξικόν —, *sodium acetate*
  πρωτοθειοῦχον —, *sodium sulphide*
  τετραβορικόν—, *sodium pyroborate*
  φθοριοῦχον —, *sodium fluoride*
  φωσφορικόν —, *sodium phosphate*
  χλωριοῦχον —, *sodium chloride, rock salt*
νατρίου, ὀξείδιον, *sodium monoxide*
  ὑδροξείδιον —, *sodium hydroxide*
νατρόρρυμμα, *soda lye*
ναυάγιον, *shipwreck, wreck*
ναυαγοσωστικὴ βενζινάκατος, *power boat*
  λέμβος, *life-boat*
ναυαγοσωστικὸς σταθμός, *life-saving station*
ναυαρχεῖον, *admiralty*
ναυαρχία, *admiralship*
ναυαρχίς, *flagship*
ναύαρχος, *admiral*
ναύδετον, *mooring buoy, buoy moorings*
ναύκληρος, *boatswain*
ναυκλήρου, ἀποθήκη, *boatswain's locker, boatswain's storeroom*
  βοηθός —, *boatswain's mate*
ναυμαχία, *naval action, naval combat, naval battle*
ναυπηγεῖον, *shipyard, yard*
ναυπήγησις, *shipbuilding*
ναυπηγία, *shipbuilding*
ναυπηγική, *shipbuilding, naval architecture*
  κλίνη, *building slip*
ναυπηγικὸν καμπυλόγραμμον, *sheer lathe*
ναυπηγός, *naval architect*
ναυσιβλάβεια, *average*
ναυσιπλοΐα, *navigation*
ναύσταθμος, *dockyard, naval yard*
  πολεμικός —, *navy yard, arsenal*
ναύτης, *seaman*
  πτυχιοῦχος, *able-bodied seaman, able seaman*
ναυτικὰ σκάφη, *marine craft*
ναυτικὴ ἀεροπορία, *Fleet Air Arm*
  βάσις, *naval base*
  μηχανή, *marine engine*
  συνεργασία, *naval cooperation*
  τακτική, *naval tactics*
ναυτικοὶ πίνακες, *nautical tables*
ναυτικὸν βαρόμετρον, *marine barometer*
  ὄργανον, *nautical instrument*
  σῆμα κινδύνου, *marine distress signal*
ναυτικός, *seaman, naval, nautical, marine, mariner*
  δόκιμος, *naval cadet*
  ἑξᾶς, *marine sextant*
  λέβης, *marine boiler*
  πολεμικὸς λιμήν, *naval station*
  φάρος, *marine light*
ναυτιλία, *navigation*

ναυτιλία
ἀστρονομική —, *astronomical navigation, astro-navigation*
διὰ παρακολουθήσεως σιδηροδρομικῶν γραμμῶν, *bradshawing*
ἐξ ἀναμετρήσεως, *dead reckoning navigation*
θαλάσσης, *sea navigation, marine navigation*
νυκτερινή —, *night navigation*
ναυτίλος, *navigator*
νάφθα, *kerosene*
ναφθαλίνη, *naphthalene*
τετραχλωριοῦχος —, *napthalene tetrachloride*
ναφθάσφαλτος, *petroleum asphalt*
ναφθέλαιον, *mazut*
ναφθένια, *napthenes*
νάφθη, *naptha*
ναφθόλαι, *napthols*
ναφθυλαμῖναι, *napthylamines*
νεάργυρος, *German silver, argentan*
νεκρὰ διαδρομή, *idle stroke*
παρακαμπτήριος, *dead-end siding*
περιοχή, *overlap area* ((**ἀμερ.**)
νεκρὸν βάρος, *dead weight*
σημεῖον, *dead beat, dead-centre, dead spot, neutral point*
ἄνω — —, *top dead-centre (T.D.C.), upper dead centre*
κάτω — —, *bottom dead-centre (B.D.C.), lower dead-centre*
στροφάλου, *dead point*
ταλαντώσεως, *vibration node*
φορτίον, *dead load*
νέκρωσις δι ὀπτήσεως, *dead burning*
νεοδύμιον, *neodymium (Nd)*
νεοκώμιος ἐποχή, *Neocomian (age)*
νεολιθικὴ περίοδος, *Neolithic period*
νέον, *neon (Ne)*
νέπερ, *neper*
νεπέρειοι λογάριθμοι, *Napier(ian) logarithms*
νεριτικὴ ζώνη, *neritic zone*
νερομπογιά, *water colour*
νεροπλάτανος, *Norwáy maple*
νέτος, *all clear*
νέτριον, *neutron*
νετρόνιον, *neutron*
νεῦρον, *rib, guy, vein*
νευρώσεως, πλάτος, *width of beam*
νεύρωσις, *web, rib*
σώματος, *rib of body*
νεῦσις, *nutation*
νεφελίνης, *nepheline, nephelite*
νεφελινικός, *nepheline*
νεφελοειδής, *nebulous*
νεφελώδης, *cloudy*
νεφέλωμα, *nebula*
νέφη, διακεκομμένα, *broken clouds*
ἰριδίζοντα —, *iridescent clouds*
θυλακοειδῆ —, *pocket clouds*
ὀρογραφικά —, *orographic clouds*
πρόβατα, *mackerel sky*
πρόσκαιρα μεμονωμένα —, *transient pa ches of cloud*
στρωματοφόρα —, *layer clouds*
σωρειτόμορφα —, *heap clouds*
τεταραγμένα —, *turbulence clouds*
ὑψηλά —, *high cloud*
φακοειδῆ —, *lenticular clouds*
χαμηλά —, *low cloud*
νέφος, *cloud*
ἄκμων, *anvil cloud*
βροχῆς, *rain cloud*
καταιγιδοφόρον —, *thundercloud*
σχήματος χοάνης, *funnel cloud*
νεφοσκεπὴς ἡμέρα, *overcast day*
οὐρανός, *overcast sky*
νεφοσκόπιον, *nephoscope* —
νεφοστρόβιλος, *tornado*
νέφτι, *oil of turpentine, turpentine, naptha*
νεφῶν, ὁρίζων, *cloud horizon*
ποσότης —, *amount of cloud*
προβολεύς —, *clouds searchlight*
νεφώσεως, θάλαμος, *cloud chamber*
νέφωσις, *cloudiness*
μέση —, *mean cloudiness*
νεωδόχος, *wet dock, dock, basin*
νεωλκεῖον, *hauling slip*
νεωλκείου, βάθρον ἐσχάρας, *wedge block*
ὀλισθαίνουσαι σύριγγες —, *slipways*
σῦριγξ —, *slip*
νεώριον, *dockyard*
νῆμα, *yarn, yarn thread, thread, fibre, filament*
ἐκπέμπον ἠλεκτρόνια ὑπὸ ὑψηλὴν θερμοκρασίαν, *bright emitter*
ἐξ ἀμιάντου, *asbestos string*
θοριοῦχον —, *thoriated filament*
καννάβεως, *hemp yarn*
λινόν —, *flax yarn*
μετάξινον —, *silk yarn*
σκοτεινῆς ἐκπομπῆς, *dull emitter*
στάθμης, *plumb line*
νήματα ἐκπτώσεων, *drift wires*
νήματος, δέσμη, *skeins*
κούκλα —, *skeins*
νηνεμία, *still weather, still air, calm*
ἀπόλυτος —, *dead calm, flat calm*

νηοδόχη, *dock, basin*
νηοδόχης, προθάλαμος, *basin*
νηοπομπή, *convoy*
νηοπομπῆς, συνοδεία, *convoy patrol*
νικέλιον, *nickel (Ni)*
  βολφραμιοῦχον —, *tungsten nickel*
  θειϊκόν —, *nickel sulphate*
    ἐναμμώνιον — —, *nickel ammonium sulphate*
  θειοῦχον —, *nickel sulphide*
  μολυβδαινιοῦχον —, *molybdenum nickel*
  χλωριοῦχον —, *nickel chloride*
νικελίου, ἀνθρακύλιον, *nickel carbonyl*
  κρᾶμα —, *nickel alloy*
  ὀξείδιον —, *nickel sesquioxide*
  ὑποξείδιον —, *nickel oxide*
νικελιοῦχον κρατέρωμα, *nickel bronze*
νικελίτης, *kupfernickel*
νίκη, *victory*
  ἀποστάσεως, *distance record*
  διαρκείας, *duration record*
  ταχύτητος, *speed record*
  ὕψους, *altitude record*
νιόβιον, *niobium (Nb)*
νισαντίρι, *sal ammoniac*
νιτραμίνια, *nitramines*
νιτράσβεστος, *calcium nitrate, lime nitrate*
νιτρᾶτον, *nitrate*
νιτρικὸν ὀξύ, *nitric acid, aqua fortis*
νιτρικὸς ἐστὴρ γλυκερίνης, *glyceryl ester of nitric acid*
νιτρίλια, *nitriles, alkyl cyanides*
νιτρίλιον μυρμηκικοῦ ὀξέος, *hydrogen cyanide*
νιτροανιλῖναι, *nitroanilines*
νιτροβενζόλιον, *nitrobenzene*
νιτρογλυκερίνη, *nitroglycerine, propenyl trinitrate*
νιτροκυτταρίνη, *nitrocellulose, cellulose nitrate*
νίτρον, *nitre, saltpetre*
  ἀσβέστου, *calcium nitrate, lime nitrate*
  διὰ καλίου, *potassium nitrite*
  καλίου, *potassium nitrate*
  Χιλῆς, *Chile nitre, caliche*
νιτροφαινόλαι, *nitrophenols*
νιτρόχωμα, *nitre soil*
νιτρῶδες ὀξύ, *nitric oxide, nitrous acid*
νιτσεράδα, *oil skin*
νιφάδες χιόνος, *snow flakes*
νόθευσις, *adulteration*
νομεύς, *rib, frame*
νομεὺς
  ἐγκάρσιος —, *square frame*
  ἐνισχυτικός —, *web frame*
  σήραγγος, *tunnel stiffener*
νομέως, ἕδρα, *floor plate*
νομισματοκοπεῖον, *mint*
νόμοι τῆς ἀνακλάσεως, *laws of reflection*
  κινήσεως, *laws of motion*
  τοῦ Κεπλέρου, *Kepler's laws*
    Νεύτωνος, *Newton's laws of motion*
  τῶν ἀερίων, *gas laws*
νόμος, *law, rule, principle*
  ἀναλογιῶν, *law of proportions*
    πολλαπλῶν —, *law of multiple proportions (Dalton)*
    σταθερῶν —, *law of constant proportions*
  ἀνατοκισμοῦ, *compound interest law*
  ἀντιστρόφων τετραγώνων, *inverse square law*
  ἕλξεως καὶ ἀπώσεως, *law of attraction and repulsion*
  ἰσοθέρμου, *isothermal law*
  ροῆς ὑγρῶν, *law of liquid flow*
  στρατιωτικός —, *martial law*
  τοῦ Ἀρχιμήδους, *law of Archimedes*
    Ζούλ, *Joule's law*
    Λένς (ἠλεκτρομηχ.), *Lenz' law*
    Σίμσων, *Simpson's rule*
    Σνέλλ (ὀπτικῆς), *Snell's law*
    Ὤμ, *Ohm's law*
  τῶν ἐλαχίστων τετραγώνων, *law of least squares*
    σφαλμάτων, κανονικός, *normal law of errors*
νομπέλιον, *nobelium*
νοσεάνης, *nosean, noselite*
νοτιά, *south wind*
νοτιοανατολικός, *south-east*
νοτιοδυτικός, *south-west*
νότιον ἡμισφαίριον, *southern hemisphere*
  σέλας, *southern light*
Νότιον Τρίγωνον, *Triangulum Australe*
νότιος, *south, southern, austral*
Νότιος Πολικὸς Κύκλος, *Antarctic Circle*
  Πόλος, *South Pole, south-seeking pole*
  Σταυρός (Ἀστερ.), *Southern Cross, Crux*
Νοτίου Πόλου, περιοχή, *antarctic region*

νότος, *south*
ντάνα, *range*
ντεμπραγιάζ, *clutch*
ντεπόζιτο, *reservoir, tank*
  νεροῦ, *water tank*
  πλοίου, *scuttle-butt*
ντεραπάρισμα, *side slip*
ντεσιμπέλ, *decibel (dB)*
ντὶ-ντὶ-ντί, *D.D.T.*
ντόκος, *wet dock, dock*
ντουΐ, *lamp-holder*
ντουραλουμίνιον, *Duraluminium, Duralumin, Dural*
νυκτοτηλεσκόπιον, *night glasses*
νυοσταὶ δυνάμεις, *nth powers*
νυοστὴ ρίζα, *nth root*
νύχι (κοπεύς), *round-nose chisel*
νωπογραφία, *fresco*
νωπός, *fresh*

Ξ

ξανθίνη, *xanthine*
ξανθοσιδηρίτης, *xanthosiderite*
ξαρματώνω, *to unrig, to strip*
ξαρτόριζα, *chain plate*
ξεβίδωμα, *unscrewing*
ξεβιδώνω, *to unscrew*
ξεγαντζώνω, *to unshackle*
ξεκαθίζω, *to refloat*
ξεκαρφώνω, *to unrivet*
ξεκλειδώνω, *to unshackle*
ξεκοτσάρω, *to unhook*
ξεκουπλάρω, *to uncouple*
ξεκρεμῶ, *to unhook*
ξεμποτσάρω, *to unlash*
ξένη οὐσία, *foreign material*
ξένον, *xenon (Xe)*
  πρόσμιγμα, *foreign material*
ξεπερνῶ, *to overhaul*
ξέπεσμα, *leeway*
ξεπύρωμα, *annealing, anneal*
ξέρα, *reef, ledge*
ξέσις, *charring*
ξέσκεπος, *undecked*
ξεστήρ, *scraper*
ξέστης, *eraser*
ξεστός, *fore-end*
ξεστοῦ, ἐλατήριον, *fore-end spring*
ξέστρον, *scraper, reamer*
ξεσφίγγω, *to unbind*
ξεσφαλιδώνω, *to unlace*
ξεχείλισμα, *flowage*
ξεχειμωνιάζω, *to winter*
ξέω, *to scratch*
  (μέταλλον), *to scour*
ξηρὰ βαμβακοπυρῖτις, *dry guncotton*
  διάβρωσις, *dry rot*
  ἐποχή, *dry season*
  περίοδος, *dry spell*
  συστοιχία, *dry battery*
ξηραινόμενος εἰς τὸν ἀέρα, *air drying*
ξηραίνω, *to dry, to season*
ξήρανσις, *drying, seasoning, desiccation*
  ἀέρος, *air drying*
ξηραντήριον, *drying plant*
ξηραντικόν (ὑλικόν), *dryer*
ξηρασία, *drought, dry weather*
ξηρολιθοδομή, *dry masonry*
ξηρὸν στοιχεῖον, *dry cell*
ξηρός, *dry*
  ἀνορθωτής, *dry rectifier*
  ἀτμός, *dry steam*
  ἐκσκαφεύς, *dry excavator, dry dredger*
  καιρός, *dry weather*
  πάγος (διοξείδιον ἄνθρακος), *dry ice*
ξηρότοιχος, *dry wall*
ξίδι, *vinegar*
ξιφολόγχη, *bayonet*
ξιφολόγχης, προσαρμογεῖς, *bayonet dogs*
ξυλάνθραξ, *charcoal, wood charcoal*
ξυλαποθήκη, *timber yard*
ξυλεία, *timber*
  ἀκατέργαστος —, *unhewn timber, lumber*
  ἀποξηρανθεῖσα εἰς τὸν ἀέρα (φυσικῶς), *seasoned timber*
  εὐθεῖα —, *straight timber*
  ἡμικατειργασμένη —, *lumber*
  κατασκευῶν, *timber lumber*
  κομμένη εἰς ἡμικύκλια, *half-round timber*
    καθέτως πρὸς τὰς ἶνας, *cross-grained timber*
    κατὰ τεταρτοκύκλια, *quarter timber*
  κυλινδρική —, *round timber*
  λευκή —, *poplar*
  ναυπηγήσιμος —, *ship timber*
  πεύκης, *pine wood, pine timber*
  πριονιστή —, *sawn wood, converted wood, rectangular timber, sawn timber*
  ρητινοῦχος —, *resinous timber*
  σεσηπυῖα —, *rotten timber*
  τετραγωνισμένη —, *rectangular timber*
  φλοιῶν, *bark wood*
ξυλεπένδυσις τοίχου, *wainscot*
ξυλένιον, *xylene*
ξύλινα εἴδη, *woodware*
ξυλοβάμβαξ, *wood wool*
ξυλόβιδα, *wood screw, coach bolt*
ξυλόδεσμος, *timber hitch*
ξυλοκάρβουνο, *charcoal, wood charcoal*
ξυλοκάρφι, *dowel, deck dowel, treenail*

ξυλόλη, *xylol, xylene*
ξυλόλιθος, *xylolite*
ξύλον, *wood*
  ἀδροδακτύλιον —, *coarsely-ringed timber*
  ἀδρόϊνον —, *coarse-grained timber*
  ἀερικῶς ξηρόν —, *air-dried wood, air-seasoned wood*
  ἄκλαδον —, *branchless wood*
  ἀκτινικῆς τομῆς, *radial conversion, radial cut*
  ἀμαράντου, *purple wood*
  ἀποξηραμμένον —, *seasoned wood, dried wood*
  ἀπολιθωμένον —, *petrified wood*
  ἀποφλοιωθέν —, *disbarked wood*
  ἀραιόν —, *coarse-pored wood*
  ἀργόν —, *round timber*
  βελονοφύλλων, *wood of coniferous trees*
  δρύϊνον —, *oak*
  δύσκαυστον —, *hardly combustible wood*
  ἐαρινόν —, *spring timber*
  ἐγκάρδιον —, *heartwood*
  ἐγκαρσίας τομῆς, *end-grained wood*
  εὔσχιστον —, *cleavable wood*
  ζωντανόν —, *live wood*
  κακαόδενδρον, *cocoa wood*
  καστανέας, *chestnut*
  κεραίας, *barling spar*
  κωνοφόρων, *wood of coniferous trees*
  λεπτοδακτύλιον —, *closely ringed timber*
  λεπτόϊνον —, *fine-grained wood*
  λεπτοπορῶδες —, *fine-pored wood*
  λεύκης, *poplar wood*
  μαλακόν —, *soft wood*
  μετὰ πολλοῦ σομφοῦ, *sappy wood*
  μυτερόν —, *pike*
  νεκρόν —, *dead wood*
  ξηρόν —, *seasoned wood, dried wood*
  ταχυδακτύλιον —, *wood with large annular rings*
  πλατυφύλλων, *wood of deciduous trees, leafwood*

ξύλον
  πολύφυλλον —, *plywood*
  πορῶδες —, *porous wood*
  σεσηπός —, *rotten pored wood*
  σκληρόν —, *hardwood*
  σομφόν —, *sapwood (laburnum)*
  στερρόν —, *compact wood*
  στιφρόν —, *tough wood*
  συμπαγές —, *compact wood*
  τεχνητόν —, *plastic wood*
  ὑγρόν —, *damp wood*
  ὑλοτομήσιμον —, *matured wood*
  φθινοπωρινόν —, *autumn timber, fall timber*
  χλωρόν —, *green wood*
  χονδροπορῶδες—, *coarse-pored wood*
  ὥριμον —, *ripe wood*
ξυλόπνευμα, *wood spirit*
ξυλοστάτης, *runner*
ξυλόστρωτον, *wood paving*
ξυλόσφαιρα, *(wooden) mallet*
ξυλόσφυρο, *(wooden) mallet*
ξυλοτρύπανον, *gimblet, gimlet, wimble*
ξυλοτρώκτης (ρίνη), *rasp*
ξυλότυπον, *shuttering*
ξύλου, γάγγραινα, *wood gangrene*
  δηλητήριον συντηρήσεως —, *wood preservative*
  διόγκωσις —, *swelling of wood*
  εἶδος —, *species of wood*
  ἶνες —, *wood fibre*
  καρδία —, *heartwood*
  ραγάς —, *wood crevice*
  ροκανίδια —, *wood shavings*
  ρωγμὴ κατὰ τὴν ἀκτῖνα, *star-shake in timber*
  σώρευσις —, *stacking the timber*
  τεμάχιον —, *board*
  ψυχή —, *heartwood*
ξυλουργία, *carpentry*
ξυλουργική, *carpentry*
  μηχανή, *woodworking machine*
ξυλοφάγος, *rasp*
ξυλοφλοιός, *veneer*
ξύστρα, *scraper*
  πλατεῖα —, *flat scraper*
  τριγωνική —, *triangular scraper*

Ο

ὄασις, *oasis*
ὀβελίσκος τῆς μαγνητικῆς βελόνης, *pivot of the magnetic needle*
ὀβελός, *cleaning rod, skewer, spindle, rammer*
ὀβιδοβόλον, *howitzer*
  πολιορκητικόν —, *siege howitzer*
ὀγκόλιθος, *block*
ὀγκομέτρησις, *measuring of volume*
ὀγκομετρητής, *volumenometer*
ὀγκομετρικὴ ἀνάλυσις, *volumetric analysis*
  ἱκανότης, *volumetric efficiency*
  σύνθεσις, *volume part*
ὀγκόμετρον, *volumenometer*
ὀγκόπαγοι, *pack ice*
  ἐφαπτόμενοι —, *«close-pack» ice*
ὀγκόπαγος, *pack ice*
ὄγκος, *volume, lump, block, drift, bulk*
  ἀτομικός —, *atomic volume*
  διὰ τριπλῆς ὁλοκληρώσεως, *volume by triple integration*
  θαλάμου συμπιέσεως, *volume clearance of cylinder, clearance volume*
  κοίλου στερεοῦ ἐκ περιστροφῆς, *volume of a hollow solid of revolution*
  κυλίνδρου ἐσωτερικῆς καύσεως, *volume of charge*
  μοριακός —, *molecular volume*
  πρίσματος, *volume of a prism*
  στερεοῦ ἐκ περιστροφῆς, *volume of a solid of revolution*
ὄγκου, ἀγωγιμότης, *volume conductivity*
  μέτρον —, *bulk modulus*
ὄγμος, *wake*
ὁδέλαιον, *road oil*
ὁδήγησις, *drive*
  διὰ πεπιεσμένου ἀέρος, *compressed-air drive*
ὁδηγίαι ἐξυπηρετήσεως, *service instructions*
  ναυσιπλοΐας, *sailing directions*
ὁδηγοὶ ἀφέσεως βομβῶν, *fair leads of bomb release*
  πεῖροι, *guide pins*
ὁδηγοκοχλίας, *lead screw*
ὁδηγός, *guide, conductor, pilot*
ὁδηγὸς
  ἀγκωνωτός —, *ramp*
  ἀεροπόρος, *pilot*
  ἀναβαθμίς, *locking cam*
  ἀνυψώσεως, *elevation ramp*
  ἀπορρίψεως καλύκων, *deflector*
  αὐτοκινήτων, *motor-transport (M. T.) driver*
  βαλβίδων, *valve guide*
  ἐξ ἐβονίτου, *ebonite guide block*
  ἐξολκέως, *cover extractor cam*
  ἐπίπεδος —, *flat guide*
  κεντρώσεως, *dowel*
  κυλινδρικός —, *cylindrical guide*
  ὀλισθαίνων —, *guide block*
  πάσσαλος, *king-pile*
  πλαισίου, *lock frame guide*
  πυθμενίων φυσιγγίων, *link stripper*
  συρμοτοσχοίνων διευθύνσεως, *fair lead*
  σχοίνινος —, *life-line*
  ταλαντωτής (Ο.Τ.), *master oscillator (M.O.)*
  τροχαλία, *guide pulley*
ὁδηγῶ, *to lead, to guide*
ὁδογέφυρα, *road bridge*
ὁδόμετρον, *odometer*
ὀδόντες, ἐξωτερικοί, *external teeth*
  ἐσωτερικοί —, *internal teeth*
ὀδόντος, βάσις, *base of tooth*
  κεφαλή —, *point of tooth*
  μαγνητικὸς κόρος —, *tooth saturation*
  πλευρά —, *flank of tooth, shoulder of tooth*
ὀδοντοσειρά, *tooth range*
ὀδοντοτροχοὶ παράλληλοι, *spur gear*
  ὑποειδοῦς διατάξεως, *hypoid gears*
ὀδοντοτροχός, *gear.* **Βλ. καὶ ὀδοντωτὸς τροχός.**
  ἀτέρμων —, *worm gear, worm wheel*
  δορυφόρος —, *planet gear*
  ἐλεύθερος —, *floating gear*
  ἑλικοειδής —, *skew gear*
  ἑλκυόμενος —, *driven wheel*
  ἐνδιάμεσος —, *idler gear*
  ἐπικυκλικός —, *epicyclic gear*
  ἐπικυκλικοῦ συστήματος. κεντρικός, *sun wheel*
  εὐθύς —, *spur gear*

ὀδοντοτροχὸς
κινήσεως, *driving pinion*
κωνικός —, *bevel gear, mitre gear, crown wheel*
(πυξίς), *gear level*
ὀπισθοδρομήσεως, *reverse gear, reversing gear*
παρασυρόμενος —, *idler gear*
ὑποπολλαπλασιασμοῦ, *low gear*
ὀδοντοτροχοῦ, κάλυμμα, *gear cover*
περίβλημα —, *gear cover*
ὀδόντωμα, ἑλικοειδές, *helical gearing, skew gear*
πλανητικοῦ συστήματος, *planet gear, planetary gear*
σπειροειδές —, *spiral gear*
ὀδοντώσεις, *indents*
ἐσωτερικαί —, *internal teeth*
ὀδόντωσις, *dent*
λεπτή —, *spline*
ὀδοντωτὴ στεφάνη, *gear ring*
ὀδοντωτοὶ τροχοί, ἐναλλάξιμοι, *interchangeable gears*
ὑποπολλαπλασιαστοῦ, *reduction gear pinions*
ὀδοντωτός, *toothed, cogged, milled*
καὶ ρυθμιστικὸς τροχός, *pinion and setting wheel*
κανών, *spur gear*
τροχίσκος, συνδετικός, *pinion gear*
τροχός, *gear, gearwheel, geared wheel, bevel-friction gearwheel, bevel wheel, mitre wheel, spur wheel, annular wheel, pinion.* **Βλ. καὶ ὀδοντοτροχός.**
ἀναστολῆς, *ratchet wheel, rachet, dog wheel*
δι' ἅλυσιν, *sprocket*
διὰ μετατροπὴν εἰς παλινδρομικὴν κίνησιν, *mangle wheel*
διαφορικοῦ, κύριος, *crown wheel*
δυνάμεως, *heavy-duty gearwheel*
δύο βαθμίδων, *two-stage gear*
ἑλικοειδής — —, *helical gear, worm wheel*
ἐλλειψοειδής — —, *elliptical gearwheel*
ἐνδιάμεσος — —, *intermediate gear*
ἐνισχυμένος — —, *shrouded gearwheel*
ἐντάσεως, *tensioning ratchet*
ἐπικυκλοειδής — —, *epicycloidal gear*
καὶ ἐπανατακτικὸν ἐλατήριον, *pinion and return spring*
κινητήριος — —, *driving pinion*

ὀδοντωτὸς
κοπεὶς διὰ μαχαίρας, *cut gearwheel*
κωνικός — —, *mitre gear, bevel gearing, bevel gearwheel, bevel gear*
ἐσωτερικός — — —, *internal bevel gear*
λοξός — —, *bevelled pinion*
μεταδόσεως ἔργου, *transmission gearwheel*
ξύλινος — —, *cog wheel*
πλάγιος — —, *helical gearwheel*
πλανήτης — —, *planetary gear, sun pinion*
πλάτους, ἀτέρμων, *latitude worm gear*
περιστρεφόμενος — —, *rotatable pinion, rotatable gearwheel*
πυρήν — —, *sun gear*
σταθερός — —, *fixed gearwheel*
τριβῆς, κυλινδρικός, *spur-friction gearwheel*
ὑποκυκλοειδής — —, *hypocycloidal gear*
χυτός — —, *rough-cast gearwheel*
ᾠοειδής — —, *oval gearwheel*
ὀδοντωτοῦ τροχίσκου, ἄγκιστρον, *pinion hook*
τροχοῦ, στεφάνη, *rim of gearwheel*
ὀδοντωτῶν τροχῶν, γρανάζι, *bevel gear*
κιβώτιον παρελκομένων — —, *accessory gear box*
σύστημα — —, *train of gears*
ὁδός, *road*
βατή —, *footpath*
ἐντατικῆς κυκλοφορίας, *highway*
ἡμιονική —, *path, trail*
σκυρόστρωτος —, *paved road*
ὁδόστρωμα, *pavement, carriage-way*
ἀσφαλτικόν —, *tarmacadam, tarmac*
ἐκ χώματος, *earth road*
ἐξ ἀμμοπηλοῦ, *earth road*
ἀμμοχάλικος, *gravel road*
ὁδοστρώματος, σκάφη, *road bed*
ὁδοστρωτήρ, *road roller, motor roller, roller*
ἀτμοκίνητος —, *steam roller*
βενζινοκίνητος —, *petrol-driven roller*
μετ' ἐλαστικῶν ἐπισώτρων, *rubber-tyred roller*
ὁδοστρωτῆρες, ὁμαδικοί, *gang rollers*
ὁδοῦ, στέψις, *crown of the road*

ὀδούς, *tooth, cog tooth, pawl*
ἀνυψωμένος —, *raised tooth*
γραναζιοῦ, *cog*
διπλῆς ἕλικος, *double-helical tooth*
κατ' ἐνειλιγμένην, *involute tooth*
μοχλοβραχίονος, *hand lever pawl*
ὀδοντωτοῦ τροχοῦ, *tooth*
συγκρατήσεως, *pawl*
τροχοῦ, *wheel tooth*
χυτός —, *cast tooth*
ὀδόφραγμα, *road block*
ὀζοκηρίτης, *ozokerite*
ὄζον, *ozone*
ὀζόνιον, *ozone*
ὄζος ξύλων, *knot*
ὀθόνη, *screen, canvas, fabric, cloth*
καπνοῦ, *smoke screen*
ὡπλισμένη —, *biased fabric*
ὀθόνινος κάδος, *canvas bucket*
οἰακίζω, *to steer*
οἰακιστήριον, *rudder house, wheel house*
οἰακοδείκτης, *steering-indicator*
οἰακοστρόφιον, *steering-wheel, wheel*
οἰακόσχοινον, *tiller rope, yoke line*
οἰακότοξον, *sweep of the tiller*
οἴαξ, *rudder tiller, tiller*
πηδαλίου λέμβου, *yoke*
οἰκία, *house*
οἰκοδομή, λιθόκτιστος, *stone-work*
οἰκοδόμημα, *building, edifice*
οἰκονομητήρ, *economiser*
οἰκονομητής, *economiser*
αὐτόματος —, *automatic economiser*
βαλβικῆς βελόνης, *needle valve economiser*
τύπου ἐμβόλου, *piston-type economiser*
οἰκονομητοῦ, βελονοειδὴς βαλβίς, *economiser needle valve*
λειτουργία —, *economiser operation*
ρύθμισις —, *economiser adjustment, economiser setting*
οἰκονομία καὶ ἰσχύς, *economy and power*
οἰκονομικὴ ρύθμισις, *economy setting*
οἰκονομικῆς πτήσεως, συνθῆκαι, *economical cruising conditions*
οἰκόπεδον, *building site, plot, lot*
οἰνανθυλικὸν ὀξύ, *oenanthilic acid*
οἰνόπνευμα, *ethyl alcohol, alcohol, spirits of wine, spirit*
ἄνυδρον —, *absolute alcohol*
ἀπόλυτον —, *absolute alcohol*
ἐκ ξύλου, *methylated spirit*
ἐμπόριου, *commercial alcohol*
οἰνόπνευμα
ἔνυδρον —, *aqueous alcohol*
μετουσιωμένον —, *denaturated alcohol, methylated spirit*
οἰνοπνευματομετρία, *alcoholometry*
οἰνοπνευματόμετρον, *alcohol meter*
οἰνοπνευματομηχανή, *alcohol engine*
οἰνοπνευματώδης, *alcoholic*
ὄκιο τῆς πρύμνης, *stern pipe*
ὀκνός, *erratic*
ὀκρίβας, *tripod*
ὀκταγωνικὸν σφάλμα, *octantal error*
ὀκτάγωνον, *octagon*
ὀκτάεδρον, *octahedron*
ὀκτάνιον, *octane*
ὀκτανίου, ἀριθμός, *octane number*
βαθμός —, *octane value, anti-knock value*
ὀκτημόριον κύκλου, *octant*
ὀκτωδικὴ λυχνία, *octode (valve)*
ὀλεφῖναι, *olefines, alkylenes*
ὀλιβίνη, *olivine*
ὀλιγόκαινος ὑποπερίοδος, *Oligocene*
ὀλιγόσχιστον (Γεωλ.), *oligoclase*
ὁλικὴ ἀντίστασις, *overall resistance*
ἀπώλεια, *total loss*
φάσις, *total phase*
ὁλικός, *total, overall*
ὀλισθαίνειν, *to slide, to slip, to glide*
ὀλισθαῖνον ἄκρον, *sliding end*
κάλυμμα, *sliding lid*
πολυβόλου, *sliding panel for gun*
κέρας, *sliding gunter*
ξύλινον τεμάχιον, *wooden slide piece*
πέδιλον, *slide block, slipper block, guide block*
στέλεχος, *slide bar*
σύστημα ὑποστηρίξεως, *sliding carriage*
ὀλισθαίνουσα ἐμπλοκή, *slipping clutch*
μεταλλικὴ συρραφή, *sliding fastener*
οὐρᾶς, *wall diaphragm*
ὀλισθαίνων, *sliding, slipping, gliding*
ἐμποδιστήρ, *sliding rest*
ὁδηγός, *guide block, slide block, slipper block*
συμπλέκτης, *slipping clutch*
ὀλίσθημα, *slide, slip*
ὀλίσθησις, *skidding, slip, glide, gliding*
(ἐλαστικῶν), *creeping*
ἕλικος, *slipstream, slip of propeller*
ἐπὶ τῆς οὐρᾶς, *tail slide*
πλαγία —, *side slip*
ὀλισθητήρ, *slide, slider, sliding notch, glider*

ὀλσιθητὴρ
Γκόλντ, *Gold slide*
κατακόρυφος —, *vertical slider*
λειτουργίας, *operating slide*
μηχανισμοῦ ἀρτήσεως, *slip-release slide*
ὀλισθητῆρος, ὄνυχες, *breech of depression*
λειτουργίας, ἄγκιστρον, *operating slide hook*
ἄξων μετ' ἐφηλίδος— —, *operating slide cotter pin*
ἐλατήριον — —, *operating slide spring*
ὁδηγός — —, *operating slide guide*
ὀπή — —, *operating slide eyebolt*
περιλαίμιον ἀναστολέως — —, *operating slide stop-collar*
προσαρμογεύς σωλῆνος — —, *operating slide tube-adaptor*
στέλεχος — —, *operating slide rod*
σωλήν — —, *operating slide tube*
χειρολαβή — —, *operating slide grip*
ὀλισθητής, *glider.* **Βλ. καὶ ὀλισθητήρ.**
ὁλκή, *drawing*
ὅλκησις, *drawing*
ὅλκιμος, *ductile*
ὁλκιμότης, *ductility*
ὁλκοί, *ways*
ὁλκός, *wake, drag, guy*
ἀκατίου, *fore-brace*
ἐπωτίδιος —, *davit guy*
ὁλμειὸς ἐπωτίδος, *socket of davit*
ὅλμιον, *holmium (Ho)*
ὅλμος, *mortar*
ὁλοκληρώματα, *integrals*
ἀόριστα —, *indefinite integrals*
ἀσυνεχῆ —, *discontinuous integrals*
πολλαπλᾶ —, *multiple integrals*
ὡρισμένα —, *definite integrals*
ὁλοκληρώσεως, στοιχειῶδες θεώρημα, *fundamental theorem of integration*
ὁλοκλήρωσις, *integration*
διαδοχική —, *successive integration*
διωνύμων παραγώγων, *integration of binomial differentials*
κατὰ προσέγγισιν, *approximate integration*
ρητῶν κλασμάτων, *integration by rational fractions*
ὁλκλήρωσις
σειρᾶς, *integration of series*
τριγωνομετρικῶν μορφῶν, *integration of trigonometric forms*
ὁλοκληρωτικός, *integral*
λογισμός, *integral calculus*
ὅλον, *total*
ὁλοταχῶς, *full speed*
ὅμ. Βλ. ὦμ.
ὁμαλιστήρ, *planer*
ὁμάλιστρον, *planer*
ὁμαλός, *smooth, plain, flush*
ὁμαλύνειν, *grading*
ὁμαλυντήρ, *grader, road grader, road drag*
ἀνυψωτικός —, *elevating grader*
-ἀποξεστήρ, *scrape grader*
αὐτοκίνητος —, *motor grader*
δισκοφόρος —, *harrow disk*
λεπιδοφόρος —, *scraper-grader, blade grader*
μηχανοκίνητος —, *motorized grader, power grader*
ὠστικός —, *bull grader*
ὁμάς, *group, unit, block*
ἀνδρῶν (συνήθως ὀκτώ), *squad*
κινητήρων, *power plant*
κορμοῦ, *body group*
μοιρῶν, *griup*
πυροξένων, *pyroxene group*
ὄμβριον ὕδωρ, *storm water*
ὀμβρόμετρον, *rain gauge*
ὄμβρος, *rain*
διαβατικός —, *passing shower*
προσωρινός —, *passing shower*
ὀμίχλη, *fog*
ἀραιά —, *mist*
βρέχουσα —, *wet fog*
ἐκ μεταφορᾶς (ὁριζοντίας), *movement fog*
ἐλαφρά —, *light fog*
ἐξ ἀκτινοβολίας, *radiation fog*
ἀναμίξεως, *mixing fog*
μετρία —, *mode ate fog*
ξηρᾶς, *land fog*
πυκνή —, *thick fog*
πυκνοτάτη —, *dense fog*
ὀμίχλης, αὐλός, *fog reed*
ἠχητικὸν κέρας —, *fog horn*
καταστολή —, *fog dispersal*
κύμβαλον —, *fog gong*
κώδων —, *fog bell*
λευκὸν οὐράνιον τόξον —, *fog-bow*
σειρήν —, *fog siren*
σήματα —, *fog signals*
ὀμιχλοκρύσταλλος, *rime*
ὀμιχλώδης, *foggy*

ὀμμάτιον, *thimble*
ἀναρτήσεως, *slinging eye*
ὀμματοϋάλια, προφυλακτικά, *goggles*
ὁμοαξονικός, *co-axial*
ὁμοβροντία πλευρᾶς, *broadside*
χαιρετιστήριος —, *salvo*
ὁμογενής, *homogeneous*
ὁμοέστιος, *confocal*
ὅμοια πολύγωνα, *similar polygons*
τρίγωνα, *similar triangles*
ὁμοιογενής, *homogeneous*
ὁμοιομορφία εἰς τὴν ἔκθεσιν, *uniformity of exposure*
ὁμοιόμορφον νεκρὸν φορτίον, *uniform dead-load*
ὁμοιόμορφος, *uniform*
κλίσις δυναμικοῦ, *uniform potential slope*
ὅμοιος, *similar*
ὁμοίωμα, *dummy, model, template, templet*
σπινθηριστοῦ, *dummy sparking plug*
ὁμόκεντρος, *homocentric, concentric*
ὁμόλογα ὕψη, *corresponding heights*
ὁμόλογοι ἕδραι, *corresponding faces*
ὁμόλογος, *homologous*
σειρά, *homologous series*
ὀμφαλός, *nave, hub*
ἕλικος, *propeller hub*
τροχοῦ, *wheel hub, boss*
ὁμώνυμοι πόλοι, *like poles*
ὄνευος, *windlass, wheel-and-axle*
ὀνίσκος, *winch, crab winch*
ὀνόδεσμος, *granny's bend*
ὀνόκομβος, *granny's bend*
ὀνομαστικὴ ἱπποδύναμις, *rated horsepower*
μηχανῆς, *nominal horse-power*
κατάστασις, *nominal roll*
τιμὴ ἀεροκινητῆρος, *rating of aero-engine*
ὀνομαστικός, *nominal*
ὀνοματολόγιον, *schedule*
ὄνυξ, *ratchet, pawl, stop pawl, claw, grub screw, peg*
ἀγκιστρώσεως, *claw wrench, claw*
ἀγκύρας, *palm of anchor, fluke*
κεντρώσεως, *dowel peg*
ὀδοντωτοῦ τροχοῦ ἀναστολῆς, *ratchet pawl*
ρυθμιστικός —, *pallet*
σπειροειδής —, *spiral pawl*
συγκρατήσεως, *catch*
φυτευμένος —, *dowelling pin*
ὀνυχόπλεκτος, *foul to the fluke*
ὀνυχωτὸς σύνδεσμος, *claw coupling*
ὀξαλαμίδη, *oxamide*
ὀξαλικὸν ὀξύ, *oxalic acid*
ὀξεῖαι προεξοχαί, *prongs*
ὀξείδιον, *oxide*
ὀξειδοῦσθαι, *to oxidise*
ὀξειδῶ, *to oxidate*
ὀξειδώνειν, *to oxidise*
ὀξειδώσιμος, *susceptible to oxidation*
ὀξείδωσις, *oxidation, rusting, rust*
πρασινωπή —, *verdigris*
χαλκοπρασίνη —, *verdigris*
ὀξεικὸν ὀξύ. Βλ. καὶ ὀξικὸν ὀξύ.
ὀξέος, λουτρόν, *acid bath*
ὀξέων, σχηματιστής, *acidific*
ὀξίζων, *acetous*
ὀξικοκυτταρίνη, *cellulose acetate*
ὀξικὸν ἅλας, *acetate*
ὀξύ, *acetic acid*
ἐκ ξύλου, *pyroligneous acid*
καθαρόν — —, *glacial acetic acid*
ὀξικός, *acetic*
ὀξῖμαι, *oximes*
ὄξινα ὕδατα, *acidulous waters*
ὀξινίζειν, *to acidulate*
ὀξινίζω, *to acetify*
ὀξόνη, *dimethylketone, acetone*
ὀξοποιῶ, *to acetify*
ὄξος, *vinegar*
ὀξύ, *acid*
θαλάμων, *chamber acid, sulphuric acid*
ὀξυὰ ἢ ὀξύα, *red beech, common beech, beech*
ὀξύαιχμα, κοινά, *common pointed*
ὀξυβενζόλαι, *phenols*
ὀξυγονοκόλλησις, *oxyacetylene welding*
ὀξυγονοκολλητής, *acetylene welder*
ὀξυγόνον, *oxygen (O)*
ὀξυγώνιος, *acutangular*
ὀξυζενέ, *hydrogen peroxide*
ὀξυλαλδεΰδη, *ethaldehyde*
ὀξυλαμίδη, *acetamide*
ὀξυλένιον, *acetylene*
ὀξύλιον, χλωριοῦχον, *acetic chloride*
ὀξυλιτεϋλικὸν ὀξύ, *acetyl-salicylic acid*
ὀξυμέτρησις, *acidimetry*
ὀξυμετρητής, *acidometer, acidimeter*
ὀξύμετρον, *acidometer, acidimeter, acetometer, acetimeter*
ὀξύνω, *to whet*
ὀξυπυρίτιον, *silicon dioxide, silica*
ὀξύτης, *acidi y*
ὀξυχλωριοῦχος, *oxychloride*
ὀξώδης, *acetous, acetic*
ὀπαδός, *mate, follower*

ὀπαὶ ἀτμοσφαιρικῆς ἀποκαταστάσεως, *atmospheric vents*
ἐλαίου, *oil holes*
ὀπαλύαλος, *opal glass, opalescent glass*
ὅπερ ἔδει δεῖξαι, *quod erat demonstrandum (Q.E.D.)*
ὀπή, *aperture, opening, orifice, hole, bore, port, leak, eye*
ἄεργος —, *dummy hole*
ἀερισμοῦ, *vent hole, vent*
ἀερίων, πεφραγμένη, *stopped-up gas port*
ἀέρος, *vent*
εἰσόδου —, *air intake port*
ἀνοχῆς χειρός, *hand clearance hole*
ἀπορρίψεως, *ejection aperture*
ἀποστραγγίσεως, *weep hole*
ἀρτήσεως, *eye*
ἀσφαλίσεως, *locating hole*
διὰ καῦσιν, *port for burning*
τὴν ἀνάφλεξιν, *hole for ignition*
διαμπάξ, *through hole*
διαφυγῆς, *bleed hole*
ἀερίων, *gas escape hole, gas vent*
δικτύου, *mesh*
ἀκκενώσεως, *emptying hole*
ἐκροῆς, *outflow orifice, discharge orifice*
ἐν ὑψικαμίνῳ, *sow*
ἐλαττώσεως βάρους, *lightening hole*
ἐξαγωγῆς, *flowing-out hole*
καθαρισμοῦ ἰλύος, *mud hole*
καθηλώσεως διὰ στιγέως, *punched rivet hole*
διὰ τρυπανίου, *drilled rivet hole*
καθοδηγήσεως, *pilot hole*
κοχλιότμητος —, *thread tap*
μετὰ σπειρώματος, *screwed hole*
ὁδηγητική —, *pilot hole*
πληρώσεως, *filling hole, charging hole*
μήτρας, *gate, git*
πυροδοτήσεως, *flash hole*
ρυθμιστοῦ ἀερίων, *gas port*
στορέως ἑλικοφόρου ἄξονος, *shaft hole*
τροχίλου, *swallow*
θήκης —, *sheave hole*
τρυπανίσεως, *bore hole*
τυφλή —, *dead hole, blind hole*
χυτή —, *cast hole*
ὀπήτιον, *bradawl*
ὀπισθέλκουσα, *drag, recoil*
ἀεροτομῆς, *profile drag*
δραστική — —, *effective profile drag*
ὀπισθέλκουσα
ἀντεπαγωγή, *induced drag*
δύναμις, *drag force*
ἐπαγωγική —, *induced drag*
ἐπιβλαβής —, *parasite drag*
παθητική —, *parasite drag*
παρασιτική —, *parasitic drag*
παράσιτος —, *parasite drag*
συνιστῶσα, *drag component*
ὄπισθεν, *astern, aback, go astern*
ἀκριβῶς —, *offstern*
ἐντελῶς —, *dead astern*
τελείως —, *dead astern*
ὀπισθία ἀναρρόφησις, *back suction*
ἀσφάλεια ἀποθήκης, *rear magazine catch*
θέσις, *rear cockpit*
ἐντελῶς — —, *dead-astern position*
κίνησις, *backward movement*
ὄψις, *end view*
πλάξ, *rear plate*
ἀκτηρίδος, *rear cross-piece*
σχαστήρια, *rear sear*
ὀπισθίας ἀναρροφήσεως, χειριστήριον, *back suction control*
μίγματος — —, *back suction mixture control*
ὀπίσθιον ἔκκεντρον, *rear cam*
κάλυμμα, *breech casing*
μέρος, *stern*
πλαίσιον, *stern frame*
σκοπευτικόν, *back-sight*
στόχαστρον, *rear sight*
συγκρότημα, *breech assembly, back block*
τέρμα, *stern post*
τμῆμα, *rear portion*
ὀπίσθιος, *back, rear*
ἄξων, *rear axle*
μεταδόσεως κινήσεως, *rear driving-shaft*
σκελετός, *stern frame*
ὀπισθίου σκοπευτικοῦ, ἀναβαθμίδες, *back-sight ramps*
ἀναδρομεύς— —, *back-sight slide*
ἀτέρμων τροχός— —, *back-sight worm wheel*
βάσις — —, *back-sight bed*
κοχλίας ἐλατηρίου βάσεως — —, *back-sight bed cross spring*
προφυλακτῆρος — —, *back-sight protector screw*
περόνη — —, *back-sight axis pin*
πλὰξ κλισιοσκοπίου— —, *back-sight leaf*

ὀπισθίου
προφυλακτὴρ — —, *back-sight protector*
ὑποστήριγμα — —, *back-sight bracket*
ὠστήριον ἀναστολέως — —, *back-sight slide catch*
ὀπισθοβαρής, *tail heavy*
ὀπισθογόμωσις, *muzzle loading*
ὀπισθοδρόμησις, *recoil, backing, setback*
ὀπισθοχωρῶ, *to back*
ὀπίσω, *back, aback, rear*
ὅπλα, *arms*
ὁπλάλευρον, *crushed hoofs*
ὁπλίζω, *to arm, to cock*
ὁπλίσεως, ἄγκιστρον, *cocking pin*
ἄξων μοχλοῦ —, *cocking lever pin*
βελόνη —, *arming spindle*
ἐλατήριον ἐμβόλου —, *cocking piston spring*
ἔμβολον —, *cocking piston*
ἐνέργεια —, *cocking action*
πρώτη — —, *initial cocking*
ἐργαλεῖον —, *cocking tool*
κεφαλὴ ἐμβόλου —, *cocking piston head*
λαβή —, *cocking handle, cocking stud*
λεπὶς πτερυγίου —, *arming-vane blade*
παράκυκλος πώματος κυλίνδρου — *cocking cylinder cap washer*
περικόχλιον ἐμβόλου —, *cocking piston nut*
περόνη —, *arming fork*
πτερύγιον —, *arming vane*
πῶμα κυλίνδρου —, *cocking cylinder cap*
συνδετήρ —, *arming link*
τεμάχιον —, *cocking piece*
ἡμικεκαμμένον — —, *half-bent cocking piece*
κεκαμμένον — —, *full-bent cocking piece*
τόρμος τεμαχίου —, *cocking piece stud*
ὑποδοχῆς λαβῆς —, *cocking handle recess*
ὅπλισις, *cocking*
δι' ἀέρος, *pneumatic cocking*
ὁπλισμός, *armament, armature, reinforcement*
εἰς πλέγμα, σιδηροῦς, *meshed reinforcement*
ἑλικοειδής —, *spiral reinforcement*
σπειροειδής —, *spiral reinforcement*

ὁπλισμὸς
σκυροδέματος, *spiral reinforcement*
συνδέσεως, *binding reinforcement*
ὁπλιταγωγόν, *troopship*
ὁπλῖται, *other ranks (O.R.s)*
ὁπλοβαστίς, *armourer's horses*
ὁπλοβομβίς, *rifle grenade*
ἀντιαρματικὴ —, *anti-tank rifle grenade*
ὅπλον, *weapon, gun*
βραχέος βεληνεκοῦς, *short-range weapon*
χειρῶν, *rifle*
ὁπλοπολυβόλον, *submachine-gun*
ὁπλοτεχνουργός, *fitter-armourer*
ὁπλουργός, *armourer, general armourer, fitter-armourer*
βομβῶν, *bomb armourer*
πολυβόλων, *gun armourer*
ὁπλουργοῦ, ἐργαλεῖα, *armourer's tools*
ὅπλων, καθαρισμός, *cleaning of guns*
ὀπτανθρακοποίησις, *coking*
ὀπτάνθρακος, κλίβανος, *coke oven*
θραυστὴρ —, *coke breaker*
ὀπτάνθραξ, *coke*
συμπαγὴς —, *compact coke*
ὀπτήρ, *sentry*
ὀπτική, *optics*
ἀνωτέρα —, *physical optics*
ὀπτικὸν πεδίον, *optical flat*
σύστημα, *optical system*
ὀπτικός, *optical*
ἠθμός, *light filter*
ὀπτοπλινθοδομή, *brick-work*
ὀπτόπλινθος, *brick*
διὰ τόξα, *arch brick*
διάκενος —, *air brick*
ἐξυαλωμένη —, *vitrified brick*
κλιβάνου, *furnace brick*
κονιοποιημένη —, *powdered brick*
μεμορφωμένη —, *moulded brick*
μηχανοποίητος —, *wire-cut brick*
ὁδοστρωσίας, *paving tile*
προσόψεως, *facing brick*
σφηνοειδὴς —, *wedge-shaped brick*
ὑπερεψημένη —, *burnt brick*
ὀπτοπλίνθων, σειρά, *course of bricks*
στρῶσις —, *course of bricks*
ὀπωρίζη, *fructose*
ὀπωροσάκχαρον, *fructose*
ὅρασις, *vision*
δίφθαλμος —, *binocular vision*
μονοφθάλμιος —, *monocular vision*
νυκτός, *night vision*
ὁρατότης, *visibility*

ὁρατότης
ἀποτελεσματική —, *effective visibility*
ἐπίπεδος —, *field of vision*
κανονική —, *virtual visibility*
ὁρατότητος, ἐπίπεδον, *field of vision*
ὄργανα πτήσεως, *flying instruments*
συνεργασίας, *co-operation instruments*
ὀργανικὴ σύνθεσις ὑλικοῦ, *scale*
ὀργανικὸν ὀξύ, *organic acid*
ὄργανον, *instrument, appliance*
ἀναγραφῆς, *recording instrument*
δοκιμασίας ἀερίων, *gas control apparatus*
ἑκατέρωθεν ἐνδείξεων, *bilateral instrument*
ἐκμετρήσεως, *admeasuring apparatus*
ἐκτιμήσεως, *accessor*
ἐλέγχου ἀερίων, *gas control apparatus*
μαγνητικῶν πόλων, *pole finder, pole indicator*
ἐνδείξεως βενζίνης, *petrol indicator*
παρουσίας ρεύματος, *current indicator*
πλαγίων ὀλισθήσεων, *side slip indicator*
προσπτώσεων καὶ ὀλισθήσεων, *incidence and slide-slip vane indicator*
ταχύτητος στηρίξεως, *stall indicator*
ἐρεύνης ἐκφυγῆς ἀερίων, *leak detector*
εὐθυγραμμίσεως φυσιγγίων, *metallic link filler*
θερμικῆς διαστολῆς, *hot-wire instrument*
καταγραφῆς, *recording instrument*
ἐπιταχύνσεων, *accelerograph*
λήψεως, *surveying apparatus*
μετὰ θερμοηλεκτρικοῦ ζεύγους, *thermo-junction instrument*
κινητοῦ πυρῆνος, *moving-iron instrument*
στρεπτοῦ πηνίου, *moving-coil instrument*
μετρήσεως, *measuring instrument, measuring appliance*
γωνίας στροφῶν, *turn indicator*
ἐλαχίστης ταχύτητος στηρίξεως, *stallometer*
ἐπιταχύνσεων, *accelerometer*
θερμικῆς διαστολῆς, *hot-wire measurement instrument*

ὄργανον
καὶ καταγραφῆς μετρήσεων, *recording instrument*
μετὰ κινητῶν σιδηρῶν πυρήνων, *moving-iron recording instrument*
στρεπτοῦ πηνίου, *moving-coil measuring instrument*
μίγματος διὰ τῶν καυσαερίων, *exhaust gas analyser, exhaust analyser*
παρεκκλίσεων, *drift-sight*
προσπτώσεως, *incidence indicator*
ροῆς, *flowmeter*
στρέψεως, *torsiometer*
ὑπολογισμῶν, *sliding gunter*
ὀργάνωσις ἐδάφους, *ground organisation*
ἐλέγχου ἀεροσκαφῶν, *aircraft control*
ὀργυιά (6 πόδες - 1,83 μέτρα), *fathom (fath.)*
ὀρειβατικὸν πυροβολικόν, *mountain artillery*
ὀρεινὸν ἔδαφος, *mountainous terrain*
ὀρειχαλκίνη πλάξ, *brass plate*
ὀρειχαλκοκολλήσεως, κόνις, *brass spelter powder*
ὀρειχαλκοκόλλησις διὰ τήξεως, *brazing*
ὀρείχαλκος, *bronze, brass*
ἀλουμινοῦχος—, *aluminium bronze, aluminium brass*
ἀργιλλιοῦχος —, *aluminium bronze, aluminium brass*
βολφραμιοῦχος —, *tungsten bronze*
δι᾽ ἀνταλλακτικά, λεπτόκοκκος, *motor brass*
ἐρυθρός —, *red brass, gunmetal*
ἰαπωνικός —, *Japanese brass*
κασσιτέρου, *bronze*
κατασκευῆς καλύκων, *cartridge brass*
κατειργασμένος —, *wrought brass*
κίτρινος —, *yellow brass*
λευκός —, *brass*
μετὰ ψευδαργύρου, κασσιτεροῦχος, *tin brass*
πυριτιοῦχος — — —, *silicon brass*
μολυβδοῦχος —, *lead bronze*
ναυτικός —, *naval brass*
νομισμάτων, *coinage bronze*
πολεμοφοδίων, *skrapnel brass*
πυροβόλων, *gunmetal*

ὀρείχαλκος
φωσφοροῦχος —, *phosphor bronze, phosphor brass*
χαλύβδινος —, *steel bronze*
χρωμιοῦχος —, *chromium bronze*
χυτός —, *cast brass*
ψευδαργύρου, *brass*
ὀρεοστέαρ, *soapstone, steatite, talc*
ὀρθὴ ἀναφορά, *right ascension (R.A.)*
προβολή, *orthogonal projection*
ἀνύσματος, *orthogonal projection of a vector*
σημείου, *orthogonal projection of a point*
φορά, *anti-clockwise*
ὄρθιος, *erect, upright*
ὀρθογραφικὴ προβολή, *orthographic projection*
ὀρθογωνικὴ διατομή, *rectangular section*
ὀρθογωνικὸς ἀναγωγεύς, *rectangular protractor*
ὀρθογώνιον, *rectangle*
παραλληλεπίπεδον, *rectangular solid, cuboid*
τετράπλευρον, *rectangle*
φύλλον, *rectangular sheet*
ὀρθογώνιος, *rectangular*
ὀρθοδρομία, *great circle sailing*
ὀρθοδρομικὴ διόπτευσις, *great circle bearing*
πλεῦσις, *globular sailing*
ὀρθοδρομικὸν ἴχνος, *great circle track*
ὀρθοενώσεις, *ortho-compounds*
ὀρθοπυριτικὸν ὀξύ, *orthosilicic acid*
ὀρθός, *right, upright, straight*
ὀρθοστάται τῶν σκηνῶν, *tent poles*
ὀρθοστάτης, *king-post, stanchion, brace, trestle, vertical*
ὀρθοφωσφορικὸν ὀξύ, *orthophosphoric acid*
ὀρθοχρωματικός, *orthochromatic*
ὀρθωτὴρ φορτωτῆρος, *derrick topping lift, pendant*
ὅρια ἀναλογίας, *limits of proportionality*
ἐρεύνης, *scouting front*
ταχύτητος, *limits of velocity*
ταχυτήτων, *range of speeds*
ὁριακαὶ δράσεις, *operating limits*
καταστάσεις, *limiting conditions*
ὁριακὴ ἀπόστασις μάχης, *limiting range*
ὁριακὸν στρῶμα, *boundary layer*
ὁριακὸς ἐνδείκτης βαλβῖδος εἰσαγωγῆς, *intake valve limit gauge*
ὁριακῆς
ἐξαγωγῆς, *exhaust valve limit gauge*
ὁριζοντία ἀπόστασις, *plan range*
γραμμή, *level*
διάστασις, *horizontal equivalent*
δύναμις, *horizontal force*
ἐπιφάνεια τοῦ οὐριαίου τμήματος, *horizontal tail area*
μεταφορὰ θερμότητος διὰ τοῦ ἀέρος, *advection*
πτῆσις, *level flight, level flying*
προβολή, *sectional plan*
συνιστῶσα, *horizontal component, horizontal force*
ὁριζόντιαι βασικαὶ γραμμαί, *horizontal base lines*
γραμμαὶ τετραγωνισμένου χάρτου, *horizontal grid lines*
συντεταγμέναι, *horizontal co-ordinates*
ὁριζοντιογραφία, *general plan*
περιοχῆς, *general plan*
ὁριζόντιον γωνιακὸν ἐπίπεδον ὄψεως, *horizontal angular field of view*
ἐπίπεδον, *horizontal plane, horizontal*
ὁριζόντιος, *horizontal, level*
μεγεθυντής, *horizontal enlarger*
ὁριζοντιώνω, *to trim (a ship)*
ὁριζοντίωσις, *level off*
ὁρίζοντος, μετακίνησις, (ὀφθαλμαπάτη), *looming*
ὁρίζουσα, *determinant*
ἐλάσσων—, *minor of a determinant*
ὁρίζων, *horizon*
αἰσθητός —, *sensible horizon*
ἀληθής —, *true horizon*
ὁρατός —, *visible horizon*
τεχνητός —, *artificial horizon*
φαινόμενος —, *visible horizon*
φυσικός —, *visible horizon*
ὅριον, *limit, point, modulus, bound*
αἰωνίων χιόνων, *snow line*
ἀναλογίας, *limit of proportionality*
ἀντοχῆς, *proof strength*
διαρροῆς, *yield point*
ἐλαστικότητος, *modulus of elasticity, elastic limit*
ἐντάσεως ἀσφαλείας, *safe working strain*
ἐπιτρεπόμενον —, *allowance*
θραύσεως, *rupture point*
μετρήσεως, *limit of measurement*
ὁλοκληρώματος, *limit of an integral*

ὅριον
περιπολίας, *limit of patrol*
ρευστότητος, *liquid limit*
συστολῆς, *shrinkage limit*
ταχύτητος, *maximum speed, speed limit*
φόρτου, οἰκονομικόν, *normal charge*
ὠφελίμου φορτίου, *safe carrying load*
ὁριστικός, *definite*
ὁρμαθός, *chain*
ὁρμητήριον, *outpost*
ὁρμίδιον (σχοινίον), *heaving line, tripping line, line*
ὁρμίζω, *to moor*
ὁρμίσκος, *bight*
ὅρμος, *roadstead, bay*
ὁρνιθόπτερον, *ornithopter*
ὀρνιός, *wild fig tree*
ὀρνός, *wild fig tree*
ὀρογραφικὴ βροχή, *orographic rain*
ὀροπέδιον, *plateau, tableland*
ὀροσειρά, *mountain belt, ridge, mountain chain*
ὁρόσημον, *land mark*
ὀροφή, *ceiling, roof*
ἀνωτάτη —, *absolute ceiling*
μὲ φατνώματα, *coffered ceiling*
ὀροφῆς, φάτνωμα, *ceiling panel*
ὀρτσάρισμα, *luff, luffing*
ὀρτσάρω, *to luff, to gripe*
ὄρυγμα, *emplacement, trench, cut*
ὀρυκτάλευρον, *infusorial earth*
ὀρυκτέλαιον, *mineral oil*
ὀρυκτολογία, *mineralogy*
ὀρυκτόν, *mineral, ore*
λιπαντικόν, πηκτόν, *mineral jelly*
μεταλλικὸν χρῶμα, *mineral colour*
ὀξύ, *mineral acid*
ὀρυχεῖον, *mine.* **Βλ. καὶ μεταλλεῖον.**
ὄρφνωσις, *browning and blackening (of parts), blueing*
ὄσμιον, *osmium (Os)*
ὀκταφθοριοῦχον —, *osmium fluoride*
τετραχλωριοῦχον —, *osmic chloride*
ὀσμίου, διοξείδιον, *osmium dioxide*
τετροξείδιον —, *osmium tetroxide*
ὀστεάλευρον, *bone dust, bone meal*
ὀστεάνθραξ, *bone charcoal*
ὀστεόκολλα, *bone glue*
ὄστρακον, *clinker*
ὀστρεοειδές, *conchoidal*
ὄστρια, *south wind*
ὀστριασιρόκος, *south-south-east*
ὀστριογάρμπης, *south-south-west*

οὐγγία, *ounce (oz)*
οὐδετέρα γραμμή, *neutral axis*
ζώνη, *neutral area, neutral zone*
ρύθμισις, *neutral setting*
οὐδετεροδύναμον, *neutrodyne*
οὐδετερόδυνοι δέκται, *neutrodyne receivers*
οὐδέτερον καλώδιον, *neutral wire*
σημεῖον, *neutral point*
οὐδετερόνιον, *neutron*
οὐδέτερος, *neutral*
ἄξων, *neutral axis*
τεχνητὸς κόμβος, *artificial star point*
Οὐέζεν (δ Μεγάλου Κυνός), *Wezen*
οὐλλμανίτης, *ullmanite, nickel antimony glance*
οὐλτραμαρῖνον, *ultramarine*
οὐνάζα, *running knot, slip knot, noose*
οὐρά, *tail*
ἀεροπλάνου, *airplane tail*
ἐν εἴδει ἰχθύος, *fish-tail*
προωθήσεως φωτοβολῖδος, *propelling rocket tail*
οὐραγκάν, *hurricane*
οὐραῖα πτερώματα, *tail units*
συγκροτήματα, *tail units*
οὐραία βακτηρία, *tail skid*
ἐπιβάρυνσις, *tail heavy*
οὐραῖον πέδιλον, *tail skid*
πτέρωμα, *empennage, tail plane*
συγκρότημα, *tail unit*
τμῆμα, *tail-piece*
οὐραῖος τροχός, *tail wheel*
οὐραίου πτερώματος, ἐπιφάνεια, *tail area*
συγκροτήματος, περίβλημα, *tail unit sleeve*
οὐρακίλη, *uracil*
οὐράνιον, *uranium (U)*
νιτρικόν —, *uranium nitrate*
σῶμα, *celestial body, heavenly body*
τόξον, *rainbow*
λευκόν — —, *white rainbow*
οὐράνιος ἄξων, *celestial axis*
θόλος, *celestial concave*
ἰσημερινός, *celestial equator*
σφαῖρα, *celestial sphere*
οὐρανίου, διοξείδιον, *uranium dioxide*
δισθενὴς ρίζα — (οὐρανύλιον), *uranyl bivalent radical*
οὐρανίτης, *uranite*
οὐρανογραφικαὶ συντεταγμέναι, *celestial coordinates*
οὐρανοξύστης, *skyscraper*

Οὐρανός (Ἀστρ.), *Uranus*
οὐρανός, *sky*
βωμοῦ, *crown of a dome*
ζοφερός —, *lurid sky*
σκοτεινός —, *lurid sky*
φλογοθαλάμου, *fire-box crown*
οὐρανοστάτης, *siderostat*
οὐρανόσφαιρα, *planisphere*
οὐρανύλιον, *uranyl*
οὐρεάση, *urease*
οὐρεθάνη, *urethan*
οὐρεΐδαι, *ureides*
οὐρεΐδια, *ureides*
οὐρεϊδικὰ ὀξέα, *ureido acids*
οὐρία, *urea*
οὐριΐδια, *ureides*
οὐρικὸν ὀξύ, *uric acid*
οὐριοδρομῶ, *to run before the wind, to scud*
οὐρόζυγον, *transom*
οὐροτροπίνη, *urotropine*
οὐσιαστικός, *intrinsic*
οὐχὶ ὑπὸ κλίμακα, *not to scale*
ὀφειτασβεστίτης Τήνου, *Tinos marble*
ὀφθαλμαπάτη (μετακίνησις ὁρίζοντος), *looming*
ὀφθαλμοδακτύλιος, *eye-piece*
ὀφθαλμοκοχλίας, *eye bolt*
ὀφθαλμός, *eye*
ἀνέμου, *eye of the wind*
θυέλλης, *eye of the storm*
ὀφθαλμὸς πρυμνησίων, *stern pipe*
ὀφθαλμοῦ, ὕψος, *eye level*
ὀφιασβεστίτης, *ophicalcite*
ὀφιόλιθος, *serpentine*
Ὀφιοῦχος (Ἀστρ.), *Serpentarius*
Ὄφις (Ἀστρ.), *Serpens*
ὀφίτης, *serpentine*
ὄφσετ. Βλ. ὄφφσετ.
ὄφφσετ, *offset printing*
ὀχετός, *sewer, culvert, drain, canal, channel, trunk*
θολωτός —, *arched culvert*
καμίνου, *furnace flue*
κλιμακωτός —, *cascade culvert*
λιπάνσεως, *oil gallery*
ὀχεὺς θύρας, *cross bar*
ὄχημα, *vehicle, car*
ἐπιβατηγόν —, *passenger vehicle*
μεταφορᾶς σκύρων, *ballast car, ballast wagon*
σιδηροδρόμου, *wagon*
ὄχθη, *shore, bank*
ποταμοῦ, *river bank*
ὀχλεύς, *crow bar*
ὀχύρωσις, *fortification*
ὀχυρωματικὸν τεμάχιον, *filler piece*
ὀψιδιανός, *obsidian*
ὄψις, *face, sight*
καθέτου προβολῆς ἐπιπέδου, *end view of plane*

Π

παγερός, *glacial, frozen*
παγετός, *hoar-frost, frost*
  ἐδάφους, *ground frost*
  νυκτερινός —, *night frost*
  παρατεταμένος —, *protracted frost*
παγετώδης, *glacial*
παγετών, *glacier*
παγίς, *trap, syphon*
παγίωσις, *solidification*
πάγκος, *bench.* **Βλ. καὶ μπάγκος.**
πάγκου, τόρνος, *bench lathe*
  χειροδρέπανον, *bench drilling machine*
παγόβουνα, πλακοειδῆ, *tabular bergs*
παγόβουνον, *iceberg*
παγογλύφανον, *ice-pick*
παγόθραυσις, *debacle*
παγοθραύστης, *ice-breaker*
παγοθραυστικὸν (πλοῖον), *ice-breaker*
παγοκοπτικὴ μηχανή, *ice-cutting machine*
παγοκρύσταλλος, *hoar-frost*
παγολυσία, *thaw*
παγόλυσις, *thawing, breaking of ice*
παγονησῖδες, *light floes*
παγόνησος, *floe*
παγοποιεῖον, *ice factory*
παγοποίησις, *ice accretion, icing*
πάγος, *ice*
  βυθοῦ, *anchor ice*
  ἐνδοχωρικός —, *ice sheet*
  ἐπιπλέων —, *iceberg*
  λευκός —, *hoar-frost*
  μηχανοποίητος —, *manufactured ice*
  πλεύσιμος —, *loose ice*
  τηκόμενος —, *loose ice*
πάγου, δημιουργία, *ice accretion*
  κοκκία —, *ice pellets*
  κροῦστα —, *icing*
  στρῶμα —, *ice sheet*
  σφαιρίδια —, *ice pellets*
  σχηματισμός —, *ice accretion*
    ἐντὸς τοῦ ἀναμικτῆρος, *ice forming in carburettor*
παγχρωματικαὶ πλάκες, *panchromatic plates*
παγχρωματικός, *panchromatic*
παγωνιά, *frost*
παγώνω, *to freeze*

παθητικὴ κατάστασις (μετάλλων), *passivity*
παθητικότης, *passivity*
παίξιμο, *play*
πακτῶ, *to caulk, to calk, to grip*
πακτώσεως, ὑποδοχή, *box fitting*
πάκτωσις, *caulking, calking*
  συνδετική —, *socket joint*
πακτωτής, *caulker, calker*
παλάγκο, *pulley, tackle, block, gyn, gin*
  τοῦ μπάνιου, *tack tackle*
    τιμονιοῦ, *rudder tackle*
παλαγονίτης, *palagonite*
παλαιογενὴς περίοδος, *Palaeogene age*
  ὑποπερίοδος, *Palaeogene system*
παλαιοζωϊκὸς αἰών, *Palaeozoic*
παλαιολιθικὴ ἐποχή, *Palaeolithic period*
  περίοδος, *Palaeolithic period*
παλαιολιθικὸς αἰών, *Palaeozoic*
παλαμάρι, *cable, head rope*
παλησοσίδερα, *scrap iron*
παλινδρομήσεως, ἐνέργεια, *action of recoil*
παλινδρόμησις, *recoil*
παλινδρομικὴ κίνησις, *backward and forward motion*
παλινδρομικός, *alternating*
παλίρροια, *tide*
  ἀντήνεμος —, *windward tide*
  διχοτομική —, *neap tide*
  ἡλιοστασίων, *solstitial tide*
  συζυγική —, *spring tide*
  τετραγωνισμοῦ, *neap tide*
  τῶν τροπικῶν, *tropical tide*
παλιρροιακὸν κῦμα, *tidal wave*
  ρεῦμα, *tidal stream*
    ἐξερχόμενον — —, *outgoing stream*
παλιρροίας, ἀλλαγή, *turn of the tide*
  ἐπὶ τῶν ἀνέμων, ἐπίδρασις, *tide influence on winds*
  ἡλικία —, *age of tide*
  κέντρον ρεύματος —, *tideway*
παλιρροϊκὸν κῦμα, *tidal wave*
παλιρροιόμετρον, *tide gauge*
  αὐτογραφικόν —, *self-registering tide gauge*
παλιρροιοστάσιον, *slack water*

παλλάδιον, *palladium (Pd)*
δικυανιοῦχον —, *palladious cyanide, palladous cyanide*
νιτρικόν —, *palladious nitrate, palladous nitrate*
ὑποχλωριοῦχον —, *palladious dichloride, palladous dichloride*
παλματῖναι, *palmatins*
παλματίνη, *palmatine*
παλμικαὶ κινήσεις τῶν μορίων, *molecular vibration*
παλμικὴ ἐκκένωσις, *oscillatory discharge*
παλμιτικὸν ὀξύ, *palmitic acid*
παλμογράφος, *oscillograph*
καθοδικῶν ἀκτίνων, *cathode ray oscillograph*
παλμός, *beat*
παλμώσεις, ὀδοντωταί, *saw-tooth impulses*
παλούκι, *stake, perch*
πανιὰ τοῦ στράλιου, *stay sails*
πανιόλα, *hold ceiling, bilge board*
πανσέληνος, *full moon*
παντογράφος, *pantograph*
παξιμάδι, *screw nut, screw vice, nut.* **Βλ. καὶ περικόχλιον.**
γύφτικο —, *black nut*
πάουνταλ (μονὰς δυνάμεως ἀγγλ. συστήματος), *poundal*
παπαγάλος, *pipe wrench, tube wrench*
παπάζι, *swab*
παράβλημα, *fender*
παραβολή, *parabola*
ἡμικυβική —, *semi-cubical parabola*
κυβική —, *cubical parabola*
παραβολικός, *parabolic*
νόμος, *parabolic rule*
παραβολοειδὲς ἐκ περιστροφῆς, *paraboloid of revolution*
παράγειν, *to generate*
παραγέμισμα, *stuffing*
παραγλυφίζω, *to scribe*
παραγοντικός, *factorial*
παράγωγα πετρελαίου, *petroleum products*
συμμετρικά —, *symmetric derivatives*
χρώματα, *binary colors, binary colours*
παραγωγή, *derivation, output, production*
δυνάμεως, *power generation*
εἰς μεγάλας ποσότητας, *mass production, bulk production*
ἐν σειρᾷ, *mass production*

παραγωγὴ
μεγίστη —, *maximum output*
ρεύματος, *production of current*
σημειωμένη —, *rated output*
συνεχής —, *non-stop production*
παραγωγικός, *generating, derivative*
παράγωγοι μονάδες, *derived units*
παράγωγον, *product, derivative*
παράγωγος, *derivative, differentiation*
δυναμικοῦ, *potential gradient*
μεταβολῆς, *rate of change*
μερική —, *partial derivative, partial differentiation*
σειρᾶς, *differentiation of series*
παραγωγός, *generator*
ἀερίου δι' ἀπορροφήσεως, *suction gas producer*
διὰ πιέσεως, *pressure gas producer*
κρότων, *noise generator*
παράγων, *factor, agent*
ἐπικαλύψεως τοῦ πολικοῦ βήματος, *pole-shoe coefficient*
μειώσεως, *reducing agent*
πληρώσεως διὰ χαλκοῦ, *copper space factor*
πολλαπλασιασμοῦ, *multiplication factor*
παραδοχή, *admission*
παραενώσεις, *para-compounds*
παράθλασις, *diffraction*
ἀκτίνων X, *X-ray diffraction*
ἠλεκτρονίων, *electron diffraction*
παράθριος, *spilling line*
παράθυρον μὲ ὀλισθαίνοντα φύλλα, *sliding window*
παρακαμπτήριος δίοδος, *by-pass*
παράκαμψις, *by-pass*
παρακείμενος, *adjacent*
παράκυκλος, *washer*
ἀσφαλείας, *tab washer*
ἐλατηριωτός — —, *lock washer*
ἀσφαλίσεως, *sealing washer*
ἀσφαλιστικός —, *tab washer, tap washer*
Γκρόβερ (ἐλατηριωτός), *Grover washer*
δερμάτινος —, *leather washer*
ἐκ μολύβδου, *lead washer*
πιλήματος, *felt washer*
κεκαλυμμένου διὰ κυροῦ, *waxed felt washer*
φελλοῦ, *cork washer*
χάρτου, *millboard washer*
ἐλαστικός —, *elastic washer*
ἐλατηριωτός —, *spring washer*
ἐξ ὑφάσματος, *cloth washer*

παράκυκλος
κυαθωτός —, *cup washer, cap washer*
κυρτωμένος —, *saddle washer*
κωνικός —, *taper washer*
λεπτός —, *shim*
λοξοτμημένος —, *chamfered washer*
μετὰ στεφανοειδῶν παρεμβυσμάτων, *flanged washer*
μεταλλικός —, *metal washer*
Μπελλβίλ, *Belleville washer*
ὀρειχάλκινος —, *brass washer*
περόνης ταχείας ἀπελευθερώσεως, *quick-release pin washer*
πώματος στεγανότητος ἐμβόλου γεννητρίας, *generator piston cap packing washer*
Ράϊς, *Reise washer*
ρυθμιστικός —, *adjusting washer*
στερεώσεως, *packing washer*
συνδετικός —, *joint washer*
σφραγίσεως, *sealing washer*
παρακωλύω, *to interfere*
παραλαμβάνω, *to collect*
παραλδεῦδαι, *paraldehydes*
παραλήπτης, *receiver, consignee*
παραλία, *seashore, sea-side, shore, coast, strand, beach*
ἀπόκρημνος —, *cliff*
παραλλαγή, *parallax, camouflage*
παραλλακτικὴ γωνία, *parallactic angle*
παράλλαξις, *parallax*
ἐτησία —, *annual parallax*
καθ' ὕψος, *parallax in altitude*
παραλλάττω, *to double a cape*
παραλληλεπίπεδον, *parallelepided*
κεκλιμένον —, *oblique parallelepiped*
ὀρθογώνιον —, *rectangular parallelepiped*
παραλληλόγραμμον, *parallelogram*
διανυσματικόν —, *vector parallelogram*
δυνάμεων, *parallelogram of forces*
παράλληλοι δυνάμεις, *parallel forces*
εὐθεῖαι, *parallel straight lines*
πλάτους, *parallels of latitude*
τετραγωνισμέναι γραμμαί, *parallel grid-lines*
παράλληλον ἐπίπεδον, *parallel plane*
τύλιγμα —, *parallel winding*
παράλληλος, *parallel*
δέσμη (φωτός), *parallel beam (of light)*
διαδρομή, *parallel course*
ζεῦξις, *parallel connection*
κύκλος, *parallel circle, small circle*

παράλληλος
πορεία, *parallel course*
στιγεύς, *parallel pin-punch*
παραλλήλως κινούμενοι βραχίονες, *parallel motion arms*
πρὸς ἶνας, *along the fibres, with the grain*
παραμαγνητικὸν μέσον, *paramagnetic medium*
παραμαγνητικός, *paramagnetic*
παραμένουσαι παρεκτροπαί, *residual deviations*
παραμένων, *residual*
μαγνητισμός, *remanence, remanent magnetism, residual magnetism*
παράμετρος, *parameter*
παραμονὴ (μαγνητισμοῦ), *remanence*
παραμορφωμένος, *distorted*
παραμόρφωσις, *distortion, deformation, dimpling, warping, yield, strain*
γραμμῶν, *curvilinear distortion*
δεξαμενῆς βενζίνης, *distortion of fuel tanks*
μόνιμος —, *permanent set*
παρανθήλια, *paranthelia*
παρανομαστής, *denominator*
κοινός —, *common denominator*
ἐλάχιστος — —, *lowest common denominator*
κατώτατος — —, *lowest common denominator*
παραπέτασμα, *screen, blind, curtain*
κακοκαιρίας, *weather apron*
καπνοῦ, *smoke curtain, smoke screen*
συσκοτίσεως, *night screen*
παραπέτο, *parapet, bulwark*
παραπέτου, ρέλια, *bulwark rail*
παράπηγμα, *shed*
παραπλάγιος συστολεύς, *outer leechline*
παραπλήρωμα, *supplementary angle*
παραπληρωματικὸν τρίγωνον, *supplementary triangle*
παραπληρωματικός, *supplementary*
παραπομπή, *convoy*
παραπόταμος, *tributary (river)*
παραπροϊόν, *by-product*
παραροζανιλίνη, *pararosaniline*
παραρτάνη, *preventer sling*
παράρτημα, *annex*
παράσειον, *signal flag*
παρασελήνη, *paraselene, mock moon*
παράσιτα, *atmospherics, electrostatics, statics, strays, Xs*
βιομηχανικά —, *man-made statics*
παράσιτον, *parasite*

παρασκευὴ ἄμμου, *dressing of sand, treatment of sand*
χαλίκων, *dressing of gravel, treatment of gravel*
παρασκιά, *penumbra*
παραστάς, *runner*
παραστάτης, *runner*
παραστήλιον, *trysail mast*
παρασύσπαστον, *rolling tackle*
παρασυστολεύς, *spilling line*
παρασχεδίασις, *curvilinear distortion*
παράταξις κατὰ μέτωπον, *line abreast*
παρατήρησις, *spotting, sight*
ἀστέρος, *star sight*
παρατηρητήριον, *observation post, observatory*
παρατηρητής, *observer*
ἀέρος, *air observer*
ἀνώτατος —, *senior aircraft observer*
πυροτεχνικῶν σημάτων, *rocket sentinel*
παρατιμονιά, *yawing*
παρατιμονίζω, *to sheer*
παράτονος, *back stay*
παρατροπίδιον, *bilge keel*
παρατρυγικὸν ὀξύ, *racemic acid*
παραφῖναι, *paraffins*
παραφινέλαιον, *paraffin oil*
παραφίνη, *paraffin*
σκληρά —, *paraffin wax*
παραφορμαλδεῦδη, *paraformaldehyde*
παραφουξίνη, *parafuchsine*
παραφωτίς, *side light, side scuttle*
μετ᾽ ἐξαεριστῆρος, *ventilating side scuttle*
παραχειμάζω, *to winter*
παράχωμα, *dyke, dike*
παργασίτης, *pargasite*
παρεάω, *to surge*
παρειά, *cheek, beam, bow*
παρεκκλίνω τῆς πορείας, *to deviate*
παρέκκλισις, *declination, deflection, aberration, deviation, deviate, error, leeway*
μέση —, *standard deviation*
παρεκτροπή, *deviation, deflection, diffraction, aberrance*
παρεκτροπῶν, πινακίδιον, *deviation card*
φορεὺς πινακιδίου —, *deviation card holder*
παρελκόμενα, *accessories, components*
ἑλκύοντος ὀδοντωτοῦ τροχοῦ, *accessory drives*
παρελκομένων, κιβώτιον, *accessory case*
παρέλκυσις πλανητῶν, *perturbations*
παρέμβασις, *jamming*
παρέμβασμα. Βλ. παρέμβυσμα.
παρεμβολή, *interference, interpolation, intercalation, insertion, jamming*
ἀσυρμάτου, *radio interference*
φαινομένης εἰκόνος, *second channel interference*
παρεμβολῆς, πίνακες, *interpolation tables*
συσκευὴ —, *circuit closing device*
παρεμβόλιον (σχοινίον), *worm rope*
παρέμβυσμα, *washer, packing, gasket, packing piece, pad, joint, git*
ἀμέταλλον —, *non-metallic packing*
βάσεως δεξαμενῆς, *reservoir base packing-washer*
εἰς σχῆμα δακτυλίου, *packing ring*
ἐκ πιλήματος, *felt packing*
ἐλαιοβρεχόμενον — — —, *felt oiling pad*
ἐλαστικὸν —, *rubber pad*
ἐνισχύσεως, *packing block*
ἐξ ἀμιάντου, *asbestos packing*
ἐλαστικοῦ, *rubber gasket*
ἐπίπεδον —, *gasket*
λεπτὸν —, *shim*
μαλακὸν —, *soft packing*
μετὰ πυρῆνος, *core packing*
μεταλλικὸν —, *metallic packing*
μὴ — —, *non-metallic packing*
προστατευόμενον —, *padded spacer*
στεφανοειδὲς —, *flange joint, flange*
συγκρατητικὸν —, *mounting flange*
τυφλὸν ξύλινον —, *black wooden flange*
ὑποστηρίγματος, *bearing flange*
χάρτινον —, *paper gasket*
ὠστικοῦ σφαιροτριβέως, *thrust bearing spacer*
παρένθεσις, *parenthesis*
παρενοχλῶ, *to obstruct*
παρεντεθειμένον τεμάχιον, *pass piece*
παρεντεθειμένος, *intercostal*
παρεπόμενα, *accessories.* **Βλ. καὶ παρελκόμενα.**
παρεῶ, *to veer*
παρήλιον, *parhelion*
παρήλιος, *parhelion, mock sun*
Παρθένος (᾿Αστρ.), *Virgo*
παρίστιον, *studding sail*
παρκεριζασιὸν (μέθοδος ἀντιοξειδωτικῆς ἐπικαλύψεως), *parkerising*
παρκέτα, *log*
παρμπρίζ, *windscreen*
παροδικὴ πνοὴ ἀνέμου, *transient blast of wind*

παροιακίζω, *to sheer*
παροιάκισμα, *yawing*
πάρολκος, *guest rope, guest warp, gift rope, track rope, preventer brace*
παροχέτευσις, *distribution, shunt*
παροχή, *supply, quantity discharged*
διαρκής —, *continuous flow*
ἐλαίου, *oil supply*
πληροφοριῶν, *brief*
ποταμοῦ, *discharge of a river*
παρυπήνη, *false bobstay*
παρυφή, *edge, edging, hem*
ὑφάσματος, *fringe*
πάρων, *brig*
παρώνιον, *brigantine*
πασαδοῦρος, *foot rope*
πασαμπάγκος τῶν ποδῶν, *footboard, stretcher*
πάση δυνάμει, *full steam*
πᾶσο, *screw pitch*
πασπαρτού, *master key*
πασσαλίσκος, *pivot*
διαχωριστικός —, *separating peg*
πυξίδος, *pillar*
πασσαλίσκου, θολίσκος, *pivot cup*
τριβή —, *pivot friction*
πάσσαλοι θεμελιώσεως, *foundation piles*
πασσαλοπήκτης, *pile driver, pile frame, windlass pile driver, rammer, winch*
ἀτμοκίνητος —, *steam pile driver*
πασσαλοπήκτου, κεφαλή, *cap of pile driver*
πάσσαλος, *pile, pole, stake, peg*
ἑλικοειδής —, *screw picket*
ἐξ ἰνός (φίμπρας), *fibre peg*
θεμελιώσεως, *pile*
μὲ μεταλλικὴν κοχλίωσιν, *screw pile*
κοχλιωτός —, *screw picket*
σιδηροῦς — —, *screw pile*
μικρός —, *spindle, perch*
πασσαλοσανίς, *sheet pile*
πασσαλοσημαντήρ, *spar buoy*
πασσαλοσύρτης, *pile extractor*
πασσαλόσφυρα, *pile hammer*
πασσάλων, ἐξαγωγεύς, *pile extractor*
κεφαλή —, *pile cover*
πασσάλωσις γραμμῆς, *pegging out*
πασσάρα (λέμβος πλοίου), *yawl*
παταράτσα, *back stay*
πατέντα, *patent*
πατερνάρισμα, *seizing*
πατερνάρω, *to seize*
πάτερο, *joist*
πατίνι, *scooter*
πάτος, *bottom*
πατσαβούρα, *sponge-cloth, swab*
πάτωμα, *floor*
πατώματος, περιθώριον, *frame board*
παῦσις, *interval, recess, cessation*
βολῆς, *cessation of fire*
πυρός, *cessation of fire*
παχέα ἔλαια, *fatty oils*
πάχνη, *hoar-frost*
πάχος, *thickness, fat*
ἀεροτομῆς, *profile thickness*
ἁρμῶν, *joint spacing*
διαστρώσεως, *depth of filling*
πλοίου, *moulding dimensions*
παχύμετρον, *calliper, thickness gauge*
ἀγγλικόν —, *English vernier*
ἐσωτερικόν —, *internal calliper*
μετρικοῦ συστήματος, *metric vernier*
μικρομετρικόν —, *micrometer gauge*
πεταλοειδές—, *calliper gauge, horseshoe gauge*
παχύς, *thick, fat*
πέδαι βυθίσεως, *dive brakes*
καταδύσεως, *dive brakes*
πέδη, *brake, clutch*
δι' ἁλύσεως, *chain brake*
διὰ κενοῦ, *vacuum brake*
μοχλοῦ, *lever brake*
νεκροῦ βάρους, *dead-weight brake*
πεδίλου, *block brake*
πεπιεσμένου ἀέρος, *compressed-air brake*
ταινίας, *ribbon brake, strap brake*
διαφορική —, *differential brake*
δυναμομετρική —, *dynamometer testing set*
κεντρόφυξ —, *centrifugal brake*
κινδύνου, *emergency brake*
μετὰ πολλαπλῶν δίσκων, *multi-disk brake*
Προνύ, *Prony brake*
ῥιπιδιοειδής —, *fan brake*
τριβῆς, *friction brake*
ὑδραυλική —, *hydraulic brake*
πεδηδυναμόμετρον, *brake dynamometer, absorption dynamometer*
μὲ ταινίας, *band-brake dynamometer*
πέδης, βάρος, *brake weight*
δοκιμή —, *brake test*
δρῶσα πίεσις —, *brake mean effective pressure (B.M.E.P.)*
ἐπένδυσις —, *brake lining*
ἐπικάλυψις —, *brake lining*
ἰσχύς —, *brake horsepower, brake power*

πέδης
πραγματική — —, *brake horse-power (b.h.p.)*
κύλινδρος ὑδραυλικῆς —, *brake cylinder*
λαβὴ μοχλοῦ —, *brake handle*
μέση δραστικὴ πίεσις —, *brake mean effective pressure (B.M.E.P.)*
μοχλός —, *brake lever, brake beam*
ποδωστήριον —, *brake pedal*
ράβδος —, *brake rod*
ρύθμισις —, *brake adjustment*
σιαγών —, *brake shoe*
ταινία —, *brake band*
τροχαλία —, *brake pulley*
τύμπανον —, *brake drum*
χρήσιμος ἱπποδύναμις —, *brake horse-power (b.h.p.)*
πεδήσεως, σταθερά, *braking constant*
πέδησις, *braking*
πεδιάς, *plain*
πέδιλον, *shoe pad, skid, block, pedal*
οὐρᾶς, *tail skid*
πόλου, *shoe shape*
προσωμίδος, *butt plate*
τόρνου, *treadle*
πεδίλου προσωμίδος, ἐλατήριον πώματος θήκης, *butt trap spring*
κοχλίας — —, *butt plate screw*
περόνη πώματος θήκης — —, *butt trap axis pin*
πῶμα θήκης — —, *butt trap*
πεδίον, *plain, field*
ἀραιώσεως, *dispersal area*
βολῆς, *firing range, arc of fire*
δράσεως, *field of vision, plain of operations*
μάχης, *battlefield*
ναρκῶν, *mine-field*
ὀπτικόν —, *field of vision*
ὁράσεως, *field of vision*
ὁρατόν —, *field of view*
προσγειώσεως, *landing ground*
τύπου τριγώνου, *triangular runway pattern*
ὑψηλῶν πιέσεων, *high-pressure area, high*
χαμηλῶν πιέσεων, *low-pressure area, low*
ὠφέλιμον —, *useful field*
πεδίου, διέγερσις, *field excitation*
ἐνέργεια —, *field energy*
ἔντασις —, *field strength*
ρυθμιστής —, *field regulator*
πεζικόν, *infantry*
πεζογέφυρα, *foot-bridge*
πεζοδρόμιον, *footway, pavement*
πεζοναύτης, *marine*
πεζοπόρα τμήματα, *foot troops*
πείραμα, *experiment, trial*
εὐσταθείας, *inclining experiment, heeling experiment*
πειρίσκος, *peg*
πεῖρος, *dowel, plug, cock, pintle, spigot, pin*
ἀγκιστρώσεως, *anchor pin*
ἀκραξονίου, *king-pin*
ἐμβόλου, *gudgeon pin*
κωνικός —, *tapered pin*
μέγας —, *pintle*
ξύλινος —, *tree-nail*
στερεώσεως, *locating pin*
συγκρατήσεως, *dowel*
πείσματα, *moorings*
πεισμάτιον, *guest rope, guest warp, boat rope, painter*
πελαγία αὔρα, *sea breeze*
πέλαγος, *mid-sea*
ἀνοικτόν —, *open sea*
πελέκεως, ὀφθαλμός, *eye of an axe*
πελεκοθραύστης, *quebracho*
πέλεκυς, *axe*
πέλμα, *sole, skid, flange, shoe pad, toe piece*
ἄνω —, *upper flange*
βακτηρίας, *skid shoe*
κάτω —, *lower flange*
πέλματα, *flanges (of a beam)*
πέλματος, λεπίδες, *flange plates*
πέμπτη ρίζα, *fifth root*
πένσα, *flat-wire pliers, nipper*
πεντάγραμμον, *pentagram*
πεντάγωνον, *pentagon*
πενταθειονικὸν ὀξύ, *pentathionic acid*
πεντάλ, *pedal*
πεντάλφα, *pentacle*
πεντάνιον, *pentane*
πεντατομικὸν πνεῦμα, *pentahydric alcohol*
πεντατομικός, *pentavalent*
πεντοδική, *pentode, five-electrode valve*
πεντόζαι, *pentoses*
πεπιεσμένος ἀήρ, *compressed air*
πεπιεσμένου ἀέρος, ἐγκαταστάσεις, *compressed-air plant*
μετρητής — —, *compressed-air meter*
πέπλος, *veil*
ὁμίχλης, *veil of fog*
πεπτόνια, *peptones*
πεπυρακτωμένος μέχρι σκοτεινοῦ ἐρυθροῦ, *dull red hot*

πέραμα, *ford*
περατότης, *permeability*
περατοῦσθαι, *to abut*
περγαμηνή, *parchment*
περιανοίγω ὀπήν, *to counter-sink*
περιαξόνιον, *journal axle*
περιαυχένιον, *flange, gland*
  ὀφθαλμοῦ (ὄκιου), *hawse-pipe flange*
  σωλῆνος, *pince*
περιβάλλειν (τὸν στόχον), *to straddle*
περιβάλλον, *ambience*
περιβάλλων, *ambient*
περίβλημα, *casing, cowling, housing, jacket, sleeve, shell, envelope, container*
  διάτρητον —, *perforated casing*
  ἐκ μαλακοῦ χάλυβος, *soft steel envelope*
    χάλυβος, *steel case, steel envelope*
  ἐλεγκτοῦ ταχυμέτρου, *static bomb*
  ἐνδιάμεσον —, *shim*
  ἐξ ἐλασμάτων, *plating*
  ἐπιστρώσεως, *planking*
  ἐσωτερικόν —, *lining*
  κοχλιωτὸν διοχετευτικόν —, *volute casing*
  κυκλοφορίας, *water jacket*
    ὕδατος, *water jacket*
  μετατοπιζομένων ὀδοντοτροχῶν, *displacement gear casing*
  φωταγωγοῦ μηχανοστασίου, *machinery casing*
  χαλύβδινον —, *steel tube*
περιβολὴ διὰ ζώνης, *belting*
περιβραχιόνιον, *badge*
περιβρεχόμενος ὑπὸ θαλάσσης, *sea girt*
περίγραμμα, *template, templet*
περιδέραιον, *collar, collet, neck*
  συσφίγξεως, *clip*
  Τζουμπιλῆ, *Jubilee clip*
περίδεσμος, *belt*
περιδίνησις, *spinning, spin, diving*
  ἀνάστροφος —, *inverted spin*
  ἀνεξέλεγκτος —, *uncontrolled spin*
  ἑλικοειδής —, *spiral dive, spiral diving*
  ἐπίπεδος —, *flat spin*
  κανονική —, *normal spin*
περιδοτίτης, *peridotite*
περιεκτικότης, *capacity*
  βενζίνης εἰς γομμώδη προϊόντα, *gum content of petrol*
  εἰς θεῖον, *sulphur content*
περιεκτικότης
  θερμότητα, *heat content*
  τέφραν, *ash content*
περιέλιξις, *winding, seizing, coil*
  δευτερεύουσα—, *secondary winding*
  διεγέρσεως, *field winding*
  πολλῶν στρώσεων, *banked winding*
  πόλων δυναμομηχανῆς ἐν ρείθρῳ, *shunt wound*
  πρωτεύουσα —, *primary winding*
περιελίσσω, *to wind*
περιεχόμενον, *contents*
  εἰς ὑγρασίαν, *moisture content*
περίζωμα, *fend off, skirt, swifter, tyre, tire*
  στερεώσεως, *bonding strip*
  σωματώσεως, *bonding strip*
περιζώνω, *to frap, to gird*
περίζωσις, *belting*
περιήλιον, *perihelion*
περίθλασις, *diffraction*
περιθώριον, *frame*
  ἀνοχῆς, *latitude*
  ἀσφαλείας, *margin of safety*
  πατώματος, *frame board*
περικαίω, *to kiln*
περικάλυμμα, *housing*
περικεφαλαία, *helmet*
περικόχλια φυτευτῶν κοχλιῶν ρυθμιστοῦ ταχύτητος, *governor stud nuts*
περικόχλιον, *screw nut, screw vice, nut, butterfly, hub*
  ἀκατέργαστον —, *black nut, blank nut*
  ἀκτῖνος τροχοῦ, *spoke nipple*
  ἀσφαλείας, *lock nut*
  ἀσφαλιστικόν —, *lock nut, locking nut*
  αὐτασφαλιζόμενον —, *self-locking nut*
  βάκτρου ἐμβόλου, *nut of the piston rod*
  δακτυλιοειδές —, *eye nut, ring nut*
  δεύτερον —, *check nut, back nut*
  ἑνώσεως, *union nut*
    μετὰ θηλῆς, *nipple*
  ἑξάγωνον —, *hexagon nut*
    ἁπλοῦν — —, *plain nut*
  κεχαραγμένον —, *slotted nut, knurled nut*
  κινούμενον —, *travelling nut*
  κρικωτόν —, *eye nut*
  κυκλικόν —, *circular nut, holed nut*
  κυλίνδρου, συγκρατητικόν, *cylinder holding-down nut*

περικόχλιον
μετ' ἐγκοπῶν διὰ τὴν ἐγκάθησιν τῆς ἐφηλίδος, *castellated nut*
ὠτίων, *wing, nut, butterfly nut*
μετὰ πλευρικῶν ἐγκοπῶν, *slotted nut*
πτερυγίων, *wing nut*
μετατιθέμενον —, *travelling nut*
μηχανοποίητον —, *milled nut*
ὁπλίσεως, *arming nut*
πλήμνης, *hub nut*
προσαρμογῆς, *adjustment nut*
προσαρμοζομένου ἀναβάθρου, *screw of adaptor mount*
πτερυγιωτόν —, *wing nut*
πυργωτόν —, *castellated nut*
ρυθμίσεως, *adjusting nut*
ρυθμιστικόν —, *adjusting nut*
στερεώσεως, *anchor nut*
στυπιοθλιπτικόν —, *gland nut*
συνδέσεως, *coupling nut, gland nut*
σφυρηλατόν —, *peening unit*
τετραγωνικόν —, *square nut*
τετράγωνον —, *square nut*
χειρισμοῦ, *operating nut*
χειρολαβῆς δεξαμενῆς, *reservoir handle nut*
περικοχλίου, ὄψις, *face of a nut*
πέδη —, *bolt lock*
περιλάβειον, *sling*
πλεκτόν —, *sling net*
περιλαίμιον, *collar, shield, tappet*
ἄξονος, *shaft collar*
συγκολλητόν —, *welded collar*
τεμαχιστόν —, *split collar*
περίληψις, *outline, abstract*
περιμετρικὴ ἐκφόρτισις, *marginal discharge*
περίμετρος, *perimeter, outline*
περιοδικὴ ἐπιθεώρησις, *periodic inspection*
συνάρτησις, *periodic function*
περιοδικὸν σύστημα, *periodic system*
περιοδικός, *periodic*
περιοδικότης, *periodicity*
περιοδικότητος, ἔλλειψις, *aperiodicity*
περιδιόγραμμα, *periodogram*
περίοδοι ἐπισκευῆς, *overhaul periods*
περίοδος, *period, cycle*
βραχυκυκλώσεως, *period of short circuit*
ὑγρά —, *wet spell*
περιορίζω, *to bound in, to restrict*
περιοριστής, *restrictor*
περιουσιακὰ στοιχεῖα ἔργου, *stock of building yard*
περιοχαὶ σιγῆς, *areas of silence*
περιοχή, *area, zone, ground*
ἀμφιβολίας, *area of doubt*
ἀνώμαλος —, *hilly ground*
ἀποβάσεως, *landing area*
ἀποθηκῶν πυρομαχικῶν, *explosive area*
ἀραιώσεως, *dispersal area*
διασπορᾶς, *dispersal area*
ἐλαφρῶς κυματοειδής —, *undulating ground*
ἑλώδης —, *marshy ground*
ἐπικοινωνίας, *signal area*
ἐφωδιασμένη δι' ἠλεκτρικοῦ ρεύματος, *area of supply*
μετρήσεως, *range*
-στόχος, *target area*
συνεννοήσεως, *signal area*
συντηρήσεως, *maintenance area*
ταχυτήτων, *range of speeds*
χαμηλῆς πιέσεως, *low-pressure area*
ὠργανωμένης ἀεροπορικῆς ἀμύνης, *warning district*
περιπεφραγμένος, *screened*
περιπολία, *patrol*
ἀνεξάρτητος —, *independent patrol*
ἔμπροσθεν, *independent line ahead patrol*
ἀτέρμων συνεχής —, *endless-chain patrol*
ἐγγύς —, *close patrol*
ἐπὶ σταθερᾶς διοπτεύσεως, *patrolling a constant bearing*
ἐπιθετική —, *offensive patrol*
ἐσωτερικὴ ἀνθυποβρυχιακή —, *inner anti-submarine patrol*
καὶ ἔρευνα, *patrol and search*
μαιανδροειδής —, *creeping line ahead patrol*
νηοπομπῆς, *convoy patrol*
περιοχῆς, *patrolling an area*
περιφερειακή —, *perimeter patrol*
σταυροειδής —, *cross-over patrol*
σχετική —, *relative patrol*
σχετικῶν τομέων, *relative sectors patrol*
περιπολίας, ὅρια, *limits of patrol*
περίπολοι τῶν πάγων, *ice patrols*
περίπολος, *patrol.* **Βλ. καὶ περιπολία.**
περίρραμμα, *hem*
περίσκαψις, *counter-sinking*
περισκόπιον, *periscope*
περίσσεια, *excess*
ἀέρος (εἰς καῦσιν), *excess of air, surplus of air*
περισσεύων, *spare*
περιστρεπτὸς περὶ γόμφον, *pivoted*

περιστρέφεσθαι, *to rotate*
περιστρεφόμενος, *revolving*
  συνδυασμός, *rotation service joint*
περιστρέφω, *to roll*
περιστροφεύς, *rotor*
περιστροφή, *revolution, rotation, gyration, roll*
  ἀνόδου, *upward roll*
  αὐτόματος —, *auto-rotation*
  βεβιασμένη —, *snap roll*
  ἐλευθέρα — (ἕλικος), *windmilling*
  ἐξωτερική —, *outside roll*
  ἐπιπέδου, *rotation*
  ἤρεμος — (κινητῆρος), *clock-over*
  κινητῆρος (βραδεῖα λειτουργία), *clock-over, tick-over*
  περὶ τὸν διαμήκη ἄξονα, σπειροειδής, *rolling*
  ταχεῖα —, *snap roll, flick roll*
  τῆς γῆς (περὶ τὸν ἄξονά της), *rotation of earth*
    (περὶ τὸν ἥλιον), *revolution of earth*
περιστροφικὸν σάρωθρον, *rotary broom*
περιστροφικός, *revolving*
περιστροφόμετρον, *rotameter*
περίστροφον, *revolver*
  σάρωθρον, *rotary broom*
περιστροφοσκόπιον, *rotoscope*
περίσωσις, *salvage*
περίτηξις, *incipient fusion, sintering*
περιτόναιον, *main rail*
  τοῦ ἐπιστέγου, *poop-rail*
περιτριβή, *chafing*
περιτύλιγμα, *envelope*
περιτύλιξις, *wrapping, covering*
  ἀγωγοῦ διὰ νήματος, *covering of the wire*
    διὰ πλεκτοῦ μανδύου, *braid*
  διὰ στρεπτοῦ νήματος, *yarn covering*
περιφέρεια, *perimeter*
  κεφαλῶν ὀδόντων, *addendum*
περιφερειακός, *circumferential*
περιφορά, *revolution*
περίφραγμα, *screening, screen, shield*
  εὐκάμπτου σωληνώσεως, *flexible-tubing screen*
περίφραξις, *shielding*
περιχειρὶς συνδέσμου, *coupling sleeve*
περλίτης, *pearlite, perlite*
πέρμιος ἐποχή, *Permian period*
  περίοδος, *Permian period*
περοβσκίτης, *perovskite*
περόνη, *fork, pin, cotter pin, split pin, bolt, splint*

περόνη
  ἀγκίστρου περιστροφῆς, *lanyard loop pin*
  ἀκροδέκτου, *terminal pin*
  ἀναρτήσεως, *hinge pin*
  ἀνασταλτική —, *stop pin*
  ἀναστολέως κατευθύνσεως, *driving pin and retainer*
  ἄξονος ἀσφαλίσεως ὀπισθίου καλύμματος, *rear cover lock axis pin*
    ἀσφαλίστρου καλύμματος, *cover latch pin*
    ὀπισθίας πλακός (ἀκτηρίδος), *rear cross-piece axis pin*
  ἀσφαλείας, *safety pin*
    τυμπάνου, *magazine catch pin*
  ἀσφαλιστική —, *split pin*
    μεταφορᾶς, *pillar*
  διατμήσεως, *shear pin*
  διχαλωτή —, *split cotter pin, split pin*
  κατευθύνσεως, *driving pin*
  κυρτή —, *goose neck*
  κωνική —, *taper pin, taper bolt*
  ὁδηγήτρια —, *guide pin*
  ὀδόντος, *pawl pin*
    συγκρατήσεως ταινίας, *belt-holding pawl pin*
  στερεώσεως, *locating pin*
  συγκρατήσεως σχαστηρίας, *retaining shear pin*
  συναρμολογήσεως «Τ», *T-fixing-pin*
  σχήματος «Τ», *joint cover pin*
  ταχείας ἀπασφαλίσεως, *quick-release pin*
  ὑπομοχλίου, *fulcrum pin*
περόνης, κεφαλή, *bolt head*
περουβιανὸν βάλσαμον, *Peru balsam*
Περσεύς (Ἀστρ.), *Perseus*
περσίδες, *gills*
περσπέξ, *Perspex*
πεσκαδοῦρος, *fish hook*
πέταγμα, *flight*
πεταλούδα, *butterfly throttle, butterfly, throttle, wing nut*
  ρυθμίσεως μίγματος, *butterfly throttle*
πέταυρον, *lathe batten*
πετομηχανή, *flying machine*
πέτρα, συλλεκτή, *erratic boulder*
πετρελαϊκὸς αἰθήρ, *gasolene*
πετρελαιοδεξαμενή, *fuel tank*
πετρελαιοκαυστήρ, *fuel spray injector*
πετρελαιοκινητήρ, *petrol motor*

πετρελαιομηχανή, *petrol engine, oil engine*
πετρέλαιον, *petroleum, petrol, oil fuel, oil, rock oil, light oil, kerosene, paraffin, spirit*
ἀκάθαρτον —, *crude petroleum, crude oil, oil, mazut*
ἐξ ἀπολιθωμάτων, *fossil fuel*
φωτιστικόν —, *kerosene oil, paraffin oil*
πετρελαιοπηγή, *oil-well*
πετρελαιοφόρον, *oil tanker, tanker*
πετρογραφία, *petrography*
πετροτανάλια, *stone pincers*
πετρώδης περιοχή, *rocky ground*
πέτρωμα, *rock*
ἄστρωτον —, *eruptive rock, eruptive stone*
ἐκρηξιγενές—, *eruptive rock, eruptive stone, igneous rock*
ἡφαιστειογενές —, *volcanic rock*
μαγματογενές —, *igneous rock*
ὄξινον —, *acid rock*
πυριγενὲς συμπαγές ,—, *igneous rock*
στρωσιγενές —, *sedimentary rock, stratified rock*
στρωτόν —, *sedimentary rock, stratified rock*
σχιστολιθικόν —, *spilosite*
ὑδατογενές —, *sedimentary rock, stratified rock*
χαλαζιακόν —, *quartz rock*
πετρώματα, ἀκτινοφόρα, *radiolarites*
προσχωματικά —, *sedimentary rocks*
σχιστοφυῆ καὶ πλακοειδῆ —, *schist rocks*
πέτσωμα, *plating*
δι' ἐπηγκενίδων, *planking*
πεύκη, *pine*
ἀμερικανική —, *pitch-pine*
δασικὴ τοῦ βορρᾶ, *northern pine, common pine, Scotch pine, Scotch fir*
ἡ κιτρίνη, *yellow pine, white pine*
μέλαινα, *black pine, Austrian pine*
σουηδική —, *northern pine, common pine, white pine, Scotch pine, Scotch fir*
Πήγασος ('Αστρ.), *Square of Pegasus*
πηγή, *source, spring*
δυνάμεως, *source of energy*
παροχῆς, *source of supply*
τροφοδοτήσεως, *power supply*
πηδάλια, *air controls*
πηδάλιον, *control wheel, control surface* **('Αμερ.)**, *controls, helm*
ἀντισταθμισμένον —, *compensated rudder*
αὐτοσχέδιον —, *jury rudder*
διευθύνσεως, *steering-column, rudder control, rudder*
εἰς τὸ μέσον, *helm amidships*
ἰσορροπημένον —, *compensated rudder*
ἰσόρροπον —, *balanced rudder*
κλίσεως, *aileron*
κρεμαστόν —, *suspended rudder*
ὁριζόντιον σταθερόν —, *stabiliser*
πλωτῆρος, *water rudder*
προσωρινόν —, *jury rudder*
ὕψους-βάθους, *elevator*
πηδαλίου, ἀναστολεύς, *rudder stop*
ἀρσενικὸ βελόνι —, *rudder pintle*
βελόνια —, *rudder hinges*
βραχίων —, *rudder arm*
γομφώσεις —, *rudder braces*
διευθύνσεως, ἀντισταθμιστής, *bias rudder*
ἐνδέται —, *rudder stays*
ζευκτήρια —, *rudder pendant*
θαιρός —, *rudder pintle*
κεφάλι —, *rudder head*
κλίσεως, γωνία, *aileron angle*
κορμός —, *rudder stock*
μπότσος —, *rudder pendant*
πτερύγιον —, *rudder rake*
σκελετός —, *rudder frame*
σύσπαστον —, *rudder tackle*
σφήν —, *rudder lock, rudder chock*
ὕψους-βάθους, ἀποσυναρμολόγησις, *elevator dismantling*
κατασκευή — — —, *elevator construction*
μοχλὸς κινήσεως — — —, *elevator lever*
πτερύγια ζυγοσταθμίσεως — — —, *elevator trimming flaps*
συγκρότημα — — —, *elevator assembly*
συναρμολόγησις — — —, *elevator assembly*
σύστημα χειρισμοῦ — — —, *elevator control system*
πηδαλιουχεῖον, *steering-house*
πηδαλιουχήσεως, ἐπιφάνεια, *control surface*
πηδαλιουχία, *steering*
πηδαλιοῦχος, *helmsman*
πηδαλιουχούμενον, *dirigible, airship, Zeppelin.* **Βλ. καὶ ἀερόπλοιον.**

πηδαλιουχούμενον
μετὰ σταθεροῦ σκελετοῦ, *rigid airship*
μεταβλητοῦ ὄγκου, *non-rigid airship*
σταθερόν —, *rigid airship*
πηδαλιουχῶ, *to steer*
πήδημα, *spring, leap*
πηδοδόκη, *helm port, rudder hole*
πηδόκρανον, *rudder head, head of a rudder*
πηδῶ, *to skip*
πηκτός, *frozen*
πηλίκον, *quotient*
πήλινα ἀγγεῖα, *earthenware*
πηλίτης, *clay*
πηλόκολλα, *luting*
πηλοκονίαμα, *loam mortar*
πυρίμαχον —, *mortar from chamotte*
πηλόμαργα, *loamy marl*
πηλοπλίνθιον, ὠμόν, *clay brick, air brick*
πηλός, *clay, loam, mortar*
ἀσβεστιτικός —, *loess*
διὰ σωλῆνας, *pipe-clay*
ἐρυθρός —, *red clay*
μικτός —, *loam*
πλινθουργικός —, *brick earth*
πηλῶδες ἐπίστρωμα, *clay floor*
φύλλον ἐπιστρώσεως, *clay shingle*
πηνία ἄνευ πυρῆνος, προστατευτικά, *air-core chokes*
πηνίον, *spool, coil, reel, choke, radio choke, bobbin*
ἀναφλέξεως, *ignition coil*
ἀντιδράσεως, *reaction coil, tickler coil*
ἀντιστάσεως, *resistance coil*
ἀποκλίσεως καθοδικῶν ἀκτίνων, *deflecting coil*
αὐτεπαγωγῆς σχήματος πυθμένος καλάθου, *basket coil*
βομβητοῦ, *buzzer coil*
δακτυλιωτὸν κυλινδρικόν —, *toroidal coil*
διεγέρσεως, *field coil*
ἐκ σύρματος, *wire spool*
ἐντάσεως, *current coil, intensity coil*
ἐξαγωγῆς, *output choke*
ἐξουδετερώσεως, *neutralising coil*
ἐπαγωγικόν —, *induction coil, inductance coil*
καλαθοειδές —, *basket-weave coil*
μαγνητίσεως, *magnetising coil*
μετὰ πυρῆνος, *choke coil*
μηδενισμοῦ τάσεως, *no-volt coil*
πεπλατυσμένον —, *slab coil*

πηνίον
περιειλιγμένον ἐν εἴδει καλάθου, *basket coil*
στραγγαλιστικόν —, *choke coil, choking coil, choke*
στρεπτόν —, *moving coil*
τάσεως, *pressure coil*
ὑπερφορτίσεως, *overload coil*
ὑψηλῆς συχνότητος (Υ.Σ.), *radio frequency coil (r.f.c.), radio frequency choke*
φορτίσεως, *loading coil*
πηνίου, κεφαλή, *coil head*
ρύθμισις —, *coil setting*
πῆξις, *freezing*
πῆχυς, μετρικός, *surveyor's bar*
πιασμένη ἀπὸ τὸ νύχι, *foul to the fluke*
πιδακίσκος, *jet*
ἐλαίου, *oil jet*
πῖδαξ, *jet*
πιεζοηλεκτρικὸν φαινόμενον, *piezo-electric effect*
πιεζομετρικὴ γραμμή, *hydraulic gradient*
πιεζομετρικὸν ὕψος, *pressure head, static head*
ταχύτητος, *velocity head*
πιεζόμετρον, *pressure gauge*
δι' ὑδραργύρου, *mercury gauge*
διαφορικόν — (σωλῆνος σχήματος U), *differential gauge (U-tube)*
πρότυπον —, *standard pressure-gauge*
ρεύματος ἀέρος, *draught gauge*
πιέζω, *to press*
πιέσεως, ἄσκησις, *pressuring*
αὔξησις ἐντάσεως —, *increasing weight of pull-off*
βαθμίς —, *pressure stage*
βαθμός —, *pressure stage*
γωνία —, *pressure angle*
διαβάθμισις —, *pressure stage*
διανομή —, *pressure distribution*
διαφορά —, *pressure difference*
εἰσαγωγῆς, ἀπομονωτὴς ρυθμιστοῦ, *boost cut-out*
αὐτόματος ρυθμιστής — —, *boost control*
διαρροὴ ἐνδείκτου — —, *boost gauge leakage*
ἐνδείκτης — —, *boost gauge*
πίεσις — —, *boost pressure*
ρύθμισις — —, *boost pressure setting*
ἐλάττωσις ἐντάσεως —, *decreasing weight of pull-off*

πιέσεως
θέσις κεφαλῆς —, *static head position*
καμπύλη —, *pressure gradient*
κατάστασις —, *pressure stage*
κεφαλή —, *static head*
λῆψις —, *recording of pressure*
λοξότης —, *pressure angle*
μειωτής —, *pressure reducing valve*
ὀπαί —, *pressure openings*
ρυθμιστής —, *pressure regulator, boost control*
συνθήκη —, *pressure stage*
χειριστήριον —, *boost control*
πιεσίμετρον στρέψεως Φαίττιγκερ, *Föttinger torsiometer*
πίεσις, *pressure, pressing, press, stress, strain*
ἀερίων, *gas pressure*
ἀέρος, *wind pressure*
ἐξαερωτῆρος, *carburettor air pressure*
ἀνόδου, *rated boost*
ἀνωτέρα —, *proof stress*
ἀπαιτουμένη διὰ τὴν ἀπασφάλισιν τῆς σχαστηρίας, *pull-off*
ἀπόλυτος —, *absolute pressure*
ἀρχική —, *initial pressure*
ἀτμοῦ, *vapour pressure*
ἀφαιρέσεως, ἐλαφρά, *light pull-off*
ἰσχυρά — —, *heavy pull-off*
δοκιμῆς, *proof stress, proof strain*
ἐγκαρσία —, *lateral pressure*
ἐδάφους, *ground pressure*
ἀνεκτή — —, *soil bearing capacity, soil bearing strength*
εἰς κάμψιν, *bending stress*
κλεῖδα τόξου, *thrust on crown of an arch*
στρέψιν, *torsional stress*
εἰσαγωγῆς, *manifold pressure, working boost, boost*
ἀπογειώσεως, *take-off boost*
ὕψους χρησιμοποιήσεως, *rated boost*
ἐκρήξεως, *explosion pressure*
ἐλαίου, *oil pressure*
ἐξωτερική —, *outer pressing*
ἐπὶ τῶν πτερύγων, *wing pressure*
ἐπιφανειακή —, *surface pressure*
ἐσωτερική —, *inner pressing*
ἐφελκυσμοῦ, *tensile strain*
καθολικὴ ρυθμιστική —, *integral pressure relief*
καθωρισμένη —, *working pressure*
κανονική —, *normal pressure*
κρούσεως, *impact pressure*

πίεσις
κρουστική —, *impact pressure*
λειτουργίας, *working pressure, working strain*
μέση —, *mean pressure*
μεταβλητή —, *variable pressure*
ὁλοκληρωτικὴ ρυθμιστική —, *integral pressure relief*
ρευστοῦ, *fluid pressure*
στατική —, *static pressure*
συνήθης —, *normal pressure*
συνθλίψεως, *compressive strain*
τελική —, *terminal pressure*
ὑπερσυμπιέσεως, διατετιμημένη, *rated boost*
ὑπερσυμπιεστοῦ μεταβλητῆς ἀφετηρίας, *variable datum boost*
ταχύτητος ταξειδίου, *cruising boost*
πιεστήριον, *press*
δι' ἐκκέντρου, *eccentric press*
διὰ κοχλίου, *screw press*
σφηνός, *wedge press*
συμπιέσεως, *baling press*
πιθανὴ τιμή, *probable value*
πιθανὸν μέγεθος, *probable value*
πιθανός, *probable*
χρόνος ἀναχωρήσεως (Π.Χ.Αν.), *estimated time of departure (E.T.D.)*
ἀφίξεως (Π.Χ.Α.), *estimated time of arrival (E.T.A.)*
συναντήσεως, *estimated time of interception (E.T.I.)*
πιθανότης, *probability, assumption*
πικάγιο, *bunt jigger*
πικάπ, *pick-up*
πικές, *piqué*
πίκι, *jaw, gaff*
τῆς μπούμας, *spanker gaff*
πικούνι μετὰ κεφαλῆς, *poll pick*
πικρικὸν ὀξύ, *picric acid, trinitrophenol*
τακὲν — —, *melanite*
πικρίτης, *picrite*
πίλημα, *felt*
ἀμιάντου, *asbestos felt*
γονάτων, *knee pad*
λιπάνσεως, *lubricating felt*
πιλοτιέρα, *pilot ship*
πιλοτίνα, *pilot ship*
πιλότος, *service pilot, pilot*
ἀρχαιότερος —, *senior pilot*
πρῶτος —, *senior service pilot*
πιμελικὸν ὀξύ, *pimelic acid*
πίνακες ναυτιλίας, *navigation tables*
πινακίδιον ἐκ μαρμαρυγίου, *mica card*

πινακίς, *label, tag, sign*
ἐξ ἐλεφαντοστοῦ, *ivorine table*
ὁδηγιῶν, *instruction label*
πίναξ, *board, panel, table, list, roll, graph, index*
ἀεροπορικῶν ὁδῶν καὶ σταθμῶν ἀσυρμάτου, *radio facility chart*
ἀναγωγῆς, *conversion table*
ἀστέρων, *star index*
διανομῆς, *switchboard*
στερεωμένος ἐπὶ τοίχου, *wall switchboard*
ἐλέγχου, *control panel*
γεννητρίας, *generator control panel*
ἐνδείξεως, *dial*
κατανομῆς προσωπικοῦ, *manning table*
καταστάσεως ἀεροπλάνων, *status board*
μετατροπῶν, *conversion table*
ὁλοκληρωμάτων, *table of integrals*
ὀργάνων, *instrument board, instrument panel, dashboard*
πτήσεως, *dashboard*
παροχῆς, *feed block*
περιεχομένων, *table of contents*
ρυθμίσεως μικρᾶς ἀποστάσεως, *short-range board*
συντηρήσεως, ὡριαῖος, *servicing time-table*
σχεδιογραφίας, *drawing board*
σχεδιογραφήματος, *drawing board*
ὑπερβολικῶν συναρτήσεων, *table of hyperbolic functions*
χάρτου ὑποτυπώσεως, *plotting board*
χειριστηρίων, *dashboard*
πινελάρω, *to back anchor*
πινελιά, *stroke*
πινέλο, *paint brush, brush, stream anchor, kedge anchor, kedge*
πινιόν, *mitre wheel*
πινό, *yard-arm*
τοῦ πικιοῦ, *peak*
πιοῦτερ, *pewter*
πίπολο, *pole of a mast, skysail mast*
πίπτειν ἐξ ἀεροπλάνου, *to bale out*
πίσσα, *pitch, tar, coal tar, gas tar bitumen*
ἄνυδρος —, *dehydrated tar*
ἐκ ξύλου, *wood tar*
κατειργασμένη —, *refined tar*
ξύλου, *wood tar*
ὁδοστρωμάτων, *road tar*
ὀπτανθρακουργείου, *coke-oven tar*
πεύκης, *pine pitch*

πίσσα
σχιστολιθική —, *tar from lignite schist*
φυτική —, *vegetable pitch*
φωταερίου, *coal tar*
πισσάνθραξ, *pitch coal*
πισσάσφαλτος, *pitch*
δι' ἐπαλείψεις, λιπώδης, *bastard pitch*
ξηρά —, *black pitch*
πισσέλαιον, *tar oil, creosote*
ἐκ λιγνίτου, *brown coal-tar oil*
πισσίτης, *pitch*
ἐκ πίσσης λιθανθράκων, *coal-tar pitch*
πρώτης ἀποστάξεως, *straight-run pitch*
ἡμίσκληρος —, *medium-soft pitch*
μαλακός —, *soft pitch*
πισσόλιθος, *pitch-stone*
σιλικικός —, *siliceous pitchstone*
πισσοσκυροκονίαμα, *tar concrete*
πισσοσκυρωτὸν δι' ἐμποτισμοῦ διὰ πίσσης, *tar-grouted surfacing*
πισσίτου ἐκ πρώτης ἀποστάξεως, *pitch-grouted surfacing*
πισσόχαρτον, *tar paper, roofing felt, bitumen tar sheeting*
πισσωτήρ, *tar dressing machine*
πιστόλιον, *pistol*
βαφῆς, *paint-spray*
φωτοβολίδων, *pyrotechnic pistol, signal pistol, flare pistol*
Βέρι, *Very pistol*
πιστόνι, *piston.* **Βλ. καὶ ἔμβολον.**
πιστοποίησις, *certification, certificate*
πιστοποιητικόν, *certificate, certification*
διαβιβάσεων, *pass*
μεταθέσεως, *transfer certificate*
πιστοποιῶ, *to certify*
πιστότης, *fidelity*
πιστρόφι, *garboard strake*
πιτροπίδι, *bilge keel*
πὶτς-πάϊν, *pitch-pine*
πίτυλος, *splash*
πλάγια ἀρνητικά, *oblique negatives*
πλαγία ὄψις, *profile, elevation, side elevation, oblique view*
πλαγιάζω, *to beat*
πλάγιαι φωτογραφίαι, *oblique photographs*
πλαγιαστὴρ (σχοινίον), *bow-line*
πλαγιαστῆρος, μυόμματα, *bowline cringles*
σκέλη —, *bowline bridles*
πλαγιοδέτης, *quarter fast, spring*
πρύμνης, *after breast rope*

πλαγιόκλαστον, *plagioclase*
πλαγιοκομμένος, *chamfered*
πλαγιοκόπτης, *pliers*
πλαγιολίσθησις, *side slip*
πλάγιος, *oblique, bevel, traverse*
πλαγιοτροχιὰ σιδηροδρομικῆς γραμμῆς, *shunt*
πλαγίως, *aslant, athwart, edgewise*
πλαίσιον, *frame, lock frame, chassis, body, mounting, panel, crate, quadrant, gate*
ἀνυψώσεως μετὰ βαρούλκου μηχανῆς, *lifting gantry*
ἀπερίφρακτον —, *unscreened loop*
ἀρθρωτόν —, *hinged frame*
διαρθρωτόν —, *two-hinged frame*
ἐκτυπώσεως, *printing frame*
ἐντοιχισμοῦ, *wall box*
κεραίας, *loop, radio loop, loop aerial, loop antenna*
κινδύνου, *emergency panel*
κλωβοῦ ἕλικος, *stern frame*
μηχανισμοῦ, *mechanism frame*
ὀχήματος, *frame*
πεπακτωμένον —, *rigid frame*
ραδιογωνιομέτρου (Ρ/Γ), *radio loop*
σηματοδοσίας, *panel code, panel* **(ἀμερ.)**
συστήματος μαγνητῶν, *magnet system framework*
φορέως τροχοῦ, *spool carrier bobby*
φωτοτυπίας, *copying frame*
πλαισίου, ἀνασταλτικὸν κομβίον, *lock frame stop pin*
ἀσφαλιστικὸς πεῖρος —, *body-locking pin*
γλωσσὶς καλύμματος —, *tongue of body cover*
ἐπεκτατής —, *lock frame spacer*
κάθετοι πλευραί —, *limbs*
κάλυμμα —, *body cover*
συγκρατητής —, *lock frame retainer*
πλαισιῶ, *to frame*
πλαισίωμα, *frame*
πλαισίωσις, *beading*
πλάκες ἐξαγωγῆς, πιλημάτιναι, *exhaust felt pads*
πιλήματος, *felt pads*
στερεώσεως, *fixing plates*
πλακίδιον, *tile*
ἁρπάγης, *catch plate*
ἀσφαλείας, *safety plate*
δαπέδου, *floor tile*
ἐπαφῆς, *contact piece*
ἐπενδύσεως κλιβάνων, *stove tile*
ὁδοστρωσίας, *paving tile*
τοίχου, *wall tile*
πλακοδοκός, *beam, tee-beam*
ἀσύμμετρος —, *L-beam*
συμμετρική —, *T-beam*
πλακόλιθος ὁδοστρωσίας, *flagstone*
πλακόστρωτον, *flagstone paving, flagging slab paving, slab paving*
πλακοῦς, *pellet*
πλάνη, *carpenter's plane, plane, planing machine*
διπλῆ —, *smoothing plane*
σιδηρᾶ — —, *double-iron plane*
δρόμου, *road plane, road plough*
καυπύλη —, *compass plane*
κατασκευῆς αὐλακώσεων, *grooving plane*
ὀδόντων, *tooth plane, toothing plane*
συνδέσεων, *jointer plane*
μηχανική —, *planing machine*
ἄκρων, *plate-edge planing machine*
ὁριζοντία — —, *pit planing machine*
πλευρική — —, *side planing machine*
μονή —, *jack plane*
ραμποταρίσματος, *plough, plow*
συνήθης —, *jack plane*
πλανήμετρον, *planimeter*
πλανήτης, *planet*
ἀνώτερος —, *superior planet*
ἀστεροειδής —, *asteroid*
ἐξωτερικός —, *superior planet*
ἐσωτερικός —, *inferior planet*
κατώτερος —, *inferior planet*
μικρός —, *minor planet*
πλανητικὸν σύστημα, *planetary system, planetary gear, planet gear, satellite gear*
πλανητικός, *planetary*
πλανίζω, *to plane*
πλάνισις, *planing*
πλάνισμα, *planing*
πλάξ, *plate, slab, slate, flange, table*
ἀγκιστρώσεως ἐλατηρίου, *spring anchor plate*
ἀγκυρώσεως, *anchor plate*
ἀλλαγῆς τροφοδοτήσεως, *switch-plate*
ἀνυψωτική —, *hoisting plate*
ἀπασφαλίσεως, *unlocking plate*
ἀπασφαλιστική —, *unlocking plate*
ἀποκλίσεως, *deflecting plate*
ἀσφαλείας, *locking shoulder, shutter*
βαθμολογημένη —, *index plate*
βιδολόγου, *die*
γραφῆς, *slate*

πλὰξ
δερματίνη γιγγλυτική —, *leather hinge plate*
διανομῆς, *switchboard*
δικλίδος, *throttle plate*
διάτρητος —, *orifice plate*
διὰ στιγέως, *punched plate*
τρυπανίου, *drilled plate*
διοπτηρία —, *bearing plate*
ἑδράσεως, *bed plate*
ἐκ πισσοχάρτου, *bitumen tar sheeting*
σιδηροφύλλου, *sheet-iron plate*
φελλοῦ, *cork slab*
ἐκτοξεύσεως, *ejector board*
ἑλικοτομίδος, *die-plate*
ἐμπροσθία —, *front plate*
ἐμφρακτική —, *closing plate*
ἐνδείξεως, *dial*
ἐνδυναμωτική —, *flat stiffener*
ἐνισχύσεως, *stiffening plate, doubling plate, gusset plate*
ἐνισχυτική —, *stiffening plate, flat stiffener*
ἑνώσεως, *fish plate*
ἐξ ἀδιαφανοῦς ὑάλου, *frosted glass plate*
ἐπαναφορᾶς, *bunter plate*
ἐπικαλύψεως, *strake*
ἐπιφανείας, *surface table*
εὐσταθείας, *cross head*
ἐφαρμογῆς, *surface plate, trunnion plate*
θώρακος, *armour plate*
κάθετος —, *perpendicular plate*
καλύψεως, *cover slip*
κινητῆς κλίμακος, *moving-scale plate*
κλειδὸς ἀλλαγῆς τροφοδοτήσεως, *bunter plate*
κοντακίου περιστρόφου, *stock plate*
κυρία —, *main plate*
μὲ ὁπλισμὸν κατὰ μίαν διεύθυνσιν, *one-way slab*
ὀρειχαλκίνη —, *brass plate*
παρεκκλίσεως, *baffle plate*
περιστρεφομένου συνδέσμου, *trunnion plate*
πιέσεως, *pressure plate*
πιεστική —, *pressure plate*
πλευρική —, *unlocking plate, wall plate*
ἀριστερά— —, *left-hand (L.H.) side plate*
δεξιά — —, *right-hand (R.H.) side plate*
προσαρμογέως, *attachment base-plate*

πλὰξ
αὐτομάτου —, *automatic attachment base-plate*
προστατευτική —, *protection plate*
πυθμένος, καλυπτική, *bottom plate*
ρυθμιζομένη —, *adjustable plate*
σιδηρᾶ ἑλκυσθεῖσα ἐν θερμῷ, *hot-rolled plate*
ψυχρῷ, *cold-rolled plate*
κυρτὴ εἰς τὸ μέσον, *buckled plate*
στεγάσεως ἐξ ἀμιάντου, *asbestos slate slab*
στεγαστικοῦ σχιστολίθου, *slate*
στερεώσεως, *fixing plate*
συγκρατήσεως, *catch plate*
ἀντιβάρων, *counter-weight retainer plate*
συγκρατητική —, *retaining plate, keeper plate*
συνδετική —, *link plate*
τετάρτου κύματος, *quarter-wave plate*
τριγωνική —, *angle plate*
τροχισμοῦ, *oil-stone*
ὑποστηρίξεως, *bearing plate*
πλάστιγξ, *balance, steel yard.* **Βλ. καὶ ζυγός.**
πλαστικαὶ ὗλαί, *plastics*
πλαστική, *plastics*
λεπιώδης —, *laminated plastics*
οὐσία *plastic*
ἀδιάβροχος — —, *luting*
παραμόρφωσις ἐκ φορτίσεως, *plastic yield*
συνήθης —, *coarse plaster of Paris*
ὑποχώρησις ὑλικοῦ, *plastic yield*
πλαστικὸν ὑλικόν, χυτόν, *moulded plastic*
πλαστικός, *plastic*
πηλός, *plastic clay*
πλαστικότης, *resilience*
πλαταμών, *beach*
πλατάνι. Βλ. πλάτανος.
πλάτανος, *plane tree, plane*
πλάτη τοῦ ἵππου, *horse latitudes*
πλατίνη, *platinum (Pt).* **Βλ. καὶ λευκόχρυσος.**
πλατίνα. Βλ. πλατίνη.
πλάτος, *width*
(φ), *latitude*
βόρειον καὶ νότιον —, *North and South latitude*
γεωγραφικόν —, *latitude*
διακένων ὀδόντων, *pitching of gear, pitch of teeth*
κανονικόν —, *standard gauge*

πλάτος
ὀθόνης ἱστίων, *weft*
ὁλικόν —, *overall width*
σιδηροδρομικῆς γραμμῆς, *railway-track gauge*
πλάττω, *to design*
πλάτυνσις, *dilatation*
πλατύνω, *to dilate*
πλέγμα, *grid, braid, mesh, tress, wicker-work*
ἀναιρετικόν —, *suppressor grid*
δικτυωτόν —, *meshwork, lattice work, trellis work, trellis, wire guard*
ἐλέγχου, *control grid*
ἐξ ἐκταθέντος μεταλλικοῦ φύλλου, *expanded metal*
μεταλλικόν —, *wire netting*
παρεκτροπῆς, *diffraction grating*
συρμάτινον —, *wire guard*
σωματώσεως, *bonding braid*
ταλαντώσεων, *oscillator grid*
τηλεοράσεως, *television frame*
φραγμοῦ, *screen grid*
πλέγματος, ἀντίστασις (τάσεως), *bias resistance*
ἀντίστασις διαρροῆς —, *grid leak*
διαρροή —, *grid leak*
κύκλωμα —, *grid circuit*
λύσις —, *grid bias*
πυκνωτήρ —, *grid condenser*
ρεῦμα —, *grid current*
τάσις —, *grid bias, grid voltage, bias*
Πλειάδες (Ἀστερ.), *Pleiades*
πλειόκαινος περίοδος, *Pliocene period*
ὑποπερίοδος, *Pliocene period*
πλειστόκαινος περίοδος, *Pleistocene period*
ὑποπερίοδος, *Pleistocene period*
πλεκτάνη, *nipper, gasket, tress*
πλεκτός, *braided*
πλέντα, *blende, black jack, sphalerite*
πλέξιγκλας, *Plexiglas*
πλέξιμο *netting, braiding*
πλεόναστον, *pleonaste, ceylonite*
πλευρά, *side, wing, rib, beam*
πλευρικὰ ἐλάσματα, *side plating*
πλευρικὴ διαμήκης ἐνίσχυσις, *side longitudinal*
ἐπίθεσις φωτογραφιῶν, *side lap*
ἐφαρμογή, *side fitting*
ζώνη, *side band*
ἄνω — —, *upper side band*
κάτω — —, *lower side band*
ὀλίσθησις, *side slipping*
ὄψις ἀεροσκάφους, *passing flight*
ὤθησις, *side thrust*
πλευρικοὶ βραχίονες, *side stays*
πλοϊκοὶ φανοί, *side lights*
πλευρικὸν κιγκλίδωμα, *side rail*
πολυβόλον, *side gun*
πλευρικὸς μοχλός, *side lever*
φεγγίτης, *side scuttle*
πλευροσκόπιον, *side cutter*
πλευρόν, *rib*
πλεύσιμος, *navigable*
πλεῦσις, *cruising, course*
πλευστὴ ὑφαντὴ λωρίς, *floating fair-lead*
πλευστότης, *buoyancy, flotation*
πλέω, *to steam, to sail, to float*
πληθοπαραγόμενος, *mass-produced*
πληθοπαραγωγή, *mass production*
πλῆκτρα βαλβίδων, *valve tappets*
γραφομηχανῆς, *key-board, keys*
καὶ ὁδηγοί, *tappets and guides*
ὠστικοὶ διωστῆρες, *rockers and push rods*
πλῆκτρον, *tappet, rocker*
πλήκτρου, βραχίων, *rocker arm*
διάκενα —, *tappet clearances*
ἐφαρμογὴ βραχίονος —, *rocker arm fitting*
κάλυμμα βάσεως —, *rocker bracket cover*
κιβωτίου —, *rocker box cover*
κυλινδροτριβεύς βραχίονος —, *rocker arm roller*
μηχανισμός —, *rocker mechanism*
ράβδοι —, *tappet rods*
σύστημα —, *rocker gear*
τριβεὺς βραχίονος —, *rocker arm bearing*
πλῆμμαι καὶ ρηχία, *ebb and flood*
πλήμμη, *flood*
πλήμμυρα, *flood, overflow, inundation*
πλημμυρίς, *flood tide, flooding tide*
πλημμυρισμένος, *water-logged, flooded*
πλημμυρῶ, *to swamp*
πλήμνη, *hub, boss, wheel boss*
ἕλικος, *propeller hub*
στροφάλου, *crank boss*
τροχίλου, *bush of a block*
τροχοῦ, *wheel hub, hub, nave, eye of a wheel*
πλήρης, *full*
ἀνόρθωσις, *full-wave rectification*
ἀπόκλισις, *full-scale deflection*
διατομή, *gross area*
φόρτισις, *full-load*
πληροφορίαι, *intelligence*
ρυθμίσεως, *timing data*
συγχρονισμοῦ, *timing data*
πληροφοριοδότης, *teller*

πλήρωμα, *crew*
ἀεροσκάφους, *aircrew*
ἅπαν τό —, *all hands*
πληρωμάτων, ὑπηρεσία διασώσεως, *air-sea rescue service*
πλήρωσις, *filling, topping up*
ἁρμῶν, *grouting*
διὰ λίθων, *rock filling*
ρευστοκονιάματος, *grouting*
χυλοῦ, *grouting*
συστήματος, *filling of the gear*
πληρωτικαὶ κεφαλαὶ (ἀλεξιπτώτου), *operating heads (for parachute)*
πλησιάζω, *to approach*
πλῆσμα, *filler, filling material*
πλίθα, *brick.* **Βλ. καὶ πλίνθος.**
πλίθρα, *brick.* **Βλ. καὶ πλίνθος.**
πλινθάνθραξ, *patent fuel, briquette*
ἐκ λιγνίτου, *brown coal briquette*
λιθάνθρακος, *coal briquette*
ποάνθρακος, *peat briquette, briquetted peat*
πλινθέρυθρον, *brick red*
πλινθίον, *light block, light stone, lining brick*
ἀκτινικόν —, *radial brick*
ἀσβεστοπυριτικόν —, *lime sand brick, malm brick*
ἀσφαλτικόν —, *plate sheet asphalt*
διάκενον (κούφιο) —, *hollow brick, hollow stone*
ἀραιόν — —, *hollow porous brick*
θόλων, *hollow-gauged brick*
διάτρητον —, *perforated brick*
ἡμισκλήρου ὀπτήσεως, *medium-burned brick*
μηχανοποίητον —, *machine-made brick*
πιεστόν — —, *pressed brick*
πυρίμαχον —, *tile*
σκληρᾶς ὀπτήσεως, *hard-burnt brick, hard stock*
ὑπονόμων, *sewer brick*
χειροποίητον —, *hand-made brick*
πλινθοδομή, *brick-work*
πλινθοδομῆς, θεμελίωσις ἐκ, *brick foundation*
πλινθοδομία, *brick-work*
πλινθόκτισις, *bricklaying*
πλίνθος, *brick*
ἀλεξίπυρος —, *fire-brick*
ἄνοπτος —, *unburned brick*
ἀσβεστοπυριτική —, *sand-lime brick*
διάκενος (κούφια) —, *hollow brick*
ἐξυαλωμένη ,—, *glazed brick*

πλίνθος
ἐπενδύσεως, *lining brick*
μεταλλεύματος, *ore briquette*
ποάνθρακος, *peat brick*
πυρίμαχος —, *fire brick*
ὑπονόμων, *sewer brick*
πλίνθου, θρύμμα, *brickbat*
πλίνθων, κοχλίας, *brick bolt*
πλοηγαερόστατον, *pilot balloon*
πλοήγησις, *piloting*
πλοηγία, *piloting, pilotage*
πλοηγίς, *pilot ship, pilot boat*
πλοηγός, *pilot*
πλοιάριον, *boat*
ἀγώνων, *racing yacht*
πλοίαρχος, *captain, commodore*
πλοϊκοὶ φανοί, *navigation lights*
πλοϊκὸς φανός, δεξιός, *green light*
πλόϊμος, *navigable, sea-worthy, air-worthy*
πλοϊμότης, *sea-worthiness, air-worthiness*
ἀεροσκαφῶν, *air-worthiness*
πλοῖον, *vessel, ship, boat*
ἀκτοπλοϊκόν —, *coaster (vessel)*
ἀμφιβίου πολέμου, *tank-landing ship (L.S.T.)*
βοηθητικόν —, *tender*
ἐγκαταλελειμμένον —, *abandoned ship, wreck*
ἑλικοκίνητον —, *power vessel*
μὲ ἕνα κατάστρωμα, *single-deck ship*
μεταλλευματοφόρον —, *ore-vessel*
παγίς, *decoy ship*
περιπολοῦν —, *patrol*
συνοδείας, *escort vessel, sloop*
τετραέλικον —, *quadruple-screw vessel*
τρίκροτον —, *three-decker*
τροχήλατον—, *paddle-wheel steamer*
ὑδρογραφικῶν παρατηρήσεων, *surveying vessel*
φορτηγόν —, *cargo boat*
πλοίου, μέσον, *amidships*
πλάτος —, *moulded breadth of ship*
πλευρά —, *broadside, board*
χῶρος στροφῆς (περιαγωγῆς) —, *swinging space*
πλόκαμος, *strand*
πλοῦς, *course*
Πλούτων ('Αστρ.), *Pluto*
πλουτώνεια πετρώματα, *plutonic intrusions*
πλουτώνειοι παρεισφρήσεις, *plutonic intrusions*

πλουτώνειον πέτρωμα, *plutonic rock*
πλουτώνιον, *plutonium (Pu)*
πλυντικὴ μηχανή, *washing machine*
πλύσιμον, *rinsing*
πλύσις, τελική, *flush*
τῶν πλακῶν, *washing of plates*
πλώϊμος. Βλ. πλόϊμος.
πλώρη. Βλ. πρῷρα.
πλωτάρχης, *commander*
πλωτὴ ἄγκυρα, *sea anchor, drogue*
γέφυρα, *pontoon bridge*
δεξαμενή, *floating dock*
ἀερακάτων, *flying-boat floating dock*
πλωτήρ, *float, pontoon*
ἀτμομετρικός —, *steam measuring float*
ἐκ φελλοῦ, *cork buoy*
ἐξαεριστῆρος, *carburettor float*
ἐξαερωτῆρος, *carburettor float*
μεταλλικός —, *metal float*
τύπου καταμαράν, *catamaran- type float*
ὑδροπλάνου, *hydroplane float*
φλογοβόλος —, *flame float*
πλωτῆρος, ἐξαερωτῆρος, θάλαμος, *carburettor float chamber*
θάλαμος —, *float chamber*
μηχανισμός —, *float mechanism*
μοχλός —, *float lever*
βενζίνης θαλάμου —, *float chamber petrol lever*
πεῖρος ὑπομοχλίου —, *float fulcrum pin*
προσαρμογὴ χώρου —, *float chamber fitting*
ρύθμισις —, *float adjustment*
χῶρος —, *float chamber*
πλωτός, *navigable*
λίθος, *alluvial stone*
ποταμός, *navigable river*
πνεῦμα, *alcohol, spirit*
τριατομικόν —, *trihydric alcohol*
πνεύματα, μονατομικά, *monohydric alcohols*
πνευματικὸς (δι' ἀέρος), *pneumatic*
πνευματόλυσις (ὀρυκτολ.), *pneumatolysis*
πνευματομηχανή, *alcohol engine*
πνίγω, *to jam*
πνοὴ ἕλικος, *slipstream, propeller slipstream*
ποάνθραξ, *peat*
ποδάρι πασαδούρου, *stirrup*
ποδεών, *clew garnet*
ποδήλατον, *bicycle*
δίδυμον —, *tandem bicycle*
ποδόδεσμος, *sheet bend*
ποδοδέτης, *bollard*
ποδόλιβρον, *foot-pound (ft-lb)*
ποδομοχλός, *foot-pedal, pedal*
ποδόστημα, *stern post, back post*
ποδοστήριγμα, *foot rest*
ποδότοννος, *foot-ton*
ποδόφρενον, *foot brake*
πόδωμα ἱστοῦ, *foot of sail*
ποδωστήριον, *push-pedal, pedal, rudder bar*
πηδαλίου διευθύνσεως, *rudder pedal, rudder bar*
ποζιτρόνιον, *positron*
ποιότης, *quality*
σωλήνων, *grade (of pipes)*
πολαρογράφος, *polarograph*
πολεμικὴ ἔγερσις, *clearing for action*
πολεμικὸν πλοῖον, *battleship, guard ship, man-of-war*
πολεμοφόδια, *ammunition, munitions*
πολικὰ ρεύματα, *polar currents*
πολικαὶ περιοχαί, *polar regions*
συντεταγμέναι, *polar coordinates*
χῶραι, *polar regions*
πολικὴ ἀπόστασις, *polar distance, codeclination*
γωνία, *polar angle*
περιοχή, *arctic region*
πολικὸν διάφραγμα, *polar diagram*
μόριον, *polar molecule*
τόξον, *polar arc*
τρίγωνον, *polar triangle*
φῶς, *polar light*
πολικός, *polar*
ἀήρ, *polar air, arctic air*
ἄξων, *polar axis*
Πολικὸς Ἀστήρ (α Μικρᾶς Ἄρκτου), *Pole Star, Polaris*
πολικότης, *polarity*
τροφοδοτούσης πηγῆς (ἠλεκτρ.), *polarity supply*
πολλαπλασιαστέος, *multiplicand*
πολλαπλασιαστής, *multiplier, amplifier.* **Βλ. καὶ ἐνισχυτής.**
πολλαπλάσιος, *multiple*
πολλαπλοῖ σωλῆνες ἀπορρίψεως φωτοβολίδων, *multiple-flare chutes*
πολλαπλοῦς, *multiple*
πόλοι, ὅμοιοι, *similar poles*
ὁμώνυμοι —, *similar poles*
πόλος, *pole, pivot*
ἄξονος, *footstep*
στηρίξεως πολυβόλου, *yoke mounting*
πολοσκόπιον, *polariscope*
πολτός, *pulp*

πολυ-, *multi-*
πολυατομικός, *polyvalent*
πολυβόλα, πολλαπλᾶ (ὁμοβάλλοντα), *multiple-guns*
πολυβολητής, *gunner*
  ἀέρος, *air gunner*
  ἐδάφους, *ground gunner*
πολυβολητοῦ, θέσις, *gunner's stand*
πολυβόλον, *machine-gun (M.G.), gun*
  δίδυμον —, *twin machine-gun*
  ἐδάφους, *ground gun*
  ἐλεύθερον —, *free gun*
  ἐμπρόσθιον —, *nose gun*
  ἐπικοίλιον —, *ventral gun*
  καθαρόν —, *clear gun*
  κινητόν —, *swivelling machine-gun*
  μεσαῖον —, *waist gun*
  οὐρᾶς, *tail gun*
  πτερύγων, *wing gun*
  σταθερόν —, *fixed machine-gun, fixed gun*
  συγχρονισμένον —, *synchronised gun*
πολυβόλου, ἀνύψωσις, *gun elevation*
  βάσις —, *machine-gun mounting, machine-gun platform*
  διαδρομή —, *gun travel*
  θέσις —, *gun bay*
  καθαρισμός —, *cleaning of a gun*
  κάτοπτρον —, *machine-gun mirror*
    πρισματικόν — —, *machine-gun mirror*
  κιλλίβας —, *machine-gun mounting*
  λίκνον —, *gun cradle*
  περίβλημα —, *gun casing*
  ρύθμισις —, *adjustment of gun*
  στεφάνη —, *gun ring*
  συγχρονισμός —, *gun sychronisation*
  συγχρονιστικά —, *gun synchronisers*
  ὑποστήριγμα —, *machine-gun mounting*
  φυσίγγια —, *machine-gun cartridges*
πολυγραφημένος, *stencilled*
πολυγράφος, *mimeograph*
  ἐπίπεδος —, *flat duplicator*
  περιστροφικός —, *rotary duplicator*
πολύγωνον, *polygon*
  ἀστεροειδές —, *star polygon*
  δυνάμεων, *polygon of forces*
  ἐγγεγραμμένον —, *inscribed polygon*
  κανονικόν —, *regular polygon*
  περιγεγραμμένον —, *circumscribed polygon*
Πολυδεύκης (β Διδύμων), *Pollux*
πολύεδρα, ὅμοια, *similar polyhedrons*
πολύεδρον, *polyhedron*
πολυκύλινδρος, *multi-cylinder*
πολυκωνικὴ προβολή, *polyconic projection*
  τροποποιημένη —, *modified polyconic*
πολυμερὲς σῶμα, *polymer*
πολυμερισμός, *polymerism*
πολυμεροποιεῖσθαι, *to polymerise*
πολυάζαι, *polyoses, polysaccharoses*
πολύπλοκος πυροσωλήν, *fuse, fuze*
    ἀκαριαῖος — —, *instantaneous fuse*
    ἀσφαλείας, *safety fuse*
    ἐμπρηστικός — —, *incendiary fuse*
    ἠσφαλισμένος — —, *safe fuse*
    κρούσεως, *percussion fuse*
    οὐρᾶς, *tail fuse*
    ὑπερευαίσθητος — —, *supersensitive-percussion fuse*
πολυπλόκου πυροσωλῆνος, ἐλατήριον, *fuse spring*
    κάλυμμα — —, *fuse cover*
      ἐλατηρίου — —, *fuse spring box*
    καψύλλιον — —, *fuse cap*
    κορμός — —, *fuse body*
    κρίκος — —, *fuse chain*
    μηχανισμός — —, *fuse, fuze*
    ὁμάς — —, *fusing unit*
    οὐρᾶς, προσαρμογεύς, *tail fusing attachment*
    ρινός, προσαρμογεύς, *nose fusing attachment*
    ρύθμισις — —, *fuse setting*
    συγκρότημα — —, *fusing unit*
πολυπολικός, *multi-polar*
πολυπρισματικοὶ φωταγωγοὶ ὑαλόλιθοι, *reflecting glass prisms*
πολυπτέρυγον, *multi-plane*
πολυσακχαρῖται, *polysaccharoses, polyoses*
πολύσπαστον, *block-and-tackle, lifting block, pulley block, lifting tackle, pulley tackle, compound pulley, winding tackle*
  ἀτέρμονος κοχλίου, *worm gear chain*
  δι' ἁλύσεως, *chain pulley block*
    ἀτέρμονος κοχλίου, *worm-gear pulley block*
  διὰ σχοινίου, *rope pulley block*
  πενταπλασιάζον τὴν δύναμιν, *gun tackle*
πολύστροφος μηχανή, *high-speed engine*

πολυσχιδὲς συγκρότημα σωληνώσεων εἰσαγωγῆς, *manifold*
πολυφασικὸν ρεῦμα, *multi-phase current*
σύστημα, ἀνεξάρτητον, *separate multi-phase system*
ἰσόρροπον — —, *balanced multi-phase*
πολυφασικός, *polyphase*
πολύφωτον, *girandole*
πολυώνυμον, *polynomial*
πολώνιον, *polonium (Po)*
πολώσεως, ἐξάλειψις, *depolarising*
πόλωσις, *polarisation*
κατακόρυφος —, *normal polarisation*
κεκλιμένη —, *abnormal polarisation*
μαγνήτου, *magnet polarity*
φωτός, *polarisation*
πόμολο, *door handle*
πόμπα, *pump, windlass.* **Βλ. καὶ ἀντλία.**
πομποδέκτης, *transmitter-receiver*
πομπός, *transmitter, tapping key*
-δέκτης, *transmitter-receiver*
διὰ σπινθήρων, *arc transmitter*
ἐφεδρικός —, *emergency transmitter*
ραδιοτηλεφωνίας, *telephone transmitter*
πόντα, *punch*
ποντίζω, *to cast anchor*
ποπλίνα, *poplin*
πορεία, *course (Co), heading, way*
ἀληθής — (ζλ), *true course (Co T.)*
ἀνιχνεύσεως, *scouting course*
ἀπαιτουμένη —, *required course*
ἀπομακρύνσεως, *course out*
γωνιόκλαστος —, *zigzag course*
εἰκόνος φυσαλλίδος, *bubble image path*
ἐπανόδου, *course back*
ἐπιστροφῆς, *course back*
ζητουμένη —, *required course*
μεταβάσεως, *outward course, course ou*
προσεγγίσεως, *course back*
συγκλίνουσα —, *converging course*
πορείας, δείκτης ἀληθοῦς, *true course indicator*
πορειοδείκτης, *path indicator*
πορθμεῖον, *ferry boat*
πορθμός, *canal, firth, strait, sound*
πόρισμα, *brief, corollary*
πόρκος, *shackle crow, junket, clam*
πόρος, *ford*
πόρπη, *buckle, clasp, fastening, eye bolt*
ἐφελκυστική —, *spacer*
πορπῶ, *to buckle*
πορσελάνη, *porcelain*
πορτοκαλόχρουν, *orange*
ἀνοικτόν —, *orange-yellow*
τοῦ μεθυλίου, *methyl orange, helianthine*
πορφύρα, *rhodopsin*
πορφυρᾶ χροιά, *purple tone*
πορφυραῖ χρώσεις, *purple ligh s*
πορφύρης, *porphyry*
κεροστιλβικός —, *hornblende-porphyry*
σιλικικός —, *quartz porphyrite*
χαλαζιακός —, *quartz porphyry*
πορφυρικός, *porphyritic*
πορφυρίτης, *porphyrite*
χαλαζιακός —, *quartz porphyrite*
πορφυριτικὰ πετρώματα, *porphyry (rocks)*
πορφυροειδής, *porphyritic*
πορφυρόλιθος, *porphyry*
πορφυροῦν, *purple*
πορφυρόχρουν, *mauve*
πορῶδες (ἰδιότης), *porosity*
πορώδης, *porous*
Ποσειδών (Ἀστρ.), *Neptune*
ποσειδώνιον, *neptunium (Np)*
ποσόν, *sum, amount*
ποσοστόν, *percentage*
κατ᾽ ὄγκον, *part by volume*
κενῶν, *percentage of voids*
ποσότης, *quantity*
δεδομένη —, *given quantity*
ἠλεκτρισμοῦ, *quantity of electricity*
μαγνητισμοῦ, *quantity of magnetism*
μεταβλητή —, *variable quantity*
πεσούσης βροχῆς, *rainfall*
ὕλης, *mass*
ποσότητες, βαθμωταί, *scalar quantities*
πόστα, *frame*
ποτάμιον ρεῦμα, *stream*
ποταμίσκος, *rivulet*
ποταμοπλοΐα, *river sailing*
ποταμόπλοιον, *river boat, barge*
ποταμός, *river*
μὲ φράγματα, *sluice*
ποτανσιόμετρον, *potentiometer*
πλέγματος, *grid potentiometer*
πότασσα ἢ ποτάσσα, *potash, potassium carbonate*
καθαρά —, *pearl ash*
καυστική —, *caustic potash*
ποτάσσιον, *potassium (K)*
ποτήριον μετρήσεως, *glass measure*

ποτιστήριον, *watering can*
πουζολάνη, *pozzuolana*
πουζολανικὴ πρόσμικτος κονία, *trass cement*
Πούλια ('Αστερ.), *Pleiades*
πουλσόμετρον, *pulsometer*
πουνέντες, *westwind, westerly wind, zephyr*
πουνεντογάρμπης, *west-south-west*
πουνεντομαΐστρος, *west-north-west*
πουντέλι, *stanchion, stay bolt*
τρόπιδος, *keel shore*
πουντέλια, *rail stanchions*
ποῦπι, *poop*
πουρνάρι, *holly, holm oak*
πούς (0,3048 μ. = 12 ἴντσες = 1/3 ὑάρδας), *foot (ft)*
διωστῆρος, *(connecting rod) small end*
προσήνεμος —, *tack*
πραγματικὴ θέσις, *actual position*
ἱπποδύναμις, *actual horse-power*
ὀλίσθησις, *real slip*
πραγματικὸν ἀπόβαρον, *actual tare*
εἴδωλον, *real image*
ἴχνος, *actual track*
πραγματικός, *actual, real, intrinsic*
πρακτικαὶ ἐπιστῆμαι, *applied sciences*
πρακτικὴ ἀντοχή, *working stress*
εἰς ἐφελκυσμόν, *proof stress*
πρακτικός, *applied*
πράκτωρ, *agent*
πρανὲς ἐκχώματος, *slope of cutting*
ἐπιχώματος, *slope of embankment*
πρᾶος, *mild*
πρασεοδύμιον, *praseodymium (Pr)*
πρασινόλιθος, *greenstone*
κεροστιλβικός —, *hornblende-diorite*
πράσινον, *green*
θαλάσσης, *sea green*
μαλαχίτου, *malachite green*
μηλέας, *apple green*
ὀρεινόν —, *mountain green*
Σβάϊνφουρτ, *Schweinfurt green*
Σῆλ, *Scheele's green*
σταθερόν —, *chrome oxide green*
φῶς, *green light*
χλόης, *grass green*
χρωμίου, *chrome green*
ψιττακοῦ, *parrot green*
πράσινος φανός, *green light*
ψαμμίτης, *green sandstone*
πρατήριον βενζίνης, *petrol station*
πρέκι, *angle bar*
θύρας, *door lintel*
πρέμνον, *stump*
πρήξιμο, *swelling*
πριμουλίνη, *primuline*
πρινάρι, *holly, holm oak, evergreen oak*
πρῖνος, *holly, holm oak, evergreen oak*
πριονίδια, *sawdust, shavings*
πριονίζω, *to saw*
πριόνιον, *hack-saw, saw.* **Βλ. καὶ πρίων.**
πριονίου, λεπίδες, *hack-saw blades*
πριονίσματα, *sawdust*
πριονιστήριον, *saw mill*
πριονοειδής, *milled*
πριονοκορδέλλα, *band-saw, ribbon saw, endless saw*
πριονοκορδέλλας, σχισμή, *saw notch*
πριονόμυλος, *saw mill*
πρίονος, λεπίς, *saw blade*
ὀδοντωτὴ παρυφή —, *calyx*
ὀδούς —, *saw-tooth*
πρῖσμα, *prism*
ἀνακλαστικόν —, *reflecting prism*
ἀντανακλῶν —, *reflecting prism*
ἑξαγωνικόν —, *hexagonal prism*
εὐθυσκοπικόν—, *direct-vision prism*
κανονικόν —, *regular prism*
κολοβόν —, *truncated prism*
ὀπτικόν —, *optical prism*
ὀρθόν —, *right prism*
πενταγωνικόν —, *pentagonal prism*
πλάγιον —, *oblique prism*
τετραγωνικόν —, *quadrangular prism*
τριγωνικόν —, *triangular prism*
κολοβόν — —, *triangular truncated prism*
ὀρθόν — — —, *right triangular truncated prism*
πρισματικαὶ βελόναι, *prismatic needles*
πρισματικός, *prismatic*
πρισματοειδές (πολύεδρον), *prismoid*
πρίσματος, βάσεις, *ends of a prism*
πριτσίνι, *rivet*
πριτσίνωμα, *riveting*
πρίων, *saw.* **Βλ. καὶ πριόνιον.**
ἀτέρμων —, *endless saw, band-saw, ribbon saw*
δι' ἐγκαρσίας τομάς, *cross-cut saw*
διὰ χονδροξυλείαν, *wood saw*
δισκοειδής —, *circular bandsaw*
ἐκφλοιώσεων, *veneer saw*
ἐνισχυμένης λεπίδος, *back saw*
ἐπὶ σκελετοῦ, *frame saw*
κοπῆς μετάλλων, *metal saw*
πινάκων, παράλληλος, *panel saw, tenon saw*
προεξοχῶν, παράλληλος, *panel saw, tenon saw*

πρίων
κυκλικός —, *circular saw*
μὲ ῥάχιν, *back saw*
μηχανικός —, *saw mill*
μηχανοκίνητος —, *sawing machine*
χειροκίνητος —, *hand saw*
χειρός, *hand saw*
προαγγελία θυελλωδῶν ἀνέμων, *gale warning*
καταιγίδος, *storm warning*
προαναφλεκτήρ, *sub-igniter*
προαναφλεκτῆρος, κεφαλή, *igniter*
προανάφλεξις, *premature ignition, advanced ignition, spark advance, ignition before compression*
προάσπισις ὀχθῶν, *bank protection, slope protection*
πρανῶν, *bank protection, slope protection*
διὰ λιθενδύτου, *embankment protection*
προβαλλόμεναι πλάκες, *lantern slides*
προβάλλων, *overhanging*
προβεντζάρω, *to veer*
προβλεπομένη διεύθυνσις, *anticipated direction*
πρόβλεψις καιρικῆς καταστάσεως, *general inference*
προβλής, *pier, jetty*
μετὰ γερανοῦ, *pier and crane*
ξυλίνη —, *jetty*
προβλήτης. Βλ. προβλής.
προβολαί, ναυτικαί, *navigational projections*
προβολεύς, *projector, searchlight, searchlight projector, reflector, floodlight*
ἀνακαλύψεως ἀεροσκαφῶν, *pick-up light*
ἀνιχνεύσεως, *searchlight, searchlight projector*
ὀπτικός —, *lantern*
σημάτων Ἄλντις, *Aldis lamp*
φωτισμοῦ, *foot-light*
προβολή, *projection, jet*
ἀκτινωτή —, *radial projection*
γραμμῆς, *projection of a line*
διαμετρική —, *diametric projection*
ἴσου ἐμβαδοῦ, *equal-area projection*
κεντρική —, *radial projection*
κωνική —, *conic projection*
ὁριζοντία —, *parallel projection*
πολυκωνική —, *polyconic projection*
σημείου, *projection of a point*
σχεδιαγράμματος, *projection*
χάρτου, *map projection*
προβολικός, *overhanging*
πρόβολος, *projection, cantilever*
(ὑδραυλ. ἔργα), *dyke spur, dike spur, spur jetty, groyne, groin*
δοκός, *cantilever beam*
προγεφύρωμα, *bridge-head, beach-head*
πρόγνωσις, *forecast*
δρομολογίου, *route forecast*
καιροῦ, *weather forecast*
προγνωστικά, *prognostics*
προγνωστικόν, *forecast*
προγνωστικός σταθμός, *forecasting station*
πρόγραμμα, *program, programme, schedule*
προδιαγραφή, *specification*
ὑλικοῦ, *material specification*
πρόδομος, *antechamber*
προειδοποίησις θυέλλης, *gale warning*
περὶ καιροῦ, *weather warning*
προεισαγωγὴ ἀτμοῦ εἰς τὸν κύλινδρον, *admission lead*
προέκταμα, *extension*
προέκτασις, *extension elongation*
ἀσφαλείας, *approach strip*
ὀπισθία —, *rear extension*
προεκτέλεσις, *anticipation*
προέλευσις, *origin*
προέλκω, *to warp*
προεξαγωγή, *exhaust lead, overlapping*
προεξέχον ἄκρον, *projecting point*
προεξοχή, *protrusion, projection headland, cantilever, spigot, lug*
κατευθύνσεως, *guide rib*
συγκρατήσεως χυτοῦ τεμαχίου, *lug of casting*
συμπαγής —, *solid cam*
προεσχάριον, *grate bearer, fire-bar bearer*
προετοιμασία δομικῶν μηχανῶν, *dressing of machines*
προζύμι, *yeast*
προθάλαμος, *antechamber, anteroom*
προθέρμανσις (κινητῆρος), *warming up, running up, run-up*
προθερμαντήρ, *preheater, feed heater, heater*
πετρελαίου, *oil heater*
ὑλικῶν ὁδοστρωσίας, *heating plant*
προϊόν, *product*
δευτερεῦον —, *by-product*
ἐκσκαφέως, *digout material (spoil)*
κεκαθαρμένον —, *refined product*
πάρεργον —, *by-product*
πλήρως κατειργασμένον —, *finished product*
ραφιναρισμένον —, *refined product*

προϊσταμένη ἀρχή, *parent unit*
πρόκα, *tack*
προκάλυμμα, *armour, armor*
προκαταρκτικαὶ δονήσεις, *preliminary tremors*
προκαταρκτικὴ λειτουργία (κινητῆρος), *preliminary running, preliminary run*
προκεχωρημένη ἀποθήκη ἐφοδίων, *advanced supply depot*
  βάσις, *advanced base*
προκεχωρημένον γραφεῖον διαβιβάσεων, *advanced signal office*
προκυμαία, *quay, pier, wharf*
Προκύων (α Μικροῦ Κυνός), *Procyon*
προληπτικὸν σκωριάσεως, *rest preventing*
  σχηματισμοῦ ἐπικαθίσματος, *anti-incrustator*
προλιμήν, *outer port*
προλίνη, *proline*
πρόμετρον δρομομέτρου (σχοινίον), *stray line*
προμετωπίς, *frontispiece*
προμήθεια, *supply*
προμήθιον, *promethium (Pm)*
προνευστασμός, *pitching, pitch*
προνόμιον, *license*
  εὑρεσιτεχνίας, *patent*
προολκή, *warping*
προοπτικὴ ὄψις, *perspective view, isometric view*
προορίζω, *to design*
πρόοψις, *front*
προπάνιον, *propane*
προπανόλη, *propanol*
προπαργυλικὴ ἀλκοόλη, *propargyl alcohol*
προπαργυλικὸν ὀξύ, *propargylic acid, propiolic acid*
προπέλλα, *propeller*. **Βλ. καὶ ἕλιξ.**
προπένιον, *propene*
προπέτασμα, *parapet*
προπετής, *fore-raked*
προπιολικὸν ὀξύ, *propiolic acid, propargylic acid*
προπιονικὸν ὀξύ, *propionic acid*
πρόπλασμα, *model*
πρόποδες ὄρους, *foot of mountain*
προπορεία, *lead, stagger*
  ἀναφλέξεως, *ignition advance*
  πρὸς τὰ ἐμπρός, *front stagger, stagger on leading edge*
    ὀπίσω, *rear stagger, stagger on trailing edge*
  πτερύγων, *stagger*
  φάσεως, *lead of phase*
πρόπους, *tack*
προπυλαλκοόλη, *propyl alcohol*
προπυλένιον, *propylene, propene*
προπυλικὴ ἀλκοόλη, *propyl alcohol*
προπυλικὸν πνεῦμα, *propyl alcohol, glycerine, glycerol*
πρὸς βορρᾶν, *northerly*
  τὰ ὀπίσω, *sternward*
  τὴν θάλασσαν, *seaward*
  τὸ πέλαγος, *seaward*
προσάγω, *to luff*
προσαγωγή, *luffing, luff*
προσανατολισμός, *orientation*
  χάρτου, *map orientation*
προσανατολισμοῦ, τροχοί, *castoring wheels*
προσαράττω, *to get aground*
προσαρμογεύς, *adaptor*
  βάσεως, *base adaptor*
  πλακῶν, *plate adaptor*
  ρευματολήπτου φωτισμοῦ, *lighting plug adaptor*
προσαρμογή, *fitting, matching, accommodation, adjustment*
  ὀθόνης, *fitting fabric*
  συνδέσμων, *fitting unions*
προσαρμογῆς, δακτύλιος, *attachment fitting*
  δοκός —, *adaptor beam*
προσάρτημα, *attachment*
  ἀσφαίρου βολῆς, *blank firing attachment*
  σταθερᾶς ροπῆς στρέψεως, *constant torque fixture*
προσαρτῶ, *to attach, to append*
προσβάλλω, *to attack*
πρόσβασις, *approach*
προσβολή, *attack*
  ἐκ τῶν ὄπισθεν, *astern attack*
  ἐπὶ καμπύλης καταδιώξεως, *attack along curve of pursuit*
  κατ' ἰσχίων, *quarter attack*
προσγειοῦμαι, *to land, to alight*
  κοντός, *to undershoot*
προσγειωμένος, *earthed*
προσγειώνω, *to ground*
  ἠλεκτρικὸν ρεῦμα, *to earth*
προσγειώσεως, ἄκρον, *earth terminal*
  ἀσφάλεια συστήματος —, *undercarriage locking*
  διαδρομὴ —, *landing run*
  διάδρομος —, *runway*
    σχήματος «V», *landing vee*
  εὐκολία —, *ease of landing*
  ζυγός —, *earth bar*
  κύκλος —, *landing circle*

προσγειώσεως
  λωρίς (μεμονωμένη) —, *landing strip*
  συνδέσεις —, *earth connections*
  σύρμα —, *earth-wire*
  σύστημα —, *alighting gear, undercarriage, undercart (κν.)*
    ἀνασυρόμενον — —, *retractable undercarriage*
  φωτοβολίς, *landing flare*
προσγείωσις, *alighting, landing, grounding, ground, earthing, earth, earth connections*
  ἀναγκαστική —, *forced landing*
  βιαία —, *ditching (an aircraft)*
  δι' ὑδατίνου πίδακος, *water-jet earthing*
  διὰ τῶν ὀργάνων, *instrument landing*
  δοκιμαστική —, *dummy landing*
  κανονική —, *three-point landing*
  κατακόρυφος —, *pancake landing, pancaking*
  μὲ δύο τροχούς, *wheeler (κν.)*
    τοὺς κυρίους τροχούς, *wheel landing*
  ὁμαλή —, *normal landing*
  στολαριστή —, *pancake landing, pancaking*
πρόσδεσις, *mooring, anchoring, lacing*
  ἀεροπλάνου, *picketing of aircraft*
προσδιορισμός *definition*
  θερμαντικῆς ἱκανότητος, *determination of calorific capacity*
  θέσεως, *position fixing*
  στίγματος, *position fi. ing*
προσδιοριστὴς ἀκτῖνος, *radius finder*
  κέντορυ, *radius finder*
προσδιοριστικὸν σημεῖον, *origin*
προσεγγίζω, *to approach*
προσεγγίσεως, σήματα, *approach signals*
προσέγγισις, *approach, approximation, pulling up*
  διὰ τῶν ὀργάνων, *blind approach*
  ἐλεγχομένη ἐκ τοῦ ἐδάφους, *ground-controlled approach*
  μετὰ κινητῆρος, *power approach*
  πλαγιολισθητικῶς, *fish-tailing*
  τυφλή —, *blind approach*
προσεδαφίσεως, σύστημα, *undercarriage*
προσεδάφισις, *landing*
προσηλώσεως, σύστημα, *alighting gear*
προσήνεμον χεῖλος ἱστίου, *luff of sail*
προσήνεμος, *windward, up-wind*
  πλευρά, *weather side*
προσηνεμῶ, *to gain the wind*
προσηνέμως, *aweather*
προσηραγμένος, *aground*
προσηρμοσμένον τεμάχιον, *fixing block*
προσθαλασσοῦμαι, *to alight*
προσθαλάσσωσις, *alighting*
  ἀναγκαστική —, *ditching (an aircraft)*
πρόσθεσις, *addition*
  ἐπαυξήσεως, *increment addition*
πρόσθετος, *additive, additional*
  μεταφορά, *extra-lead*
  ὕλη ἐλέγχουσα τὴν ἀνάφλεξιν, *ignition control additive (I.C.A.)*
προσθέτω, *to add*
προσθήκη, *addition, shim*
πρόσθημα, *additive*
πρόσθιος, *fore*
  φυλακτήρ, *face guard*
προσιτός, *accessible*
προσιτότης, *accessibility*
προσκεφάλαιον, *pad, padding, cushion*
  δι' ἐλαίου, *oil cushion*
  τόξον συγκρατήσεως βομβῶν, *crutch pad*
  ὑδάτινον —, *water cushion*
προσκολλητικὴ οὐσία, *adhesive substance*
προσκολλητικός, *adhesive*
πρόσκοπος, *scout*
πρόσκρουσις, *striking, impact, shock*
προσκρουστήρ, *dolly*
πρόσμιγμα, ἀδρανές, *aggregate*
  λεπτόν —, *fine aggregate*
  χονδρόν —, *coarse aggregate*
προσμίξεις, ξέναι, *impurities*
πρόσμιξις, *admixture*
προσοφθάλμιον, *eye-piece*
  ἐξ ἐλαστικοῦ, *rubber eyeguard*
  μικρομέτρου, *micrometer eyepiece*
πρόσοψις, *front view, front elevation, elevation, façade*
προσπελάσεως, κεκλιμένον ἐπίπεδον, *approach ramp*
προσπελάσιμον (ἰδιότης), *accessibility*
προσπέλασις, *approach*
  πρὸς ἐπίχωμα, *raised road approach*
προσπινθηρισμός, *advance sparking*
προσπινθηρισμοῦ, μοχλός, *advance spark lever*
προσπτώσεως εἰς ἀκμὴν τῆς πτέρυγος, αὔξησις, *wash-in*
    ἐλάττωσις — — — — —, *wash-out*

πρόσπτωσις, *incidence*
προσροφᾶν, *to absorb*
προσρόφησις, *adsorption*
προστασία, *protection*
ἀπὸ ὀξείδωσιν, *protection from rust*
ἔναντι πυρός, *fire protection*
ξυλίνης κατασκευῆς, *protection of wooden structure*
προστατευόμενος, *padded*
προστατευτικὴ ἀσπίς, *protective shield*
ἐπένδυσις, *protective coat*
καλύπτρα, *protection cap*
μεμβράνη, *protecting coat, protecting skin*
ὁδηγήτρια, *guide rail*
προστατευτικὸν δέρμα, *protecting skin, protecting coat*
δίκτυον, *protecting network*
ἐναντίον τῶν ἡλιακῶν ἀκτίνων, *non-actinic*
κάλυμμα, *shield*
προστατευτικός, *protecting, shielding*
σωλὴν ἠλεκτρικῶν συρμάτων, *conduit*
προστατεύω, *to protect*
πρόστεγον, *forecastle*
μικρὸν καὶ χαμηλὸν —, *monkey forecastle*
πλατὺ —, *jack quarter-deck*
προστομίς, *nipple*
προστριβή, *friction*
προσφυής, *fit*
προσφυόμενος, *adhesive*
προσφύσεως, βάρος, *adhesive weight*
δύναμις —, *adhesive power*
ἰδιότης —, *adhesive property*
πρόσφυσις, *adhesion, accretion*
προσχεδίασμα, *sketch*
προσχωματικός, *alluvial*
πρόσχωσις, *alluvium, diluvium, silt*
θαλασσία —, *alluvion*
ποταμοῦ, *dyke, dike*
πρόσω ἠρέμα, *slow ahead*
ὁλοταχῶς, *full speed ahead*
στρόβιλος τοῦ —, *ahead turbine*
προσωμίδος, ὑποδοχή, *butt socket*
προσωμίς, *barrel hand, butt*
προσωπικόν, *personnel, staff*
ἐδάφους, *ground personnel, ground crew*
συντηρήσεως, *maintenance crew*
προσωπίς, *face mask, face piece*
ὀξυγόνου, *oxygen mask*
προσωρινὸν στήριγμα συνδέσεως, *jury strut*
προσωρινός, *temporary, provisional, jury*
προτεροζωϊκὸς αἰών, *proterozoic*
πρότερος, *fore*
προτομή (κάννης), *muzzle*
προτομῆς, ἀσφάλεια προσαρτήματος, *muzzle attachment lock*
ἀσφαλιστικὸς κοχλίας προσαρτήματος —, *muzzle attachment lock crew*
βύσμα προσαρτήματος —, *muzzle attachment plug*
δίσκος —, *muzzle disk*
διχαλωτὴ περόνη προσαρτήματος —, *muzzle attachment split-pin*
ἐξωτερικὸν κάλυμμα προσαρτήματος —, *muzzle attachment outer casing*
κύλινδρος —, *muzzle cylinder*
κύπελλον —, *muzzle cup*
περικόχλιον —, *muzzle nut*
προσάρτημα —, *muzzle attachment*
πῶμα —, *muzzle cone*
προσαρτήματος —, *gland*
στυπιοθλίπτης —, *muzzle gland*
προτονίς (ἱστίον), *storm jib*
μεγάλη —, *mainstay sail*
πρότονος, *stay*
τοῦ ἀκατίου ἱστοῦ, *fore stay*
μεγάλου ἱστοῦ, *mainstay*
πρότυποι κανονισμοί, *standard specifications*
πρότυπον, *pattern, model, mould, pattern template, template, templet*
συγκρίσεως, *comparator*
πρότυπος, *standard*
ἄμμος, *standard sand*
ἀντίστασις, *standard resistance*
ἄργυρος, *standard silver*
βάθμισις, *Birmingham wire gauge (B.W.G.)*
γνώμων, *standard testing meter*
ἐπίπεδος ἐπιφάνεια, *true surface*
μαγνήτης, *standard magnet*
πίναξ διανομῆς, *standard switchboard*
χρυσός, *standard gold*
προύμνη, *plum tree*
ἡ κέρασος, *sour cherry tree*
προϋπολογισμὸς (ἀεροναυτιλιακοῦ ταξειδίου), *precomputation*
προφίλ, *profile, side elevation*
προφύλαγμα κατὰ τῆς θαλάσσης, *sea wall*
πλάγιον —, *parapet*
προφυλακή, *outpost*
προφυλακτήρ, *fender, buffer, parapet, shield, screen, guard, padding, armour, armor*

προφυλακτὴρ
ἀνέμου, *windshield*
ἄνω —, *top shield*
δικτυοειδής (πλεκτός) —, *nettings*
θύρας κλιβάνου, *baffle plate, fire plate*
καπνοδόχου (τοίχωμα), *fidley*
κάτω —, *bottom shield*
κυλίνδρου ἀερίων, *gas cylinder shield*
προσκρούσεως, *bumper*
πυθμένος, *bottom shield*
ρινός, *top shield*
συντριβῆς, *crash pad*
τροχοῦ, *mud guard*
χειρός, *hand guard*
προφυλακτήριος γραμμή, *guard rail*
ράβδος, *guard rail*
προφυλακτικὴ ζώστρα, *rubbing strake*
προφυλακτικὸν ἄγκιστρον, *protecting clip*
διάφραγμα ὤτων, *ear protector, ear defender*
κάλυμμα, *protecting cap, canopy, dust-excluder plate*
μέσον, *preservative*
προφύσιον, *nozzle*
διαχύσεως, *atomiser jet*
ψεκάζον —, *spraying nozzle*
προφυσίου, **αὖλαξ**, *nozzle channel*
κλίσις —, *nozzle inclination*
πρόχειρος συσκευή, *rig*
προχοΐς, *burette*
πρόχωμα εἰς ὄχθην ποταμοῦ, *levee*
προώθησις, *propulsion*
ἐξ ἀντιδράσεως, *jet propulsion*
ἐργαλείου, *feed of a tool*
προωθητής, *propellant*
προωθητικὴ ἀπόδοσις, *propulsive efficiency*
γόμωσις, *propellant*
προωθητικὸν γέμισμα, *propelling discharge charger*
σύστημα, *power plant, power unit*
δι᾽ ἀντιδράσεως, *jet power plant*
πρόωρος ἀνάφλεξις, *premature ignition*
πρόωσις, *propulsion*
προώστης, *outrigger*
πρύμα ἀπ᾽ τὴν τσιμινιέρα, *abaft the funnel*
πρυμάτσα, *stern fast, after rope*
πρυμναία γέφυρα, *after bridge*
πρυμναῖον κύτος, *after-hold*
μηχάνημα πηδαλιουχίας, *after-steering gear*
πέτασμα, *after-sails*
πρυμναῖος ἀγκών, *knee of the stern post, stern knee*
πρύμνη, *stern*
πρύμνηθεν, *astern, aft, abaft*
τῆς μέσης τομῆς, *abaft the beam*
τοῦ ἐγκαρσίου τοῦ πλοίου, *abaft the beam*
πρυμνήσια, *moorings*
πρυμνήσιον, *stern fast*
συρματόσχοινον, *stern line*
σχοινίον, *stern line*
πρυμνοδέτης, *stern fast*
πρυμνοδέτησις, *mooring*
πρυμνοδετῶ, *to moor, to lash, to make fast*
πρώην, *former*
πρωθύστερος, *inverted order*
πρῷρα, *prow, stem*
πρῴραθεν, *afore, before*
πρωραία δεξαμενὴ ζυγοσταθμίσεως, *fore-peak*
πρωραῖον κατάστρωμα, *fore-deck*
κύτος, *fore-hold*
πρωραῖος ἱστός, *foremast*
πρῴρας, **κάβος**, *bow breast*
κύματα —, *bow waves*
παράβλημα —, *bow fender*
τονοδηγός —, *bow chock*
πρωρεύς, *boatswain*
πρωσσικὸν ὀξύ, *prussic acid, hydrocyanic acid*
πρωτακτίνιον, *protoactinium (Pa)*
πρωταμῖναι, *protamines*
πρωταρχικὴ περιέλιξις, *primary winding*
πρωταρχικός, *primary*
πρωτεῖδαι, *proteins*
πρωτεῖναι, *proteins*
πρωτεῦον δικτύωμα, *primary truss*
κύκλωμα, *primary circuit*
πηνίον, *primary coil*
πρωτεύουσα περιέλιξις, *primary winding*
πρωτεύων, *primary*
πρώτη γόμωσις ἀναφλέξεως, *primer booster charge*
πρωτοβάθμια συστήματα, *systems of the first degree*
πρωτογενεῖς ἀμῖναι, *primary amines*
πρωτογενὲς κύκλωμα, *primary circuit*
ρεῦμα, *primary current*
στοιχεῖον, *primary cell*
πρωτογενής, *primary, protogenic*
γραμμή, *primary line*
πρῶτον ἀνατολικὸν τόξον λυκόφωτος, *first Eastern twilight arch*

πρῶτον
σημεῖον τοῦ Κριοῦ, *First Point of Aries*
στρῶμα χρώματος, *ground colour*
τέταρτον τῆς σελήνης, *first quarter of the moon*
πρωτόνιον, *proton*
πρῶτος, *first, initial, principal*
ἀριθμός, *prime number*
κάθετος, *prime vertical*
μεσημβρινός, *prime meridian, first meridian*
παράγων, *prime factor*
πρώτου μεγέθους, *first magnitude*
πτελέα, *elm*
ἡ ἔμμισχος, *soft-leaved elm*
κοινή, *English elm*
πτερὰ αὐτοκινήτου, *guards*
πτέραρχος, *air chief marshal*
πτέρνα, *gib*
ἱστοῦ, *foot of mast*
πτερνιστήρ, *spur*
πτερύγια ἀσφαλείας, *safety slots*
καλύμματος κινητῆρος, *cowl flaps*
καμπυλότητος προσγειώσεως, *landing flaps*
ρυθμίσεως πηδαλίου διευθύνσεως, *rudder trimming flaps*
ψύξεως, ρυθμιζόμενα, *controllable cowling gills*
πτερυγιακὸς αὖλαξ, *blade, channel*
πτερύγιον, *vane, fin, blade, pinion*
βόμβας, *vane*
ἐγκαρσίας ἰσορροπίας, *balancing flap, wing flap, aileron*
ἕλικος, *propeller blade, airscrew blade*
ἐμπροσθίου σκοπευτικοῦ, *blade foresight*
ἐμφράξεως, *shutter*
εὐσταθείας βλήματος, *bomb fin*
ζυγοσταθμίσεως, *trimming tab*
καμπυλότητος, *flap*
ἀσφαλείας, *slot flap*
καμπύλον — —, *simple flap, plain flap*
σχιστόν — —, *split flap*
τύπου πτηνῶν, *zap flap*
κλίσεως, *balancing flap, wing flap, aileron*
μετ' ἀντισταθμίσεως, *Frise aileron*
κυλινδρικόν —, *cylindrical vane*
μικτικόν —, *mixing paddle, beater*
πηδαλίου, *rake of rudder*
προσγειώσεως, *flap*
πυροσωλῆνος, *arming vane hub, vane*

πτερύγιον
ὑποβαστάξεως, *flap*
ἐπὶ τοῦ χείλους προσβολῆς, *wing slat*
ψύξεως, *cooling fin*
πτερυγίου, ἀντιτριβικὴ ἄτρακτος, *vane spindle bush*
γωνία —, *blade angle*
καμπυλότης —, *blade curvature*
κλίσεως, ἀναστροφή, *aileron reversal*
ἀποσυναρμολόγησις — —, *aileron dismantling*
κατασκευή — —, *aileron construction*
μοχλός — —, *aileron lever*
ρύθμισις χειριστηρίου — —, *aileron-control adjustment*
συγκρότημα — —, *aileron assembly*
συναρμολόγησις — —, *aileron assembly*
συνδετικὸς σωλὴν — —, *aileron torque tube*
ὄψις —, *blade face*
περιλαίμιον —, *vane collar*
στερέωσις —, *blade attachment*
συγχρονισμός —, *blade synchronising*
τάσις καταπονήσεως —, *blade stress*
τομή —, *blade section*
τροχίσκος —, *vane pinion*
ὑποστήριγμα —, *vane support*
πτερύγισμα, *flutter*
πτερυγισμός, *flutter*
πτερυγίων, ἀλληλεπίδρασις, *biplane effect*
ἐπίδρασις —, *blade interference*
μοχλός —, *tab lever*
τροχός —, *blade wheel*
πτέρυγος, ἀκραῖον χεῖλος, *wing tip*
βάθος —, *depth of wing*
δοκός —, *wing spar*
ἐκπέτασμα —, *wing span*
ἐπιφάνειὰ —, *wing surface*
ἐφαρμογή —, *wing fitting*
ἰσοδύναμον —, *wing equivalent*
καμπύλη —, *wing curve*
κατασκέυή —, *wing construction*
πλευρά —, *wing rib*
σχῆμα —, *wing shape*
συμπίεσις τῶν πλευρῶν —, *wing rib compression*
σχηματιστὴς τῆς μορφῆς —, *wing rib former*
τῶν πλευρῶν —, *wing rib former*

πτέρυγος
τομή —, *wing section, wing curve*
φόρτωσις —, *wing loading*
πτερυγότοιχος, *wing wall*
καμπύλος —, *curved wing*
παράλληλος —, *face wall*
πτερυγωμένος, *bladed*
πτερύγων, δίπλωσις, *wing folding*
ἐξάρτημα —, *wing bracing*
πτερύγωσις, *blading*
πτερυγωτός, *gilled*
πτέρυξ, *wing*
ἀεροπλάνου, *wing, plane*
ἄνω —, *top wing, upper wing*
γλαρόμορφος —, *gull wing*
δεξιά —, *right-hand wing*
εὔκαμπτος —, *flexible wing*
ἱπταμένη —, *all-wing airplane*
κάτω —, *bottom wing*
κυρτωμένη —, *cambered wing*
μεταβαλλομένης κυρτότητος, *variable camber wing*
ναοῦ, *aisle*
ὀρθογώνιος —, *rectangular wing*
πολεμικῶν μοιρῶν, *wing*
προβολική —, *overhanging plane*
πτυσσομένη —, *folding plane*
πτέρωσις, *feathering*
πτήσεως, ἐλεγκτήρ, *flying controller*
ἔλεγχος —, *flying control*
στάσις —, *flying attitude*
ὕψος —, *flying level, flying height*
πτῆσις, *flight*
ἀβεβαία —, *unsteady flight*
ἀκροβατική —, *trick flying, acrobatic flying, stunt flying*
ἀναγνωρίσεως, *reconnaissance flight*
ἀνάστροφος —, *inverted flying, upside-down flying*
ἄνευ ὁρατότητος, *blind flight*
ἀνόδου, *climbing flight*
δι' ὀργάνων, *instrument flying*
διὰ χρήσεως ἀσυρμάτου, *radio flying*
δοκιμαστική —, *trial flight*
δοκιμῆς, *trial flight*
ἐπικίνδυνος —, *unsteady flight*
ἐπιχειρήσεων, *operation flight, operational flying*
εὐθεῖα —, *straight flight*
κανονική —, *regular flight*
λυκόφωτος, *dusk flight*
μεγίστη δυνατὴ ὁριζοντία —, *'all-out' level flight*
μετ' ἀκροβατικῶν, *manoeuvring flight, maneuvring flight*

πτῆσις
μετὰ ἑλιγμῶν, *manoevring flight, maneuvring flight*
νυκτερινή —, *night flight*
νυκτός, *night flying*
τυφλή —, *blind flight, blind flying, instrument flying, hooded flight*
χαμηλή —, *low flight*
χαραυγῆς, *dawn flying*
πτητικὸν ἔλαιον, *fluid*
πτητικός, *volatile*
πτητικότης, *volatility*
πτυαρίζω, *to shovel*
πτυάριον, *shovel.* **Βλ. καὶ πτύον.**
πτύον, *shovel*
ἁρμολογήσεως λιθοστρώτου, *sett jointer*
ἀτμοκίνητον —, *steam shovel*
μηχανικόν —, *mechanical shovel*
πυρᾶς, *fire shovel*
συρόμενον —, *dragging bucket, dragging scraper, scraper*
πτυοσκάφη, συρομένη, *drag shovel*
πτυσσόμενος κανών, *folding rule*
σκοπευτικὸς βραχίων, *folding sighting arm*
πτύσσω, *to fold*
ἱστίον, *to gather up*
πτυχή, *fold*
πτῶσις, *fall, drop*
θερμοκρασίας, καθ' ὕψος, *lapse*
λόγῳ βαρύτητος, *gravity drop*
τάσεως, *drop of voltage, drop of pressure, voltage drop, potential drop*
πτωχῆς συμπιέσεως, *poor compression*
πτωχός, *poor, lean, weak*
πυγαῖον, *breech*
Πυθαγόρειον θεώρημα, *Pythagorean theorem*
πυθμένος, ἔλασμα, *bottom plate*
ἐπηγκενίς —, *bottom plank*
ὄψις —, *bottom view*
προσαρμογή —, *bottom fitting*
πυθμήν, *bottom*
πινακοειδής —, *dished bottom*
ψευδής —, *false bottom*
πυκνόμετρον, *pyknometer, areometer hydrometer*
ὀξέων, *acidometer, acidimeter*
ὕδατος, *brine gauge*
θαλασσίου —, *salinometer*
πυκνός, *thick, dense*
πυκνότης, *density, compactness*
ἀερίων, *gas density*
ἀέρος, *air density*

πυκνότης
ἀτμοῦ, *vapour density*
δυναμικῶν γραμμῶν, *density of lines of force*
εἰδική —, *specific density*
μαγνητική —, *flux density, magnetic density*
ροῆς, *flux density*
μαγνητικῆς —, *magnetic flux density, flux density*
φαινομένη —, *apparent density*
πυκνωταί, μηχανικῶς συνδεδεμένοι, *gauged condensers*
πυκνωτής, *condenser, capacity condenser, capacitor*
ἀκουστικῶν, *telephone condenser*
ἀντιβραχυκυκλωτικός —, *blocking condenser, block condenser*
ἀντιδράσεως, *reaction condenser*
ἀπομονώσεως, *blocking condenser, block condenser, stopping condenser*
διακλαδώσεως, *by-pass condenser*
ἐλαττώσεως, *shortening condenser*
ἐξομαλυντικός —, *regulating condenser*
ἐξουδετερώσεως, *neutralising condenser*
ἡμιμεταβλητός —, *trimmer condenser*
μετὰ κινητῶν πλακῶν σχήματος λογαριθμικοῦ, *logarithmic condenser*
μεταβλητῆς χωρητικότητος, *variable condenser*
μεταβλητός —, *variable condenser*
ὁμοιομόρφου κλίμακος συχνότητος, *straight line frequency condenser*
πολύφυλλος —, *multi-plate condenser*
προρρυθμισμένος —, *preset condenser*
ρυθμίσεως ἀκριβείας, *trimming condenser, trimmer*
φραγμός ἀνόδου, *blocking condenser, block condenser*
πύλη, *gate*
πυξιδοθήκη, *binnacle*
πυξιδοθήκης, κάλυμμα, *binnacle hood*
πυξίδος, ἀνεμολόγιον, *compass rose*
ἀντιστοιχία —, *compass bearing*
βελόνη —, *compass needle*
μαγνητική — —, *compass needle*
βορρᾶς —, *compass north*
δάπεδον ρυθμίσεως —, *compass swinging base*
πυξίδος
διεύθυνσις —, *compass direction*
κέλυφος —, *compass box*
μεταδότης —, *compass transmitter*
μητρῷον —, *compass log book*
οἰνόπνευμα —, *compass spirit*
παραλλαγή —, *compass error*
πορεία —, *compass course (Co C)*
ρύθμισις —, *swinging a compass, check swing*
συγκρατητικὸς δακτύλιος —, *verge ring*
ὑγρόν —, *compass liquid*
ὑποδοχεύς —, *container of compass*
πυξίδων, ρυθμιστής, *compass adjuster*
πυξίς, *magnetic compass, compass*
ἀνάστροφος —, *hanging compass, tell-tale*
ἀρρύθμιστος —, *unsteady compass*
ἀστρονομική —, *astro-compass*
γυρομαγνητική —, *distant-reading (d.r.) compass*
διοπτεύσεων, *standard compass*
διοπτηρία —, *standard compass*
ἐγκλίσεως, *dip circle*
ἐδάφους (διὰ ρυθμίσεις πυξίδων), *landing compass*
ἐλέγχου τηρήσεως πορείας, *check-steering compass*
εὐθυντηρία —, *steering compass*
ὀροφῆς, ἀνεστραμμένη, *roof mounting compass*
παρατηρητοῦ, *observer's compass*
σκοπευτικοῦ βομβαρδισμοῦ, *bombsight compass*
τηλενδεικτική —, *distant-reading (d.r.) compass*
τηρήσεως πορείας, *steering compass*
τύπου παρατηρητοῦ, *observer-type compass*
χειριστοῦ, *pilot's compass, pilot-type compass*
πῦρ, *fire*
Ἁγίου Ἔλμο, *St. Elmo's fire*
ὁλόπλευρον —, *broadside firing*
στοιχηδόν, *enfilade*
πυρά, κεκαλυμμένα, *banking fires*
πυράγρα, *tongs*
ἥλων, *rivet tongs*
θερμαστοῦ, *stoke bar*
σιδηρουργοῦ, *blacksmith's tongs, smith's pliers*
πυραγωγὸν σχοινίον ἀμέσου ἐνεργείας, *direct-action fuse*
βραδύκαυστον — —, *safety fuse*
πυραγωγὸς ἀσφαλείας, *safety fuse*
βραδυφλεγής —, *delay-action fuse*

πυραζῖναι, *pyrazines*
πυραζόλιον, *pyrazole*
πυραζολόναι, *pyrazoles*
πυραζολόνη, *pyrazolone*
πυρακτωμένος, *incandescent*
πυρακτώνω, *to glow*
πυράκτωσις, *incandescence*
πυραμιδόνη, *pyramidone*
πυραμίδος, κορυφή, *vertex of a pyramid*
πυραμίς, *pyramid*
βασίρρομβος —, *orthorhombic pyramid*
βασιτετράγωνος —, *tetragonal pyramid*
κανονική —, *regular pyramid*
κολοβή —, *truncated pyramid*
κόλουρος —, *truncated pyramid, frustum of pyramid*
πενταγωνική—, *pentagonal pyramid*
Σέγκερ, πυρομετρική, *Seger cone*
τριγωνική —, *triangular pyramid*
πυρασφαλής, *fireproof*
πυρασφαλιστικὸν διάφραγμα, *fireproof bulkhead*
πυραυλητής, *rocketeer*
πυραυλοκίνησις, *jet propulsion, rocket propulsion*
πυραυλοκίνητα, *jet-propelled aircraft*
πυραυλοκίνητος, *jet, rocket propelled*
πύραυλος, *rocket*
σημάτων, *signal rocket*
πυραύλου, ἄξων, *rocket shaft*
βλῆμα —, *rocket projector*
γόμωσις —, *rocket composition*
καλύμματα ὑποστάτου —, *rocket bracket covers*
τροχός —, *rocket wheel*
πύραυνον, *fire basket, fire devil, brazier*
πυργίσκος, *gun turret, turret, mounting*
ἐμπρόσθιος —, *nose turret*
ἠλεκτροκίνητος —, *power turret*
κοιλίας, *belly turret*
ὀπίσθιος —, *rear turret*
πολυβόλου, *gun turret, gun rail*
πυργίσκου, βάσις, *turret mounting*
κινητὴρ περιστροφῆς —, *turret rotation motor*
στεφάνη βάσεως—, *turret mounting ring*
ὑποστηρίξεως —, *turret support ring*
πυργοειδής, *castellated*
πύργος, *tower*
ἐλέγχου, *control tower*
χυτηρίων, *foundry tower*

πυρεῖα, *matches*
ἀκατάσβεστα —, *life-boat matches*
ἀσφαλείας, *safety matches*
πυραγωγά —, *fuse matches*
πυρένιον, *pyrene*
πυρήν, *core, nucleus*
ἀτόμου, *atomic nucleus*
ἐκ κοίλου χάλυβος, *steel case*
χαλκοῦ, *copper nose*
χυτοσιδήρου, *cast-iron nose*
ἐξ ἐλασμάτων, *laminated core*
καννάβινος —, *hemp core*
κομήτου, *nucleus of a comet*
μαλακός —, *soft iron*
πυρηνικὴ φυσική, *nuclear physics*
πυρηνικός, *nuclear*
πυρῆνος, διχοτόμησις, *nucleus division*
πυρηνοτομία, *nucleus division*
πυριδίνη, *pyridine*
πυρίμαχον διάφραγμα, *fire wall*
κονίαμα, *fireproof refractory mortar, refractory mortar*
πλινθίον, *fire brick, refraction brick, refractory brick*
πυρίμαχος, *fireproof, fire-resistant, fire-resisting, refractory*
πυρίτης, *pyrite*
λίθος, *flint*
πυριτία, *silica*
διαλυτὴ δραστική —, *soluble silicic acid*
πυριτιάλευρον, *infusorial earth*
πυριτιασμός, *protecting coat of water glass, protecting coat of soluble glass*
πυριτιδαποθήκη, *powder magazine*
πυριτικὰ ἅλατα, *silicates*
ὀρυκτά, *silicates*
πυριτικὸν ὀξύ, *silicic acid*
ἄνυδρον — —, *silicon dioxide, silica*
πυρίτιον, *silicon (Si)*
γραφιτοειδές —, *graphitoidal silicon*
τετραφθοριοῦχον —, *silicon tetrafluoride, silicon fluoride*
τετραχλωριοῦχον —, *silicon tetrachloride*
φθοριοῦχον —, *silicon fluoride, silicon tetrafluoride*
πυριτίου, διοξείδιον, *silicon dioxide, silica*
μονοξείδιον —, *silicon monoxide*
πυριτιοῦχον κρατέρωμα, *silicon bronze*
πυριτιοχάλυψ, *silicon iron*
πυρῖτις, *gunpowder, powder*
μελανή —, *gunpowder*

πυροβόλα, *ordnance*
ναυτικοῦ, *naval guns*
ταχείας βολῆς, *quick-firing (Q.F.) guns*
πυροβολαρχία, *field battery*
πυροβολεῖον, *battery*
πυροβόλησις, *firing*
πυροβολητής, *gunner*
ἐδάφους, *ground gunner*
πυροβολικόν, *artillery, ordnance*
αὐτοκινούμενον —, *self-propelled artillery*
βαρύ —, *heavy artillery*
ἐλαφρόν —, *light artillery*
ἐπάκτιον —, *coast artillery*
μακροῦ βεληνεκοῦς, *long range artillery*
ὀρεινόν —, *mountain artillery*
πυροβολικοῦ, ἀξιωματικός, *artillery officer*
διοικητής —, *artillery commander*
παρατηρητής —, *artillery observer*
προπαρασκευή —, *artillery preparation*
σύμβουλος —, *artillery adviser*
πυροβολισμός, *firing, shot*
πυροβόλον, *gun, cannon.* **Βλ. καὶ πολυβόλον.**
ἀντιαρματικόν —, *anti-tank gun*
ἐμπρόσθιον —, *nose gun*
λειτουργοῦν δι' ἀερίων, *gas-operated gun*
ὅπλον, *gun*
πυροβόλου, ρευματολήπτης, *cannon plugs*
πυροβολῶ, *to fire, to shoot, to gun*
πυρογαλλικὸν ὀξύ, *pyrogallic acid, pyrogallol*
πυρογαλλόλη, *pyrogallol, pyrogallic acid*
πυρογενής, *pyrogenic*
πυροδοτήσεως, διωστὴρ συστήματος, *trigger motor push rod*
περόνη ἀσφαλείας ἄξονος —, *trigger pin cotter pin*
πυροδότησις, *firing, fire*
ἀκανόνιστος —, *irregular firing*
πολυβόλου, *gun firing*
πυροδοτικὸν καλώδιον, *primacord*
σύστημα πολυβόλου, *gun interrupter*
πυροδοτῶ, *to fire, to shoot*
πυροηλεκτρισμός, *pyro-electricity*
πυροκατεχόλη, *catechol*
πυροκροτητήρ, *cartridge detonator.* **Βλ. καὶ πυροκροτητής.**

πυροκροτητής, *cartridge detonator, detonator, initiator*
ἀκαριαίας ἐκρήξεως, *instantaneous detonator*
ἀρχικός —, *initiating detonator*
ἐνισχυτικός —, *booster detonator*
ἠλεκτρικός —, *electric detonator*
θύλακος, *pocket detonator*
κρουσιφλεγής—, *percussion detonator*
μετ' ἐπιβραδύνσεως, *delay detonator*
μετὰ πυραγωγοῦ σχοινίου, *igniferous detonator*
πυροκροτητοῦ, ὑποδοχή, *detonator holder*
χιτώνιον —, *detonator sleeve*
πυρόλιθος, *quartz, flint*
πυρολουσίτης, *pyrolusite, manganous dioxide*
πυρόλυσις, *pyrolysis*
πετρελαίων, *cracking (process)*
πυρομαχικά, *ammunition*
ἕτοιμα πρὸς χρῆσιν, *ready-use ammunition*
μικρῶν ὅπλων, *small arms ammunition*
περιστρόφου, *revolver ammunition*
πιστολίου, *pistol ammunition*
πυρομαχικῶν, ἀποθήκη, *ammunition dump*
πυρομετρικὴ μέτρησις, *pyrometric measuring*
πυρομετρικὸς κῶνος Σέγκερ, *Seger's pyrometric cone*
πυρόμετρον, *pyrometer*
δι' ἀντιστάσεως, *resistance pyrometer*
ἐκ γραφίτου, *graphite pyrometer*
θερμοηλεκτρικὸν —, *thermo-electric pyrometer*
ὀπτικόν —, *optical pyrometer*
πυρομορφίτης, *pyromorphite*
πυρόξενοι, *pyroxene group*
πυρός, δύναμις, *fire power*
ἔναρξις —, *to open fire*
ἐνέργεια —, *firing action*
ὄγκος —, *fire power*
ὀπή —, *fire hole*
παῦσις —, *to cease fire*
πυκνότης —, *bullet density*
συνέχισις —, *to resume fire*
πυροσβεστήρ, *fire extinguisher*
πυροσβέστης, *fire fighter, fireman*
πυροσβεστικὴ ἀντλία, *fire tender*
πυροσβεστικὸν αὐτοκίνητον, *fire tender*

πυροσβεστικὸς κρουνός, *fire hydrant*
πυροστάτης, *andiron*
πυροσωλήν, *pistol*
  ἀκαριαίας ἐνεργείας, *instantaneous fuse*
  κορυφῆς, *nose pistol*
  οὐρᾶς, *tail pistol, tail fuse*
  ρινός, *nose pistol*
πυροσωλῆνος, βάσις, *fuse base*
  κεφαλή —, *fuse-head*
  προσαρμογεύς —, *pistol adaptor*
  ὑποδοχή —, *fuse base*
πυροτεχνήματα, *pyrotechnics*
πυρότουβλον, *tile*
πυροτρυγικὸν ὀξύ, *pyrotartaric acid, methyl-succinic acid, glutaric acid, dimethylmalonic acid*
πυροφωσφορικὸν ὀξύ, *pyrophosphoric acid*
πυρόχρουν, *fiery red*
πυρρόλη, *pyrrole*
πυρρολιδίνη, *pyrrolidine*
πυρρολίνη, *pyrroline*
πυρρόλιον, *pyrrole*
πυρσεῖαι, *signal lights*
πυρσωρίς (πλοῖον), *light-vessel*
πῶμα, *plug, seal, cap, lid*
  ἀποστραγγίσεως, *drain cap, drain plug, flush plug*
  ἀσφαλείας, *safety plug, safety cap*
  βάσεως, *base plug*
  δεξαμενῆς, ἀκραῖον, *reservoir end cap*
  διακόπτου, *switch plug*
  ἐκ λεπτοῦ μετάλλου, *foil cap*
    ξύλου, *wood plug*
    φελλοῦ, παρεμβαλλόμενον, *cork insert*

πῶμα
  ἐκκενώσεως, *drain cap, drain plug*
    ἐλαίου λεκάνης, *sump drain plug*
  ἑνώσεως, *bridge plug*
  εὔτηκτον —, *fusible plug*
  καλυπτικόν —, *closing cup*
    ἐκ ζελατίνης, *celluloid closing cup*
    θαλάμης, *chamber-closing plug*
  κοῖλον φλαντζωτόν —, *hollow-flanged plug*
  κορυφῆς, *top cap, end cap, nose plug*
  κοχλιωτόν —, *screwed plug, stop cock*
  κυκλοφορίας ἐλαίου, *oil transfer plug*
  μὲ ἐξωτερικὴν ἑλίκωσιν, *plug with a male thread, screwed plug*
  μεταδόσεως ἐλαίου, *oil transfer plug*
  μεταφορᾶς, *transit plug*
  ὀπῆς, *vent plug*
    πληρώσεως, *filling hole plug*
  πληρώσεως, *filler cap, filling plug*
    δεξαμενῆς, *reservoir filler cap*
  προσηρμοσμένον —, *fixed cap*
  ρυθμιστοῦ ἀερίων, *inclined plug*
  στεγανόν —, *sealing plug*
  στεγανότητος ὑψηλῆς πιέσεως (Υ.Π.), *high-pressure (H.P.) cup packing*
  στορέως, *hawse plug*
  σφραγίσεως, *blanking plug*
πωματοπερικόχλιον, *spigot nut*

Ρ

ράβδοι ἐντάσεως, *radius rods*
ὀλισθήσεως (πεδίλου), *guides*
σκηνῶν, διαμορφωτικαί, *tent poles*
ράβδος, *stick, stock, bar, batten, stem, rod, boom, member*
ἁμαξωμάτων, κεφαληφόρος, *carriage bolt, coach bolt*
ἀσφαλείας, *safety rod*
βοηθητική —, *auxiliary rod*
διευθύνσεως, *steering-column*
ζυγῶν, *push rod*
δοκιμῆς, *test bar, specimen bar*
ἐγκαρσία —, *cross bar*
ἐλάστρου, *rolled bar*
ἑλκύστρου, *rolled bar*
ἐμβαδομέτρου, *rod of planimeter*
ἐμβυθίσεως, *dip stick*
ἐνδεικτική —, *indicator rod*
ἐπιμηκύνσεως σκέλους διαβήτου, *lengthening bar*
ἐπινώτιος διαμήκης —, *dorsal stringer*
ἐσχάρας, *fire bar, furnace bar, grate bar*
εὐθυντηρία —, *guide bar*
ἐφελκυστική —, *spacer strut*
ζεύξεως, ἀρθρωτή, *drag-bar, draught-bar, draw-bar*
θεμελιώσεως, κοχλιοφόρος, *foundation bolt*
θλιβομένη —, *compression rod*
θυρίδος (ὀλισθαινούσης), *stem of (slide) valve*
καθαρισμοῦ, *pull-through*
κατὰ μῆκος, *longitudinal bar*
κατευθυντήριος —, *stick*
μετ' ἀρθρώσεως, κεφαληφόρος, *hinged bolt*
μετρήσεως, *measuring rod*
ὁδηγός —, *conductor bar*
ὀδοντωτή —, *rack*
καὶ τροχίσκος, *rack-and-pinion mechanism*
μετὰ τροχοῦ, *rack-and-pinion*
ὀλισθήσεως, *slide bar, slide rail*
ραμφωτή —, *crow bar, pinch bar*
ρυθμιστική —, *adjustment rod*
ρυμουλκήσεως, *draw-bar*
σιδηρᾶ —, *girder, staple, guard rod, bar*

ράβδος
διατομῆς, *bulb bar*
γωνίας, *angle iron*
ἑξαγωνικῆς, *hexagon bar*
Z, *Z-bar, zed-bar*
H, *H-beam, H-girder, rolled steel joist*
T, *tee iron*
U, *channel iron*
ᾠοειδοῦς, *oval bar, oval iron*
σιδήρου, *pike*
συγκρατήσεως, *support rod*
συνδέσεως, *coupling rod*
συνδετήριος —, *connecting-rod, connection rod*
συνδετική —, *link rod*
συρματίνη —, *wire bar*
τυφεκίου, ὠθητική, *rammer*
χειραγωγός —, *hand-rail*
χειρισμοῦ, *stick*
ὠστηρία —, *push rod*
ραβδώσεις βροχῆς (φάσματος), *rain band*
ράβδωσις, *groove, flute*
ραβδωτός, *rifled*
ραγάς, *fissure, gape*
ξύλου, *crevice of the wood*
ραγίζειν λόγῳ παγετοῦ, *cracking by frost, splitting by frost*
ράγισμα, *fissure, crack, gape, shake*
ἀερικόν —, *natural crack*
ἀξονικόν —, *long cracking*
κατὰ παρυφήν, *edge fracture, crack along edge*
ξύλου, *cracking of wood*
συνολκῆς, *crack due to contraction*
τριχόμορφον —, *hair crack*
ραγοδιακόπτης, *tumbler switch*
ράγουλο, *sheave*
ράδα, *roadstead*
ραδιενεργὰ ἰσότοπα, *radioactive isotopes*
ραδιενέργεια, *radioactivity, radioactive emanation*
ραδιενεργοὶ οὐσίαι, *radioactive substances*
ραδιενεργὸν σῶμα, *radioactive body*
ραδιενεργός, *radioactive*
ἀκτινοβολία, *radioactive emanation*
ραδιοβολίς, *radio sonde*

ραδιογραμμόφωνον, *radio-gramophone*
ραδιογράφημα, *radiograph*
ραδιογραφία, *radiography*
ραδιογραφική, *radiography*
ραδιογωνιομετρία (Ρ/Γ), *radiogoniometry, direction-finding wireless, direction finding (D/F)*
  ἀσυρμάτου τηλεγράφου (Ρ/Γ Α/Τ), *direction finding wireless telegraphy (D/F W/T)*
ραδιογωνιομετρίας, σταθμός, *direction finding (D/F) station*
ραδιογωνιομετρικαὶ διοπτεύσεις, *directionals*
ραδιογωνιομετρικὴ (Ρ/Γ) διόπτευσις, *loop bearing*
  κεραία, *direction finding aerial*
ραδιογωνιομετρικὸν πλαίσιον, *direction finding (D/F) loop, loop aerial*
  εὑρέσεως διευθύνσεως, *direction finding (D/F) loop*
ραδιογωνιομετρικὸς σταθμός, *radio direction-finder station*
ραδιογωνιόμετρον, *radiogoniomcter, radio direction-finder (R.D.F.), radio directional finder, direction(al) finder, navigation set*
  αὐτογραφικόν —, *radio direction-finder recorder*
  λίαν ὑψηλῆς συχνότητος (Ρ/Γ Λ.Υ.Σ.), *very high frequency direction-finder (V.H.F. D/F)*
ραδιοδιόπτευσις (Ρ/Δ), *radio-bearing, D/F bearing, W/T bearing*
  πλαισίου, *loop bearing*
ραδιοεντοπιστήρ, *radar (radio detecting and ranging)*
ραδιοθόριον, *radiothorium*
ραδιοϊσότοπα, *radioactive isotopes*
ραδιομετεωρογράφος, *radio meteorograph, radio sonde*
ράδιον, *radium (Ra)*
ραδιοναυτιλία, *radio navigation*
ραδιοπαράσιτα, *radio interference*
ραδιοπαρεμβολή, *background*
ραδιοπλαίσιον, *radio loop*
ραδιοπομπός, *radio transmitter*
ραδιοπροσέγγισις, *beam approach*
ραδιοπυξίς, *radio-compass*
ραδιοσήματα προσγειώσεως, *radio landing beam*
ραδιοτηλεγραφία, *radio-telegraphy*
ραδιοτηλεγραφικὸς σταθμὸς, *radio station*
ραδιοτηλεπικοινωνία, *radio-communication*
ραδιοτηλεφωνητής, *radio telephone operator*
ραδιοτηλεφωνία (Ρ/Τ), *radio-telephony (R/T)*
ραδιοϋψόμετρον, *terrain clearance meter*
ραδιοφάρος, *radio beacon, beacon, marker*
  κατευθυνομένης ἐκπομπῆς, *radio marker-beacon*
ραδιοφωνία, *broadcasting*
ραδιοφωνικὴ ἐκπομπή, *broadcasting*
ραδιοφωνικὸς σταθμός, *broadcasting station*
ραδιόφωνον, *radiophone, radio, wireless*
ραδόν, *radon (Rn)*
ραδόνιον, *radon (Rn)*
ραιγιόν, *rayon, artificial silk*
  ἀμμωνιοχαλκοῦ, *cuprammonium rayon*
  βισκόζης, *viscose rayon*
  ὀξικῆς κυτταρίνης, *acetate rayon*
ραίνω, *to squirt*
ρακεμικαὶ ἑνώσεις, *racemic compounds*
ρακόρ, *pipe connection, screwed union*
ραμνόζη, *rhamnose*
ράμφος, *nose, nozzle, nipple, choke tube*
  ἐξακοντίζον πετρέλαιον κλπ. πρὸς καῦσιν, *burner*
ράντα, *spanker boom*
ραντάρ, *radar [ra(dio) d(etecting) a(nd) r(anging)]*
ραντιατέρ, *radiator*
ραντίζω, *to spray, to squirt*
ράντισμα, *spray*
ραντισμός, *splash*
ραντιστήρ, *diffuser, atomiser*
ράουλο, *rowl, sheave*
Ρὰς ᾿Αλχάγ (α ᾿Οφιούχου), *Ras Alhague*
ρασκέτα, *fire hook, scraper*
ράσπα, *rasp, cut, rasp*
ράστερ (λεπτὸν πλέγμα), *raster*
ραφανιδέλαιον, *rape oil*
ραφή, *seam*
  συγκεκολλημένη ἄνευ ὑλικοῦ συγκολλήσεως, *welded seam*
    διὰ συγκολλητικοῦ ὑλικοῦ, *soldered seam*
  συγκολλήσεως ἐν ψυχρῷ, *soldering seam*
ράφι, *shelf, rack*

ραφιδώνω, *to lace*
ραφινάρισμα, *refining*
ραφινάρω, *to refine*
ραφινόζη, *raffinose*
ράχη. Βλ. ράχις.
ράχις, *ridge, saddle*
  ἐξάρσεως, *ridge*
Ρ/Γ, *D/F*
  Α/Τ, *D/F W/T*
  πλαίσιον, *D/F loop*
Ρ/Δ, *D/F bearing*
ρεαλγάριον, *realgar*
ρέγουλα, *slide rule*
ρεγουλάρισμα, *setting*
ρεζές, *hinge*
ρεζορσίνη. Βλ. ρεσορκίνη.
ρεῖθρον, *gutter, flood*
  ἐγκάρσιον —, *water splash*
  ποταμοῦ, *bed*
  ὀχετοῦ, *invert of a culvert*
ρεκόρ, *record*
ρελαί, *relay*
  πεπολωμένον —, *polarised relay*
ρελεβάρω, *to take bearings*
ρεμέντζα, *moorings*
ρεμεντζάρισμα, *mooring*
ρένια, *British oak, common forest oak, forest oak*
ρεοστάτης, *rheostat.* **Βλ. καὶ ροοστάτης.**
  κινητῆρος, *motor starter*
  κυλινδρικός —, *cylinder rheostat*
  ρυθμιστικός —, *combined starter and regulator*
  στροφαλοφόρος —, *switch rheostat*
ρεσορκίνη, *resorcin, resorcinol*
ρεσπέτο, *spare*
ρετσίνι. Βλ. ρητίνη.
ρετσινόλαδο, *castor oil*
ρεῦμα, *current, flux*
  ἀγωγιμότητος, *conduction current*
  ἄεργον —, *wattless current*
  ἀερίου, *gas current*
  ἀέρος, *draught*
    κατερχόμενον — —, *down current*
    προκαλούμενον ὑπὸ τῆς ἕλικος, *propeller draught*
  ἀμπώτιδος, *ebb stream*
  ἀναγκαῖον —, *demand for current*
  ἀνορθωθὲν —, *rectified current*
  βάττειον —, *watt current*
  βραχυκυκλώσεως, *short-circuit current*
  γραμμῆς, *work current, line current*
  διὰ τοῦ στάτου, *stator current*
  δικτύου, *work current*

ρεῦμα
  διφασικόν —, *biphase current*
  ἐναλλασσόμενον —. Βλ. ἐναλλασσόμενον ρεῦμα.
  ἐξ ἐπαγωγῆς, *induced current*
  ἐπιφανείας, *surface current*
  θερμάνσεως νήματος, *filament current*
  κενῆς λειτουργίας, *no-load current*
  κόρου (λυχνιῶν), *saturation current (in a valve)*
  κυματοειδές —, *waving current*
  μαγνητίσεως, *magnetising current*
  μετατοπίσεως, *displacement current*
  πολυφασικόν —, *multiphase current*
  πρὸς μίαν φοράν, *unidirectional current*
  συνεχές —. Βλ. συνεχὲς ρεῦμα.
  ταλαντώσεων, *oscillatory current*
  τοῦ κόλπου, *gulf stream*
  τριφασικόν —, *three-phase current*
  ὑψηλῆς τάσεως, *high-tension current*
  χαμηλῆς τάσεως, *low-tension current*
  χώρου, *space current*
ρεύματα ἀερονημάτων, *eddy currents*
  δίνης, *eddy currents*
  παράσιτα —, *eddy currents*
  τοῦ Φουκώ, *eddy currents*
ρευματικαὶ γραμμαί, *streamlines, slipstream*
ρευματικὴ κροῦσις, *current rush*
ρευμάτισμα, *swing*
ρευματοδότης, *socket, jack*
ρευματολήπτης, *electrical connector, plug*
  ἀμουστικῶν, *telephone jack*
  ἐξωτερικῆς παροχῆς, *external supply socket*
  εὔτηκτος —, *fusible plug*
  καὶ ρευματοδότης, *plug and socket*
ρεύματος, διαδρομή, *flow of the current*
  διανομή —, *current distribution*
  ἔντασις —, *current strength*
  ἐπαναστροφή —, *reversal of current*
  κατανάλωσις —, *consumption of current*
  παραλαβή —, *consumption of curren*
  παροχή —, *distribution of current*
  πυκνότης —, *current density*
ρευστόν, *fluid, liquid*
ρευστοποίησις, *liquefaction*
ρευστοποιῶ, *to flux, to liquify*
ρευστός, *fluid*
ρευστότης, *fluidity, viscocity*

ρέω, *to flow, to run*
ρῆγμα, *rupture, fracture, gap, fault*
Ρήγουλος (α Λέοντος), *Regulus*
ρήνιον, *rhenium (Re)*
ρηνίου, ὀξείδιον, *rhenium oxide*
ρητῖναι οὐρίας, τεχνηταί, *urea resins*
ρητίνη, *resin, gum resin*
  πεύκου Ν. Ζηλανδίας, *kauri gum*
  φυτική —, *vegetable pitch*
ρητινόπισσα, *rosin*
ρητινοῦχος, *resinous*
  κόλλα, *resinous cement*
ρητινῶδες κόμμι, *gutta-percha*
ρητινώδης, *resinous, gummy*
ρητίνωσις, *gumming*
ρητός, *rational*
ρηχά, τά, *shallows*
  ποταμοῦ, *ford*
ρηχία, *low water*
  κάτω —, *low level*
ρηχίας, σημεῖον, *low-water mark*
ρίγα, *rule, ruler*
ριγαρίνη, *alizarin*
Ρίγελ (β Ὠρίωνος), *Rigel*
Ρίγιλ (α Κενταύρου), *Rigil Centaurus*
ρίζα, *root, radical*
  δευτέρα, *square root*
  ἐξισώσεως, *root of an equation*
  κυβική —, *cube toot*
  νυοστή —, *nth root*
  πέμπτη —, *fifth root*
  τετραγωνική —, *square root*
  τῶν παρεξαρτίων, *chain plate*
ριζαρίνη, *dihydroxyanthraquinone*
ριζικόν (Χημ.), *radical*
ριζικός, *radical*
ριζόξυλον, *root timber*
ρίμη, *reamer*
  διαστελλομένη —, *expanding reamer*
  διευθυνομένη —, *expansion reamer*
  κωνική —, *taper reamer*
  μεθ' ὑποδοχῆς, *shell reamer*
  ρυθμιζομένη —, *expanding reamer*
ρίνη, *file*
  ἀμβλεῖα —, *blunt file*
  δευτέρας κοπῆς, *second-cut file*
  δι' ὀπάς, *taper file*
  διατομῆς πεπλατυσμένου ρόμβου, *feather-edge file, slitting file*
  διπλῆς χαραγῆς, *double-cut file*
  ἑλβετική —, *Swiss file*
  ἐπίπεδος —, *flat file*
  ἡμικυκλική —, *half-round file*
  ἡμικυκλικῆς διατομῆς, *half-round file*
  κυκλικῆς διατομῆς, *round file*

ρίνη
  μειουμένης διατομῆς, *rat-tail file*
  κυρτή —, *bow file*
    τραπεζοειδής — —, *bellied file*
  λειάνσεως, *smooth file*
  λεπτή —, *fine file*
  λεπτοῦ βήματος, *smooth file*
    ἐξόχως — —, *dead-smooth file*
  μαχαιρωτή —, *knife-edged file*
  μὲ ἁπλῆν τραχεῖαν χαραυγήν, *rough-cut file*
    κατὰ μῆκος αὐλακώσεις, *crossing file, tumbler file*
    λείας πλευρᾶς, *safe-edge file*
    μέσην χαραυγήν, *middle-cut file*
    τραχὺ βῆμα, *rough file*
  μεθ' ἁπλῆς αὐλακώσεως, *single-cut file*
  μεσαία —, *medium file*
  μέσου βήματος, *bastard file*
  μικροτέρας χαραγῆς, *bastard file*
  νόθος —, *bastard file*
  παράλληλος —, *parallel file*
  πλατεῖα —, *flat file*
  πριόνων, *saw file*
  στρογγύλη —, *round file*
  τετραγωνικῆς διατομῆς, *square file*
  τετράγωνος —, *square file*
  τραπεζοειδής —, *tapered file*
  τριγωνική —, *triangular file, three-square file*
  τριγωνικῆς διατομῆς, *three-cornered file, triangular file*
  τραχεῖα —, *rough file*
  τραχείας κοπῆς, *dreadnaught file*
  χονδρή —, *second-cut file*
ρινήματα. Βλ. καὶ ρινίσματα.
ρίνης, γλῶσσα, *tang of file, tang*
  λεπίς —, *blade of file*
  χαραγαί —, *file teeth*
  χαραγή —, *cut of a file*
    διασταυρουμένη — —, *cross-cut of a file*
    διπλῆ — —, *cross-cut of a file*
  χειρολαβή —, *handle of file*
ρινίζω, *to file*
ρίνισις, τελική, *draw-filing*
ρινίσματα, *chip*
ρινίσματα, *shavings, filings, burrs*
  μετάλλου, *metal chips, metal filings, metal shavings*
ριπὴ ἀνέμου, *squall, gust*
  ἀνοδική — —, *up-gust*
  παροδική — —, *gustiness*
  ἐναρκτήριος —, *opening burst*
  πολυβόλου, *burst, squirt*

ρῖπος, *mat*
ρίπτω πινέλο, *to back*
ρίς, *nose*
  ἐκ χυτοσιδήρου, *cast-iron nose*
  χαλκίνη —, *copper nose*
ρόδα, *wheel*
  τοῦ τιμονιοῦ, *steering-wheel, wheel*
ροδαμῖναι, *rhodamines*
ροδάνι, *winch*
ροδανιλίνη, *rosaniline, fuschsine, magenta*
ροδάντζα, *thimble*
ροδέλλα, *washer*
  ἐλαστική —, *elastic washer*
ρόδιον, *rhodium (Rh)*
ροδολικὸν ὀξύ, *rosalic acid*
ροδόξυλον, *rosewood*
ροδοχροΐτης, *rhodochrosite*
ροδόχρουν, *pink*
  ἀνοικτόν —, *salmon pink*
ροδοχρωσίτης, *rhodochrosite, manganese spar*
ροδοψίνη, *rhodopsin*
ροζολικὸν ὀξύ, *rosolic acid*
ρόζος, *knot*
ροή, *flow, flowage, flux, slipstream*
  ἀέρος βραδείας λειτουργίας, *idle air-bleed*
  ἐλευθέρα —, *free flow*
  μεγάλη καὶ ἀπότομος —, *surge*
  ρευματικῆς γραμμῆς (ἀερονηματίων), *streamline flow*
  τεταραγμένη —, *turbulent flow*
  ὑπὸ πίεσιν, *forced flow*
  φωτεινή —, *luminous flux*
ροήμετρον, *test flow meter*
ροκάνι, *carpenter's plane, plane.* **Βλ. καὶ ρυκάνη.**
ροκανίδια, *chippings*
  μεταλλικά —, *metal shavings*
  ξύλου, *wooden shavings*
ροκανίζω, *to plane*
ροκάνισμα, *planing*
ροκανίστρα, *planing machine*
ρόλλος, *strip*
ρομβικὸν σύστημα, *prismatic system*
ρομβόεδρον, *rhombohedron*
ρομβοειδὲς σχῆμα, *rhombus, rhomb*
ρομβοειδής, *rhomboid*
ρόμβος, *rhombus, rhomb*
ρομβότρητον φύλλον σιδήρου, *chequered plate, checkered plate*
ρομπινές, *tap*
ροόμετρον, *flowmeter*
  τύπου 'Αμάλ, *Amal flowmeter*
ροοστάτης, *rheostat, starter.* **Βλ. καὶ ρεοστάτης.**
ροοστάτης
  βαθμιαῖος —, *stepped starter*
  διὰ ψύξεως ἐλαίου, *oil-cooled starter*
  ἐξισώσεως τάσεως ἐναλλασσομένου ρεύματος, *alternating current balancer*
  κυλινδρικός —, *drum starter*
  πλαισιωτός —, *frame starter*
ροοστατικὸς διακόπτης, *dimmer switch*
ροπή, *momentum, moment*
  ἀδρανείας, *moment of inertia*
    ἐπιφανείας, *moment of inertia of area*
    πολική — —, *polar moment of inertia*
    στατική — —, *static(al) moment of inertia*
    φυγόκεντρος — —, *centrifugal moment of inertia*
  ἀνατροπῆς, *tilting moment*
  ἀνορθώσεως, *righting moment*
  ἀντιστάσεως, *moment of resistance, section modulus*
  ἀποσβέσεως, *damping moment*
  γιγγλυμοῦ, *hinge moment*
  δυνάμεως, *moment of a force*
  ἐγκαρσία —, *transverse moment*
  ἐκπτώσεως, *breaking-down torque*
  ἐπαναφορᾶς, *restoring moment, righting moment*
  ἐπιφανείας, *moment of area*
  εὐσταθείας (πλοίου), *moment of stability*
  θραύσεως, *moment of rupture*
  κάμψεως, *bending moment, moment of flexion*
  κεντρόφυξ —, *centrifugal moment*
  κινητήριος —, *torque*
  μαγνητίσεως, *magnetic moment*
  μαγνήτου, *moment of a magnet*
  περιστροφῆς, *moment of rotation*
  στατική —, *statical moment*
  στρέψεως, *moment of torsion, twisting moment, torque*
    ἕλικος, *propeller torque*
    κινητῆρος, *engine torque*
ροπῆς στρέψεως, φορτίον, *torque load*
ρότα, *course*
ροτόντα, *rotunda*
ρότωρ, *rotor*
ρουβίδιον, *rubidium (Rb)*
ρουβίνιον, *ruby*
ρουθήνιον, *ruthenium (Rn)*
ρουκέτα, *rocket*
  σημάτων, *signal rocket*

ρουλεμάν, *ball-bearing*. **Βλ. καὶ σφαιροτριβεὺς καὶ ἔνσφαιρος τριβεύς.**
ρουμπίνι, *ruby*
ρουπάκι, *British oak, common forest oak, forest oak*
P/T, *R/T*
ρυάκιον, *brook*
ρυθμιζομένη ἀντίστασις, *adjustable resistance*
  ἕλιξ, *adjustable propeller*
  κλείς, *adjustable spanner, adjustable wrench*
  σύζευξις, *adjustable coupling*
ρυθμιζόμενος, *adjustable*
  συμπυκνωτής, *adjustable condenser*
ρυθμίζω, *to adjust, to regulate, to tune, to true up*
  μετὰ μεγίστης ἀκριβείας, *to trim*
ρυθμίσεως, ἐλεγκτής, *setting control*
  κεφαλή —, *adjusting head*
  κοχλίας —, *adjustable bolt*
  συσκευή —, *controlling device*
ρυθμίσιμος, *adjustable*
ρύθμισις, *adjustment, regulating, setting, tuning, rigging, control, harmonisation, calibration, true up, adjusting*
  ἀνακρουομένων μερῶν, *weighing recoiling portions*
  ἀναφλέξεως, *ignition timing*
  βαλβίδων, *timing of valves*
  ἐξ ἀποστάσεως, *remote control*
  ἐπικλινοῦς ἐπιφανείας ὀλισθήσεως, *slope adjustment*
  κινήσεως δι' ἀξόνων, *line shaft drive*
  κινητῆρος, *tuning of an engine*
  μηχανῆς, *balancing of machine*
  ὀργάνων μετρήσεως, *adjustment of measuring instruments*
  οὐδετέρα —, *neutral setting*
  πηδαλίου διευθύνσεως, *rudder adjustment*
    ὕψους-βάθους, *elevator adjustment*
  πιέσεως εἰσαγωγῆς ἀπογειώσεως, *setting take-off boost*
  πλουσίου μίγματος, *rich mixture setting*
  πορείας κατὰ προσέγγισιν, *course adjustment*
  πτερυγίων ὑποβαστάξεως τοῦ χείλους προσβολῆς καὶ ἐκφυγῆς, *slat and flap adjustment*
  πτωχῆς λειτουργίας, *weak setting*
  συσκευῆς, *timing of the gear*

ρύθμισις
  μαγνητοηλεκτρικῆς—, *magneto adjustment, magneto timing*
  συχνότητος ἐκπομπῆς διὰ κρυστάλλου, *crystal control*
  τάσεως πλέγματος, αὐτόματος, *automatic grid bias*
  χειριστηρίων, *setting of the controls*
ρυθμιστής, *adjuster, regulator, governor, trimmer, rigger, slide*
  ἀερίων, *gas plug, gas regulator*
  ἀέρος ἑλκυσμοῦ, *air slide valve*
  αἰχμῆς ἐπικρουστῆρος, *striker-point gauge*
  ἀξονικός —, *shaft governor*
  ἀστατικός —, *astatic governor*
  αὐτόματος —, *automatic governor*
    ἀλλαγῆς ταχύτητος, *automatic changeover control*
    ἤχου (Α.Ρ.Η.), *automatic volume control (A.V.C.)*
    μίγματος, *automatic mixture control*
    πιέσεως εἰσαγωγῆς, *automatic boost control*
    πλέγματος, *automatic grid control*
    τροφοδοτήσεως, *automatic feed regulator*
  βαθμοῦ κοκκώσεως, *grain size control*
  Βάττ, *centre-weighted governor*
  δι' ἐκκρεμοῦς, *centre-weighted governor, weighted governor, pendulum governor, loaded governor, porter governor*
    κωνικός — — —, *conical pendulum governor*
    ἐλατηρίου, *spring-loaded governor*
  διὰ σφαιρῶν, *ball governor*
  διακλαδώσεως, *shunt regulator*
  ἐντάσεως, *barretter*
  θερμοστατικῆς θερμοκρασίας ἐλαίου, *thermostatic oil-temperature regulator*
  ἰσόχρονος —, *isochronous governor*
  κινητός —, *astatic governor*
  μίγματος, *throttle control*
  μολύβδινος —, *lead gauge*
  ὀνυχωτοῦ κυλίδρου, *ratchet spanner*
  ὀξυγόνου, *oxygen regulator*
  παραγωγῆς, *output governor*
  πιέσεως εἰσαγωγῆς, *manifold-pressure regulator*
    μεταβλητῆς βάσεως, *variable datum boost control*

ρυθμιστὴς
πολυβόλου, *gun adjuster*
ρυθμίσεως, *setting control*
τραχείας—, *coarse-setting control*
σπινθήρων κενοῦ, *vacuum spark control*
στατικός —, *static governor*
σταυρωτός παραβολικός —, *crossed-arm governor, parabolic governor*
στροφῶν ἀνὰ λεπτόν (σ.ἀ.λ.), *generator cut-out*
τάσεως, *voltage regulator, potential regulator, tension regulator*
τόνου, *tone control*
φάσεων, *phase regulator*
φυγοκεντρικοῦ τύπου, *centrifugal-type governor*
ψευδοστατικός —, *pseudo-static governor*
ρυθμιστικὴ βαλβὶς ἀντλίας βενζίνης, *fuel pump relief valve*
συσκευή, *adjusting apparatus*
ρυθμιστικός, *governor, adjusting*
καὶ ὀδοντωτὸς τροχός, *setting wheel and pinion*
κοχλίας, *adjusting screw*
πιδακίσκος ἐμπλουτισμοῦ ἰσχύος, *power enrichment metering jet*
τροχὸς ἓξ ἀνοιγμάτων, *six-aperture control wheel*
ρυθμιστός, *adjustable*
ρυθμιστοῦ, ἄτρακτος, *governor spindle*
περιχείλιον —, *governor sleeve*
σφαῖρα —, *governor ball*
σωλήν —, *governor sleeve*
ταλάντωσις—, *hunting of governor*
ρυθμόμετρον, *metronome*
ρυθμός, *rate, rhythm*
βολῆς, *rate of fire*
ταχύς — —, *quick-firing*
ρυκάνη, *carpenter's plane, plane, planing machine*
διὰ τριγωνικὰς γλυφάς, *rabbet plane*
πλευρικῆς χειρίσεως, δίχειρος, *spokeshave*
ρῦμα (σχοινίον), *hawser*
ρύμη, *momentum, moment, impulsion, kinetic energy*
γωνιακή —, *angular momentum*
ρυμουλκήσεως, κρίκος, *tow ring*
ράβδος —, *towing bridle*
ρυμούλκησις, *hauling, towing, towage*
ρυμούλκιον (σχοινίον), *hauling line, tow rope, tow line*
ρυμουλκίων, τόξον, *tow rail*
ρυμουλκόν, *tug*
ἀεροπλάνον, *tow plane*
αὐτοκίνητον, *tractor*
ἐπὶ ἑρπυστήρων, *caterpillar tractor*
κάμπης, *caterpillar tractor*
πλοῖον, *tow boat*
ρυμουλκούμενον ἐπίπεδον, *flat trailer*
μετὰ πλευρῶν, *box trailer*
ὄχημα, *trailer*
τροχοφόρον, *trailer*
ρυμουλκούμενος, *tractor-drawn*
γερανός, *tractor crane*
στόχος τύπου σημαίας, *towed flag target*
ρυμουλκῶ, *to haul*
ζευκτά, *to tow alongside*
πλοῖον, *to tow (a ship)*
στοιχηδόν, *to tow astern*
ρυόλιθος, *rhyolite*
ρύπανσις, *sooting, sludging*
ἐκ τῶν καταλοίπων, *sooting up*
ρυπαρός, *foul*
ρυτιδῶ, *to corrugate*
ρυτιδώσεις ἀποθήκης, *pans*
ρυτιδωτός, *corrugated*
ρωγμαὶ ὀφειλόμεναι εἰς ἀτμοσφαιρικὰς συνθήκας, *natural cracks*
χρονικαί —, *season cracks*
ρωγμή, *crack, crevasse, cleft, split, rent, shake*
ἀστεροειδής —, *star shake*
ἐκ πήξεως, *shrinkage crack*
συστολῆς, *shrinkage crack*
ἐσωτερική —, *clink*
λόγῳ παγετοῦ, *frost shake*
μετάλλου, *roak*
ξύλου, *gape*
ρώθωνες πυροδοτήσεως, *firing holes*
ρωστήρ, *relay*
διακοπῆς γραμμῆς, *wire-break relay*
ἐνδιάμεσος —, *intermediate relay*
μεγίστου βραδείας ἀφέσεως, *maximum relay for slow release*
μεταρρυθμίσεως τοῦ χρόνου, *maximum relay for quick release*
ταχείας ἀφέσεως, *maximum relay for quick release*
τάσεως, *voltage relay*
φωνητικός —, *box sounding relay*
χρόνου, *time relay*

Σ

σαβινένιον, *sabinene*
σαβούρα, *ballast*
σαβούρωμα, *ballasting*
σαγήνη, *trammel net*
σάγμα, *saddle*
σάγουλα, *lanyard, lashing rope, log line*
  τιμονιοῦ, *tiller rope*
σαΐτα, *head-rail*
σακκιάζω, *to bag*
σακκολέβα, *jigger sail*
σάκκος, *sack, bag*
  (ναυτῶν, στρατιωτικῶν), *kit*
  ἐργαλείων, *tool kit, tool bag, kit bag*
σάκχαρα, *saccharoses*
σακχαρίνη, *saccharin*
σακχαρόζαι, *saccharoses*
σακχαρόζη, *sucrose*
σακχαροκάλαμον, *sugar cane*
σακχαροκαλάμου, ὑπολείμματα, *bagasse*
σακχαρόμετρον, *saccharometer*
σάκχαρον, κοινόν, *sucrose*
  μετάστροφον —, *invert sugar*
σαλαμάστρα, *gasket*
  (σχοινίον), *nipper*
σαλαμούρα, *brine*
σαλβαρσάν, *Salvarsan*
σαλβαρσάνη, *Salvarsan*
σάλι, *raft*
σαλιγενίνη, *saligenin, salicyl alcohol*
σαλικίνη, *salicin*
σαλικυλαλδεΰδη, *salicylaldehyde*
σαλικυλικὸν ὀξύ, *salicylic acid, phenyl salicylate*
σαλόλη, *salol*
σαλόπιος βαθμίς, *Wenlock series*
σάλος, *ground swell, roadstead*
σαλπάρισμα, *weighing*
σαλπίγγιον, *buzzer*
σάλπισμα, *taps*
σαμάριον, *samarium (Sm)*
σαμπάνιο, *sling*
σαμπρέλα, *inner tube*
σανίδινον (ὀρυκτόν), *sanidine*
σανιδοπίναξ, *board*
σανιδόσκαλα, *gang board*
σανίδωμα, *plank covering, planking, flooring*
σανιδώνω, *to plank*
σανίς, *plank, board*
  ἐπιστρώσεως, *ceiling plank*
  λειάνσεως, *smoothing board*
  πατώματος, *floor board*
  παχεῖα —, *plank*
  φοδραρίσματος, *ceiling plank*
σαντάρδο, *ensign staff, flag-staff*
σαντζακόσχοινον, *flag halyard*
σαπουνόπετρα, *saponite*
σαπουνόχωμα, *saponite, talc*
σαπφειρίνης, *sapphirine*
σαπφείρινος, *sapphirine*
σάπφειρος, *sapphire*
σαπωνίτης, *saponite*
σαπωνοποίησις, *saponification*
σαρακοφάγωμα, *dry rot*
σάρος ἢ σαρός (περίοδος 6585 ἡμερῶν), *saros*
σάρωθρα, *squeezers*
σαρώματα τῶν ὁδῶν, *street sweepings*
σασί, *chassis*
σατίνα, *buffing machine*
σβάρνα, *road drag*
σβεννύω δι' ὕδατος, *to quench*
  διὰ βαφῆς (ἐπὶ μετάλλων), *to quench*
σβέσις, *extinction, slaking*
  ἀσβέστου, *slaking of lime*
  δι' ἐμβαπτίσεως, *quenching, quench*
σβεστήρ, *extinguisher, damper, sprinkler apparatus*
σβήνω, *to scratch*
σβηστὴρ μελάνης, *ink eraser*
σβίγα, *winch*
σβούρα, *moulding machine*
σγόμπια, *hollow punch*
σειρά, *series, train, range, chain*
  ἀναφλέξεως, *firing order*
  ἄπειρος —, *infinite series*
  ἀποκλίνουσα —, *divergent series*
  ἀπολύτου συγκλίσεως, *absolute convergence series*
  ἀποσυναρμολογήσεως, *dismantling sequence*
  ἁρμονική —, *harmonic series*
  βομβῶν, *stick of bombs*
  διωνυμική —, *binomial series*
  ἐλασμάτων, *strake*
  ἐναλλασσομένη —, *alternative series*
  ἐξαρτημάτων, *set*

σειρὰ
ἐπηγκενίδων, *strake*
ἐπιθεωρήσεων, *inspection routine*
θερμοηλεκτρικῶν τάσεων, *thermoelectric series*
λογαριθμικὴ —, *logarithmic series*
πεπερασμένη —, *finite series*
πλακῶν ἐνδείξεως, *dial train*
προτεραιότητος διὰ προσγείωσιν, *landing sequence*
πυροδοτήσεως, *firing order*
συγκλίνουσα —, *convergent series*
ταλαντουμένη —, *oscillating series*
τοῦ Φουριέ (μαθηματική), *Fourier series*
σειράδια, *reef points*
σειραὶ ἰζηματογενέσεως, *sedimentation series*
K, *K-series*
σειρήν, *horn*
προειδοποιητικὴ —, *warning horn*
Σείριος (α Μεγάλου **Κυνός),** *Sirius, Dog Star*
σειρίς, *lace*
σειρίτι, *tape*
σειροδετῶ, *to reef*
σεισμογράφος, *seismograph*
σεισμός, *earthquake*
σελάκ, *shellac*
σέλαος, ἀκουστικότης, *audibility of aurora*
φάσμα —, *spectrum of aurora*
σέλας (βόρειον ἢ νότιον), *polar light*
βόρειον —, *aurora borealis*
νότιον —, *aurora australis*
σελήνη, *moon*
νέα —, *new moon*
σελήνης, ἀνατολή, *rising of moon, moonrise*
δύσις —, *setting of moon, moonset*
ἡλικία —, *age of moon*
ἡμέρα —, *moon's age*
μεσημβρινὴ διάβασις —, *moon's transit*
τέταρτον —, *quarter of moon*
πρῶτον — —, *first quarter of moon*
φάσις —, *phase of moon*
σεληνιακὴ ἀπόστασις, *lunar distance*
ἡμέρα, *lunar day*
ἶρις, *lunar rainbow*
παλίρροια, *lunar tide*
περίοδος, *lunation, synodic month*
σεληνιακός *lunar*
κύκλος, *lunar cycle*
μήν, *lunation, lunar month, synodic month*

σελήνιον, *selenium (Se)*
σεληνίτης, *selenite*
σεληνιῶδες ὀξύ, *selenious acid*
σελιδοθέτης, *galley*
σελλουδόϊδ, *celluloid*
σελλοφάν, *cellophane*
σέλμα, *bank, seat*
σεμαφόρ, *semaphore*
σεμικαρβαζίδιον, *semi-carbazide*
σεντίνα, *bilge*
σέπια, *sepia*
σέρζ (ὕφασμα), *serge*
σερπαντίνα, *coil*
σερπαντίνης Λακεδαίμονος, *Lacedaemon marble*
σερπεντίνης, *serpentine*
σερπεντίτης, *serpentine*
σέσουλα, *scoop, skeet*
σεσσάντε, *sextant.* **Βλ. καὶ ἑξᾶς.**
σηκός, *niche*
σήκωμα, *rise*
σηκώνω, *to haul*
τὴν καστάνια, *to unclick*
σῆμα, *signal, ensign*
ἀνοικτὸν —, *plain language message*
διὰ κινήσεως τῶν πτερύγων, *wing signal*
διακριτικὸν —, *signal letters*
ἐμπορικὸν —, *trade-mark*
ἠχητικὸν —, *sound signal*
καταιγίδος, *storm signal*
κινδύνου, *alarm signal, distress signal*
ναυτικὸν — —, *marine distress signal*
κλήσεως ραδιοφωνικοῦ δικτύου, *net call sign*
νηολογήσεως, *registration mark*
νυκτερινὸν —, *night signal*
ὁδηγίας, *guiding mark*
ὀπτικὸν —, *visual signal*
παραληφθὲν —, *pick-up message*
σημάδευσις, *marking off*
σημαδεύω, *to aim*
σημαδούρα, *mooring buoy, buoy, surfacing gauge*
σημαία, *flag*
ἀνακωχῆς, *flag of truce*
μαύρη —, *black jack*
σημαιοφόρος, *sub-lieutenant, ensign*
σήμανσις, *marking off*
δοκιμῆς, *proof mark*
σημαντήρ, *buoy*
διχασμοῦ, *bifurcation buoy*
ἐκ φελλοῦ, *cork buoy*
ἠχητικὸς —, *sounding buoy*

σημαντὴρ
θαλάσσης, *marine marker*
κωδωνοφόρος —, *bell-buoy*
κωνικός —, *can buoy*
μετὰ φωτός, *illuminated buoy*
ναυαγίου, *wreck buoy*
πυρκαϊᾶς, *fire alarm*
ρομβοειδής —, *nun-buoy*
συμβολῆς, *junction buoy*
τηλεγραφικοῦ καλωδίου, *telegraph buoy*
σήματα, ἐπείγοντα, *urgency signals*
κινδύνου, *urgency signals*
φωτεινά —, *signal lights*
σηματογράφος, *semaphore*
σηματοδοσίας, πλαίσιον, *signalling panel*
συσκευή —, *signalling apparatus*
σηματολόγιον, *signal book*
σηματόσφαιρα, *signal ball*
σηματόσχοινον, *flag halyard*
σηματοφορικὸς σταθμός, *signal station*
σηματοφόρος, *semaphore*
σημάτων, ἀπόγραφον, *signal log*
κώδων —, *signal bell*
παραγωγός —, *signal generator*
σημαία —, *signal flag*
φανός —, *signalling lamp*
σημεῖα ἀγκιστρώσεως, *picketing points*
ἀμυχῶν, *scratch marks*
ἀραιώσεως, *dispersal points*
δεσμῶν, *nodal points*
ἐπαφῆς, *contact points*
κηλίδων, *fleck markings*
ὁράσεως, *station points*
ὁρίζοντος, κυρία, *cardinal points*
φυγῆς, *station points*
σημεῖον, *sign, point, spot*
ἀδρανείας (ἀναμικτῆρος), *flat spot*
ἀλλαγῆς, *point of inflection*
ἀναδρομῆς, *reference mark, reference marking*
ἀναφλέξεως, *fire point, flash point*
ἀναφορᾶς, *reference point*
ἀναχωρήσεως, *point of departure*
ἀνέμου, *wing point*
ἀντικειμένου, *object point*
ἀνώτερον κρίσιμον —, *decalescence point*
ἀρθρώσεως, *fulcrum*
ἁρμόσεως, *node*
ἀφέσεως, *release point*
ἀφετηρίας, *datum point, point of origin*
βρασμοῦ, *boiling point (b.p.), bubble point*

σημεῖον
διαρροῆς, *yield point*
διασταυρώσεως σκοπεύσεως, *firing point*
δράσεως ἄξονος, *journal*
δρόσου, *dew-point*
ἐλέγχου, *control point*
ἐναρμονίσεως, *point of harmonisation*
ἑνώσεως, *junction*
ἐξατμίσεως, *point of evaporation*
ἐπαφῆς, *point of contact, breaker point*
θραύσεως, *breaking point*
ἱπποδυνάμεως, *power point*
καμπῆς, *point of inflection*
κάτω νεκρόν — (Κ.Ν.Σ.), *bottom dead-centre (B.D.C.)*
κατώτερον κρίσιμον —, *recalescence point*
μαλακύνσεως, *softening point*
μεγίστης ἀντοχῆς, *maximum stress*
τάσεως, *maximum stress, ultimate strength*
μεταβολῆς, *point of inflection*
νεκρώσεως, *cut-off point*
νεφελώσεως, *cloud point*
παρατηρήσεως, *observation point*
πήξεως, *freezing point (f.p.)*
(ἐπὶ πετρελαίου), *cold test*
πυξίδος, *compass point*
ρυθμίσεως, *timing mark, point of harmonisation*
ἐλαίου, *oil setting point*
σιγῆς, *dead spot*
σκοπεύσεως πολυβόλου, *gun aligning marks*
σταθερόν —, *reference point*
στηρίξεως, *fulcrum*
στίξεως, *pin-point*
στόχου, συγκεκριμένον, *point target*
στροφῆς, *point to turn*
συγχρονισμοῦ, *timing mark*
συναντήσεως, *meeting point, point of interception*
τήξεως, *point of fusion, fusing point, melting point*
ὑγροποιήσεως, *dew-point*
ὑποχωρήσεως, *yield point*
φλέξεως, *flash point*
χύσεως, *pour point*
ψύξεως, *freezing point (f.p.)*
σημειώσεις ἐπιδόσεων, *performance notes*
Σῆμενς (μονὰς ἀγωγιμότητος), *Siemens*

σημύδα (δένδρον), *birch*
σήπιον, *meerschaum*
σήπομαι, *to mould*
σῆραγξ, *sluice gate valve, shut-off gate valve, tunnel*
ἀεροδυναμική —, *wind tunnel*
ἑλικοφόρου ἄξονος (τουνέλι), *propeller shaft tunnel*
ἱστοπέδης, *mast trunk*
ὑπὸ πίεσιν, *pressure tunnel*
σῆψις, ἐρυθρά, *red rot*
λευκή —, *white rot*
ξηρά —, *decay*
σθένος, *valency*
σιαγόνες, *shoes*
σιαγών, *jaw, horn*
κλειδός, *jaw of wrench*
σιγαστήρ, *muffler silencer, muffler, silencer*
σιγὴ ἀσυρμάτου τηλεγράφου (Α/Τ), *wireless telegraph (W/T) silence*
σιγητήρ, *muffler*
σιδηρᾶ φύλλα ἐπενδύσεως, *lining plates*
σιδηρίτης, *siderite, spathic iron-ore*
σιδηροαργίλλιον, *ferro-aluminium*
σιδηροβολφράμιον, *ferro-tungsten*
σιδηροβόριον, *ferro-boron*
σιδηρογωνία, *angle bar, angle iron*
βολβοειδής —, *bulb angle*
ἡμικυκλική —, *tunnel stiffener*
ὀρθή —, *square iron angle*
Τ, διπλῆ, *tee-square*
σιδηρογώνιον, *angle bar, angle iron*
σιδηρογωνίων, ψαλίς, *angle iron shears*
σιδηροδοκός, *iron girder*
μὲ εὐρέα πέλματα, *broad-flange girder*
σχήματος Π, *channel iron*
σιδηροδρομικὴ γέφυρα, *railway bridge*
γραμμή, *railroad (R.R.), railway line*
κυρίας σημασίας, *main-track line*
συμβατικοῦ πλάτους, *standard gauge line*
καμπύλη, *railway curve*
μηχανή, *locomotive*
ἄνευ πυρᾶς, *fireless locomotive*
ἀτμοκίνητος — —, *steam locomotive*
σιδηροδρομικὸς ἐκσκαφεύς, *railway dredger, railway excavator*
σταθμός, *railway station*
λιμένος, *port terminal*
σιδηρόδρομος, *railroad (R.R.)*
αἰωρητός —, *funicular railway*
ἀνυψωμένος —, *elevated railway*
ἑλκυόμενος διὰ καλωδίου, *cable railway*
προσφύσεως, *adhesion railway*
στενοῦ πλάτους γραμμῆς, *narrow-gauge railway*
ὑπόγειος —, *underground*
σιδηροδρόμου, κόμβος, *railway junction*
σιδηροκαρβίδιον, *iron carbide*
σιδηροκολλητής, *soldering iron*
σιδηροκυανιοῦχος, *ferro-cyanide*
σιδηρομαγγάνιον, *ferro-manganese*
σιδηρομαγνητικός, *ferro-magnetic*
σιδηρομετάλλευμα, *iron ore*
σίδηρον εἰς σχῆμα διπλοῦ Τ, *H-bar*
Ζ, *Z-bar*
κυρτόν —, *goose neck*
σιδηρονικέλιον, *ferro-nickel*
σιδηροπριόνιον, *metal saw*
σιδηροπριονίου, λεπίδες, *hack-saw blades*
σιδηροπυρίτης, *ferric disulphide, iron sulphide, iron pyrites, pyrite*
σιδηροπυρίτιον, *ferro-silicon*
σίδηρος, *ferrum (Fe), iron*
ἀκάθαρτος —, *pig iron*
ἀκατέργαστος —, *pig iron*
ἀναμακτός —, *weld iron*
ἀνθρακικός —, *spathic iron-ore*
ἀνοξείδωτος —, *rustless iron*
ἀργός —, *pig iron*
συμμιγής, *molten pig iron*
τεφρός —, *grey pig iron*
ἄχρηστος —, *scrap iron*
βολβοειδής —, *bulb iron*
γαλβανισμένος —, *galvanised iron*
εἰς ράβδους, *bar iron*
σχῆμα U, *channel iron*
ἐλάστρου, *rolled iron*
ἐλατός —, *wrought iron*
ἑλκύστρου, *rolled iron*
ἐπικεκαλυμμένος διὰ ψευδαργύρου, *zinc-coated iron*
ἐπίπεδος —, *flat iron*
εὔθραυστος —, *brittle iron*
θειϊκός —, *ferrous sulphate, iron suphate, green vitriol, melanterite*
θειοῦχος —, *ferrous sulphide, ferric disulphide*
ἰνώδης —, *fibrous iron*
κατειργασμένος —, *wrought iron*
κατοπτρικός —, *specular iron*
κεκαυμένος —, *burnt iron*

σίδηρος
λεπτόκοκκος —, *fine-grained iron*
λευκός —, *white iron, spiegeleisen*
ἀργός — —, *white pig iron, white cast iron*
νικελιοῦχος — —, *nickel white iron*
μαλακός —, *soft iron, malleable iron*
μὲ κηλῖδας, *mottled iron*
νικελιοῦχος —, *nickel iron*
ὀξικός —, *ferrous acetate, iron acettae*
τοῦ ὀξειδίου τοῦ ἅλατος, *ferric acetate*
πλαστικός —, *spongy iron*
πρωτογενής —, *raw iron*
ράβδων ἐσχαρῶν, *grid bar iron*
ρευσιγενής —, *ingot iron*
Μάρτιν, *Martin ingot iron*
σπογγώδης —, *spongy iron*
στιφρός —, *close-grained iron*
συγκολλήσεως, *weld iron*
συγκολλητός —, *weld iron*
σφυρήλατος —, *wrought iron*
τραχύς —, *tough iron*
ὑποχλωριοῦχος —, *ferrous chloride*
ὑψηλῆς ἀντοχῆς, φαιός, *Ni-tensyl*
χλωριοῦχος —, *ferric chloride*
χονδρόκοκκος —, *coarse-grained iron*
χυτός —, *cast-iron*
σιδηροτροχιὰ ἐπιστροφῆς ρεύματος, *rail return*
σιδηροτροχιαί, *rails*
σιδήρου, ἀφροσκωρία, *iron dross*
ἔλασμα —, *sheet iron*
κόλλα —, *iron cement*
ὀξείδιον —, *ferric oxide, iron oxide, iron, sesquioxide*
μαγνητικόν — —, *ferrosoferric oxide, magnetic oxide of iron, lodestone*
πλάξ —, *iron plate*
τρίφυλλος — —, *iron tern plate*
ράβδοι καθαροῦ —, *ingot iron*
ρινίσματα —, *iron file dust*
σφαῖραι —, *iron balls*
ὑδροξείδιον —, *ferric hydroxide, hydrated ferric oxide*
ὑδροϋποξείδιον —, *ferrous hydroxide*
ὑποξείδιον —, *ferrous oxide*
ἀπολεπιζόμενον — —, *hammer scale*
θειϊκόν — —, *iron sulphate*
φλοίδα —, *iron scale*
φύλλον —, *iron plate, sheet iron*

σιδηρουργεῖον, *forge, iron works*
σιδηρουργός, *blacksmith*
καὶ συγκολλητής, *blacksmith and welder*
σιδηρουργοῦ, φορεῖον, *axle-box*
σιδηροῦχον μέταλλον, *ferrous metal*
σιδηροῦχος, *ferruginous*
σιδηροχρώμιον, *ferro-chrome*
σιλανσιέ, *muffler silencer, muffler, silencer*
σιλλιμανίτης, *sillimanite, fibrolite*
σιλό, *silo*
δημητριακῶν, *grain silo*
σιλούριος περίοδος, *Silurian period*
σιμεντίτης, *cementite*
σιμότης, *hang, sheer*
σιναπέλαιον, *mustard oil*
σινικὴ μελάνη, *India ink*
σιροκολεβάντες, *east-south-east*
σιρόκος, *south-east*
σιρός, *silo, grain silo*
Σιρρὰ (α. Ἀνδρομέδας), *Alpheratz*
σιτηρέσιον ἀνάγκης, *emergency ration*
σιφούνι. Βλ. σίφων.
σίφων, *siphon, syphon, pump, water-spout*
θαλάσσιος —, *water-spout*
παροχικός —, *injector*
σιφώνιον, *pipette*
σιωπηλόν, *push-pull, quiescent push-pull (Q.P.P.)*
σκάγια, *pellets*
σκάλα, *ladder, stirrup*
κρεμαστή —, *hang ladder*
πλοίου, *accommodation ladder*
σκάλεθρον, *slice, poker*
σκάλευθρον, *slice, poker*
σκαλίς, *spade*
σκαλιστήρι πυρᾶς, *fire rake*
σκαλμίσκος, *jack pin*
σκαλμοδόκη, *stand*
σκαλοπάτι, *ladder rung, rung, step*
σκαλωσιά, *scaffold, scaffolding, mason's scaffold, stage*
σκαμπαβία, *launch*
σκαμπανεβάζω, *to pitch*
σκαμπανέβασμα, *pitch, pitching*
σκανδάλη, *trigger*
ἄρξεως, *starting trigger*
ἐκκινήσεως, *starting trigger*
λειτουργίας, *starting trigger*
σκανδάλης, ἄξων, *trigger pin*
ἀσφάλεια —, *fire and safe unit, trigger safety*
γυρωτικὸς ἧλος ὑποστηρίγματος—, *trigger support rivet*
διακόπτης —, *trigger switch*

σκανδάλης
δοκιμαστὴρ —, *trigger tester*
ἐλατήριον ἀσφαλείας —, *trigger safety spring*
ἐνδιαμέσου μοχλοῦ —, *trigger bar spring*
μοχλοῦ συνδέσεως —, *trigger connecting-rod spring*
ἐμβολεὺς ἐλατηρίου ἀσφαλείας —, *trigger safety spring plunger*
ἐμπρόσθιος ἀναστολεὺς ἐνδιαμέσου μοχλοῦ —, *front trigger bar stop*
κοχλίας προφυλακτῆρος —, *trigger guard front screw*
ἐνδιάμεσος μοχλὸς —, *trigger bar*
μηχάνημα πλακὸς —, *trigger plate mechanism*
μηχανισμὸς —, *trigger group*
μοχλὸς ἐνδιαμέσου μοχλοῦ —, *trigger bar level*
συνδέσεως —, *trigger connecting-rod*
ὀπίσθιος ἀναστολεὺς ἐνδιαμέσου μοχλοῦ —, *rear trigger bar stop*
οὐρὰ —, *tail of trigger*
περόνη —, *trigger pin*
ἄξονος —, *trigger axis pin*
ἐνδιαμέσου μοχλοῦ —, *trigger bar pin*
πλὰξ —, *trigger plate*
προφυλακτὴρ —, *trigger guard*
ρὶς —, *nose of trigger*
ὑποστήριγμα —, *trigger support*
ὑποστηρικτὴς ἀσφαλείας —, *trigger safety bracket*
σκάνδιον, *scandium (Sc)*
σκαντάλι, *trigger*. **Βλ. καὶ σκανδάλη.**
σκαντάλιο, *lead*
σκανταλιόκομπος, *longline bend*
σκαπανεὺς (στρ.), *pioneer*
σκαπάνη, *pick-axe, pick, spade*
ἐπίπεδος —, *flat pick*
σκαπόλιθος, *wernerite*
σκαρίφημα, *sketch*
σκαρπέλο, *mortise chisel, hammer-head chisel, V-shaped gouge*
σκάσματα, *caps*
σκάτσα, *sheave hole, swallow*
τοῦ καταρτιοῦ, *mast step*
τροχίλου, *notch*
σκάφανδρον, *diving suit*
σκάφη, *hulls*
σκάφος, *frame, air-frame*
ἐπιφανείας (θαλάσσης), *surface craft*

σκέβρωμα, *shake*
σκεδαννύμεναι μαγνητικαὶ δυναμικαὶ γραμμαί, *stray lines*
σκεδαννύμενον πεδίον, *leakage field*
σκέδασις, *radiation*
ὑπεριώδης —, *ultra-violet radiation*
σκεδαστὴρ ἄμμου, *gritter, gritting machine, sand spraying machine*
βαφῆς, *paint-spray*
βαφοβόλος —, *paint-spray*
διὰ βαρύτητος, *gravity apparatus*
σκελετοκιβώτιον, *crate*
σκελετός, *frame, framework, body, chassis*
ἀγκίστρου, *anchorage frame*
ἀτράκτου, *fuselage structure*
κλείστρου, *lock casing*
ξύλινος —, *wooden framework, woodwork*
συσκευσίας, *crate*
σκελετοῦ κλείστρου, ἀναστολεὺς ἐξολκέως, *lock casing extractor stop*
προεξοχαὶ — —, *lock casing flanges*
σκέλη, *limbs*
συστήματος προσγειώσεως (ἀντικρουστικά), *oleo struts*
σκέλος ἀντικρούσεως, *oleo-leg*
γωνίας, *leg of angle*
συστήματος ὄλεο, *oleo-leg*
σκεπάρνι, *adze*
σκέπαρνον, *adze*
σκέπασμα, *keep, lid*
σκέπη, *housing, screen*
σκευάμαξα, *caisson*
σκεύη ἀγκυροβολίας καὶ πρυμνοδοτήσεως, *ground tackle*
σκευοθέσιον, *rack*
σκευοθέτησις, *rack*
σκεῦος, *utensil*
σκευοφόρον ὄχημα, *luggage-van*
σκηνή, *tent*
σκηνῆς, στῦλος, *awning stanchion*
σκιάσεως, *awning*
σκηνοῦχος, *awning boom*
σκηνωμάτιον, *canopy*
σκηνῶν, παραδέται, *awning stops*
σκί, *ski*
σκιά, *shade, shadow, umbra*
διαχυτὴ —, *diffusing shade*
σκιαγραφία, *outline*
σκιᾶς, κῶνος, *umbral shadow*
σκίασις, *shading*
λόφων, *hill shading*
σκιερὸν σῶμα, *opaque body*
τμῆμα, *umbra*

σκίρτημα, *tremor*
σκιρτῶ, *to skip*
σκίρων, *north-west*
σκιρωνοβορρᾶς, *north-north-west*
σκιρονωζέφυρος, *west-north-west*
σκίτσο, *sketch*
σκλῆθρος, *alder*
σκληθρώδης, *liable to chip*
σκληραλουμίνιον. Βλ. σκληραργίλλιον.
σκληραργίλλιον, *duraluminium, duralumin, dural, aldural*
σκληρόμετρον τύπου Φέρθ, *Firth hardometer*
σκληρομόλυβδος, *hard lead* .
σκληροπρωτεῖναι, *scleroproteins*
σκληρός, *hard, rough*
σκληρότης, *hardness, toughness*
  ἐν ἐρυθροπυρώσει, *red hardness*
σκλήρυνσις, *hardening, tempering, chilling*
  δι' ὕδατος, *water hardening*
  διὰ μηχανικῆς κατεργασίας, *work-hardening*
  ἐπιφανειακή —, *surface hardening, case hardening*
  ἐπιφανείας, *hard surfacing*
  κονιάματος, *hardening of mortar*
σκληρύνω, *to harden, to temper*
σκόλπο, *jerk*
σκόνη, *dust*
σκόπελος, *key*
σκοπεύσεως, βάσις, *sight base*
  γραμμή —, *sighting line*
  γωνία —, *sight angle*
  διόρθωσις —, *sighting allowance*
  ἐγκάρσιον ἐπίπεδον —, *lateral plane of sight*
  κατακόρυφον ἐπίπεδον —, *vertical plane of sight*
  πίναξ —, *sighting panel*
σκόπευσις, *sighting, sight, aiming, gun aiming, shot*
  ἐμπροσθία —, *fore-sight*
  ὀπισθία —, *back-sight*
σκοπευτήριον, *firing range*
σκοπευτής, *marksman*
σκοπευτικὰ δι' ὅπλον, *sights for gun*
σκοπευτικὴ ἀκίς, *bead*
  γραμμή, *line of aim, line of sight*
    κατὰ τὸ ἐγκάρσιον, *line of aim on the beam*
σκοπευτικόν, *sight, battle sight*
  ἀντισταθμισμένον —, *compensated sights*
  βομβῶν, *bomb sight*
  μετὰ πτερυγίων, *wind vane sight*
σκοπευτικὸν
    σχισμῆς, *vane-type sight*
  ὄργανον, *sighting device*
    βομβαρδισμοῦ, *bomb-sight*
  παρεκκλίσεως πορείας, *drift-sight*
  πολυβόλου, *gun sight*
  σχήματος V, *V-sight*
  τηλεσκοπικόν —, *telescope sight*
  φωτοανακλαστικόν —, *illuminated sight*
σκοπευτικὸς βραχίων, *sighting arm*
σκοπευτικοῦ, κοχλίας συγκρατήσεως, *wind vane sight clamp screw*
  περικόχλιον ὑποδοχῆς —, *wind vane socket nut*
  ρευματολήπτης —, *sight socket*
  στέλεχος —, *sight stem*
σκοπεύω, *to sight, to aim*
σκοπιωρός, *sentry*
σκοπός, *sentry, watch*
σκοπόσημον, *target*
Σκορπίος ('Αστερ.), *Scorpio*
σκότα τῆς μαΐστρας, *main-sheet*
σκοτεινός, *gloomy*
σκουλαρίκι, *strap, collar*
  τῆς τρότσας, *saddle*
  τροχίλου, *block strop. rope strop*
σκούνα, *schooner*
σκουπίδια, *house refuse, garbage, rubbish*
σκουριά. Βλ. σκωρία.
σκούριασμα, *oxidation*
σκοῦτερ, *scooter*
σκυθρωπός, *gloomy*
σκύρα, *ballast*
  θραυστά —, *crushed stone*
  λεπτόκοκκα —, *fine aggregate*
σκυρόδεμα, *concrete, béton*
  ἀσφαλτικόν —, *asphaltic concrete, tarmacadam, tarmac*
  σιδηροπαγές —, *ferro-concrete*
  χυτόν —, *heaped concrete*
  ὡπλισμένον —, *reinforced concrete*
σκυροδέματος, συμπύκνωσις, *concrete consolidation*
σκυροκονίαμα, *ballast concrete, concrete, béton*
  διὰ δονήσεως, *vibrated concrete*
  ἰσχνόν —, *lean concrete*
    συμπεπιεσμένον —, *lean-mix rolled concrete*
  πυκνόν —, *compact concrete*
  ρευστόν —, *cast concrete*
  σιδηροπαγές —, *reinforced concrete*
  στεγανόν —, *compact concrete*
  ὡπλισμένον —, *armoured concrete, reinforced concrete, ferro-concrete*

σκυροκονιάματος, μίγματα, *concrete mixtures*
σκῦρον λάκκου, *pit gravel*
λατομείου, *pit gravel*
σκυρόστρωσις, *concrete laying*
σκυρωτόν, ἀσφαλτικόν, *tarmacadam, tarmac*
ὑδατόπηκτον —, *water-bound macadam, water-bound surfacing*
κοινόν — — (ἐπιστρώσεως), *ordinary water-bound surfacing*
σκυτάλη, *bar*
ἐργάτου, *bar of a capstan*
σκυταλίς, *rocket*
σκυταλότρυπα, *bar hole*
σκωρία, *rust, red rust, slag, cinder, corrosion, scoria*
μεταλλική —, *rust, red rust*
μετάλλου, *scum*
σιδήρου, *rust*
ὑψικαμίνου, *blast-furnace cinder*
σκωρίας, δέρμα, *film of rust*
ἐπεξεργασία —, *cinder handling*
σκωριάσεως, δοκιμή, *corrosion test*
σκωρίασις, *corrosion, rusting*
σκωριάσφαλτος, *asphaltic clinker*
σκωριοβάμβαξ, *slag wool*
σκωριοκονία πόρτλαντ, *slag cement*
σκωριοκονίαμα, *slag concrete*
σκωριοπλινθίον, *slag stone, slag brick*
ἐπιστρώσεων, *slag paving stone*
σκωριόπλινθος, *slag brick*
σκωριοῦσθαι, *to oxidise*
σλέπι, *lighter*
σμαλτίνης, *smaltine, smaltite*
σμαλτίτης, *smalting cobalt, speiss cobalt*
σμάλτον, *enamel, smalt*
σμαλτόχρωμα, *enamel*
σμαλτώνειν, *to enamel, to lacquer*
σμάλτωσις, *enamelling*
σμαράγδι, *emerald*
σμαραγδοπράσινον, *emerald green*
σμάραγδος, *emerald*
σμηναγός, *flight-lieutenant (F/L.), captain*
σμηναρχία, *group*
σμήναρχος, *group captain, colonel*
σμηνίας, *sergeant (Sgt.)*
σμηνίτης, *aircraftsman, airman*
σμῆνος, *flight*
σμίγω, *to join*
σμιθσωνίτης, *smithsonite, calamine, zinc spar*
σμιλάγκι, *yew*
σμῖλαξ, *yew*
σμίλη, *chisel, hammerhead chisel, mortise chisel, cold chisel*
ξυλουργοῦ, *wood chisel*
στρογγύλη —, *gouge*
σμπεῖρος, *grommet*
σμυριδαλοιφή, *emery paste, lapping compound*
σμυρίδιον, *emery*
σμυριδόκονις, *emery powder*
σμυριδόπανον, *emery cloth*
λεπτόν —, *crocus cloth*
σμυριδόπετρα, *emery stone, grindstone*
σμυριδοτροχός, *emery grinder, emery wheel, grinding wheel, grindstone, grinding machine*
ἠλεκτροκίνητος —, *grinding machine, grinding pedestal*
σμυριδόχαρτον, *emery paper*
σμυρίλι. Βλ. σμύρις.
σμύρις, *emery*
σνόρκελ, *snorkel*
σοβᾶς, *first coat in plaster work, brown coat in plaster work*
σοβρανάρω, *to gain the wind*
σοβράνο, *aweather*
σόδα, *bicarbonate of soda*
σόκορο, *end-grained wood*
σόλο, *solo*
σολόγγος, *halyard*
σόλος, *pig iron*
σολυσιόν, *solution*
σομφός, *alburnum*
σοπράρω, *aback*
σορμπίτης, *sorbite*
σοταβέντο, *leeward*
σούβλα, *skewer*
σουβλί, *bradawl, awl, pricker*
σουβλίζω, *to skewer*
σουλφαμῖδαι, *sulphanilamides, sulphonamides*
σουλφανιλικόν ὀξύ, *sulphanilic acid*
σούλφανο. Βλ. θεῖον.
σουλφίδιον, *sulphide*
σουλφονάλη, *sulphonal*
σουλφοναμῖδαι, *sulphonamides, sulphanilamides*
σουλφονικὸν ὀξύ, *sulphonic acid*
σουλφόνωσις, *sulphonation*
σουπλιμέ, *corrosive sublimate, mercuric chloride*
σουρφετάρω, *to upset*
σούστα, *laminated spring*
σούφρα, *fold*
σοφίτα, *attic, garret*
σπάγγος, *string, kite cord*
λεπτός —, *twine*
πλεκτός —, *breaded thread*

σπάζω, *to break, to stave*
σπαθίς, *spatula*
σπάνιαι γαῖαι, *rare earths*
σπαργανώνω, *to lag*
σπάσιμο, *rupture, fracture, breaking*
σπασμωδικός, *jerky*
σπάτουλα, *spatula*
σπεῖρα, *spiral, coil*
σπειροειδὲς ἐλατήριον προωθητοῦ, *driving spring*
σπειροειδής, *spiral*
  Ἀρχιμήδους, *spiral of Archimedes*
  κάθοδος, *spiral*
  καμπύλη, *spiral*
σπειροειδοῦς ἐλατηρίου προωθητοῦ, θήκη, *driving spring case*
    κεφαλὴ στελέχους — — —, *driving spring rod head*
    περιλαίμιον στελέχους — — —, *driving spring rod collar*
    πλήμνη — — —, *driving spring hub*
    στέλεχος — — —, *driving spring rod*
σπείρωμα, *thread, spring*
  ἀγγλικόν —, *English standard thread*
  ἀεριαγωγῶν σωλήνων, *gas thread*
  ἀεριοσωλῆνος, *gas thread*
  ἀριστερόστροφον —, *left-hand thread*
  ἄρρεν —, *male thread, male screw*
  βραδείας κινήσεως, *slow-pitch thread*
  δεξιόστροφον —, *right-hand thread*
  ἐξωτερικόν —, *external thread, external screw*
  ἐσωτερικόν —, *internal thread, internal screw*
  θῆλυ —, *female thread, female screw*
  κουλουροκωνοειδές —, *acme thread*
  κοχλίου, *screw thread*
  κυματοειδές —, *buttress thread*
  κωνικόν —, *cone thread*
  μεγάλου βήματος, *coarse-pitch thread*
  μικροῦ βήματος, *fine-pitch thread*
  πριονοειδές —, *buttress thread*
  σχοινίου εἰς σχῆμα 8, *Flemish coil*
  τραπεζοειδές —, *buttress thread*
σπειρωματόμετρον, *screw pitch gauge*
σπειρώματος, γωνία, *angle of thread*
  ἐξωτερικὴ διάμετρος —, *crest diameter of thread*
  ἐπίπεδον τμῆμα —, *flat of thread*
  κορυφή —, *crest of thread*
  στροφή —, *turn of a thread*
σπειρωτός, *threaded*

σπερματσέτο, *spermacett*
σπηλαίωσις, *cavitation, cavity*
σπιάντζα, *roadstead*
σπίθα, *spark*
σπιλάς, *ledge*
σπιλίτης (πέτρωμα), *spilite*
σπιλοσίτης, *spilosite*
σπινάρισμα, *spin*
σπινέλλιος, *spinel*
  μέλας —, *pleonaste*
σπινθήρ, *spark*
σπινθηρισμός ἀστέρων, *scintillation of stars, twinkling of stars*
σπινθηριστήρ, *sparking plug, spark plug.* **Βλ. καὶ σπινθηρηστής.**
σπινθηριστής, *sparking plug, spark plug*
  μεγάλης ἰσχύος, *long-reach sparking plug*
  προσαρμογέως, *adaptor sparking plug*
σπινθηριστοῦ, ἀκίδες, *sparking plug points*
  δακτυλιωτὴ βάσις —, *sparking plug bushing*
  δοκιμαστήρ —, *sparking plug tester*
  κέλυφος —, *sparking plug shell*
  ὁμοίωμα —, *blank sparking plug*
  ὀπή —, *sparking plug hole*
  προέκτασις —, *sparking plug extension*
  πυρήν —, *sparking plug core*
σπινθηροπαραγωγός, *magneto*
  ἀνάφλεξις, *magneto ignition*
  γεννήτρια, *magneto generator*
  ἐκκινήσεως, *starter magneto, starting magneto*
  μὲ διακοπτόμενον μαγνητικὸν πεδίον, *magnetic rotating-field magneto, shuttle-type magneto*
  μετὰ περιστρεφομένης μάζης, *polar inductor magneto*
    περιστρεφομένου ἐπαγωγίμου, *rotating armature magneto*
  ὑψηλῆς τάσεως, *high-tension (H. T.) magneto*
  χαμηλῆς τάσεως, *low-tension (L. T.) magneto*
σπινθηροπαραγωγοῦ, ἀκίδες περιστροφικοῦ διακόπτου, *magneto breaker-points*
  ἑλκυόμενος ὀδοντωτὸς τροχός —, *magneto-driven gear*
  ἑλκύων ὀδοντωτὸς τροχός—, *magneto drive*
  περιστροφικὸς διακόπτης —, *magneto contact-breaker*

σπινθηροπαραγωγοῦ
συσκευὴ ρυθμίσεως —, *magneto timing fixture*
σύστημα —, *magneto system*
σπιράγιο, *skylight*
σπιρούνι, *spur*
σπίρτα, *matches.* **Βλ. καὶ πυρεῖα.**
σπίρτο τοῦ ἅλατος, *spirits of salts, muriatic acid*
σπογγαλιεύς, *sponger*
σπόγγος, *sponge*
τοῦ λευκοχρύσου, *platinum sponge*
σπυρίς, *basket*
σταγονίδιον, *bead*
σταγών, *drop*
σταδία (τοπογρ. ὄργανον), *stadia*
στάδιον, *stage, stadium*
σταθερά, *constant*
ἀερίου, *gas constant*
ἀπόλυτος —, *absolute constant*
ἀπορροφήσεως, *absorption constant*
ἀριθμητική —, *numerical constant*
αὐθαίρετος —, *arbitrary constant*
διόπτευσις, *constant bearing*
ὁλοκληρώσεως, *constant of integration*
ταλαντώσεων, *oscillation constant*
τοῦ Πλάνκ (Φυσ.), *Planck's constant (h)*
χρόνου, *time constant*
σταθερᾶς διοπτεύσεως, διάγραμμα, *constant bearing diagram*
ταχύτητος, ρυθμιστής, *constant-speed governor*
σταθερὸν ἀντανακλαστικόν, *fixed reflecting mirror*
ὁριζόντιον —, *horizontal stabiliser*
οὐρᾶς, *tail plane, fin*
ρυθμιζόμενον — —, *lifting type of tail plane*
μή — — —, *fixed type of tail plane*
ρεῦμα, *constant current*
τοῦ Φάρανταιϋ, *F*
φῶς, *fixed light*
σταθεροπλαγία, *fixed obliques*
σταθεροποίησις, *stabilising*
σταθερός, *constant, fast, fixed, standard*
φανός, *fixed light*
σταθερότης διευθύνσεως, *directional stability*
σταθερωτήρ, *stabilizer*
σταθερωτής, *stabilizer*
οὐρᾶς, *tail boom*
φωτοβολίδος, *stabilising sleeve*
σταθερωτοῦ οὐρᾶς, στυλίσκος, *tail boom strut*

στάθμευσις, *stopping, parking*
μετὰ προσγείωσιν, *stopping after landing*
στάθμη, *mean level, level*
ἄνω —, *high level*
ἀνωτάτη —, *highest flood level*
βενζίνης θαλάμου πλωτῆρος, *petrol level in float-chamber*
δυνατοῦ ἤχου, *noise level*
ἐλαίου, *oil level*
ἐπιφανείας, *level*
θαλάσσης, *sea-level*
κάθετος —, *plumb, plummet*
κάτω —, *low level*
κλιμακωτή —, *ramp*
ὕδατος, *water-level*
ἠρεμοῦντος —, *water-level*
ὑπογείου —, *ground water-level, water-table*
φυσαλλίδος, *spirit level*
στάθμης, βαρίδιον, *plumb-bob*
νήματος —, *plumb-bob*
νῆμα —, *plumb line*
σταθμίς, *keelson*
κεντρική —, *centre girder*
παρεντεθειμένη —, *intercostal girder*
πλευρική —, *wing girder, side girder*
πυθμένος, *girder*
στάθμισις, *weighting*
σταθμιστικὸς πιδακίσκος, *metering jet*
σταθμοδείκτης, *water-level gauge, water-level indicator*
σταθμός, *station*
ἀναφέρων τηλεγραφικῶς, *telegraphic reporting station*
ἀνεφοδιασμοῦ βενζίνης, *refuelling point*
καυσίμων, *petrol point*
ἀντλιῶν, *pumping station*
ἀνθρακεύσεως πλοίων, *coaling station*
ἀσυρμάτου, *wireless station*
τηλεγράφου (Α/Τ), *radio station*
αὐτοκινήτων, *garage*
γαιανθράκων, *coal station*
δευτέρας τάξεως, *second-order station*
ἐγχύσεως, *priming station*
ἐλέγχου ραδιοφωνικοῦ δικτύου, *net control station*
ἐμπορευμάτων, *goods station*
λήψεως, *receiving station*
μέσης συχνότητος, *medium frequency station*
παραγωγῆς δυνάμεως, *power station*

σταθμὸς
προαναγγέλων θυελλώδεις ἀνέμους, *gale warning station*
ραδιογωνιομετρίας μέσης συχνότητος (Ρ/Γ Μ.Σ.), *medium-frequency direction finding (M. F. D/F) station*
ὑψηλῆς συχνότητος (Ρ/Γ Υ. Σ.), *high-frequency direction finding (H.F. D/F) station*
συνθέσεως συρμῶν, *marshalling station, marshalling yard*
σχηματισμοῦ συρμῶν, *marshalling station, marshalling yard*
τρίτης τάξεως, *third-order station*
ὑδροηλεκτρικῆς παραγωγῆς, *hydro-electric power station*
ὑψηλῆς συχνότητος (Υ.Σ.), *high-frequency (H.F.) station*
χειρισμῶν διαλογῆς, *shunting station*
στάκτη, *ash, cinder.* **Βλ. καὶ τέφρα.**
στακτί, *grey.* **Βλ. καὶ φαιόν.**
στακτοπράσινον, *sage green*
σταλαγμίτης, *stalagmite*
σταλακτίτης, *stalactite*
σταμινάριον, *kevel head*
στάμπα, *template, templet*
σταντζαβέλα, *mainstay sail, storm jib*
στάντζος, *fore stay*
τοῦ μεγάλου ἱστοῦ, *mainstay*
στάσις ρεύματος παλιρροίας, *slack water*
στάτης, *stator*
στατικὰ σήματα, *static marks*
χαρακτηριστικὰ (λυχνίας), *static characteristics (of valve)*
στατικαὶ δοκιμαὶ βάρους δι' ἄμμου, *sand tests*
στατική, *statics*
ἀντοχή, *static strength*
γυροστάθμισις, *mass balance*
διάστασις, *statical strain*
ἰσορροπία, *static balance*
σωλήνωσις, *static pipe-line*
φόρτισις, *static charge*
στατικὸν βολτάμετρον μετὰ πλειόνων κυψελῶν, *multi-cellular voltmeter*
στατικός, *static, statical*
ἠλεκτρισμός *static electricity*
μετασχηματιστής, *static transformer*
στατικῶς ἀόριστος, *statically indeterminate*
ὡρισμένος, *statically determinate*
στατιστική, *statistics*
στατοσκόπιον, *statoscope*
στάτου, ἀντίδρασις, *stator impedance*
ροοστάτης —, *stator starter*
φάσις —, *stator phase*
στάτωρ, *stator.* **Βλ. καὶ στάτης.**
σταυρόδεσμος, *sheer lashing*
στυροειδεῖς ὁδηγοὶ κινητοῦ οὐραίου, *cruciform guides ways*
σταυροειδῆ νήματα, *graticule lines*
σταυροειδὴς δομὴ πλίνθων, *Flemish bond*
σταυροειδῶς, *athwart*
σταυροθόλιον, *cross vault, groined vault*
σταυρόκομπος, *sailor's knot, square knot, reef knot, common bend, reef*
σταυροκόπιδο, *cross-cut chisel*
σταυρόλιθος, *staurolite, staurotide.*
σταυρόνημα, *cross wires, graticule, reticule*
τηλεσκοπίου, *spider lines*
σταυρός, *cross*
σταφύλη λιναίης, *plumb-bob*
σταφυλικὸν ὀξύ, *racemic acid*
σταφυλοσάκχαρον, *grape sugar, dextrose*
Στάχυς (α Παρθένου), *Spica (Virgo)*
στέαρ, *fat, grease*
συσκευασίας, *mineral jelly*
στεαρικὸν ὀξύ, *stearic acid*
στεαρίνη, *stearin*
στεατίτης, *steatite, soapstone, talc*
στεατοθήκη, *tallow kettle*
στεατοκήριον, *spermaceti*
στεγανὴ ἐφαρμογή, *tight fit*
θύρα, *water-tight door*
στεγανὸν διαμέρισμα, *bulkhead*
στυπιοθαλάμου, *stuffing-box bulkhead*
στεγανός, *hermetical, tight*
στεγανότης, *tightness, air-tightness, water-tightness*
στεγανότητος, τόνωσις, *water-proofing*
στεγανῶν, κατάστρωμα, *bulkhead deck*
στέγασις, *roofing, hangarage*
στέγασμα εἰσόδου, *hood*
στέγη, *roof, hangar*
κεκλασμένη —, *garret*
κεραμοσκεπής —, *tiled roof*
πριονοειδής —, *sawtooth roof, shed*
πρόβολος —, *cantilever roof*
τοξωτή —, *arch roof*
στέγης, δικτύωμα, *roof truss*
ἐπικάλυψις —, *roof covering*

στέγης
ζευκτόν —, *roof truss*
συγκρότημα σκελετοῦ —, *roof truss*
στεγνός, *dry*
στεγνώνω, *to dry*
στέγνωσις, *drying*
πλακῶν, *drying of plates*
στεῖρα, *stem*
στειρόπους, *stem band, gripe*
στέλεχος, *stem, stump, rod, tang*
ἐπικρουστῆρος, *striker rod*
κλειδός, *shank of key*
στελέχους, πολύτιμος λίθος, *jewel of the stem*
στέλλα, *bevel*
στελλάδα, *flooring*
στελλίτης, *stellite*
στέλμα, *gasket, stop, bunt gasket*
στέμμα, *crown, corona*
στενά, *narrows*
στενόν, *strait, sound, gorge*
στενὸς πόρος, *strait*
στενώσεις, *flooring*
στένωσις θραύσεως, *percentage contraction of section at fracture*
στερεὰ ἐκ περιστροφῆς, *solids of revolution*
στερεογραφικὴ προβολή, *stereographic projection*
στερεοϊσομερισμός, *stereoisomerism*
στερεομετρία, *solid geometry*
στερεὸν σῶμα, *solid body*
στερεοποίησις, *solidification, fixing*
στερεός, *solid, fixed, fast*
στερεοσκοπία, *stereoscopy*
στερεοσκοπικὰ ζεύγη, *stereoscope pairs*
στερεοσκοπικὴ διάλυσις, *stereoscope fusion*
τηλεόρασις, *stereoscopic television*
στερεοσκοπικὸν ζεῦγος, *overlapping photograph*
στερεοσκόπιον, *stereoscope*
ἁπλοῦν —, *simple stereoscope*
στερεότης, *strength, solidity*
στερεοτυπία, *stereotyping*
στερεότυπος, *standard*
πλάξ, *stereotype*
στερεοχημεία, *stereochemistry*
στερεωμένος, καλῶς, *hard and fast*
στερεώνειν, *to fix, to batten down*
ράβδον δοκιμασίας, *fixing the test bar*
στερέωσις, *fastening, fixation, fixing*
τῶν πλακῶν, *fixing of plates*
στερεωτικὴ χειρὶς μετὰ σχισμῆς, *split sleeve retainer*
στερεωτικοὶ ἱμάντες, ρυθμίσιμοι, *adjustable fixing straps*
στερεωτικόν, *fixer*
στερῖναι, *sterols*
στέρνα, *cistern, tank*
στερόλαι, *sterols*
στερρότης, *compactness*
στεφάνη, *cornice, ferrule, annulus, hoop, race*
διανομῆς, *timing gear*
ἐκβολέως, *junk ring*
ἐσχάρας χειρολαβῆς, *handle grip ferrule*
σφαιροτριβέως, *race*
τοίχου, *entablature*
τροχοῦ, *rim*
στεφανοειδὴς ἕνωσις, *flange joint*
στεφανύαλος, *crown glass, soda-lime glass*
στεφάνωσις, *banding*
στηθαῖον, *parapet*
προφυλακτικόν —, *guard rail*
στηθοδρέπανον, *carpenter pincer*
ξυλουργοῦ, *carpenter's braces*
στῆθος, *bank*
στηθοτρύπανον δύο ταχυτήτων, *two-speed breast drill*
στηθοῦχος, *bunt jigger*
στήλη, *column*
(μαγνητικὴ ἢ ἠλεκτρική), *cell, pile*
βοῦνσεν, *Bunsen cell*
στηλίδια κιγκλιδώματος, *rail stanchions*
στηλίδιον, *staff*
διαγώνιον —, *bracing strut*
σημαίας, *ensign staff, flag staff*
στηλοβάτης, *pedestal*
στημόνι, *warp, stem*
στήμων, *warp, stem*
στήριγμα, *stanchion, abutment, strut, stud*
ἄνω καθοδηγητικόν —, *upper guide bracket*
λυχνίας, *lamp-holder*
πόλου, *pivot bearing*
στηρίγματα θερμοπομπῶν, *radiator brackets*
στοῶν μεταλλείων, *pit props*
στῆριγξ, *stanchion*
στηριζόμενος, *pivoted*
στηρίζω, *to prop, to cock*
στήριξις δι' ἀνυψωτήρων (γρύλλων), *jacking*
στιβίνη, *stibine, antimonuretted hydrogen, antimony hydride*
στιγεύς, *punch, chisel*
αἰχμηρός —, *pick punch*

στιγεὺς
ἐξ ἀργιλλίου, *aluminum drift*
κέντρου, *centre punch*
κοῖλος —, *hollow punch*
κρούσεως, *drift*
σωληνωτός —, *sleeve drift*
στιγευτικὴ μηχανή, *punching machine*
στίγκος, *brail*
στίγμα, *position, fix, pin-point, spot, speck*
ἀστρονομικόν —, *astro-fix*
ἀφετηρίας ὑποτυπώσεως φωτογραφιῶν, *picture point*
βοηθητικόν —, *reference point*
δι' ἀποστάσεως καὶ διοπτεύσεως, *range and bearing fix*
ἐδάφους, *ground position (G.P.)*
ἐκ μεταφορᾶς, *running fix*
ἐξ ἀναμετρήσεως (θα), *dead reckoning position (D.R.Posn.), dead reckoning fix (D.R. fix)*
ἀστρονομικῆς παρατηρήσεως, *astro-fix*
ὄψεως, *pin-point*
κατ' ἐκτίμησιν, *dead reckoning (D.R.)*
προσεγγίζων —, *assumed position*
στάθμης (ἀφετηρία), *plumb point*
ταυτοχρόνων διοπτεύσεων, *fix by simultaneous bearings*
στίγματα κόνεως καὶ ἄμμου, *dust and grit marks*
στιγματισμός, *flecking*
στίγματος, προσδιορισμός, *fixing*
στιγμὴ χρόνου, *moment*
στιγμιαῖος, *instantaneous*
στιγμογράφος, *station-pointer*
στίλβη τῶν ἀστέρων, *scintillation of stars, twinkling of stars*
στιλβίτης, *stilbite*
στιλβοποίησις διὰ μαγγάνου, *calendering*
στίλβωμα διὰ ξηρᾶς κόνεως, *burnish*
στιλβώνω, *to polish, to smooth, to grind, to buff*
διὰ τριβῆς (δι' ἐργαλείου), *to burnish*
στιλβώσεως, μέσον, *polishing agent*
τροχός —, *buff wheel*
στίλβωσις, *polishing, polish, lapping*
τοῦ διορθωθέντος χιτωνίου κυλίνδρου, *honing*
στιλβωτήρ, *burnisher*
στιλβωτήριον, *polishing machine*
στιλβωτικὴ μηχανή, *buffing machine*
στιλβωτικὸν ἐργαλεῖον ἑδράνων, *burnisher*
μέσον, *abrasive, abradant*
μετάλλων, *metal polish*
ὑαλικόν, *abrasive, abradant*
στιλβωτικὸς κύλινδρος, *calender*
στιλπνὴ ἐπικάλυψις, *glossy finish*
στιλπνός, *smooth*
στιλπνοσίδηρος, *white pig iron, spiegeleisen*
στιλπνότης, *gloss*
στιλπώνω, *to buff*
στοά, *arcade, gallery*
στοβαΐνη, *amylocaine*
στοιβάζω, *to stack*
στοιβάς, *stratum*
στοιβασία, *stowage, piling*
στοιχεῖα, *figures, data*
κύρια —, *leading particulars*
χειρισμοῦ, *operating data*
στοιχεῖον, *element, cell*
ἀδρανές —, *inert cell*
ἀναγωγικόν —, *deoxidising element*
δευτερεῦον —, *secondary cell*
πρότυπον —, *standard cell*
πρωτογενές —, *primary cell*
Λεκλανσέ, *Leclanché cell*
σεληνίου, *selenium cell*
συσσωρευτοῦ, *accumulator cell, cell*
φίλτρου ἐλαίου, *oil filter element*
στοιχείου, χωρητικότης, *capacity of cell*
στοιχειώδης, *elementary*
στοιχείων, παρεμβολεύς, *cell switch*
στοῖχος, *range, column*
στόκολο, *stoke hold, boiler room*
στόκος, *stucco, mastic putty, chalk putty, glazier's putty, knotting, paste*
ξύλου, *wood filler*
ξυλουργικός —, *oil putty*
ὑαλοπινάκων, *glazier's putty*
στολάρισμα, *stalling, stall*
στολίσκος, *flotilla*
στόλος, *fleet*
πολεμικός —, *fleet*
στόμα. Βλ. στόμιον.
στόμιον, *mouth, opening, muzzle, nozzle, nipple, port, spout, shoot*
ἀπορριμάτων, *rubbish shoot*
εἰσαγωγῆς, *inlet port*
εἰσόδου ἀέρος, *air intake port*
ἐκροῆς, *grip*
ἐξαγωγῆς, *exhaust port*
ἐξατμίσεως, *blast orifice*
ἐπισκέψεως, *manhole*
κύτους, *hatchway*

στόμιον
  πληρώσεως, *filler neck*
    μήτρας, *gate, git*
  ποταμοῦ, *mouth of a river*
  σωλῆνος εὐδιαίου, *scupper shoot*
  ὑδροληψίας, *hydrant*
  ὑπονόμου, *sewer inlet, street inlet*
στορεύς, *hawse-pipe, transmission safety coupling*
  ἑλικοφόρου ἄξονος, *screw shaft pipe, stern tube*
στουπέτσι, *white lead*
στουπί, *oakum, wad, tow*
στοχασμάτιον, *levelling rod*
στόχαστρον, *sight, target*
  ἐμπρόσθιον —, *fore-sight*
  ὀπίσθιον —, *rear-sight, back-sight, tangent rear sight.* **Βλ. καὶ ὀπίσθιον σκοπευτικόν.**
στοχάστρου, ἀσφάλιστρον καὶ πτερύγιον, *fore-sight lock and blade*
  ἀσφάλιστρον ὁμάδος —, *fore-sight block crosspin*
  βάσις —, *fore-sight bracket*
  κλεὶς συγκροτήματος —, *fore-sight block key*
  ὁμάς —, *fore-sight*
  σκοπευτικὴ ἀκίς —, *fore-sight blade*
  συγκρότημα —, *fore-sight block*
στόχον σημεῖον, *pin-point target*
στόχος, *target*
  εἰδικός —, *point target*
  κινητός —, *moving target*
  κινούμενος—, *moving target, manoeuvring target, maneuvring target*
  μεμακρυσμένος —, *holding off target*
  περιοχή, *target area*
  ρυμουλκούμενος —, *sleeve target*
  σταθερός —, *fixed target*
    εἰς τὸ ἐγκάρσιον, *target keeping station on the beam*
  ταχέως μετακινούμενος —, *swift-moving target*
  ὑπερβάλλων βάλλοντα εἰς τὸ ἐγκάρσιον, *target overtaking on the beam*
στοχόσημον, *point target, target*
στόχου, ἀπόστασις, *target range*
  ἐπισήμανσις —, *target identification*
  περιοχή —, *target area*
  σῶμα —, *target body*
  ταχύτης —, *target speed*
  ὑπέρβασις —, *target overtaking*
  χάρτης —, *target map*
στραβόξυλα, *ship ribs*

στραγγαλισμός, *throttling*
στραγγαλιστής *choke*
στραγγαλιστικὴ δικλίς, *pressure reducing valve*
στραγγαλιστικὸν ἐπιστόμιον, *throttle valve*
  πηνίον διακένου, *gap choke*
    μετὰ διαβαθμίσεων, *graduated choking coil*
στραγγαλιστικὸς σωλήν, *choke tube*
στράγγισμα, *filtration*
στραγγιστὴρ ἐλαίου, *oil retainer*
στραγγιστήριον, *strainer*
  ἐλαίου, *oil sump, sump*
  σωληνωτόν —, *drain pipe*
στράλιο τοῦ φλόκου, *jib stay*
στρατάρχης, *field marshal*
στρατηγεῖον, *headquarters (H.Q.)*
στρατηγός, *general (Gen.)*
στρατιωτικὰ γυμνάσια, *army exercises*
στρατιωτικαὶ ἐπιχειρήσεις, *military operations*
στρατιωτικὴ συνεργασία, *army co-operation*
στρατιωτικὸν οἴκημα, *barrack block*
  σύστημα τετραγωνισμῶν ἐπὶ χάρτου, *grid system*
  τετραγωνισμένον σύστημα, *military grid system*
στρατιωτικὸς ἀκόλουθος, *military attaché*
  θάλαμος, *billet*
  κατάλογος, *roll*
στρατόπεδον προσωρινῆς παραμονῆς, *transit camp*
στρατός, *army*
στρατόσφαιρα, *stratosphere*
στρατωνίζω, *to billet*
στρατωνίς, *tender*
στρατωνισμοῦ, περιοχή, *billeting area*
στρεβλόϊνος, *wavy-fibred*
στρεβλομερής, *wavy-fibred*
στρεβλόξυλον, *crooked timber*
στρεβλότης ξύλου, *warping of wood*
στρεβλωμένος, *distorted*
στρεβλώνω, *to buckle, to distort, to warp*
στρέβλωσις, *distortion, warping, buckling*
  οἰκοδομική —, *warping*
στρεπτήρ, *wrench, swivel*
  ρυθμιζόμενος —, *adjustable wrench*
στρεπτικὴ δύναμις, *torsional force*
στρεπτικὸν ζεῦγος, *couple torque*
στρέφομαι πέριξ κατακορύφου ἄξονος, *to pivot*

στρεφόμενος, *pivoted*
στρέφω, *to roll*
στρέφων, *veering*
στρεψεογραφικὸν κάτοπτρον, *mirror torsiograph*
στρέψεως, ἀντοχή, *torsion strength*
δοκιμὴ —, *torsion test*
στρεψίμετρον, *torsiometer*
στρέψις, *torsion, torque, kink*
στρίψιμο, *kink*
στροβιλισμός, *turbulence*
στροβιλοεναλλακτήρ, *turbo-alternator*
στροβιλοηλεκτρικὴ μηχανή, *turbo-dynamo*
στροβιλοκίνητος γεννήτρια, *turbo-generator*
στρόβιλος, *turbine*
ἀντιδράσεως, *reaction turbine, pressure turbine*
ἀξονικῆς ροῆς, *axial-flow turbine*
ἀφαιμάξεως, *bleeder turbine*
διπεριστροφικὸς —, *birotary turbine*
ἐφαπτομένης ροῆς, *tangential-flow turbine*
μικτῆς ροῆς, *mixed-flow turbine*
πιέσεως, *pressure turbine*
πλήρους —, *full-admission turbine*
τοῦ πρόσω, *forward turbine*
ὠστικὸς —, *impulse turbine*
στροβιλοσυμπιεστής, *turbo-compresssor, supercharger*
ἑλκύοντος τύπου, *positive-driven type supercharger*
ριζικοῦ τύπου, *roots-type supercharger*
φυγοκεντρικοῦ τύπου, *centrifugal-type supercharger*
στροβιλοσυμπιεστοῦ, πίεσις, *blower pressure*
τομὴ —, *blower section*
στροβίλου, κάδος, *turbine bucket*
στροφεὺς —, *rotor of a turbine*
στροβιλοϋπερσυμπιεστής, *turbo-supercharger*
στροβιλοφυσητήρ, *turbo-blower*
στροβιλώδης κίνησις, *eddy motion*
στροβοσκοπικὸν σύστημα σταθεροποιήσεως συχνότητος, *thyratron stroboscope*
στροβοσκόπιον, *stroboscope*
Ἄσντάουν, *Ashdown rotoscope*
στρογγυλευμένος, *rounded*
στρογγύλος, *round, annular*
στροντιανίτης, *strontiantie*
στρόντιον, *strontium (Sr)*
θειϊκὸν —, *strontium sulphate*
στρόντιον
νιτρικὸν —, *strontium nitrate*
φθοριοῦχον —, *strontium fluoride*
χλωριοῦχον —, *strontium chloride*
στροντίου, ὀξείδιον, *strontium oxide*
ὑπεροξείδιον—, *strontium hydroxide*
στρόπος, *strop*
στροφαί, *revolutions (revs)*
ἀνὰ λεπτὸν (σ.ἀ.λ. ἢ Σ.Α.Λ.), *revolutions per minute (r.p.m.)*
ἕλικος, *revolutions of propeller*
στροφάλιον, *swivel*
στροφαλοθάλαμος, *crank-case*
στροφαλοθαλάμου, πρόσθιον τμῆμα, *crank-case front section*
τμήματα —, *crank-case sections*
στρόφαλος, *crank, crank handle*
δισκοειδὴς —, *disk crank*
ἐμβόλου καὶ κυλίνδρου, *crank*
ἐπιστροφῆς, *return crank, fly crank*
στροφαλοφόρου ἄξονος, *crank throw*
στροφάλου, ἄκρον λαβῆς, *tail of crank handle*
ἀσφαλιστικὸς πεῖρος —, *crank locking pin*
βασικὸν διάγραμμα γωνίας —, *crank angle base diagram*
βραχίων —, *crank arm*
δίσκος —, *crank disk*
ἐμπροσθία περιστροφὴ —, *forward rotation of crank*
κομβίον —, *crank-pin*
κορμὸς —, *crankshaft web*
κύκλος πορείας —, *crank path*
κύρτωμα λαβῆς —, *hump of crank handle*
λαβὴ —, *crank handle*
οὐρὰ λαβῆς —, *tail of crank handle*
παρειά —, *crank cheek, crank web*
πλάξ —, *crank plate, crank disk*
πλήμνη —, *crank boss*
στροφαλοφόρος ἄξων, *crank axle, crankshaft*
ἁπλῆς ἐνεργείας, *single-throw crankshaft*
μετ' ἀντιβάρου, *counterbalanced crankshaft*
πολλαπλῆς ἐνεργείας, *multiple-throw crankshaft*
στροφαλοφόρου ἄξονος, βραχίων, *crankshaft web*
ἕδρανον — —, *crankshaft bearing*
εὐθυγράμμισις — —, *crankshaft alignment*
κιβώτιον — —, *crank-case*

στροφαλοφόρου
κομβία βάσεως — —, *crankshaft journal*
στροφέων — —, *crankshaft pins*
κομβίον — —, *crank-pin*
κύστις — —, *crank-case*
πεῖρος — —, *crank-pin*
στροφεῖον, *rotor, pivot pin, winch, impeller*
διανομῆς, *distributor rotor*
πηδαλίου διευθύνσεως, *rudder hinge*
στροφεύς, *journal,a xlej ournal, coupling, pivot, hinge*
ἄκαμπτος —, *rigid coupling*
δακτυλιοειδής —, *ring-shaped pivot*
διὰ τριβῆς, *friction coupling*
εὔκαμπτος —, *flexible coupling*
λαιμοῦ, *neck journal*
σφαιρικός —, *pivot journal*
ὤσεως, *thrust journal*
στροφέως, ἀγκών, *crankshaft web*
στροφή, *revolution, turn, roll, veer, bank, banking*
ἀνέμου, *veer of the wind*
ἡμίσεια —, *half-turn*
κατὰ φορὰν ἀντίθετον δεικτῶν ὡρολογίου, *anti-clockwise*
κλειστή —, *tight turn*
πέριξ κατακορύφου ἄξονος, *yawing*
πρὸς τὰ δεξιά, *right-hand turn*
στροφῆς, ἐνδείκτης, *turning indicator*
ροπή —, *turning moment*
σύστημα —, *turning gear*
τάσις —, *torque*
στρόφιγξ, *cock, trunnion, hinge*
δύο διακλαδώσεων, *two-way tap*
στροφίλι, *rotor*
στρόφιον, *grommet, garland*
στροφόμετρον, *revolution counter, revolution indicator, engine speed indicator, engine counter, counter, tachometer*
ἀθροιστικόν —, *counter totalizer*
στροφομέτρου, ἀξονίσκος, *counter spindle*
στρόφος, *strop*
στρόφωμα, *hinge*
στρυχνίνη, *strychnine*
στρῶμα, *layer, stratum, stratification*
ἀέρος, *stratum of air*
ἀσφαλτούχου φύλλου στεγάσεως, *layer of bitumen sheeting*
Ε τῆς ἰονοσφαίρας, *E layer*
ἐκ χαλίκων κρητίδος, *chalk rubble layer*
«G», *«G» region*

στρῶμα
λεπτόν —, *thin layer*
ὄζοντος, *ozone layer*
ὀρυκτοῦ, *mineral deposit*
οὐσιῶν, *sediment*
τοῦ Ἄπλετον, *Appleton layer*
χιόνος, *snow line*
χρώματος, *coat of paint*
στρώματα (νέφη), *stratus*
ἄνω —, *upper strata*
κάτω —, *lower strata*
στρωματογραφία, *stratigraphy*
στρωματοσωρεῖται, *strato-cumulus*
στρῶσις, *lap*
ἐλαίου, *oil skin, oil film*
στρωτήρ, *convex tile, sleeper*
στυλίδια, *interplane struts*
κυρίων πτερύγων, ἐνδιάμεσα, *interplane struts*
στυλίδιον, *strut, structural member*
ἐμπρόσθιον —, *front strut*
ἐνδιάμεσον —, *intermediate strut*
ἐξωτερικόν —, *outer strut*
ἐσωτερικόν —, *inner strut*
κεντρικῆς πτέρυγος, *centre-section strut*
κεντρικόν —, *interplane strut, interwing strut*
ὀπίσθιον —, *rear strut*
στυλίσκος, *stanchion, strut, dowel*
πρῴρας, *jack staff*
ὑποστηρίγματος, *stay*
στυλοειδής, *columnar*
στῦλος, *column, pillar, pole, post, spur, stanchion, stick, strut, wedge*
διχαλωτός —, *split pillar*
ἐπισημάνσεως τόπου ταξινομήσεως, *marshalling post*
κεκλιμένος —, *swinging boom*
κιονοειδής —, *pilaster*
ξύλινος —, *baulk*
τετράγωνος —, *pilaster*
στύλου, κορμός, *column shaft*
πέδιλον —, *column footing*
στυλῶ, *to prop*
στύλωμα, *stanchion*
στυλώνω, *to prop, to wedge*
στυπεῖον, *oakum, tow.* **Βλ. καὶ στυπίον.**
στυπιοθάλαμος, *stuffing-box*
στυπιοθλίπτης, *stuffing-box gland, gland*
ἑλικοφόρου ἄξονος, *stern gland*
στορέως, *stern tube gland*
στυπιοθλίπτου, κάλυμμα, *gland*
παρέμβυσμα —, *gland packing, gland pack*

στυπίον, *oakum, tow*
στύπος, *stock*
στυπόχαρτον, *blotting paper*
στυππεῖον, *oakum, tow.* **Βλ. καὶ στυπίον.**
στυπτηρία, *mordant, alum, common alum, crystal alum, potassium alum, potash alum*
  διὰ χρωμίου, *potassium chromium sulphate*
  καλίου, *chrome-alum*
  σιδήρου, *iron alum*
στυπτηριάτης λίθος, *alum-stone, alunite*
στυπτικός, *mordant*
στυρένιον, *styrene*
στυρόλη, *styrol, styrene*
στύψη. Βλ. στυπτηρία.
συγγενής, *relative*
συγκαλύπτω, *to overlap*
συγκεκολλημένος δι' ὀρειχάλκου, *brazed*
συγκεντρωτικός, *concentric*
συγκεντρώνειν, *to concentrate*
  τὸ φῶς, *centering the light*
συγκέντρωσις, *grouping*
  καὶ ἀραίωσις, *grouping and dispersal*
συγκερασμός, *annealing*
  ὑάλου, *annealing of glass*
συγκεχυμένα ἐλάχιστα, *blurred minima*
σύγκλινον, *syncline*
συγκλίνω, *to converge*
σύγκλισις, *convergence*
  ἀπόλυτος —, *absolute convergence*
  μεσημβρινῶν, *grid convergence*
  πείρων ἀκραξονίων, *king-pin inclination*
συγκοινωνία, *communication*
συγκοινωνοῦντα ἀγγεῖα, *communicating vessels*
συγκολλήσεως, ἐργαλεῖον, *soldering bit*
  θερμότης —, *welding heat*
  μήτρα —, *welding jig*
  μηχανή —, *welding machine*
  ὑλικὸν σκληρᾶς —, *brazing metal*
συγκολλήσιμος, *weldable*
συγκόλλησις, *welding, cementation, agglutination, glue*
  (ἐν θερμῷ), *weld*
  (σημεῖον), *weld*
  αὐτογενής —, *autogenous welding*
  αὐτοφυής —, *fusion welding*
  δι' ἀσετυλίνης, *oxyacetylene welding*
    ἠλεκτρικοῦ τόξου, *arc welding*
συγκόλλησις
  ὑπερθέσεως, *lap welds*
  ὑψηλῆς πιέσεως, *high-pressure union*
διὰ κασσιτέρου κολλήσεως, *soldering*
  κόλλας, *gluing*
  τόξου, *arc welding*
  χαλκοκολλήσεως, *brazing*
ἑτεροφυής —, *brazing*
κακή —, *bad weld*
κατὰ σημεῖα, *spot welding*
μαλακή —, *soft solder, soldering*
μολύβδου διὰ τήξεως, *lead burning*
πληρώσεως, *glut weld*
σκληρά —, *hard solder*
συνεχής — (ραφῶν), *seam welding*
σωμάτων δεξαμενῶν ἐξ ἀλουμινίου, *swaging aluminium tank bodies*
ὑάλου, *glazing*
συγκολλητήρ, *soldering iron*
συγκολλητικόν, *solder*
  μῖγμα, *cement*
  προσκεφάλαιον, *cement pad*
συγκολλητός, *weldable*
συγκολλῶ, *to paste*
  ἐν ψυχρῷ, *to solder*
συγκόπτης, *shears*
συγκρατητήρ, *fixed spanner, gripper, retainer*
συγκρατητής, *holder, jaw*
  ὀπισθίου ἀγκίστρου, *rear catch holder*
  πλακῶν, *plate holder, plate rack*
  σύρματος, *wire grip*
  συρμάτων, *coil ferrule*
  τενόντων, *wire ferrule, coil ferrule*
συγκρατητικὴ λαβὶς θυρίδων, *door retaining clip*
  πλάξ, *keeper plate*
συγκρατητικὸς ἧλος μοχλοῦ ἐλέγχου, *check lever keeper pin*
συγκριτής, *comparator*
συγκριτικὴ ρύθμισις, *comparative harmonisation*
συγκριτικὸς ἐξοπλισμός, *comparative armament*
συγκρότημα, *assembly, gear, unit*
  ἀνυψώσεως, *lifting tackle*
  ἄξονος στροφείου, *impeller shaft assembly*
  βάσεως, *mounting unit*
    ἐμπροσθία —, *front mounting unit*
    κυρίας ἰσχύος, *main power unit mounting*

συγκρότημα
ἑδράσεως, *seating assembly*
βελόνης, *needle seating assembly*
ἠλεκτρομαγνητικῆς ἀπασφαλίσεως (ἀφέσεως), *electro-magnetic (e.m.) release unit*
καλύμματα ρινός, *nose cowl assembly*
κατακορύφου σταθεροῦ καὶ πηδαλίου διευθύνσεως, *fin and rudder assembly*
κυρίου πτερώματος, *main plane assembly*
μεταδόσεως κινήσεως στροβιλοσυμπιεστοῦ, *supercharger drive unit*
μηχανημάτων, *group*
ὁδηγοῦ ἐλατηρίου, *spring drive assembly*
ὀλισθαίνοντος ἄκρου, *sliding end assembly*
στηρίξεως πολυβόλου, *trunnion block*
συνδετικῆς ράβδου, *link rod assembly*
συστήματος ἀερίων, *gas block*
ὑποπολλαπλασιαστοῦ, *reduction gear assembly*
χειριστηρίου ἰσχύος, *power control unit*
συγκροτήματα θόλου (ἕλικος), *dome assembly*
συγκροτήματος στηρίξεως πολυβόλου, ἧλος, *trunnion block rivet*
χιτώνιον ἄξονος — — —, *trunnion pin sleeve*
συγκρούομαι, *to foul, to collide*
σύγκρουσις, *collision, crash*
συγκυβέρνησις, *dual control*
σύγχρονα χαλύβδινα κράματα, *modern alloy steels*
συγχρονίζω, *to synchronise*
συγχρονισμός, *synchronisation, synchronism*
τῆς συσκευῆς, *timing of the gear*
συγχρονιστικὸν σύστημα, *synchronising system*
σύγχρονος, *synchronous*
συγχρονοσκόπιον, *synchronoscope*
συζευγνύω, *to join*
συζευκτήρ, *connector*
ὀργάνων, *jigger*
συζεύξεις, διχαλωταὶ ὑφανταί, *webbing couplings*
σύζευξις, *coupling, grouping*
ἀγωγιμότητος, *conductive coupling*
ἄμεσος —, *direct coupling*

σύζευξις
ἀσθενής —, *weak coupling*
γενικῆς χρήσεως, *universal coupling*
δι' ἀντιστάσεως, *resistive coupling*
ἐπαγωγῆς χωρητικότητος, *choke capacity coupling*
διὰ χωρητικότητος, *capacity coupling*
ἐν σειρᾷ, *cascade*
κρικοειδής —, *link coupling*
λυχνίας διὰ τῆς μεθόδου ὤσεως καὶ ἕλξεως, *push-pull method of valve coupling*
μεταλλοεπαγωγική—, *direct coupling*
μεταξὺ λυχνιῶν, *intervalve coupling*
πηνίου-πυκνωτοῦ, *choke capacity coupling*
προσφορωτέρα —, *optimum coupling*
πυκνωτοῦ-ἀντιστάσεως, *resistance-capacity coupling*
στερεά —, *close coupling, tight coupling*
χαλαρά —, *loose coupling*
συζυγεῖς ἑστίαι, *conjugate foci*
συζυγία, *syzygy*
συηνίτης, *syenite*
νεφελινικός —, *nepheline-syenite*
συηνιτικὸς γρανιτοπορφύρης, *syenite-granite porphyry*
συκαμινέα, *mulberry tree*
συκομορέα, *sycamore*
συλβίνης, *potassium chloride*
σύλη, *prize*
συλλαμβάνω, *to seize*
συλλέγω, *to collect*
συλλεκτὴρ δικτύου ἀποστραγγίσεως, *collector drain*
συλλεκτήριος ἀποστραγγιστικὸς ἀγωγός, *collector drain*
συλλέκτης, *collector, selector, commutator, receiver, manifold*
ἐξαγωγῆς, *exhaust collector, exhaust ring*
συλλέκτου, βῆμα, *commutator pitch*
δυναμικὴ καμπύλη —, *commutator potential curve*
κυματισμός —, *commutator ripple*
μόνωσις —, *commutator insulation*
τάσις —, *commutator voltage*
συλλίπασμα, *flux*
συλλογή, *collection, set, kit*
ἀκαθαρσιῶν, *scavenge*
συλοδικεῖον, *prize court*
συμβατικὴ ὥρα, *standard time (S.T.)*

συμβατικὸς χρόνος, *standard time (S.T.)*
συμβολή, *junction, interference, beats*
σύμβολον, *symbol*
συμμετρία, *symmetry*
σύμμιγμα, *admixture*
συμμιγνύω, *to add*
σύμμιξις, *admixture, occlusion*
σύμμορφος ἀπεικόνισις, *orthomorphic projection*
συμπαγής, *compact, integral*
σύμπαν, *universe*
συμπεριφορὰ ἐκ διαφόρου συχνότητος, *frequency response*
σύμπηξις, *agglomeration, coagulation*
συμπιέσεως, δοκιμή, *compression test*
  ἐλατήριον —, *compression ring*
  λόγος —, *compression ratio*
  μέλος —, *compression member*
  σφάλμα —, *compressibility error*
  χρόνος —, *compression stroke*
συμπίεσις, *compression*
  ἀσθενής —, *weak compression*
συμπιεσταί, *press tools*
συμπιεστής, *compressor, supercharger*
  κεντρόφυξ—, *centrifugal compressor*
  μὲ ἔμβολον, *piston compressor*
  ὑδραυλικός—, *hydraulic compressor*
συμπιεστόν (ἰδιότης), *compressibility*
συμπιεστότης, *compressibility*
σύμπλεγμα, *mosaic*
συμπλέκτης, *dog clutch, clutch*
  διὰ δίσκου, *plate clutch*
    πολλαπλῶν δίσκων, *multi-plate clutch*
    τριβῆς, *disk friction clutch*
  σταματήματος, *stop gear, locking gear*
συμπλέκτου, ἧλος περιλαιμίου, *clutch collar pin*
  μοχλός —, *clutch lever*
  περιλαίμιον —, *clutch collar*
  ποδωστήριον —, *clutch pedal*
σύμπλεξις, *engagement*
συμπλήρωμα, *complement*
  κλίσεως, *co-declination*
  πλάτους, *co-latitude*
  ὕψους, *complement of the altitude, co-latitude, zone distance*
συμπληρωματικά, *accessories.* **Βλ. καὶ παρελκόμενα.**
συμπληρωματικὴ ἀποστολὴ (ἀεροπορική), *reflight*
  συνάρτησις, *complementary function*
συμπληρωματικός, *supplementary*
συμπλήρωσις εἰς βενζίνην, *refuelling*
σύμπτυξις, *compression*
σύμπτωσις εἰκόνων, *coincidence of images*
συμπυκνῶ, *to condense, to concentrate*
  διὰ ψύξεως, *to condense*
συμπύκνωσις, *condensation, concentration*
συμπυκνωτής, *condenser*
  ἀπομονωσεως, *block condenser*
  δι' ἐγχύσεως, *jet condenser*
  φραγμοῦ, *blocking condenser*
    ἀνόδου, *feed condenser*
συμπυκνωτικὸν ὄργανον, *condensing instrument*
συμφυὲς μέγεθος κόκκου, *inherent grain size*
συναγερμὸς (ἀεροπορικῆς ἐπιδρομῆς), *air raid warning*
συνάντησις, *interception*
συναπτάζη, *emulsion*
συνάπτω, *to join*
συναρμογή, *fitting, binding*
  δι' ἐπικαλυπτηρίου ταινίας, *joint by strap plate*
    ἐπικαλύψεως, *seam*
  διὰ κρούσεως, *driving fit*
    συστολῆς καὶ διαστολῆς, *shrink-fit*
    συσφίγξεως, *forced fit*
  ἐλαστική —, *hose coupling*
  συνθέσεως, *incidence rigging*
συναρμόζων, *flush*
συναρμολογήσεως, αἴθουσα, *assembly room*
  σχέδιον, *erection drawing*
  τμῆμα —, *assembly shop*
συναρμολόγησις; *connecting-up, rigging, erecting, assembly*
  δοκῶν, *spar fitting*
  εἰκόνων, *filling in strips*
  κατακορύφου σταθεροῦ καὶ πηδαλίου διευθύνσεως, *fin and rudder assembly*
  κυρίου πτερώματος, *main plane assembly, main plane rigging*
  μωσαϊκοῦ, *mosaic assembly*
  πτερυγίου ὑποβαστάξεως τοῦ χείλους προσβολῆς, *slat assembly*
  σωλήνων εἰσαγωγῆς, *induction pipe fitting*
  φωτογραφικοῦ συμπλέγματος, *mosaic assembly*
συναρμολογῶ, *to assemble, to erect*
  πολυβόλον, *to reassemble a gun*
συναρτήσεων, συνέχεια, *continuity of functions*
συναρτήσεως, μέση τιμή, *mean value of function*

συνάρτησις, *function*
ἀλγεβρική —, *algebraic function*
ἀντίστροφος —, *inverse function*
ἀσυνεχής —, *discontinuous function*
αὔξουσα —, *increasing function*
ἐκθετική —, *exponential function*
ἐλαττουμένη —, *decreasing function*
ἡμιτονοειδής —, *sine function*
κυκλική —, *circular function*
λογαριθμική —, *logarithmic function*
παραγωγήσιμος —, *differentiable function*
παράγωγος —, *derived function*
περιοδική —, *periodic function*
συμπληρωματική —, *complementary function*
τριγωνομετρική —, *trigonometric function*
ἀντίστροφος — —, *trigonometric inverse function*
ὑπερβολική —, *hyperbolic function*
ἀντίστροφος — —, *hyperbolic inverse function*
συνάφεια, *adhesiveness, adhesion, bond*
συνδεδυασμέναι ἐπιχειρήσεις, *combined operations, amphibious operations*
συνδεδυασμένη γαλλικὴ κλείς,, *combination wrench*
συνδεδυασμένον ἐργαλεῖον, *combination tool*
ὠστήριον, *combination punch*
συνδέσεις δεξαμενῆς δι' ἡλώσεως, *riveted tank joints*
ἡλωμένων δεξαμενῶν, *riveted tank joints*
σωλήνων βενζίνης, *fuel-line joints*
ἐλαίου, *oil-pipe joints*
ὑπερεύκαμπτοι —, *Superflexit unions*
συνδέσεως, θέσις, *binding post*
σύνδεσις, *engagement, connection, joint, junction, coupling, binding*
ἄκαμπτος —, *rigid joint*
ἀρθρωτή —, *hinged joint*
διὰ σφηνός, *keyed joint*
ἐγκαρσία —, *transverse bracing, cross bracing*
ἐν παραλλήλῳ, *connection in parallel, parallel connection*
ρείθρῳ, *shunt*
σειρᾷ, *connection in series, series connection, series*
καμπυλῶν, *making flush*

σύνδεσις
κοχλιωτή —, *threaded connection, screwed joint*
ξύλων διὰ χελιδονοουρᾶς, *dovetail join*
ὀργάνων, *connecting up instruments*
συνδεσμολογία, *assembly, wiring, linkage, harness*
ἀναφλέξεως τύπου Μπρῆζ, *Breeze ignition harness*
μετρήσεως, *test connections*
συνδεσμολογικὴ ἀπεικόνισις, *diagram of connections*
σύνδεσμοι εὐκάμπτων σωληνώσεων, *unions for flexible tubing*
σωλήνων κυκλοφορίας βενζίνης, *fuel-line joints*
σύνδεσμος, *connecting link, link block, link, linkage, union, joint, trunnion, coupling, bond*
ἄεργος —, *dummy connection*
ἀρθρωτός —, *knuckle joint, slip joint, universal and slip joint*
δι' ὑψηλῆς πιέσεως, *high-pressure union*
διὰ δακτυλίου, *sleeve joint*
σωλῆνος ἐξ ἐλαστικοῦ, *rubber connection*
χαμηλῆς πιέσεως, *low-pressure union*
διαιρετός —, *halved junction*
διχαλοειδής —, *fork joint*
ἐγκοπῶν, *halving*
εἴδους καρντάν, *gimbal joint*
ἐν σειρᾷ, *series connection*
εὐκάμπτου σωλῆνος, *hose coupling*
Καρντάν, *Cardan joint*
κονδυλωτός —, *gimbal joint*
μετὰ περιαυχενίου, *coupling flange*
μεταδόσεως κινήσεως, *coupling*
διὰ τριβῆς, *friction coupling*
μεταλλικῶν σωληνώσεων, *connection body*
μετατροπῆς, *transformer coupling*
ὀλισθαίνων —, *expansion joint*
ὁπλίσεως, *cocking link*
στυλιδωτός —, *bayonet joint*
σφονδυλωτός —, *knuckle joint*
σχήματος μπάντζο, *banjo connection*
σωλήνων, *pipe union*
μετὰ κλάδου, *pipe union with side inlet*
χαμηλῆς πιέσεως, *low-pressure union*
Χόφμαν, πήλινος, *Hoffman's pipe connection*

συνδετήρ, *connector, link, bridge, shackle, stirrup*
συρμάτινος —, *wire staple*
συνδετῆρες ἑνώσεως, *joint couplings*
συζεύξεως, *joint couplings*
συνδέτης, *fitter, stay, binder*
συνδετικὴ πλὰξ ἐλαίου, *oil retainer plate*
ταινία, *connection band*
ὕλη, *binder*
(ὁδοστρωσίας), *gannister*
συνδετικὸν στρῶμα, *boundary layer*
ὑλικόν, *binding material*
συνδέω, *to couple, to mount, to connect, to join*
συνδήκτωρ, *vice, chuck.* **Βλ. καὶ μέγγενη.**
ἐγχειρίδιος —, *hand vice*
ἐπιτραπέζιος —, *bench vice*
χειρός, *hand vice*
συνδυασμός, *combination*
φακῶν, *combination of lenses*
συνεκτικότης, *tenacity*
συνέλκεσθαι, *to contract*
συνεννόησις, *communication*
συνεπαφή, *osculation*
συνεπίπεδον, *co-planar*
συνεπιπέδωσις, *levelling*
συνεργεῖον, *workshop*
(ἐργατῶν), *gang*
συνεργείου, ὑλικόν, *workshop equipment*
συνεσκευασμένος. Βλ. συσκευασμένος.
συνεστραμμένος, *warped*
συνεφαπτομένη (σφ), *cotangent (cot)*
συνεχὲς ρεῦμα (Σ.Ρ.), *continuous current (c.c.), direct current (d.c.)*
συνεχῆ κύματα, *continuous waves*
συνημιτονοειδὴς καμπύλη, *cosine curve*
συνημίτονον (συν), *cosine (cos)*
συνημμένος, *appended*
συνηρμοσμένος, *interlocking*
συνήχησις, *resonance*
ἠχητική —, *acoustic resonance*
σύνθεσις, *composition, synthesis, erecting*
(μονάδος ἢ ὑπηρεσίας), *establishment*
ἀρχική —, *priming paste composition*
πρώτης ἀναφλέξεως, *priming composition*
σώματος, *texture*
συνθέτης, *rigger*
συνθετικαὶ ρητῖναι, *synthetic resins*
συνθετικὴ μέθοδος (πρὸς ἀπόδειξιν θεωρημάτων), *synthetic method (of proving theorems)*
συνθετικὴ οὐσία, *fibre*
συνθετικόν, *compounds*
συνθετικός, *synthetic*
σύνθετον κλάσμα, *compound fraction*
σῶμα, *chemical compound*
τύλιγμα, *compound winding*
σύνθετος, *compound, built up*
ἀντίστασις, *impedance*
ἐναλλασσομένου ρεύματος, *impedance*
κυκλώματος, *impedance of the circuit*
ἀτμομηχανή, *compound engine*
βυθοκόρος, *compound dredger*
περιέλιξις, *compound winding*
συνθῆκαι, ὁμαλαί, *normal conditions*
σύνθημα, *watchword*
προειδοποιητικόν—, *warning signal*
συνθηματικὸν σημεῖον, *conventional sign*
συνθηματικὸς ἀριθμός, *key number*
σύνθλιψις, *crushing*
συνισταμένη, *resultant*
δυνάμεων, *resultant of forces*
ὁριζοντία —, *horizontal component*
τροχιά, *resultant straight path*
συνιστῶσα, *component*
ἀξονική —, *axial component*
ἐναλλασσομένου ρεύματος, *alternate current (a.c.) component*
ἰσχύος, *power component*
κατὰ τὴν ἀκτῖνα, *radial component*
τὸν ἄξονα, *axial component*
κατακόρυφος —, *vertical component*
σύννευσις, *convergency*
συννεφιά, *cloudiness*
σύννεφον, *cloud*
συνοδεία, *escort*
συνοδικὸς μήν, *synodical revolution*
σύνοδος ('Αστρον.), *conjunction*
συνολικὴ ἐπαύξησις, *total increment, totalised increment*
συνολικὸν μῆκος, *overall length*
συνολικός, *gross, overall*
σύνολον, *total, assembly*
συνοπτικοὶ τύποι, *empirical formulae*
σύνορον, *border*
συνοχεύς, *stay bolt, coherer*
σύνοψις, *outline*
συνταγή, *formula*
σύνταγμα, *regiment*
συνταγματάρχης, *colonel*
συνταυτισμὸς φάσεων, *phase coincidence*

συντελεστής, *coefficient, factor, modulus*
ἀγωγιμότητος, *thermal conductivity*
ἀμοιβαίας ἐπαγωγῆς, *coefficient of mutual induction*
ἀντιστάσεως, *coefficient of resistance*
ἀντώσεως, *lift coefficient*
ἀνώσεως, *lift coefficient*
ἀποδόσεως, *efficiency*
ἀπορροῆς, *run-off coefficient*
ἀπορροφήσεως, *absorption coefficient, absorption factor, absorption ratio*
ἀκουστικῆς—, *acoustic absorption coefficient, acoustic absorption factor*
ἀσφαλείας, *safety factor, factor of safety*
αὐτεπαγωγῆς, *coefficient of self-induction, self-inductance*
διαστολῆς, *coefficient of expansion*
φαινομένης —, *coefficient of apparent expansion*
διατμήσεως, *shear modulus, glide modulus*
διευθύνσεως, *rising gradient, acclivity*
διορθώσεως, *correction factor*
εἰδικῆς θερμότητος ἠλεκτρισμοῦ, *specific heat of electricity coefficient*
εἰσόδου θερμότητος, *inside conductance*
ἐλαστικότητος, *coefficient of elasticity, Young's modulus*
ἐγκαρσίας —, *glide modulus*
ἐναλλασσομένου ρεύματος, *alternate current (a.c.) component*
ἐνισχύσεως, *coefficient of amplification*
τάξεως, *voltage amplification factor*
ἐξόδου θερμότητος, *outside conductance*
ἐπιφάνεια ἰσάλου γραμμῆς, *coefficient of water line*
ἠχητικῆς ἀνακλάσεως, *acoustic reflection coefficient, acoustic reflection factor, sound reflection factor*
θερμοκρασίας, *temperature coefficient*
ἀντιστάσεως, *temperature resistance coefficient*

συντελεστὴς
θερμοπερατότητος, *thermal transmittance, overall coefficient of heat transmission*
ἰσχύος, *power factor*
μεγάλης —, *high-power factor*
ὑψηλῆς —, *high-power factor*
κρούσεως, *impact coefficient, dynamic coefficient*
μαγνητίσεως, *coefficient of magnetisation*
μεταβλητός —, *variable factor*
μονωνύμου, *coefficient of a monomial*
μορφῆς, *form coefficient, form factor*
παλιρροίας, *coefficient of tide*
σκεδάσεως, *leakage coefficient*
στηρίξεως, *lift coefficient*
στοιβασίας, *coefficient of load*
συζεύξεως, *coefficient of coupling*
συνδεδυασμένος —, *combined factor*
συστολῆς, *coefficient of contraction*
συσχετίσεως, *coefficient of correlation*
τοῦ Πουασόν, *Poisson's modulus (m)*
τριβῆς, *coefficient of friction*
ὑδραυλικότητος, *lime modulus*
ὑπερτάσεως, *magnification factor (Q)*
ὤσεως, *lift coefficient*
συντελεστῶν, μέθοδος, *coefficient method*
συντέμνουσα (στεμ.), *cosecant (cosec, cosc, csc)*
συντεταγμέναι, *co-ordinates*
κεκλιμέναι —, *oblique co-ordinates*
κυλινδρικαί —, *cylindrical co-ordinates*
ὀρθογώνιοι —, *rectangular co-ordinates*
πολικαί —, *polar co-ordinates*
συνθηματικαί—, *lettered co-ordinates*
σφαιρικαί —, *spherical co-ordinates*
τριαξονικαί —, *trilinear co-ordinates*
συντηκτικὸν θέμα, *fuse, fuze*
συντήρησις, *maintenance*
καὶ καθαρισμός, *care and cleaning*
ὀργάνων, *instrument maintenance*
συντηρητικὸν μέσον, *preservative*
συντηρούμενα κύματα (Σ.Κ.), *continuous waves (C.W.)*
συντηρούμεναι ταλαντώσεις, *continuous oscillations*

συντονίζω, *to tune, to co-ordinate*
συντονισμένη ἄνοδος (Σ.Α.), *tuned anode (T.A.)*
συντονισμένης, ἀνόδου, κύκλωμα, *tuned plate circuit*
συντονισμένον πλέγμα (Σ.Π.), *tuned grid (T.G.)*
συντονισμός, *tuning, tune, resonance*
εἰς τὸ κύκλωμα σειρᾶς, *resonance in the series circuit*
ὀξύς —, *sharp tuning*
τάσεων, *pressure resonance*
ὑψηλῆς συχνότητος, *radio frequency tuning*
συντονισμοῦ, ἦχος, *tuning note*
καλὴ ἐπιλεκτικότης —, *flat tuning*
κύκλωμα —, *tuned circuit*
πηνίον —, *tuning coil, tuning inductance*
πυκνωτής —, *tuning condenser*
ρυθμιστής —, *tuning control*
σταθερά —, *tuning constant*
σύστημα —, *tuning system, tuner*
συντριβή, *crash*
συντρίμματα, *debris*
συνυδρίτης, *anhydrite*
σύριγγες, *ways*
σῦριγξ, *syringe, squirt*
νεωλκείων, *keelway*
συρίκτρα, κινδύνου, *alarm whistle*
σύρμα, *wire, binding wire*
ἀεροσκάφους, *aeroplane wire*
ἀκιδωτόν —, *barbed wire*
ἀκροδετήριον —, *binding wire*
ἀνεμολογίου, *grid wire*
ἀνοξείδωτον —, *Staybrite wire*
ἀντιδονητικόν —, *anti-flutter wire*
ἀντοχῆς, *shear wire*
ἀντώσεως, *lift wire*
ἀπομεμονωμένον —, *insulated wire*
ἀποσβέσεως, *damping wire*
ἀσφαλείας, *locking wire, securing wire*
δι' ἐλάσεως, *rolled wire*
διὰ διελκύσεως, *drawn wire*
διαγώνιον —, *cross-wire, bracing wire*
ἐκ χάλυβος, *steel wire*
ἐλέγχου, *checking wire*
ἐπιψευδαργυρωμένον —, *galvanised wire*
εὔκαμπτον —, *flexible wire*
λεπτόν —, *thin wire, thin-drawn wire*
μαλακόν —, *annealed wire*
μεμονωμένον —, *insulated wire*
νικελιοχρωμιοῦχον —, *nichrome wire*
ὀπισθελκούσης, *drag wire*

σύρμα
πεπλατυσμένον —, *flat wire*
πηδαλιουχουμένου, *airship wire*
πλέγματος, *grid wire*
πλεκτόν —, *braided wire*
προσγειώσεως, *earth wire, landing wire*
προσπτώσεως, *incidence wire, stagger wire*
σκληρόν —, *hard-drawn wire*
σύγκολλήσεως μὲ πυρῆνα κολοφωνίου, *resin-cored solder*
ὑψηλῆς τάσεως, *high-tension wire*
χάλκινον —, *copper wire*
χαλύβδινον —, *steel wire.*
δι' ἐλατήρια, *piano wire*
χορδῆς, *chord wire*
σύρματα ἀεροτομῆς, *streamline wires, streamlined wires*
ἀνεμολογίου, *grid wires, grid lines*
προσανατολισμοῦ, *grid wires*
σχηματίζοντα κεραίαν, *air wires*
συρματόβουρτσα, *wire brush*
συρματοδέτης, *cable grip*
συρματοειδὴς παρυφή, *wire edge*
συρματοκόπτης, *wire cutter, flat-nose pliers*
συρματολογία, *rigging*
συρματόπλεγμα, *wire netting, wire gauze, barbed wire*
λεπτόν —, *wire gauze, net*
χονδρόν —, *wire hawser*
συρματοποιήσιμος, *ductile*
συρματοποίησις, *wire drawing*
συρματόσχοινον, *wire rope, rope, guy*
ἀεροσκάφους, *aeroplane wire*
διαγώνιον —, *brace*
προωθητικοῦ συστήματος, *follow-up cable*
σφικτόν —, *close-laid wire rope*
χαλύβδινον —, *steel wire rope*
χονδρόν — —, *steel hawser*
χονδρόν —, *wire cable*
συρματοφωνογράφος, *wire recorder*
συρματόψηκτρα, *wire brush*
συρμός, *train*
ἀκτινοβολίας, *radiation train*
συρραφή, *seam*
συρρικνοῦσθαι, *to contract*
συρρίκνωσις, *contraction*
ξύλου, *shrinkage of wood*
σπογγώδους μολύβδου, *shrinkage of spongy lead*
συρρικνωτός, *knurled*
συρροῆς, λεκάνη, *catchment area*
σύρτης, *guide block, leading block, ninepin block, latch, slide valve*

σύρτης
ἀσφαλίσεως κλείστρου, *locking piece*
ἀσφαλιστικός —, *latch*
χιτωνοειδής —, *sleeve valve*
σύρτις, *shifting sand, quicksand, sand bank, bank*
συρτοκιβώτιον, *valve casing*
συσκευασία, *packing*
συσκευασμένη ταινία, *packed belt*
συσκευασμένος ἐπὶ φυσιγγιοφόρων, *bandolier packed*
συσκευή, *apparatus, set*
ἀκτίνων X, *X-ray apparatus*
Ἄμπελ (δοκιμῆς σημείου ἀναφλέξεως βενζίνης), *Abel apparatus*
ἀνακαλύψεως ρωγμῶν, *crack detector, detector*
ἀνυψώσεως, *lifting equipment*
ἕλικος, *screw lifting gear*
ἀπορρίψεως ἐφοδίων, *supply-dropping apparatus*
ἀποστάξεως, *still*
διασπάσεως βενζίνης, *cracking still*
ἐλέγχου ἐντάσεως ρεύματος, *resistor*
ἕλξεως, *haulage equipment*
ἐξαγωγῆς, *extractor*
ζεύξεως, *draw gear*
θερμάνσεως κάννης, *gun heater*
κινήσεως πηδαλίου, *steering-gear*
παραγωγῆς ἀερίου, *gas producer*
γαλακτώματος, *emulsifier apparatus*
δακρυγόνων, *lachrymatory smoke generator*
ραντισμοῦ, *sprinkler apparatus*
συσπᾶσθαι, *to contract*
σύσπαστον, *pulley, block, tackle, gun tackle, gyn, gin*
ἕνουρον κορακωτόν —, *tail tackle*
ἐπαγόμενον —, *runner tackle*
μεσίστιον —, *stay tackle*
μικρόν —, *jigger tackle*
ποδίσκου, *tack tackle*
τιμονίου, *helm tackle*
συσπείρωμα, *coiling*
συσπείρωσις, *tension*
συσσωρευθείς, *accumulated*
συσσωρευμένη θερμοκρασία, *accumulated temperature*
συσσωρευμένος, *accumulated*
συσσώρευσις, *agglomeration, accumulation*

συσσωρευτής, *accumulator, electrical accumulator, secondary battery, storage battery, battery, secondary cell*
ἀλκαλικός —, *alkaline accumulator*
ἐκφορτισμένος —, *run down battery*
θερμότητος, *heat accumulator*
μολύβδου, *lead accumulator, lead-acid accumulator*
φορητός —, *trolley accumulator*
συσσωρευτικός, *accumulative*
συσσωρευτοῦ, ἐκφόρτισις, *discharging an accumulator*
κιβώτιον —, *accumulator box*
μονωτήρ —, *accumulator insulator, battery insulator*
πλάξ —, *accumulator plate*
διανομῆς—, *accumulator switchboard*
πλέγμα —, *accumulator grid*
πόλωσις, *battery polarisation*
πυκνόμετρον, *battery hydrometer*
συνδετήρ —, *battery clip*
φόρτισις —, *charging an accumulator*
φορτωτής —, *battery charger*
χωρητικότης —, *accumulator capacity, battery capacity*
συσσωρευτῶν, χειράμαξα, *accumulator trolley*
συσσωρεύω, *to agglomerate*
σύστασις, *formation*
ἐσωτερική —, *internal structure*
συστατικά μέρη, *components*
συστατικόν, *constituent*
μόριον, *constituent, ingredient*
συστέλλομαι, *to contract, to shrink*
συστέλλω ἱστία, *to truss*
σύστημα, *system*
ἀναμίξεως, *mixer unit*
συγχρονισμοῦ σήματος, *synchronising signal mixture unit*
ἀναρτήσεως, *suspension system*
ἐπὶ ἐλαστικοῦ, *rubber suspension system*
σπογγοειδοῦς ἐλαστικοῦ, *sponge-rubber suspension system*
ἀντιδράσεως, *regenerative system*
ἀντιστροφῆς φάσεων, *phase-reversing unit*
ἀντλίας ἐπιστροφῆς, *scavenge pump gear*
ἀντλιῶν, *gear pump*

σύστημα
ἀπαλοιφῆς παρασίτων, *X-stopper*
ἀπομαγνητίσεως, *degaussing*
ἀσφαλίσεως, *locking device*
ἐλατηρίων, *spring locking gear*
αὐξήσεως ζώνης λειτουργίας, *spreader*
αὐτομάτου λήψεως, *Morse inker*
ἀφέσεως, *jettison system*
βασίρρομβον ὀρθόν, *orthorhombic system, rhombic system, prismatic system*
προκλινές, *monoclinic system, monosymmetric system*
βενζίνης, *fuel system*
δρῶν διὰ βαρύτητος, *gravity fuel system*
πιέσεως, *pressure operated fuel system*
δι' ἑνὸς σωλῆνος, *one-pipe system*
διὰ δύο σωλήνων, *two-pipe system*
διανομῆς ρεύματος διὰ πλειόνων ἀγωγῶν, *multi-wire system*
τριῶν ἀγωγῶν, *three-wire system*
διαστολῆς, *expansion device*
εἰσαγωγῆς, *induction system, intake system*
περιστρεφόμενον — —, *rotary induction system*
ἐκκινήσεως, *primer system*
ἐλαίου, *oil system*
ἐλέγχου, *control system*
ἑλκύοντος ὀδοντωτοῦ τροχοῦ γεννητρίας, *generator drive gears*
ρυθμιστοῦ ταχύτητος, *governor drive gear*
ἐξαγωγῆς, *exhaust system*
ἐξισώσεων, *system of equations*
ἐπιπλεύσεως, *floating gear*
ἐπιστροφῆς, *scavenge system*
ἐλαίου, *oil scavenge system*
ἰσχύος, *power plant*
καμπυλῶν, *graph*
κεραίας κατευθυνομένης ἐκπομπῆς, *aerial array*
κινήσεως, *gearing*
ἐλαστικόν — —, *flexible drive*
ὀδοντοτροχῶν, *gear control*
διὰ δύο ταχυτήτων, *two-speed gear-control*
κλείσεως, *locking device*
κυκλοφορίας βενζίνης διὰ τῆς βαρύτητος, *gravity fuel system*
λήψεως (ρεύματος), *tapping*
λιπάνσεως, *lubrication system*

σύστημα
μαγνητῶν, *magnetic system*
μεταδόσεως κινήσεως, *drive unit*
μονοκλινές —, *monoclinic system*
ὀδοντοτροχῶν, *gearing*
κινήσεως στροφείου, *impeller train*
ὀδόντων, *teeth gear*
ὀδοντωτῶν τροχῶν, *train of gearing train of gears, gear train, gear*
ἕλικος, *propeller gears*
ὁμοιομόρφου συσφίγξεως, *torque fixture*
παραλλήλων διαδρόμων, *parallel runways system*
πλεύσεως, *floating gear*
προσγειώσεως, *landing system, landing gear, alighting gear, landing undercarriage*
ἀνασυρόμενον — —, *retractable landing gear, retractable undercarriage*
τρίκυκλον — —, *tricycle landing gear, tricycle undercarriage*
προσεδαφίσεως, *landing gear*
προσθαλασσώσεως, *alighting gear*
πυροδοτήσεως, *firing gear, fire gear*
ρομβικόν —, *rhombic system, orthorhombic system*
ρομβοεδρικόν —, *rhombohedral class*
ρυθμίσεως, *timing gear*
συζεύξεως, *coupler*
συγκλίσεως ἠλεκτρονίων, *electron gun*
συναρμολογήσεως φωτογραφιῶν ἀέρος ἐν σειρᾷ, *center-to-center method*
συνδετικῆς ράβδου, *link rod assembly*
συντονισμοῦ διαφόρων κυκλωμάτων, *multiple-tuner*
τροφοδοτήσεως βενζίνης, *fuel feed system*
ὑγροψύξεως, *liquid-cooling system*
ὑπερβαστάξεως, *slot*
ὑποβιβασμοῦ τῆς μεταδόσεως κινήσεως, *reduction driving-gear*
ὑποπολλαπλασιασμοῦ, *reduction gearing*
πλανητικοῦ τύπου, *planetary-type reduction gearing*
ὑποπολλαπλασιαστοῦ ἐνδείκτου, *indicator reducing gear*

σύστημα
φωτισμοῦ, *lighting system*
χειριστηρίου, *control system*
ψύξεως δι' ἀέρος, *air-cooling system*
συστοιχία, *storage cell, battery*
ἀδρανής —, *inert battery*
ἀνόδου, *anode battery, plate battery, 'B' battery*
τάσεως —, *anode battery, high-tension battery*
ἀντισταθμίσεως, *buffer battery*
δευτερεύουσα —, *secondary battery, electrical accumulator*
ἐδάφους, φορητή, *trolley battery*
θερμάνσεως, *'A' battery*
λαμπτῆρος χειρός, *flash-light battery*
μαγνητική —, *magnetic battery*
ξηρά —, *dry cell, dry battery*
πλέγματος ἐλέγχου, *'C' battery*
πυρακτώσεως νημάτων, *filament battery*
συσσωρεύσεως, *electrical accumulator, storage battery*
συσσωρευτῶν, *accumulator battery*
τροφοδοτήσεως τμήματος γραμμῆς, *line battery*
φωτισμοῦ ἁμαξοστοιχίας, *train lighting battery*
συστοιχίας, κάλυμμα, *battery cap*
συστολεύς, *brail*
μέσος —, *buntline*
συστολή, *shrinking, contraction*
ἐγκαρσία —, *lateral contraction*
ξύλου, *shrinkage of wood*
σύστρεμμα, *volume*
συστρέφω, *to twine*
συστροφή, *twist, kink*
σχοινίου (στρίψιμο), *torsion*
σύστυλος, *systyle*
συσφαιρῶ, *to agglomerate*
συσφίγγω, *to tighten*
διὰ σχοινίου, *to frap*
στυθιοθλίπτην, *to screw down the gland*
συσφιγκτήρ, *vice, clamps*
ἐπενδεδυμένος διὰ δέρματος, *leather-lined clamps*
φελλοῦ, *cork-lined clamps*
τρυπανίων, *shank*
συσφιγκτῆρος, σιαγόνες, *vice claws, vice clamps*
σύσφιγκτρον, *rigging screw*
συσφίγξεως, σύστημα, *clamping device*
σύσφιγξις, *constriction, occlusion, jamming, binding*
συσχέτησις, *correlation*
συχνότης, *frequency, periodicity*
ἀσθενής —, *low frequency (L.F.)*
βασική —, *fundamental frequency*
διαφορᾶς δύο παραπλησίων συχνοτήτων, *beats*
ἐνδιάμεσος —, *beat frequency*
θεμελιώδης —, *fundamental frequency*
μέση — (Μ.Σ.), *intermediate frequency (I.F.)*
ραδιοφωνίας, *radio frequency*
συγκροτήσεως, *beat frequency*
συγκρούσεως, *collision frequency*
συμβολῆς, *beat frequency*
συντονισμοῦ, *resonant frequency*
ὑπερακουστική — (Υ.Α.Σ.), *supersonic frequency*
συχνότητος, διανομή, *frequency distribution*
διπλασιαστής, *frequency doubler*
ἐνδείξεις —, *frequency settings*
καμπύλη —, *frequency curve*
μεταβολεύς —, *frequency changer*
μεταλλάκτης—, *frequency converter*
μετατόπισις —, *frequency deviation*
παραμόρφωσις —, *frequency distortion*
περιοχή —, *frequency range*
τριπλασιαστής —, *frequency trebler*
σφαῖρα, *sphere, globe, ball, bullet*
ἀστραπῆς, *ball lightning*
ἀσφαλίσεως, *safety bullet*
διασκορπίσεως φωτός, *display globe*
μεγάλη —, *push ball*
μεταλλική —, *metal ball*
ὑψηλῆς πιέσεως (Υ.Π.), *high-pressure (H.P.) ball*
σφαῖραι, *revolver ammunition*
σφαιρίδιον, *globule, bead*
ἀσφαλίσεως, *safety ball*
σφαιρικὴ ἄρθρωσις, *ball-and-socket joint*
ἄτρακτος, *spherical lune*
ἐκτροπή, *spherical aberration*
ζώνη, *zone of a sphere*
λοξοδρομία, *spherical aberration*
μοῖρα, *spherical degree*
μορφή, *globular form*
πυραμίς, *spherical pyramid*
τριγωνομετρία, *spherical trigonometry*
σφαιρικὸν πολύγωνον, *spherical polygon*
τμῆμα, *spherical section, spherical segment*

σφαιρικὸν
τρίγωνον θέσεως, *spherical position triangle*
συμμετρικόν — —, *symmetrical spherical triangle*
σφαιρικός, *spherical, globular*
ἁρμός, *ball-and-socket joint*
τομεύς, *spherical sector*
σφαιρίνη, *globulin*
σφαιροειδές, ἐπίμηκες, *prolate spheroid*
ἐπίπλατυ —, *oblate spheroid*
σφαιροειδής, *globular*
σφαιρολῖται, *globulites*
σφαιρόμετρον, *spherometer*
σφαιροτριβεύς, *ball-bearing, antifriction bearing*
σφαιροτριβέως, χαλαρότης, *ball-bearing looseness*
σφαλερίτης, *sphalerite, zinc blende, blende, black jack*
σφάλμα, *fault, error*
δείκτου, *index error*
ἐξᾶντος, ἐργαλειακόν, *index error*
θέσεως, *position error*
στατικῆς κεφαλῆς πιέσεως, *static-head position error*
κλεισίματος ὁδεύσεως, *error of closure*
μελέτης, *error in design*
μετρήσεως, *error in measurement, error in measuring, measuring error*
ὀργάνου, *instrument error*
παραλλαγῆς, *parallax error*
παραλλάξεως, *parallax error, error of parallax*
πιθανόν —, *probable error*
πυκνότητος, *density error*
ρευμάτων μετατοπίσεως, *displacement current error*
σχεδίου, *error in design*
τοποθεσίας, *site error*
σφάλματα λόγῳ φαινομένων, *natural errors*
σφάλματος, μέγεθος, *percentage errors*
πηγή —, *source of error*
ποσοστόν —, *percentage errors*
σχετικόν — —, *relative errors*
σφένδαμνος, *acer, maple*
ὁ πλατανοειδής, *Norway maple*
σφενδόνη, *sheep-shank (knot)*
σφεντάμι. Βλ. σφένδαμνος.
σφήν, *sphene, wedge, bolt key, key, wedge grip, tongue piece, cotter, peg, pin, spike, gad*
ἀσφαλιστικός —, *locating dowel*

σφὴν
αὔλακος, *slot wedge*
βεβυθισμένος —, *sunk key*
διαρροῆς, *leak stopper*
διευθύνσεως, *stem guide*
διπλοῦς —, *gib and cotter*
ἐκ φίβρας, *fibre wedge*
ἐν τόρμῳ, ἡμικυκλικός, *Woodruff key*
ἐπίπεδος —, *flat key*
ἐφαπτομενικός —, *tangent key*
καὶ ἀντισφήν, *giband cotter*
κοῖλος —, *saddle key*
πηδαλίου, *key of rudder*
πλάνης, *wedge of a plane*
πλατύς —, *feather key*
ρυθμιστός —, *adjustable key*
σιδηροῦς —, *horsing iron, reaming iron*
συνθλίψεως, *tightening key*
συσφίγξεως, *tightening key*
σφαιρικός —, *spherical wedge*
ὑφέσεως, *pressure trough*
ὑψηλῆς πιέσεως, *wedge*
σφηνίσκος, *spar, gib*
σφηνοειδής, *wedge-shaped*
σφηνός, αὖλαξ, *key groove*
ἐγκάθισις —, *key-bed, key-seat, key-way*
ἐγκοπή —, *key slot*
ἐντομή —, *key groove*
κανὼν ἕδρας —, *key-seat rule*
κλίσις —, *angle of key, taper of key, taper of wedge*
κωνικότης —, *taper of a wedge*
στέλεχος —, *shank of key*
σφηνώνω, *to key, to chock*
σφήνωσις, *seizing, jamming*
σφίγγω, *to tighten, to clamp, to jam*
σφιγκτήρ, *clamp, clip*
ἐφαρμοστοῦ, *vice*
μετ᾽ ὠτίων, *butterfly clamp*
μετὰ πτερυγίων, *butterfly clamp*
ξυλουργοῦ, *clamp*
συνδέσεως σωλήνων, *hose clip*
σφικτός, *tight*
σφιλάτσο, *yarn*
σφόγγος. Βλ. σπόγγος.
σφονδυλόδεσμος, *diamond knot*
σφόνδυλος, *flywheel*
δισκοειδής —, *disk flywheel*
ἱμαντοφόρος —, *belt flywheel*
ὀδοντωτός —, *geared flywheel*
ρυθμιστικός —, *regulating wheel*
σφονδύλου, βραχίων, *arm of a flywheel*
λάκκος —, *flywheel pit*

σφονδυλοφόρος, *rotor*
δυναμομηχανή, *flywheel dynamo*
μετασχηματιστής, *flywheel motor generator*
σφουγγάρι, *sponge.* **Βλ. καὶ σπόγγος.**
σφραγίζειν διὰ μολυβδοβούλου, *to seal with lead*
σφραγίς, *seal*
σφῦρα, *hammer, mallet*
ἀμφικέφαλος —, *double-faced hammer*
βαρεῖα —, *sledge-hammer, sledge*
δερματίνη —, *raw-hide mallet*
δι' ὑδραυλικῆς πιέσεως, *hydraulic forging press, hydraulic hammer*
διὰ πτώσεως, *drop hammer*
διακεκομμένης λειτουργίας, *drop hammer*
διανακτική —, *reeming beetle*
διατρήσεως, *punch*
ἐκ δέρματος βοός, *raw-hide mallet*
ἐμπροσθοκόπος —, *sledge hammer*
ἐφαρμοστοῦ, *fitter's hammer*
καθηλώσεως, *riveting hammer, riveting machine*
καρφώσεως, *riveting hammer*
λιθοξόου, *dressing hammer*
λιθοστρώσεως, *pavior's hammer*
μὲ ὄνυχα, *claw hammer*
μεγάλη — (βαρειά), *sledge-hammer, sledge, maul*
μετὰ αἰχμηρᾶς κεφαλῆς, *straight-pane hammer*
δερματίνης ἐπιφανείας κρούσεως, *hide-faced hammer*
ἡμισφαιρικῆς κεφαλῆς, *ball-pane hammer*
κωνικῆς κεφαλῆς, *cross-pane hammer*
μηχανική—, *forging hammer, forging press*
μολυβδίνη —, *lead hammer*
ξυλίνη —, *beetle*
ὀδοντωτή —, *granulating hammer*
σιδηρουργοῦ, *sledge-hammer, sledge*
χαλκίνη —, *copper hammer*
σφύρας, ἔμβολον, *hammer stud*
κεφαλή —, *pane*
ὅπλισις —, *hammer cocking*
οὐρά —, *pane*
διχαλωτή — —, *claw of a hammer*
εὐθεῖα — —, *straight pane*
σφαιρική — —, *ball pane*
σφηνωτή — —, *cross pane*
περόνη —, *hammer pin*
ἐμβόλου —, *hammer stud pin*
χειρολαβή —, *hammer shaft*

σφυρήλασις, *forging.* **Βλ. καὶ σφυρηλάτησις.**
σφυρηλάτησις, *forging, hammering*
ἐν ψυχρῷ, *cold hammering*
κράματος ἀργιλλίου, *aluminium alloy forging*
μετάλλου, *metal burnishing, metal spinning*
πρὸς ἅπλωσιν, *lamination*
σφυρήλατον ἀντικείμενον, *forging*
σφυρήλατος, *malleable*
διὰ τῆς κεφαλῆς σφύρας, *peen*
σίδηρος, *forged iron*
χάλυψ, *forged steel*
σφυρηλατῶ, *to forge, to roll*
σφύριγμα, *blast*
σφυρίον, *hammer.* **Βλ. καὶ σφῦρα.**
διανάξεως, *caulking mallet, calking mallet*
ἡλώσεως διὰ πεπιεσμένου ἀέρος, *air gun*
καρφώσεως, *riveting hammer*
κτίστου, *mason's hammer*
μετὰ κωνικῆς ἐπιπέδου (καθέτου) κεφαλῆς, *straight-pane hammer*
πακτωτοῦ, *caulking mallet, calking mallet*
σφυροκόπανον, *blunt chisel*
σφυροκοπανῶ, *to clinch*
σφυροκοπεῖον, *forge*
σφυροτρύπανον, *hard drill*
σχάσις, *swallow*
σχαστηρία, *head of a tumbler, tumbler, sear*
βολῆς, *sear*
σχαστηρίας, ἀναβαθμίς, *bend on tumbler, bend on sear*
ἄξων —, *sear axis pin*
ἁρπάγη —, *sear catch*
βραχὺς βραχίων —, *short arm of sear*
ἐλατήριον —, *sear spring*
συγκρατητοῦ —, *sear holder spring*
χαλινωτηρίου —, *sear buffer spring*
ἐμβολεὺς ἐλατηρίου —, *sear spring plunger*
συγκρατητοῦ —, *sear holder spring plunger*
χαλινωτηρίου —, *sear buffer plunger*
ἔμπλεξις —, *engagement of sear*
καὶ ἐπικρουστῆρος, ἀναστολεύς, *sear stop*
ἄξων ἀναστολέως — — —, *sear stop pin*

σχαστηριάς
κεφαλή —, *head of tumbler*
μακρὸς βραχίων —, *long arm of sear*
μοχλὸς ἐλευθερώσεως —, *sear-release lever*
χαλινωτηρίου —, *sear buffer lever*
ὀλισθητήρ —, *sear slide*
οὐρά —, *tail of tumbler, tail of sear*
περόνη —, *sear pin*
ἄξονος —, *tumbler axis pin*
ρίς —, *nose of tumbler, nose of sear*
συγκρατητής —, *sear holder, sear retainer*
ἐλατηρίου—, *sear spring retainer*
χαλινωτήριον —, *sear buffer*
Σχαύλα (λ Σκορπίου), *Shaula*
Σχέδαρ (α Κασσιοπείας), *Schedar*
σχεδία, *raft, life-raft*
σχέδια ἐπισκευῆς, *repair schemes*
σχεδιάγραμμα, *draught, drawing, outline*
σχεδιάζω, *to design, to draft, to draught*
σχεδίασις, *sketch*
σχεδίασμα ὑπὸ κλίμακα, *proportional drawing*
σχεδιαστής, *draughtsman, tracer*
σχεδιογράφημα, *sketch*
σχέδιον, *plan, design, draught*
γενικόν —, *drawing*
διαμήκους τομῆς, *longitudinal plan*
ἐγκαταστάσεως, *installation plan*
ἐφαρμογῆς, *working drawing*
κατασκευῆς, *working drawing*
συνθέσεως, *erection drawing*
σωληνώσεως, *piping plan*
σχεδίου εἰς φυσικὸν μέγεθος, ἐκτέλεσις, *laying off*
σχέσις, *relation, ratio*
διαδρομῆς πρὸς διάμετρον ἐμβόλου, *stroke-bore ratio*
λεπτότητος, *fineness ratio*
μεταβιβάσεως, *gear ratio*
μεταφορᾶς, *ratio of transformation*
ὑποπολλαπλασιασμοῦ, *reduction ratio*
σχετικὴ ἀπόδοσις, *relative efficiency*
διόπτευσις, *relative bearing*
κίνησις, *relative speed*
ταχύτης, *relative speed, relative velocity*
ἀνέμου, *relative wind velocity*
ἀνυσματική —, *relative velocity*
ὑγρασία, *relative humidity*
σχετικὸν πάχος πτέρυγος, *aspect ratio*
σχετικός, *relative*
σχετικῶς πρὸς τὸν ἀέρα, *relative to air*
σχῆμα, *diagram, shape, form*
(βιβλίου), *format*
βολίδος, *shape of bullet*
ἐπίπεδον —, *plane figure*
μαχαιροειδές —, *fair-shaped*
ὄγδοον, *octavo*
ὀκτώ, *figure of eight*
πιπτούσης σταγόνος, *streamline form*
σχηματικαὶ καμπύλαι, *form lines*
σχηματισμός, *formation*
ἀραιός —, *route formation*
εἰς γραμμὴν παραγωγῆς, *string*
στρωμάτων, *stratification*
φατνώματος, *panel forming*
φύλλου ἐξ ἀλουμινίου, *shaping aluminium sheet*
σχηματιστής, *former, srtinger, thimble*
καταστρώματος, *decking former*
σχήματος ἀεροτομῆς, *streamlined*
σχίζα, *splinter, splint, cleft*
δένδρου, *splinter*
σχιζώδης, *liable to chip*
σχίσις, *cleavage, split, rift*
σχισμή, *fissure, rent*
σχιστόλιθος, *schist, slate, shale*
ἀμφιβολιτικός —, *amphibolite schist*
ἀρχέγονος —, *primary schist*
ἀσφαλτοῦχος —, *oil shale*
αὐγιτικός —, *augite-schist*
κεροστιλβικός —, *hornblende-schist*
ὀττρελιτικός —, *ottrelite-schist*
πυριτιακός —, *siliceous schist, touchstone, lydite*
σταυρολιθικός —, *staurolite schist*
ταλκικός —, *talc schist*
χαλαζιακός —, *quartzose schist*
χλωριτικός —, *chlorite-schist*
σχιστομελανίαι, *fractonimbus, scud*
σχιστοσωρεῖται, *fractocumulus*
σχοινίον, *rope, kite, cord, lanyard, brail, guy*
ἀγκιστρώσεως, *anchor cable*
ἀνοίγματος, *rip-cord*
ἀνυψώσεως, *heaving line*
βυθομετρήσεως, *sounding line*
δεξιοεστριμμένον —, *right-laid rope, plain-laid rope*
διασώσεως, *rescue line*
δίστροφον —, *spun-yarn*
ἐλαστικόν —, *elastic cord*
ἔντριτον λεπτόν —, *house-line*

σχοινίον
ἐξ ἀμιάντου, *asbestos cord*
καννάβινον —, *hemp rope*
κεδρωτόν —, *tarred rope*
λειτουργίας ἀλεξιπτώτου, *static line*
Μανίλλας, *Manilla cord*
μεθορμήσεων, *bow rope*
μετὰ τροχαλίας, *tye*
μὴ συστρεφόμενον —, *non-spinning rope*
προσδέσεως, *static line, dog lead*
σημαντῆρος, *buoy rope*
σπάρτινον —, *reed rope*
στατικόν —, *static cord*
στερεώσεως, *lashing rope*
ἱστοῦ, *guy line*
συνδέσεως, *stringing cord*
σωτηρίας, *rescue line*
τεταμένον —, *tight rope*
τετράκλωνον —, *shroud-laid rope*
φέρον σύσπαστον, *tye block*
φορτωτῆρος, *hauling rope*
χειρισμοῦ ἀλεξιπτώτου, *rip-cord*
ἐκκενώσεως ἀεροστάτου, *rip-cord*
σχοινίου, δίπλασμα, *bight*
συστροφή —, *twist of a rope*
σχοινοειδὲς πολύγωνον, *string polygon*
σχοινοκαθαρτήρ, *pull-through*
διπλοῦς —, *double pull-through*
σχοινοκλῖμαξ, *ladder*
σχοινομέτρησις, *alignment, aligning*
σχοινομετρῶ, *to align, to aline*
σχοινοπέδη, *cord brake, rope brake*
σχοινοπολύγωνον, *funicular polygon, string polygon*
σχοινότονος, *funicular*
σχολὴ ἀρχικῆς ἐκπαιδεύσεως πτήσεως, *initial training wing*
σωλήν, *pipe, tube, manifold*
(βενζίνης, ἐλαίου κλπ.), *pipe-line*
ἀερισμοῦ, *air-extraction vent, air-extraction pipe*
ἄνευ ραφῆς, *seamless tube*
συγκολλήσεων, ἐξηλασμένος, *seamless tube*
ἀνυψώσεως, *rising main*
ἀποκαταστάσεως πιέσεως, *impact tube*
ἀπορροφήσεως, *absorption tube*
ἀποστάσεως, *compression tube*
ἀποστραγγίσεως, *drain pipe*
ἀποχετεύσεως, *discharge pipe*
ἀρθρωτός —, *articulated pipe*
ἀτμαγωγός —, *steam pipe, steam tube*

σωλὴν
ἀτμοῦ, *steam tube, steam pipe*
Βεντουρί, *Venturi tube, Venturi*
γομώσεως, *primer tube*
διακλαδούμενος —, *branched pipe*
διακλαδώσεως, *branch pipe*
ἑνωτικός — —, *pressure tube joint*
διανομῆς, *delivery pipe*
διαστάσεως, *distance tube*
δυναμικός —, *tube of force*
ἐγχύσεως, *priming pipe*
εἰσαγωγῆς, *induction pipe, induction manifold, inlet pipe, inlet manifold, intake manifold, manifold, leading-in tube*
ἐκ καουτσούκ, *hose*
ἐκκενώσεως, *drain pipe, escape pipe*
ἐκροῆς, *blast pipe*
ἐκφυσήσεως, *blast pipe, exhaust pipe*
ἐλαστικός —, *hose*
συνεννοήσεως, *speaking tube*
ἐμφράξεως, *choke tube*
ἐξ ἐλαστικοῦ, *rubber hose*
ὑφάσματος, εὔκαμπτος, *hose-pipe*
ἐξαγωγῆς, *exhaust pipe, education pipe, emission tube, blow-out pipe, waste pipe*
ἀερίων, *exhaust manifold*
ἐξαφρίσεως, *scum pipe*
ἐξηλασμένος ἐν ψυχρῷ, *cold-drawn tube*
ἐπιστροφῆς, *return pipe*
ἐλαίου, *oil return pipe line*
ἐπιψευδαργυρωμένος —, *zinc plated pipe*
εὔκαμπτος μεταλλικός —, *flexible metal tubing*
ὡπλισμένος —, *armoured hose*
εὐκάμπτου συνδέσεως, *flexible-joint pipe*
ἠλεκτρικός —, *electric tube*
ἠλεκτρονικῶν ἐκκενώσεων, *electron discharge tube*
θερμάνσεως, *heating pipe*
καθαρισμοῦ, *flush-water pipe*
καλωδίου, *conduit tube*
κατακόρυφος —, *rising main*
κεντρικός —, *central tube*
κύριος —, *primary pipe*
ἐμφυσήσεως, *blast main*
κωνικός —, *notch*
μακρός —, *trunk*
μακροῦ πυροσωλῆνος, *long detonator tube*

σωλὴν
μὲ κοχλίωμα, *socket pipe*
νευρώσεις, *ribbed tube*
προεξοχάς, *beaded tube*
πτερύγια, *ribbed tube*
στορέα, *socket pipe*
φλάντζες, *flange pipe*
ὠτίδας, *flange pipe*
μετ' ἐμφράξεως καὶ ἐγχύσεως, *diffuser and choke tube*
μικροῦ πυροσωλῆνος, *short detonator tube*
ὀμβρίων ὑδάτων, *eaves*
ὀξυγονοκολλήσεως, *oxyhydrogen blow-pipe*
ὀφιοειδὴς —, *pipe coil*
παροχετεύσεως, *supply pipe*
παροχῆς, *delivery line*
πιεζομετρικός —, *stand pipe*
πιέσεως ταχυμέτρου, *pressure head*
θερμαινόμενος ἠλεκτρικῶς, *electrically heated pressure head*
Πιτό, *Pitot tube*
λήψεως ταχυμέτρου —, *Pitot tube*
στατικοῦ ταχυμέτρου —, *Pitot static tube*
προεξέχων —, *stack pipe*
πτώσεως, *chute*
πυρκαϊᾶς, *hydrant*
συγκεκολλημένος —, *welded tube*
συγκολλήσεως, *blow-pipe*
συγκολλητός—, *soldered pipe, welded pipe, welded tube*
ἐν ἐπιθέσει, *lap-welded tube*
συγκρατήσεως, *drag strut*
συζεύξεως, *coupler tube*
συλλεκτήριος —, *collecting pipe*
συμπυκνώσεως, *condensing pipe*
συνθλίψεως, *compression tube*
συσπειρώσεως ἐλατηρίου, *tensioning tube*
σχήματος «S», *swan-neck*
«U», *U-tube*
ἐνδείκτου κενοῦ, *vacuum indicator U-tube*
τραχὺς —, *rough tube*
τροφοδοτικός —, *feed pipe*
ὑδαταγωγός —, *water conduit*
ὑδραγωγός —, *hydrant*
ὑδρομαστεύσεως, *drain pipe*
ὑπερπληρώσεως, *overflow pipe*
ὑπερχειλίσεως, *overflow pipe*
ὑπὸ πίεσιν, *penstock*
φυσητῆρος, *blow-pipe*
φωσφορίζων —, *luminous tube*

σωλὴν
χαλύβδινος διατρητικός —, *P.S.A. tube*
σωληνάρια ἐξαγωγῆς, *exhaust stubs*
σωλῆνες ἀπορροφήσεως, *suction pipes*
ἀρδεύσεως, *irrigation pipes*
διατρήσεων, *drilling pipes*
φρεάτων, *well pipes*
ψευδαργυρωμένοι —, *galvanised pipes*
σωληνογωνία, *knee bend, elbow*
σωληνοειδές, *solenoid*
μετὰ σιδηροῦ πυρῆνος, *iron-cored solenoid*
πυροδοτικοῦ μηχανισμοῦ πολυβόλου, *gun firing solenoid*
σωληνοειδής, *tubular*
σωληνοκόπτης, *tube cutter*
σωληνολαβίς, *pipe grips*
σωλῆνος, ἀντικατάστασις, *tube replacement*
διαμέτρημα —, *bore of a pipe*
διάρρηξις —, *bursting of a pipe*
καμπύλον τεμάχιον —, *pipe bend*
κωνικὰ ὀμμάτια —, *pipe nipples*
νεύρωσις —, *rib of a pipe*
ρῆγμα —, *pipe fracture*
στήριγμα —, *collar clip*
συναρμογή —, *pipe connection*
σύνδεσμοι σφιγκτῆρες —, *hose clamp connections*
συσπειρώσεως, παράκυκλος, *tensioning tube washer*
περόνη — —, *tensioning tube pin*
διχαλωτή — — —, *tensioning tube split pin*
τεταρτοκύκλιον τεμάχιον—, *quarter bend*
σωλήνων, διαστολεύς, *tube expander*
δίκτυον —, *pipe grid*
ἑλικοτόμος —, *pipe threading die*
ἕνωσις —, *pipe joint*
ἐπένδυσις —, *lagging of pipes*
στήριγμα —, *pipe clip*
συγκόλλησις διὰ παραθέσεως, *tubular butt joint*
σύνδεσις —, *pipe coupling*
σύνδεσμος —, *pipe connection, pipe union*
σωληνώσεις ἀποστραγγίσεως ἀντλίας βενζίνης, *fuel pump drain pipes*
βενζίνης, *run of fuel lines*
πετροφλέξ, *Petroflex fuel lines*
εἰσαγωγῆς, *intake pipes*

σωληνώσεις
ἐλαίου, *oil lines, oil pipes*
λιπαντῆρος, *lubricator oil pipes*
ἐξαγωγῆς, *exhaust stacks*
ἐφηρμοσμέναι —, *splicing tubes*
λιπάνσεως, *oil ducts*
συστήματος ἐλαίου, *oil ways*
σωληνώσεων, ἐνδείκτης, *pipe-line indicator*
συνδέσεις —, *pipe-line connections*
σωλήνωσις, *pipe line, piping, conduit*
ἀερίου, *gas conduit*
ἀτμοῦ, *steam piping*
βαλβῖδος (λυχνίας) ἀπελευθερώσεως ἀέρος, *air-release valve pipeline*
βοηθητική —, *auxiliary piping*
ἐνδείκτου, *indicator pipeline*
ἐξαγωγῆς, *stack pipe*
ἐπιστροφῆς, *return line*
λιπάνσεως, *oil duct*
πεπιεσμένου ἀέρος, *compressed-air piping*
ρυθμίσεως ἀέρος, *louvre*
ὑπόγειος —, *underground piping*
σωληνωτὸν στραγγιστήριον, *pipe drain*
σωληνωτὸς ἀγωγός, *pipeline*
ὀχετός, *pipe culvert*
σωληνωτὸς
ρυθμιστής, *sleeve governor*
σῶμα, *body, block*
σωμάτια β, *beta particles*
σωματίδια α, *alpha particles*
σωμάτιον, *corpuscle, particle*
σωματώσεως, ἀντοχή, *bonding strength*
σωμάτωσις, *bounding, bonding*
εὐκάμπτων σωλήνων, *bounding flexible tubes, flexible tubing bounding*
σῶος, *sound*
σωρεία, *drift*
σωρεῖται, *cumulus (Cu)*
κυλινδροειδεῖς —, *roll-cumulus*
μαστοειδεῖς —, *mammatocumulus*
σωρειτομελανίαι, *cumulo-nimbus*
σωρός, *faggot, fagot, pile*
σωσίβιον, *life-preserver, life belt*
κυκλικόν —, *life-buoy*
σωσίβιος ἀρτάνη, *lifesaving apparatus*
ζώνη, *life belt, Mae West*
ἐκ φελλοῦ, *cork girdle*
κρουνός, *bilge injection valve*
λέμβος, *life-boat*
σχεδία, *life-raft*
σωσίκρεας, *creosote*
σωσικρεατέλαιον, *creosote oil*
σῶτρον (τροχοῦ), *rim*
μὲ κοίλην βάσιν, *well base rim*

Τ

ταβάνι, *ceiling, roof*
ταβάνωμα, *roofing*
τάβλα, *lathe batten*
τάγμα, *battalion*
ταγματάρχης, *major*
τάγματος, διοικητής, *battalion commander*
ταινία, *band, belt, tape, girder*
αἰθαλωμένη —, *gilded strip*
ἀπομονωτική —, *insulating tape*
ἀσφαλείας, *safety tape*
ἀσφαλιστική —, *securing stripping*
ἀφαιρουμένη —, *tear-off stripping*
ἐνισχυτική —, *webbing*
ἐξ ἐντέρου, *gut band*
ἠχογραφήσεως, *recording tape*
μεταδόσεως κινήσεως, *driving band*
μονωτική —, *insulating tape*
ὁδηγός —, *driving band*
ὁμαλύνσεως, *smoothing belt*
πλεκτή —, *tape*
πρὸς ἀφαίρεσιν, *tear-off band*
πυρομαχικῶν, *ammunition belt*
σιδηρᾶ —, *iron band*
σκληραργιλλίου, *Dural strip*
συγκολλητική —, *adhesive tape*
ἐκ χάρτου, *gummed-paper strip*
συνδέσεως, *strap*
φυσιγγίων, *cartridge band, cartridge belt, ammunition belt, belt*
φωνοληψίας, *recording tape*
χαλυβδίνη —, *steel band, steel tape*
ταινίας, κύλινδροι κινήσεως, *belt rollers*
πόρπη —, *belt link*
φυσιγγίων, ὁδηγός, *ammunition belt guide, belt guide*
συνδετῆρες — —, *ammunition belt links*
ταινιοπέδη, *band-brake*
ταίριασμα, *matching*
τακίμι, *set*
τακτική ναυτικοῦ, *naval tactics*
παραπλανήσεως, *decoy tactics*
στόλου, *naval tactics, fleet tactics*
ταλαντεύομαι, *to swing*
ταλαντευόμενον ρεῦμα, *oscillating current*
ταλαντευτής, *oscillator.* **Βλ. καὶ ταλαντωτής.**
ταλάντωθρον, *reversing link*
ταλαντώσεις, ἀποσβεννύμεναι, *damped oscillations*
ἁρμονικαί —, *damped harmonic vibrations*
αὐξανόμεναι ἁρμονικαί —, *forced harmonic vibrations*
ἐλεύθεραι —, *free oscillations*
ἐνισχυόμεναι ἁρμονικαί —, *forced harmonic vibrations*
ἐξηναγκασμέναι —, *forced oscillations*
ἐπιτόπιοι —, *local oscillations*
σταθεροῦ πλάτους, *undamped oscillations*
συντηρούμεναι —, *undamped oscillations*
τοπικαί —, *local oscillations*
χαμηλῆς συχνότητος (ἠλεκτρ.), *motor boating*
ταλάντωσις, *oscillation, vibration, hunting*
(φαινομένη παράνευσις σελήνης), *libration*
ἀναπορρόφητος —, *undamped oscillation*
ἁπλῆ ἁρμονική —, *simple harmonic vibration*
ἀποσβεσθεῖσα —, *damped oscillation*
ἀσταθής —, *unstable oscillation*
βεβιασμένη —, *forced oscillation*
εὐσταθής —, *stable oscillation*
λόγῳ συντονισμοῦ, *oscillation due to resonance*
ρεύματος, *fluctuation of current*
φυγοειδής —, *phugoid oscillation*
ταλαντωτής, *oscillator, vibrator, resonator*
γραμμικός —, *linear oscillator*
ἐπιτόπιος —, *local oscillator*
ἠλεκτρονικῶς συνεζευγμένος —, *electron-coupled oscillator*
μετὰ κρυστάλλου, *quartz oscillator*
τοπικός —, *local oscillator*
ὑψηλῆς συχνότητος (Υ.Σ.), *radio frequency oscillator*
ταλαντώτρια, *oscillator valve*
τάλκ, *talc, French chalk*
τάλκης, *talc, French chalk*

ταμπάνι τροχίλου, *bush of a block*
ταμπλώ, *instrument panel, instrument board*
τανάλια, *nippers, pincers, nail claw*
ἐπίπεδος —, *flat-wire pliers*
κοπῆς, *cutting nippers*
στρογγύλη —, *round (wire) pliers*
τάνκ, *tank*
ταννίνη, *gallo-tannic acid, tannin*
ταντaλικὸν ὀξύ, *tantalic acid*
ταντάλιον, *tantalum (Ta)*
ταντaλίου, πεντοξείδιον, *tantalum pentoxide*
ταντaλίτης, *tantalite*
τανύσεως, φορεῖον, *tension carriage*
τάνυσις, *strain*
ταξιαρχία, *field brigade*
ταξίαρχος, *brigadier, air commodore*
ταξιδεύω, *to steam*
ταξινόμησις, *classification*
ἀεροπλάνων πρὸς ἀπογείωσιν, *marshalling*
ταξινομῶ, *to stack, to classify*
τάξις, *order, class, grade, rate*
ἀναφλέξεως, *firing order*
πορείας πλοίων, *order of sailing*
τάξος, *yew*
τάπα, *plug*
ταπετσαρία, *upholstery*
τάπωμα, *wad*
ταπώνω, *to wad*
τάσεως, ἐνίσχυσις, *voltage amplification*
ἐνισχυτής —, *voltage amplifier*
πτῶσις —, *voltage drop, volt drop, anode drop*
ρυθμιστής —, *voltage regulator*
τάσεων, ἰσοστάθμισις, *voltage equalisation*
τάσις, *voltage, tension, intensity, potential pressure, pressure, stress, strain, adhesion*
ἀνεκτική —, *allowable stress, design stress*
ἀνόδου, *plate voltage*
ἀντιδράσεως, *reactance voltage*
ἀξονική —, *normal stress*
ἀρχική —, *initial stress*
ἀστέρος, *star voltage*
ἀτμῶν, *tension of vapour*
γραμμῆς προσαγωγῆς ρεύματος, *line voltage*
διατμήσεως, *shear stress, shearing stress*
δοκιμασίας, *testing voltage*
δοκιμῆς, *proof stress*

τάσις
ἐκ μεταβολῆς θερμοκρασίας, *temperature stress*
πιέσεως ἀνέμου, *wind stress*
ἐλέγχου, *proof stress*
ἑλκυσμοῦ, *tensile stress*
ἐξ αὐτεπαγωγῆς, *self-induced voltage*
ἐπαγωγῆς, *induced electromotive force (e.m.f.)*
ἐπανορθώσεως παρεκκλίσεως, *righting force*
ἐπιπρόσθετος —, *boosting voltage*
ἐπιτρεπομένη —, *permissible working stress*
ἐπιφανειακή —, *surface tension*
ἐσωτερική —, *internal stress*
ἠνοιγμένη —, *unit stress*
θερμάνσεως (νηματώσεως), *filament voltage*
θλίψεως, *compressive stress*
θραύσεως, *breaking stress*
κανονική —, *normal stress*
κενῆς λειτουργίας, *no-load voltage*
κοπώσεως, *stress-strain*
λυγισμοῦ, *buckling stress*
μετρήσεως, *measuring voltage*
νεκρώσεως, *cut-off point*
πολική —, *terminal voltage, interlinked voltage*
προβλεπομένη —, *rated voltage*
πρὸς στροφήν, *yaw tendency*
σκεδάσεως, *stray voltage*
συμπιέσεως, *pressure stress*
συνάφειας, *adhesion strength, adhesion stress, bond strength, bond stress*
συνεχής —, *direct voltage*
τόξου, *arc voltage*
ὑψηλή —, *high tension*
ὠφέλιμος —, *useful voltage*
τάσσω εὐθυγράμμως, *to align, to aline*
Ταῦ («Τ») αὐτομάτου προσγειώσεως, *automatic landing «T»*
Ταῦρος ('Αστερ.), *Taurus*
ταυτομέρεια, *tautomerism*
ταυτομερής, *tautomeric*
τάφρος, *ditch, trench, channel, dyke, dike, gutter, drain, race*
ἀποστραγγίσεως, *drainage ditch*
προστατευτήριος —, *intercepting ditch, catch-water drain*
τάχος, *way*
ταχυβόλα, *quick-firing (Q.F.) guns*
ταχυβόλος, *quick-firing (Q.F.)*
ταχυδρίτης, *tachydrite*

ταχυκίνητα τμήματα, *mobile troops*
ταχυκίνητος, *motorised*
ταχύμετρον, *speed indicator, airspeed indicator, speedometer, tachymeter, tachometer*
διακριβωτικόν —, *airspeed indicator calculator*
καταγράφον —, *tachymeter recorder*
ταχυμέτρου, σωλήν (κεφαλή), *airspeed head*
ταχύπηκτον συνδετικόν, *quick-setting matrix*
ταχύς, *fast, rapid, quick*
ταχύτης, *velocity, speed*
ἀέρος (Τ.Α.), *airspeed (A.S.)*
ἀληθής — —, *true air speed (T.A.S.)*
διωρθωμένη — — (δ.τ.ἀ.), *corrected air speed*
ἐνδεικνυομένη — — (Ε.Τ.Α.), *indicated air speed (I.A.S.), airspeed indicator reading*
ἠλαττωμένη — —, *reduced air speed*
μέση — —, *average air speed*
πραγματική — —, *true air speed (T.A.S.)*
ἀνέμου (Τ.Αν.), *wind velocity (W/V), wind speed (W/S)*
μέση ἀνυσματική — —, *average wind velocity*
ἀνηφορίσεως, *rate of climb*
ἀνόδου, *climbing speed, rate of climb*
μέση — —, *average rate of climb*
ἀντιστάσεως ὕδατος (ἀερακάτου), ἀνωτάτη, *hump speed*
ἀνυσματική —, *velocity*
μέση — —, *average velocity*
ἀνυψώσεως, *climbing speed*
μέση — —, *average rate of climb*
ἀπογειώσεως, *take-off speed*
ἀποκλίσεως, *speed of opening*
ἀπόλυτος —, *ground speed (G.S.)*
ἀπομακρύνσεως, *speed of opening*
ἀπωλείας στηρίξεως, *stalling speed*
ἀρχική —, *initial velocity, initial speed, muzzle velocity (Vo)*
βοηθητική — (αὐτοκ.), *transfer*
βολίδος, *velocity of bullet*
βυθίσεως, *diving speed, sinking speed*
γωνιακή —, *angular velocity*
δευτέρα —, *second speed, second gear*

ταχύτης
διελεύσεως, *crossing speed*
διωρθωμένη —, *corrected speed*
δυναμική —, *virtual velocity*
ἐδάφους (τ.ε.), *ground speed (G.S.)*
μέση — —, *average ground speed*
μεταβάσεως, *outward ground speed*
εἰσόδου, *inlet velocity*
ἐκ περιστροφῆς, *velocity due to propellant*
ἐκροῆς, *outflow speed, outlet velocity, velocity of efflux*
ἐνδεικνυομένη —, *indicated speed*
ἐξαγωγῆς, *velocity of escape*
ἐξόδου, *outlet velocity, discharge rate*
ἐπὶ τοῦ ἐδάφους, *speed on the ground*
ἐπιστροφῆς, *speed home*
ἐπιτρεπομένη —, *permissible speed*
εὐθυγράμμου κινήσεως, *rectilinear motion velocity*
ἐχθροῦ, *enemy speed*
ἡμίσεια —, *half as fast*
καθόδου, *descent ratio, diving speed*
καμπυλογράμμου κινήσεως, *curvilinear motion velocity*
κανονική —, *normal speed, working speed*
κατὰ τὴν ἐφαπτομένην, *tangential speed*
κατολισθήσεως, *gliding speed*
κινητῆρος, διατετιμημένη, *rated engine speed*
κρίσιμος —, *critical speed, critical velocity*
μεταβαλλομένη —, *variable speed*
μεταβολῆς, *rate of change*
μεταδόσεως πυρός, *flame rate*
ὀλισθήσεως, *gliding speed*
ὀπισθοπορείας, *reverse gear*
ὀργάνου, *indicated speed, indicated air speed (I.A.S.)*
ὁριακή —, *terminal velocity (T.V.)*
περιστροφῆς, *speed of rotation, rate of rotation*
περιφερειακή —, *peripheral speed*
πλακῶν, *speed of plates*
πολλαπλασιαστική —, *overdrive gear*
προσγειώσεως, *landing speed*
προσκρούσεως, *striking velocity*
πρώτη —, *first gear*
πτήσεως (μεγίστη καὶ ἐλαχίστη), *(maximum and minimum) flying speed*
ρυθμοῦ ὡρολογίου, *tick-over speed*

ταχύτης
σταθερά —, *control speed*
στηρίξεως, ἐλαχίστη, *stalling speed*
στροφῆς, *rate of turn*
συγκλίσεως, *speed of closing*
συγκρούσεως, *striking velocity*
ταχυμέτρου, *indicated airspeed, airspeed indicator reading*
τελικὴ — (Τ.Τ.), *terminal velocity (T.V.)*
ὑπερηχητικὴ —, *supersonic velocity, ultrasonic velocity*
ὑπολογισθεῖσα —, *calculated speed*
ὑποτιθεμένη —, *assumed speed*
φωτός, *velocity of light, light velocity*
χρησιμοποιήσεως, *operating speed*
ταχύτητος ἀέρος, ἀναγωγεύς, *airspeed computor*
βαθμὸς —, *velocity stage*
δείκτης —, *speed indicator*
διαβάθμισις —, *velocity stage*
διάστημα —, *speed range*
λόγος —, *velocity ratio*
μέτρησις —, *speed measurement*
ρυθμιστὴς —, *speed governor, speed regulator*
χειριστήριον —, *speed control*
ταχυτήτων, βοηθητικὸν κιβώτιον, *accessory gear box*
ταχυχάλυψ, *high-speed steel*
Ταώς (Ἀστρ.), *Peacock*
τεγίς, *purlin, rafter*
τεθλασμένη γραμμή, *broken line*
ἐπιφάνεια, *broken surface*
τεθλασμένος, *offset, broken*
τέθριον σύσπαστον, *yard tackle*
τέθρον, *peak*
τεθωρακισμέναι μονάδες, *armoured units*
τεθωρακισμένη μεραρχία, *armoured division*
τεθωρακισμένον αὐτοκίνητον, *armoured car*
καταδρομικόν, *armoured cruiser*
ὄχημα, *armoured car*
τεθωρακισμένων, σύνταγμα, *armoured regiment*
τεΐνη, *theine*
τεῖχος, *wall*
τέκ, *teak*
Τεκαλεμίτ (λιπαντήρ), *Tecalemit*
τεκτονία (δένδρον), *teak*
τεκτονικὴ ζώνη, *tectonic zone*
τελαμών, *strap*
τέλειον ἀέριον, *perfect gas*
ἀκτινοβόλον σῶμα, *perfect radiator*
τέλι, *wire gauze*
τελικὴ δοκιμὴ παραδοχῆς, *final acceptance test*
ἐνημέρωσις, *final briefing*
ἐπένδυσις ἐπιφανείας, *final surfacing*
ἐπεξεργασία, *finishing*
λίθου, *refinishing of the ashlar*
ἐπιθεώρησις, *final inspection*
τελικὸν ἐπίστρωμα, *sealing coat*
τελικός, *terminal, final*
τελλούριον, *tellurium (Te)*
τέλμα, *marsh, swamp*
τέλος, *end*
τεμάχια ἄνευ μετάλλου, *non-metallic portions*
ἐκ χάλυβος ὑπὸ τάσιν, *stressed-steel parts*
συνδέσεως, *bridge pieces*
συνδέσμου, *bridge pieces*
σχηματισμοῦ, *fittings*
σχήματος «V», *V-blocks*
τεμάχιον, *piece, fragment*
ἐπεκτάσεως, *extension piece*
κεντρικὸν —, *centre piece*
πληρώσεως, *filler piece*
προσθήκης, *padded spacer*
τεμαχιστικὴ μηχανή, *dividing engine*
τεμνόμενα ἐπίπεδα, *intersecting planes*
τέμνουσα (τεμ), *secant (sec)*
δύναμις, *shearing load*
καμπύλη, *secant curve*
τέμνω, *to intersect*
τέναγος, *mud bank*
τενεκές, *white tin, tin plate*
τένοντες (ἀλεξιπτώτου), *shroud*
τέντα, *tent*
σκιάσεως, *awning*
τῆς πρῴρας, *forecastle awning*
τεντωμένος, *taut*
τένων, *bracing wire, wire, tenon, tie rod, guy*
ἀναστρόφου πτήσεως, *anti-lift wire*
ἀντιθέτως τοῦ τένοντος τῆς ὀπισθελκούσης, *anti-drag wire*
ὀπισθελκούσης, *drag wire*
τέρβιον, *terbium (Tb)*
τερβίου, ἡμιτριτοξείδιον, *terbium oxide*
τερεβινθέλαιον, *oil of turpentine, turpentine*
τερεβινθίνη, *turpentine*
ἀκαθάριστος —, *crude turpentine*
τέρετρον, *gimblet, gimlet*
καρφώσεως, *riveting punch*
τέρμα, *end*
τερπένια, *terpenes*
τερπενυλικὸν ὀξύ, *terpenylic acid*

τερπινεόλη, *terpineol*
τερρακότα, *terra-cotta*
τεταγμένη σημείου, *ordinate of a point*
τεταμένος, *taut*
τετάρτη δύναμις, *fourth power*
  ρίζα, *fourth root*
τεταρτημόριον κύκλου, *quadrant*
τετάρτης δυνάμεως, *biquadratic*
τεταρτογενεῖς ἀμμωνιοβάσεις, *tetra-alkyl bases*
τεταρτογενής, *quaternary*
  περίοδος, *quaternary period*
τεταρτοκυκλικὰ σημεῖα (τοῦ ὁρίζοντος), *quadrantal points*
τεταρτοκυκλικὴ μέθοδος, *quadrant method*
τεταρτοκυκλικὸν σφάλμα πλαισίου, *quadrantal error*
  πυξίδος, *quadrantal error*
τεταρτοκύκλιον, *quadrant*
  κλίμακος, *scale quadrant*
  ὀδοντωτόν —, *toothed quadrant*
τεταρτόκυκλον τεμάχιον σωλῆνος, *quarter bend*
τέταρτον, *quarter*
  κορμοξύλου, γωνιασμένον, *quarter-sawed lumber*
τεταρτορρόμβιον, *quarter point*
τετάρτου βαθμοῦ, *biquadratic*
τετμημένη, *abscissa*
τετραβορικὸν ὀξύ, *pyroboric acid*
τετραγωνικὸν μίλιον, *square mile (sq.m.)*
τετραγωνικός, *quadrangular, square (sq.)*
  πούς, *square foot (sq.ft.)*
τετραγωνισμένα νήματα, *graticule lines*
τετραγωνισμός, *quadrature, grid*
τετράγωνον, *square (sq.), quadrangle, second power*
τετράγωνος, *quadrate, square*
τετραδύναμον, *quadrivalent, tetravalent*
τετράεδρον, *tetrahedron*
τετράξυλον θύρας, *door frame*
  παραθύρου, *window frame*
τετραξύλου, περιθώριον, *door lining*
τετράπλευρον, *quadrilateral*
  ἐγγραφόμενον —, *inscribable quadrilateral*
τετρᾶς, *quadrant*
τετράτροχον, *wagon*
τετραϋδρογονοπυρίτιον, *silicon hydride, silicane*
τετράφυλλον, *quatrefoil*
τετράχηλον, *grapnel*
τετράχρονος (κινητήρ), *four-stroke cycle, Otto cycle*
  μηχανή, *four-cycle engine, four-stroke engine*
  περίοδος, *four-cycle period*
τετροδική, *tetrode*
τετρόζαι, *tetroses*
τετρύλη, *tetryl*
τέφρα, *ash, cinders*
  λιθανθράκων, *coal ash*
  τῶν ὀστέων, *bone ash*
τέφραν, περιεκτικότης εἰς, *ash content*
τεφραντλία, *ash ejector*
τέφρας, ἄνευ, *free from ash*
  κάδος —, *ash bucket*
  κρουνὸς ἐξαγωγῆς —, *ash cock*
  ὑπόστρωμα —, *bed of ashes*
τεφροδόκη, *ash pit, brick pan*
τεφροδόκης, θυρίς, *ash pit door*
τεφροδόχη. Βλ. τεφροδόκη.
τεφροδόχος, *ash pan*
τεφροκονιορτὸς καμίνου, *furnace dust*
τεφροκύανον, *slate blue*
τεφρόχρουν, *grey.* **Βλ. καὶ φαιόν.**
τεφρῶν, ἀνελκυστήρ, *ash hoist gear*
  ἐκχυτήρ —, *ash ejector*
  ἐπάρτης —, *ash whip*
  χοάνη ἀπορρίψεως —, *ash chute*
τεχνητὴ ἀντίδρασις, *artificial resistance*
  ἀπόκρυψις, *camouflage*
  γραμμή, *artificial line*
  διάσπασις, *artificial disintegration*
  ἔκρηξις, *artificial explosion*
  ἐπιφάνεια, *hard surface*
  κεραία, *artificial antenna, artificial aerial*
  μέταξα, *artificial silk, rayon*
  ὁμίχλη, *artificial fog*
  παράλλαξις, *camouflage*
τεχνήτιον, *technetium (Tc)*
τεχνητὸν ἐλαστικόν, *artificial rubber*
  κώλυμα, *artificial obstacle*
  νέφος, *artificial cloud*
τεχνητός, *artificial*
  ἀερισμός, *artificial ventilation*
  ἑλκυσμός, *artificial draught*
  λίθος, *artificial stone*
  λιμήν, *artificial harbo(u)r*
  μαγνήτης, *artificial magnet*
  ὁρίζων, *artificial horizon*
  οὐδέτερος κόμβος, *artificial star point*
  φωτισμός, *artificial illumination*
τεχνικός, *technical*
  ἐπιθεωρητής, *technical inspector*

τεχνίτης ἐργαλειομηχανῶν, *machine tool setter and operator, machine tool worker*
μητρῶν, *moulder*
μηχανικῶν, *mechanic*
τεχνολογία, *technology*
τζαβέτα, *ring bolt, rivet, peg*
τζαβέτωμα, *bolting*
τζάκι, *fire-side, fireplace, hearth*
τζαμτζῆς, *glazier*
τζένερα, *cinder*
τζέτ, *jet aircraft, jet*
τζίερ, *tye block*
τζιφάρι, *pulsometer, injector*
τζόγος, *play, backlash*
τήκ, *teak*
τηκτός, *fusible*
τήκω, *to fuse, to fuze, to melt, to smelt, to flux*
τηλεβόας, *speaking trumpet*
τηλεγραφητής, *wireless operator*
τηλεγραφικὴ γραμμή, *telegraph line*
τηλεγραφικὸν καλώδιον, *telegraph cable*
μηχάνημα Χιούζ, *Hughes printing telegraph*
τηλεγραφομηχανή, *teleprinter*
τηλέγραφος, *telegraph*
τηλεδιακόπτης, *relay*
τηλεθερμόμετρον, *distance-reading thermometer, district thermometer*
τηλεκατευθυνόμενον βλῆμα, *guided missile*
τηλεκινητήρ, *telemotor*
τηλέμετρον, *telemeter*
τηλεόρασις, *television*
ἔγχρωμος —, *colour television*
τηλερρύθμισις, *remote control*
τηλερρυθμιστής, *remote control*
τηλεσκοπικὸς σωλήν, *telescope tube*
τηλεσκόπιον, *telescope, spyglass*
ἀνακλαστικόν —, *reflecting telescope*
ἀστρονομικόν —, *astronomical telescope*
Γαλιλαίου, *Galileo's telescope*
διαθλαστικόν —, *refracting telescope*
διοπτρικόν —, *field lenses*
νυκτός, *night telescope*
φωτογραφικόν—, *photographic telescope*
τηλέτυπον, *teletype*
τηλεφωνητής, *telephone operator*
τηλεφωνία, *telephony*
τηλεφωνικὸν κέντρον, *telephone exchange*
τηλέφωνον, *telephone, 'phone*
τηλεχειριστήριον, *remote control*
τῆξις, *fusion, melting, liquefaction*
ἀρχομένη —, *incipient fusion, sintering*
μεταλλευμάτων, *smelting*
τήρησις ἐπαφῆς, *shadowing*
θέσεως, *keeping station*
τιμή, *price, value*
δεδομένη —, *given quantity*
δεικνυομένη —, *root-mean-square value*
τιμόνι, *helm*
τιμονιέρα, *steering house, rudder house*
τιμονιέρης, *helmsman*
τίναγμα, *jerk*
ὀχήματος, *jolt*
τιναγμός, *shake*
τιτάνιον, *titanium (Ti), menaccan*
τετραχλωριοῦχον —, *titanium tetrachloride*
τριχλωριοῦχον —, *titanium trichloride*
τιτανίου, διοξείδιον, *titanium dioxide*
τριοξείδιον —, *titanium trioxide*
τιτανίτης, *titanite, sphene*
τιτλοδότησις, ὀγκομετρική, *titration*
τμῆμα, *section, segment, bay*
ἀναμεταλλώσεως, *remetalling shop*
ἀπαρτίζον —, *component*
δράσεως ἄξονος, *journal*
εὐθείας, *segment of a straight line*
εὐθύγραμμον —, *straight line segment*
ἱπποδυνάμεως, *power section*
ἰσχύος, *power section*
κορυφῆς, *end piece*
κύκλου, *segment of a circle*
προεκτάσεως, *extension piece*
σφαίρας, *segment of a sphere*
τετραγωνισμένον —, *squared section*
τοιχισμός, *heeling*
τοιχοποιΐα, *masonry*
ἡμίξεστος —, *coarse-rubble masonry*
κοινή —, *random-rubble masonry, rubbling work*
λαξευτή —, *ashlar work*
ἰσόδομος — —, *regular-coursed ashlar*
μωσαϊκή —, *stone-faced rubble masonry*
τοῖχος, *wall*
ἀντιστηρίξεως, *retaining wall*
διακοπῆς, *cut-off wall*
διαχωρίσματος, *partition wall*
μὲ ξεροτρόχηλα, *dry wall*
προστατευτικός —, *protective wall*

τοιχόστρωσις, *upholstery*
τοίχωμα, *skin*
ἐκ ξυλίνων πασσαλοσανίδων, *sheet piling of wood*
φωταγωγοῦ μηχανοστασίου, *machinery casing*
τολοϋδῖναι, *toluidines*
τολουένιον, *toluene*
τολουϊδῖναι, *toluidines*
τολουόλη, *toluene, methyl benzene*
τολουόλιον, *toluene*
τομεύς, *sector*
θερμός —, *warm sector*
κυκλικός —, *sector of a circle*
ὁρατότητος, *arch of visibility*
πτέρυγος, *panel*
σφαίρας, *sector of a sphere*
συλλέκτου, *segment of commutator*
τομή, *cut, cut-off, section, cross-section, profile*
ἀκτινωτή —, *radial cut*
ἐπίπεδος —, *flat section*
ἡμιστρόγγυλος—, *half-round section*
κάθετος —, *vertical section*
κατὰ μῆκος, *longitudinal section*
πλάτος, *cross-section, cross-sectional profile*
μεγίστου νομέως, *midship section*
πολυέδρου, *section of a polyhedron*
ρινός, *nose section*
στρογγύλη —, *round section*
σφαίρας, *section of a sphere*
σχήματος «Ζ», *Z-section, Z-profile*
τετράγωνος —, *square section*
τριγωνική —, *three-square section*
τόμος, *volume*
τόννος, *ton*
ἀγγλικὸς — (1016,047 χλγρ. = 224 λίβραι), *long ton*
ἀμερικανικὸς — (2000 λίβραι), *short ton*
μετρικὸς — (1000 χλγρ. = 2204,6 λίβραι), *metric ton*
τονοδηγός, *fair leader, chuck*
τόνος, *tone*
τοξῖναι, *toxins*
τοξοειδὲς ὀξυκόρυφον σχῆμα, *arch*
τοξοειδὴς σπινθήρ, *arc-back*
τόξον, *arc, arch, bow*
αἰωρήσεως (ἐκκρεμοῦς), *arc of swing*
ἀκίνητον —, *quiet arch*
ἀμφίπακτον —, *fixed-end arch*
ἀναστροφῆς μηχανῆς, *slot link*
ἀποχωρήσεως, *arc of recess*
ἀρθρωτόν —, *hinged arch*
διαρθρωτόν —, *two-hinged arch*
τόξον
μὲ ἑλκυστῆρα, *bowstring girder*
διατάσεως, *bow for crossing*
δικτυωτόν —, *trussed arch*
ἐπαφῆς, *arc of contact*
κινούμενον παλινδρομικῶς, *rocker arm*
κύκλου, *arc of the circle*
μεγίστου —, *arc of great circle, great circle arc*
μικροῦ —, *arc of small circle*
μηχανῆς, *slide valve bar link*
πηδαλίου, *quadrant*
προσεγγίσεως, *arc of approach*
συγκρατήσεως, *crutch*
βομβῶν, *crutch*
ἐμπρόσθιον — — —, *front crutch, nose crutch*
ὀπίσθιον — — —, *rear crutch, tail crutch*
τριαρθρωτόν —, *three-hinged arch*
Τοξότης (Ἀστερ.), *Sagittarius, Archer*
τόξου, βέλος, *rise of an arch*
βῆμα ἐπί —, *arc pitch*
διαφορικόν —, *differential of arc*
ἐφαπτομένη —, *tangent of an arc*
ἡμίτονον —, *sine of an arc*
κέντρον βάρους—, *centroid of an arc*
κλείς —, *crown of an arch*
λαμπτήρ —, *arc lamp*
μέση γραμμή —, *curved axis of an arc*
μῆκος —, *length of an arc*
παραπλήρωμα —, *supplement of an arc*
πηνίον ἀποσβέσεως —, *arcing coil*
πίεσις εἰς κλεῖδα —, *thrust of arch*
συμπλήρωμα —, *complement of an arc*
συνεφαπτομένη —, *cotangent of an arc*
συνημίτονον —, *cosine of an arc*
φῶς βολταϊκοῦ —, *arc light*
τοπάζιον, *topaz*
τοπεῖον, *landscape*
τοπικὴ μαγνητικὴ διατάραξις, *local magnetic disturbance*
μεσημβρία, *local noon*
πτῆσις, *local flight*
ὡρικὴ γωνία (Ωδθ), *local hour angle*
τοπικὸς διοικητὴς (ἀντιαεροπορικῆς ἀμύνης), *region commander*
πολιτικὸς χρόνος (Τπχ), *local mean time (L.M.T.)*
σταθερὸς χρόνος, *local standard time (L.S.T.)*

τοπικός
συμβατικὸς χρόνος, *local standard time (L.S.T.)*
τοπογραφία, *topography*
τοπογραφικὴ ἀπόστασις, *map range*
θέσις, *topographical position*
προβολή, *topographical projection*
προσαρμογή, *levelling*
τοπογραφικὸς χάρτης, *topographical map*
τοπογράφος, *topographer*
τοπογράφου, ἀκόντιον, *aligning pole*
τοποθεσία, *site*
σταθμοῦ, *site*
τοποθέτησις, *posting, placing, situating*
τοπόλι, *poplar, aspen*
τοπωνυμίαι, *place-names*
τόρμοι κινητοῦ οὐραίου, σταυροειδεῖς, *crusiform guides legs*
σφηνώσεως κινητοῦ οὐραίου, *cruciform resistance lugs*
τόρμος, *pawl, cotter, stud, key, trunnion, tenon*
ἀσφαλείας, *safety catch stud*
ἀσφαλίσεως, *locking pawl*
ἐλατηρίου ἀσφαλίστρου καλύμματος, *cover latch spring stud*
κλειδὸς ἀλλαγῆς τροφοδοτήσεως, *bolt swtich stud*
μεταφορᾶς, *transit stud*
στηρίξεως, *trunnion nut*
σφηνώσεως, *solid lug*
τόρνευσις, *turning (of lathe)*
τορνευτής, *milling machinist*
τορνευτικὸν μηχάνημα στρογγυλεύσεως ἢ εὐρύνσεως ὀπῶν, *boring lathe, boring machine*
τορνεύω, *to turn, to cut*
τόρνος, *lathe*
αὐτόματος —, *automatic lathe*
δι' ἄξονας ὀχημάτων, *axle lathe*
διὰ ξύλον, *wood-turning lathe*
τροχούς, *wheel lathe*
ἐπεξεργασίας ἐπιφανείας, *face lathe, surfacing lathe*
κοχλιοτομήσεως, *screw-cutting lathe*
μὲ περιστρεπτὸν πυργίσκον, *turret lathe, capstan lathe*
πάγκου, *bench lathe*
τόρνου, ἄξων, *lathe spindle*
ἐργαλεῖον —, *lathe tool, turning tool*
κοίτη —, *lathe bed*
τορπιλλάκατος, *torpedo boat*
τορπίλλη, *torpedo*
τορπιλλοβόλον, *torpedo boat*
τορπιλλοπλάνον, βομβαρδιστικόν, *torpedo bomber*
ὑδροπλάνον, *torpedo-carrying seaplane*
τορπιλλοσωλήν, *torpedo tube*
τορσιόμετρον, *torsiometer*
τοῦβλο, *brick*
τουγία, *lignum vitae, arbor vitae, tree of life*
τουγκστένιον, *wolframium, wolfram (W)*
τοῦμπο, *boiler tube*
τουνέλι, *tunnel*
τοῦννελ, *tunnel*
τουργίτης, *turgite, hydrohaematite*
τουρέλλα, *turret*
τουρέλο, *garboard strake*
τουρκέτο, *foremast*
τουρκουάζ, *turquoise*
τουρμαλίνης, *tourmaline, achroite*
τουρνέλα, *nipper*
τόφος, *tuff*
βασαλτικός —, *basaltic tuff*
ἡφαιστειακός —, *volcanic tuff*
πορφυρικός —, *porphyritic tuff*
πρασινολιθικός —, *greenstone tuff*
τόφφος. Βλ. τόφος.
τράβα, *slot*
τραβέρσα, *traverse, cross bar purlin*
τραβερσώνω, *to heave*
τράβηγμα, *attraction*
τραβηκτός, *drawn*
τραῖνο, *train*
τρακάρω, *to foul, to crash, to strike, to hit, to collide*
τρακτέρ, *tractor*
τράνταγμα, *shock, jolt*
τράπεζα, *table*
ἀεροναυτιλίας, *navigation table*
ἐργασίας, *bench*
μεγεθύνσεως, *enlarger table*
ξυλουργοῦ, *joiner's bench*
σημαδεύσεως, *marking table*
τραπέζιον, *trapezium, trapezoid*
ἰσοσκελές —, *isosceles trapezoid*
τραπεζόεδρον, *trapezohedron*
τραπεζοειδὲς δικτύωμα, *trapezoid truss*
τραπεζοειδὴς καμπύλη, *trapezoidal curve*
τράτα, *trammel net*
τραχείτης, *trachyte*
σανιδινός —, *sanidine-trachyte*
χαλαζιακός —, *quartz trachite*
τραχέως κυλινδρωμένος, *rough-rolled*
τραχύτης, *roughness*
τρῆμα, *bar hole*

τριαδικὴ περίοδος, *Triassic period*
τρίαινα, *harpoon, trident*
τριάσιος περίοδος, *Triassic period*
τριατομικός, *trivalent*
τριβασικός, *tribasic*
τριβεῖον, *pulveriser*
δι' αὐλῶν, *tube mill*
τριβέλι, *drill, auger, gimblet, gimlet*
τριβεύς, *roller, bearing, reamer, rimer*
ἀπομονωτικός —, *insulating bush*
δακτυλιοειδής —, *bushing*
ἐγκαρσίας κοπώσεως, *radial bearing*
ἐκ μοργανάϊτ, *morganite pad*
μπρούντζου, *brass bearing*
ἐλεύθερος —, *floating bearing*
κεφαλῆς διωστῆρος, *big-end bearing*
κορυφῆς, *nose bush*
κυλινδρικός —, *roller-bearing*
μὲ μπίλλιες, *roller-bearing*
μετὰ κυλινδρίσκων, *roller-bearing*
πλήκτρου, *rocker bearing*
ποδὸς διωστῆρος, *small-end bearing*
ὠστικός —, *thrust bearing*
τριβέως, ἕδρανον, *bearing housing*
κυρία ράβδος —, *bearing master rod*
περίβλημα —, *bearing cup*
πλὰξ ὑποδοχῆς —, *bearing support plate*
συγκρότημα —, *bearing block*
τριβέων, μέταλλον, *bearing metal*
τριβή, *friction, wear, guttering*
ἀέρος, *air friction*
ἑδράνων, *bearing friction*
ἐπιφανειακή —, *skin friction*
ἐπιφανείας, *skin friction*
ἐσωτερική —, *internal friction*
ἠρεμίας , *friction of repose*
κατὰ τὴν κίνησιν στερεοῦ ἐντὸς ὑγροῦ ἢ ἀερίου, *skin friction*
κινητική —, *kinetic friction*
κλίσεως, *rolling friction*
κυλίσεως, *rolling friction*
ὀλισθήσεως, *sliding friction*
σφαίρας, *friction of bullet*
τριβῆς, ἁρπάγη, *friction grip*
ἐπιφάνεια —, *friction surface*
πέδη —, *friction brake*
πλάξ —, *friction plate*
ρυθμιστής —, *friction adjuster*
σύνδεσμος —, *frictional clutch*
φρένον —, *friction brake*
τριβίδιον, *hand float*
τριβομένη ἐπιφάνεια, *bearing surface*
τρίβω, *to grind*
τρίγκα, *gripe*
τρίγκος, *foresail*
τριγμός, *squeak*
τριγωνικὴ πλάξ, *angle plate*
πρόσοψις τοίχου, *gable*
τριγωνικὸν ὑποστήριγμα, *angle bracket*
τριγωνικός, *triangular*
τριγωνισμός, *triangulation*
τριγωνομετρία, *trigonometry*
τριγωνομετρικὴ γραμμή, *t igonomet ric line*
συνάρτησις, *trigonometric function*
τριγωνομετρικὸς ἀριθμός, *trigonometric ratio*
κύκλος, *trigonometric circle*
Τρίγωνον (Ἀστρ.), *Triangulum Australe*
τρίγωνον, *triangle*
ἀβεβαιότητος, *cocked hat*
ἀμβλυγώνιον —, *obtuse-angled triangle*
ἀνέμων, *wind triangle*
ἀνυσματικόν —, *vector triangle*
δυνάμεων, *triangle of forces*
ἰσόπλευρον —, *equilateral triangle*
ἰσοσκελές —, *isosceles triangle*
καμπυλόγραμμον —, *spherical triangle*
ὀξυγώνιον —, *acute-angled triangle, acute triangle*
ὀρθογώνιον —, *right-angled triangle*
πολικόν —, *polar triangle*
σκαληνόν —, *scalene triangle*
σφαιρικόν —, *spherical triangle*
σφάλματος, *cocked hat*
ταχυτήτων, *speed triangle*
ἀνυσματικῶν —, *triangle of velocities*
τρισδιάστατος, *three-dimensional*
τριδυμίτης, *tridymite*
τριδύναμος, *trivalent*
τριθειονικὸν ὀξύ, *trithionic acid*
τρικλινής, *triclinic*
τρικυανικὸν ὀξύ, *cyanuric acid*
τρικύλινδρος μηχανή, *three-cylinder engine, triple-expansion engine*
τρικυμία, *heavy sea*
τρικυμίας, ταπεινωτής, *wave subduer*
τριμερής, *trimeric*
τρινιτρίνη, *propenyl trinitrite*
τρινιτρίτης, *glyceryl ester of nitric acid*
τρινιτροτολουόλη, *trinitrotoluene (T.N.T.)*
εἰς πλακοῦντας, *trinitrotoluene (T.N.T.) slabs*
τρινιτροφαινόλη, *trinitrophenol, picric acid*
τρί.ιμο, *squeak*
τριοδική, *triode*

τριοδική
-έξοδική λυχνία, *triode-hexode valve*
-έπτοδική λυχνία, *triode-heptode valve*
-πεντοδική λυχνία, *triode-pentode valve*
τριόζαι, *trisaccharoses, trisaccharides*
τριοξίνη (οὐδέτερος ἐστήρ), *triacetin ester, glyceryl acetate*
τρίπλευρον, *trilateral, triangle*
τριπλῆ ἐκτόνωσις, *triple-expansion*
θυρὶς ἀπορρίψεως φωτιστικῶν βομβῶν, *tri-cell launching chute*
τριπλοῦν ὁλοκλήρωμα, *triple integration*
τριπλοῦς, *triple, treble*
ἐνδείκτης πιέσεως, *triple pressure gauge*
τρίποδον, *tripod, trestle*
τριπόντες, *three-decker*
τρίπους, *tripod, gin*
τρισακχαρῖται, *trisaccharides, trisaccharoses*
τρισελαΐνη, *triolein*
τρισθενής, *trivalent*
τρισίλιο, *spun-yarn*
τριστεατίνη, *tristearin*
τριταϊκός, *tertiary*
τρίτη δύναμις, *third power, cube*
τρίτης τάξεως, *tertiary*
τριτογενεῖς ἀμῖναι, *tertiary amines*
τριτογενής, *tertiary*
διάπλασις, *Tertiary period*
περίοδος, *Tertiary period*
τρίτροχος ἅμαξα, *tricar, three-wheeler*
τριφαινόλη, *trihydric phenol*
τριφαινυλαμίνη, *triphenylamine*
τριφαινυλομεθάνιον, *triphenylmethane*
τριφασικὴ γεννήτρια, *three-phase alternator*
τριφοινικίνη, *tripalmitin*
τριφυλλίνης, *triphylite*
τρίφυλλον (ξύλον), *three-plywood*
τριχλωριαλδεΰνη, *chloral*
τριχοειδὲς (ἰδιότης), *capillary action*
ἀγγεῖον, *capillary tube*
τοῦ ἐδάφους, *soil capillarity*
τριχοειδής, *capillary*
ἀνύψωσις, *capillary elevation*
σωλήν, *capillary tube*
τριχοειδῶν ἀγγείων, ἰδιότης, *capillarity*
τριχοτόμησις, *trisection*
τριχροϊσμός, *trichroism*
τρῖψις, *friction*
τριώνυμον, *trinomial*
τρόμπα, *spout*
τρομπαμαρίνα, *speaking trumpet*
τροπαιολίνη, *tropaeoline*
τρόπιδος, ἄνω γραμμή, *zero line*
ἔλασμα —, *keel plate*
μῆκος —, *tread*
ὑπόβαρον —, *keel block*
ὑποστάτης —, *keel shore*
τροπικὴ ζώνη, *tropical zone, torrid zone*
θύελλα, *tropical storm*
περίοδος, *tropical month*
περιφορὰ τῆς σελήνης, *tropical month*
τροπικὸν ἔτος, *tropical year*
τροπικός, *tropic, tropical*
ἀήρ, *tropical air*
ἄνεμος, *tropical wind*
μήν, *tropical month*
Τροπικὸς Αἰγόκερω, *Tropic of Capricorn*
Καρκίνου, *Tropic of Cancer*
Τρόπις ('Αστερ.) *Carina*
τρόπις, *keel*
δοκός —, *bar keel*
ἐπίπεδος —, *flat keel*
ἐσωτερική —, *keelson*
κινητή —, *drop keel*
ὀλισθαίνουσα —, *sliding keel*
τροπόπαυσις, *tropopause*
τροποποίησις, *modification*
τροπός, *saddle, strap*
τρόπος, *manner, mode, method, process*
ἀνακουφίσεως, *relief procedure*
γομώσεως, *propellant course*
διενεργείας, *procedure*
μεταδόσεως κινήσεως, *method of gearing*
τοῦ Σόρι, *Schori process*
τροπόσφαιρα, *troposphere*
τροπωτὴρ τῆς κώπης, *grommet*
τρότσα, *truss*
τροῦλλος, *dome*
κελυφοειδής —, *shell dome*
τροφοδοτήσεως, ἀναστολεὺς βολίδος διαδρόμου, *feedway bullet stop*
ἀντλία —, *feed pump*
διάδρομος —, *feed neck, feed chute*
λέβητος, δεξαμενή, *feed water tank*
πίεσις —, *pressure feed*
ρυθμιστής —, *feed regulator*
ὠτίς —, *feed ear*
τροφοδότησις, *feed, grate charging*
βοηθητική —, *cross feed*
δι' ἰσχύος, *force feed*
ὕδατος, *water feeding*
διὰ πιέσεως, *pressure feed, forced induction*
ἐν παραλλήλῳ, *parallel feed*

τροφοδοτικαὶ γραμμαὶ κεραίας ραδιοφάρου, *marker aerial feeders*
τροφοδοτικὴ ἀντλία, *feed pump, feeding pump*
δεξαμενὴ κινητῆρος, *engine supply tank*
πλάξ, ὀλισθαίνουσα, *feed slide*
ταινία, *feed belt*
τροφοδοτικῆς ταινίας, βλῆτρον μοχλοῦ, *feed belt lever plunger*
ἐλατήριον μοχλοῦ — —, *feed belt lever spring*
μοχλός — —, *feed belt lever*
ὀλισθητήρ — —, *feed belt slide*
τόρμος ἥλου μοχλοῦ — —, *feed belt lever pivot stud*
τροφοδοτικὸν ἐπιστόμιον, *feed-check valve*
ἱππάριον, *feed donkey*
καλώδιον, *feeder*
τεμάχιον, *feed piece*
τροφοδοτικὸς βραχίων, *feed arm, feed lever*
δάκτυλος, *feed pawl leg*
κορμός (Τ.Κ.), *feed block*
ἀριστερᾶς τροφοδοτήσεως (Τ.Κ.Α.Τ.), *left-hand (L.H.) feed block*
δεξιᾶς τροφοδοτήσεως (Τ.Κ.Δ.Τ.), *right-hand (R.H.) feed block*
λαιμός, *feed neck*
μηχανισμός, *feed mechanism*
μοχλός, *feed lever*
ὀδούς, *feed pawl*
κάτω — —, *retaining pawl*
ταινίας, *belt feed pawl*
τροφοδοτικοῦ βραχίονος, ἀντιτριβικὸς δακτύλιος ἄξονος, *feed arm axis bush*
ἀντιτριβικὸς κυλινδρίσκος — —, *feed arm bush roller*
ἀξονικὸς πόλος — —, *feed lever pivot stud*
ἄξων — —, *feed arm axis*
ἀσφαλιστικὸς σύρτης — —, *feed arm latch*
ἐλατήριον — —, *feed lever spring*
κινήσεως — —, *feed arm actuating spring*
ἐμβολεύς — —, *feed lever plunger*
περιλαίμιον ἀντιτριβικοῦ δακτυλίου — —, *feed arm bush collar*
πλάξ — —, *feed arm plate*
τροφοδοτικοῦ ὑποστάτης — —, *feed arm bracket*
μοχλοῦ, τόρμος, *feed lever stud*
ὀδόντος, ἄξων, *feed pawl pin*
ἄξων κάτω — —, *retaining pawl pin*
βραχίων ταινίας — —, *belt feed pawl arm*
δακτύλιος — —, *feed pawl arm*
ἐλατήριον — —, *feed pawl spring*
τόρμος — —, *feed pawl stud*
τεμαχίου, περόνη συγκρατήσεως, *feed piece retaining pin*
τροφοδοτῶ, *to feed*
τροχαία κίνησις, *traffic*
τροχαίας κινήσεως, ἐνδείκτης, *traffic indicator*
τροχαῖον κλιμάκιον, *convoy*
ὑλικόν, *rolling stock*
τροχαλία, *pulley*
ἀκολουθοῦσα —, *following pulley*
ἀλλαγῆς ταχυτήτων, *cone pulley*
ἀμετάθετος —, *fast pulley*
ἀντώσεως, *jockey pulley*
ἀνυψώσεως βαρῶν, *block*
σταθερά — — —, *fixed block*
ἀνυψωτική —, *block*
μετ᾽ ἀγκίστρου ἀναρτήσεως, *gin block, rope hook*
δι᾽ ἅλυσιν, *chain sheave*
ἱμάντας, *belt pulley*
διὰ λωρίδα, *band pulley*
διευθύνσεως, *guide pulley*
εἰς δύο ἡμίσεα, *split pulley*
ἐκκέντρου, *eccentric pulley*
ἐλευθέρα —, *loose pulley*
ἐνδιάμεσος —, *idle wheel, idler*
ἐπιπέδου σώτρου, *pulley with flat face*
καμπύλου σώτρου, *pulley with crown face*
κινητή —, *loose pulley, movable pulley*
κινουμένη —, *driven pulley*
κλιμακωτή —, *cone pulley*
μὲ αὐλακωτὸν σῶτρον (διὰ σχοινίον), *rope sheave*
διπλᾶς ἀκτίνας, *double-driven pulley*
διπλοῦς βραχίονας, *double-driven pulley*
ὄνυχας, *clip pulley*
ὠτίδας, *flanged belt pulley*
μεταθετή —, *loose pulley*

τροχαλία
ὁδηγεσίας, *guide pulley*
ὁλόσωμος —, *solid pulley*
πλαγία —, *fast pulley*
πολυσπάστου, *sheave of tackle*
σταθερά —, *fast pulley*
τανύσεως, *tightening pulley, binder pulley, jockey pulley*
τάσεως, *binder pulley*
τεμαχιστή —, *split pulley*
τροχαλίας, ἄγκιστρον, *swivel*
αὖλαξ —, *groove of pulley, groove of sheave*
βραχίων ,—, *arm of a pulley*
πλήμνη —, *eye of a pulley*
τροχαντήρ, *steam head*
τροχήλατον, *trolley*
δοκιμῆς ὀργάνων, *instrument-test trolley*
τροχιά, *trajectory, track, orbit, runner*
βολίδος, *path of bullet*
ἰδανικῆς —, *path of ideal bullet*
πραγματικῆς —, *path of real bullet*
διαστάσεως, *slide-rail*
ἐν τῷ ἀέρι, *air trajectory*
μέσῳ ἀέρος, *path through air*
ὀδοντωτή —, *rack*
πολυβόλου, *gun rail*
προστατευτική —, *guide rail*
πτήσεως, *flight path, line of flight*
ρεύματος, *path of current*
τῆς γῆς, *Earth's orbit*
τροχιαὶ ἐλαίου, *oil lines*
τροχιᾶς, διόρθωσις πτώσεως, *gravity drop allowance*
καμπύλη —, *trajectory*
πτῶσις —, *gravity drop of bullet, gravity drop*
ράβδος —, *track rod*
συγκρότημα —, *truck and carriage assembly*
τροχίζω, *to grind*
τρόχιλοι, ἀσπαζόμενοι, *block and block*
τρόχιλος, *pulley, block*
διὰ τάσεως, *tension roller*
δίδυμος —, *sister block*
διπλοῦς —, *double block*
ἔνουρος —, *tail block, jigger block*
ἐπάρτου, *girtline block, cargo block*
ἐπωτίδιος —, *cat block*
κεροίακος, *lift block*
κιθαροειδής —, *long tackle block*
κορακωτός —, *hook block*
ὁδηγητικός —, *leading block, nine-pin block*

τρόχιλος
σιδηρόδετος —, *gin block, gin*
στρεπτός —, *swivel-block*
συρτός —, *leading block, guide block*
συστολέως, *brail block*
τριπλοῦς —, *treble block*
τροπωτός —, *stropped block, strapped block*
ὑπόπτερνος —, *shoulder block*
φορτωτῆρος, *cargo block*
ψελλιωτός —, *jewel block*
τροχίλου, ἐνώτιον, *block strop*
κάρυον —, *block sheave*
τροχιοδεικτικά, *tracer ammunition*
τροχιοδεικτικὴ κοιλότης, *tracer cavity*
σύνθεσις, *tracer compound*
τροχιοδεικτικόν, *tracer*
βλῆμα, *tracer bullet*
φυσίγγιον, *tracer cartridge*
ἡμέρας, *day tracer cartridge*
νυκτός, *night tracer cartridge*
τροχιοδεικτικῶν, μέθοδος, *tracer method*
τρόχισιςέ δράνων βαλβίδων, *grinding valve seats*
τροχίσκος, *pinion, roller, burr, running sheeve, thumb-wheel*
(τραπέζης, καθίσματος), *caster, castor*
ἐνδιάμεσος —, *intermediate pinion*
ὠστηρίων, *tappet roller*
τρόχισμα, *grinding*
τροχιστής, *grinder*
τρόχμαλος, *erratic boulder*
τροχοδρομήσεως, διάδρομος, *taxi track, taxi way*
φῶτα —, *taxying lights*
τροχοδρόμησις, *taxying*
τροχοδρομῶ, *to taxy, to taxi*
τροχοειδής, *trochoid*
τροχοπέδη, *wheel brake, brake, skid*
φορητή —, *wheel chock*
τροχοπεδήσεως, δύναμις, *braking load*
σύστημα —, *brake system*
τροχοπέδησις, *braking, damp*
τροχοπέδιλον, *scooter*
τροχοπεδῶν, ἐγκατάστασις ἐπικαλύψεως, *brake lining installation*
τροχός, *wheel*
ἀγκιστρωτός —, *ratchet wheel, dog wheel*
ἀκονίσματος, *grind wheel, whetstone*
ἀκτινωτός —, *spider wheel, spoke (centre) wheel*

τροχὸς
ἀναστολῆς, *ratchet wheel, dog wheel*
ἀντιβάρου, *flywheel*
ἀργός —, *idle wheel, idler wheel, idler*
ἀστεροειδής —, *star wheel*
ἀτέρμονος κοχλίου, *worm wheel*
βελονωτός —, *pin wheel*
δι' ἅλυσιν, ἀκιδωτός, *sprocket wheel*
βελονωτός — — —, *sprocket wheel*
διανομῆς, *timing gear*
διευθύνσεως, *steering-wheel*
δισκοειδὴς (πλήρης) —, *disk wheel*
ἐλεύθερος —, *free wheel*
ἑλικοειδής —, *worm wheel*
ἐμπλεκόμενος μὲ ἀτέρμονα κοχλίαν, *worm wheel*
ἐμπλοκῆς, *withdrawer gear*
κυλινδρικός — —, *spur wheel*
ἐνδιάμεσος —, *idle wheel, idler wheel, idler*
ἐξωθητῆρος, *impeller wheel*
ἤχου, *tone wheel*
κεραμικός —, *potter's wheel*
κινητήριος —, *driving wheel*
κινητός —, *rotor*
κινούμενος —, *driven wheel*
λειάνσεως, *buffer*
μὲ αὐλακωτὸν σῶτρον (διὰ σχοινίον), *rope sheave*
ἐσωτερικὴν ὀδόντωσιν, *annular wheel*
ξυλίνους ὀδόντας, *mortise wheel*
μετ' ἀκτίνων, *wire wheel*
μεταδόσεως, *messenger wheel*
ὀγκινωτός —, *ratchet wheel, ratchet*
ὀδοντωτὸς —. Βλ. ὀδοντωτὸς τροχός.
ὀνυχοφόρος —, *ratchet wheel, dog wheel*
οὐρᾶς, *tail wheel*
πτερυγιοφόρος —, *vane wheel*
ραβδωτός —, *stave wheel, pin wheel*
ρυθμίσεως, *control wheel*
φωτισμοῦ, *lighting control wheel*
ρυθμιστικός —, *regulating wheel*
ἓξ ἀνοιγμάτων, *six-aperture control wheel*
σμίλης, *grinding wheel*
στιλβώσεως, *polishing wheel*
μὲ ὕφασμα, *rag wheel*
στιλβωτικός —, *buffer*
συστήματος προσγειώσεως, *landing wheel*
τροχίσεως, *grinder*

τροχὸς
φέρων —, *running wheel*
χειρισμοῦ, *flywheel*
συστήματος φωτισμοῦ νυκτός, *night-lighting control wheel*
χειριστικός —, *steering wheel*
τροχοσόβη, *spur post*
τροχοῦ, ἀκτίς, *wheel arm*
βραχίων —, *wheel arm*
ἕδρανον —, *wheel bearing*
ἐξωτερικὸν ἐλαστικὸν —, *outer tube*
πέδιλον —, *treadle*
πλήμνη —, *wheel boss*
προστατευτικὸν κάλυμμα —, *wheel guard*
τρυγία, *cream of tartar*
τρυγικὴ σκωρία, *argol*
τρυγικὸν καλιονάτριον, *Rochelle salt*
ὀξύ, *dihydroxysuccinic acid, tartaric acid*
δεξιοτρεπές — —, *dextro-tartaric acid*
ὄξινον — —, *potassium hydrogen tartrate*
τρύξ, λιθώδης, *argol*
τρῦπα, *hole*
πείρου, *plug hole*
τιμονιοῦ, *rudder hole*
τρυπάνιον, *drill, auger.* **Βλ. καὶ τρύπανον.**
τρυπανόμετρον, *drill gauge*
τρύπανον, *drill, twist drill, auger, bit brace, brace, drilling machine, punching machine*
ἀμερικανικόν —, *twist drill*
ἁπλῆς συστροφῆς, *screw auger, twisted auger*
αὐλακωτόν —, *twist drill*
διὰ μικρὰς ὀπάς, *pin drill, plug centre bit*
διπλῆς συστροφῆς, *double-twisted auger*
ἑλικοειδές —, *twist drill*
εὐθυγράμμου αὐλακώσεως, *straight-fluted drill*
ἡμικυκλικόν —, *half-round bit*
καρφώσεως, *riveting punch*
κέντρου, *centre drill*
μετ' ὀδοντωτῶν τροχῶν, *geared brace*
ὄνυχος, *ratchet brace*
μετὰ καστάνιας, *ratchet brace*
μηχανικόν —, *boring machine*
ξύλου, *centre-bit*
πλατύ —, *flat drill*
σπειροειδές —, *twist drill, spiral drill*

τρύπανον
σχήματος κοχλιαρίου, *spoon bit*
κογχυλίου, *shell auger*
τρυπανοῦχος, *hook borer, wimble*
τρυπητήρι, *awl, punch, pricker, mandrel, mandril*
τρυπῶ, *to bore*
τρωτός, *vulnerable*
τσακμακόπετρα, *flint, quartz*
τσαμαδούρα, *mooring buoy, buoy.* **Βλ. καὶ σημαντὴρ καὶ σημαδούρα.**
τσαμαντάλια, *reef points*
τσάμι, *pine, deal*
Tςg, *Greenwich Hour Angle of Aries (GHAΥ)*
τσεκούρι, *axe*
τσεμπέρι, *band*
τσέρκι, *stirrup*
βαρελιοῦ, *hoop*
τσιγκέλι, *beam-grab*
τσιγκογράφημα, *printing block, cliché*
τσίγκος, *zinc, spelter*
τσιμεντάρισμα, *cementation*
τσιμέντο, *cement*
βραδείας πήξεως, *slowly taken cement*
ἐκ σκωριῶν, *slag cement*
πόρτλαντ, *Portland cement*
Σορέλ, *Sorel's cement*
ταχείας πήξεως, *quickly taken cement*
τύπου Ποζολόνα, *pozzolana cement*
τσιμεντοκονίαμα, *cement mortar*
τσιμεντοποιεῖον, *cement factory*
τσιμεντοσκυρωτόν, *cement-bound surfacing, mortar-bound surfacing*
τσιμεντοσωλήν, *concrete pipe*
τσιμέντου, ἀραίωμα, *cement grout*
τσιμεντώνω, *to cement*
τσιμπίδα, *pair of pliers, pliers, smith's pliers, tongs, lever*
τσιμπούκι, *topmast*
μικρό —, *topgallant mast*
τσιπάδα, *foul of the stock, foul to the stock*
τσίτι, *calico*
τσιτσαρόλια, *reef points*
τσιφούτι, *poppet*
τσίφτης, *round (wire) pliers*
τσουγκράνα, *rake*
τσούντα, *yard tackle*
τσουχτερός, *pungent*
τσόχα, *felt*
τσύπος, *stock*
τύλιγμα, *winding*
βροχοειδές —, *lap winding*
διαμετρικόν —, *full-pitch winding*
ἐν εἴδει κλωβοῦ, *squirrel-cage winding*

τύλιγμα
κατὰ χορδάς, *chord winding*
ὁμοιομόρφου διανομέως, *distributed winding*
σειρᾶς, *series winding*
σπειροειδές —, *spiral winding*
ταπεινῆς τάσεως, *low tension winding*
τολυποειδές —, *ball-shaped winding*
τυποποίητον —, *former winding*
φάσεως, *phase winding*
φωτοταινίας, *winding the film*
τυλίγματος, βῆμα, *winding pitch*
στοιχεῖον —, *winding element*
τυλίσσω, *to roll, to wrap, to wind*
τύλος, *kevel*
τύμπανον, *drum, spool, bobbin, capsule, tympanum*
ἀναγραφῆς, *recording drum*
βαρομετρικόν —, *syphon tube*
ἐκ χάρτου, *paper drum*
ἐπαγωγικόν —, *rotor*
ἐπαυξήσεως 5 μοιρῶν, *five-degree drum*
10 μοιρῶν, *ten-degree drum*
κατόπτρου, *mirror drum*
περιστροφικόν —, *rotor block*
στεγνώσεως, *drying drum*
στιλβώσεως, *polishing drum*
τυπάς, *mallet*
τυποποιΐα, *moulding*
τύπος, *form, norm, mould, formula, version, swage, jig, type, pattern*
ἀναλυτικός —, *rational formula*
βασικός —, *rational formula*
γυμνοῦ κυκλώματος, *open-wire type*
δεξαμενῆς, *tank type*
διὰ σφυρήλατα, *die*
διατάξεως διαδρόμων, *runway pattern*
ἐμπειρικός —, *empirical formula*
κατὰ προσέγγισιν, *approximative formula, approximate formula*
ὅπλου, *gun pattern*
πρότυπος —, *standard type*
τοῦ Ὄϋλερ (Μηχ.), *Euler's formula*
χημικός —, *chemical formula*
τυρίνη, *casein*
τυρκουάζ, *turquoise*
τυροσίνη, *l-tyrosene*
τύρφη, *peat turf, peat, turf*
πεπιεσμένη —, *pressed peat*
τυφέκιον, *rifle*
τυφλὰ σημεῖα, *blind spots*
τυφῶν, *typhoon, hurricane*
τυχαῖος, *random*

Υ

υάλιναι πλάκες μικροσκοπίου, *glass microscope slides*
υαλίνη πλάξ, μὴ ἐφυδραργωρωμένη, *unsilvered glass plate*
πλίνθος, *glass brick, glass tile, glazed brick*
σφαῖρα προτύπου κατασκευῆς, *standard glass sphere*
υάλινον περίβλημα, *glass sheath*
ποτήριον ζέσεως, *beaker*
ὕφασμα, *glass cloth*
υάλινος, *glass*
υαλίτης, *hyalite*
υαλοβάμβαξ, *glass wool*
υαλοειδής, *glass-like, glassy*
υαλοθέτης, *glazier*
υαλοθετῶ, *to glaze*
υαλοκαθαριστήρ, *screen wiper, windshield wiper, wiper*
υαλοκέραμος, *glass tile, glass brick, glazed brick*
υαλόκονις, *glass powder*
υαλοκόπτης, *glass cutter*
υαλόλιθος, *glass stone*
δομήσιμος —, *glass tile, glass brick, glazed brick*
ἰσόδομος —, *glass tile, glass brick, glazed brick*
υαλομακτήρ, *windshield wiper*
υαλομέλαν, *basalt glass, tachylite*
υαλόπαγος, *glazed frost*
υαλόπανον, *glass cloth*
υαλοπίναξ, *window glass, window pane, pane*
υαλοπλακίδιον, *glass tile*
υαλόπλινθος, *glass tile, glass brick, glass stone, glazed brick*
ὕαλος, *glass*
ἀγγλική —, *English glass*
ἄθραυστος —, *safety glass, Perspex*
ἄλουστος —, *green glass*
ἀνάγλυφος —, *ribbed glass*
ἀργή —, *raw glass*
ἄχρους —, *colourless glass, uncoloured glass*
βοημική —, *Bohemian glass, crown glass, soda-lime glass*
γαλακτόχρους —, *milkwhite glass*
γαλλική —, *French glass*
γερμανική —, *German glass*

ὕαλος
διακοσμητική —, *ornamental glass, ribbed glass*
δομήσιμος —, *builder's glass*
ἔγχρους —, *tinted glass, coloured glass, shade glass*
εἰς πλάκας, *glass sheet*
σχῆμα τετράγωνον, *pane*
ἐσμυριδωμένη —, *frosted glass, ground glass*
ἡμίλευκος —, *semi-coloured glass*
θολή —, *opaque glass*
θολοειδής —, *domed verge glass*
Ἰένης, *Jena glass*
καθεδρική —, *cathedral glass, stained glass*
καλύψεως, *cover glass*
κατόπτρων, *crystal glass*
ὀπαλίζουσα —, *opalescent glass*
πινάκων, *crystal glass*
κατοπτρική στρωτή — —, *plate glass*
πρασίνη —, *green glass*
φιαλῶν, *bottle glass*
προθηκῶν, *plate glass*
πυξίδος, *verge glass*
περιφερειακή — —, *verge glass*
Πυρέξ, *Pyrex glass*
πυρίμαχος —, *Pyrex glass*
ριπτή —, *flashed glass*
σκληρά —, *hard glass*
υαλοπινάκων, *plate glass*
φυσητή —, *blown glass*
χαλαζίου, *quartz glass*
ὡπλισμένη —, *wire glass, ferroglass*
υαλοσιδηρίτης, *olivine*
υαλοστάσιον παραθύρου, *window sash*
υαλοσωλήν, *glass tube*
υαλουργεῖον, *glassworks*
υαλουργικὸς χωνευτήρ, *glass crucible*
υαλόχαρτον, *glass-paper, sand-paper*
υαλῶ, *to glaze*
υαλώδης, *vitreous, glassy*
υάρδα (0,91 μ.), *yard (yd.)*
τετραγωνική —, *square yard (sq. yd.)*
υγρὰ πυξίς, *liquid compass*
στήλη, *liquid column*
υγρασία, *humidity, moisture*

ὑγρόμετρον, *hygrometer*
ἀπορροφήσεως, *absorption hygrometer*
οἰνοπνεύματος, *spirit hygrometer*
σημείου δρόσου, *dew-point hygrometer*
ὑγρόν, *liquid*
ἀποφράξεως, *sealing liquid*
συντηρήσεως ξύλου, *wood preservative*
ὑπερεψημένον —, *supercooled liquid*
ὑγροποίησις, *liquefaction*
ἀερίων, *gas liquefaction*
ὑγροποιῶ ἀέριον, *to liquefy a gas*
ὑγρός, *damp*
(καιρός), *thick*
ὑγροσκοπικός, *hygroscopic*
ὑγρόψυκτος, *liquid-cooled*
ὑδαρής, *aqueous*
ὑδατάγκυρα, *sea anchor, drogue*
ὑδαταέριον, *water gas*
ὑδατάνθρακες, *carbohydrates*
ὑδαταποθήκη, *water-hold, reservoir*
πλοίου, *scuttle-butt*
ὑδατοβαφή, *water colour*
ὑδατοδείκτης, *water gauge, glass gauge*
ὑδατοδιαλυσία, *solubility*
ὑδατοειδής, *aqueous*
ὑδατοθῦλαξ, *water pocket*
ὑδατοκρουνός, *water cock*
ὑδατόπυργος, *water tower, elevated reservoir, elevated tank*
ὑδατόπωμα, *water seal*
ὕδατος, ἀναβλυστήρ, *water-jet*
ἀντίστασις —, *water resistance*
ἀπορροή —, *discharge of water*
ἀποσκλήρυνσις —, *water softening*
ἀποχωριστήρ —, *water separator*
δεξαμενή —, *water tank*
διαρροή —, *water break leakage*
ἐφοδιασμός —, *water supply*
θερμοκρασία —, *water temperature*
προβολή —, *water-jet*
ὑδατοστεγής, *water-proof, water-tight*
πυθμήν, *water-tight bottom*
ὑδατοστρόβιλος, *spout*
ὑδατόφραγμα, *dam*
ὑδατοφράκτης, *sluice valve, dam*
ὑδατόψυκτος, *water-cooled*
ὑδατόψυξις, *water-cooling*
Ὕδρα (Ἀστερ.), *Hydra*
ὑδραγωγεῖον, *water supply reservoir, water reservoir, aqueduct*
ὑδραγωγός, *water conduit, water-pipe, aqueduct*

ὑδραέριον, *Mond gas*
ὑδραζίδια, *hydrazides*
ὑδραζίνη, *hydrazine*
ὑδραζόναι, *hydrazones*
ὑδραζωενώσεις, *hydrazo compounds*
ὑδραζωϊκὸν ὀξύ, *hydrazoic acid*
ὑδραργιλίτης, *hydrargillite, gibbsite*
ὑδράργυρος, *mercury (Hg), quicksilver, liquid silver*
βροντώδης —, *mercuric fulminate, fulminate of mercury*
διχλωριοῦχος —, *mercuric chloride, corrosive sublimate*
θειϊκός —, *mercuric sulphate*
κυανιοῦχος —, *mercuric cyanide*
νιτρικός —, *mercuric nitrate*
ὑποχλωριοῦχος —, *mercurous chloride, calomel*
χλωριοῦχος —, *mercuric chloride, corrosive sublimate*
ὑδραργύρου, ἰωδίδιον, *mercuric iodide*
ἰώδιον —, *mercuric iodine*
ὀξείδιον —, *mercuric oxide*
ὑποξείδιον —, *mercurous oxide*
χλωρίδιον —, *mercuric chloride, corrosive sublimate*
ὑδράσβεστος, *lime hydrate, hydrated lime*
ὑδρατμός, *water vapour, vapour, steam*
ὑδραυλική, *hydraulics*
δύναμις, *hydraulic power, hydraulic energy*
ἐγκατάστασις, *hydraulic installation, plumbing system*
ἐνέργεια, *hydraulic energy*
ἰσχύς, *hydraulic power*
κονία, *hydraulic cement*
λειτουργία πεδῶν, *hydraulic operation of brake*
πίεσις, *hydraulic pressure*
ὑδραυλικὸν ἄρτυμα, *hydraulic admixture*
κονίαμα, *hydraulic cement, hydraulic mortar*
πιεστήριον, *hydraulic press*
πλῆκτρον, *hydraulic tappet*
σκέλος, *oleo-leg*
σύστημα ἀποσβέσεως κραδασμῶν, *oleo-gear*
ὑδραυλικός, *hydraulic, plumber*
ἀποσβεστήρ (ὄλεο), *oleo*
ἀποταμιευτήρ, *hydraulic accumulator*
κινητήρ, *hydraulic motor*
ἀνάστροφος — —, *reversible hydraulic motor*

ὑδραυλικὸς
κριός, *hydraulic ram*
συντελεστής, *lime modulus, cementing index*
σωλήν, *hydraulic tube*
ὑδραυλικότητος, δείκτης, *hydraulic index*
ὑδραυλικοῦ σκέλους, ἐλατήρια, *oleo springs*
ἔμβολον — —, *piston of oleo-leg*
ὑλικὸν συντηρήσεως — —, *oleo-leg servicing equipment*
ὑδραυλός, *water tube, boiler tube*
ὑδρεμβόλου, ἐλατήριον, *bucket ring*
ὕδρευσις, *water supply*
ὑδρο-, *hydro-*
ὑδροαζωτικὸν ὀξύ, *hydrazoic acid*
ὑδροβοριοφθορικὸν ὀξύ, *fluoboric acid*
ὑδροβρωμικὸν ὀξύ, *hydrobromic acid*
ὑδροβρώμιον, *hydrogen bromide*
ὑδρόγειος, *globe*
ὑδρογονάνθρακες, *hydrocarbons*
ἀργοί —, *raw hydrocarbons*
ἀρωματικῆς σειρᾶς, *closed-chain hydrocarbons, closed-ring hydrocarbons*
ἀρωματικοί —, *aromatic hydrocarbons*
κατειργασμένοι —, *refined hydrocarbons*
κυκλικοί —, *closed-chain hydrocarbons, closed-ring hydrocarbons*
τεχνητοί —, *artificial hydrocarbons*
φυσικοί —, *natural hydrocarbons*
ὑδρογονοβόμβα, *hydrogen bomb*
ὑδρογόνον, *hydrogen (H)*
ἀρσενικοῦχον —, *hydrogen arsenide*
βαρύ —, *deuterium*
διττανθρακοῦχον —, *ethylene, ethene*
ἐν τῷ γεννᾶσθαι, *active hydrogen*
ἐνεργόν —, *active hydrogen*
πρωτανθρακοῦχον —, *marsh gas*
φωσφοροῦχον —, *hydrogen phosphide*
ὑδρογόνου, ὑπεροξείδιον, *hydrogen peroxide*
ὑδρογονοῦχος, *hydride*
ὑδρογόνωσις, *hydrogenation*
ὑδρογραφία, *hydrography*
ὑδροδείκτης, *water-level gauge, water-level indicator, water gauge, glass gauge*
αὐτόματος ρυθμιστός —, *hydrostat*
ὑδροδόκη, *water tank*
ὑδροδυναμική, *hydrodynamics*
καλύπτρα, *fin plate*
πίεσις, *hydrodynamic pressure*
ὑδροδυναμικὸν σχῆμα, *streamline form*
ὑδροζιγκίτης, *hydrozincite, zinc bloom*
ὑδροθάλαμος, *water jacket*
ὑδρόθειον, *sulphuretted hydrogen, hydrogen sulphide*
ὑδροθειῶδες ὀξύ, *hyposulphurous acid*
ὑδροθειώδη, *hydrosulphides*
ὑδροθερμαντήρ, *boiler, hot-water generator*
ὑδροθερμικὴ γένεσις ὀρυκτῶν, *hydrothermal metamorphism*
ὑδροϊώδιον, *hydrogen iodide, hydriodic acid*
ὑδροκινητήρ, *water circulator*
ὑδροκινητήριος μηχανή, *water turbine*
ὑδροκινόνη, *quinol*
ὑδροκομμιογραφία, *gouache*
ὑδροκριτής, *watershed*
ὑδροκυανικὸν ὀξύ, *hydrocyanic acid, prussic acid*
ὑδροκυάνιον, *hydrocyanic acid, hydrogen cyanide, prussic acid*
ὑδρολισθαίνω, *to skim*
ὑδρολίσθησις, *taxying along the water*
ὑδρόλυσις, *hydrolysis*
ὑδρομαγνησίτης, *hydromagnesite*
ὑδρομαστευτικαὶ σήραγγες, *filter galleries*
ὑδρομετέωρον, *hydrometeor*
ὑδρομετρικὸς μυλίσκος, *hydrometric wing, current meter*
Βόλτμαν, *Woltmann wing*
σταθμὸς ποταμοῦ, *river-flow measuring station*
ὑδρόμετρον, *hydrometer, water meter*
ὑδροξείδια, *hydroxides*
ὑδροξείδιον, *hydrate*
ὑπομαγγανίου, *manganous hydroxide*
ὑδροξυλαμίνη, *hydroxylamine*
ὑδροξύλιον, *hydroxyl*
ὑδροολισθητήρ, *hydroplane, plane*
ὑδροπέδη, *hydraulic brake*
ὑδροπλάνον, *hydroplane, seaplane*
ὑδρορρόη, *drain, gutter, gargoyle*
ἡμικυκλική —, *semicircular gutter*
κατακόρυφος —, *rain pipe*
ὑδροστατική, *hydrostatics*
ὑδροστατικὸν πιεστήριον, *hydrostatic press*
ὕψος, *pressure head, static head*
ὑδροστατικός, *hydrostatic*
ὑδροστροβιλοκίνητος δυναμομηχανή, *hydraulic turbo-generator*
ὑδροστρόβιλος, *water turbine*
ἀντιδράσεως, *reaction turbine*

ὑδροσυλλέκτης, *water catcher, water trap, bilge*
ὑδροσυλλέκτου, κρουνός, *bilge cock*
λῶρος —, *bilge stringer*
ξύλινον κάλυμμα —, *bilge board*
σειρά —, *bilge strake*
σταθμίς —, *bilge keelson*
ὑδρόσφαιρα, *hydrosphere*
ὑδροσωλήν, *water-pipe*
κατιὼν —, *descending pipe*
ὑδροτροχός, *float wheel*
ὑδροφθορικὸν ὀξύ, *hydrofluoric acid*
ἄνυδρον — —, *anhydrous hydrofluoric acid*
ὑδροφθόριον, *hydrogen fluoride, hydrofluoric acid*
ὑδροφθοριοπυριτικὸν ὀξύ, *hydrofluosilic acid, silicofluoric acid*
ὑδροφόρος, *water boat*
ὑδροφραγμός, *lock*
ὑδροφράκτης, *lock, dam*
ὑδρόφωνον, *hydrophone*
ὑδροχιτώνιον, *water jacket*
ὑδροχλωρικὸν ὀξύ, *hydrochloric acid, hydrogen chloride, muriatic acid*
καθαριστικόν — —, *acid flux*
ὑδροχλώριον, *hydrogen chloride, hydrochloride acid*
Ὑδροχόος (Ἀστερ.), *Aquarius*
ὑδρόχρωμα, *water colour*
ὑδροψευδαργυρίτης, *hydrozincite, zinc bloom*
ὑδρόψηκτος, *water-cooled*
ὑδρύαλος, *water glass, soluble glass*
ὕδωρ, *water, hydrogen monoxide, hydrogen oxide*
ἁλμυρόν —, *salt water*
ἀπεσταγμένον —, *distilled water*
ἀσβέστιον —, *lime water, limewash*
βαρύτου, *baryta water*
βαψίματος, *tempering water*
βρωμιοῦχον —, *bromine water*
γλυκύ —, *fresh water*
ἐδαφικόν —, *drain water*
ἐνυδατώσεως, *hydration water*
ἐνυδρώσεως, *hydration water*
Ζαβέλ, *eau de Javelle*
θαλάσσιον —, *salt water*
κρουνοῦ, *tap water*
κρυσταλλικόν —, *water of crystallisation*
Λαμπαράκ, *Labarraque's solution*
λιμνάζον —, *stagnant water*
μαλακόν —, *soft water*
μεγάλης πυκνότητος, *hard water*
ὀξυγονοῦχον —, *hydrogen peroxide*
περιέχων —, *hydrated*

ὕδωρ
σκληρόν —, *hard water*
ὑπόγειον —, *ground water*
ὑφάλμυρον —, *brackish wtaer*
φρεάτιον —, *ground water*
ὕελος. Βλ. ὕαλος.
ὑέτιον ὕδωρ, *storm water*
ὑετόμετρον, *rain gauge*
ὑετός, *rain precipitation*
διαλείπων —, *occasional precipitation*
ὕλη, *matter, material*
ἀνόργανος —, *inorganic matter*
ὀργανική —, *organic matter*
πλαστική —, *plastic matter*
πρώτη —, *raw material*
ὑλικά, κοσκινισμένα, *screenings*
ὑλικόν, *material, equipment*
ἀδρανές —, *non-active material, inert material*
ἀκατέργαστον —, *raw material*
ἀποφράξεως ἁρμῶν, *packing material*
ἀργόν —, *raw material*
γεμίσματος, *filling material*
ἐδάφους, *ground equipment*
εὔθραυστον —, *brittle material*
ἰνῶδες —, *fibrous material*
καθαρισμοῦ, *detergent*
μαλακῆς συγκολλήσεως, *soft solder, plumber's solder*
νυκτερινῶν πτήσεων, *night flying equipment*
ὁμογενές —, *homogeneous material*
περισωθέν —, *salvage*
πλαστικόν —, *plastic material*
πρωταρχικόν —, *primary material*
σκληρᾶς συγκολλήσεως, *hard solder*
σκληρύνσεως τύπων, *case-hardening compound*
σχεδιογραφημάτων, *plotting equipment*
ὑλικονόμος, *equipment assistant*
ὑλικῶν, δοκιμασία, *material testing*
δοκιμή —, *material testing*
μηχανική — —, *material testing*
ἰδιότητες —, *properties of materials, characteristics of materials*
κατεργασία —, *treatment of materials*
ὑπαγωγεύς, *template, templet*
ὑπαίθριος λατομία, *open working of quarry*
μεταλλευτικὴ ἐκμετάλλευσις, *opencast mining*

ὑπακούειν εἰς τὰ πηδάλια, *to respond*
ὑπαναστροφή, *undercommutation*
ὑπαξιωματικός, *non-commissioned officer (N.C.O.)*
ὕπαρχος, *mate*
ὑπασπιστεία, *adjutancy*
ὑπασπιστήριον, *orderly room*
ὑπασπιστής, *aide-de-camp (A.D.C.), adjutant*
ἀξιωματικῶν ναυτικοῦ, *flag lieutenant*
ὑπαῦλαξ, *furrow*
ὑπέδαφος, *sub-soil, subterranean*
ὑπεισέρχομαι, *to interfere*
ὑπέρα, *halyard, yard rope, outhaul*
ἀρτέμονος, *jib halyard*
τεθρία —, *peak halyard*
ὑπεραγωγιμότης, *superconductivity*
ὑπερακουστική, *ultrasonics*
ὑπεραναστροφή, *overcommutation*
ὑπεραντίδρασις, *super-reaction*
ὑπεραντωτικόν σύστημα, *slot*
ὑπεραπόβαρον, *super-tare*
ὑπεράρκεια, *excess power*
ὑπεραστικὴ κλῆσις, *trunk call*
ὑπεραστικὸν δίκτυον (τηλεφ.), *trunk line*
ὑπερβαίνω, *to overlap, to exceed*
ὑπερβασία, *excess*
ὑπέρβασις κυκλώματος, *magnification of the circuit*
πιέσεως εἰσαγωγῆς, *override*
κανονικῆς (μεγίστης) — —, *overboost*
τέρματος, *overshoot*
ὑπερβολή, *hyperbola, excess*
ὑπερβολῆς, ἐγκάρσιος ἄξων, *transverse axis of a hyperbola*
συζυγεῖς ἄξονες —, *conjugate axes of a hyperbola*
ὑπερβορειοανατολικός, *east-north-east*
ὑπεργόμωσις, *supercharge*
ὑπερδιέγερσις, *over-excitation*
ὑπερέγχυσις, *overpriming*
ὑπέρεισμα, *stand*
ὑπερέκθεσις εἰς τὸ φῶς, *over-exposure*
ὑπερεμφάνισις, *overdevelopment*
ὑπερέντασις, *press*
ὑπερετεροδύναμον, *superheterodyne, superhet*
ὑπερετερόδυνος λῆψις, *superheterodyne reception, beat frequency reception*
ὑπερεύκαμπτος, *superflexible, superflexit*
σύνδεσμος, *superflexit union*
ὑπερευπαθής, *supersensitive*
ὑπερηνεμῶ, *to gain the wind*
ὑπερηχητικός, *supersonic*
ὕπερθεν, *overhead*
ὑπερθερμαίνω, *to overheat*
ὑπερθέρμανσις, *overheating, superheating, superheat*
ὑπερθερμαντήρ, *superheater*
ἀτμοῦ, *steam superheater, superheater*
ὑπέρθεσις, *overlap, overlapping, superimposition*
ὑπερθέτω, *to superimpose*
ὑπέρθυρον, *door lintel*
ὑπερίτης, *mustard gas*
ὑπερκαλύψεως, ἐπιφάνεια, *area of overlap*
ὑπερκάλυψις, *overlap*
ὑπερκατασκεύασμα (πλοίου), *superstructure*
ὑπερκόπωσις, *strain*
ὑπερκορεσμός, *supersaturation*
ὑπερμαγγανικὸν ὀξύ, *permanganic acid*
ὑπερμαγγανικός, *permanganate, permanganic*
ὑπερμεγέθης, *oversize*
ὑπερόδεσμος, *tie bend*
ὕπερον, *pestle*
ὑπεροξείδιον, *peroxide*
ὑπερόπτησις, *dead burning*
ὕπερος, *rammer, punner, tamper*
ξύλινος —, *wooden tamper*
ὑπέρπηγμα, *superstructure*
ὑπερπήδησις, *override*
ὑπερπίεσις, *overpressure*
ὑπερπληρῶ, *to saturate*
ὑπερπλήρωσις, *overflow*
ὑπερσθενής, *hypersthene*
ὑπερσκληραργίλλιον, *super-duralumin*
ὑπερστέγασμα, *superstructure*
ὑπερσύγχρονος, *hypersynchronous*
ὑπερσυμπιέσεως, ἀπότομος (στιγμιαία) αὔξησις, *boost surge*
μεμβράνη χειριστηρίου —, *boost control capsule*
μετρητής —, *boost gauge*
ρυθμιστής —, *boost control*
σύνδεσμοι χειριστηρίου —, *boost control linkage boost override*
χειριστήριον —, *boost control*
ὑπερσυμπίεσις, *supercharging, supercharge, boost*
ἀπογειώσεως, *take-off boost*
τριῶν σταδίων, *three-stage boost*
ὑπερσυμπιεστής, *supercharger, booster*

ὑπερσυμπιεστὴς
διὰ καυσαερίων, *turbo-supercharger*
δύο ταχυτήτων, *two-speed supercharger*
ὑπερσυμπιεστοῦ, διακόπτης, *booster switch*
ἐνδείκτης πιέσεως —, *boost pressure gauge*
καμπύλαι πιέσεως —, *boost pressure curves*
πίεσις —, *boost pressure*
συνδέσεις —, *booster connections*
χειριστήριον πιέσεως —, *boost pressure control*
ὑπέρτασις, *magnification*
ὑπερτείνω (σκηνάς), *to spread*
ὑπερτερῶ εἰς ταχύτητα, *to overhaul*
ὑπέρτηξις, *supercooling*
ὑπερτίθημι, *to superimpose*
ὑπερτοποθέτησις, *superimposition*
ὑπερτοποθετῶ, *to superimpose*
ὑπερτριβή, *seizing*
ὑπερτροφοδότης, *supercharger*
ὑπέρυθροι ἀκτῖνες, *infra-red rays*
ὑπέρυθρος, *infra-red*
σκέδασις, *infra-red radiation*
ὑπερύψωσις θερμοκρασίας, *increase of temperature*
τάσεως, *increase of pressure*
ὑπερφαλαγγίζω, *to outflank*
ὑπερφόρτισις, *overload, overcharging*
ἐπιτρεπομένη —, *permissible overload*
ὑπερχειλίζω, *to overflow, to outflank*
ὑπερχείλισις, *flowage*
ἐξαερωτῆρος, *flooding the carburettor*
ὑπερχειλιστήρ, *spillway, fixed weir spillway*
ὑπερβολικῆς παροχῆς, *relief outflow*
ὑπέρψηξις, *supercooling*
ὑπερωκεάνιον, *liner, ocean-going liner*
ὑπερῷον, *attic, garret*
ὑπήνεμον, *lee*
ἄκρον διαδρόμου, *down-wind end of runway*
πρὸς τό —, *alee*
ὑπήνεμος, *leeward*
πλευρὰ πλοίου, *lee side*
πρὸς τὴν διεύθυνσιν ἀνέμου, *downwind*
ὑπηνέμως, *leeward*
ὑπήνη, *bob-stay*
ὑπὸ πλάγιον ἄνεμον, *out of wind*
ὑπόβαθρον, *socket, holder, trestle, sleeper, block*
ὑποβάθρου, μηχανισμός, *holder mechanism*
ὑποβάλλειν εἰς κόπωσιν, *to strain*
ὑποβαστάζων, *former*
ὑποβιβασμός, *attenuation, lowering*
στάθμης ὑπογείων ὑδάτων, *lowering of the piezometric level*
ὑποβιβασμοῦ, δίκτυον, *attenuation network*
ὑποβιβαστὴς (μετασχηματιστοῦ), *step-down*
ὑποβολὴ εἰς δυναμικὴν λειτουργίαν, *power operate*
ὑποβρύχιον, *submarine, U-boat*
ναρκοβόλον —, *mine-laying submarine*
ὑποβρυχίων, βάσις, *submarine base*
διώκτης —, *submarine chaser*
ἔρευνα —, *submarine search*
καταφύγιον —, *submarine pen*
περιπολία —, *submarine patrol*
ὑποβρωμιῶδες ὀξύ, *hydrobromic acid*
ὑπόγειον ὑδροφόρον στρῶμα, *water-bearing layer, water-bearing subsoil*
ὑπόγειος, *underground*
θολωτὴ δίοδος, *gallery*
ὑπογραμμός, *norm*
ὑπόδειγμα, *model, mark (mk.)*
ὑποδεκάμετρον, *ruler*
ὑποδιέγερσις, *underexcitation*
ὑποδομή, *substructure*
ὑποδοχεύς, *container, socket, drum*
λογχοειδής —, *bayonet socket*
ὀξέων, *carboy vessel for acids*
ὑποδοχή, *housing, socket*
ἀνασταλτικῶν ὀδόντων, *housing for the stop pawls*
ἐπίπεδος —, *tabular socket*
μετὰ φλάντζας, *flanged tabular socket*
κρυστάλλου, *crystal holder*
λαμπτῆρος, *lamp fitting, lamp holder*
μετὰ φλάντζας, κυλινδρική, *flanged tubular socket*
μηχανισμοῦ, *mechanism holder*
πλακός, *plate housing*
πολυτίμου λίθου, *jewel housing*
χειροστρόφως κοχλιουμένη —, *finger-grip holder*
ὠτίου, *lug seating*
ὑποθειῶδες ὀξύ, *hyposulphurous acid, thiosulphuric acid*
ὑπόθεμα πρὸς στήριξιν, *pad*
ὑπόθεσις, *hypothesis, given*
ὑποθετικὸν ἴχνος, *assumed track*

ὑποκάθετος, *subnormal*
εἰς πολικὰς συντεταγμένας, *subnormal polar co-ordinates*
ὑποκαστανίζον ἐρυθρόν, *brownish red*
ὑποκαστανίζων, *brownish*
ὑποκόπανος, *rifle stock*
ὑποκρητιδικόν σύστημα, *lower Cretaceous system*
ὑποκυκλοειδής, *hypocycloid*
ὑπόλειμμα, στερεόν, *solid residue*
ὑπολείμματα, *residues*
ἁλάτων, *salt desposit*
ἐλαφρά —, *light ends*
ὑπολειπόμεναι παρεκτροπαί, *residual deviations*
ὑπολειπόμενος, *residual*
ὑπόλειψις (κοντὸς εἰς τὴν προσγείωσιν), *undershooting*
ὑπολογίζω, *to design, to compute, to reckon*
ὑπολογισμός, *computation, reckoning*
κατὰ προσέγγισιν, *rough calculation*
ταχύς —, *rough calculation*
ὑπολογιστής, *computor*
ἀνέμου καὶ ἀεροναυτιλίας, *wind and navigation computor*
πορείας καὶ ἀνέμου, *course and wind calculator*
ἀποστάσεως, *course and distance calculator*
ταχύτητος, *course and speed calculator*
ταχύτητος ἐδάφους καὶ ἐκπτώσεως, *air-sight*
ὑπολοχαγός, *first lieutenant, lieutenant*
ὑπομόχλιον, *fulcrum*
ὑποναύαρχος, *rear-admiral*
ὑποναύκληρος, *boatswain's mate*
ὑπονόμευσις, *undermining*
ὑπόνομος, *gallery*
ὑπονοτιοανατολικός, *east-south-east*
ὑπόξινος, *acetous*
ὑποξύνω, *to acidulate*
ὑποπιεσίμετρον, *suction gauge*
ὑποπίεσις, *depression*
ὑποπλοίαρχος, *lieutenant-commander, captain, mate*
ὑποπόδιον, *footboard, footplate, footstep, heelboard*
λέμβου, *stretcher*
ὑποπολλαπλασιασμός, *reduction*
ὑποπολλαπλασιαστής, *reduction gear*
ἐκκεντροφόρου, *cam reduction gear*
ὑποπράσινος, *greenish*
ὑποπροϊόν, *by-product*
ὑποπτέραρχος, *air vice-marshal*
ὑπόρραμμα, *wad*
ὑπορροδόχρουν, *pinkish*
ὑποσκαφή, *undermining, underscouring*
ὑποσκίασμα, *penumbra*
ὑποσμηναγός, *flying officer (F/O)*
ὑποσμηνίας, *corporal*
ὑποστάθμη, *deposit*
ὑποστάτης ἐνεργοῦ γωνίας, *operating angle bracket*
λέμβων, *skid*
σχήματος «V», *V-block*
ὑπόστεγον, *hangar, shed*
ἐξ ὡπλισμένου σκυροδέματος, *reinforced concrete hangar*
ἡμιμόνιμον —, *temporary shed*
πτήσεων, *flight shed*
συντηρήσεως, *servicing hangar*
ὑποστήριγμα, *support, mounting, stand, bearer, stay, bracket, truss, pedestal, stiffener*
ἀναρτήσεως, *hoisting bracket*
ἀνασταλτικόν —, *stop bracket*
ἀνυψωτικόν —, *trestle*
δοκῶν σκελετοῦ στέγης, *buttress*
δοχείου, *container support*
ἐγκάρσιον —, *transverse support bracket*
ἐμπρόσθιον —, *front mount*
ἐμπροσθίου σκοπευτικοῦ, *fore-sight bracket*
τόξου συγκρατήσεως βομβῶν, *front crutch bracket*
ἐπικαλυπτικῆς πλακός, *cover bracket*
συγκρατητοῦ — —, *cover detent bracket*
τόρμου ἄνω — —, *top-plate bracket stud*
ζυγοῦ, *yoke mounting*
μοχλοῦ ἐλέγχου, *check lever bracket*
ὀπίσθιον —, *rear mounting*
ὀπισθίου στοχάστρου, *rear sight bracket*
τόξου συγκρατήσεως βομβῶν, *rear crutch bracket*
πολυβόλου, *gun bracket*
πρόσθιον —, *face support*
συσκευῆς ἐξοικονομήσεως ὀξυγόνου, *bracket for oxygen economiser*
τόξου συγκρατήσεως βομβῶν, *clucth bracket*
ὑποδοχέως, *container support*
ὑποποδίου, *footstep bracket*
ὑποστηρίγματος, ξύλινον διαχώρισμα, *wooden distance piece*
ὁδηγός —, *bracket guide*
χειρολαβή —, *bracket handle*

ὑποστηρίζω, *to trestle up, to bolster*
ὑποστηρικτής, *carriage*
ἀναστολέως ἀσφαλιστικοῦ σύρτου, *latch spring stop support*
ὑποστήριξις, *lift, support, backing*
ὑποστράτηγος, *major-general*
ὑπόστρωμα, *backing, bed*
ἄμμου, *bed of sand*
ὑποστύλωμα, *strut, column*
ὑποτείνουσα, *hypotenuse*
ὑποτέμνω, *to undercut*
ὑποτιθεμένη θέσις, *assumed position*
ὑποτιθέμενος ἄνεμος, *assumed wind*
ὑπότονος, *gob line*
ὑποτρόπιον, *false keel*
ὑποτυπώνω, *to chart*
ὑποτύπωσις, *plot, plotting*
φωτογραφιῶν ἀέρος, *plotting of air photographs*
χωρογραφήσεως, *survey*
ὑποτυπωτής, *plotter*
διοπτεύσεων καὶ ἀποστάσεων, *bearing-and distance plotter*
ἐπιτραπέζιος —, *chart-table plotter*
ὑποχλωριῶδες ὀξύ, *hypochlorous acid*
ὑποχωρεῖν, *to give*
ὑποχώρησις, *yield*
(ὅπλου), *kick*
πυροβόλου, *recoil*
τάσεως, *fall of voltage*
Υ.Σ. (ὑψηλὴ συχνότης), *H/F (high frequency)*
ὑστερήσεως, ἀπόστασις, *trail distance*
ἀποτέλεσμα —, *trail effect*
βρόχος —, *hysteresis loop*
γωνία —, *trail angle*
καμπύλη —, *hysteresis loop*
ὑστέρησις, *hysteresis, lag, tail distance*
διηλεκτρικοῦ, *dielectric hysteresis*
ἐπὶ τοῦ ἐδάφους, *ground lag*
μαγνητική —, *magnetic hysteresis, hysteresis*
χρονική —, *time lag*
ὑστεροποροῦσα ἔντασις, *lagging current*
ὕστερος, *after*
ὑστεροφύσησις, *after-blow*
ὑττέρβιον, *ytterbium (Yb)*
ὕττριον, *Yttrium (Yt or Y)*
ὑφάδιον, *woof, weft*
ὕφαλα πλοίου, *ship's bottom*
τοῦ πυθμένος πλοίου, *bilge*
ὑφαλέμβολον, *spur*
ὑφάλμυρος, *brackish*
ὑφαλοδείκτης, *beacon*
ὕφαλοι, ἀμμώδεις, *shifting sands*
ὑφαλολεκάνη, *basin*
ὑφαλόρραχις, *ridge*
ὕφαλος, *reef, blind rock, bar*
ἐπιμήκης —, *spur*
ὑφάλου, βάθος, *bar draught*
ὑφαλόχρωμα, *bottom paint*
ὕφανσις, *weaving*
μὲ διαγώνιον στήμονα, διαγώνιος, *warp twill*
ὑφαντόν, *textile*
ὑφαντός, *webbed*
ὑφαπτομένη, *subtangent*
εἰς πολικὰς συντεταγμένας, *subtangent polar co-ordinates*
ὕφασμα, *fabric, cloth*
ἀδιάβροχον —, *waterproof cloth, rubberised fabric*
βαμβακερόν —, *cotton fabric*
βερνικωμένον —, *varnished cloth*
διαφανές —, *tracing cloth*
ἐπικαλύψεως, *fabric*
λινόν —, *linen fabric*
πεποτισμένον δι' ἐλαστικοῦ, *rubberised fabric*
συρμάτινον —, *wire cloth*
ὑφασμαθύαλος, *muslin glass*
ὑφασμένος, *textile, woven*
ὕφεσις (βαρομετρικὴ) ἐν σχήματι «V», *V-shaped depression*
ὑφή, *structure, texture, grain, web*
ἐσωτερική —, *internal structure*
ὑφιστάμενος κόπωσιν, *stressed*
ὑφυδράργυρος, θειϊκός, *mercurous sulphate*
νιτρικός —, *mercurous nitrate*
ὑφυδραργύρου, χλωρίδιον, *mercurous chloride, calomel*
ὕψη, ἄνω, *upper strata*
κάτω —, *lower strata*
ὑψηλὴ συχνότης (Υ.Σ.), *radio frequency (r.f.), high frequency (H/F)*
τάσις, (Υ.Τ.), *high tension (H.T.), high voltage*
χωρητικότης, *high capacity (H.C.)*
ὑψηλῆς ἀντοχῆς, *high tensile*
δυναμικότητος, *high capacity (H.C.)*
ὑψηλομονοπτέρυγον, *high-wing monoplane*
ὑψηλὸν δυναμικόν (Υ.Δ.), *high potential*
ὑψηλοπτέρυγον, *high wing*
ὑψηλός, *high*
ὑψικαμιναέριον, *blast-furnace gas*
ὑψικάμινος, *high furnace, blast furnace, smelting furnace*
ὑψικαμίνου, ἀέριον, *blast-furnace gas*

ὑψικαμίνου
  ἄμμος —, *blast-furnace sand*
  πίσσα —, *blast-furnace tar*
ὑψιπαράρρηλος, *almucanter*
ὑψίπρῳρον, *bold hawse*
ὕψιστον ὕδωρ, *maximum level (of water)*
ὑψοδείκτης, *spot height*
ὑψομετρικαὶ καμπύλαι, *contour lines*
ὑψομετρικὴ διόρθωσις, *altitude correction*
ὑψομετρικὸν ὄργανον, *levelling instrument*
ὑψομετρικὸς γράπτης, *scribing-block*
  διορθωτής, *altitude control*
  κρουνός, *altitude cock*
ὑψόμετρον, *height elevation, altitude, altimeter, quadrant*
  ἀπόλυτον —, *radio altimeter*
  εὐαίσθητον —, *sensitive altimeter*
  εὐπαθές —, *sensitive altimeter*
  ἠχητικόν —, *sonic altimeter*
  θερμομετρικόν —, *hypsometer*
ὑψομέτρου,ἐλεγκτής, *altitude chamber*
  πλὰξ ὡρολογίου —, *altimeter dial*
ὕψος, *altitude, height, rise, level (γ), height (ht.)*
  ἀληθὲς — (Ηλ), *true altitude*
  ἀνωτάτης ἰσχύος, *maximum power altitude*
  ἀποκαταστάσεως, *rated altitude*
  ἀπόλυτον —, *absolute altitude*
  ἀστέρος, *altitude of a star*
  γωνιακόν —, *altitude*

ὕψος
  διαστρώσεως, *depth of fillin*
  διελεύσεως, *clearance*
  ἐκροῆς, *head of flow*
  ἐξάλων, *freeboard*
  ἤχου, *loudness of sound*
  μηδέν, *zero altitude*
  ὁλικόν —, *overall height*
  περιστροφῆς περὶ τὸν κατακόρυφον ἄξονα, *pivotal altitude*
  πήξεως, *freezing level*
  πλοίου, πλευρικόν, *moulded depth of ship*
  πτώσεως, *height of fall*
  στάθμης θαλάσσης, *zero altitude*
  φαινόμενον —, *apparent altitude*
  χαμηλόν —, *low level*
  χρησιμοποιήσεως, *rated altitude, service ceiling*
ὑψοστρώματα, *altostratus (As)*
ὑψοσωρεῖται, *altocumulus (Ac)*
  πυργοειδεῖς —, *altocumulus castellatus*
ὕψους, βαλβίς, *altitude valve*
  διόρθωσις —, *altitude correction*
  καμπύλη —, *altitude curve*
  πίεσις —, *altitude pressure*
  πυκνότης —, *altitude density*
  ρυθμιστής —, *altitude control*
  χειριστήριον —, *altitude control*
ὕψωμα, *knoll, height*
ὑψωμένος εἰς τὸ τετράγωνον (Μαθ.), *squared, raised to the second power*
ὑψωτήρ, *lifter*

Φ

φαγάνα, *d*
φαγιάντσα, *earthenware*
φάγωμα, *erosion*
  ἐκ τριβῆς, *guttering*
φαινασετίνη, *phenacetin*
φαινικά, *phenolics*
φαινικὸν ὀξύ, *carbolic acid, phenolcarbolic acid, phenol, hydroxybenzine*
φαινόλαι, *phenols*
φαινόλη, *phenolcarbolic acid, phenol, hydroxybenzine*
φαινολοφθαλεΐνη, *dihydroxyphthalophenone, phenolphthalein*
φαινομένη ἡμερησία κίνησις, *apparent daily motion*
  ἰσχύς, *apparent power*
  κίνησις ἡλίου, *apparent motion of sun*
  μεγεθυντικὴ παραμόρφωσις, *looming*
  πυκνότης, *apparent density*
  σχετικὴ κίνησις, *crossing speed*
  τροχιά, *apparent path*
φαινομενικὴ ἀντίστασις, *apparent resistance*
  ἡλιακὴ ἡμέρα, *apparent solar day*
  ὀλίσθησις, *apparent slip*
  τροχιὰ βολίδος, *apparent path of bullet*
φαινομενικὸν ὕψος, *apparent altitude*
φαινομενικός, *apparent*
  ἄνεμος, *apparent wind*
  (ἡλιακὸς) χρόνος, *apparent (solar) time*
φαινόμενον, *phenomenon*
  ἀεροπλάνου, *aeroplane effect, airplane effect*
  βάθος, *app rent depth*
  Δ λλιγκερ, *D llin er effect*
  Ζ εμὰν, *Zeeman effect*
  ἤχοῦς, *ho effect*
  μέγεθος, *apparent magnitude*
  νυκτός, *night effect*
  Τόμσον, *Thomson effect*
  ὕψος, *apparent altitude*
φαινόμενος, *apparent*
  ὁρίζων, *apparent horizon*
φαινυλαλανίνη, *phenylalanine*
φαινυλαμίνη, *phenylamine*
φαινυλενοδιαμῖναι, *diaminobenzines*
φαινυλικός, *phenyl*
φαινυλομεθυλοκετόνη. Βλ. ἀκετοφαινόνη.
φαινυλυδραζίνη, *phenylhydrazine*
φαιόν, *grey, gray*
  ἀργύρου, *silver grey*
  βαθὺ —, *slate colour*
  μεταλλικόν, *dull grey*
  ποντικοῦ, *mouse grey*
φάκελλος, *envelope*
  ἐγγράφων, *file*
φακοειδής, *lenticular*
φακός, *lens*
  ἀμφίκοιλος —, *double-concave lens, biconcave lens*
  ἀμφίκυρτος —, *double-convex lens, biconvex lens*
  ἀντικειμενικός —, *object lens, object glass*
  ἀποκεντρωτικός —, *negative lens*
  ἀποκλίνων —, *diverging lens*
    κοιλόκυρτος — —, *convex-concave lens*
  ἀχρωματικός —, *achromatic lens*
  διαθλαστικός —, *refractor*
  ἐπιπεδόκοιλος—, *plano-concave lens*
  ἐπιπεδόκυρτος —, *plano-convex*
  εὐθυγραμμίσεως (ρυθμιζόμενος), *collimating lens*
  ἔχων πάχος, *thick lens*
  κοιλόκυρτος—, *converging meniscus lens*
  κοῖλος —, *concave lens*
  κυρτός —, *convex lens*
    συγκεντρωτικός — —, *condensing lens*
  μεγεθυντικός —, *magnifying glass*
  μικρᾶς γωνίας, *narrow-angle lens*
  προβολῆς, *projection lens*
  προσοφθάλμιος —, *ocular eye-piece*
  συγκεντρωτικός —, *wide angle lens*
    μηνισκοειδής — —, *meniscus lens*
  συγκλίνων —, *converging lens, convergent lens*
    κοιλόκυρτος — —, *concave-convex lens*
φακοῦ, μέτρον ἀνοίγματος, *f-number*
  πτερύγιον —, *lens flap*

φαλάγγια τῆς ναυτικῆ ; κλίνης, *transversal pieces*
φάλαγξ, *column*
φαλαινίς, *whaleboat, whaler*
φαλαινοθηρικόν, *whaler*
φαλιδώνω, *to lace*
φάλτσος, *chamfered*
φανάρι, *lantern*
φανερο-κρυσταλλοφυές, *phanerocrystalline*
φανοὶ ἀγκυροβολίας, *anchor lights*
φανός, *lantern, lamp, light*
  ἐμπρόσθιος —, *head-lamp*
  ἐφίστιος —, *mast light*
  ἠλεκτρικός —, *torchlight*
  κορώνης, *stern light, poop light*
  μὲ ἀναλαμπάς, φρυκτός, *flash-light*
    διαλλείψεις, *intermittent light*
  μετ' ἐκλείψεων, *occulting light*
  ὀπίσθιος —, *tail light*
  περιστροφικός —, *revolving light*
  πρύμνης, *stern light*
  φορητός —, *lantern*
φανοφύλαξ, *light-keeper*
φανταστικὴ μονάς, *imaginary unit*
φανταστικοὶ ἀριθμοί, *imaginary numbers*
φάραγξ, *gorge*
φαράδιον. Βλ. φαράντ.
φαρὰντ (μονὰς μετρήσεως χωρητικότητος), *farad*
Φάρεναϊτ, *Fahrenheit (F)*
φαρόπλοιον, *light-ship, light-vessel*
φάρος, *light-house, headland light, light, beacon*
  ἀναγνωρίσεως, *identification light*
  ἀναλαμπῶν, *blinker*
  ἐναλλασσόμενος —, *alternating light*
  κατευθύνσεως προσγειώσεως, *landing direction light*
  περιστρεφόμενος —, *rotating beacon*
φαροφύλαξ, *light-keeper*
φασικὴ λυχνία, *phase lamp*
  μετατόπισις, *phase displacement*
  τάσις, *phase voltage*
φασικὸν ρεῦμα, *current per phase*
φασίμετρον, *phase indicator, phase meter*
φασιοδείκτης ὁμοζύγων, *phase difference indicator*
φάσις, *phase*
  βοηθητική —, *auxiliary phase*
  τεχνητή —, *auxiliary phase*
φασκιώνω, *to lag*
φάσμα, *spectrum*
  ἀόρατον —, *invisible spectrum*
φάσμα
  ἀπορροφήσεως, *absorption spectrum*
  γραμμικόν —, *band spectrum*
  ἡλιακόν —, *spectrum*
  καθαρόν —, *pure spectrum*
  μὲ λωρίδας, *fluted spectrum*
  ρευματικῶν γραμμῶν, *streamline form*
  συνεχές —, *continuous spectrum*
  τόξου, *arc spectrum*
φασματικαὶ γραμμαὶ D, *D-lines, D-light*
φασματογράφος, *spectrograph*
  μάζης, *mass spectrograph*
φασματοηλιογράφος, *spectroheliograph*
φασματοηλιοσκόπιον, *spectrohelioscope*
φάσματος, γραμμή, *spectrum line*
  ζώνη —, *spectrum band*
  χρώματα —, *spectral colours*
φασματοσκοπία, *spectroscopy*
φασματοσκόπιον, *spectroscope, spectrometer*
  μετὰ πρίσματος εὐθυσκοπικοῦ, *direct-vision spectroscope*
φάτα μοργκάνα (ἀντικατοπτρισμός), *fata morgana*
φάτνωμα, *panel*
  δαπέδου, *floor panel*
  ἐξωτερικόν —, *outboard panel*
  κυρίας πτέρυγος, *centre-wing panel*
φεγγάρι. Βλ. σελήνη.
φεγγοβολῶ, *to flame*
φείδεσθαι, *to husband*
φελλικὸν ὀξύ, *suberic acid*
φελλόδρυς, *cork tree, cork oak*
φελλόλιθος, *cork brick*
φελλόπλινθος, *cork brick*
φελλός, *cork*
φελλοτάπης, *linoleum*
φέρμα, *avast*
φέρμιον, *fermium*
φερόμενος δι' ἀέρος, *air-borne*
φέρον κῦμα, *carrier wave*
φέροντος κύματος, ἔντασις, *carrier current*
    συχνότης — —, *carrier frequency*
φερρίτης, *ferrite*
φέρρυ-μπότ, *ferry boat*
φερτὰ λιθάρια, *cobbles*
φέρων, *bearing*
  κυχόν, *recessed*
  ὑποδοχήν, *recessed*
φηγός, *beech*

φηκάρι. Βλ. θηκάρι.
φθαλεΐναι, *phthaleins*
φθαλικὸν ὀξύ, *phthalic acid*
φθινοπωρινὸν ἰσημερινὸν σημεῖον, *autumnal equinox*
φθορά, *wear, wear and tear*
ἐσωτερική —, *internal wear, attrition*
σκύρων, *wearing of aggregate*
φθοριασμός, *fluating*
φθορίζουσα ἐπιφάνεια, *fluorescent screen*
φθοριόλαμψις, *fluorescence, fluorescent light*
φθόριον, *fluorine (F)*
φθοριοῦχος, *fluoride*
φθοριόχρωσις, *fluorescence*
φθορισμός, *fluorescent light*
φθορίτης, *calcium fluoride, fluoride, fluorspar*
φιάλη, *bottle, flask, phial, vial*
ἐπιπλύσεως ἀερίου, *gas-washing bottle*
πλύσεως, *washing flask*
προσδιορισμοῦ εἰδικοῦ βάρους, *specific gravity flask*
φίβρα, *fibre*
φιδόδενδρον, *speckled wood*
φιλαδούρι, *lanyard*
φιλιέρα, *screw plate*
φιλιστρίνι, *side light*
φίλμ, *film, roll film*
φιλτράρισμα, *filtration*
ἐλαίου διὰ φυγοκεντρικῆς δυνάμεως, *filtering oil by centrifugal force*
φίλτρον, *filter, tube filter*
ἀναρροφήσεως, αὐτόματον, *autovac*
ἀποκοπῆς μιᾶς περιοχῆς, *band-stop filter*
ἀποξέσεως, *scratch filter*
ἀπορρίψεως μιᾶς περιοχῆς, *band exclusion filter*
βενζίνης, *fuel filter, fuel strainer, petrol filter*
διελεύσεως ὑψηλῆς συχνότητος (Υ.Σ.), *high-pass filter*
χαμηλῆς συχνότητος (Χ.Σ.), *low-pass filter*
διόδου μιᾶς περιοχῆς, *band pass filter*
ἐλαίου, *oil filter, oil strainer, oil separator*
ἐπιστροφῆς, *scavenge filter*
ἐλαίου, *scavenge oil strainer*
εὐκάμπτου σωληνώσεως, *flexible tubing screen*
φίλτρον
καταθλίψεως, *pressure filter*
μετὰ συρματίνου πλέγματος, *wire gauze filter*
παράγοντος πολλαπλασιασμοῦ, *multiplication factor filter*
περισυλλογῆς ἀκαθαρσιῶν, *scavenge filter*
πηνίου-πυκνωτοῦ, *choke capacity filter*
πιέσεως, *pressure filter*
προσδιωρισμένης ζώνης συχνοτήτων, *band pass filter*
φωτός, *light filter*
ἀεροφωτογραφίας, *light filter in air photography*
φωτογραφίας ἐδάφους, *light filter in ground photography*
φιλύρα, *lime tree, linden*
ἡ πλατύφυλλος, *summer lime-tree*
φίμωσις σχοινίου, *whipping*
φινιατρίνι, *bull eye*
φίρμα, *firm, house*
φίσα, *plug*
φιτίλι, *wick, core*
φιχτελίτης, *fichtelite*
φλαμούρι, *linden*
φλαμουριά, *lime tree, summer lime-tree, linden*
φλάντζα, *flange*
τυφλή —, *blind flange*
φλάσκα, *flask*
πλύσεως, *washing flask*
φλασκούνι, *stay tackle*
φλεβοειδής, *veined*
φλέσι, *jack topsail, gaff topsail*
φλέψ, *vein*
ἀέρος βραδείας λειτουργίας, *idle air bleed*
ὕδατος, *water, channel, water filament*
φλόγιστρον, *burner*
πετρελαίου, *oil burner*
φλογοβόλος, *ablaze*
φλογόδρομος, *boiler tube, fire tube, flue*
φλογοθάλαμος, *combustion chamber, fire-box*
φλογοκάμινος, *common furnace*
ἀναδεύσεως, *puddling furnace*
φλογοκρύπτης, *flash eliminator*
φλογοπαγίς, *flame trap*
φλογοσωλήν, *fire tube, smoke tube*
φλοιός, *bark, shell*
τῆς γῆς, *crust of the earth*
φλοίωμα, *plywood*
κόντρα πλακέ, *plywood*

φλόκος, *jib*
μεγάλος —, *standing jib*
φλόξ, *flame, flash*
μὲ καπνόν, *smoky flame*
μὴ φωτιστικὴ —, *non-luminous flame*
ὀξυγονοῦχος —, *oxidising flame*
πυρός, *jet of flame*
σκοτεινὴ —, *non-luminous flame*
ὑδρογόνου, *hydrogen flame*
φλορογλυκίνη, *phloroglucinal*
φλοτέρ, *float*
φλύκταινα, *blister*
φλύσχης, *flysch*
φόδρα, *lining*
φοδράρισμα, *lining*
(πλοίων), *ceiling*
φοδράρω, *to line*
φόδρος τοῦ κουραδόρου, *between deck ceiling*
φοινικέλαιον, *palm oil*
φολιδώδης, *laminated, lamellar*
φολίς, *flake*
Φομαλῶ (α Νοτ. Ἰχθύων), *Fomalhaut*
Φομελχώτ (α Νοτ. Ἰχθύων), *Fomalhaut*
φόντο, *background*
φορά, *impulse, impulsion, sense, sensing*
εὐθεῖα —, *direct motion*
ὀπισθοβατικὴ —, *retrograde motion*
ὀρθὴ —, *direct motion*
φορεῖον, *transveyor, trolley*
ἀερακάτων, *flying-boat bogie carriage*
ἀεροπλάνου, *Jurry-chassis*
δεμάτων, *bale truck*
ἐκκινήσεως, *starter trolley*
ἐπιβάτου (ἀεροστάτου), *passenger car (of balloon)*
τραυματιῶν ἢ ἀσθενῶν, *ambulance*
φορεύς, *carrier, bearing structure, bearer, beam, rack*
ἀρνητικῶν, *negative carrier*
βομβῶν, *bomb carrier, rack*
δίδυμος — —, *twin bomb carrier*
ἐν σειρᾷ, *tandem bomb carrier*
μέσων βαρῶν, *universal bomb carrier, universal carrier*
μικρῶν —, *light series bomb carrier*
μόνιμος — —, *standard bomb carrier*
φωτιστικῶν —, *multi-flare carrier*
εἰδικὸς —, *chute*

φορεὺς
κινητὸς —, *movable carriage*
κινούμενος ἐπὶ ῥάβδων, *rail carrier*
μηχανισμοῦ ὑφαντουργίας, *rang*
ὁλόσωμος —, *girder*
σύνθετος — —, *plate girder*
φορέως, προέκτασις κυρίου σώματος, *channel beam extension*
φορητός, *portable, mobile*
τροχὸς τροχίσεως, *portable grinder*
φάρος ἀεροδρομίου, *portable chance-light*
φόρμα, *overall*
φορμαλδεΐνη, *formaldehyde, aldoform*
φορμαλδεΰδη, *formaldehyde, aldoform, formic aldehyde*
φορμαλίνη, *formalin*
φορμόλη, *formalin*
φορός, *broad on the quarter*
φορστερίτης (ὀρυκτόν), *forsterite*
φορτάμαξα, *truck*
φορτηγίς, *lighter, gabbart*
βυθοκόρου, *mud lighter*
ρυμουλκουμένη —, *barge*
φορτηγὸν ἀτμόπλοιον, *freighter*
αὐτοκίνητον, *lorry, truck*
βαγόνιον, *freight car, truck*
τροχοφόρον, *truck*
φορτίζω, *to load, to charge*
φορτίον, *load, stress*
ἀνὰ ἵππον, *weight per h.p.*
ἄνευ κρούσεως, *load without impact*
ἀσφαλείας, *safe working load*
δοκιμαστικὸν —, *testing load*
δοκιμῆς, *proof load*
ἑδράνου, *bearing load*
ἐναλλασσόμενον —, *alternative load*
ἐπιτρεπόμενον —, *permissible load*
ἠλεκτρικὸν —, *electric load, load*
ἠλεκτρισμοῦ, *charge*
θραύσεως, *breaking load, breaking stress*
καθαρὸν —, *net load*
κανονικὸν —, *normal load*
κινητὸν —, *live load, moving load, moving weight*
κυλιόμενον —, *rolling load, travelling load*
κυμαινόμενον —, *varying load*
λυγισμοῦ, *buckling load, crippling load*
μέγιστον —, *peak load*
μεμονωμένον —, *isolated load*
πλῆρες —, *full load*
συγκεντρωμένον —, *concentrated load*

φορτίον
μόνιμον—, *concentrated dead load*
συνεχές —, *continuous load*
τριβῆς, *bearing load*
χώρου, *space charge*
ὠφέλιμον —, *useful load, net load*
φορτίου, θέσις, *cargo station*
φορτίσεως, μέσον, *loading agent*
ρεῦμα —, *charging current*
σύστημα —, *charging device*
τάσις —, *charging voltage*
φόρτισις, *loading, load, charging, charge*
ἀρχική —, *priming charge*
ἀσύμμετρος —, *unsymmetrical loading*
αὔξουσα —, *increasing load*
ἑκατοστιαία —, *percentage load*
ἐξ ἐπιδράσεως, *inductive charge*
ἠλαττωμένη —, *reduced charge*
ἠλεκτρονίων, *electron charge*
καθέτως πρὸς τὸν ἄξονα, *bending load*
κατὰ λωρίδας, *strip load*
παραλλήλως πρὸς τὸν ἄξονα, *axial load*
πτερυγική —, *wing loading*
πτέρυγος, *wing loading*
συμπληρωματική —, *additional charge*
χώρου, *space charge*
φόρτος, *charge, load*
ἀσφαλείας, *safe working load*
φόρτου, ἱκανότης, *weight-carrying capacity*
φορτοῦνα, *gale*
φορτώνω, *to load*
φορτωτήρ, *derrick, load boom*
μηχανικός —, *mechanical loader*
φουγάρο, *smoke stack*
φοῦμος, *lamp-black, gas-black, soot*
φουντάρω, *to cast anchor*
φουξίνη, *fuchsine, magenta*
φούρκα, *fork*
φουρνιστή, *crutch*
φοῦρνος, *furnace, oven*
φουσκώνω, *to inflate, to bag*
φραγκαΐτης (ὀρυκτόν), *franckeite*
φραγκεΐτης (ὀρυκτόν), *franckeite*
φράγκιον, *francium (Fr)*
φράγμα, *dam, barrage, weir, obstruction, loop, diaphragm*
ἀέρος εἰσαγωγῆς, *air intake shutter*
ἀντιπλημμυρικόν —, *flood control reservoir*
ἀντισεισμικόν —, *earthquake-proof dam*

φράγμα
βυθιζόμενον —, *submerged weir, weir*
δι' ἀντηρίδων, *buttress-type dam*
ἐκ λιθορριπῆς, *rockfill dam*
ἐπισχέσεως ὕδατος, *flood control reservoir*
λίθινον —, *masonry dam*
τοξωτόν — —, *curved masonry dam*
μετρικὸν — (ἐκχειλιστής), *measuring (waste) weir*
μόνιμον —, *fixed weir, solid weir*
ναυσιπλοΐας, *navigation reservoir*
ξύλινον —, *wooden dam, groyne*
μετὰ λιθορριπῆς, *timber crib*
ὑδρεύσεως, *water supply reservoir*
ὑδροληψίας, *diversion dam*
χωμάτινον —, *earth dam*
φράγματα, κυλινδρικά, *roller dams*
μὲ τομεῖς, *sector gate dams, sector barrages*
σιδηροδρομικῶν διαβάσεων, *gates*
φράγματος, κορυφή, *weir crest*
στέψις —, *weir crest*
χεῖλος —, *weir crest*
φραγμός, *barrier, lock, screen, barrage*
φραΐζα, *cutter mill, milling-machine, shaping machine, burr remover for tubes*
ἀκροτεμαχίων αὐλῶν, *burr remover for tubes*
μὲ οὐράν, *sunk milling-cutter*
πάσης διευθύνσεως, περιστροφική, *universal milling-machine*
πολλαπλῆ —, *multiple spindle milling-machine*
φραιζάρισμα, *milling, knurling*
φραιζάρω, *to mill, to shape, to knurl*
φραιζοτρύπανον, *peg drill*
φραιζωτός ἧλος, *bullhead rivet*
φρακτή, *bulkhead*
φρακτήρ, *lock*
φρακτῆς, ἐνισχυτικὴ γωνία, *bulkhead stiffener*
φράντζα, *fringe*
φράξιμο, *obstruction*
φράσσω, *to choke*
φρέαρ, *well, shaft*
ἐκ τοιχοποιΐας, *masonry well*
μεταλλείου, *mine pit, pit, shaft of a mine*
ὑπερχειλίσεως, *overflow well*
φρεατίδιον ἐλαίου, *oil-well*
φρεάτιον, *well, trunk*
ἐπισκέψεως καὶ καθαρισμοῦ, *manhole*

φρεάτιον
ὑπονόμου, *sewer manhole*
ὀχετοῦ, *sump, gully*
φρέζα. Βλ. φραῖζα.
φρενάρω, *to brake*
φρένον, *brake.* **Βλ. καὶ πέδη.**
κινδύνου, *emergency brake*
χειροκίνητον —, *hand brake*
φρέσκο, *fresco*
φροντιστὴς χημικοῦ πολέμου, *chemical warfare fighter (C.W.F.), gas war fighter (G.W.F)*
φρούραρχος, *provost-marshal*
φρουρός, *guard*
φτελιά, *elm*
φτερὸ (αὐτοκινήτου), *mud-guard, fender*
φυγοκεντρικὸς διαχωριστής, *centrifugal machine*
ἐμπλοκεύς, *centrifugal clutch*
μηχανισμός, *centrifuger*
ρυθμιστὴς ταχύτητος ἕλικος, *airscrew governor*
σίδηρος, *spun iron*
φυγόκεντρος δύναμις, *centrifugal force*
ροπὴ ἀδρανείας, *centrifugal moment of inertia*
ρυθμιστὴς ταχύτητος, *centrifugal governor*
φυγοκεντρωτής, *centrifuge*
φυλακή, *watch*
νυκτερινή —, *night watch*
φυλάκιον, *guard house, guard room*
(ἀέρος, ἐλαίου κλπ.), *recuperator*
φυλακίς, *guard ship*
φύλαξ, *sentry, guard*
φυλλάδιον, *leaflet*
φυλλίτης, *phyllite*
φύλλον, *leaf, foil, sheet, lamina*
ἀδείας, *leave pass*
ἐλάσματος, *iron sheet, slab*
ἐλατηρίου, *leaf of a spring*
Καρτεσίου, *folium of Descartes*
μετάλλου , *metal sheet*
λεπτόν — —, *foil*
νικελίου, *sheet nickel*
ξύλου, *plywood*
λεπτόν — —, *veneer*
ὀρθογώνιον —, *rectangular sheet*
πιλήματος, *felt pad*
ἀσφαλτούχου —, *asphalt felt slab*
πολυφύλλου, *veneer*
πορείας, *movement order*
σιδήρου, *sheet iron*
διάτρητον — —, *perforated sheet iron*

φύλλον
δομήσιμον — —, *structural sheet iron*
ἔμμορφον — —, *profiled sheet iron*
ἐπιψευδαργυρωμένον — —, *galvanised sheet iron*
ἐσμαλτωμένον — —, *enamelled sheet iron*
κυματοειδές — —, *corrugated sheet iron*
σούστας, *leaf*
στεγάσεως ἐξ ἀμιάντου, *asbestos slate*
χρυσοῦ, λεπτόν, *gold-leaf*
φυλλώδης, *foliated*
φύραμα ἀσβέστου, *lime putty*
φῦσαι, *bellows.* **Βλ. καὶ φυσητήρ.**
φυσαλίς. Βλ. φυσαλλίς.
φυσαλλίδος, ἐλεγκτής, *bubble controller*
θάλαμος —, *bubble chamber*
λαμπτήρ —, *bubble lamp*
πορεία εἰκόνος —, *bubble image-path*
συγκρότημα —, *bubble assembly*
φωτισμός —, *bubble illumination*
φυσαλλιδωτὸς χωροβάτης, *bubble level*
φυσαλλίς, *bubble*
ἀερίου, *gas bubble*
ἀέρος, *air bubble, air bell*
ἐν χυτῷ ἀντικειμένῳ, *blow hole*
φυσερόν, *bellows, hand bellows, blower*
Βλ. καὶ φυσητήρ.
φύσημα, *blast*
φυσητὴ ἄσφαλτος, *blown asphalt*
φυσητήρ, *bellows, blower, choke tube*
ἀτμοῦ, *steam blast*
δι' ἐκτοξεύσεως ἀτμοῦ, *steam jet blower*
ὕδατος, *water jet blower*
ἕλικος, *helical blower, screw blower*
διὰ πεπιεσμένου ὀξυγόνου, *compressed oxygen blowpipe*
ἠλεκτροκίνητος—, *electric blowpipe*
καμινευτικός —, *blowpipe*
μὲ ἔμβολον, *piston blower*
μηχανικός —, *blowing engine*
περιστρεφόμενος —, *rotary blower*
χειροκίνητος —, *hand bellows*
φυσητήριον, *blow-pipe*
φυσητῆρος, ἀκροφύσιον, *blower nozzle*
ἀσκός —, *bellows*
σωλὴν —, *tuyère*
τομή —, *blower section*

φυσίγγια, ἄσφαιρα, *blank ammunition*
ἔνσφαιρα —, *live ammunition*
ὁλομερῆ —, *complete rounds*
πιστολίου, *pistol ammunition*
φυσίγγιον, *cartridge round*
ἀσκήσεων, *drill cartridge, drill round*
ἄσφαιρον — —, *drill round*
ἄσφαιρον —, *blank cartridge*
διατρητικόν —, *armour-piercing cartridge*
εἰκονικόν —, *dummy cartridge*
ἐμπρηστικόν —, *incendiary cartridge*
ἔνσφαιρον —, *live round*
ἐντὸς θαλάμης, *round in the chamber*
κοινόν —, *ball cartridge, ball*
σηματοδοσίας, *signal cartridge.*
ὑψηλῆς ἐκκρηκτικότητος, *high-explosive cartridge*
φωτιστικόν —, *illuminating cartridge*
φυσιγγίου, ἀναστολεύς, *cartridge stop*
ἐξωθητήρ —, *magazine follower*
κάλυμμα —, *cartridge cover*
κάλυξ —, *cartridge case*
κύπελλον —, *cartridge cup*
μερικὴ εἰσχώρησις ἐντὸς θαλάμης, *excessive cartridge head space*
περίβλημα —, *cartridge case*
φυσιγγίων, ἀγωγός, *cartridge lead*
ἀναβαθμίς —, *cartridge ramp*
ἀποθήκη —, *cartridge magazine, cartridge tray*
βάσις εὐθυγραμμίσεως —, *base filler*
δίσκος —, *magazine*
ἐλατήριον εὐθυγραμμίσεως —, *cartridge guide spring*
ὁδηγός —, *bullet guide, bullet projection*
ὁδηγοῦν ἐλατήριον —, *cartridge guide spring*
ὀρείχαλκος —, *cartridge brass*
τύμπανον —, *cartridge drum*
φυσικὰ ὕδατα, *natural waters*
φυσικαὶ ἰδιότητες, *physical properties*
φυσική, *physics*
δεξαμενή, *natural reservoir*
ἐξέτασις, *physical examination*
ὀπτική, *physical optics*
συχνότης, *natural frequency*
φυσικὸν ἐλάττωμα, *natural defect*
στρῶμα, *natural bed*
φυσικός, *physicist, natural*
ἀερισμός, *natural ventilation*
ἑλκυσμός *natural draught*
λίθος, *natural stone*
φυσικοχημεία, *physical chemistry*
φύσις φωτός, *nature of light*
φυσοστιγμίνη, *physostigmine, eserine*
φυτευτὴ κεφαλή, *countersunk head*
φυτευτὸς κοχλίας πολικοῦ ἀστέρος, *pole star stud*
φυτικὰ ἔλαια, *vegetable oils*
ὀξέα, *vegetable acids*
φυτόκολλα (σιταλεύρων), *starch, amylum*
φωλεά, *heel gudgeon*
φωναγωγός, *voice phone*
σωλήν, *voice pipe, speaking tube, aviophone*
φωνόλιθος, *phonolite, clinkstone*
φώρασις, *detection, demodulation, rectification*
διὰ τῆς χαρακτηριστικῆς ἀνόδου, *anode bend detection*
φωρατής, *detector, rectifier*
φωράτρια, *rectifier*
λυχνία, *detector valve*
φῶς, *light*
βολταϊκοῦ τόξου, *arc light*
διαλεῖπον —, *intermittent light*
διαρκές —, *permanent light*
διάχυτον —, *diffused light*
ἡμέρας, *day-light*
μεταβλητόν —, *variable light*
μεταδοθέν —, *transmitted light*
μόνιμον —, *permanent light*
μονοχρωματικόν —, *monochromatic light*
πεπολωμένον —, *polarised light*
ἐν ἐπιπέδῳ, *plane polarised light*
πλεύσεως, *position light*
φωσγένιον, *phosgene*
φωσφῖναι, *phosphines*
φώσφορα, *matches*
φωσφορίζων σωλήν, *luminous tube*
φωσφορικὰ ἅλατα, *phosphates*
φωσφορικὸν ὀξύ, *phosphoric acid*
φωσφορισμός, *phosphorescence, efflorescence*
φωσφόρος, *phosphorus (P)*
ἐρυθρός —, *red phosphorus*
λευκός —, *white phosphorus*
μεταλλικός —, *metallic phosphorus, black phosphorus*
πενταχλωριοῦχος —, *phosphorus pentachloride*
τριβρωμιοῦχος —, *prosphorus tribromide*

φωσφόρος
τριχλωριοῦχος —, *phosphorus trichloride*
φωσφόρου, πεντοξείδιον, *phosphorus pentoxide*
φωσφορῶδες ὀξύ, *phosphorous acid*
φῶτα ἀεροναυτιλίας, *navigation lamps*
ἀναγνωρίσεως, *identification lights*
πλεύσεως, *navigation lights*
χώρου προσγειώσεως, *funnel lights*
φωταγωγός, *sky light*
ὑπογείου, *well light*
φωταέριον, *illuminating gas, lighting gas, coal gas*
φωτεινὰ σήματα μόρς, *Morse signals*
φωτειναὶ δέσμαι, *pencils of light*
φωτεινὴ γραμμὴ προσγειώσεως, *flare-path*
φωτεινός, *luminous*
ἀνεμοδείκτης, *illuminated wind indicator*
δακτύλιος, *illuminated ring*
διάδρομος, *flare-path*
κύκλος, *halo*
φωτεινότης, *brightness*
φωτισμός, *lighting*
διὰ προβολέως, *flood-lighting*
ἐδάφους, *ground lighting*
ἐσωτερικός —, *outdoor lighting*
κινδύνου, *emergency lighting*
τεχνητός —, *artificial lighting*
ὑπαίθρου, *outdoor lighting*
φωτιστικὴ δύναμις, *illuminating power*
ἐμμονή, *persistence of glow*
φωτιστικὸν ἀέριον, *illuminating gas*
ἐδάφους, *ground lighting*
φωτοανακλαστικὴ μηχανή, *reflex camera*
φωτοβολίς, *holt flare, rocket, cartridge, pyrotechnic signal*
ἀναγνωρίσεως, *reconnaissance flare*
ἀστέρων, *star signal*
αὐτοκινουμένη —, *automotive flare*
ἐκτοξεύσεως ἀστέρος, *shooting-star rocket*
ἐνδείξεως θέσεως, *position light*
μετ' ἀλεξιπτώτου, *parachute flare*
σημάνσεως, *flare signal*
σηματοδοσίας, *flare signal, signal rocket*
τριῶν ἀστέρων, *three-star signal*
συνήθης —, *normal signal-cartridge*
φωτιστική—, *illuminating cartridge*
καὶ ἠχητική —, *flash-and-sound rocket*
χρυσῆς βροχῆς, *golden-rain-rocket*
φωτοβόλον σῶμα, *luminary*
φωτογλυφία, *photogravure*
φωτογραμμομετρία, *photogrammetry*
φωτογράφησις κατὰ τὴν διάρκειαν βομβαρδισμοῦ, *bombardment photography*
φωτογραφία, *photograph, foto*
ἀναγνωρίσεως, *reconnaissance photography, intelligence photography*
διὰ τῆς φωτομηχανῆς πτέρυγος, *wing photograph*
ἐναέριος —, *air photograph, air photography*
κάθετος —, *vertical photograph*
μικρᾶς περιοχῆς, *pin-point photograph*
πανοραματική—, *panoramic photograph*
φωτογραφικαὶ πλάκες, *lantern slides*
εἰς δέμα, *film pack*
φωτογραφική, *photography*
ἐναέριος —, *air photography, aerial photography*
ἐξασθένησις, *photo-regression*
μηχανή, *camera*
ἀεροπορικὴ — —, *aircraft camera*
κοινὴ — —, *pin-hole camera*
συσκευή, *camera*
ταινία, *camera film*
εἰς κύλινδρον, *roll film*
φωτογραφικὸν μηχάνημα, *camera*
σύμπλεγμα, *mosaic*
ἐν σειρᾷ, *reconnaissance strip*
μὴ διευθετηθὲν — —, *uncontrolled mosaic*
φωτογραφικοῦ συμπλέγματος, διευθέτησις, *controlled mosaic*
φωτογραφιῶν, διευθέτησις, *photographic control*
ἑρμηνεία —, *photographic interpretation*
φωτογράφος, *photographer*
φωτοδιάγραμμα, *dimming screen, sun screen*
φωτοευαίσθητος, *light sensitive*
φωτοηλεκτρικὸν κύτταρον, *photo-electric cell*
στοιχεῖον, *photo-electric cell*
κενοῦ ἀέρος, *photo-electric vacuum cell*
φαινόμενον, *photo-electric effect*
φωτοηλεκτρόνια, *photoelectrons*
φωτοθερμογράφος, *air temperature photo recorder*
φωτομετρία, *photometry*

φωτόμετρον, *photometer*
Βέμπερ, *opal-glass photometer*
μαρμαρυγιακόν —, *flicker photometer*
φωτομέτρου, διάφραγμα, *photometer screen*
τράπεζα —, *photometer bench*
φωτομηχανή, *camera*
ἀναγνωρίσεως, *reconnaissance camera*
ἐδάφους, *ground camera*
εἰκονοσκοπίου, *iconoscope camera*
μεθ' ἑνὸς φακοῦ, *monocular*
φωτομονάς, *foot-candle*
φωτοπολυβόλον, *camera-gun*
ἀέρος, *ciné-camera gun*
φωτοπροσαρμογή, *mosaic*
φωτός, ἀκτινοβολία, *radiation of light, luminous radiation*
ἀντανάκλασις —, *blink*
διάδοσις —, *light propagation*
διάθλασις —, *refraction of light*
διαμόρφωσις —, *light modulation*
ἠλεκτρομηχανική — —, *electro-mechanical light modulation*
ἠλεκτροοπτική — —, *electro-optical light modulation*
φωτὸς
ἠλεκτροφωτιστική— —, *electro-luminous light modulation*
διασκεδασμός —, *light scatter*
διασπορά —, *light scatter*
διάχυσις —, *light scattering*
ἐκπομπή —, *light emission*
ἐλάττωσις —, *light diminution*
ἔντασις —, *luminous intensity*
παράθλασις —, *light diffraction*
πηγή —, *light source*
πρότυπον ἐντάσεως—, *light standard*
ροή —, *luminous flux*
φορεύς —, *light carrier*
φωτοσημαντήρ, *illuminated buoy, light-buoy, beacon buoy*
φωτοστέφανος, *aureole*
φωτόσφαιραι (τοῦ ἡλίου), *photospheres*
φωτοταινία, *camera film, film*
πτυχωθεῖσα —, *frilled film*
σχισθεῖσα —, *serrated film*
φωτοταινίας, συγκόλλησις, *film joining*
τροχός —, *film spool*
φωτοτοπογραφικὴ μηχανή, *mapping camera*
φωτοφράκτης, *filter (of brightness)*

Χ

χαβαλές, *superstructure*
χαβούζα, *well, tank*
χαιρετισμὸς διὰ κανονιοβολισμῶν, *volley*
χακί, χρῶμα, *khaki paint*
χάλαζα, *hail, hailstone*
χαλάζης, κόκκος, *hailstone*
χαλαζίας, *quartz*
  σπογγοειδής —, *spongiform quartz*
χαλαζίου, ἴς, *quartz fibre*
  κρύσταλλος —, *quartz crystal*
χαλαζίτης, *quartzite*
χαλαζοθύελλα, *thick squall*
χαλαρός, *slack, bight*
χαλαρότης, *backlash, play*
χαλαροῦσθαι, *to sag*
χάλικες, *gravel*
χαλικοκονίαμα, *gravel concrete*
χαλικώδης, *gritty*
χαλίκων, παρασκευή, *treatment of gravel*
χαλινός, *brake*
χαλινωτήρ, *shock absorber*
χαλινωτήριον, *brake, buffer, compression stud, oleo-leg*
  ἐλαίου, *oil buffer*
  μετ' αὐλακώσεως, *spline strut*
  μετὰ συνδέσμων, *link strut*
  πεδίλου, *buffer block*
  χειροκίνητον —, *hand brake*
χαλινωτηρίου, δίσκος, *buffer disc*
  ἐλαίου, ἀσφαλιστικὴ βαλβίς, *oil buffer relief valve*
    δακτύλιος παρεμβύσματος— —, *oil buffer packing gland ring*
    ἐλατήριον— —, *oil buffer spring*
    κλεὶς βαλβῖδος ἐμβόλου — —, *oil buffer piston valve key*
    κοχλίας πληρώσεως σωλῆνος — —, *oil buffer tube filler screw*
    ὁδηγοῦν κομβίον — —, *oil buffer guide*
    πλαίσιον — —, *oil buffer body*
    στέλεχος ἐμβόλου — —, *oil buffer piston rod*
    σωλὴν — —, *oil buffer tube*
  ἐλατήριον —, *buffer spring*
  κλεὶς ἐλατηρίου —, *buffer spring sleeve key*

χαλινωτηρίου
  πλάξ —, *buffer plate*
  ρυθμιστικὸν κοχλιωτὸν πῶμα —, *buffer tube screw*
  σωλὴν —, *buffer tube*
χάλιξ, *gravel*
  λάκκου, *pit gravel*
  λατομείου, *pit gravel*
  ὀρυχείου, *pit gravel*
  ποτάμιος —, *river gravel*
χαλκᾶς, *link, loop*
χαλκηδόνιος, *chalcedony*
χαλκολαμπρίτης, *chalcocite, redruthite, copper glance*
χαλκοπυρίτης, *chalcopyrite*
χαλκός, *cuprum (Cu), copper*
  ἀνθρακικός —, *cupric carbonate*
  δομήσιμος —, *builder's copper*
  ἐν ἐρυθρωπυρώσει, *hot copper*
  θειϊκός —, *cupric sulphate, copper sulphate, blue vitriol*
  θειοῦχος —, *cupric sulphide*
  καθαρός —, *marketable copper*
  κεκαθαρμένος —, *refined copper*
  κυανιοῦχος —, *copper cyanide*
  μαγγανιοῦχος —, *manganese copper*
  μαλακός —, *soft copper*
  νικελιοῦχος —, *cupro-nickel*
  νιτρικός —, *copper nitrate*
  νομισμάτων, *coinage copper*
  πρωτογενής —, *blister copper*
  σεληνιοῦχος —, *selenium copper*
  ὑποθειοῦχος —, *cuprous sulphide*
  ὑποχλωριοῦχος —, *cuprous chloride*
  ὑψηλῆς ἀγωγιμότητος, *high conductivity (H.C.) copper*
  χλωριοῦχος —, *cupric chloride*
χαλκοσίνης, *chalcocite, redruthite, copper glance*
χαλκοῦ, βιτριόλιον, *cupric sulphate, copper sulphate, blue vitriol*
  κρᾶμα —, *copper alloy*
  ὀξείδιον —, *cupric oxide, copper monoxide*
  ὑδροξείδιον —, *cupric hydroxide*
  ὑποξείδιον —, *cuprous oxide, copper sub-oxide, red copper ore*
  χελώνη —, *copper ingot*
χαλκουργός, *copper-smith*

χάλκωμα, *copper*
χαλύβδινον ἔλασμα, *steel sheet*
γαλβανισμένον — —, *galvanised steel sheet*
ἐπιμολυβδωμένον — —, *lead-coated steel sheet*
συγκρότημα, *steel block*
τεμάχιον, *steel block*
χαλυβδίτης, *spathic iron-ore*
χαλύβδωσις, *steel facing*
χαλυβδόσχοινον, *steel rope*
χάλυβος, ἀποσκλήρυνσις, *steel tempering*
ἀπότομος ψῦξις —, *quenching the steel*
ἐπαναφορά —, *steel annealing*
κρᾶμα —, *steel alloy*
σφυρηλασία —, *steel forging*
φύλλα εἰς ρόλλους, *steel strips*
χύσις —, *steel casting*
χυτήριον —, *steel foundry*
χαλυβοταινία, *steel stripping*
χαλυβουργεῖον, *steel works*
χαλυβόφαιον, *steel grey*
χάλυψ, *steel*
ἀναμακτός —, *weld steel*
ἀναπυρωμένος —, *welded steel, refined steel*
ἀνάχυτος —, *crucible steel, crucible cast steel, cast steel, ingot steel, blister steel, steel cement*
ἄνευ ραφῆς, *seamless steel*
ἀνθρακοῦχος —, *carbon steel, razor steel*
ἀνοξείδωτος —, *stainless steel, non-corrosive steel, non-rusting steel*
ἀντιμαγνητικός —, *non-magnetic steel*
ἀρίστης ποιότητος, *high-grade steel*
βαλβίδων, *valve steel*
βαμμένος—, *tempered steel, hardened steel*
βαναδιοῦχος —, *vanadium steel*
βαφῆς ἐπιφανείας, *case-hardening steel*
Βέσσεμερ, *Bessemer steel*
βολφραμιοῦχος —, *tungsten steel, Mushet's steel*
δομήσιμος —, *structural steel*
εἰδικός —, *special steel, steel alloy*
εἰς φύλλα, *sheet steel*
ἐλασθεὶς ἐν ψυχρῷ, *cold-rolled steel*
ἐλάστρου, *rolled steel*
ἐλατηρίων, *spring steel*
ἐλατός —, *drawn steel, rolled steel*
ἐλκύστρου, *rolled steel*

χάλυψ
ἐναζωτέος —, *nitriding steel*
ἐναζωτούμενος —, *nitrided steel*
ἐξ ἀναγωγῆς ράβδων σιδήρου, *blister steel, steel cement*
ἐργαλείων, *tool steel*
ἐσκληρυμμένος —, *hardened steel*
ἠλεκτρικός —, *electro-steel*
ἥλων, *rivet steel*
κατασκευῶν, *structural steel*
κατειργασμένος —, *refined steel*
κεκαυμένος —, *burnt steel*
κοβαλτιοῦχος —, *cobalt steel*
κοβαλτιοχρωμιοῦχος —, *cobalt-chrome steel*
μαγγανιοῦχος —, *manganese steel*
μαλακός —, *soft steel, mild steel*
μεγάλης ταχύτητος, *high-speed steel*
μετὰ ὠστενίτου, *austenitic steel*
Μπέσσεμερ, *Bessemer steel*
νικελιοῦχος —, *nickel steel*
νικελιοχρωμιοῦχος —, *chrome-nickel steel, nickel-chromium steel*
πιεστός —, *compressed steel*
πρωτογενής —, *blister steel*
πυριτιομαγγανιοῦχος —, *silico(n)-manganese steel*
πυριτιοῦχος —, *silicon steel, siliceous steel*
πυριτιοχρωμιοῦχος —, *silicon-chromium steel*
ρευσιγενής —, *ingot steel*
Σήμενς-Μάρτιν, *open-hearth steel*
σκληρός —, *hardened steel*
κατόπιν βαφῆς, *hardened steel*
σκληρυνθεὶς δι' ἐλαίου, *oil-hardened steel*
εἰς τὸν ἀέρα, *air-hardened steel, self-hardened steel*
στιλπνός —, *bright steel*
συγκολήσεως, πολτοπαγής, *weld steel*
σφυρήλατος —, *wrought steel*
τιτανιοῦχος —, *titanium steel*
ὑπὸ τάσιν, *stressed steel*
ὑψηλῆς ἀντοχῆς εἰς ἐφελκυσμόν, *high-tension steel*
ταχύτητος, *high-speed steel*
χρωμιομολυβδενιοῦχος —, *chromium-molybdenum steel*
χρωμιονικελιοῦχος—, *chrome-nickel alloy steel, nickel-chromium steel, Staybrite*
χρωμιοῦχος —, *chrome steel*
Χάμαλ (α Κριοῦ), *Hamal*

χαμηλὴ πίεσις (Χ.Π.), *low pressure (L.P.)*
συχνότης (Χ.Σ.), *low frequency (L.F.)*
τάσις (Χ.Τ.), *low tension (L.T.), low voltage*
χαμηλῆς πιέσεως, ἀτμοσύρτης, *low-pressure slide valve*
δακτύλιος φίλτρου — —, *low-pressure filter ring*
ἔλαιον — —, *low-pressure oil*
θάλαμος σφαίρας — —, *low-pressure ball chamber*
κύλινδρος — —, *low-pressure cylinder*
ὀχετός — —, *low-pressure passage*
παράκυκλος βαλβῖδος σφαίρας — —, *low-pressure ball valve washer*
σφαῖρα — —, *low-pressure ball*
συμπιέσεως, *poor compression*
τάσεως, ἀγωγοί, *low tension leads*
συστοιχία — —, *low-tension battery*
χαμηλομονοπτέρυγον, *low-wing monoplane*
χαμηλός, *low*
χαμουλκοί, *bilge ways*
χαμουλκός, *sledge*
χάνδαξ, *race*
χαντάκι, *ditch*
χαμπιαριστής, *trimmer*
χαραγή, *groove*
δι' ὀξέων, *etching*
κυκλική —, *circular groove*
χάραγμα, *score*
χαρακτηρίζω, *to indicate*
χαρακτηριστικὰ σημεῖα ἐδάφους, *landmarks*
ξηρᾶς, *landmarks*
τύπου, *characteristics of type*
χαρακτηριστικαὶ καμπύλαι, *characteristic curves*
χαρακτηριστικὴ ἀνόδου λυχνίας (Χ. Α.), *anode characteristic (A.C.)*
κενῆς λειτουργίας, *no-load characteristic, internal characteristic*
κρυστάλλου, *crystal characteristic*
χαρακτηριστικῆς ἀνόδου, κάτω καμπύλον τμῆμα, *anode bend, bottom bend*
χαρακτηριστικὸν κλήσεως, *call signal*
Α/Τ, *call sign*
χαράκτης, *scriber*
χαράκτης
ἀποστάσεων (ξυλουργ.), *marking gauge*
ἐγκοπῶν (ξυλουγ.), *mortise gauge*
χαράκωμα, *entrenchment, trench*
χαράκωσις διὰ νιτρικοῦ ὀξέος, *etching*
χάραμα, *day-break*
χαραμάδα, *slot*
χάραξ, *rule, ruler, straight edge*
χάραξις, *marking, marking off, knurling*
μετάλλου τῇ βοηθείᾳ ὀξέων, *metal etching*
χαράσσω, *to scribe, to etch*
χαραυγή, *day-break*
χάρις, *play, wander, back-lash*
χαρούπα, *bush*
χάρπα, *rag-bolt*
χάρτης, *paper, map, chart*
ἀεροτοπογραφικός —, *air-survey map*
ἀεροφωτογραφικός —, *aerophotographic map, aerophotographic plan*
ἀμιάντου, *asbestos paper*
ἀπορροφητικός —, *blotting paper*
διατομῶν, *cross-section paper*
διαφανής —, *tracing paper*
ἡλιοτροπίου, *litmus paper*
ἡλιοτυπίας, *heliographic paper*
θαλασσίων ρευμάτων, *current chart*
καιροῦ, *weather map*
καταγραφικός —, *recording paper*
κωνικῆς προβολῆς, *conic-projection map*
λελιπασμένος —, *oiled paper*
λεπτὸς κυματοειδής —, *tissue paper*
λιμένος, *harbour plan*
μερκατορικός —, *Mercator's map*
μετὰ τετραγωνιδίων, *grid map*
ναυτικός —, *chart*
παλιρροιῶν, *tidal chart*
περγαμηνός —, *parchment paper*
τεχνητός— —, *artificial parchment*
περιοχῆς πάγων, *ice chart*
περυτιλίγματος, *wrapping paper*
πολυκωνικῆς προβολῆς, *polyconic-projection map*
πρόχειρος —, *provisional map*
πυροδοτήσεως (βύσμα), *ignition paper*
στεγάσεως, *roofing felt*
στιλπνὸς πεπιεσμένος —, *glazed board*
συνοπτικός —, *synoptic chart*
συσκευασίας, *wrapping paper*

χάρτης
σχεδιάσεως, *drawing paper*
διαφανής — —, *tracing paper*
τηλεγραφομηχανῆς, *teleprinter paper*
ὑδραυλικός —, *hydraulic map*
ὑποτυπώσεως, *plotting paper*
ἀεροναυτιλιακός — —, *planning chart*
πτήσεων μακρῶν ἀκτίνων, *long range air navigation chart*
ἀστέρων, *star chart*
περιστρεφόμενος — — —, *rotary star chart*
νυκτερινῶν πτήσεων, *night flying chart*
φωτοπαθής — —, *sensitised paper*
χαρτογράφησις, *map plotting*
χαρτογραφία, *cartography*
Χαρτογραφικὴ Ὑπηρεσία Στρατοῦ, *Directorate of Military Survey*
χαρτογραφικὴ φωτογραφία, *mapping photography*
χαρτογράφος, *map-maker*
χαρτομάζα, *paper pulp*
χαρτόνιον, στιλπνόν, *fuller board, glazed board*
χαρτοσανίς, *millboard, board*
χάρτου, ἀνάγνωσις, *map reading*
κλῖμαξ —, *map scale*
στάθμη (θαλάσσης) —, *chart datum*
συντεταγμένη —, *map reference*
χαρτοφύλαξ, *map case, map holder*
χαρτῶν, βιβλίον, *atlas*
θάλαμος —, *chart room*
πίναξ —, *chart-board*
πλάξ —, *chart-board*
χάσκω, *to gape*
χάσμα, *gap, crevasse, well*
χαυνώνω, *to damp out*
χείλη, *lips*
ἀποθήκης, *lips*
χεῖλος, *rim, border, edge, tip, limb, lip*
ἐκφυγῆς, *trailing edge of wing, trailing edge*
ἐστραμμένον πρὸς τὰ ἄνω, *upturned trailing edge*
ὑψωμένον— —, *upturned trailing edge*
προσβολῆς, *entering edge, leading edge (of wing)*
προσπτώσεως, *leading edge*
πυθμένος φυσιγγίου, *rim*
χείλωμα, *edging*
χείμαρρος, *torrent, plug hole*
ὀρεινός —, *mountain torrent*
χειμερινὸν ἡλιοστάσιον, *winter solstice*
χειμών, *winter*
χειραγωγός, σχοίνινος, *life-line*
χειράμαξα ἀεροσυμπιεστοῦ, *compressor trolley unit*
μονότροχος —, *wheel barrow*
ὑλικοῦ συντηρήσεως ἐπισώτρων, *pneumatic servicing trolley*
φορητή —, *mobile trolley*
χειραντλία, *hand pump*
χειρίζεσθαι, *to handle*
ἀεροπλάνον, *to handle a machine*
χειρίς, *sleeve*
μετὰ σχισμῆς, *split sleeve*
στερεωτική — — —, *split sleeve retainer*
ὀλισθαίνουσα —, *trunnion sleeve*
χειρισμός, *manipulation, handling, steering, piloting*
ἀεροπλάνου, *flying a machine*
χειρισμοῦ, θέσις, *control head*
χειρισμῶν, ἐθισμός, *cock-pit drill*
χειριστήρια, ἀλληλοσυνδεδεμένα, *interconnected controls*
ἀντιδονητικά —, *irreversible controls*
κινητῆρος, *engine controls*
πτερυγίων καμπυλότητος, *flaps control*
πτήσεως, *flight controls, flying controls*
χειριστήριον, *control, control wheel, control handle, control column, controls, steering wheel, manipulation key, key, joy-stick, stick*
ἀντλίας κενοῦ, *vacuum pump (V.P.) control*
ἀσυρμάτου, *key*
αὐτομάτου ρυθμιστοῦ μίγματος, *automatic mixture control*
ἀφέσεως, *jettison control cock*
βομβῶν, *bomb release*
βαλβῖδος ἀνυψώσεως, *elevation valve control rod*
βήματος ἕλικος, *airscrew pitch control*
γωνίας ἀνόδου καὶ καθόδου, *pitch control*
διακοπῆς ἐξαερωτῆρος, *carburettor cut-out control*
διαμήκους εὐσταθείας, *control pitch*
ἐκσφενδονίσεως, *launching stick*
ἕλικος δύο βημάτων, *two-pitch airscrew control*

χειριστήριον
θέσεως χειριστοῦ, *pilot's cockpit control, cockpit control*
καλωδίου, *cable control*
κρουνοῦ βενζίνης, *fuel cock control*
μεταβλητῆς ἀφετηρίας πιέσεως ὑπερσυμπιεστοῦ, *variable datum boost control*
μίγματος βαλβικῆς βελόνης, *needle valve mixture control*
μόρς, *Morse key, key*
οὐραίου πτερώματος, *tail plane control*
περιβλήματος στροβιλοσυμπιεστοῦ, *supercharger casing controls*
πηδηλίου, *control rod*
διευθύνσεως, *rudder control*
πιέσεως εἰσαγωγῆς, *induction pressure control (boost), throttle control*
προαναφλέξεως, *spark advance control*
ρυθμίσεως πορείας, *course-setting control*
ρυθμιστοῦ, *governor control*
ἕλικος, *propeller governor control*
σταθερᾶς ταχύτητος ἕλικος, *constant-speed airscrew control*
στάσεως, *altitude control*
στροφῆς, *turn control*
συστήματος πυροδοτήσεως, *firing gear control, fire gear control*
τροχοειδές —, *wheel control*
τύπου Ἄρενς, *Arens control*
ὑπερσυμπιέσεως τριῶν φάσεων, *three-phase boost control*
ὑψομετρικῆς διορθώσεως, *mixture control*
ὑψομετρικοῦ διορθωτοῦ μίγματος, *altitude mixture control*
ὕψους-βάθους, *elevator control*
χειριστήριος στήλη, *control column, steering column, controls, stick*
χειριστηρίου, αἴθουσα, *control room*
ἄξων —, *control shaft*
στήλη —, *control column*
χειριστής, *service pilot, pilot*
ἀεροναυτίλος, *pilot-navigator*
ἀνώτερος —, *senior service pilot, first pilot*
ἀεροστάτου, *senior balloon pilot*
δεύτερος —, *co-pilot*
διώξεως, *fighter pilot, senior pilot*
χειριστικότης, *controllability*
χειριστότης, *manoeuvrability, maneuvrability*
χειριστοῦ, θέσις, *cock-pit*
χειροβομβίς, *hand grenade, grenade*
χειρόδεσμος, *longline bend*
χειροδράπανον, *bit-stock brace*
πάγκου, *bench drilling machine*
χειροθυρίς, *hand hole*
χειροκίνητος, *manual, manual-operated, hand operated*
χειρολαβή, *handle, hand grip, band grip, grip*
ἀνυψώσεως, *lifting handle*
ἀφέσεως, *release handle*
γεμίσεως, *loading handle*
κλείθρου, *door handle*
ξυλίνη —, *wooden handle*
περιστροφῆς, *rocking handle*
πλαισίου, *frame handle*
συστρεφομένη —, *twist grip*
χειρολαβῆς, ἐσχάρα, *handle grip*
κοχλίας σωλῆνος —, *handle tube screw*
συνδετικὴ πλάξ —, *handle link plate*
σωλὴν —, *handle tube*
ὑποστήριγμα —, *handle bracket*
χειρομάγγανον, *hand vice*
χειρομοχλός, *hand lever, hand spike, stock*
χειροποίητος, *hand-made, manual*
χειροπρίων, *frame-saw*
χειρορρύθμισις, *manual control*
χειροστρόφαλος, *hand crank, handwheel*
χειροσφιγκτήρ, *hand vice*
χειροτροχοπέδη, *hand brake*
χειροτρύπανον, *hand drill*
χειροφανός, *hand torch*
χειρόφρενον, *hand brake*
χειροφυλακτήρ, *hand guard, band guard*
χειρωνακτικὴ ἐργασία, *manual labour*
χειρῶναξ, *unskilled labourer*
χελιδονοουρά (ἐγκοπὴ τριβέων), *swallow tail*
χελιδονοουρᾶς, αὖλαξ σχήματος, *dovetail groove*
ἐν σχήματι —, *dove tailed*
μηχανὴ —, *dovetailing machine*
χέλυσμα, *false keel*
χελώνη (μετάλλου), *ingot*
σιδήρου διὰ σφυρηλάτησιν, *forge pig iron*
κατασκευασμένη δι' ὀπτάνθρακος, *coke pig iron*
σφυρηλάτου σιδήρου, *bloom*
χέρι, *helve*
χερούλι, *crank handle*

χημεία, *chemistry*
ἀνόργανος —, *inorganic chemistry*
ὀργανική —, *organic chemistry*
χημικὴ ἀνάλυσις, *chemical analysis*
ἀντίδρασις, *chemical reaction*
ἐκφορτίσεως, *discharge reaction*
διάβρωσις, *chemical corrosion*
δρᾶσις, *chemical action*
ἐνέργεια, *chemical activity, chemical action*
ἕνωσις, *chemical compound, chemical synthesis*
ἐξέτασις, *chemical examination*
ἐξίσωσις, *chemical equation*
ὁμίχλη, *chemical fog*
οὐσία, *chemical*
συγγένεια, *chemical affinity*
σύνθεσις, *chemical synthesis*
χημικὸν ὅπλον (μετ' ἀερίων), *static weapon*
σύμβολον, *chemical symbol*
σύμπλοκον κονίαμα, *chemical mortar*
χημικός, *chemical*
χηνίσκος, *stern head*
χιαστόλιθος, *chiastolite*
χιλιο-, *kilo-*
χιλιόβατον, *kilowatt (kW)*
ὡριαῖον —, *kilowatt-hour (kWh)*
χιλιοβόλτ, *kilovolt (kV)*
-ἀμπέρ, *kilovolt-ampere (kVA)*
χιλιόγραμμον (χλγρ.), *kilogramme, kilogram (kg)*
χιλιόκυκλος, *kilocycle (kc)*
χιλιόμετρον (χλμ., χμ.), *kilometre (km)*
χιλιοστο-, *milli-*
χιλιοστοαμπερόμετρον, *milliammeter*
χιλιοστόβαρον, *millibar*
χιλιοστοβολτάμετρον, *millivoltmeter*
χιλιοστόγραμμον (χλστγρ.), *milligramme, milligram (mg)*
χιλιοστόλιτρον, *millilitre (ml)*
χιλιοστόμετρον (χλστ.), *millimetre (mm)*
-χιλιοστογραμμάριον-δευτερόλεπτον, *millimetre-milligram-second (M.M.S.)*
χιονόβροχον, *sleet*
χιονοθύελλα, *snow-storm, blizzard, thick squall*
χιονοκρύσταλλοι, *snow crystals*
χιονοκύλινδροι, *snow rollers*
χιονόνερο, *sleet*
χιονονιφάς, *snow-flake*
χιονοπέδιλον, *ski*
χιονοστιβάς, *avalanche*
χιτώνιον, *jacket, sleeve, muff*
χιτώνιον (ἱματισμός), *tunic*
ἀτμοκυλίνδρου, *steam jacket*
ἀτμοσύρτου, *valve liner*
ἐκ μολύβδου, *lead sleeve*
ἐξωτερικόν —, *outside jacket*
κυλίνδρου, *liner of a cylinder*
ἐσωτερικόν — —, *liner*
κυλίνδρων, *cooling jacket*
συνδετικόν —, *coupling sleeve*
χιτωνίσκος, *sleeve*
χιών, *snow*
συσσωρευμένη —, *snow drift*
χλιαρός (85° - 96° F), *tepid*
χλοανθίτης, *white nickel*
χλοερὰ ἐπιφάνεια, *grassed surface*
χλόη, *grass*
χλωράλη, *chloral*
ἔνυδρος —, *chloral hydrate*
χλωραμῖναι, *chloramines*
χλωράσβεστος, *chloride of lime, bleaching powder*
χλωρικὸν ἅλας, *chlorate*
ὀξύ, *chloric acid*
χλώριον, *chloride (Cl)*
χλωριοξικὸν ὀξύ, *acetic chloridride*
χλωριοῦχον ὀξύλιον, *chloro-acetic acid*
χλωριοῦχος, *chloride*
αἰθήρ, *chloric ether*
χλωρίτης, *chlorit*
χλωριῶδες ὀξύ, *chlorous acid*
χλωρίωσις, *chlorination*
χλωροβενζόλιον, *chlorobenzene*
χλωροπικρίνη, *chloropicrin*
χλωροφόρμιον, *chloroform*
χνοασμός, *efflorescence*
χνόη, *spindle*
χοάνη, *funnel, crucible, mould, shoot, spout, recess, volute, hopper*
Βεντουρί, *Venturi*
ἑλικοφόρου ἄξονος, *stern tube*
ἐπενδεδυμένη δι' ἀργίλλου, *fire-clay crucible*
κανονική —, *normal funnel*
χοή, *cast*
χοινικίς, *washer*
χοιράς, *ledge, reef*
χολικὸν ὀξύ, *cholic acid*
χονδρικῶς, *gross*
χονδρόκοκκος, *coarse grained*
χονδροκονίαμα, ἀσβεστοῦχον, *lime concrete*
ἰσχνόν —, *poor concrete, common concrete*
κοινόν —, *common concrete, poor concrete*

χονδροκονίαμα
ριπτόν —, *loosely spread concrete, shaked concrete, unrammed concrete*
χονδρόπανον, *mat*
χονδροσανίς, *plank*
χονδροχάλιξ, *shingle*
χορδαί, διαγώνιοι, *wing bracing*
χορδή, *chord, bracing wire, wire, span, tie rod*
ἐντατική —, *straining cord*
κύκλου, *chord of the circle*
μέση ἀεροδυναμική —, *mean aerodynamic chord*
πιάνου, *piano wire*
χορδῆς, μῆκος, *chord length, chord*
χορδίζω, *to wind*
χορδίσεως, ἄξων, *winding arbor*
χόρδισμα ὡρολογίου, *winding of a watch*
χορδίτης, *cordite*
χορτοκόπτης, *mower*
χορτοκοπτικὰ μηχανήματα, ὁμαδικά, *gang mowers*
χορτοκοπτικὸν μηχάνημα, *mower*
χόρτον πλεκτικῆς, *bast*
χορτόπλινθος, *turf*
χουμικὸν ὀξύ, *humic acid*
χουρούπα, *washer*
Χ.Π., *L.P.*
χρησιμοποιήσιμον (ἰδιότης), *serviceability*
χρησιμοποίησις ἐλασμάτων, *laminations*
χροιά, *tone, hue, cast*
ὑποκύανος —, *bluish tinge*
χρονικὸν διάστημα, *period*
χρονογράφος, *chronograph*
χρονοδιακόπτης, *time switch*
χρονομετρητής, *stop watch*
χρονόμετρον, *chronometer, metronome, stop watch*
αὐτογραφικόν —, *chronograph*
χρονομέτρου, θήκη, *chronometer chest*
κιβώτιον —, *chronometer chest*
χρόνος, *time*
αἰωρήσεως, *swing time*
ἐκθέσεως, ὀρθός, *correct exposure*
ἐκτονώσεως, *expansion stroke*
ζώνης, *zone time (Z.T.)*
κινητήριος —, *working stroke*
περιόδου (Τ), *time eriod*
πήξεως, *time of setting*
συγκολλητικῶν οὐσιῶν, *setting time of cements*
πτήσεως, *time of flight*

χρόνος
πτώσεως, *time of fall*
σταθερός —, *standard time (S.T.)*
χρόνου, γραμμαί, *time lines*
σήματα —, *time signals*
χρυσῆ τομή, *golden section, golden mean*
χρυσόδετος, *gilt-edged*
χρυσοκίτρινον, *golden yellow*
χρυσόκολλα, *gold-size*
χρυσόλιθος, *chrysolite*
χρυσός, *aurum (Au), gold*
εἰς ράβδους, *bullion*
ἠλεκτρολυτικός —, *electrolytic gold*
καστανόχρους —, *brown gold*
κυανιοῦχος —, *gold cyanide*
λεπτός , *fine gold*
πρωτοχλωριοῦχος —, *aurous chloride*
τριχλωριοῦχος —, *auric chloride, gold trichloride*
ὑποχλωριοῦχος —, *aurous chloride*
χλωριοῦχος —, *chloride of gold*
χρυσοῦ, τριοξείδιον, *auric oxide*
ὑποξείδιον —, *aurous oxide*
χρυσοῦς ἀριθμὸς τοῦ σεληνιακοῦ κύκλου, *golden number*
χρυσοῦχος, *auriferous*
χρυσοφόρος, *auriferous*
χρυσοχόος, *goldsmith*
χρῶμα, *colour, color, paint, dye*
ἀδιαφανές —, *opaque colour*
ἀνοικτόν —, *pale colour*
βοός, *buff*
δι᾽ ἐλαίου, *oil paint*
διὰ κόλλαν, *size colour, glue colour*
διαπυρώσεως, *colour of incandescence*
ἐκ μολύβδου, *lead paint*
χρωμίου, *chromium paint*
ἐρυθροξείδιον, *red oxide paint*
ζωηρόν —, *bright colour*
μεταλλικόν —, *metal colour*
μινίου, *red oxide paint*
φαιολίθου, *slate grey*
ὠχρόν —, *pale colour*
χρώματα, βασικά, *primary colours*
δευτερεύοντα —, *secondary colours, binary colours*
παράγωγα —, *binary colours*
πρωτεύοντα —, *primary colours*
συμπληρωματικά —, *complementary colours*
χρωμάτισις, *colouring*
χρωματογραφικὴ ἀνάλυσις, *chromatographic analysis*

χρωμικὸν ἅλας, *chromate, dichromate*
ὀξύ, *chromic acid*
χρώμιον, *chromium (Cr)*
θειϊκόν —, *chromic sulphate*
ὑπερχλωριοῦχον —, *chromic chloride*
ὑποχλωριοῦχον —, *chromous chloride*
χρωμίου, ὀξείδιον, *chrome oxide, chromic oxide, chrome oxide green, chromium sesquioxode*
τριοξείδιον —, *chromic trioxide, chromium trioxide, chromic anhydride, chromate, dichromate*
χρωμογενής, *chromogenic*
χρωμολιθογραφία, *offset printing*
χρωμόμετρον, *tintometer*
χρωστήρ, *paint brush, brush, pencil*
χρωστικόν, *pigment*
Χ.Σ., *L.F.*
Χ.Τ., *L.T.*
χτένι, *rake*
χυλός, *pulp*
χύνω, *to mould*
χύσιμον, *casting*
εἰς ἄμμον, *casting in sand*
τύπον, *mould casting*
εἰδικόν —, *chill casting*
μετάλλου, *casting*
τεμαχίων εἰς ἀνοικτοὺς τύπους ἐξ ἄμμου, *open sand casting*
ὑπὸ πίεσιν, *die casting*
χύσις, *jet*
εἰς τύπους, *die-casting*
κάθετος —, *vertical casting, upright casting*
κράματος, *alloy casting*
μίγματος, *alloy casting*
ὁριζοντία —, *horizontal casting*
χυτὴ ἄσφαλτος, *floated asphalt*
χυτήριον, *blast-furnace, foundry, pattern*
μετάλλων, *metal foundry*
ὀρειχάλκου, *brass foundry*
σιδήρου, *iron foundry*
χυτοκαμινου, ἄνω μέρος, *bonnet*
χυτοκονίαμα, *casted concrete*
χυτόν, *moulding, casting*
ἐκ κράμματος ἀργιλλίου, *aluminium alloy casting*
κονίαμα, *cast concrete, floated concrete*
κρᾶμα, *cast alloy*
μῖγμα, *cast alloy*
τεμάχιον, *blown casting*
σπογγῶδες — —, *spongy casting*
χυτός, *cast*
εἰς ἄμμον, *casting in sand*
χελώνας, *die casting*
χυτοσιδηρᾶ μορφή, *casting*
χυτοσίδηρος, *cast iron*
ἐλατός —, *malleable casting*
ἐν θερμῷ, *hot-blast iron*
ψυχρῷ, *cold-blast iron*
λευκός —, *white cast iron, white pig iron, white iron*
μαλακός —, *malleable cast iron*
τεφρός — —, *soft grey pig-iron casting*
νικελιοχρωμιοῦχος—, *nickel-chromium cast iron*
σκληρός —, *chilled cast iron*
σφυρηλατήσιμος —, *malleable casting*
τεφρός —, *grey iron*
τεφρόχρους —, *grey pig iron*
τραχύς —, *chilled casting*
ὑπερπυρακτωμένος —, *hot-blast iron*
φαιός —, *grey cast iron*
χυτοῦ ἀργιλλίου, κρᾶμα, *aluminium-casting alloy*
χυτοχάλυψ, *crucible cast steel, crucible steel, cast steel, ingot steel*
χῶμα, *earth, humus, mould*
φυτικόν —, *humus*
χωματικὸν ὀξύ, *mould acid*
χωματισμοί, *earth-works*
χωματογένεσις, *formation of humus, formation of mould*
χωματόδρομος, *earth road*
χώματος, ὀξέα, *humus*
χωματουργικὰ ἔργα, *earth-works*
χωματουργός, *excavator*
χώνευσις μετάλλων, *fusion*
χωνευτήριον, *crucible, foundry*
ἐκ γραφίτου, *graphite crucible*
χωνί, *funnel*
ἀνέμου, *wind shoot*
χωνοειδές, *funnel-shaped*
χῶνος, *crucible, sump*
χώρα ἐναερίου παραλαβῆς σημάτων, *pick-up field*
χωρητικὴ ἀντίδρασις, *capacity reaction*
ἀντίστασις, *capacity reactance, capacitive resistance, capacitance*
σύζευξις, *capacity coupling, electro-static coupling*
χωρητικότης, *capacity, capacitance, gauge*
ἀκραία —, *terminal capacity*

χωρητικότης
ἀποθηκῶν καυσίμου ὕλης, *bunker capacity*
διανεμημένη —, *distributed capacity, stray capacity*
εἰς ἀμπερώρια, *ampere-hour capacity*
ὄγκον, *cubic capacity*
ἰδία —, *self-capacity*
λεκάνης φράγματος, *reservoir capacity*
μεταξὺ ἠλεκτροδίων, *interelectrode capacity*
πλοίου, *tonnage*
ὠφελίμου φόρτου, *weight-carrying capacity*
χωρητικότητος ρεῦμα, *capacity current*
χωρίσματα φορέων, *partition*
χωρισμὸς τῶν ἀπωλειῶν ἔργου, *separation of losses*
χωροβάτης, *levelling isstrument, spirit level, level, clinometer*
φυσαλλιδωτός —, *bubble level, spirit level*
χωρογράφησις, *surveying*
ἐναέριος —, *aerial surveying, air surveying*
χωρομέτρησις, *land survey, survey*
χωρομετρία, *measurement of areas*
χῶρος, *space, ground*
ἐλεύθερος διὰ πτῆσιν, *flying gap*
περίφρακτος —, *zone*
προσγειώσεως καὶ ἀπογειώσεως, *land and take off area*
χωροστάθμησις, *land survey, surveying*
κατὰ μῆκος τομῆς, *profile levelling*

Ψ

ψάθα, *mat*
ψαθωτόν, *wicker-work*
ψαλίδι. Βλ. ψαλίς.
ψαλιδοειδὴς κόραξ, *clasp hook, clip hook*
ψαλίς, *scissors, chisel*
  κοπῆς ἐλασμάτων, *plate shears*
  κυκλικὴ —, *circular shears*
  μετάλλων, *shears, snips*
  σιδηρογωνίων, *angle iron shears*
  σιδηρῶν ράβδων, *block shears, stock shears*
ψαμμίτης, *sandstone*
  ἀνθρακοῦχος—, *carboniferous sandstone*
  ἀργολιθικός —, *Upper Cretaceous sandstone*
  γλαυκονιτικός —, *glauconitic sandstone*
  γραουβακικός —, *trap sandstone, greywacke*
  ἐρυθρός —, *red sandstone*
  ἰουρασικός —, *Jurassic sandstone*
  κοϋπέριος —, *Keuper sandstone*
  μελιτινικός —, *soft tertiary sandstone, Molasse*
  νουμμουλιτικός —, *nummulitic sandstone*
  τετράεδρος —, *Upper Cretaceous sandstone*
ψαμμιτοειδής, *sandstone-like*
ψαμμόλιθος, *sandstone*
ψαμμώδης, *arenaceous*
ψαροκόκκαλο, *herring-bone*
ψαρόκολλα, *fish-glue, bone-glue, glue*
ψαρόλαδο, *train oil*
ψεκάδες βροχῆς, *drizzle*
ψεκάζω, *to spray*
ψεκάς, *drizzle*
ψεκασμός, *atomisation*
  θαλάσσης, *sea spray*
ψεκαστήρ, *atomiser, injector, spray gun*
ψέλιον. Βλ. ψέλλιον.
ψέλλια ὑποστηρίξεως, *cleats*
ψέλλιον, *circlip, clip, thimble*
  ἄνω —, *nose cap*
  ἀσφαλιστικόν —, *safety clip*
  διαβιβαστικόν —, *transit clip*
  ἐλατηριωτόν —, *spring clip, circlip*

ψέλλιον
  ἐλατηριοφόρον —, *spring clip*
  κάτω —, *lower band*
  ὀλισθαῖνον —, *sliding clip*
  προσαρμογῆς χείλους, *locating ledge clip*
  συγκρατήσεως ἑλκύστρων, *acorn*
ψευδάργυρος, *zinc (Zn), spelter*
  ἀνθρακικός —, *zinc carbonate*
  ἐμπορίου, *commercial zinc*
  ἐπανακεκαθαρμένος —, *redistilled zinc*
  θειϊκός—, *zinc sulphate, white vitriol*
  θειοῦχος —, *zinc sulphide*
  κυανιοῦχος —, *zinc cyanide*
  ὀξικός —, *zinc acetate*
  ὀξυχλωριοῦχος —, *zinc oxychloride*
  χλωριοῦχος —, *zinc chloride*
  χρωμικός —, *zinc chromate*
ψευδαργύρου, ἀποκόμματα, *zinc cuttings*
  μετάλλευμα —, *zinc ore*
  ὀξείδιον —, *zinc oxide, zincite*
  ὑδροξείδιον —, *zinc hydroxide*
ψευδέγερσις, *false alarm*
ψευδήλιος, *mock sun*
  ἄχρους —, *colourless mock sun*
ψευδής, *false*
  ἀγγελία κινδύνου, *false alarm*
ψευδοβυθός, *false bottom*
ψευδοθύσανοι, *false cirrus*
ψευδοσελήνη, *mock moon*
ψευδοτρόπις, *false keel*
ψευδοφυσίγγια, *blank ammunition*
ψήγματα, *filings*
ψήκτρα, *brush*
  ἐκ τριχῶν χοίρου, *bristle brush*
  ἐλαίου, *oil brush*
  ἐξ ἄνθρακος, *carbon brush*
  ἐπαγωγίμου, *rotor brush*
  ἐπαφῆς, *collecting brush*
  ἠλεκτρικῆς προσγειώσεως, *earthing brush*
  καθαρισμοῦ, *scrubber*
  μεταλλική —, *wire brush*
  περιστροφική —, *scratch brush*
  προσγειώσεως, *collecting brush*
  στιλβώσεως, κυκλική, *circular polishing brush*
  ὑδροχρωμάτων, *distemper brush*

ψηκτρογέφυρα, *brush-rocker*
ψηκτροφόρος, *brush-holder*
ψηφῖδες, *chippings, finely broken stone chippings*
ψηφιδωτόν, *mosaic*
δαπέδου, *floor mosaic*
ψηφίς, *grit*
ψιλομέλαν, *braunite*
ψιμυθίτης, *cerussite*
ψυγεῖον, *cooler, refrigerator, radiator, refrigerating plant, ice chamber*
ἀναμίξεως, *injection condenser*
διὰ προβολῆς, *jet condenser*
ἀτμομηχανῶν, *condenser*
ἐπιφανείας, *surface condenser*
κηρηθροειδές —, *honeycomb radiator*
κυψελοειδές —, *honeycomb radiator*
μετὰ κυψελῶν, *honeycomb radiator*
τελικόν —, *after cooler*
ψυγείου, αὐλός, *condenser tube*
θερμόμετρον —, *radiator temperature gauge*
θυρίδες —, *radiator shutters*
κενόμετρον —, *condenser gauge*
πτερύγια —, *radiator shutters*
ψυκτήρ, *refrigerator, refrigerating plant*
ψυκτικὴ μηχανὴ δι' ἀμμωνίας, *ammonia machine*
οὐσία, *coolant*
ψυκτικόν, *coolant*
μῖγμα, *freezing mixture*
ψυκτικός, *refrigerating, cooling*
ἄγων, *cooling agent*
πύργος, *cooling tower*
ψύξεως, βράγχια, *cowling gills*
πλευρίδες —, *cooling ribs*
πτερύγια —, *cooling fins, cowling gills*
σύστημα —, *cooling system*
ψῦξις, *freezing, refrigerating, condensation*
βραδεῖα —, *annealing*
δι' ἀγωγῆς θερμότητος, *cooling by convection*
ἀέρος, *air-cooling*
ἐμβαπτίσεως, *quenching*
ὕδατος, *water-cooling*
διὰ μεταδόσεως, *cooling by connection*
πιέσεως, *pressure cooling*
ρυθμιζομένη —, *annealing*
ψύχειν χάλυβα ἀποτόμως, *quenching the steel*
ψυχή (σιδηροδοκοῦ), *web (of a beam), centre web*
ψυχόμενος δι' ὕδατος, *water-cooled*
ψυχόθραυστος, *cold-short*
ψυχροκοπίς, *cold chisel*
ψυχρόμετρον, *psychrometer*
ψυχρός, *cold, freezing*
ψυχρῶν μετώπων, καταιγίδες, *cold front thunderstorms*
ψύχω, *to freeze*

Ω

Ωδ☾g, *Greenwich Hour Angle of Moon (GHA☽)*
Ωδ☉g (Τλg), *Greenwich Hour Angle of Sun (GHA☉)*
ὤθησις, *thrust, impulsion*
  ἕλικος, *propeller thrust*
  πλαγία —, *lateral thrust*
  πρὸς τὰ πρόσω, *propulsion*
ὠκεανικὴ προέλευσις, *oceanic origin*
ὠκεανός, *ocean*
ὤμ (μονὰς ἀντιστάσεως), *ohm*
ὤμειος ἀντίστασις, *ohmic resistance*
  νόμος, *Ohm's law*
  πτῶσις τάσεως, *ohmic voltage loss*
  συνιστῶσα τάσεως, *ohmic voltage component*
ὠμίδιον, *shoulder*
ὠμικὴ ἀντίστασις, *ohmic resistance*
ὠμόμετρον, *ohmmeter*
ὦμος, *shoulder*
  ἀσφαλιστικός —, *locking shoulder*
  κλειδώσεων, *locking shoulder*
ᾠοειδῆ τοῦ Κασσίνι, *Cassini's ovals*
ᾠοειδής, *oval, egg-shaped*
  χειροβομβίς, *egg-shaped grenade*
ᾠολιθικὰ πετρώματα, *oölitic (rocks)*
ᾠολιθικὸς ἀσβεστόλιθος, *oölitic limestone, oölitic lime*
ὡπλισμένον θερμόμετρον, *armored type thermometer*
  καλώδιον, *armored cable*
ὥρα, *time, hour*
  Γκρήνουϊτς, *Greenwich time*
    μέση — —, *Greenwich mean time (G.M.T.)*
  ζώνης, συμβατική, *zone time (Z.T.)*
  θερινή —, *summer time*
ὥρας, σήματα, *time signals*
ὡριαία ἄτρακτος, *zone time (Z.T.)*
  γωνία, *hour angle (H.A.), horary angle*
ὡριαῖαι συντεταγμέναι, *horary coordinates*
ὡριαῖον βάττ, *watt-hour*
ὡριαῖος ἀγγλικὸς ἵππος, *h.p. hour*
  ἵππος, *P.S. hour*
  κύκλος, *hour circle*
ὡριαίου κύκλου, ἐπίπεδον, *hour circle plane*
    τύμπανον — —, *hour circle drum*

ὡρικὴ γωνία Γκρήνουϊτς (Ωδg), *Greenwich Hour Angle (G.H.A.)*
ὡρίμασις, *gradual hardening* **(μετάλλου)**, *normalising*
ὡρισμένος, *definite*
Ὠρίων (Ζώνη), *Belt of Orion*
ὡροδείκτης ὡρολογίου, *hour hand*
ὡρολογία, *horology*
ὡρολόγιον, ἐλεγκτικόν, *dial turn indicator (D.T.I., d.t.i.)*
  ἐνδείξεως καμπύλης, *dial turn indicator (D.T.I., d.t.i.)*
  ἡλιακόν —, *sun dial*
  σκοτεινοῦ θαλάμου, *dark room clock*
  τσέπης, *pocket watch*
  χειρός, *wristwatch*
ὡρολογίου, ἀνάτασις, *winding of a watch*
  ἐπικρουστὴρ —, *watch escapement*
  μηχανισμός —, *watch mechanism, clockwork train*
ὡρολογοποιΐα, *horology*
ὡρονομικὸς σταθμός, *panel display ground*
ὡσεὶ περιοδικά, *quasi-periodic*
ὦσις, *thrust, impulsion, repulsion, propelling force*
ὤσμωσις, *osmosis*
  ὑγρῶν, *osmosis of fluids*
ὡστενίτης, *austenite*
  χάλυψ, *austenitic steel*
ὠστήρ, *drag link*
ὠστηρία ράβδος, ἐπίπεδος, *tabular push rod*
ὠστήριον, *push rod, lifter, tappet*
  κλειδὸς ἀλλαγῆς τροφοδοτήσεως, *switch-plate plunger*
ὠστήριος ἐλατηριωτὴ ἁρπάγη, *spring-loaded carry pawl trip*
ὠστηρίου, πέλματα ἀνυψώσεως, *tappet rods*
ὠστικὴ ράβδος, *push rod*
ὠστικοὶ στερεωτῆρες, *press fasteners*
ὠστικὸν μηχάνημα ἰσοπεδώσεως, *bulldozer, bullgrader*
ὠστικὸς δακτύλιος, *thrust ring, thrust race*
  διωστήρ, *push rod*
  καὶ ἑλκτικός, *push-pull*

ὠστικὸς
ὁμαλυντήρ, *bulldozer, bullgrader*
σύνδεσμος, *drag link*
σφαιροτριβεύς, *thrust bearing*
τριβεύς, *thrust bearing, thrust race*
ὠστικοῦ διωστῆρος, κάλυμμα, *push rod cover*
περίβλημα — —, *push rod housing*
κομβίου, ἄρρεν τμῆμα, *press studs*
θῆλυ τμῆμα — —, *press buttons*
τριβέως, ἄξων, *thrust shaft*
ὠτία ἐξολκέως, *horns of the extractor*
μετ᾿ ἐγκοπῆς, *slotted lugs*
συναρμολογήσεως καλύμματος, *cowl mounting lugs*
περιβλήματος, *cowl mounting lugs*
ὠτίον, *lug*
ἀρτήσεως διὰ φορεῖς μέσων βομβῶν, *lug for universal carrier*
μικρῶν βομβῶν, *lug for light series (L.S.) carrier*
φορέως, *lug for carrier*
ὠτίον
ἕλξεως, *drag plate*
ὠτίς, *flange*
ἀδιάτρητος —, *blank flange*
ἀντιστοιχίας, *mating flange*
γωνιακή —, *angle flange*
διατάσεως, *adjusting ear*
καθηλωτή —, *riveted flange*
κατειργασμένη —, *faced flange*
κολλητή —, *soldered flange*
κοχλιωτή —, *screwed flange*
ρυθμίσεως, *adjusting ear*
σταθερά —, *fast pipe, flange*
συγκολλήσεως, *soldered ear*
συγκολλητή —, *welded flange*
συνδέσεως, *coupling flange*
συσφίγξεως, *mechanical ear*
σωλῆνος, *pipe flange*
τροφοδοτήσεως, *feed ear*
ᾠοειδής —, *oval flange*
ὤχρα, *ochre*
νικελίου, *nickel bloom*
ὠχρός, *buff*
ὠχυρωμένη περιοχή, *fortified region*

ΣΥΜΠΛΗΡΩΜΑ

Α

ἀβάνειον ἀναγωγῆς — *plotting board*
ἀβεντουρίνης χαλαζίας — *aventurine quartz*
ἄβαξ τροχιῶν — *trajectory chart*
ἀγγειοπλαστεῖον — *pottery*
ἀγγλεσίτης — *anglesite*
ἄγκιστρον τροχαλίας — *swivel*
ἀγκίστρωσις — *hitch*
ἄγκλιμα, *bunk. berth*
ἀγκωνωτὸν τηλεσκόπιον — *elbow telescope*
ἀγωγιμότης, ἐδαφικὴ — *earth conductivity*
ἀγωγιμότης, μεταφερομένη — *conversion conductance*
ἀγωγὸς ἀνοικτὸς — *open channel*
ἀέρια ὀρυχείων — *damp*
ἀεριαγωγὸς — *gas pipe*
ἀεριαφαίρεσις — *degasifying*
ἀεριέλαιον — *gas oil*
ἀεροδυναμικὴ σήραγξ — *wind tunnel*
ἀερόλουτρον — *air bath*
ἀεροπαλμὸς — *flutter*
αἴσθησις χώρου — *depth perception*
αἰών, μεσοζωϊκὸς — *mesozoic era*
αἰώρημα — *suspension*
ἀκέραιοι θετικοὶ ἀριθμοὶ — *counting numbers*
ἀκέραιος ἀριθμὸς — *integer*
ἄκμων, δίκερως — *beck iron, beakiron*
ἀκουαμαρίνης — *aquamarine*
ἀκουστικὸν — *headphone*
ἀκροδέκτης — *plug, binding-post*
ἀκρόκρημνον — *(upper)edge*
ἀκτῖνες κοσμικαὶ — *cosmic rays*
ἀμαλγάμωσις — *amalgamation*
ἅμαξα ἀποσκευῶν — *luggage-car*
ἅμαξα (σιδηροδρομικὴ φορτηγὶς) — *goods wagon*
ἁμαξοπηγὸς — *body maker*
ἁμαξοστάσιον — *wagon shed, coach house, garage, railroad shop*
ἁμαξοστοιχία, ἐπιβατικὴ — *passenger train*
ἀμετάβλητον τῆς τροχιᾶς — *rigidity of the trajectory*
ἀμιάντου χάρτης — *asbestos paper*
ἀμμοδόχος, *sand-box*
ἀμμοκονιαστὴς — *plasterer*
ἀμμοριπὴ — *sand blasting*
ἄμμος, ἡφαιστεία — *volcanic sand*
θινεία — *dune sand*
λεπτόκοκκος — *fine grained sand*
μυλολίθου — *millstone grit*
τραχεῖα — *sharp sand*
χονδρόκοκκος — *coarse grained sand*
ἀμμωνίας, μονὰς — *ammonia plant, ammonia unit*
ἀμμώνιον πολυθειοῦχον — *ammonium persulphide*
ἀμυλόκολλα — *starch paste*
ἀνάγλυφον ἐδάφους — *terrain model*
ἀνάγλυφος — *relievo, bas-relief, embossment*
ἀνάγλυφος χάρτης — *relief map*
ἀναγωγὴ — *conversion*
ἀναγωγῆς, πίναξ — *conversion table*
ἀναδάσωσις — *reforestation*
ἀνακλαστικὴ ἢ καὶ αὐτοπαθὴς (μαθ.) — *reflexivity*
ἀναλογίαι, πολλαπλάσιαι — *multiple proportions*
ἀναλογίαι, σταθεραὶ — *constant (definite) proportions*
ἀναλογικότης — *proportionality*
ἀνάλογον — *proportional*
ἀναπτυκτὸς — *developable*
ἀνασταλτὴρ — *buffer*
ἀνασταλτικὸν — *inhibitor*
ἀναστολεὺς — *damper*
ἀναστολὴ δι᾿ ἀέρος — *air damping*
ἀναστολὴ δι᾿ ὑγροῦ — *liquid damping*
ἀνέλκυσις — *winding, hoisting*
ἀνιοῦσα — *ascending*
ἄνισος — *unequal, uneven*
ἄνοιγμα (γεφύρας) *span (of bridge)*
ἀνοικοδόμησις — *rebuilding, reconstruction*
ἀνοπτήσεως, ἄνθραξ — *temper carbon*
ἀνοπτήσεως, κιβώτιον — *annealing box*
ἀντίθετος (ἀριθμοῦ) — *inverse*
ἀντιθὶν ὑποβρύχιος — *sand bar*
ἀντικαταστάσεως, νόμος (μαθ.) — *associative law*
ἀντικολλητὰ (κόντρα πλακὲ) — *plywood*
ἀντίκτυπος — *recoil*
ἀντιμεταθέσεως, νόμος (μαθ.) — *commutative law*
ἀντιολισθητικὴ ἅλυσις — *tire chain*
ἀντιολισθητικὸς — *anti-skid*
ἀντίστροφον (μαθ.) — *inverse*
ἀντισύζευξις — *reaction*

ἀντοχὴ ὑλικῶν — *strength of materials*
ἀντοχῆς, ὑψηλῆς — *high-grade*
ἄντυξ — *dial, scale, intrados, soffit*
ἄντυξ ἀποστάσεων — *range scale*
ἀντωειδὴς — *obovate*
ἀνυδρίτης βάσεως — *basic anhydrite*
ἀνυψώσεως, ἔμβολον — *lifting piston*
ἀνυψώσεως, κοχλίας — *lifting screw*
ἀξίνη — *pick*
ἀξίνη ποδὸς — *foot pick*
ἄξονα, θέτω εἰς τὸν — *to center*
ἄξονα, τοποθέτησις κατὰ τὸν — *centering*
ἀξονέλαιον — *spindle oil*
ἄξονες, διασταυρούμενοι — *intersecting shafts*
ἄξονες συζυγεῖς — *tandem axles*
ἀξονικὸν διάκενον — *end play*
ἀξονίσκος δορυφόρου — *spider*
ἀξονίσκος, κοχλιωτὸς — *screwed spindle*
ἀξονίσκος περιστροφῆς — *trunnion*
ἄξονος, φόρτισις — *axle load*
ἀξόνων, εὐθυγραμμιστὴς — *shaft straightener*
ἀξόνων, σύνδεσμος — *shaft coupling*
ἄξων διευθύνσεως — *steering shaft*
ἄξων, κύριος — *main shaft, line shaft*
ἄξων, ὁλόσωμος — *solid shaft*
ἄξων τετραγωνικῆς τομῆς — *square shaft*
ἄξων, τοίχου, ἐνδιάμεσος — *wall countershaft*
ἄξων τῶν Χ (τετμημένων) — Χ-*axis*
ἄξων τῶν Ψ (τετμημένων) — Y-*axis*
ἄξων φορείου, κατακόρυφος — *center pin*
ἀπαγωγὸς ἑστίας — *chimney - pot*
ἀπαλοιφὴ — *cancellation*
ἀπαριθμητὴς — *counter*
ἀπεικόνισις, σύμμορφος — *orthomorphic projection*
ἀπειροστὴ αὔξησις — *increment*
ἁπλοποιῶ (μαθ.) — *simplify*
ἀποβουτύρωσις — *churning*
ἀποδάσωσις — *deforestation*
ἀπόδοσις, ἐνδεικνυομένη — *indicated efficiency*
ἀπόδοσις, ὀγκομετρικὴ — *volumetric efficiency*
ἀποδότης (πειρούνα) — *pitch-fork, hayfork*
ἀπολυμαίνω — *decontaminate*
ἀπόλυτον σφάλμα — *absolute error*
ἀποθέματα ἀλλουβιακὰ — *alluvial deposits*
ἀποθέματα, χερσογενῆ — *terrigenous deposits*
ἀποικοδόμησις (χημ.) — *degradation*
ἀποκλάδωσις — *pruning*
ἀποξηραντὴρ — *dessicator*
ἀποξύλωσις — *lignification*
ἀποξύρισις πετρώματος — *(marine) abrasion*
ἀποπαγωτὴρ — *defroster*
ἀποσκληρωτὴς ὕδατος — *water softener*
ἀποσμητικὸν — *deodorant*
ἀπόσταγμα — *distillate*
ἀποστάξεως, κλᾶσμα — *fraction of distillation*
ἀποσυνδέω — *switch off*
ἀποσυνθέτω — *decompose*
ἀποσφράγισις — *unsealing*
ἀποτέφρωσις — *incineration*
ἀποφύσησις — *deflation*
ἀποχετευτικὸς ἀγωγὸς — *sewage pipeline*
ἀποχωρισμὸς (χημ.) — *separation*
ἀποχωριστὴρ ὕδατος — *steam separator*
ἀποψύξεως, σημεῖον — *freezing point*
ἀπώθησις — *repulsion*
ἀραίωμα τσιμέντου — *cement grout*
ἀργαλειὸς (ἁλιεία) — *drag-net for shellfish*
ἀργιλικὴ (τικτὴ) κονία — *lumnite, aluminum cement*
ἄργιλος, ἰζηματογενής —, *residual clay*
ἀργιλότοιχος — *adobe wall, clay wall*
ἀργὸν ὑλικὸν (πρώτη ὕλη) — *raw material*
ἄρδευσις διὰ κατακλύσεως — *border irrigation*
ἄρδευσις περιτροπικὴ — *alternating irrigation*
ἀριθμήσιμος — *countable*
ἀριθμητικὸς — *numerical*
ἀριθμὸς κβαντικὸς — *quantum number*
ἀριθμὸς σειρᾶς — *serial number*
ἀριθμὸς τυχαῖος — *random number*
ἁρμὸς ἑδράσεως — *horizontal joint*
ἁρμὸς σφαιρικὸς — *ball and socket joint*
ἁρμὸς ὤσεως — *vertical joint*
ἁρμῶν, διακοπὴ — *breaking (or staggering) of joints*
ἄροσις — *tillage, ploughing*
ἄροσις, πρώτη — *first ploughing*
ἄροτρον δι' ἀποστραγγίσεις — *trench plow*
ἄροτρον, πολύδισκον — *multidisc plow*
ἀρότρου, ἀνατρεπτὴρ — *mouldboard*
ἀρσενίτης — *white arsenic, arsenite*
ἀρτάνη, σωσίβιος — *life-saving apparatus*
ἄρτυμα ὑδραυλικὸν — *hydraulic admixture*
ἀρχέτυπον — *archetype, original model*
ἀρχιτεκτονική, ἀγροτικὴ — *rural architecture*
ἀρχιτεκτονική, ἀστικὴ — *civil architecture*
ἀρχιτεκτονική, ἐκκλησιαστικὴ — *church architecture*

ἀρχιτεκτονικὴ λίθου — *stone architecture*
ἀρχιτεκτονικὴ μοναστηριακὴ — *monastic architecture*
ἀρχιτεκτονικὴ πλίνθου — *brick aichitecture*
ἀρχιτεκτονική, ὠφελιμιστικὴ — *utilitarian aichitecture*
ἄσβεστος, παχεῖα — *rich (or fat) lime*
ἀσβέστου, σβέσις — *slaking of lime*
ἀσβέστου, φύραμα — *lime putty*
ἀσβεστόχρισις — *whitewashing*
ἀσβολάνης (ἀσβόλη) *asbolane (asbolite)*
ἀσπὶς (τρούλου) — *cupola*
ἀσπὶς ἐπὶ λοφίων — *dome (cupola) on pendentives*
ἀσταθὴς — *variable, unsteady*
ἄστριος, νατρομιγὴς — *soda feldspar*
ἀσυμπίεστον — *incompressibility*
ἀσυνέχεια — *discontinuity*
ἀσύρματος φορητὸς — *walky - talky*
ἀσφαλείας, περιθώριον — *safety margin*
ἀσφαλτοσκυρόδεμα — *asphaltic concrete*
ἀσφάλτωσις — *asphalting*
ἄτηκτον — *infusibility*
ἄτηκτον — *infusible*
ἀτμαγωγὸς — *steam pipe*
ἀτμὶς — *fumarole*
ἀτμοθέρμη — *steam vent*
ἀτμόϊππος — *horse-powe1*
ἀτμοκιβώτιον — *steam chest*
ἀτμολέβης, κατακόρυφος — *vertical boiler*
ἀτμολέβητος, αὐλὸς — *boiler tube*
ἀτμός, ἐνεργὸς — *live steam*
ἀτμοσυρίκτρα — *steam whistle*
ἀτμοῦ δίοδος — *steam port*
αὐξομείωσις — *fluctuation*

Β

βαθμίδες, μὲ — *stepped*
βαθμίδος, ὕψος — *rise*
βέλος τόξου (γεφύρας) — *rise of an arch*
βενζίνη ὑψηλῆς συμπιέσεως — *premium gasoline*
βενζοϊκὸς ἀνυδρίτης — *benzoic anhydride*
βενζολικὸς πυρὴν — *benzene nucleus*
βῆμα, συλλογικὸν — *collective pitch*
βηματόμετρον — *pedometer*
βήματος, μοχλὸς — *pitch lever*
βινυλεστὴρ ὀξεικὸς — *vinyl acetate*
βισμούθιον θεϊκὸν — *bismuth sulphate*
βληταγωγὸν — *ammunition wagon*
βλητικὴ τροχιὰ — *ballistic trajectory*
βλῆτρον, ἀφανὲς — *countersunk bolt*
βόθρος — *cesspool*
βόθρος, σηπτικὸς — *septic tank*
βολαχτήρας (ἁλιεία) *fish harrow*
βολίδος, κινητὴρ — *rocket engine*
βολὶς — *rocket, bolide, fire ball*
βόρακος, μαργαρῖται — *borax beads*
βόρβορος — *mud, mire, ooze*
βορίου, νιτρίδιον — *boron nitride*
βορίου, τριοξείδιον — *boricoxide*
βουτύλιον — *butyl*
βουτυρομηχανὴ — *churn*
βραουνίτης — *braunite*
βραχίων ἐγκαρσίου κλίτους — *arm of transept*
βραχίων σφονδύλου — *arm of flywheel*
βροχή, ψιλὴ — *drizzle*
βρωμοβενζόλιον — *bromobenzine*
βύθισμα, μέσον — *mean draught*
βυθοκόρησις — *dredging*
βύρσα — *leather, dressed skin*
βῶλος — *bole*

Γ

γαῖαι, ἀλκαλικαὶ — *alkaline earths*
γαῖαι, ποτιστικαὶ — *arable land*
γαῖαι, σπάνιαι *rare eaiths*
γαλβανισμένος — *galvanized*
γαριδοπαγίδα — *shrimp trap*
γαριδότρατα — *shrimp trawl*
γένεσις ἀψίδος (θόλου) — *springing*
γεφύρας, βέλος (ἢ τόξου) — *rise of an arch*
γεφύρας, μέθοδος διὰ — *bridge method*
γεωαντίκλινον — *geoanticlinal fold*
γεωκατακρήμνησις — *landslide, landslip*
γεωλίσθησις ἀπιδοειδὴς — *pear-shaped landslide*
γεωλογία, δυναμικὴ — *geodynamics*
γεωλογία, ἐφηρμοσμένη — *applied geology*
γεωμετρία τῶν συντεταγμένων — *coordinate geometry*
γεωργικὰ ἐργαλεῖα — *farming implements*
γεωτρήσεως, ἰκρίωμα — *tower*
γεωτρήσεως, ὄρυξις — *drilling*

γεωτρήσεως, σωλήνωσις — *borehole casing*
γεώτρησις, δοκιμαστικὴ — *exploratory boring, test well*
γεώτρησις, κρουστικὴ — *churn drilling*
γεώτρησις, περιστροφικὴ — *rotary drilling*
γεώτρησις μετὰ λήψεως πυρήνων — *core drilling*
γεώτρησις δι' ὕδατος — *wet drilling*
γεωτρύπανον, κρουστικὸν — *percussion drill*
γῆ ἀποχρωστικὴ — *fuller's earth*
γῆ διατόμων — *diatom earth, kieselguhr*
γῆ ἐγχυματικῶν πρωτοζώων — *infusorial earth*
γῆ, μαύρη *black earth*
γῆ σμηκτρὶς (ἢ πλυντρὶς) — *fuller's eart*
γῆ φυτικὴ — *mild humus, mould*
γήλοφος — *hillock, mount, hill*
γήπεδον σταθμεύσεως αὐτοκινήτων *parking lot*
γλυπτάλαι — *glyptals, glyptal resins*
γλυπτοθήκη — *sculpture gallery*
γλυφάδα — *brackishness*
γλυφὴ κοπτικοῦ ἐργαλείου — *flute groove*
γραμμαρίου, δέκατον — *decigram(me)*
γραμμὴ ἐναέριος — *overhead line*
γραμμὴ ἐξερευνήσεως — *scanning line*
γραμμὴ συμπιέσεως — *compression iine*
γραμμὴ συνεχὴς — *unbroken line,full line*
γραμμοσυχνότης — *line-frequency*
γρανίτης, βιοτιτικὸς — *biotite granite*
γρανίτης κεροστιλβικὸς — *hornblende granite*
γρανιτογνεύσιος — *granite gneiss*
γραπτόλιθος — *graptolite*
γραφομηχανὴ — *typewriter*
γρέγος — *northeast wind*

Δ

δακρυρρόη — *dripstone*
δακτύλιος κίονος — *annulet*
δακτύλιος ὁλόσωμος — *solid boss*
δάπεδον λίθινον — *pavement*
δασαρχεῖον — *forest ranger district*
δασάρχης (ἐπιθεωρητὴς) — *chief forester*
δασικαὶ ἀτραποὶ — *forest paths*
δασικὴ ἐδαφολογία — *forest soil science*
δασικὸς τύπος — *forest type*
δασοπονία — *forestry*
δάσος ἐρυθρελάτης — *spruce forest*
δάσους, πυρκαϊὰ — *forest fire*
δάσους, χαρτογράφησις — *forest mapping*
δειγματοληψία — *sampling*
δειγματοληψίας θεωρία — *sampling theory*
δείκτης στάθμης καυσίμων — *fuel gauge*
δεκάγωνον — *decagon*
δεκάλιτρον — *decaliter*
δεκάμετρον, διπλοῦν — *double decimeter*
δεκατοκανονικὸν — *decinormal*
δέκτης ραδιοφωνίας — *broadcasting receiver*
δέμα — *parcel, bale*
δεμάτι — *sheaf*
δεματοποιητικὴ μηχανὴ — *baler*
δενδροειδὴς — *arboriform*
δενδροκήπειον — *orchard nursery*
δένδρου, φύλλωμα — *foliage*

δεξαμενισμὸς — *dry docking*
δεσμός, διπλοῦς — *double bond*
δεσμός, ἡμιπολικὸς — *coordinate bond*
δεσμός, ὁμοιοπολικὸς — *covalent bond*
δεσμός, τριπλοῦς — *triple bond*
δεσμοτροπία — *desmotropism*
δηζελόπλοιον — *motor ship*
δημόσια ἔργα — *public works*
διαβατὸς — *passable, fordable*
διαβίβασις — *dispatch, transmission*
διάβρωσις ἐδάφους — *soil erosion*
διάβρωσις παγετωνικὴ — *glacial erosion*
διαγώνιοι νευρώσεις — *diagonal ribs*
διαθλάσεως, δείκτης — *refraction index*
διαθλαστικὸς — *refractive, refracting*
διαθλαστικότης — *refractivity*
διακένωσις — *piping*
διακοσμητικὴ — *decorative art*
διακύμανσις — *fluctuation*
διαλανθάνων — *latent*
διάλυμα μοριακὸν — *molar solution*
διαλυτὴς ἀλειφατικὸς — *aliphatic solvent*
διαλυτῶν, μονὰς — *solvents unit*
διαμέρισμα — *compartment, apartment*
διαμορφούμενος ἐνισχυτὴς — *modulated amplifier*
διαμορφωτὴς — *modulator*
διανομῆς, πίναξ — *switchboard*
διάνυσμα — *vector*
διάνυσμα, μοναδιαῖον — *unit vector*
διάρρους, καμπύλος — *arched spillway*
διαστάσεως, ἀριθμὸς — *dimension figure*
διαστρώσεως, πάχος — *depth of filling*
διάστρωσις — *coat*
διατηρούμενον — *undamped, continuous*

διατομή, τετραγωνικὴ — *square cross-section*
διάτρησις, ἐρευνητικὴ — *probing*
διάφραγμα (φθορίζον) —*fluorescent screen*
διαχωρισμὸς μεταλλεύματος — *ore separation*
διβασικὸν — *dibasic*
διδιάστατος — *two-dimensional*
δίδυμοι κρύσταλλοι — *twin crystals*
διείσδυσις — *penetration*
διελκύω ἐν θερμῷ — *hot draw*
διεύρυνσις (παραθύρου) — *splaying*
διήθημα — *filtrate*
διηχητικὸν — *transonic*
δίκτυον βυθοῦ — *ground net*
δικτυωτὸς — *reticulate*
δίκυκλον — *motorcycle*
διμοιρία — *platoon*
διογκώνω — *swell, buldge, creep*
διόδου, ἄνοιγμα — *passage opening*
διόζαι — *dioses*
διπλοπροβολὴ — *double projection*
δίπτερος (ναὸς) — *dipteral (temple)*
δισκοειδὴς — *discoform*
δισκοσβάρνα — *disc harrow*
δίτροχον ἀνατρεπόμενον — *tumbrel, dump cart*
διφαινύλιον — *diphenyl*
διόροφος — *two-storied*
διώρυξ ἐξόδου — *outlet canal*
δοκιμαστικὴ δοκὸς — *test beam*
δοκίμια — *proofs*
δομή, λεπιοειδὴς — *imbricate structure*
δόνησις κατὰ μήκους — *longitudinal vibration*
δοχεῖον ἀναγωγῆς — *converting pot*
δοχεῖον καυσίμου — *fuel tank*
δραστικότης (χημ.) — *reactivity*
δρεπάνισμα — *reaping, mowing*
δρυμὼν — *woodland, forest*
δυνάμεις, παράλληλοι — *parallel forces*
δυνάμεις, συντρέχουσαι — *concurrent forces*
δυναμικότης — *potential*
δυσαναλογία — *disproportion*
δύτης — *diver*
δωμάτιον χαρτῶν — *chart-room*

Ε

ἐγγειοβελτίωσις — *land reclamation*
ἐγγράμματος (μαθ.) — *literal*
ἔγκλεισις (χημ.) — *occlusion*
ἐγχάραγμα — *incision*
ἐγχάραξις — *inlay, inset*
ἔγχυμα — *infusion*
ἔγχυσις — *injection*
ἐγχυτὴρ (μπὲκ) — *fuel injector*
ἐγχυτῆρες, ἀκροφύσιον — *nozzle*
ἔδαφος θεμελιώσεως (ὑπέδαφος) — *subsoil*
ἔδαφος, τυρφῶδες — *peaty soil*
ἐδάφους, ἀποξήρανσις — *soil drainage*
ἐδάφους, διαβρωσιμότης — *soil erosibility*
ἐδάφους, διαπερατότης — *soil permeability*
ἐδάφους, κορεσμὸς — *soil waterlogging*
ἐδάφους, πορῶδες — *soil porosity*
ἐδάφους, συνοχὴ — *soil cohesion*
ἐδαφῶν, ἰσοπέδωσις — *land leveling*
ἐδράσεως, ἐπιφάνεια — *surface of bearings*
ἐδράσεως, πλὰξ — *bed plate*
εἰκόνος, τεμαχισμὸς — *picture dissection*
εἰκονοστάσιον (τέμπλον) — *iconostasis*
εἰκονοστοιχεῖον — *picture element*
εἰσροῆς, ἐπιφάνεια — *intake area*
ἑκατοβὰτ — *hectowatt*
ἐκβολεὺς δι' ἀτμοῦ — *steam-jet ejector*
ἐκβραχισμὸς — *rock excavation*
ἐκκαπνιστὴς — *soot-blower*
ἐκκλησία, βασιλικὴ — *basilica*
ἐκκλησίδιον (ναΐσκος) — *chapel*
ἐκκολαπτήριον — *hatchery*
ἐκμέτρησις — *(ad)measurement*
ἔκπλυσις — *rinsing*
ἐκπόλωσις — *depolarization*
ἐκπυριτίωσις — *desilication*
ἔκρηξις ἐλαστικοῦ — *blow-out*
ἐκσκαφή, χοανώδης — *glory hole*
ἐκτριβῆς, μηχανὴ — *grinding machine*
ἐκφλοίωσις — *barking*
ἐλαιόψυξις — *oil cooling*
ἐλαίου, σύριγξ — *oil syringe*
ἐλαίου, σῶμα — *body of an oil*
ἐλάττωμα κατασκευῆς — *defect in manufacture*
ἐλαττώματα, κεκρυμμένα — *hidden defects*
ἑλικωτὴρ (φιλιέρα) — *stocks and dies*
ἑλκυστήρ, ἑρπυστριοφόρος — *caterpillar tractor*
ἐμβολιασμὸς — *grafting*

ἔννοια τῆς συναρτήσεως — *function concept*
ἐπιλογεὺς περιστροφικὸς — *uniselector*
ἐπιλογεὺς προσβατικὸς — *access selector*
ἐπιμετάλλωσις — *plating*
ἐπιμεριστικὸς νόμος — *distributive law*
ἐπιμέτρησις — *mensuration*
ἐπιμίλτωσις — *incrustation*
ἐπιμολύβδωσις — *lead-plating*
ἐπίπαγος — *crust, incrustation*
ἐπίπεδον ἀναφορᾶς — *reference plane*
ἐπίπεδος γαλβανισμένη λαμαρίνα — *flat galvanized sheet*
ἐπιπλευσιμότης — *floatability*
ἐπίπλευσις, ἐκλεκτὴ — *selective flotation*
ἐπιπλοποιὸς — *cabinet-maker, joiner*
ἐπισανίδωμα — *planking*
ἐπίστρωσις — *upholstery*
ἐπίχρισμα — *coating*
ἐργαστήριον χημικὸν — *chemical laboratory*
ἐργολάβος δημοσίων ἔργων — *public works contractor*
ἔργον, μηχανικὸν — *mechanical work*
ἐργοστάσιον πυρολύσεως δι' ἀτμοῦ — *steam cracker*
ἔρεισμα ὁδοῦ — *verge*
ἔρευνα — *exploration, survey*
ἐρευνητικὸς — *exploratory*
ἑρπυσμὸς — *creep*
ἑστία, πραγματικὴ — *real focus*
ἑστία σεισμοῦ — *focus of earthquake*
ἐσχάρα διηθητικὴ — *suppressor grid*
ἐσχάρα κινητὴ — *movable grate*
ἐσχάρα φωταγωγοῦ — *skylight grating*
ἐσωλίσθησις — *sideslip*
εὐδιάβρωτος — *corrodible*
εὐθεῖα πραγματικῶν ἀριθμῶν — *real number line*
εὔθυνσις — *straightening*
ἐφύδρωσις — *sweating, bleeding*

Ζ

ζαχαροκαλάμου, ὑπολείμματα — *bagasse*
ζεόλιθος — *zeolite*
ζεῦγος, κινητήριον — *engine torque*
ζεύξεων, θάλαμος — *switch room*
ζεῦξις ἀπεμπλοκῆς — *disengaging coupling*
ζεῦξις ἀσφαλείας — *safety coupling*
ζεῦξις ἐν παραλλήλῳ — *multiple connection*
ζεῦξις εὔκαμπτος — *flexible coupling*
ζεῦξις τριβῆς — *friction coupling*
ζυγίων, συλλογὴ — *set of weights*
ζυγός, χημικὸς — *chemical balance*
ζυγοστάθμισις δυναμικὴ — *dynamic balance*
ζυγοστάθμισις στατικὴ — *static balance*
ζύγωθρον βαλβίδων(πιανόλα) *valve rocker*
ζύμωσις, βραδεῖα — *sluggish fermentation*
ζωμὸς καλλιεργείας — *culture medium*
ζώνη, αἰγιαλῖτις — *territorial waters*
ζώνη ἀναφλέξεως — *ignition harness*
ζώνη, ἐλευθέρα — *free zone*
ζωνοδιαβατὸν — *band-pass*
ζωνοφρακτικὸν — *band-stop*
ζωοφόρος — *frieze*

Η

ἠθμὸς — *filter*
ἠθμὸς πτυχωτὸς — *fluted filter, folded filter*
ἠλεκτρικὴ ἐκφόρτωσις —*electric discharge*
ἠλεκτροδικὴ θερμαπώλεια — *electrode dissipation*
ἠλεκτρόκρουσις — *surge*
ἠλεκτρονιόβολον — *electron gun*
ἠλεκτροπαλμὸς — *pulse*
ἠλεκτροστατικὸν μεγάφωνον — *electrostatic loudspeaker*
ἠλεκτρώθησις — *impulse*
ἡλιέλαιον — *sunflower oil*
ἥλους, εἰσάγω — *insert rivets*
ἥλων, κάμινος — *rivet forge*
ἥλων, πυράγρα — *rivet tongs*
ἥλων, στοῖχος — *row of rivets*
ἡλώσεως, ὀπὴ — *rivet hole*
ἡμιτροῦλλος — *semidome*
ἡφαίστειον, ἁπλοῦν — *monogenic volcano*
ἡφαίστειον, βορβορῶδες — *mud volcano*
ἡφαίστειον, ἐσβεσμένον — *extinct (dead) volcano*

ἡφαίστειον, ἠρεμοῦν — *dormant (quiescent) volcano*
ἡφαίστειον, στρωσιγενὲς — *bedded (composite) cone*
ἡφαίστειον, ὑποθαλάσσιον — *submarine volcano*
ἡφαιστίτης — *volcanic rock, effusive rock*
ἠχεῖον — *resonator, harmonical vase*
ἠχείου, δάπεδον — *sounding board*
ἠχητικὴ ἀπομόνωσις — *sound insulation*
ἠχητικὸν πεδίον — *sound field*
ἠχογράφος — *echo depth-recorder*
ἠχομονωτικὴ ψίαθος — *insulation mat, damping mat*
ἠχομονωτικὸν ὑλικὸν — *sount insulation material*
ἦχος διαπεραστικὸς — *penetrating sound*
ἤχου, στάθμη — *sound level*
ἤχου, χροιὰ — *timber of sound*

Θ

θαλαμίσκος — *cabin*
θάλαμος ὑπὸ πίεσιν — *compression chamber*
θάλαμος προβολῆς — *projection room*
θάλασσα, χωρικὴ — *territorial waters*
θαλασσογραφία — *seascape*
θαμβὸς — *mat*
θάμνος — *brush*
θαμνὼν — *brushwood*
θειαιθέρες — *alkyl sulfides*
θειοάλατα — *thiosalts*
θείου, γάλα — *milk of sulphur*
θεμέλιος λίθος — *cornerstone*
θεριζοαλωνιστικὴ μηχανὴ — *combine*
θεριστικὴ μηχανὴ — *harvester*
θερισμὸς — *harvesting, reaping*
θερμαπώλεια ἠλεκτροδίου — *electrode dissipation*
θερμικὸν φράγμα — *thermal barrier*
θερμὶς γραμμάριον — *gram calorie*
θερμοϊονικὸν — *thermionic*
θερμοκήπιον — *hot-house, greenhouse*
θερμὸν σημεῖον εἰσαγωγῆς — *hot spot*
θερμότης ἐναποθήκευσις — *storage of heat*
θερμότης μετατροπὴ — *conversion of heat*
θῖνες — *dunes*
θλιψιοδείκτης — *pressure indicator*
θολερότης — *turbidity, cloudiness*
θόλος, ἀνακουφιστικὸς — *relieving arch*
θόλος, γοτθικὸς — *cross-ribbed vault*
θόλος, ἑξαμερὴς — *sexpartite vault*
θόλος, κυλινδρικὸς — *barrel vault*
θόλος, σφαιρικὸς — *dome, cupola*
θόλος μὲ φατνώματα — *coffered vault*
θορίου διοξείδιον — *thorium dioxide*
θορυβόμετρον — *noise measurer*
θορύβου, στάθμη — *noise level*
θραύσεως, σημεῖον — *point of fracture*
θώραξ, μαγνητικὸς — *magnetic screen*

Ι

ἰζήματα, χημικὰ — *chemical sediments*
ἰζηματαπόθεσις — *sedimentation*
ἱκανότης, διαχωριστικὴ — *resolving power*
ἰκρίον — *rack*
ἰκρίωμα — *derrick*
ἱμᾶς, ἁπλοῦς — *single belt*
ἶνας, παράλληλος πρὸς — *with the grain (fibres)*
ἰνόπλακες — *shipboards*
ἰνώδης ροὴ — *laminar flow*
ἰνῶν, δομὴ ξυλωδῶν — *wood grain*
ἰξέα — *mistletoe*
ἴον, σύμπλοκον — *complexion*
ἰοντικὸν ρεῦμα — *ionisation current*
ἰόντων, εὐκινησία — *mobility of ions*
ἰσοδυναμίας κλάσεις — *equivalence classes*
ἰσορροπίας, κατάστασις — *state of equilibrium*
ἰσοστάθμισις — *balance*
ἰσχύος, μεταφορὰ — *transmission of power*
ἰσχύος, πιδακίσκος — *power jet*
ἰσχύος, στάθμη — *power level*
ἰσχύος, φόρτος — *power loading*
ἰχνηλάτης — *tracer*
ἴχνος, πολυγωνικὸν — *polygonal trace*
ἰωδοφόρμιον — *iodoform*

Κ

κατώφλιον ἀκουστικότητος — *threshold of audibility*
κεντροθέτησις — *centering*
κέντρον (τηλ.) — *exchange*
κέντρον ἀστικὸν — *local exchange*
κέντρον αὐτόματον — *automatic exchange*
κέντρον (ἢ αἴθουσα) ἐλέγχου — *control room*
κέντρον ἐξηρτημένον — *dependent exchange*
κέντρον ἡμιβοηθητικὸν — *non-parent exchange*
κέντρον ὑπεραστικὸν — *trunk exchange*
κεραία, συρομένη — *trailing aerial*
κέρας ἄκμονος — *beak horn*
κηλιδώδης — *spotted*
κηρήθρα — *honeycomb*
κίνησις, σχετικὴ — *relative motion*
κλειδοπλὰξ — *keyshelf*
κλεῖθρον ἀσφαλείας — *safety lock*
κλείθρου, χειρολαβὴ (πόμολο) — *door handle*
κλείσιμον (μαθ.) — *closure*
κλειστοῦ συνόλου, ἰδιότης — *closure*
κλίβανος ἀνθρακοποιΐας — *charcoal oven*
κλίβανος ἐπαγωγικὸς —*induction furnace*
κλίβανος ξηράνσεως — *drying kiln*
κλίσεων, ἰσοστάθμισις — *fall compensation*
κλιτεῖς, ἀσταθεῖς — *ungraded slopes*
κλιτεῖς, σταθεραὶ — *graded slopes*
κλίτος, ἐγκάρσιον — *transept, cross-aisle*
κλίτος ἐκκλησίας — *nave*
κλίτος κεντρικὸν (ἢ μέσον) *chief nave*
κλίτος πλάγιον — *side-aisle*
κλίτος, τυφλὸν — *blind nave*
κλιτύος, ἀποφλοίωσις — *exfoliation of slopes*
κλωβὸς — *hoisting cage*
κλωβοῦ, ὁδηγοὶ — *cage guides*
κλωστήριον — *spinning mill*
κοβάλτιον νιτρικὸν — *cobalt nitıate*
κόγχη — *apse*
κόρου, ρεῦμα — *saturation current*
κόρου, σημεῖον — *saturation point*
κορυφαία δοκὸς — *ridge piece*
κορυφαία κέραμος — *crest tile, ridge tile*
κόσμημα ἀρχιτεκτονικὸν — *ornament*
κραδασμῶν, ἐπίπτωσις — *superposition vibration*
κυματοειδὴς ταινεία — *corrugated sheet*
κυματοπαγὶς — *wavetrap*
κυμάτων, ἀριθμὸς — *wave number*
κυμάτων, διάδοσις — *wave propagation*
κυμάτων, μεταγωγεὺς — *wave-band switch*
κυμάτων, συρμὸς — *wave train*
κυματώσεις — *corrugations, waves*
κυμάτωσις — *undulation*

Λ

λάβα, ὄξυνος — *acid lava*
λαβίς, ἁλιευτικὴ — *ftsh hooh pincərs*
λάκκα εἰς κόκκους — *seed lac*
λάκκα εἰς τεμάχια — *stick-lac*
λαμπὰς — *large candle*
λαμπυρισμὸς — *scintillation, flicker*
λάμψις, μαργαριτώδης — *pearly lustre*
λάξευσις — *dressing (of stone)*
λάξευσις λίθου — *hewing of stone*
λάξευσις ξύλου — *wood carving*
λατομείου, ἀποκάλυψις — *stripping*
λατομία, μεταλλευτικὴ — *mining process*
λατομία, ὑπαίθριος — *open working*
λέβης, ἠλεκτρικὸς — *electric boiler*
λεβητόλιθος — *scale*
λεβητολίθου, σχηματισμὸς — *scale formation*
λειάνσεως, μηχανὴ — *grinding machine*
λείανσις ἐν ξηρῷ — *dry grinding*
λείανσις τελειωτικὴ — *finishing, finish smooth*
λειαντὴρ βαλβίδων — *valve grinder*
λειοτριβῶ — *pound, grind*
λεκάνη, ἀρτεσιανὴ — *artesian basin*
λεκάνη διαβρώσεων — *erosion basin*
λεκάνη καθιζήσεως — *settling basin*
λεκάνη ὑδαταποθηκεύσεως — *water-storage reservoir*
λεπίον — *scale*
λεπιώδης — *scaly*

λεπτοξυλουργικὴ — *joiner's work*
λεπτοξυλουργὸς — *joiner*
λεπτοσανὶς — *small board*
λεύκη ἡ στακτόχρους — *gray poplar*
λευκὼν — *poplar grove*
λιγνίτου, πλακοῦς — *lignite briquette*
λιγνίτου, ξηραντήριον — *lignite drying plant*
λιθίνη ἐποχὴ — *stone age*
λιθόδεμα — *rubble work*
λιθοδομὴ — *masonry*
λιθοξόος — *stonemason*
λιμὴν ἐκφορτώσεως — *discharging port, unloading port*
λιμὴν τεχνητὸς — *artificial harbor*
λιμὴν φυσικὸς — *natural harbor*
λίμνη, ἁλμυρὰ — *salt lake*
λίμνη γλυκέων ὑδάτων — *fresh-water lake*
λιμνόπλοιον — *lake craft*
λιμνοσιδηρίτης — *bog iron ore*
λιμνοστάσιον — *pond*
λινοτάπης — *linoleum*
λιπάνσεως, αὖλαξ — *lubrication groove*
λιχνιστικὴ μηχανὴ — *winnowing machine*
λουτρὸν ἐπαναφορᾶς — *tempering bath*
λύσις, γραφικὴ — *graphic solution*
λωρίδος, πλάτος — *band width*
λωρίδος, φίλτρον — *band-pass filter*

M

μαθηματικὴ ἐπαγωγὴ — *mathematical induction*
μαρμαιρισμὸς — *scintillation*
μαρμαροκονίαμα — *stucco lustre*
μεγάφωνον κινητοῦ ὁπλισμοῦ — *magnetic-armature loudspeaker*
μεγάφωνον κινητοῦ πηνίου — *moving-coil loudspeaker*
μεταβατικὴ (μαθ.) — *transitivity*
μεταθέσεις καὶ συνδυασμοὶ — *permutations and combinations*
μεταλλακτὴρ — *alternator*
μηχανότρατα — *trawler, trawl-boat*
μηχανουργεῖον — *machine shop*
μῖγμα, εὔτηκτον — *eutectic mixture*
μικροχημεία — *microchemistry*
μινίου, μαστίχη — *red-lead putty*
μόδιος — *bushel*
μοίραρχος — *captain of gendarmery*
μολυβδίς, ἔγχρωμος — *colored pencil*
μολυβδίς, μαύρη — *lead pencil*
μόλυβδος, βασικὸς ὀξεικὸς — *basic lead acetate*
μόλυβδος, διθειϊκὸς — *plumbic sulphate*
μόλυβδος, νιτρικὸς — *lead nitrate*
μόλυβδος, σκληρὸς — *hard lead*
μολύβδου, λευκὸν — *lead white*
μονὰς ἀμμωνίας — *ammonia plant*
μονὰς διαλυτῶν — *solvents unit*
μονὰς πυρολύσεως δι' ἀτμοῦ — *steam cracker unit*
μονοδιάστατος — *of one dimension*
μονότονος (μαθ.) — *monotonic (math)*
μονοτυπία — *monotype*
μονόφυλλος θύρα — *one-shutter door*
μονόχρωμος — *monochrome*
μονώσεως, ἀντίστασις — *insulation resistance*
μονώσεως, συντελεστὴς — *damping coefficient*
μόνωσις, ἠχητικὴ — *sound-proofing*
μόνωσις, θερμικὴ — *insulation*
μοραῖναι, πλευρικαὶ — *lateral moraines*
μοραῖναι, πυθμενικαὶ — *ground moraines*
μορφῶν, μηχανὴ σχηματισμοῦ — *moulding machine*
μυλόλιθος (μυλόπετρα) — *millstone*

N

ναΐσκος — *chapel*
νάρθηξ — *narthex*
νάρκη, ἐπιπλέουσα — *floating mine*
νατραμίδιον — *sodamide*
νάτριον, πυριτικὸν — *sodium silicate*
νάτριον, χρωμικὸν — *sodium chromate*
ναυπηγείου, χαρακτήριον — *mould loft*
ναυπηγικὴ — *naval architecture*
ναυπηγικὴ κλίνη — *building slip*
νιτροποίησις — *nitrification*
νουκλεόνιον — *nucleon*

Ξ

ξεκαλουπώνω — *remove the form*
ξήρανσις διὰ θερμοῦ ἀτμοῦ — *steam superheated conditioning*
ξήρανσις εἰς κενὸν (ἀέρα) — *vacuum drying*
ξήρανσις εἰς ρεῦμα ἀέρος — *blast drying*
ξήρανσις ξύλου — *seasoning of wood*
ξηραντὴρ κενοῦ — *vacuum drier*
ξηρὸν καθάρισμα — *dry cleaning*
ξυλεία ἔμφλοιος — *unbarked timber*
ξυλεία κατειργασμένη — *lumber*
ξυλεία κιβωτοποιΐας — *box board*
ξυλεία λεπτοξυλουργικῆς — *joinery wood*
ξυλεία ὀρθογωνισμένη — *squared timber*
ξυλεία πριστὴ — *sawn timber*
ξυλεία ὑπερξηρανθεῖσα — *overseasoned wood*
ξυλείας, κυβισμὸς — *mensuration of wood*
ξυλείας, ξηραντήριον — *wood drying plant*
ξυλείας, πρίσις — *timber sawing*
ξυλείας, συντελεστὴς στοιβάξεως — *timber pile-factor*
ξυλεπένδυσις (δωματίου) — *paneling of walls, woodwork*
ξυλεπένδυσις, ἐγκολλητὴ — *inlaid work*
ξύλου, σχιστότης — *wood cleavability*

Ο

ὀβελίας — *barbacue*
ὀγκόλιθος — *block of stone, block*
ὀγκομετρικὴ ἀπόδοσις — *volumetric efficiency*
ὁδός, ἐναέριος — *air-way*
ὁδοῦ, στένωμα — *(road) bottleneck*
ὁδῶν, ἀποξέστης — *grader*
ὀζονιστὴρ — *ozonizator*
ὁμάδες (μαθ.) — *groups (math)*
ὄμβρα — *umbra*
ὀξύ, ὀργανικὸν — *organic acid*
ὀξὺ νιτρώσεως — *nitrating acid*
ὅρισμα (μαθ.) — *amplitude (math)*
ὅρος (μαθ.) — *term*
ὄρος, τραπεζοειδὴς — *plateau*
ὄροφος — *floor, storey*
ὀρυκτοῦ, στρῶμα — *mineral deposit*
οὐρανίου, καρβίδιον — *uranium carbide*
ὀχετὸς (μεταλ.) — *chute (mine)*
ὀχετὸς ἀερισμοῦ — *ventilator duct*
ὀχετός, σωληνωτὸς — *pipe culvert*
ὀχεὺς (τριβέλι) — *mandrel*

Π

πεδία (μαθ.) — *field (math)*
πεδίον, ἠλεκτροστατικὸν — *electrostatic field*
πεδίον σκεδάσεως — *stray-field*
πετάλωσις — *shoeing*
πετρέλαιον ἐξωτερικῆς καύσεως — *fuel oil, heavy oil, mazut*
πετρέλαιον λευκὸν — *white spirits*
πηγαὶ διαλειπούσης ροῆς — *intermittent springs*
πηγαὶ ἐλευθέρας ροῆς — *free-flow springs*
πηνίον φωνῆς — *voice coil*
πήξεως, χρόνος — *time of setting*
πλαγιογώνιον τρίγωνον— *oblique triangle*
πλάνη, στρογγύλη — *round plane*
πολικὴ μορφὴ (μαθ.) — *polar form*
πολυβινύλιον χλωριοῦχον — *polyvinyl chloride (*P.V.C.*)*
πολύλοβος — *polyfoil*
πόρος ὑφαιστείου — *vent of volcano*
πρᾶξις (μαθ.) — *operation*
πρατήριον βενζίνης — *service station*
πριονόδισκος (ἐπαναπρίσεως) — *rip saw*
πριονοταινία — *saw band*

πριονοταινία, μικρὰ — *pony hand-saw*
πρίων, δίχειρος — *cross-cutting saw*
προσεταιριστικὸς νόμος — *associative law*
προσθετικὸς — *additive*
προσπτώσεως, ἀκτὶς — *incident ray*
προστέγασμα — *awning*
προστῷον — *porch*
πρωτογοτθικὸς — *early-Gothic*
πτερυγίδιον — *tab*
πτυχῆς, ἄξων — *fold axis*
πτυχομετάπτωσις — *folded fault*
πύργος ψύξεως — *cooling tower*
πυρινικαὶ ἀντιδράσεις —*nuclear reactions*
πυρηνικὴ ἰσομέρεια — *nuclear isomery*
πυρηνικὴ χημεία *nuclear chemistry*
πυρηνικὸν σπὶν — *nuclear spin*
πυρόλυσις δι' ἀτμοῦ — *steam cracking*
πυροσβεστικαὶ ἐγκαταστάσεις — *fire emergency facilities*

Ρ

ραβδίον κάννας — *ramrod*
ράβδος (μεταλ.) — *ballast rod*
ράβδος ἀγκυλωτὴ κοχλιοφόρος — *hook bolt*
ράβδος ἀναμίξεως — *stirring rod*
ραβδωτὸς τροχὸς — *lantern wheel*
ραδιενεργὸν ἰσότοπον — *radioisotope*
ραδιενεργὸς δείκτης — *radioactive indicator*
ραδιοσταθμὸς ἐδάφους — *ground radio*
ραδιοτηλέτυπον — *radio teletype*
ραδιοφάρος ἐπισημάνσεως — *marker beacon*
ραδιοφάρου, σταθμὸς — *radio range station*
ραδιοχημεία — *radiochemistry*
ρεῖθρα, λιθενδεδυμένα — *stone-paved channels*
ρεῖθρα, ξύλινα — *wooden ditches*
ρεῖθρα, τεχνητὰ — *arificial channels*
ρεῦμα ἀσυνεχοῦς ροῆςt — *intermittent stream*
ρεῦμα, βεβιασμένον — *forced draught*
ρεῦμα ὑψηλῆς συχνότητος — *high-frequency current*
ρεῦμα φορτίσεως — *charging current*
ρεύματα ἀντιθέτου ροῆς — *counter-currents*
ρεύματα διασταυρούμενα —*cross-currents*
ρευστοσίδηρος, βασικὸς — *basic pig-iron*
ρῆγμα, γεωλογικὸν — *fracture, fault*
ρηγμάτων, δέσμη — *compound fault*
ρηξίπετρον — *breakstone, saxifrage*
ρητινοφόρος ἀγωγὸς — *resin duct*
ρίζα, τετάρτη — *fourth root*
ρίνη σχήματος μαχαίρας — *fine-edge file*
ρινῶν, χαράκτης — *file cutter*
ρόγχος, θερμικὸς — *thermal agitation*
ρόζος, συμπαγὴς — *firm knot*
ρόζος, συνηυξημένος — *tight knot*
ρόζος τυφλὸς — *blind knot*
ροή, ἀντίθετος — *counter-flow*
ροή, γραμμικὴ — *laminar flow*
ροή, ἰξώδης — *viscous flow*
ροή, μαγνητικὴ — *magnetic flux*
ροή, ὁλικὴ — *total flux*
ροή, στρωτὴ — *laminar flow*
ροῆς, πίεσις — *pressure of flow*
ροῆς, ταχύτης — *velocity of flow*
ρολλὸ (παραθύρου) — *roller-blind*
ροπὴ γωνίας — *corner moment*
ρουμάνι — *thick wood, dense forest*
ρυμουλκουμένου, σύνδεσμος — *trailer coupling*
ρωγμή, ἐπιφανειακὴ — *surface crack*

Σ

σάλπιγξ ἐξαγωγῆς (ἐξατμίσεως) — *exhaust alarm*
σάλπιγξ ἠλεκτρικὴ — *electric horn*
σανιδοεπένδυσις — *lagging*
σανιδότοιχος (φράκτης) — *boarded fence*
σανὶς ἐξακριδίων — *outside slab*
σανὶς κεντρικὴ — *heart plank*
σανὶς πλευρικὴ — *outer plank*
σανὶς πτήσεως — *alighting board*
σανοῦ, ὑπόστεγον — *hay barn*
σαρωθροθέσιον — *broom closet*
σάρωθρον — *broom, sweeper*

σάρωθρον, μηχανικὸν — *mechanical sweeper*
σάρωθρον, περιστροφικὸν — *rotary broom*
σβάρνα — *harrow*
σβεστὴρ δι' ἀφροῦ — *foam flame-extinguisher*
σβεστὴρ φλογῶν — *flame extinguisher*
σβήνω — *erase, deaden (a shock)*
σειραί, ἀριθμητικαὶ — *arithmetical series*
σειραί, ὁμόλογοι — *homologous series*
σειρὴν — *hooter, siren*
σεισμικὴ σκιὰ — *earthquake shadow*
σεισμογράφημα — *seismogram*
σεισμός, ἀπαρατήρητος — *instrumental earthquake*
σεισμὸς βάθους — *deep-focus earthquake*
σεισμὸς ἡφαιστειογενὴς — *volcanic earthquake*
σεισμός, πρόδρομος — *forerunner shock*
σεισμὸς τεκτονικὸς — *tectonic earthquake*
σεισμός, ὑποθαλάσσιος — *submarine earthquake*
σεληνοειδὴς δορυφόρος — *solenoid satellite*
σεληνόλιθος — *moonstone*
σεληνόφως — *moonlight*
σέρρα (θερμοκήπιον) — *greenhouse*
σῆμα ἀναγνωρίσεως — *identification signal*
σῆμα ὁδηγίας — *guiding mark*
σημαντὴρ — *marker*
σημαντὴρ ἐξωτερικὸς — *outer marker*
σημαντὴρ ὁρίων ἀεροδρομίου — *boundary marker*
σημαντὴρ ριπιδοφόρος — *fan marker*
σήμαντρον — *bell*
σηματοφόρος — *semaphore*
σημεῖον σταθερὸν — *fixed point*
σιδηρικὰ θυρῶν καὶ παραθύρων — *iron fittings*
σιδηροβανάδιον — *ferro-vanadium*
σιδηρόδρομοι, ἐναέριοι — *aerial tramway*
σιδηρόδρομος, ἐναέριος — *aerial cableway*
σιδηρόδρομος ἐργοστασίων — *works railway*
σιδηρόδρομος ὀδοντωτὸς — *rack railway*
σιδηρόδρομος προσφύσεως — *adhesion railway*
σιδηροπυρὴν — *iron core*
σκέδασις — *scattering, dissemination, dispersion*
σκέδασις μαγνητικὴ — *magnetic leakage*
στίξις (μαθ.) — *punctuation*
στοά, συνδετικὴ (μεταλ.) — *holing*
στοὰ σωληνώσεων — *pipe gallery*
στοὰ ὑδρομαστεύσεως — *infiltration gallery*
στοαί, δίδυμοι παράλληλοι — *gangways*
στοίβαξις — *stacking*
στραγγάλη — *choke*
στρατοῦ, σῶμα — *army corps*
στρεβλότης (μαθ.) — *parameter of distribution*
στρέψεως, γωνία — *angle of twist*
συμβόλησις — *beating*
συμβολόμετρον — *interferometer*
συμβολότονος — *beat tone*
συμμετρικὴ (μαθ.) — *symmetry*
συμπηγνύω — *coagulate*
σύνολον (μαθ.) — *set*
σύνδεσις δι' ἐγκοπῶν — *tonguing*
σφραγιδόκηρος — *sealing wax*

Τ

ταινία (ἀρχιτ.) — *lintel, fillet*
ταλαντωσκόπιον — *oscilloscope*
τασεόμετρον — *tensometer*
τάσεως, βαθμὸς — *voltage*
ταυτότης — *identity*
τάφροι, βαθεῖαι — *deep drains*
τάφροι, κλεισταὶ — *covered drains*
τάφροι μετ' ὀχετοῦ — *drains with culvert*
τάφρος προσαγωγῆς — *header ditch*
ταχύτητος, καμπύλη — *velocity curve*
ταχύτητος, καταγραφεὺς — *tachograph*
ταχύτητος, συντελεστὴς — *coefficient of velocity*
τεχνητὴ νησὶς — *artificial island, breasting island*
τέφρας, ἐκβολεὺς — *ash ejector*
τεφροπράσινος — *verdigris-colored*
τέχναι, γραφικαὶ — *graphic arts*
τέχναι, διακοσμητικαὶ — *decorative arts*
τέχναι, εἰκαστικαὶ — *figurative art*
τέχναι, καλαὶ — *fine arts*
τζόγος, ἐλάχιστος — *minimum clearance*
τηλεχειρισμὸς — *remote control*
τμῆσις λίθων — *sledging, blocking*
τοῖχοι διακοπῆς — *cut-off walls*
τοιχώματα, μὲ διπλᾶ — *doubled-walled*
τομὴ εἰς τὸ μέσον — *medial section*
τόρνος ἐπισώτρων — *tire lathe*
τροῦλλος, βολβώδης — *bulbous cupola*

τροῦλλος ἐπὶ ἡμιχωνίων — *cupola on squinches*
τροῦλλος ἐπὶ λοφίων — *cupola on pendentives*
τροῦλλος μὲ νευρώσεις — *ribbed dome*
τροχαλία, κωνικὴ — *tapered (cone) pulley*
τροχὸς ἔργου — *pinion*
τσιμέντον ἐκ ξύλου — *wood cement*
τύρφη, ἰζηματογενὴς — *sedimentary peat*

Υ

ὑγραέριον — *liquefied petroleum gas* (L.P.K.)
ὑγροῦ, δέσμη — *jet of fluid*
ὑγροῦ, μετατόπισις — *displacement of a liquid*
ὑγροῦ, πυκνότης — *density of a liquid*
ὑγροῦ, στερεοποίησις — *solidification of a liquid*
ὑδατίνη δέσμη — *water jet*
ὑδατίνη ὁδὸς — *waterway*
ὑδατογραφία — *water color*
ὑδατοπαροχὴ — *water discharge*
ὑδατόπηγμα — *hydrogel*
ὑδατόπτωσις — *head*
ὕδατος, στάθμη — *water level*
ὑπερβατικὸς (μαθ.) — *transcendental*
ὑπόκεντρον, αὐτόματον — *satellite exchange*
ὑπόκεντρον, χειροκίνητον — *sub- exchange*

Φ

φερέσυχνος (ἢ φεροντικὴ) τηλεφωνία — *sarrier telephony*
φίλτρον, ἀνωδιαβατὸν — *high-pass filter*
φίλτρον, ζωνοδιαβατὸν — *band-pass filter*
φίλτρον, ζωνοφρακτικὸν — *band-stop filter*
φίλτρον, κατωδιαβατὸν — *low-pass filter*
φίλτρον, ξεστικὸν — *scratch filter*
φράγμα (μαθ.) — *bound(s)*
φράγματα, μόνιμα — *fixed weirs, permanent dams*
φράγματα τεχνητῶν λιμνῶν — *reservoirs*
φράγματος, διάρρους — *dam spillway*
φράγματος, πτερύγια — *wings of dam*
φραγμάτων, ὀχετοὶ — *dam culverts*
φυσικὸς ἀριθμὸς — *natural number*
φωτοκάθοδος — *photo-cathode*

Χ

χαλκογραφία — *copperplate engraving*
χαλύβδινη λαμαρίνα — *steel sheet*
χαλυβδοταινίαι θερμῆς ἐξελάσεως — *skelps*
χαλυβδοταινίαι ψυχρᾶς ἐξελάσεως — *cold-rolled strips*
χαράκτης — *engraver*
χάρτης, ἀμαυρὸς — *matt paper*
χάρτης ἀντιγραφῆς — *carbon paper*
χειμαρροπόταμοι — *torrential rivers*
χειρισμὸς ἐξ ἀποστάσεως — *remote control*
χοῦμος (φυτικὴ γῆ) — *humus*
χρονικὸν διάστημα — *interval*
χρυσὸς προσχωμάτων — *placer gold, nuggets*
χρυσοῦ, λεπτὸν φύλλον — *gold leaf*
χωνίον διηθήσεως — *filter funnel*

Ψ

ψαλίδισμα — *shearing*
ψαλίδος, λεπὶς — *shear blade*
ψαλὶς — *shears*
ψαμμίτης, μαρμαρυγιακὸς — *micaceous sandstone*
ψηφεπιλογεὺς — *code selector*
ψηκτροθήκη — *brush holder*
ψυγεῖον ἐλαίου — *oil cooler*
ψυκτικὴ ἐπιφάνεια — *cooling surface*
ψυκτικὴ λίμνη — *cooling pond*
ψυκτὴρ — *condenser*
ψυχρὰ ἐξέλασις — *cold rolling*
ψυχρᾶς ἐξελάσεως — *cold-rolled*
ψυχροκήπιον — *frigidarium*

Ω

ὤθησις — *impulse*
ὤθησις ἀξονικὴ — *endlong thrust*
ὠστήριον βαλβίδων — *valve tapper*
ὠτίδων, μηχανήματα μορφώσεως — *flanging machine*
ὠτὶς ἀκατέργαστος — *rough flange*
ὠτὶς ἐκ πιέσεως — *pressed flange*
ὠτὶς κυκλικὴ — *round flange*
ὠτὶς μειώσεως — *reducing flange*
ὠτὶς τροχαλίας — *flange of a pulley*
ὤχρα, βισμουθιακὴ — *bismuth ochre, bismite*
ὤχρα κιτρίνη — *yellow ochеr (ochre)*

ΤΟ ΕΛΛΗΝΟ - ΑΓΓΛΙΚΟΝ ΛΕΞΙΚΟΝ
ΤΕΧΝΙΚΩΝ ΟΡΩΝ - ΤΟΥ Χ. ΧΙΟΝΙΔΗ
ΤΥΠΩΘΗΚΕ ΣΤΟ ΕΡΓΟΣΤΑΣΙΟ
ΓΡΑΦΙΚΩΝ ΤΕΧΝΩΝ
«ΑΤΛΑΝΤΙΣ - Μ. ΠΕΧΛΙΒΑΝΙΔΗΣ & ΣΙΑ»
ΑΘΗΝΑΙ